陳橋驛
葉光庭　注譯

新譯水經注（中）

三民書局　印行

國家圖書館出版品預行編目資料

新譯水經注／陳橋驛, 葉光庭注譯.——初版一刷.——臺北市: 三民, 2011
面； 公分.——(古籍今注新譯叢書)

ISBN 978-957-14-4988-3 (上冊: 平裝)
ISBN 978-957-14-5454-2 (中冊: 平裝)
ISBN 978-957-14-4989-0 (下冊: 平裝)

1. 水經注 2. 注釋

682 100001492

注譯者 陳橋驛 葉光庭
責任編輯 蔡忠穎
美術設計 陳宛琳
發行人 劉振強
著作財產權人 三民書局股份有限公司
發行所 三民書局股份有限公司
地址 臺北市復興北路386號
電話 (02)25006600
郵撥帳號 0009998-5
門市部 (復北店) 臺北市復興北路386號
(重南店) 臺北市重慶南路一段61號
出版日期 初版一刷 2011年4月
編號 S 033270
行政院新聞局登記證局版臺業字第〇二〇〇號

ISBN 978-957-14-5454-2 (中冊：平裝)

http://www.sanmin.com.tw 三民網路書店

新譯水經注　目次

中冊

卷十三

灅水

【題解】灅水之名，在《水經注》的不同版本中也有作濕水的。此水發源於今山西寧武以南的管涔山，即《注》文所稱的累頭山，發源處今名陽方口，從今山西流入今河北，上游今名桑乾河，經官廳水庫，下游稱為永定河，是海河的五大支流之一。但在《水經注》的時代，灅水河道與今永定河河道並不完全一致。酈氏記敘的河道，在今永定河之北，東南流經漁陽郡雍奴縣西（今河北武清附近）注入潞河（《經》文稱為笥溝，是潞河別名），就是今北運河。灅水並非大河，但此篇不僅單獨成卷，而且篇幅不小，在首句《經》文「灅水出鴈門陰館縣，東北過代郡桑乾縣南」下，《注》文長達六千字左右，是酈《注》中的長篇之一。這是因為此水流經北魏舊都平城（今山西大同東側），附近有許多舊都故跡，而且均為酈道元所親見，所以記敘特詳，小水大篇，原因在此。

1 **灅水出鴈門陰館縣，東北過代郡桑乾縣南，**

灅水出于累頭山，一曰治水。泉發于山側，沿波歷澗，東北流出山，逕陰館縣故城西。縣，故樓煩鄉也。漢景帝後三年置，王莽更名富臧矣。魏皇興三年，齊平，徙其民于縣，立平齊郡。

2 瀔水又東北流，左會桑乾水。縣西北上平❶，洪源七輪，謂之桑乾泉，即溹涫水者也。耆老云：其水潛通，承太原汾陽縣北燕京山之大池，池在山原之上，世謂之天池，方里餘，澄渟鏡淨，潭而不流，若安定朝那之湫淵也。清水流潭，皎焉沖照，池中嘗無斥草，及其風籜有淪，輒有小鳥翠色，投淵銜出，若會稽之耘鳥也。其水陽熯不耗，陰霖不濫，無能測其淵深也。古老相傳，言嘗有人乘車于池側，忽過大風，飄之于水，有人獲其輪于桑乾泉，故知二水潛流通注矣。

3 池東隔阜又有一石池，方可五六十步，清深鏡潔，不異大池。桑乾水自源東南流，右會馬邑川水。水出馬邑西川，俗謂之磨川矣。蓋狄語音訛，馬、磨聲相近故爾。其水東逕馬邑縣❷故城南，干寶《搜神記》曰：昔秦人築城于武州塞內以備胡，城將成而崩者數矣。有馬馳走一地，周旋反覆，父老異之，因依以築城，城乃不崩，遂名之為馬邑。或以為代之馬城也，諸記紛競，未識所是。漢以斯邑封韓王信，後為匈奴所圍，信遂降之。王莽更名之曰章昭。其水東注桑乾水。桑乾水又東南流，水南有故城，東北臨河。又東南，右合灅水，亂流枝水南分。桑乾水又東，左合武州塞水。水出故城，東南流出山，逕日沒城南，蓋夕陽西頹，戎車所薄之城故也。東有日中城，城東又有早起城，亦曰食時城，在黃瓜阜北曲中。其水又東流，右注桑乾水。

4 桑乾水又東南逕黃瓜阜曲西，又屈逕其堆南。徐廣曰：猗盧廢嫡子曰利孫于黃瓜堆者也。又東，右合枝津。枝津上承桑乾河，東南流逕桑乾郡北，大魏因水以立，郡受厥稱焉。又東北，左合夏屋山水。水南出夏屋山之東溪，西北流逕故城北，所未詳也。又西北入桑乾枝水，桑乾枝水又東流，長津委浪，通結兩湖，東湖西浦，淵潭相接。水至清深，晨鳧夕鴈，泛濫其上，黛甲素鱗，潛躍其下。俯仰池潭，意深魚鳥，所寡惟良木耳。俗謂之南池。池北對洼陶縣❸之故城，故曰南池也。南池水又東北注桑乾水，為灅水，自下並受通稱矣。

5 灅水又東北逕石亭西，蓋皇魏天賜三年之所經建也。灅水又東北逕白狼堆南，魏烈祖道武皇帝於是遇白狼之瑞，故斯阜納稱焉。阜上有故宮廟，樓榭基雉尚崇，每至鷹隼之秋，羽獵之日，肆閱清野，為升眺之逸地矣。

6 灅水又東流四十九里，東逕巨魏亭北，又東，崞川水注之。水南出崞縣故城南，王莽之崞張也。縣南面玄岳❹，右背崞山，處二山之中，故以崞張為名矣。其水又西出山，謂之崞口，北流逕繁時縣故城東，王莽之當要也。又北逕巨魏亭東，又北逕劇陽縣故城西，王莽之善陽也。按《十三州志》曰：在陰館縣東北一百三里。其水又東注于㶟水。

7 㶟水又東逕班氏縣南，如渾水注之。水出涼城旋鴻縣西南五十餘里，東流逕故城南，北俗謂之獨谷孤城，水亦即名焉。東合旋鴻池水，水出旋鴻縣東山下，水積成池，北引魚水。水出魚溪，南流注池。池水吐納川流，以成巨沼，東西二里，南北四里，北對涼川城之南池。池方五十里，俗名乞伏袁池。雖隔越山阜，鳥道不遠，雲霞之間，常有❺，西南流逕旋鴻縣南，右合如渾水，是總二水之名矣。如渾水又東南流逕永固縣。縣以太和中，因山堂之目以氏縣也。右會羊水。水出平城縣之西苑外武州塞，北出東轉，逕燕昌城南。按《燕書》，建興十年，慕容垂自河西還，軍敗于參合，死者六萬人。十一年，垂眾北至參合，見積骸如山，設祭弔之禮，死者父兄皆號泣，六軍哀慟，垂慙憤嘔血，因而寢疾焉。轝過平城北四十里，疾篤，築燕昌城而還，即此城也。北俗謂之老公城。

8 羊水又東注于如渾水，亂流逕方山南，嶺上有文明太皇太后陵，陵之東北有高祖陵。二陵之南有永固堂，堂之四周隅，雉列榭、階、欄、檻，及扉、戶、梁、壁、椽、瓦，悉文石也。檐前四柱，採洛陽之八風谷黑石為之，雕鏤隱起，以金銀間雲矩，有若錦焉。堂之內外，四側結兩石趺，張青石屏風，以文石為緣，並隱起忠孝之容，題刻貞順之名。廟前鐫石為碑、獸，碑石至佳，左右列柏，四周迷禽闇日。院外西側，有〈思遠靈圖〉，圖之西有齋堂，南門表二石闕，闕下斬山，累結御路，下望靈泉宮池，皎若圓鏡矣。

9 如渾水又南至靈泉池，枝津東南注池。池東西百步，南北二百步。池渚舊名白楊泉，泉上有白楊樹，因以名焉，其猶長楊、五柞之流稱矣。南面舊京，北背方嶺，左右山原，亭觀繡峙，方湖反景，若三山之倒水下。如渾水又南逕北宮下，舊宮人作薄所在。

10 如渾水又南，分為二水：一水西出南屈，入北苑中，歷諸池沼，又南逕虎圈東。魏太平真君五年，成之以牢虎也。季秋之月，聖上親御圈，上勑虎士效力于其下，事同奔戎，生制猛獸，即《詩》❻所謂袒裼暴虎，獻于公所也。故魏有〈捍虎圖〉❼也。又逕平城西郭內，魏太常七年所城也。城周西郭外有郊天壇，壇之東側有「郊天碑」，建興四年立。其水又南屈，逕平城縣故城南。《史記》曰：高帝先至平城。《史記音義》曰：在鴈門。即此縣矣。王莽之平順也。魏天興二年，遷都于此。太和十六年，破安昌諸殿，造太極殿、東、西堂及朝堂，夾建象魏、乾元、中陽、端門、東西二掖門、雲龍、神虎、中華諸門，皆飾以觀閣。東堂東接太和殿，殿之東階下有一碑，太和中立，石是洛陽八風谷之緇石也。太和殿之東北接紫宮寺，南對承賢門，門南即皇信堂，堂之四周，圖古聖、忠臣、烈士之容，刊題其側。是辯章郎彭城張僧達、樂安蔣少游筆。堂南對白臺，臺甚高廣，臺基四周列壁，閣道自內而升，國之圖籙祕籍，悉積其下。臺西即朱明閣，直侍之官，出入所由也。其水夾御路，南流逕蓬臺西。魏神瑞三年，又建白樓，樓甚高竦，加觀榭于其上，表裡飾以石粉，皜曜建素，赭白綺分，故世謂之白樓也。後置大鼓于其上，晨昏伐以千椎，為城里諸門啟閉之候，謂之戒晨鼓也。

11 又南逕皇舅寺西，是太師昌黎王馮晉國所造，有五層浮圖，其神圖像皆合青石為之，加以金銀火齊，眾綵之上，煒煒有精光。又南逕永寧七級浮圖西，其制甚妙，工在寡雙。又南，遠出郊郭，弱柳蔭街，絲楊被浦，公私引裂，用周園溉，長塘曲池，所在布濩，故不可得而論也。

12 一水南逕白登山西。服虔曰：白登，臺名也，去平城七里。如淳曰：平城旁之高城若丘陵矣。今平城東十七里有臺，即白登臺也。臺南對岡阜，即白登山也。故《漢書》稱上遂至平城，上白登者也。為匈奴所圍處。孫暢之《述畫》曰：漢高祖被圍七日，陳平使能畫作美女，送與冒頓。閼氏恐冒頓勝漢，其寵必衰，說冒頓解圍于此矣。

13 其水又逕寧先宮東，獻文帝之為太上皇，所居故宮矣。宮之東次，下有兩石柱，是石虎鄴城東門石橋柱也。按柱勒，趙建武中造，以其石作工妙，徙之于此。余為尚書祠部，與宜都王穆羆同拜北郊，親所經見，柱側悉鏤雲矩，上作蟠螭，甚有形勢，信為工巧，去「子丹碑」則遠矣。

14 其水又南逕平城縣故城東，司州代尹治。皇都洛陽，以為恒州。水左有大道壇廟，始光二年，少室道士寇謙之所議建也。兼諸嶽廟碑，亦多所署立，其廟階三成，四周欄檻，上階之上，以木為圓基，令互相枝梧，以版砌其上，欄陛承阿，上圓制如明堂，而專室四戶，室內有神坐，坐右列玉磬，皇輿親降，受籙靈壇，號曰天師，宣揚道式，暫重當時。壇之東北，舊有靜輪宮，魏神䴥四年造，抑亦柏梁之流也。臺榭高廣，超出雲間，欲令上延霄客，下絕囂浮。太平真君十一年，又毀之。物不停固，白登亦繼褫矣。水右有三層浮圖，真容鷲架，悉結石也。裝制麗質，亦盡美善也。東郭外，太和中閹人宕昌公鉗耳慶時，立祇洹舍于東臯，椽瓦梁棟，臺壁欞陛，尊容聖像，及牀坐軒帳，悉青石也。圖制可觀，所恨惟列壁合石，疏而不密。庭中有「祇洹碑」，碑題大篆，非佳耳。然京邑帝里，佛法豐盛，神圖妙塔，桀跱相望，法輪東轉，茲為上矣。

15 其水自北苑南出，歷京城內，河干兩湄，太和十年累石結岸，夾塘之上，雜樹交蔭，郭南結兩石橋，橫水為梁。又南逕藉田及藥圃西、明堂東，明堂上圓下方，四周十二堂九室，而不為重隅也。室外柱內，綺井之下，施機輪，飾縹碧，仰象天狀，畫北道之宿焉，蓋天也。每月隨斗所建之辰，轉應天道，此之異古也。加靈臺于其上，下則引水為辟雍，水側結石為塘，事準古制，是太和中之所經建也。

16 如渾水又南與武州川水會。水出縣西南山下，二源翼導，俱發一山，東北流，合成一川，北流逕武州縣故城西，王莽之桓州也。又東北，右合黃水。水西出黃阜下，東北流，聖山之水注焉。水出西山，東流注于黃水。黃水又東注武州川，又東歷故亭北，右合火山西溪水。水導源火山，西北流，山上有火井，南北六七十步，廣減尺許，源深不見底，炎勢上升，常若微雷發響。以草爨之，則煙騰火發。東方朔《神異傳》云：南方有火山焉，長四十里，廣四五里，其中皆生不燼之木，晝夜火燃，得雨猛風不滅。火中有鼠，重百斤，毛長二尺餘，細如絲，色白，時時出外，以水逐而沃之則死，取其毛績以為布，謂之火浣布。是山亦其類也，但卉物則不能然。其山以火從地中出，故亦名熒臺矣。火井東五六尺，又東有湯井，廣輪與火井相狀，熱勢又同，以草內之，則不燃，皆沾濡露結，故俗以湯井為目。井東有火井祠，以時祀祭焉。

井北百餘步有東、西谷，廣十許步，南崖下有風穴，厥大容人，其深不測，而穴中肅肅，常有微風，雖三伏盛暑，猶須襲裘。寒吹陵人，不可暫停。而其山出雛烏，形類雅烏，純黑而姣好，音與之同，繢采紺發，觜若丹砂。性馴良而易附，丱童幼子，捕而執之。赤觜烏亦曰阿雛烏，按《小爾雅》❽，純黑反哺，謂之慈烏；小而腹下白，不反哺者謂之雅烏；白脰而群飛者，謂之燕烏；大而白脰者，謂之蒼烏。《爾雅》曰：鸒斯，卑居也。孫炎曰：卑居，楚烏。犍為舍人以為壁居。《說文》謂之雅。雅，楚烏。《莊子》曰：雅，賈矣。馬融亦曰：賈，烏也。又按〈瑞應圖〉❾，有三足烏、赤烏、白烏之名，而無記于此烏，故書其異耳。自恒山已北，竝有此矣。

18 其水又東北流注武州川水。武州川水又東南流，水側有石祗洹舍并諸窟室，比丘尼所居也。其水又東轉逕靈巖南，鑿石開山，因巖結構，真容巨壯，世法所希。山堂水殿，煙寺相望，林淵錦鏡，綴目新眺。

19 川水又東南流出山。《魏土地記》曰：平城西三十里武州塞口者也。自山口枝渠東出入苑，溉諸園池苑。有洛陽殿，殿北有宮館。一水自枝渠南流東南出，火山水注之。水發火山東溪，東北流出山，山有石炭，火之，熱同樵炭也。又東注武州川，逕平城縣南，東流注如渾水。又南流逕班氏縣故城東，王莽之班副也。闞駰《十三州志》曰：班氏縣在郡西南百里，北俗謂之去留城也。如渾水又東南流注于灅水。

20 灅水又東逕平邑縣故城南。趙獻侯十三年，城平邑。〈地理志〉：屬代，王莽所謂平胡也。《十三州志》曰：城在高柳南百八十里，北俗謂之醜寅城。灅水又東逕沙陵南，魏金田之地也，事同曹武鄴中定矣❿。灅水又東逕狋氏縣故城北，王莽更名之曰狋聚也。《十三州志》曰：縣在高柳南百三十里，俗謂之苦力干城矣。

21 㶟水又東逕道人縣故城南，〈地理志〉：王莽之道仁也。《地理風俗記》曰：初築此城，有仙人遊其地，故因以為城名矣。今城北有淵，潭而不流，故俗謂之為平湖也。《十三州志》曰：道人城在高柳東北八十里，所未詳也。

22 㶟水又東逕陽原縣故城南。〈地理志〉：代郡之屬縣也。北俗謂之比郙州城。㶟水又東，安陽水注之。水出縣東北潭中，北俗謂之太拔迴水，自潭東南流注于㶟水。又東逕東安陽縣故城北。趙惠文王三年，主父封長子章為代安陽君，此即章封邑，王莽之竟安也。《地理風俗記》曰：五原有西安陽，故此加東也。

23 㶟水又東逕昌平縣，溫水注之。水出南壙下，三源俱導，合而南流，東北注㶟水。㶟水又東逕昌平縣故城北，王莽之長昌也。昔牽招為魏鮮卑校尉，屯此。㶟水又東北逕桑乾縣故城西，又屈逕其城北，王莽更名之曰安德也。《魏土地記》曰：代城北九十里有桑乾城，城西渡桑乾水，去城十里，有溫湯，療疾有驗。《經》言出南，非也，蓋誤證矣。魏任城王彰以建安二十三年伐烏丸，入涿郡，逐北遂至桑乾，正于此也。

24 㶟水又東流，祁夷水注之。水出平舒縣，東逕平舒縣之故城南澤中。《史記》：

趙孝成王十九年，以汾門予燕易平舒。徐廣曰：平舒在代。王莽更名之曰平葆。後漢世祖建武七年，封揚武將軍馬成為侯國。其水控引眾泉，以成一川。《魏土地記》曰：代城西九十里有平舒城，西南五里，代水所出，東北流，言代水非也。祁夷水又東北逕蘭亭南，又東北逕石門關北，舊道出中山故關也。又東北流，水側有故池。按《魏土地記》曰：代城西南三十里，有代王魚池，池西北有代王臺，東去代城四十里。祁夷水又東北得飛狐谷，即廣野君所謂杜飛狐之口也。蘇林據酈公之說，言在上黨，即實非也。如淳言在代，是矣。晉建興中，劉琨自代出飛狐口，奔于安次，即于此道也。《魏土地記》曰：代城南四十里有飛狐關，關水西北流逕南舍亭西，又逕句瑣亭西，西北注祁夷水。

25

祁夷水又東北流逕代城西。盧植言：初築此城，板幹一夜自移于此，故代西南五十里大澤中營城自護，結葦為九門。于是就以為治城，圓帀而不方，周四十七里，開九門，更名其故城曰東城。趙滅代[11]，漢封孝文為代王。梅福上事曰：代谷者，恒山在其南，北塞在其北，谷中之地。上谷在東，代郡在西，是其地也。王莽更之曰厭狄亭。《魏土地記》曰：城內有二泉：一泉流出城西門，一泉流出城北門，二泉皆北注代水。祁夷水又東北，熱水注之。水出綾羅澤，澤際有熱水亭。其水東北流，注祁夷水。祁夷水又東北，谷水注之。水出昌平縣故城南，又東北入祁夷水。祁夷水右會逆水。水導源將城東，西北流逕將城北。在代城東北十五里，疑即東代矣，而尚傳將城之名。盧植曰：此城方就而板幹自移。應劭曰：城徙西南，去故代五十里，故名代曰東城。或傳書倒錯，情用疑焉，而無以辨之。逆水又西，注于祁夷之水。逆之為名，以西流故也。

26 祁夷水東北逕青牛淵，水自淵東注之。耆彥云：有潛龍出于茲浦，形類青牛焉，故淵潭受名矣。潭深不測，而水周多蓮藕生焉。祁夷水又北逕一故城西，西去代城五十里，又疑是代之東城，而非所詳也。又逕昌平郡東，魏太和中置，西南去故城六十里。又北，連水入焉。水出雊瞀縣東，西北流，逕雊瞀縣故城南，又西逕廣昌城南，《魏土地記》曰：代南二百里有廣昌城，南通大嶺。即實非也。《十三州記》曰：平舒城東九十里有廣平城，疑是城也。尋其名狀，忖理為非。

27 又西逕王莽城南，又西，到剌山水注之。水出到剌山西山，甚層峻，未有升其巔者。《魏土地記》曰：代城東五十里有到剌山，山上有佳大黃也。其水北流逕一故亭東，城北有石人，故世謂之石人城，西北注連水。連水又北逕當城

28

縣故城西。高祖十二年，周勃定代，斬陳豨于當城，即此處也。應劭曰：當桓都山作城，故曰當城也。又逕故代東，而西北流注祁夷水。祁夷水西有隨山，山上有神廟，謂之女郎祠，方俗所祠也。祁夷水又北逕桑乾故城東，而北流注于㶟水。〈地理志〉曰：祁夷水出平舒縣，北至桑乾入㶟是也。

㶟水又東北逕石山水口。水出南山，北流逕空侯城東，《魏土地記》曰：代城東北九十里有空侯城者也。其水又東北流注㶟水。㶟水又東逕潘縣故城北，東合協陽關水。水出協溪。《魏土地記》曰：下洛城西南九十里有協陽關，關道西通代郡。其水東北流，歷笄頭山。闞駰曰：笄頭山在潘城南，即是山也。又北逕潘縣故城，左會潘泉故瀆，瀆舊上承潘泉于潘城中。或云，舜所都也。《魏土地記》曰：下洛城西南四十里有潘城，城西北三里，有歷山，山上有虞舜廟。《十三州記》曰：廣平城東北百一十里有潘縣，〈地理志〉曰：王莽更名樹武。其泉從廣十數步，東出城，注協陽關水。雨盛則通注，陽旱則不流，惟洴泉而已。關水又東北流，注于㶟水。㶟水又東逕雍洛城南。《魏土地記》曰：下洛城西南二十里有雍洛城，桑乾水在城南東流者也。㶟水又東逕下洛縣故城南，王莽之下忠也，魏燕州廣甯縣廣甯郡治。《魏土地記》曰：去平城五十里，城南二百步有堯廟。灅水又東逕高邑亭北，又東逕三臺北。灅水又東逕無鄉城北。《地理風俗記》曰：燕語呼毛為無，今改宜鄉也。

29 灅水又東，溫泉水注之。水上承溫泉于橋山下。《魏土地記》曰：下洛城東南四十里有橋山，山下有溫泉，泉上有祭堂。雕簷華宇，被于浦上；石池吐泉，湯湯其下。炎涼代序，是水灼焉無改，能治百疾，是使赴者若流。池水北流，入于灅水。灅水又東，左得于延水口。水出塞外柔玄鎮西、長川城南小山。《山海經》曰：梁渠之山，無草木，多金玉，脩水出焉。東南流逕且如縣故城南。應劭曰：當城西北四十里有且如城，故縣也。代稱不拘，名號變改，校其城郭，相去遠矣。《地理志》曰：中部都尉治。于延水出縣北塞外，即脩水也。

30 脩水又東南逕馬城縣故城北。《地理志》曰：東部都尉治。《十三州志》曰：馬城在高柳東二百四十里。俗謂是水為河頭，河頭出戎方，土俗變名耳。又東逕零丁城南，右合延鄉水。水出縣西山，東逕延陵縣故城北。《地理風俗記》曰：當城西北有延陵鄉，故縣也。俗指為琦城。又東逕羅亭，又東逕馬城南，又東注脩水，又東南于大甯郡北，右注鴈門水。《山海經》曰：鴈門之水，出于鴈門之山。鴈出其門，在高柳北。高柳在代中，其山重巒疊巘，霞舉雲高，連山隱隱，東山遼塞。其水東南流逕高柳縣故城北，舊代郡治。秦始皇二十三年虜趙王，遷以國為郡，王莽之所謂厭狄也。建武十九年，世祖封代相堪為侯國，昔牽招斬韓忠于此處。城在平城東南六七十里，于代為西北也。

31 鴈門水又東南流，屈逕一故城，背山面澤，北俗謂之叱險城。鴈門水又東南流，屈而東北，積而為潭，其陂斜長而不方，東北可二十餘里，廣十五里，兼葭藂生焉。敦水注之，其水導源西北少咸山之南麓，東流逕參合縣故城南。《地理風俗記》曰：道人城北五十里有參合鄉，故縣也。敦水又東，㶟水注之。水出東皐下，西北流逕故城北，俗謂之和堆城。又北合敦水，亂流東北注鴈門水。故《山海經》曰：少咸之山，敦水出焉，東流注于鴈門之水。郭景純曰：水出鴈門山，謂斯水也。

32 鴈門水又東北入陽門山，謂之陽門水，與神泉水合。水出葦壁北，水有靈焉，及其密雲不雨，陽旱愆期，多禱請焉。水有二流，世謂之比連泉。一水東北逕一故城東，世謂之石虎城，而東北流注陽門水。又東逕三會亭北，又東逕西伺道城北，又東，託台谷水注之。水上承神泉于葦壁北，東逕陽門山南託台谷，謂之託台水。汲引泉溪，渾濤東注，行者間十餘渡。東逕三會城南，又東逕託

33 台亭北，又東北逕馬頭亭北，東北注鴈門水。

鴈門水又東逕大甯郡，北魏太和中置，有脩水注之。即《山海經》所謂：脩水東流注于鴈門水也。〈地理志〉有于延水而無鴈門、脩水之名，《山海經》有鴈門之目，而無說于延河。自下亦通謂之于延水矣。水側有桑林，故時人亦謂是水為藂桑河也。斯乃北土寡桑，至此見之，因以名焉。于延水又東逕岡城南。按《史記》，蔡澤，燕人也，謝病歸相，秦號岡成君。疑即澤所邑也，世名武岡城。于延水又東，左與寧川水合。水出西北，東南流逕小甯縣故城西，東南流注于延水。

34 于延水又東，逕小甯縣故城南。〈地理志〉：寧縣也，西部都尉治。王莽之博康也。《魏土地記》曰：大甯城西二十里有小甯城，昔邑人班丘仲居水側，賣藥于甯百餘年，人以為壽，後地動宅壞，仲與里中數十家皆死，民人取仲尸棄于延水中，收其藥賣之。仲被裘從而詰之，此人失怖，叩頭求哀。仲曰：不恨汝，故使人知我耳，去矣。後為夫餘王驛使來甯，此方人謂之謫仙也。

35 于延水又東，黑城川水注之。水有三源，出黑土城西北，奇源合注，總為一川，東南逕黑土城西，又東南流逕大甯縣西而南入延河。延河又東逕大甯縣故城南。《地理志》云：廣寧也。王莽曰廣康矣。《魏土地記》曰：下洛城西北百三十里有大甯城。于延水又東南逕茹縣故城北，王莽之穀武也，世謂之如口城。《魏土地記》曰：城在鳴雞山西十里，南通大道，西達寧川。

36 于延水又東南逕鳴雞山西。《魏土地記》曰：下洛城東北三十里有延河東流，北有鳴雞山。《史記》曰：趙襄子殺代王于夏屋而并其土，襄子迎其姊于代。其姊，代之夫人也，至此曰：代已亡矣，吾將何歸乎？遂磨笄于山而自殺。代人憐之，為立祠焉。因名其山為磨笄山。每夜有野雞，群鳴于祠屋上，故亦謂之為鳴雞山。《魏土地記》云：代城東南二十五里有馬頭山，其側有鍾乳穴。趙襄子既害代王，迎姊。姊代夫人。夫人曰：以弟慢夫，非仁也；以夫怨弟，非義也。磨笄自刺而死，使者自殺，民憐之，為立神屋于山側，因名之為磨笄之山。未詳孰是。

37 于延水又南逕且居縣故城南，王莽之所謂久居也。其水東南流，注于瀔水。《地理志》曰：于延水東至廣寧入沽，非矣。

又東過涿鹿縣北，

38 涿水出涿鹿山，世謂之張公泉，東北流逕涿鹿縣故城南，王莽所謂抪陸也。

黃帝與蚩尤戰于涿鹿之野，留其民于涿鹿之阿，即于是也。其水又東北與阪泉合，水導源縣之東泉。《魏土地記》曰：下洛城東南六十里有涿鹿城，城東一里有阪泉，泉上有黃帝祠。《晉太康地理記》曰：阪泉亦地名也。泉水東北流與蚩尤泉會，水出蚩尤城，城無東面。《魏土地記》稱，涿鹿城東南六里有蚩尤城。泉水淵而不流，霖雨併則流注阪泉，亂流東北入涿水。涿水又東逕平原郡南，魏徙平原之民置此，故立僑郡，以統流雜。涿水又東北逕祚亭北，而東北入㶟水。亦云涿水枝分入匈奴者，謂之涿邪水。地理潛顯，難以究昭，非所知也。㶟水又東南，左會清夷水，亦謂之滄河也。水出長亭南，西逕北城村故城北，又西北，平鄉川水注之。水出平鄉亭西，西北流注清夷水。清夷水又西北逕陰莫亭，在居庸縣南十里。清夷水又西，會牧牛山水。《魏土地記》曰：沮陽城東八十里有牧牛山，下有九十九泉，即滄河之上源也。山在縣東北三十里，山上有道武皇帝廟。耆舊云：山下亦有百泉競發，有一神牛駁身，自山而降，下飲泉竭，故山得其名。今山下導九十九泉，積以成川，西南流，谷水與浮圖溝水注之。水出夷輿縣故城西南，王莽以為朔調亭也。其水俱西南流，注于滄水。滄水又西南，右合地裂溝。古老云：晉世地裂，分此界間成溝壑。有小水，俗謂之分界水，南流入滄河。滄河又西逕居庸縣故城南，魏上谷郡治。昔劉虞攻公孫瓚不克，北保此城，為瓚所擒。有粟水入焉。水出縣下，城西枕水，又屈逕其縣南，南注滄河。

39 滄河又西，右與陽溝水合。水出縣東北，西南流逕居庸縣故城北，西逕大翮、小翮山南。高巒截雲，層陵斷霧，雙阜共秀，競舉群峰之上。郡人王次仲，少有異志，年及弱冠，變蒼頡舊文為今隸書。秦始皇時官務煩多，以次仲所易文簡，便于事要，奇而召之，三徵而輒不至。次仲履真懷道，窮數術之美。始皇怒其不恭，令檻車送之。次仲首發于道，化為大鳥，出在車外，翻飛而去，落二翮于斯山，故其峰巒有大翮、小翮之名矣。《魏土地記》曰：沮陽城東北六十里有大翮、小翮山，山上神名大翮神。山屋東有溫湯水口。其山在縣西北二十里，峰舉四十里，上廟則次仲廟也。右出溫湯，療治萬病。泉所發之麓，俗謂之土亭山。此水炎熱，倍甚諸湯，下足便爛人體。療疾者要須別引，消息用之耳。不得言，大翮山東。

40 其水東南流，左會陽溝水，亂流南注滄河。滄河又左得清夷水口。《魏土地記》曰：牧牛泉西流，與清夷水合者也。自下二水互受通稱矣。清夷水又西，靈亭水注之。水出馬蘭西澤中，眾泉瀉溜歸于澤，澤水所鍾，以成溝瀆。瀆水又左與馬蘭溪水會。水導源馬蘭城，城北負山勢，因阿仍溪，民居所給，惟仗此水。南流出城，東南入澤水。澤水又南逕靈亭北，又屈逕靈亭東，次仲落鳥翮于此，故是亭有靈亭之稱矣。其水又南流，注于清夷水。

[41] 清夷水又西與泉溝水會。水導源川南平地，北注清夷水。清夷水又西南得桓公泉。蓋齊桓公霸世，北征山戎，過孤竹西征，東馬懸車，上卑耳之西極，故水受斯名也。水源出沮陽縣東，而西北流入清夷水。清夷水又西逕沮陽縣故城北，秦上谷郡治此。王莽改郡曰朔調，縣曰沮陰。闞駰曰：涿鹿東北至上谷城六十里。《魏土地記》曰：城北有清夷水西流也。其水又屈逕其城西，南流注于㶟水。㶟水南至馬陘山，謂之落馬洪。

又東南出山，

[42] 㶟水又南出山，瀑布飛梁，懸河注壑，淜湍十許丈，謂之落馬洪。抑亦孟門之流也。㶟水自南出山，謂之清泉河，俗亦謂之曰千水，非也。㶟水又東南逕良鄉縣之北界，歷梁山南，高梁水出焉。

過廣陽薊縣北，

43 漯水又東逕廣陽縣故城北。謝承《後漢書》曰：世祖與銚期出薊至廣陽，欲南行，即此城也。謂之小廣陽。漯水又東北逕薊縣故城南。《魏土地記》曰：薊城南七里有清泉河，而不逕其北，蓋《經》誤證矣。昔周武王封堯後于薊，今城內西北隅有薊丘，因丘以名邑也。猶魯之曲阜、齊之營丘矣。武王封召公之故國也。秦始皇二十三年滅燕，以為廣陽郡。漢高帝以封盧綰為燕王，更名燕國。王莽改曰廣有，縣曰代戎。城有萬載宮、光明殿。東掖門下，舊慕容儁立銅馬像處。昔慕容廆有駿馬，赭白有奇相，逸力至儁。光壽元年，齒四十九矣，而駿逸不虧。儁奇之，比鮑氏驄，命鑄銅以圖其像，親為銘讚，鐫頌其傍，像成而馬死矣。

44 大城東門內道左，有「魏征北將軍建成鄉景侯劉靖碑」。晉司隸校尉王密表靖，功加于民，宜在祀典。以元康四年九月二十日刊石建碑，揚于後葉矣。漯水又東與洗馬溝水合。水上承薊水，西注大湖。湖有二源，水俱出縣西北，平地導源，流結西湖。湖東西二里，南北三里，蓋燕之舊池也。綠水澄澹，川亭望遠，亦為遊矚之勝所也。湖水東流為洗馬溝，側城南門東注，昔銚期奮戟處也。其水又東入漯水。

45 灅水又東逕燕王陵南。陵有伏道，西北出薊城中。景明中造浮圖建刹，窮泉掘得此道。王府所禁，莫有尋者。通城西北大陵，而是二墳，基趾磐固，猶自高壯，竟不知何王陵也。灅水又東南，高梁之水注焉。水出薊城西北平地，泉流東注，逕燕王陵北，又東逕薊城北，又東南流。《魏土地記》曰：薊東十里有高梁之水者也。其水又東南入灅水。

又東至漁陽雍奴縣西，入笥溝。

46 漢光武建武二年，封潁川太守寇恂為雍奴侯。魏遣張郃、樂進圍雍奴，即此城矣。笥溝，潞水之別名也。《魏土地記》曰：清泉河上承桑乾河，東流與潞河合。灅水東入漁陽，所在枝分，故俗諺云：高梁無上源，清泉無下尾。蓋以高梁微涓淺薄，裁足津通，憑藉涓流，方成川甽。清泉至潞，所在枝分，更為微津，散漫難尋故也。

【注釋】❶上平　《疏》改「上下」，此依《疏》語譯於後。❷東逕馬邑縣　此處有佚文一條。清宮夢仁《讀書紀數略》卷十一〈地部・山川類・桑乾河・七泉〉引《水經注》：「伏流至朔州馬邑縣雷山之陽，匯為七泉。」當是此段下佚文。❸洼陶縣　地名。殿本在此有戴震案語：「洼，『汪』古字。」❹玄岳　此處有佚文一條。《新鐫海內奇觀》卷一〈恒岳圖說〉引《水經注》：「玄岳高三千九百丈，福地著其周三百里，為總玄之天。」為今本所無。但明喬宇《晉陽游記》（載《古今天下名山勝概記》）云：「《水經》著其高三千九百丈，為玄岳；《福地記》著其周圍一百三十里，為總玄之天。」是知《新鐫海內奇觀》「福地」下漏「記」字，故「福地」下當非酈佚，而「玄岳高三千九百丈」一句，當是此段下佚文。❺常有　殿本在此處有戴震案語：「此下有脫文。」語譯從略。❻詩　即《詩經・鄭風・太叔于田》。❼捍虎圖　圖名。已亡佚。《水經注疏》引《庖林》：「《後魏書》曰：王叡，字洛誠，晉陽人，姿貌偉麗，文明太后臨朝，叡見幸，為侍中、吏部尚書，受寵日隆。太和二年，高祖及太后率百僚臨虎圈，有逸虎登門閣道，幾至御坐。侍御驚靡，叡執戟禦之，虎乃退，親任轉重，進爵中山王。叡薨，太后親臨哀慟，葬城東，高祖登城樓望之，立祠都南，又詔褒叡，圖其捍虎狀于諸殿，高允為贊，京師士女，造新聲而弦歌之，名曰〈中山樂〉。善長託喻奔戎，蓋晦其事微露，捍虎亦迂詞也。全云：《注》云太平真君五年始作虎圈耳，非謂捍虎即在此年，全說失之。」❽小爾雅　書名。《漢書・藝文志》著錄一卷，不著撰人。唐以後，始以此書為《孔叢子》第十一篇，題孔鮒撰。故學者多以為不盡可靠。但晉杜預注《左傳》已引及，故成書必在晉前，是中國古代詞典之一。今亦收入於《續百川學海》甲集、《廣漢魏叢書》等。❾瑞應圖　圖名。南朝梁孫柔之撰。《舊唐書・經籍志》著錄《瑞應圖敘》二卷，梁孫柔之撰。圖已亡佚，輯本一卷，收入於《玉函山房輯佚書續編》。又收入於《觀古堂所著書》，作《瑞應圖記》一卷。❿事同曹武鄴中定矣　殿本在此處有戴震案語：「此語有脫誤。」裴松之注《三國志》引《魏略》云：「河北始開以王脩為司金中郎將。《續漢書・百官志》本注云：曹公始置司金中郎將，利權悉歸于上矣。」趙一清《水經注釋》認為：「金田即銀礦，〈禹貢・揚州〉貢金三品，叔治黃白異議，蓋舍銅而專言金銀也。」語譯從略。⓫趙滅代　殿本在此處有戴震案語：「此下有脫文。」趙一清《水經注釋》亦作是說。全祖望《七校水經注》刪「趙滅代漢封孝文王為代王」十一字，以為是衍文。又於後「舊代郡治下」增「趙滅代」三字。《水經注疏》楊守敬按：「不當刪此增彼，趙滅代詳《史記・趙世家》。」

【語　譯】灅水出鴈門陰館縣，東北過代郡桑乾縣南，

1 灅水發源於累頭山，又名治水。泉水從山邊流出，揚著輕波淌過山澗，往東北流出山間，流經陰館縣老城西。陰館縣就是從前的樓煩鄉。漢景帝後元三年（西元前一四一年）設置，王莽改名為富臧。魏皇興三年（西元四六九年），平定了齊國，把齊人遷到這裡來，設置了平齊郡。

2 灅水又東北流，左岸匯合桑乾水。陰館縣西北一帶，有七道流量很大的山泉，稱為桑乾泉，就是溹涫水。據老年人說：此水在地下與太原汾陽縣以北燕京山的大池相通，大池位於山間的高地上，世人稱為天池，方圓約一里有餘，池水澄澈平靜，明潔如鏡，淵深而不流動，有點像安定郡朝那縣的湫淵的樣子。清泉流入潭中，皎潔得一望見底，池中寸草不生，如有輕風吹來，飄下竹箬沉入水中，就有翠色的小鳥投身潛入池裡，把它銜出，正像會稽耘田的小鳥一樣。淵水久旱不涸，陰雨綿綿也不氾濫，無人能探測得出它有多深。老人相傳，說有人曾乘車經過池畔，忽然起了一陣狂風，把車子捲入水中，後來有人在桑乾泉中撿到車輪，這才知道兩處的水在地下是有暗流相通的。

3 池水以東，隔著一座小山又有一口石池，方圓五六十步，水清而潔淨有如明鏡，與大池一模一樣。桑乾水從源頭東南流，右岸匯合馬邑川水。馬邑川水發源於馬邑西川，民間叫磨川。這是因為狄族語言音訛造成的，馬、磨兩字音近，產生音訛也就十分自然了。此水東流經馬邑縣老城南，干寶《搜神記》說：從前秦人在武州邊塞內築城，以防胡人入侵。城就快築成時卻崩塌了，接連好幾次都是這樣。後來有一匹馬在一處不斷地跑了一圈又一圈，父老們都覺得很驚異，於是循著馬跡築城，城就再也不坍了，因而取名馬邑。但也有人以為這是代郡的馬城。真是眾說紛紜，莫衷一是了。漢朝把此城封給韓王信，後來他被匈奴包圍，投降了匈奴。王莽時改名為章昭。馬邑川水東流，注入桑乾水。桑乾水又東南流，南岸有一座老城，東北灦河；又東南流，右岸匯合灅水，向南分散成漫亂的支流。桑乾水又東流，左岸匯合武州塞水。武州塞水發源於老城，往東南流出山間，流經日沒城南，因為兵車到達這裡時，大都已是夕陽銜山，因而得名。東有日中城，城東又有早起城，也叫食時城，在黃瓜阜北的山彎中。武州塞水又東流，從右岸注入桑乾水。

4 桑乾水又東南流經黃瓜阜山彎西，又折而流經這座小丘以南。徐廣說：猗盧廢黜了他的長子利孫，把他貶謫到黃瓜堆。又東流，在右岸匯合支流。這條支流上流承接桑乾河，東南流經桑乾郡北，大魏因水立郡，郡也因水而得名。又東北流，左岸匯合夏屋山水。夏屋山水發源於南方夏屋山的東溪，西北流經老城北，詳情也不大清楚。又西北流，注入桑乾支水。桑乾支水又東流，浪濤滾滾，把兩個湖泊都連結起來，一東一西，深潭緊挨著深潭相連在一起。潭水極其澄淨深沉，早晨的野鴨，黃昏的大雁，在湖面上游弋；黛青色的龜鱉，白閃閃的游魚，在水底跳躍嬉遊。站立在湖邊，仰觀飛鳥，俯察游魚，達到了物我相融的至高境界，只可惜少了些蔭蔭綠樹而已。此湖民間稱為南池，池水北與洼陶縣老城相對，所以叫南池。南池水又往東北注入桑乾水，自此直到下游就是灅水，並且都可通稱了。

5 灅水又東北流經石亭西，石亭是魏天賜三年（西元四〇六年）建造的。灅水又東北流經白狼堆南，魏烈祖道武皇帝曾在這裡遇見白狼，以為是祥瑞之兆，所以稱這座小山為白狼堆。小山上有舊時留下的宮觀廟宇，樓榭的臺基和牆垣都還巍峨高大，每年秋獵的日子，攜帶著鷹隼，登樓縱目，眺望曠闊的原野，這裡真是極佳的攬勝之地。

6 灅水又東流四十九里，東流經巨魏亭北，又東流，崞川水注入。崞川水發源於南方崞縣老城南，就是王莽時的崞張。縣城南對玄岳，右依崞山，位於兩山之中，所以取崞張之名。崞川水又西流出山，山口叫崞口。北流經繁畤縣老城東，就是王莽時的當要。又北流經巨魏亭東，又北流經劇陽縣老城西，就是王莽時的善陽。按《十三州志》說：劇陽在陰館縣東北一百零三里。崞川水又往東注入灅水。

7 灅水又東流經班氏縣南，如渾水注入。如渾水發源於涼城郡旋鴻縣西南五十餘里，東流經老城南，北方民間稱為獨谷孤城，水也叫獨谷孤水。東流與旋鴻池水匯合。旋鴻池水發源於旋鴻縣東山下，水積聚成池，從北方引入魚水。魚水發源於魚溪，南流注入池中。池中諸水出入流通，積成大澤，東西二里，南北四里，北方與涼川城的南池相對。南池方圓五十里，民間稱為乞伏袁池。雖然其間隔著山陵丘岡，但有崎嶇的山徑相通，也並不很遠。……旋鴻池水西南流經旋鴻縣南，右岸匯合如渾水，兩條水都可稱為如渾水。如渾水又東南流經永固縣。永固縣是太和年間（西元四七七～四九九年）以一所山堂的名稱來命名的。如渾水右岸匯合羊水。羊水發源於平城縣西苑外的武州塞，北流出塞後東轉流經燕昌城南。據《燕書》，建興十年（西元三九五年），慕容垂從河西返回，軍隊在參合打了一場大敗仗，死了六萬人。十一年，慕容垂的部隊北上到了參合，看到堆積如山的屍骨，於是舉行祭奠之禮，死者的父兄都悲號痛哭，全軍也悲痛之極。慕容垂悲憤羞愧交集，就吐血而病倒了。車駕過了平城北四十里，慕容垂病重，於是築了燕昌城就回來了。他築的就是此城，北方民間稱為老公城。

8 羊水又東流，注入如渾水，亂流經方山南。嶺上有文明太皇太后陵，此陵東北又有高祖陵。兩座陵墓以南有永固堂，堂的四周牆角，布置著臺榭、臺階、欄杆、門檻，以及門戶、棟梁、牆壁、椽子、瓦片等等，全都是用紋石雕成。簷前的四根柱子，是開採了洛陽八風谷的黑石製成，浮雕微微凸起，用金銀鑲嵌成雲紋圖案，像錦緞那樣燦爛奪目。堂的內外，四邊都構建了兩個石座，張開青石屏風，以紋石鑲嵌邊緣，屏風上浮雕忠臣孝子的形象，題刻節婦淑女的姓名。廟前有雕成的石碑石獸，碑石極佳，左右兩邊有成行的柏樹，四周密集的鳥群蔭天蔽日。院外西側，有〈思遠靈圖〉，圖西有齋堂；南門外建有兩座石闕，石闕下面，劈山鑿石，壘砌成御路，俯視靈泉宮殿和池水，皎潔有如明鏡。

9 如渾水又南流到了靈泉池，分出一條支流，東南流注入池中。此池東西百步，南北二百步，從前名叫白楊泉，泉邊有白楊樹，因而得名。正像長楊、五柞二宮，也都是因樹木而得名一樣。靈泉池南方朝向舊京，北依方嶺，左右都是平坦的山地。亭臺樓觀聳立有如圖畫，景色映入湖中，猶如三神山在水下的倒影。如渾水又南流經北宮下，這是舊時宮女染織的地方。

10 如渾水又南流，分為兩條：一條西流而出，然後南轉流入北苑裡，穿過幾個池沼，又南流經虎圈東。虎圈是魏太平真君五年（西元四四四年）所建，用以關虎。暮秋季節，皇上親臨虎圈，命令勇士在虎圈裡奮力搏虎，制服猛獸，就同周穆王時勇士高奔戎的事跡相仿。《詩經》說：袒胸露臂活捉猛虎，進獻於公的住所。所以魏有〈捍虎圖〉。又流經平城西的外城內，外城是魏泰常七年（西元四二二年）所建。平城西側外城外面，有郊天壇，天壇東側有「郊天碑」，是建興四年（西元三一六年）所立。水又南轉，流經平城縣老城南。《史記》說：漢高祖先到平城。《史記音義》說：平城縣在鴈門郡，即指此縣。王莽時稱平順。魏天興二年（西元三九九年），遷都到這裡。太和十六年（西元四九二年），拆除了安昌殿等幾座宮殿，興建太極殿、東堂、西堂及朝堂，兩邊建象魏、乾元、中陽、端門、東西二掖門、雲龍、神虎、中華等城門，都配置望樓。東堂以東與太和殿相連接，太和殿東石階下有一座石碑，是太和年間（西元四七七～四九九年）所立。此碑是以洛陽八風谷的黑石建造而成。太和殿東北與紫宮寺相連接，南對承賢門；承賢門南就是皇信堂，此堂四周，畫了古代聖人、忠臣、烈士的人像，在旁邊刻上題記。這是辯章郎彭城張僧達、樂安蔣少游的手筆。皇信堂南對白臺，這座臺非常高大開闊，臺基四周建了圍牆，有複道從裡面上升，國家的圖冊和祕藏典籍，都集中收藏在下面。臺西就是朱明閣，是值班的官員出入所經的地方。水從御街兩旁南流經蓬臺西。魏神瑞三年（西元四一六年），又建白樓，樓極高，上面還加建了觀榭，內外都飾以石粉，皓白耀眼，但也間著些赭紅色，相映愈加分明，所以世人稱為白樓。後來在白樓上放了一面大鼓，每天早晚定時擊鼓，作為城門和街坊諸門開關的信號，叫戒晨鼓。

11 又南流經皇舅寺西，此寺是太師昌黎王馮晉國所建，寺旁有五層的佛塔，塔上的佛像都是拼合青石雕成，再用金銀寶石裝飾，色彩絢麗，燁燁發光。此水又南流經永寧七層寶塔西，寶塔建造得十分精緻美妙，工藝真是天下無雙。又南流，遠遠流出城外郊區，街道旁綠柳成蔭，柔枝拂水，公家和私人都競相開溝引水，灌溉田園，到處布滿了長塘曲池。關於這條支水，真是說也說不完。

12 另一條支水南流經白登山西。服虔說：白登，是個臺名，離平城七里。如淳說：白登是平城旁邊的高城，高大有如丘陵。現在平城東十七里有個高臺，這就是白登臺了。此臺南對一座山岡，這就是白登山。所以《漢書》說，高祖到平城去，登上了白登，這裡就是他被匈奴包圍的地方。孫暢之《述畫》說：漢高祖被圍七日，陳平派畫工畫了美女像，要送給匈奴的單于冒頓。冒頓的皇后怕冒頓戰勝了漢，自己定會失寵，因此勸冒頓解了平城之圍。

13 此水又流經寧先宮東，這就是獻文帝做太上皇時所居的故宮。故宮東邊近處，下面有兩支石柱，這是石虎時鄴城東門的石橋柱。按柱上所刻的字來看，是後趙建武年間（西元三三五～三四八年）所造。因為石柱雕刻得非常精美，就把它移到這裡來了。我任尚書祠部時，與宜都王穆羆一同在北郊祭祀，曾親眼見過這兩支橋柱。柱側雕滿了雲紋，柱上有蟠龍，氣勢磅礡，確實非常精巧，不過與「子丹碑」相比，那就差得遠了。

14 此水又南流經平城縣老城東，這是司州代尹的治所。遷都洛陽後，改司州為恆州。此水左岸有大道壇廟，是始光二年（西元四二五年），少室道士寇謙之倡議修建的。還有其他諸嶽的廟碑，也大多是他撰文樹立的。廟裡的臺階有三層，四周圍著欄杆，上層石階之上，以木材搭成圓形的底基，使它們互相支撐著，上面用木板鋪砌，四周欄杆與臺階曲折相連，上部呈圓形，格局有如明堂。專用房間有四道門，室內設神座，神座右邊擺著玉磬，皇上親自來到靈壇上接受天書。寇謙之被封以天師的尊號，宣揚道教儀式，名重一時。壇的東北，舊時有靜輪宮，是魏神麚四年（西元四三一年）建造，可與柏梁臺等相媲美。臺榭高大寬廣，直上雲霄，要使它上能迎接天外的神仙，下能隔絕塵世的紛擾。太平真君十一年（西元四五〇年），卻又把它拆毀了。事物是不會停滯不變的，靜輪宮被廢棄，白登宮又繼起了。水的右岸有一座三層的佛塔，佛像及佛座都用石材拼砌雕琢而成。裝飾製作都極其富麗堂皇，盡善盡美。東邊城外，太和年間（西元四七七～四九九年），太監宕昌公鉗耳慶時，在東邊水岸上修建了一座佛寺，椽瓦棟梁、臺基牆壁、窗櫺臺階、莊嚴的佛像，以及坐椅門帳等，都是青石雕成。圖像製作精美可觀，只可惜四壁的石板拼合得太粗陋，不夠緊密。庭院中有「祇洹碑」，碑題的大篆寫得不好，不過京城帝都，佛法十分興盛，壯麗的寶塔聳峙相望，佛法東傳，這樣的建築也可稱上乘的了。

15 水從北苑南流而出，流過京城內。太和十年（西元四八六年），河濱兩岸的水邊，都用石塊砌疊得整整齊齊，兩邊的堤塘上，雜樹交織成一片綠蔭，城郭南面，築了兩座石橋，橫架於水上。又南流，從皇上親耕的田地及藥圃以西、明堂以東流過。明堂上圓下方，四周有十二堂九室，但四角不再建屋。室外柱內的天花板下，裝有旋轉的機輪，塗飾成淡青色，仰望象徵天空形狀，上畫北斗七星，以象徵天空。每月隨著北斗七星斗柄所指的位置而旋轉，與天象相對應，這一點與古制不同。明堂上面加建靈臺，下面引水成為天子所設的大學——辟雍，水濱用石塊砌成堤岸，這一切都是以古代的制度為依據，是太和年間（西元四七七～四九九年）建成的。

16 如渾水又南流與武州川水匯合。武州川水發源於縣城西南的山下，兩個源頭都出自同一座山，從兩邊流出，東北流，匯合成一條，北流經武州縣老城西，就是王莽時的桓州。又東北流，右岸匯合黃水。黃水發源於西方的黃阜下，東北流，聖山水注入。聖山水發源於西山，東流注入黃水。黃水又東流注入武州川，又東流經故亭北，右岸匯合火山西溪水。火山西溪水發源於火山，西北流。山上有火井，南北六七十步，寬度略少一尺左右，深不見底，熱氣騰騰，常有像輕雷似的隆隆聲。將草放進去，立即就會冒煙起火。東方朔《神異傳》說：南方有火山，長四十里，寬四五里，山中生長的樹木，都不會燒成灰。晝夜都有火在燃燒，雖然下雨刮大風都不熄滅。火中有鼠，重達百斤，毛長二尺餘，纖細如絲，呈白色。這種老鼠時常會出來，如果追上去向牠澆水，就會把牠澆死。剪下鼠毛織布，叫火浣布。現在這座山大概也是同一類的吧，但山上的草木卻不會燃燒。山上的火因為是從地中噴出，所以又名熒臺。火井以東五六尺，又有湯井，大小與火井差不多，也是一樣熱氣騰騰。但把草投進去，卻不燃燒，只是全都溼漉漉的沾滿露水，所以民間取名為湯井。湯井以東有火井祠，歲時舉行祭祀。

17 井北百餘步，有東谷和西谷，寬約十來步；南崖下有個風洞，洞口大小僅能容得下一個人，深不可測。洞中常有瑟瑟的微風，雖然是三伏酷暑，還需要穿上皮襖。寒風逼人，片刻也不可停留。山上有雛烏，形狀同雅烏差不多，羽毛純黑而帶點紺青的光彩，樣子很好看，啼聲也像雅烏一樣，嘴紅，有如丹砂。這種雛烏生性馴良，人很容易接近，常常被小孩捉住。紅嘴烏也叫阿雛烏，按《小爾雅》，純黑而能反哺的，叫慈烏；形體小而腹下白、不會反哺的叫雅烏；白頸而成群飛翔的，叫燕烏；形體大而白頸的叫蒼烏。《爾雅》說：鸒斯，就是卑居。孫炎說：卑居，是楚國的烏鴉。犍為舍人以為叫壁居。《說文》稱為雅。雅，就是楚國的烏鴉。《莊子》說：雅，就是賈。馬融也說：賈，就是烏鴉。又據〈瑞應圖〉，有三足烏、赤烏、白烏等名，而關於這種雛烏卻沒有記載，因此我特別記下這種奇特的烏鴉。從恆山以北，都有這種烏鴉。

18 火山西溪水又東北流注入武州川水。武州川水又東南流，水邊有石窟寺，還有許多石窟石室，都是尼姑居住的。武州川水又轉而東流經靈巖南。靈巖鑿石開山，在崖壁上建構石窟寺，佛像容相莊嚴雄偉，世上所稀有。山間水邊的佛殿廳堂，寺上輕煙繚繞，彼此相近，舉目即可相望。林間的淵潭明澈如鏡，眺望著這一片景色，真是令人耳目一新。

19 武州川水又往東南流出山間。《魏土地記》所說的：平城西三十里有武州塞口，就是指這裡。支渠往東流出山口，流進苑中，灌溉著那些園圃、池塘和林苑。苑內有洛陽殿，殿北有宮館，有一條水從支渠南流，往東南流出去，火山水注入。火山水發源於火山東溪，往東北流出山，山上有石炭，點上火，燒著了就像木炭一樣熾熱。又東流注入武州川，流經平城縣南，東流注入如渾水。如渾水又南流經班氏縣老城東，就是王莽時的班副。闞駰《十三州志》說：班氏縣在郡城西南一百里，北方民間稱為去留城。如渾水又東南流注入灤水。

20 灤水又東流經平邑縣老城南。趙獻侯十三年（西元前四一一年）在平邑築城。平邑在〈地理志〉中屬代郡，王莽時叫平胡。《十三州志》說：城在高柳南一百八十里，北方民間稱為醜寅城。灤水又東流經沙陵南，原來是曹魏銀礦所在的地方，……灤水又東流經狋氏縣老城北，王莽改名為狋聚。《十三州志》說：狋氏縣在高柳南一百三十里，民間叫苦力干城。

21 灤水又東流經道人縣老城南。〈地理志〉說：就是王莽時的道仁。《地理風俗記》說：開始築此城時，有仙人來此遨遊，城就因此得名。現在城北有個深潭，潭水靜止不流，所以民間稱為平湖。《十三州志》說：道人城在高柳東北八十里，不知是否如此。

22 灤水又東流經陽原縣老城南。〈地理志〉：這是代郡的屬縣。北方民間稱它為比鄃州城。灤水又東流，有安陽水注入。安陽水發源於陽原縣東北的潭中，北方民間稱它為太拔迴水，從潭東南流，注入灤水。灤水又東流經東安陽縣老城北。趙惠文王三年（西元前二九六年），主父武靈王封長子章為代郡安陽君，這裡就是章的封邑。王莽時叫竟安。《地理風俗記》說：五原有個西安陽，因此這裡加個「東」字叫東安陽。

23 灤水又東流經昌平縣，溫水注入。溫水發源於南墳下，三個源頭並發，匯合南流，往東北注入灤水。灤水又東流經昌平縣老城北，就是王莽時的長昌。從前牽招當魏鮮卑校尉，便屯駐在灤水上。灤水又東北流經桑乾縣老城西，又折而流經城北，王莽時改名為安德。《魏土地記》說：代城北九十里有桑乾城，從桑乾城西渡過桑乾水，離城十里，有溫泉，治療疾病有神效。《水經》說灤水流經桑乾縣南，不是的，這裡舉證錯了。建安二十三年（西元二一八年），魏任城王曹彰討伐烏丸，入涿郡，向北直追到桑乾，就是這地方。

24 灤水又東流，有祁夷水注入。祁夷水發源於平舒縣，東流經平舒縣老城南的沼澤。《史記》趙孝成王十九年（西元前二四七年），趙以汾門來交換燕國的平舒。徐廣說：平舒縣在代郡。王莽時改名為平葆。東漢世祖建武七年（西元三一年），把平舒封給揚武將軍馬成為侯國。此水引入許多泉水，匯合成一條川流。《魏土地記》說：代城西九十里有平舒城，西南五里，是代水源泉流出的地方，東北流。說這是代水，卻弄錯了。祁夷水又東北流經蘭亭南，又東北流經石門關北，有一條老路一直通出中山老關口。又東北流，水邊有個老池塘。據《魏土地記》說：代城西南三十里，有代王魚池，池西北有代王臺，東距代城四十里。祁夷水又東北流到了飛狐谷。廣野君酈食其所謂堵塞住飛狐口，即指此。蘇林據酈食其之說，以為飛狐谷在上黨，但與實地相對照卻不是。如淳說：飛狐谷在代郡，這才對了。晉建興年間（西元三一三～三一七年），劉琨從代城出了飛狐口，奔向安次，就是從這條路走的。《魏土地記》說：代城南四十里有飛狐關，關水西北流經南舍亭西，又流經句瑣亭西，往西北注入祁夷水。

25 祁夷水又東北流經代城西。盧植說：初築代城時，築城用的夾板和橫木，一夜之間自動搬移到老代城西南五十里大澤中，形成城牆自衛，並以蘆葦編結了九座城門。於是就以這裡為治所。城呈圓形而不方正，周圍四十七里，開了九座城門，把老城改名為東城。趙滅了代，漢封當時還是王子的孝文帝為代王。梅福在奏事時說：代谷，可說是谷中之地，恆山在其南，北塞在其北，上谷在東，代郡在西。說的就是這裡。王莽時改名為厭狄亭。《魏土地記》說：城內有兩條泉水：一條流出城西門，一條流出城北門，兩條泉水都北流注入代水。祁夷水又東北流，熱水注入。熱水發源於綾羅澤，澤旁有熱水亭。熱水東北流，注入祁夷水。祁夷水又東北流，有谷水注入。谷水發源於昌平縣老城南，又東北流注入祁夷水。祁夷水右岸匯合逆水。逆水發源於將城東，西北流經將城北。將城在代城東北十五里，推想起來可能就是東代，不過還留傳著將城的地名。盧植說：此城剛築成時，夾板和橫木自動搬移了。應劭說：城遷到西南，離開老代城五十里，所以把代城名為東城。也許是輾轉傳抄，造成顛倒錯亂，令人懷疑，但已無法辨明了。逆水又西流，注入祁夷水。之所以稱為逆水，是因為此水西流的緣故。

26 祁夷水東北流經青牛淵，水自淵潭東流注入。據老人們說：有一條潛伏在淵潭中的龍，曾在水邊出現過，形狀有點像青牛，淵潭就因此得名。潭水深不可測，但水邊卻蔓生著許多蓮藕。祁夷水又北流經一座老城西，西距代城五十里，這又使人懷疑它是代郡的東城了，但也搞不清楚。祁夷水又流經昌平郡東，這是魏太和年間（西元四七七～四九九年）所設置，西南距老城六十里。又北流，連水注入。連水發源於雊瞀縣東，西北流經雊瞀縣老城南，又西流經廣昌城南。《魏土地記》說：代城南二百里有廣昌城，南通大嶺。但與實地相對照，卻不是。《十三州記》說：平舒城東九十里有廣平城，可能就是此城。可是探索地名及其情況，按邏輯推斷，卻又不是如此。

[27] 祁夷水又西流經王莽城南，又西流，有到刺山水注入。到刺山水發源於到刺山西山，極其高峻，沒有人曾攀登上山頂。《魏土地記》說：代城東五十里有到刺山，山上產優質大黃。到刺山水北流經一處舊亭東，城北有石人，所以人們稱它為石人城，西北流，注入連水。連水又北流經當城縣老城西。高祖十二年（西元前一九五年），周勃平定了代城，在當城殺了陳豨，就是此處。應劭說：當著桓都山築城，所以叫當城。又流經老代城東，西北流，注入祁夷水。祁夷水西有隨山，山上有神廟，叫女郎祠，是民間所奉祠的。祁夷水又北流經桑乾老城東，北流注於灅水。〈地理志〉說：祁夷水發源於平舒縣，北流到桑乾縣流入灅水。

[28] 灅水又東北流經石山水口。匯合於水口的水發源於南山，北流經空侯城東。《魏土地記》說：代城東北九十里有空侯城，即指此城。此水又東北流，注入灅水。灅水又東流經潘縣老城北，東流與協陽關水匯合。協陽關水發源於協溪。《魏土地記》說：下洛城西南九十里有協陽關，關口的道路西通代郡。此水東北流，經過笄頭山。闞駰說：笄頭山在潘城南，說的就是此山。又北流經潘縣老城，左岸匯合潘泉舊河道，這條舊河道從前在潘城城內承接潘泉。也有人說，舜曾建都於此。《魏土地記》說：下洛城西南四十里有潘城，城的西北三里有歷山，山上有虞舜廟。《十三州記》說：廣平城東北一百一十里有潘縣。〈地理志〉說：王莽改名為樹武。這條泉水，其水道的痕跡寬廣十餘步，東流出城，注入協陽關水。下大雨時就水流通暢，亢旱時就不流了，只有一灘一灘可以洗洗衣服的小水窪罷了。協陽關水又東北流，注入灅水。灅水又東流經雍洛城南。《魏土地記》說：下洛城西南二十里有雍洛城，桑乾水在城南向東流。灅水又東流經下洛縣老

城南，就是王莽時的下忠，也是魏燕州的廣甯縣，廣甯郡的治所就在這裡。《魏土地記》說：廣甯縣離平城五十里，城南二百步有堯廟。濛水又東流經高邑亭北，又東流經三臺北。濛水又東流經無鄉城北。《地理風俗記》說：蕪語稱毛為無，現在已改為宜鄉了。

29 濛水又東流，有溫泉水注入。溫泉水上流在橋山下承接溫泉。《魏土地記》說：下洛城東南四十里有橋山，山下有溫泉，溫泉上面有祭堂。華麗的屋宇，伸出飛簷蔭蔽著水濱。石池裡的溫泉，從底下滔滔地噴湧而上，不論炎夏寒冬，季節如何更替，這溫泉總是始終灼熱不變，能治百病，所以來這裡的人川流不息。池水北流，注入濛水。濛水又東流，左岸在于延水口匯合于延水。于延水發源於塞外柔玄鎮西、長川城南的小山。《山海經》說：梁渠山草木不生，卻多金玉，脩水就發源在這裡。脩水東南流經且如縣老城南。應劭說：當城西北四十里有且如城，是個老縣城。姑且不管城的別稱和地名的改變，光考察城郭的位置，距離就已經差太遠了。〈地理志〉說：且如城是中部都尉的治所。于延水發源於縣北的塞外，就是脩水。

30 脩水又東南流經馬城縣老城北。〈地理志〉說：馬城是東部都尉的治所。《十三州志》說：馬城在高柳東二百四十里。民間把脩水叫做河頭；河頭發源於戎族地區，這不過是鄉土方俗的變名罷了。又東流經零丁城南，右岸匯合延鄉水。延鄉水發源於該縣西山，東流經延陵縣老城北。《地理風俗記》說：當城西北有延陵鄉，是個舊縣城。民間稱為琦城。延鄉水又東流經羅亭，又東流經馬城南，又東流注入脩水。又東南流，在大甯郡北，向右注入雁門水。《山海經》說：雁門水發源於雁門山，雁群從山門飛出。雁門在高柳北，高柳在代中。雁門山重巒疊嶂，高插於雲霞之上，連綿的山脈隱隱綽綽，向東延伸到遼東的邊塞。此水東南流經高柳縣老城北，這是舊時代郡的治所。秦始皇二十三年（西元前二二四年）俘虜了趙王，把趙國領土設立為郡。就是王莽時的厭狄。建武十九年（西元四三年），世祖封給代國丞相堪為侯國。從前牽招在這裡殺了韓忠。高柳城在平城東南六七十里，對代說來是在西北。

31 雁門水又東南流，轉彎流經一座舊城，此城背後依山，前面向著沼澤，北方民間稱為叱險城。雁門水又東南流，轉向東北，積瀦成為深潭，堤岸偏斜呈長形而不方，東北約二十餘里，寬十五里，蘆葦叢生。有敦水注入。敦水發源於西北少咸山的南麓，東流經參合縣老城南。《地理風俗記》說：道人城北五十里有參合鄉，從前是個縣。敦水又東流，有澁水注入。澁水發源於東阜山下，西北流經老城北，民間稱為和堆城。又北流與敦水匯合，向東北亂流，注入雁門水。所以《山海經》說：少咸山，是敦水的發源地，東流注入雁門水。郭景純說：雁門水發源於雁門山，他說的就是此水。

32 雁門水又東北流入陽門山，稱為陽門水，與神泉水匯合。神泉水發源於葦壁北，此水頗有神靈，每當天上黑雲密布，卻又滴雨不下，或亢旱過久的時候，人們就來這裡禱告求雨。神泉水有兩條，人們稱為比連泉。一條東北流經一座老城東，人們稱為石虎城，東北流，注入陽門水。又東流經三會亭北，又東流經西伺道城北，又東流，有託台谷水注入。託台谷水上口在葦壁北承接神泉，東流經陽門山南託台谷，稱為託台水。託台水引入山間的流泉澗水，匯合成滾滾的波濤向東流逝，其間行人須渡水十餘次。接著又東流經三會城南，又東流經託台亭北，又東北流經馬頭亭北，然後往東北注入雁門水。

33 雁門水又東流經大甯郡，北魏太和年間（西元四七七～四九九年）所置，有脩水注入。這就是《山海經》所說的：脩水東流注於雁門水。〈地理志〉有于延水卻沒有雁門水和脩水等水名，《山海經》有雁門水的名稱卻沒有提到于延河。從這裡起直到下游，也都可通稱為于延水了。水邊有桑林，所以時人也把此水稱為藂桑河。這是因為北方桑樹很稀有，到了這裡卻看到有這麼多桑樹，就因而得名了。于延水又東流經岡城南。據《史記》，蔡澤是燕國人，以病辭去相位，秦國封他為岡成君。這裡可能就是他的封邑，人們稱之為武岡城。于延水又東流，左岸與寧川水匯合。寧川水發源於西北，東南流經小甯縣老城西，東南流，注入于延水。

34 于延水又東流，流經小甯縣老城南，這就是〈地理志〉所說的寧縣，是西部都尉的治所。王莽時叫博康。《魏土地記》說：大甯城西二十里有小甯城。從前縣城裡有個人叫班丘仲，住在水邊，在甯城賣藥一百多年，人們都認為他很長壽。後來有一次地震時房屋倒塌，班丘仲與街坊中幾十戶人家都被壓死了。有人把班丘仲的屍體投入于延水中，撿起他的藥去賣。班丘仲披著皮衣跟上來責問，那人嚇壞了，向他叩頭哀求。

班丘仲說：我不恨你，只是特地要讓人們知道我罷了。我去了。後來他當了夫餘王的驛站信使來到甯城，這個地區的人都稱他為謫仙。

35 于延水又東流，有黑城川水注入。黑城川水有三個源頭，出自黑土城西北，這些奇特的泉源匯合起來，成為一條水流，東南流經黑土城西，又東南流經大甯縣西，往南流入延河。延河又東流經大甯縣老城南。〈地理志〉說：大甯就是廣寧，王莽時叫廣康。《魏土地記》說：下洛城西北一百三十里有大甯城。于延水又東南流經茹縣老城北，王莽時稱為穀武，人們叫它如口城。《魏土地記》說：城在鳴雞山西十里，城南有一條康莊大道相通，西行可到達寧川。

36 于延水又東南流經鳴雞山西。《魏土地記》說：下洛城東北三十里有延河東流，北有鳴雞山。《史記》說：趙襄子在夏屋殺了代王，併吞了他的土地，同時派人去代城迎回他的姐姐。他姐姐是代王的夫人。到了這座山，她說：代國已經滅亡了，我將到哪裡去呢？於是就拔下髮髻上的簪子，在山石上磨得鋒利而自殺了。代人憐憫她，為她立祠，並把山名為磨笄山。每天夜晚，有野雞成群地在祠屋上鳴叫，所以又稱鳴雞山。《魏土地記》說：代城東南二十五里有馬頭山，山邊有鐘乳石溶洞。趙襄子既殺害了代王，就接回姐姐。他姐姐是代王夫人。她說：為了弟弟而怠慢了丈夫，這是不仁；為了丈夫而怨恨弟弟，這是不義。就磨簪刺死自己。使者也自殺了。人們憐憫她，為她在山邊建了一座祠廟，因此把那座山叫磨笄山。不知哪一種說法是正確的。

37 于延水又南流經且居縣老城南，就是王莽時的久居。于延水東南流，注入瀔水。〈地理志〉說：于延水東流到了廣寧注入沽水，這是弄錯了。

又東過涿鹿縣北，

38 涿水發源於涿鹿山，人們稱為張公泉，東北流經涿鹿縣老城南，就是王莽時的抪陸。黃帝與蚩尤在涿鹿的曠野作戰，把他的百姓留在涿鹿的山彎裡，就是這地方。涿水又東北流，與阪泉相匯合。阪泉發源於涿鹿縣的東泉。《魏土地記》說：下洛城東南六十里有涿鹿城，城東一里有阪泉，泉上有黃帝祠。《晉太康地理記》說：阪泉也是個地名。泉水東北流，與蚩尤泉匯合。蚩尤泉發源於蚩尤城，城的東面沒有修築城牆。《魏土地記》說，涿鹿城東南六里有蚩尤城。蚩尤泉深沉而不流動，大雨連綿，泉水滿溢就注入阪泉，往東北亂流，注入涿水。涿水又東流經平原郡南，魏把平原的百姓遷移到這裡居住，所以設立僑郡，收留流民雜戶。涿水又東北流經祚亭北，往東北流入㶟水。也有人說涿水分支流入匈奴，叫涿邪水。地理情況有的明顯，有的隱晦，很難弄得清楚，不是都能知道的。㶟水又東南流，左岸匯合清夷水，也叫滄河。清夷水發源於長亭南，西流經北城村老城北，又西北流，有平鄉川水注入。平鄉川水發源於平鄉亭西，西北流注入清夷水。清夷水又西北流經陰莫亭，此亭在居庸縣南十里。清夷水又西流，匯合牧牛山水。《魏土地記》說：沮陽城東八十里有牧牛山，山下有九十九泉，就是滄河的上源。牧牛山在居庸縣東北三十里，山上有道武皇帝廟。老人們說：山下有一百道泉眼紛紛流湧而出，有一頭毛色斑駁的神牛從山上下來，把一條泉水飲乾了，山即因此得名。現在山下流出的九十九泉，積聚成為一條川流，西南流，有谷水與浮圖溝水注入。這兩條水都發源於夷輿縣老城西南，王莽時名為朔調亭。這兩條水都西南流，注入滄水。滄水又西南流，右岸匯合地裂溝。老人們說：晉朝時候地裂，把這地方分隔開來，形成溝壑。有一條小水，民間稱為分界水，南流注入滄河。滄河又西流經居庸縣老城南，這裡是魏上谷郡的治所。從前劉虞攻打公孫瓚攻不下來，退回北方防守此城，結果被公孫瓚所俘。滄河在這裡有粟水注入。粟水發源於居庸縣境內，縣城西面瀨水。又折而流經縣南，南流注入滄河。

39 滄河又西流，右岸與陽溝水匯合。陽溝水發源於居庸縣東北，西南流經居庸縣老城北，西流經大翮山和小翮山南。這些高聳的山峰攔截飛雲，層沓的岡巒阻斷朝霧，這兩座高峰風姿秀麗，高高挺拔於群峰之上。郡人王次仲，年少時就胸懷大志，到二十來歲時，把蒼頡的古文字改為今日的隸書。秦始皇時，政務繁忙，因次仲所改的文字簡易，便於記錄要事，以為他是個奇才，召他入朝，但三次徵召他都不來。王次仲遵循本性，懷抱道心，專精占卜及陰陽五行之術，達於至深至善之境。秦始皇對他的不恭感到非常震怒，下令用囚車把他解押進京。王次仲剛上路，就變成一隻大鳥，從囚車裡出來，展翅奮飛而去，在這座山上掉下兩片羽毛，因此這裡的山峰就有了大翮、小翮的名稱。《魏土地記》說：沮陽城東北六十里有大翮山和小翮山，山上的神靈叫大翮神。這座山上的祠廟東邊有溫湯水口。這座山在居庸縣城西北二十里，山峰高四十里，上面的廟就是王次仲廟。山的右邊有溫泉，能治百病，溫泉流出的山麓，民間叫土亭山。這裡的溫泉，要比別處的溫泉熱好幾倍，把腳伸下去，便會燙爛。治病的人必須先把溫泉引到別處，待稍涼後方才可使用。說溫泉在大翮山以東是弄錯了。

40 此水東南流，左岸匯合陽溝水，亂流往南注入滄河。滄河又在左岸流到清夷水口。《魏土地記》說：牧牛泉西流，與清夷水匯合，說的就是這條水。從這裡直到下游，兩條水都可以互相通稱了。清夷水又西流，有靈亭水注入。靈亭水發源於馬蘭西澤，許多泉流匯集到沼澤中來，沼澤中積聚的水，又形成溝渠。渠水又在左岸與馬蘭溪水匯合。馬蘭溪水的源頭出於馬蘭城，此城北面依山，靠著山彎和小溪，居民引用的水完全倚賴這條溪水。溪水南流出城，往東南注入澤水。澤水又南流經靈亭北，又轉彎流經靈亭東，王次仲化身為鳥時掉的羽毛就是在這裡飄落的，所以這座亭有靈亭的稱呼。靈亭水又南流，注入清夷水。

41 清夷水又西流與泉溝水匯合。泉溝水的源頭出自河川以南的平地上，北流注入清夷水。清夷水又西南流，匯合了桓公泉。齊桓公稱霸時，北伐山戎，途經孤竹西征，從極其艱險難行的山徑，登上卑耳山最西的山峰，水也因此得名了。桓公泉發源於沮陽縣東，西北流，注入清夷水。清夷水又西流經沮陽縣老城北，秦時上谷郡的治所就在這裡。王莽時改郡名為朔調，縣名叫沮陰。闞駰說：涿鹿東北到上谷城六十里。《魏土地記》說：城北有清夷水西流，即指此水。清夷水又轉彎流經城西，南流注入灤水。灤水南流到馬陘山，叫落馬洪。

又東南出山，

42 灤水又南流出山，成為一條高達十餘丈的瀑布，從高崖飛瀉直下，發出轟隆巨響，注入深壑，叫落馬洪。這水也同孟門這樣的險流差不多。灤水從南方出山，稱為清泉河，民間也叫千水，其實是不對的。灤水又東南流經良鄉縣北境，流經梁山南，高梁水在這裡分支而出。

過廣陽薊縣北，

43 灅水又東流經廣陽縣老城北。謝承《後漢書》說：世祖與銚期出了薊縣，來到廣陽，想到南方去，說的就是這座城，稱為小廣陽。灅水又東北流經薊縣老城南。《魏土地記》說：薊城南七里有清泉河，並不流經縣北，《水經》弄錯了。從前周武王把堯的後裔封在薊城，現在城內西北角有薊丘，城便是依此丘而命名的。正像魯國的曲阜、齊國的營丘一樣。這也是周武王封給召公的故國。秦始皇二十三年（西元前二二四年）滅了燕國，立為廣陽郡。漢高帝將它封給盧綰，號為燕王，改名為燕國。王莽時改郡名為廣有，縣叫代戎。城內有萬載宮、光明殿，東掖門下面，是舊時慕容儁立銅馬像之處。從前慕容廆有一匹駿馬，毛色赭紅間著皎白，狀貌奇特而有神力。到慕容儁光壽元年（西元三五七年），馬齡已四十九歲了，但奔跑神速，仍不減當年。慕容儁覺得牠很奇特，可與鮑宣的驄馬相比，便下令為牠鑄造銅像，並親自撰寫讚頌之辭，刻於像旁。銅像鑄成之後，馬卻死了。

44 大城東門內路左，有「魏征北將軍建成鄉景侯劉靖碑」。晉司隸校尉王密向朝廷上表，稱頌劉靖對百姓有功，應當立祠供奉。於是在元康四年（西元二九四年）九月二十日為他刻石立碑，使其揚名後世。灅水又東流與洗馬溝水匯合。洗馬溝水上流承接薊水，西流注入大湖。大湖有兩個源頭，水源都出自薊縣的西北方，泉水在平地漫流，匯聚成城西的大湖。大湖東西二里，南北三里，是燕國舊時的池塘。碧綠的湖水澄澈平靜，在亭子裡縱目遠眺，也是觀光遊覽的佳勝之地。湖水東流叫洗馬溝，傍著城的南門東流。這是從前銚期持戟奮力驅散圍觀民眾，為光武帝開路的地方。洗馬溝水又東流注入灅水。

45 灅水又東流經燕王陵南。這座陵墓有一條地下暗道，往西北通出薊城。景明年間（西元五〇〇～五〇三年），築佛塔，建佛寺，挖掘地基時發現了這條暗道。這裡是王府的禁地，無人敢來探尋。暗道通往薊城西北的大陵，那是兩座墳墓，基址十分堅固，陵墓也還很高大雄偉，卻不知是哪位帝王的陵墓。灅水又東南流，有高梁水注入。高梁水發源於薊城西北的平地，泉水東流經燕王陵北，又東流經薊城北，又東南流。《魏土地記》說：薊東十里有高梁水。高梁水又東南注入灅水。

又東至漁陽雍奴縣西，入笥溝。

46 漢光武帝建武二年（西元二六年），封潁川太守寇恂為雍奴侯。曹魏派張郃、樂進去包圍雍奴，就是此城。

笥溝，是潞水的別名。《魏土地記》說：清泉河上口承接桑乾河，東流與潞河匯合。㶟水東流進入漁陽，到處分出支流，所以俗諺說：高梁水上游沒有源頭，清泉河下游沒有盡頭。因為高梁水流細水淺，只是勉強能流通，靠著這些細流，方才形成田間的溝渠。清泉河流到潞縣，到處分支流出，水流也更細更小，分散漫流，連找也找不到了。

【研　析】〈㶟水〉是《水經注》全書中小水大篇的主要例子，這是因為此水流經北魏舊都平城之故。北魏遷都以前的京城盛況，為酈氏所目睹。《注》文從「魏天興二年，遷都于此」始，是至今尚存的記敘北魏舊都最詳盡的文獻。而平城附近地區，在前所引《燕書》建興十年下，也詳細描述，備載無遺。全《注》引用文獻甚多，特別是《魏土地記》，指名引及的就多達二十七次。故此卷是今日研究北魏舊都最珍貴的資料。

卷十四

濕餘水 沽河 鮑丘水 濡水 大遼水 小遼水 涓水

【題解】 濕餘水在《水經注》的不同版本中作漯餘水。譚其驤主編《中國歷史地圖集》及鄭德坤《重編水經注圖・總圖部分》（附於吳天任《酈學研究史》及陳橋驛《水經注全譯》下冊卷末）也均作漯餘水。在中國其他古籍中，此水也有作溫水、溫餘水、溫榆河等名稱的。濕餘水今稱溫榆河，其上游有北沙河、蘭溝等支流，南流東折，在通縣以東匯合潮白河。現在的潮白河在密雲水庫以北，支流眾多，如潮河、湯河、黑河、白河等，都是《水經注》所記載的。其中最清楚的是濕餘水，在比例尺較大的地圖上，仍然繪有此河。例如侯仁之主編的《北京歷史地圖集》（北京出版社，一九八八年出版）的北朝（北魏）圖上，就繪入此河。

沽河即今白河，在密雲縣附近與潮河匯合，稱為潮白河，全長一百七十餘公里，流域面積九千餘平方公里。

鮑丘水今稱湯河，是白河支流，全長一百一十餘公里，流域面積約一千四百平方公里。《注》文記及：「又東南流與溫泉水合。水出北山溫溪，即溫源也。」至今沿湯河，仍有不少溫泉。

濡水今稱灤河，與上述濕餘水等無關，是一條獨流入海的河流，全長八百八十餘公里，流域面積約四萬五千平方公里。《水經注》記敘的濡水，其中有不少錯誤，清乾隆帝曾為此派人實地考察，並自己動手寫了〈熱河考〉、〈灤河濡水源考證〉，糾正了《水經注》的錯誤。戴震在殿本的〈校上案語〉中特指出此事，殿本卷首並附載了乾隆的這幾篇文章。

大遼水即今遼河，是中國東北南部的最長河流，全長一千四百餘公里，流域面積十九萬餘平方公里，水系發育，支流眾多，歷史上河道變遷頻繁。

小遼水即今渾河，全長四百餘公里，流域面積一萬一千餘平方公里，古代的大遼水曾與小遼水匯合，從今渾河下游河道入海。今已分流，遼河在盤山以南入海，渾河在營口以南入海，互不相干。

浿水是《水經注》記載的當時的域外河流。中國古籍記及浿水的不少，但所記互不相同，浿水為今朝鮮何水，歷來也有不同見解。《水經》說：「浿水出樂浪鏤方縣，東南過臨浿縣，東入於海。」這肯定是錯誤的。中國大陸的主要河流，都是西東流向而東入於海，但朝鮮與此相反，主要大河都是東西流向而西入於海。《水經》作者按中國情況想當然地記敘朝鮮河流，所以鑄成大錯。酈道元在《注》文中駁斥了《經》文的錯誤，為了弄清事實，他特地訪問了當時朝鮮到北魏聘問的使節，基本上考定了這條河流。參閱陳橋驛〈水經·浿水篇箋校——兼考中國古籍記載的朝鮮河流〉，載《韓國研究》（杭州大學出版社，一九九五年出版），又收入於《水經注研究四集》（杭州出版社，二〇〇三年出版）。

濕餘水

濕餘水出上谷居庸關東，

關在沮陽城東南六十里居庸界，故關名矣。更始使者入上谷，耿況迎之于居庸關，即是關也。其水導源關山，南流歷故關下。溪之東岸有石室三層，其戶牖扇扉，悉石也，蓋故關之候臺矣。南則絕谷，累石為關垣，崇墉峻壁，非輕功可舉。山岫層深，側道褊狹，林鄣邃險，路才容軌，曉禽暮獸，寒鳴相和，羈官遊子，聆之者莫不傷思矣。其水歷山南逕軍都縣界，又謂之軍都關❶。《續漢書》曰：尚書盧植隱上谷軍都山是也。其水南流出關，謂之下口，水流潛伏十許里也。

東流過軍都縣南，又東流過薊縣北，

濕餘水故瀆東逕軍都縣故城南，又東，重源潛發，積而為潭，謂之濕餘潭。又東流，易荊水注之。其水導源西北千蓼泉，亦曰丁蓼水，東南流逕郁山西，謂之易荊水。公孫瓚之敗于鮑丘也，走保易荊，疑阻此水也。易荊水又東，左合虎眼泉水，出平川，東南流入易荊水。又東南與孤山之水合。水發川左，導源孤山，東南流入易荊水，謂之塔界水。又東逕薊城，又東逕昌平縣故城南，又謂之昌平水。《魏土地記》曰：薊城東北百四十里有昌平城，城西有昌平河，又東流注濕餘水。濕餘水又東南流，左合芹城水。水出北山，南逕芹城，東南流注濕餘水。濕餘水又東南流逕安樂故城西，更始使謁者韓鴻北徇，承制拜吳漢為安樂令，即此城也。

又北屈東南至狐奴縣西，入于沽河。

昔彭寵使狐奴令王梁南助光武，起兵自是縣矣。濕餘水於縣西南東入沽河。

故〈地理志〉曰：濕餘水自軍都縣東至潞南入沽是也。

【注釋】❶軍都關　此處有佚文一條。《通鑑》卷一五〇〈梁紀〉六「武帝普通六年」（譚屯居庸關）胡注引《水經注》：「軍都關在居庸山西。」當是此段下佚文。

【語譯】**濕餘水出上谷居庸關東，**

居庸關在沮陽城東南六十里居庸縣的邊界上，關即因此得名。更始帝的使者進入上谷，耿況在居庸關迎接他，指的就是此關。濕餘水發源於這座關口的山上，南流經古關之下。溪澗東岸有個三層的石室，石室的門窗及其框架，完全是巖石鑿成的，原來是這座古關的瞭望臺。南邊是極深的峽谷，用石塊砌成關隘的城牆，牆高壁峭，可不是一項輕易可以完成的工程。這裡峰巒層疊，絕谷淵深，密林巖嶂又深又險，狹窄的山徑僅能容得下一輛車子。早晨的山鳥，黃昏的野獸，在寒風中哀鳴應和；他鄉任職的官員和旅人，聽到了沒有不引起思鄉的傷感的。濕餘水流過山南，流經軍都縣邊界，這裡也有個關口，叫軍都關。《續漢書》說：尚書盧植隱居於上谷郡軍都山，即指此處。此水南流出關，關口稱為下口。水到這裡就潛入地下，伏流十來里。

東流過軍都縣南，又東流過薊縣北，

濕餘水舊河道東流經軍都縣老城南，又東，潛流地下的水源又重新流出地面，積聚成潭，叫濕餘潭。又東流，有易荊水注入。易荊水發源於西北方的千蓼泉，也稱丁蓼水，東南流經郁山西，稱為易荊水。公孫瓚在鮑丘打了敗仗，企圖退回易荊固守，可能即被此水所阻。易荊水又東流，左岸匯合虎眼泉水。虎眼泉水發源於平原上，東南流匯入易荊水。易荊水又東南流，與孤山水匯合。孤山水出自平原之東，發源於孤山，東南流匯入易荊水，稱為塔界水。塔界水又東流經薊城，又東流經昌平縣老城南，又稱為昌平水。《魏土地記》說：薊城東北一百四十里有昌平城，城西有昌平河，昌平河又東流注入濕餘水。濕餘水又東南流，左岸匯合芹城水。芹城水發源於北山，南流經芹城，東南流注入濕餘水。濕餘水又東南流經安樂縣老城西。更始帝派謁者韓鴻往北方巡視，奉命任吳漢為安樂縣縣令，就是此城。

又北屈東南至狐奴縣西，入于沽河。

從前彭寵敦促狐奴縣縣令王梁，協助南方的光武帝，就是自此縣起兵的。濕餘水在狐奴縣西南，東流注入沽河。所以〈地理志〉說：濕餘水從軍都縣東流，到潞縣後，南流注入沽河。

沽河

沽河從塞外來，

1 沽河出禦夷鎮西北九十里丹花嶺下，東南流，大谷水注之。水發鎮北大谷溪，西南流，逕獨石北界。石孤生，不因阿而自峙。又南，九源水注之。水導北川，左右翼注，八川共成一水，故有九源之稱。其水南流，至獨石注大谷水。大谷水又南逕獨石西，又南逕禦夷鎮城西，魏太和中，置以捍北狄也。又東南，尖谷水注之。水源出鎮城東北尖溪，西南流逕鎮城東，西南流注大谷水，亂流南注沽水。又南出峽，夾岸有二城，世謂之獨固門。以其藉險憑固，易為依据。巖壁升聳，疎通若門，故得是名也。沽水又南，左合乾溪水，引北川西南逕一故亭東，又西南注沽水。沽水又西南逕赤城東。趙建武年，并州刺史王霸為燕所敗，退保此城。城在山阜之上，下枕深隍，溪水之名，藉以變稱，故河有赤城之號矣。沽水又東南與鵠谷水合，水有二源，南即陽樂水也，出且居縣。〈地理志〉曰：水出縣東，南流逕大翮山、小翮山北，歷女祁縣故城南。〈地理志〉曰：東部都尉治，王莽之祁縣也。世謂之橫水，又謂之陽田河。

2 又東南逕一故亭，又東，左與候鹵水合。水出西北山，東南流逕候鹵城北。城在居庸縣西北二百里，故名云候鹵，太和中，更名禦夷鎮。又東南流注陽樂水。陽樂水又東南傍狼山南，山石白色特上，亭亭孤立，超出群山之表。又東南逕溫泉東，泉在山曲之中。又逕赤城西，屈逕其城南，東南入赤城河。河水又東南，右合高峰水，水出高峰戍東南，城在山上，其水西南流，又屈而東南，入沽水。

3 沽水又西南流出山，逕漁陽縣故城西，而南合七度水。水出北山黃頒谷，故亦謂之黃頒水，東南流注於沽水。沽水又南，漁水注之。水出縣東南平地泉流，西逕漁陽縣故城南。應劭曰：在漁水之陽也。考諸地說，則無聞；脈水尋川，則有自。今城在斯水之陽，有符應說，漁陽之名當屬此。秦發閭左戍漁陽，即是城也。漁水又西南入沽水。沽水又南與螺山之水合。水出漁陽城南小山。《魏土地記》曰：城南五里有螺山，其水西南入沽水。沽水又南，逕安樂縣故城東。

《晉書・地道記》曰：晉封劉禪為公國。俗謂之西潞水也。

南過漁陽狐奴縣北，西南與濕餘水合，為潞河；

4 沽水西南流逕狐奴山西，又南逕狐奴縣故城西。漁陽太守張堪，于縣開稻田，教民種殖，百姓得以殷富。童謠歌曰：桑無附枝，麥秀兩岐。張君為政，樂不可支。視事八年，匈奴不敢犯塞。

5 沽水又南，陽重溝水注之。水出狐奴山，南轉逕狐奴城西，王莽之所謂舉符也。側城南注，右會沽水。沽水又南，濕餘水注之。沽水又南，左會鮑丘水，世所謂東潞也。沽水又南逕潞縣，為潞河。《魏土地記》曰：城西三十里有潞河是也。

又東南至雍奴縣西，為笥溝；

6 灅水入焉，俗謂之合口也。又東，鮑丘水於縣西北而東出。

又東南至泉州縣，與清河合，東入於海。清河者，派河尾也。

7 沽河又東南逕泉州縣故城東，王莽之泉調也。沽水又東南合清河，今無水。清、淇、漳、洹、滱、易、涞、濡、沽、滹沱，同歸于海。故《經》曰派河尾也。

【語譯】沽河從塞外來，

1 沽河發源於禦夷鎮西北九十里的丹花嶺下，東南流，有大谷水注入。大谷水發源於禦夷鎮北方的大谷溪，西南流，經獨石北方邊界。這裡有一塊巨石，不依附於丘陵，而孤零零地矗立於平原上。大谷水又南流，有九源水注入。九源水發源於北方的溪澗，從左右兩岸流來，八條溪流共同匯合為一條，因此有九源之稱。九源水南流到獨石，注入大谷水。大谷水又南流經獨石西，又南流經禦夷鎮城西。此鎮是魏太和年間（西元四七七～四九九年）為防禦北狄入侵而設置的。大谷水又東南流，有尖谷水注入。尖谷水源出鎮城東北的尖溪，西南流經鎮城東，西南流，注入大谷水，然後亂流往南注入沽水。沽水又往南流出峽谷，有兩座城夾岸對峙，世人稱為獨固門，因為二城依靠險要的地形，易於防守。兩邊巖壁高聳，一水流過其間，狀如門戶，就因而得名了。沽水又南流，左岸匯合乾溪水。乾溪水引了北川往西南流經一個舊亭東，又西南流，注入沽水。沽水又西南流經赤城東。後趙建武年間（西元三三五～三四八年），并州刺史王霸被前燕打敗，退回此城堅守。赤城在山丘上，城下便是深澗，溪名因城名而改變，所以這條水也叫赤城河了。沽水又東南流，與鵲谷水匯合。鵲谷水有兩個源頭，南邊的一條叫陽樂水，發源於且居縣。〈地理志〉說：陽樂水發源於且居縣東，南流經大翮山、小翮山北，流過女祁縣老城南。〈地理志〉說：這是東部都尉的治所。王莽時叫祁縣。世人稱陽樂水為橫水，又叫陽田河。

2 陽樂水又東南流經一個舊亭，又東流，左岸與候鹵水匯合。候鹵水發源於西北山上，東南流經候鹵城北。候鹵城在居庸縣西北二百里，所以名叫候鹵。太和年間（西元四七七～四九九年），改名為禦夷鎮。又東南流，注入陽樂水。陽樂水又傍著狼山南麓東南流，山上巖石呈白色，孤峰亭亭聳立，高出群山之上。陽樂水又東南流經溫泉東，溫泉在山彎裡面。又流經赤城西，折而流經城南，往東南流入赤城河。赤城河又東南流，右岸匯合高峰水。高峰水發源於高峰戍城東南。城堡在山上，高峰水西南流，又折而東南流，注入沽水。

3 沽水又往西南流出山間，流經漁陽縣老城西，然後南流與七度水匯合。七度水發源於北山的黃頒谷，所以水也叫黃頒水，東南流注入沽水。沽水又南流，有漁水注入。漁水是一條發源於漁陽縣東南平地上的泉流，往西流經漁陽縣老城南。應劭說：漁陽在漁水之北。查閱各種地理著作，卻沒有看到這樣的記載；但對河流作實地考察，卻又確實是有根有據的。現在漁陽城也確在漁水之北，與應劭的說法相符，漁陽一名應當是指這裡的了。秦調派鄉里貧民駐守漁陽，指的就是此城。漁水又西南流，注入沽水。沽水又南流，與螺山水匯合。螺山水發源於漁陽城南小山。《魏土地記》說：城南五里有螺山，螺山水往西南流入沽水。沽水又南流經安樂縣老城東。《晉書・地道記》說：晉將安樂縣封給劉禪為公國。民間又稱沽水為西潞水。

南過漁陽狐奴縣北，西南與濕餘水合，為潞河；

4 沽水西南流經狐奴山西，又南流經狐奴縣老城西。漁陽郡太守張堪，在縣裡開墾稻田，教百姓種植水稻，百姓因此富裕起來。童謠唱道：桑樹沒有弱枝，雙穗的麥子茁壯生長。張太守施政為民，老百姓喜氣洋洋。張堪督察政事八年，匈奴不敢侵犯邊塞。

5 沽水又南流，有陽重溝水注入。陽重溝水發源於狐奴山，南轉而流經狐奴城西，就是王莽時所稱的舉符。溝水沿著城邊南流，在右岸匯合沽水。沽水又南流，有濕餘水注入。沽水又南流，左岸匯合鮑丘水，就是人們所說的東潞水。沽水又南流經潞縣，稱為潞河。《魏土地記》說：城西三十里有潞河，即指此水。

又東南至雍奴縣西，為笥溝；

6 灤水在這裡注入，民間稱匯流處為合口。沽水又東流，鮑丘水在縣城西北向東流去。

又東南至泉州縣，與清河合，東入於海。清河者，派河尾也。

7 沽河又東南流經泉州縣老城東，就是王莽時的泉調。沽水又東南流，與清河匯合，現在已經乾涸無水了。清河、淇水、漳水、洹水、滱水、易水、涞水、濡水、沽水、滹沱水，這幾條水都一同流入大海。所以《水經》說：清河是眾河的末尾。

鮑丘水

1 **鮑丘水從塞外來，南過漁陽縣東，**

鮑丘水出御夷北塞中，南流逕九莊嶺東，俗謂之大榆河。又南逕鎮東南九十里西密雲戍西，又南，左合道人溪水。水出北川，南流逕孔山西，又歷密雲戍東，左合孟廣硎水。水出硎下，硎甚層峻，峨峨冠眾山之表。其水西逕孔山南，上有洞穴開明，故土俗以孔山流稱。硎水又西南至密雲戍東，西注道人水，亂流西南逕密雲戍城南，右會大榆河。有東密雲，故是城言西矣。大榆河又東南流，白楊泉水注之，北發白楊溪，望離，右注大榆河。又東南，龍芻溪水自坎注之❶。大榆河又東南出峽，逕安州舊漁陽郡之滑鹽縣南，左合縣之北溪水。水出縣北廣長塹南，太和中，掘此以防北狄。其水南流逕滑鹽縣故城東，王莽更名匡德也。漢明帝改曰鹽田，右承治，世謂之斛鹽城，西北去御夷鎮二百里。南注鮑丘水，又南逕傂奚縣故城東，王莽更之曰敦德也。鮑丘水又西南逕獷平縣故城東，王莽之所謂平獷也。又南合三城水，水出臼里山，西逕三城，謂之三城水。又逕香陘山，山上悉生藁本香，世故名焉。又西逕石窟南。窟內寬廣，行者依焉。窟內有水，淵而不流，棲薄者取給焉。又西北逕伏凌山南，與石門水合。水出伏凌山，山高峻，巖鄣寒深，陰崖積雪，凝冰夏結，事同〈離騷〉峨峨之詠，故世人因以名山也。一水西南流注之，是水有桑谷之名，蓋沿出桑溪故也。又西南逕獷平城東南，而右注鮑丘水。鮑丘水又東南逕漁陽縣故城南，漁陽郡治也。秦始皇二十二年置，王莽更名通潞，縣曰得漁。鮑丘水又西南流，公孫瓚既害劉虞，烏丸思劉氏之德，迎其子和，合眾十萬，破瓚于是水之上，斬首一萬。鮑丘水又西南歷狐奴城東，又西南流注于沽河，亂流而南。

2

又南過潞縣西，

鮑丘水入潞，通得潞河之稱矣。高梁水注之。水首受灅水於戾陵堰，水北有梁山，山有燕刺王旦之陵，故以戾陵名堰。水自堰枝分，東逕梁山南，又東北逕「劉靖碑」北。其詞云：魏使持節、都督河北道諸軍事、征北將軍、建城鄉侯沛國劉靖，字文恭，登梁山以觀源流，相灅水以度形勢。嘉武安之通渠，羨秦民之殷富。乃使帳下丁鴻，督軍士千人，以嘉平二年，立遏於水，導高梁河，造戾陵遏，開車箱渠。其遏表云：高梁河水者，出自并州，潞河之別源也。長岸峻固，直截中流，積石籠以為主遏，高一丈，東西長三十丈，南北廣七十餘步。依北岸立水門，門廣四丈，立水十丈❷。山水暴發，則乘遏東下；平流守常，則自門北入。灌田歲二千頃。凡所封地，百餘萬畝。至景元三年辛酉，詔書以民食轉廣，陸廢不贍。遣謁者樊晨更制水門，限田千頃，刻地四千三百一十六頃，出給郡縣，改定田五千九百三十頃。水流乘車箱渠，自薊西北逕昌平，東盡漁陽潞縣，凡所潤含，四五百里。所灌田萬有餘頃。高下孔齊，原隰底平，疏之斯溉，決之斯散，導渠口以為濤門，灑滮池以為甘澤，施加于當時，敷被於後世。

3 晉元康四年，君少子驍騎將軍平鄉侯弘，受命使持節監幽州諸軍事，領護烏丸校尉寧朔將軍，遏立積三十六載，至五年夏六月，洪水暴出，毀損四分之三，剩北岸七十餘丈，上渠車箱，所在漫溢，追惟前立遏之勳，親臨山川，指授規略。命司馬關內侯逄惲，內外將士二千人，起長岸，立石渠，脩主遏，治水門。門廣四丈，立水五尺，興復載利，通塞之宜，準遵舊制。凡用功四萬有餘焉。諸部王侯，不召而自至，繈負而事者，蓋數千人。《詩》❸載經始勿亟，《易》❹稱民忘其勞，斯之謂乎。於是二府文武之士，感秦國思鄭渠之績，魏人置豹祀之義，乃遐慕仁政，追述成功。元康五年十月十一日，刊石立表，以紀勳烈，并記遏制度，永為後式焉。事見其碑辭。

4 又東南流，逕薊縣北，又東至潞縣，注於鮑丘水。又南逕潞縣故城西，王莽之通潞亭也。漢光武遣吳漢、耿弇等破銅馬、五幡于潞東，謂是縣也。屈而東南流，逕潞城南，世祖拜彭寵為漁陽太守，治此。寵叛，光武遣游擊將軍鄧隆伐之，軍於是水之南。光武策其必敗，果為寵所破。遺壁故壘存焉。鮑丘水又東南入夏澤，澤南紆曲渚十餘里，北佩謙澤，眇望無垠也。

又南至雍奴縣北，屈東入於海。

5 鮑丘水自雍奴縣故城西北，舊分笥溝水東出。今笥溝水斷，眾川東注，混同一瀆，東逕其縣北，又東與泃河合。水出右北平無終縣西山白楊谷，西北流逕平谷縣，屈西南流，獨樂水入焉。水出北抱犢固南，逕平谷縣故城東。後漢建武元年，光武遣十二將，追大槍、五幡及平谷，大破之於是縣也。其水南流入於泃。

6 泃水又左合盤山水。水出山上，其山峻險，人跡罕交。去山三十許里，望山上水，可高二十餘里。素湍皓然，頹波歷溪，沿流而下，自西北轉注于泃水。泃水又東南逕平谷縣故城，東南與洳河會。水出北山，山在傂奚縣故城東南。

東南流逕博陸故城北，又屈逕其城東，世謂之平陸城，非也。漢武帝璽書，封大司馬霍光為侯國。文穎曰：博大陸平，取其嘉名而無其縣，食邑北海、河東。薛瓚曰：按漁陽有博陸城，謂此也。今城在且居山之陽，處平陸之上，帀帶川流，面據四水，文氏所謂無縣目，嘉美名也。洳水又東南流逕平谷縣故城西，而東南流注於泃河。

7 泃河又南逕紲城東，而南合五百溝水。水出七山北，東逕平谷縣之紲城南，東入于泃河。泃河又東南逕臨泃城北，屈而歷其城東，側城南出。《竹書紀年》：梁惠成王十六年，齊師及燕戰於泃水，齊師遁，即是水也。泃水又南，入鮑丘水。

8 鮑丘水又東，合泉州渠口，故瀆上承滹沱水於泉州縣，故以泉州為名。北逕泉州縣東，又北逕雍奴縣東，西去雍奴故城百二十里。自滹沱北入其下，歷水澤百八十里，入鮑丘河，謂之泉州口。陳壽《魏志》曰：曹太祖以蹋頓擾邊，將征之，從泃口鑿渠逕雍奴、泉州以通河海者也。今無水。鮑丘水又東，庚水注之。水出右北平徐無縣北塞中，而南流歷徐無山得黑牛谷水，又得沙谷水，竝西出山，東流注庚水。昔田子泰避難居之，眾至五千家。

9 《開山圖》曰：山出不灰之木，生火之石。按〈注〉云：其木色黑似炭而無葉，有石赤色如丹，以二石相磨，則火發，以然無灰之木，可以終身。今則無之。其水又逕徐無縣故城東，王莽之北順亭也。《魏土地記》曰：右北平城東北百一十里有徐無城。其水又西南與周盧溪水合。水出徐無山，東南流注庚水。庚水又西南流，灅水注之。水出右北平俊靡縣，王莽之俊麻也。東南流，世謂之車軬水。又東南流與溫泉水合。水出北山溫溪，即溫源也。養疾者不能澡其炎漂，以其過灼故也。《魏土地記》曰：徐無城東有溫湯，即此也。其水南流百步，便伏流入于地下，水盛則通注。

10 灅水又東南逕石門峽，山高嶄絕，壁立洞開，俗謂之石門口。漢中平四年，漁陽張純反，殺右北平太守劉政、遼東太守陽紘。中平五年，詔中郎將孟益率公孫瓚討純，戰于石門，大破之。灅水又東南流，謂之北黃水，又屈而為南黃水。又西南逕無終山，即帛仲理所合神丹處也。又于是山作金五千斤以救百姓。

11 山有陽翁伯玉田，在縣西北有陽公壇社，即陽公之故居也。《搜神記》曰：雍伯，洛陽人，至性篤孝，父母終歿，葬之於無終山。山高八十里，而上無水，雍伯置飲焉，有人就飲，與石一斗，令種之，玉生其田。北平徐氏有女，雍伯求之，要以白璧一雙。媒者致命，伯至玉田求得五雙，徐氏妻之，遂即家焉。《陽氏譜敘》❺言：翁伯是周景王之孫❻，食采陽樊，春秋之末，爰宅無終，因陽樊而易氏焉。愛人博施，天祚玉田。其碑文云：居於縣北六十里翁同之山，後潞徙于西山之下，陽公又遷居焉，而受玉田之賜。情不好寶，玉田自去。今猶謂之為玉田陽。干寶曰：於種石處，四角作大石柱，各一丈，中央一頃之地，名曰玉田，至今相傳云。玉田之揭，起于此矣，而今不知所在，同於《譜敘》自去文矣。

12

藍水注之。水出北山，東流屈而南，逕無終縣故城東。故城，無終子國也。《春秋》襄公四年，無終子嘉父使孟樂如晉，因魏絳納虎豹之皮，請和諸戎是也。故燕地矣。秦始皇二十二年❼滅燕，置右北平郡，治此，王莽之所謂北順也。漢世李廣為郡，出遇伏石，謂虎也，射之飲羽，即此處矣。《魏土地記》曰：右北平城西北百三十里有無終城。其水又南入灅水，灅水又西南入于庚水。〈地理志〉曰：灅水出俊靡縣南，至無終東入庚水。庚水，世亦謂之為柘水也。南逕燕山下，懸巖之側有石鼓，去地百餘丈，望若數百石囷，有石梁貫之。鼓之東南，有石援桴，狀同擊勢。耆舊言，燕山石鼓，鳴則土有兵。庚水

13

又南逕北平城西，而南入鮑丘水，謂之柘口。鮑丘水又東逕右北平郡故城南。《魏土地記》曰：薊城東北三百里有右北平城。

鮑丘水又東，巨梁水注之。水出土垠縣北陳宮山，西南流逕觀雞山，謂之觀雞水。水東有觀雞寺，寺內起大堂，甚高廣，可容千僧。下悉結石為之，上加塗塈，基內疏通，枝經脈散，基側室外，四出爨火，炎勢內流，一堂盡溫。蓋以此土寒嚴，霜氣肅猛，出家沙門，率皆貧薄，施主慮闕道業，故崇斯構，是以志道者多栖託焉。其水又西南流，右合區落水。水出縣北山，東南流入巨梁水。巨梁水又南逕土垠縣故城西，左會寒渡水。水出縣東北，西南流至縣，右注梁河。梁河又南，澗于水注之。水出東北山，西南流逕土垠縣故城東，西南流入巨梁水。巨梁水又東南，右合五里水。水發北平城東北五里山，故世以五里名溝，一名田繼泉。西流南屈，逕北平城東，東南流注巨梁河，亂流入于鮑丘水。自是水之南，南極滹沱，西至泉州雍奴，東極於海，謂之雍奴藪。其澤野有九十九淀，枝流條分，往往逕通，非惟梁河、鮑丘歸海者也。

【注釋】❶望離四句　離、坎二字，據《疏》本趙一清改云：「『坎』與上『離』字相照，離南坎北，蓋用代字法耳。」此依《疏》本語譯於後。❷立水十丈　《疏》本增二字：「立水遏，長十丈。」此據《疏》本語譯於後。❸詩　《詩經・大雅・靈臺》。❹易 《易・兌卦・彖辭》。❺陽氏譜敘 書名。不見古今著錄，不知撰者與撰述年代，僅見《御覽》引及。❻周景王之孫 此處有佚文一條。《御覽》卷四十五〈地部〉十〈無終山〉引《水經注》：「翁伯周末避亂，適無終山，山前有泉水甚清，夏嘗澡浴，得玉藻架一雙于泉側。」當是此段下佚文。❼秦始皇二十二年 《水經注疏》作「秦始皇二十一年」。楊守敬按：「《史記・秦始皇本紀》，二十一年，破燕太子軍，取燕薊城，燕王東收遼東而王之。二十五年，攻燕遼東，得燕王喜，皆非二十二年事。此所云滅燕，蓋指取薊城言，則當作『二十一年』。」

【語譯】 鮑丘水從塞外來，南過漁陽縣東，

1 鮑丘水發源於禦夷鎮的北塞，南流經九莊嶺東，民間稱為大榆河。又南流經九莊鎮東南九十里西的密雲戍城西，又南流，左岸匯合道人溪水。道人溪水發源於北川，南流經孔山西，又流過密雲戍城東，左岸匯合孟廣硎水。孟廣硎水發源於孟廣硎下，此峰極其高峻，高高聳峙於群山之上。此水西流經孔山南，山上有個洞穴，洞口開敞而明亮，所以當地民間稱為孔山。硎水又西南流，到密雲戍城東，西流注入道人水，往西南亂流經密雲戍城南，在右岸匯合大榆河。因為有個東密雲，所以這座城就稱為西密雲了。大榆河又東南流，有白楊泉水注入。白楊泉水發源於北方的白楊溪，往南流，向右注入大榆河。大榆河又東南流，龍芻溪水從北方流來注入。大榆河又往東南流出山峽，流經安州舊時漁陽郡的滑鹽縣南，在左岸匯合滑鹽縣的北溪水。北溪水發源於縣北的廣長塹南，太和年間（西元四七七～四九九年）挖掘這條深溝以防北狄侵犯。北溪水南流經滑鹽縣老城東，王莽時改名為匡德。漢明帝時又改為鹽田，是鹽官右丞的治所，人們稱為斛鹽城，西北距禦夷鎮二百里。北溪水南流注入鮑丘水，鮑丘水又南流經傂奚縣老城東，王莽時改名為敦德。鮑丘水又西南流經獷平縣老城東，就是王莽時的平獷。又南流與三城水匯合。三城水發源於臼里山，西流經三城，稱為三城水。三城水又流經香陘山，山上到處長滿槀本香，這座山便因而得名。又西流經石窟南，洞窟裡面很寬敞，過往行人常在此歇息。窟內有個深潭，潭水不外流，家住旁近的人，都從這裡汲水飲用。三城水又西北流經伏凌山南，與石門水匯合。石門水發源於伏凌山，山極高峻，巖壑險障之處極其寒冷，北面的山崖，都是積雪，夏天也結冰不化。正如〈離騷〉所歌詠的增冰峨峨一樣。所以人們把此山名為伏

凌山。有一條水西南流注入石門水。這條水被稱為桑谷水，是因為它沿著桑溪流出的緣故。三城水又西南流經獷平城東南，向右注入鮑丘水。鮑丘水又東南流經漁陽縣老城南，這裡是漁陽郡的治所。秦始皇二十二年（西元前二二五年）所設置，王莽時改郡名為通潞，縣名為得漁。鮑丘水又西南流。公孫瓚殺害了劉虞，烏丸王感念劉氏的恩德，迎接了他的兒子劉和，集合了十萬兵眾，就在這條水上打垮了公孫瓚，斬首一萬。鮑丘水又西南流經狐奴城東，又西南流注入沽河，往南亂流而去。

又南過潞縣西，

[2] 鮑丘水流入潞縣境內，統稱潞河。有高梁水注入。高梁水上口在戾陵堰從灅水分支而出，水北有梁山，山上有燕刺王劉旦的陵墓戾陵，所以把堰稱為戾陵堰。高梁水從堰壩處分出後，東流經梁山南，又東北流經「劉靖碑」北。碑文說：魏使持節、都督河北道各部軍隊事務、征北將軍、建城鄉侯沛國人劉靖，字文恭，登梁山而觀望源流，覽灅水而勘察地形地勢。他讚揚武安君開鑿水渠，羨慕秦國百姓的富裕。於是命令部下丁鴻，督率士兵一千人，於嘉平二年（西元二五〇年）攔河築壩，引導高梁河，砌築戾陵堰，開通車箱渠。堰壩碑說：高梁河水發源於并州，是潞河的一條源流。長堤陡峭而堅固，橫截河水，以石籠為主壩，高一丈，東西長三十丈，南北寬七十餘步。在北岸建了一道水門，寬四丈，又建了一條水壩，長十丈。山洪暴發時，水就漫過壩頂，東流而下；水流平靜如常時，就從水門北流而入，每年能灌溉田畝二千頃。全部分封的田地共一百餘萬畝。到了景元三年（西元二六二年）辛酉日，詔書中說，近年百姓所需糧食增多，陸路運糧供應不上。因此派遣謁者樊晨改建水門，把灌溉封地的農田減少一千頃，又從封地中劃出四千三百一十六頃交給郡縣，另外又將五千九百三十頃封地的所有權作了調整。水流沿著車箱渠，從薊縣西北流經昌平縣，東到漁陽郡潞縣，得到滋潤的土地，達四五百里。所灌溉的田畝達一萬餘頃。無論高處低處，廣袤的田野都能均勻地得到灌溉之利。疏導水流，田畝就得到灌溉；開放各處水口，水就分支流散。打開渠口的水門，水流就滔滔滾滾奔流而出；把渠水引向四方，就成為滋潤作物的甘霖。工程施於當時，福利及於後世。

3 晉元康四年（西元二〇四年），劉靖的小兒子驍騎將軍、平鄉侯劉弘，受命使持節、監督幽州各部軍隊事務，領有護烏丸校尉、寧朔將軍的職銜。堰壩築成三十六年後，到元康五年夏六月，洪水暴發，堰壩被沖毀四分之三，只留下北岸七十餘丈，車箱渠的上段，到處洪流橫溢。劉弘追思先人築堰的功勳，於是親自到現場考察山川，指導制訂治理規劃。他命令司馬關內侯逄惲，內外將士二千人，砌築長堤，建造石渠，修治主堰，安裝水門。水門闊四丈，屹立水上高五尺。興修這項水利工程時，凡有關疏導壅塞、便利灌溉的辦法，完全遵照舊時的規定。整個工程耗費人工四萬餘。當地各部族的王侯，不召自來，甚至背著嬰兒來參加的婦女也有數千人。《詩經》說：動工時不要急躁；《易經》說：百姓忘了勞苦，說的就是這種情況吧。於是丞相、御史、文武百官，聯想到秦國百姓追思鄭國開渠的功績，魏國民眾為西門豹立祠的情義，因而也十分欽仰這件利民的善政，覺得應當追述工程的成就。於是，於元康五年（西元二〇五年）十月十一日，刻石立碑，以紀念這件重大的功勳，並記載護堰的制度，永遠作為後世遵守的準則。這些情況在碑文裡都有所記載。

4 高梁水又東南流，經薊縣北，又東流到潞縣，注入鮑丘水。鮑丘水又南流經潞縣老城西，就是王莽時的通潞亭。漢光武帝派吳漢、耿弇等在潞縣東大敗銅馬、五幡軍，說的就是此縣。鮑丘水轉而東南流，流經潞城南，世祖任命彭寵為漁陽太守，治所就在這裡。彭寵謀反後，光武帝派游擊將軍鄧隆來討伐他，鄧隆的軍隊就屯駐於此水南岸。光武帝通過占卜，知道鄧隆一定要打敗仗，果然被彭寵打垮。當時留下的營壘殘壁，至今還在。鮑丘水又東南流，注入夏澤，這片沼澤南邊彎彎曲曲的水岸長達十餘里，北傍謙澤，煙波浩淼，一望無際。

5 **又南至雍奴縣北，屈東入於海。**

鮑丘水舊時從雍奴縣老城西北，分出笥溝水往東流去。如今笥溝水已經斷流，許多東流的水都混成一條，東流經雍奴縣北，又東流，與泃河匯合。泃河發源於右北平郡無終縣西山的白楊谷，西北流經平谷縣，折而西南流，有獨樂水注入。獨樂水發源於北抱犢固南，流經平谷縣老城東。後漢建武元年（西元二五年），光武帝派遣十二位將領追擊大槍、五幡諸部到平谷，就在此縣把他們打得大敗。此水南流，注入泃水。

6 泃水又在左岸匯合盤山水。盤山水發源於山上，山極險峻，人跡罕至。離開此山三十里左右，遙望山上的水，約高二十餘里。於其上瀉下一道白練般的飛瀑，山泉沿著溪澗順流而下，從西北轉注於泃水。泃水又東南流經平谷縣老城，東南與洳河匯合。洳河發源於北山——北山在傂奚縣老城東南——東南流經博陸老城北，又折而流經城東，世人稱此城為平陸城，是不對的。漢武帝下了詔書，將博陸封給大司馬霍光為侯國。文穎說：博大而陸平，取了個美名但沒有這麼一個縣，霍光的食邑是在北海、河東。薛瓚說：漁陽有博陸城，說的就是此城。現在城在且居山以南，位於平坦的陸地上，周圍有川流環繞，四面臨水。文氏所謂的沒有縣名，而有美稱，指的就是這裡。洳水又東南流經平谷縣老城西，而東南流注入泃河。

7 泃河又南流經紻城東，而南流與五百溝水匯合。五百溝水發源於七山北，東流經平谷縣的紻城南，往東流入泃河。泃河又東南流經臨泃城北，轉向城東，沿著城邊南流而去。《竹書紀年》載，梁惠成王十六年（西元前三五四年），齊軍與燕軍在泃水作戰，齊軍敗逃，說的就是此水。泃水又南流，注入鮑丘水。

8 鮑丘水又東流，在泉州渠口與泉州渠匯合，泉州渠的舊河道上流在泉州縣承接滹沱水，所以名為泉州渠。渠水北流經泉州縣東，又北流經雍奴縣東，這裡西距雍奴老城一百二十里。渠水從滹沱水分出往北流，經一百八十里的水澤，注入鮑丘河，匯流處稱為泉州口。陳壽《魏志》說：曹太祖因蹋頓騷擾邊境，準備出兵征討，於是以泃口為起點開渠，經過雍奴、泉州以通河海。現在已經乾涸無水了。鮑丘水又東流，有庚水注入。庚水發源於右北平郡徐無縣北方的邊塞，南流經徐無山，匯合了黑牛谷水，又匯合了沙谷水，兩條水都從西邊山裡流出，東流注入庚水。從前田子泰居住在這裡避難，跟隨他的民眾多達五千家。

9 《開山圖》說：這座山上長有一種樹木，燃燒後不會有灰；還有一種石頭，二石相擊，會發出火花。其〈注〉云：這種樹木顏色像炭一般黑，沒有樹葉；石頭顏色赤紅有如朱砂，用兩塊石頭互相磨擦，就會發出火花，用這火來燒無灰的樹木，可以終日不滅。現在已經沒有這些東西了。庚水又流經徐無縣老城東，這就是王莽時的北順亭。《魏土地記》說：右北平城東北一百一十里，有徐無城。庚水又西南流，與周盧溪水匯合。周盧溪水發源於徐無山，東南流，注入庚水。庚水又西南流，有灅水注入。灅水發源於右北平郡俊靡縣，就是王莽時的俊麻。東南流，世人稱為車軬水。又東南流，與溫泉水匯合。溫泉水發源於北山的溫溪，就是溫源。治病的人不能在熱泉裡洗澡，因為太燙了。《魏土地記》說：徐無城東有溫湯，就是指這裡。溫泉水南流一百步，就潛流進入地下，水盛漲時才會暢通，注入灅水。

10 灅水又東南流經石門峽。這裡的山極高而又險峻，山峽兩邊陡峭如壁，中間敞開如口，民間稱為石門口。漢中平四年（西元一八七年），漁陽張純謀反，殺了右北平太守劉政、遼東太守陽紘。中平五年（西元一八八年），詔令中郎將孟益率領公孫瓚討伐張純，在石門交戰，把張純打得大敗。灅水又東南流，稱為北黃水，又轉彎成為南黃水。又西南流經無終山，就是帛仲理配製神丹的地方。他又在此山煉製成黃金五千斤，救濟百姓。

11 山裡有陽翁伯玉田，在縣城西北，有陽公壇社，就是陽公的故居。《搜神記》說：雍伯，洛陽人，生性極其孝順，父母亡故後，把他們葬在無終山。山高八十里，但山上無水，雍伯常常在墳前放著水杯。有個人喝了他的水，送給他一斗石頭，叫他把石頭種下去，於是在他的田裡就生出玉來。北平徐氏有個女兒，雍伯請媒人向她家求婚，徐家要他送一雙白璧來定親。媒人回去將徐家的要求稟報雍伯，雍伯就到玉田去取了五雙白璧送去，徐氏就把女兒嫁給他。於是雍伯就在山上安家了。《陽氏譜敘》說：翁伯是周景王的孫子，陽樊是他的采邑，春秋末年遷居到無終山，從而以他的采邑陽樊而改姓為陽。他懷抱仁愛之心，普遍施惠於眾人，因而上天賜福，賞以玉田。他的碑文說：陽公原來住在縣北六十里的翁同山，後來潞人遷居到西山之下，陽公又遷居到這裡，得到天賜玉田。他素性並不喜愛寶物，玉田也自行消失了。那地方現在還叫玉田陽。干寶說：在種玉的地方，四角都立了大石柱，各高一丈，中央一頃的地方名叫玉田，一直流傳至今。玉田為人所知，就是從那時開始的。但現在已不知所在，這與《譜敘》所說自行消失的話是一致的。

12 灅水流到這裡，有藍水注入。藍水發源於北山，東流又轉而南流，流經無終縣老城東。這座老城，是從前的無終子國。《春秋》襄公四年（西元前五六九年），無終子嘉父派遣孟樂出使晉國，通過魏絳進獻虎豹的毛皮，請求晉侯與戎族各部議和，就是這地方。這裡從前也是燕國的領土。秦始皇二十二年（西元前二二五年）

滅燕國，置右北平郡，郡治就在這裡；也就是王莽時的北順。漢朝李廣當郡守時，有次出去看到有一塊在草叢裡半隱半現的巖石，以為是一隻老虎，他引弓發箭，箭桿深深地穿進巖石中，就在這裡。《魏土地記》說：右北平城西北一百三十里，有無終城。藍水南流，注入灅水。灅水西南流，注入庚水。〈地理志〉說：灅水發源於俊靡縣南，到了無終，東流入庚水。庚水，世人也叫柘水，南流經燕山下，懸崖旁邊有石鼓，離地一百餘丈，遠望好像可裝數百石的圓形大糧倉，有一道石橋通到那裡。石鼓東南有一塊石頭，如人舉著鼓槌要擊鼓的樣子。老人傳說，燕山的石鼓響時，地方上就有兵禍。庚水又南流經北平城西，然後往南流入鮑丘水，匯流處稱為柘口。鮑丘水又東流經右北平郡老城南。《魏土地記》說：薊城東北三百里有右北平城。

13
　鮑丘水又東流，有巨梁水注入。巨梁水發源於土垠縣北陳宮山，西南流經觀雞山，稱為觀雞水。水的東岸有觀雞寺。寺內建了大堂，規模很大，可以容納一千名僧人，大堂下面都用石板鋪砌，上面都塗了泥，地基下面都建了通道，如經脈廣布，遍及四面八方。大堂室外基底的四面，都有地坑可以燒火，熱氣從灶口流進裡面，一堂就都溫暖如春了。因為北方嚴冬酷寒，霜氣凜冽，出家的僧徒大都家道貧寒，供養僧徒的俗家信徒恐怕影響他們推行教化的事業，所以把這座殿堂造得特別高大。因此有志於修道的人來這裡棲身寄託的很多。此水又西南流，右岸匯合了區落水。區落水發源於土垠縣北山，往東南流入巨梁水。巨梁水又南流經土垠縣老城西，左岸匯合寒渡水。寒渡水發源於土垠縣東北，西南流到了縣城，向右注入梁河。梁河又南流，有澗于水注入。澗于水發源於東北山上，西南流經土垠縣老城東，西南流，注入巨梁水。巨梁水又東南流，右岸匯合五里水。五里水發源於北平城東北的五里山，所以世人把它稱為五里水，又叫田繼泉。西流南轉，流經北平城東，東南流，注入巨梁河，亂流注入鮑丘水。從這條水以南，南到滹沱河為止，西到泉州、雍奴，東至大海，這一帶稱為雍奴藪。這片遍是沼澤地的荒野，有九十九淀，支流條條分出，常常互相流通，並非只有梁河、鮑丘二水同歸大海的。

濡水

1 濡水從塞外來，東南過遼西令支縣北，

濡水出禦夷鎮東南，其水二源雙引，夾山西北流，出山，合成一川。又西北逕禦夷故城東，鎮北百四十里北流，左則連淵水注之。水出故城東，西北流逕故城南，又西北逕綠水池南，池水淵而不流。其水又西屈而北流，又東逕故城北，連接兩沼，謂之連淵浦。又東北注難河。難河右則汙水入焉。水出東塢南，西北流逕沙野南，北人名之曰沙野。鎮東北二百三十里，西北入難河。濡、難聲相近，狄俗語訛耳。濡水又北逕沙野西，又北逕箕安山東，屈而東北流，逕沙野北，東北流逕林山北。水北有池，潭而不流。濡水又東北流逕孤山南，東北流，呂泉水注之。水出呂泉塢西，東南流，屈而東，逕塢南東北流，三泉水注之。其源三泉雁次，合為一水，鎮東北四百里，東南注呂泉水。呂泉水又東逕孤山北，又東北，逆流水注之。水出東南，導泉西流，右屈而東北注，木林山水會之。水出山南，東注逆水，亂流東北注濡河。

2 濡河又東，盤泉入焉。水自西北、東南流，注濡河。濡河又東南，水流迴曲，

3

謂之曲河。鎮東北三百里，又東出峽入安州界，東南流逕漁陽白檀縣故城。〈地理志〉曰：濡水出縣北蠻中。漢景帝詔李廣曰：將軍其帥師東轅，弭節白檀者也。又東南流，右與要水合。水出塞外，三川並導，謂之大要水也。東南流逕要陽縣故城東，本都尉治，王莽更之曰要術矣。要水又東南流，逕白檀縣而東南流，入于濡。

濡水又東南，索頭水注之。水北出索頭川，南流逕廣陽僑郡西，魏分右北平，置今安州治。又南流，注于濡。濡水又東南流，武列水入焉。其水三川派合，西源右為溪水，亦曰西藏水，東南流出溪，與蟠泉水合。泉發州東十五里，東流九十里，東注西藏水。西藏水又西南流，東藏水注之。水出東溪，一曰東藏水。西南流出谷，與中藏水合。水導中溪，南流出谷，南注東藏水。故目其川曰三藏川，水曰三藏水。東藏水又南，右入西藏水，亂流右會龍泉水。水出東山下，淵深不測，其水西南流，注于三藏水。三藏水又東南流，與龍芻水合。西出于龍芻之溪，東流入三藏水。又東南流逕武列溪，謂之武列水。東南歷石挺下，挺在層巒之上，孤石雲舉，臨崖危峻，可高百餘仞。牧守所經，命選練之士，彎張弧矢，無能届其崇標者。其水東合流入濡。

4 濡水又東南，五渡水注之。水北出安樂縣丁原山，南流逕其縣故城西，本三會城也。其水南入五渡塘，于其川也，流紆曲，溯涉者頻濟，故川塘取名矣。又南流注於濡。濡水又與高石水合，水東出安樂縣東山，西流歷三會城南，西入五渡川，下注濡水。濡水又東南逕盧龍塞，塞道自無終縣東出渡濡水，向林蘭陘，東至清陘。盧龍之險，峻坂縈折，故有九縈之名矣。燕景昭元璽二年，遣將軍步渾治盧龍塞道，焚山刊石，令通方軌，刻石嶺上，以記事功，其銘尚存。而庾杲之《注揚都賦》❶言，盧龍山在平岡城北，殊為孟浪，遠失事實。余按盧龍東越清陘，至凡城二百許里。自凡城東北出，趣平岡故城可百八十里，向黃龍則五百里。故陳壽《魏志》：田疇引軍出盧龍塞，塹山堙谷，五百餘里逕白檀，歷平岡，登白狼，望柳城。平岡在盧龍東北遠矣。而仲初言在南，非也。

5 濡水又東南逕盧龍故城東。漢建安十二年，魏武征蹋頓所築也。濡水又南，黃洛水注之。水北出盧龍山，南流入于濡。濡水又東南，洛水合焉。水出盧龍塞西，南流注濡水。濡水又屈而流，左得去潤水，又合敖水，二水竝自盧龍西注濡水。濡水又東南流逕令支縣故城東，王莽之令氏亭也。秦始皇二十二年，分燕置遼西郡，令支隸焉。《魏土地記》曰：肥如城西十里有濡水，南流逕孤竹城西，右合玄水，世謂之小濡水，非也。水出肥如縣東北玄溪，西南流逕其縣東，東屈南轉，西迴逕肥如縣故城南，俗又謂之肥如水。故城，肥子國。應劭曰：晉滅肥，肥子奔燕，燕封于此，故曰肥如也。漢高帝六年，封蔡寅為侯國。西南流，右會盧水。水出縣東北沮溪，南流謂之大沮水，又南，左合陽樂水。水出東北陽樂縣溪。《地理風俗記》曰：陽樂，故燕地，遼西郡治，秦始皇二十二年置。《魏土地記》曰：海陽城西南有陽樂城。其水又西南入于沮水，謂之陽口。沮水又西南，小沮水注之。水發冷溪，世謂之冷池。又南得溫泉水口，水出東北溫溪，自溪西南流，入于小沮水。小沮水又南流與大沮水合，而為盧水也。桑欽《說盧子之書》❷言：晉既滅肥，遷其族于盧水。盧水有二渠，號小沮、大沮，合而入于玄水。又南與溫水合。水出肥如城北，西流注於玄水。

《地理志》曰：盧水南入玄。

6

玄水又西南逕孤竹城北，西入濡水。故《地理志》曰：玄水東入濡，蓋自東而注也。《地理志》曰：今支有孤竹城，故孤竹國也。《史記》曰：孤竹君之二子伯夷、叔齊，讓國於此，而餓死於首陽。漢靈帝時，遼西太守廉翻夢人謂己曰：余，孤竹君之子，伯夷之弟，遼海漂吾棺槨，聞君仁善，願見藏覆。明日視之，水上有浮棺，吏嗤笑者皆無疾而死，於是改葬之。《晉書．地道志》曰：遼西人見遼水有浮棺，欲破之，語曰：我孤竹君也，汝破我何為？因為立祠焉。祠在山上，城在山側，肥如縣南十二里，水之會也。

又東南過海陽縣西，南入于海。

[7] 濡水自孤竹城東南逕西鄉北，瓠溝水注之。水出城東南，東流注濡水。濡水又逕故城南，分為二水。北水枝出，世謂之小濡水也。東逕樂安亭北，東南入海。濡水東南流，逕樂安亭南，東與新河故瀆合。瀆自雍奴縣承鮑丘水東出，謂之鹽關口。魏太祖征蹋頓，與泃口俱導也。世謂之新河矣。陳壽《魏志》云：以通海也。新河又東北絕庚水，又東北出，逕右北平，絕泃渠之水，又東北逕昌城縣故城北，王莽之淑武也。新河又東分為二水，枝瀆東南入海。新河自枝渠東出合封大水，謂之交流口。水出新安平縣，西南流逕新安平縣故城西。〈地理志〉：遼西之屬縣也。又東南流，龍鮮水注之。水出縣西北，世謂之馬頭水。二源俱導，南合一川，東流注封大水。〈地理志〉曰：龍鮮水，東入封大水者也。亂流南會新河，南注于海。〈地理志〉曰：封大水于海陽縣南入海。新河

又東出海陽縣與緩虛水會。水出新平縣東北，世謂之大籠川，東南流逕令支城西，西南流與新河合，南流注于海。〈地理志〉曰：緩虛水與封大水，皆南入海。新河又東與素河會，謂之白水口。水出令支縣之藍山，南合新河，又東南入海。新河又東至九過口，枝分南注海。新河又東逕海陽縣故城南，漢高祖六年，封搖母餘為侯國。《魏土地記》曰：令支城南六十里有海陽城者也。新河又東與清水會。水出海陽縣，東南流逕海陽城東，又南合新河。又南流十許里，西入九過注海。新河東絕清水，又東，木究水出焉，南入海。新河又東，左迆為北陽孤淀，淀水右絕新河，南注海。新河又東會於濡。

8 濡水又東南至絫縣碣石山，文穎曰：碣石在遼西絫縣，王莽之選武也。絫縣並屬臨渝，王莽更臨渝為馮德。〈地理志〉曰：大碣石山在右北平驪成縣西南，王莽改曰揭石也❸。漢武帝亦嘗登之以望巨海，而勒其石於此。今枕海有石如甬道數十里，當山頂有大石如柱形，往往而見，立於巨海之中，潮水大至則隱，及潮波退，不動不沒，不知深淺，世名之天橋柱也。狀若人造，要亦非人力所就，韋昭亦指此以為碣石也。

9 《三齊略記》曰：始皇於海中作石橋，海神為之豎柱。始皇求與相見，神曰：

我形醜，莫圖我形，當與帝相見。乃入海四十里，見海神，左右莫動手，工人潛以腳畫其狀。神怒曰：帝負約，速去。始皇轉馬還，前腳猶立，後腳隨崩，僅得登岸，畫者溺死于海，眾山之石皆傾注，今猶岌岌東趣，疑即是也。濡水於此南入海，而不逕海陽縣西也。蓋《經》誤證耳。

又按《管子》：齊桓公二十年，征孤竹，未至卑耳之溪十里，闟然止，瞠然視，援弓將射。引而未發，謂左右曰：見前乎？左右對曰：不見。公曰：寡人見長尺而人物具焉，冠，右祛衣，走馬前，豈有人若此乎？管仲對曰：臣聞豈山之神有俞兒，長尺人物具，霸王之君興，則豈山之神見。且走馬前，走，導也；祛衣，示前有水；右祛衣，示從右方涉也。至卑耳之溪，有贊水❹者，從左方涉，其深及冠；右方涉，其深至膝。已涉大濟，桓公拜曰：仲父之聖至此，寡人之抵罪也久矣。今自孤竹南出，則巨海矣，而滄海之中，山望多矣，然卑耳之川若贊溪者，亦不知所在也。昔在漢世，海水波襄，吞食地廣，當同碣石，苞淪洪波也。

【注釋】❶注揚都賦　應指《揚都賦注》，書名。《注》文作《注揚都賦》，實為酈氏變文。南朝齊庾杲之撰。已亡佚，僅見《藝文類聚》、《北堂書鈔》及《御覽》等引及。清嚴可均《全上古三代秦漢三國六朝文》輯存。❷說盧子之書　書名。但其書不見。《水經注疏》楊守敬按：「桑欽說惟見《漢書・地理志》，而〈藝文志〉不載，當酈氏時，未必其書尚存，酈《注》所引，大抵皆本〈地理志〉，而〈地理志〉盧水下不載桑欽說，此恐是他家之說，而誤為桑欽者。」熊會貞按：「〈灅水注〉代城下引盧植說，此盧子當即盧植。《御覽》卷一百六十一引植《冀州風土記》，蓋即《注》所指之書也。」❸王莽改曰揭石也　此處有佚文一條。《通鑑地理通釋》卷五「碣石」注引《水經注》：「秦始皇刻碣石門，登之以望巨海。」當是此句下佚文。❹贊水　非水名，《注》文稍後又有「然卑耳之川若贊溪者」語，說明酈氏誤贊水為水名。以後的治酈學者如宋程大昌《禹貢論》、清胡渭《禹貢錐指》、趙一清《水經注釋》，也均循酈氏之誤，以贊水為水名。清孫詒讓在其《札迻》卷三中，先引述上列〈濡水注〉原文，然後評論說：「案上引《管子》，齊桓公至卑耳之溪，有贊水者，從左方涉，其深及冠；右方涉，其深至膝。文見〈小問〉篇。房注云（按指唐房玄齡）：贊水，謂贊引渡水者。是彼水即指卑耳溪水，贊者，謂導贊知津之人，語桓公從右方涉耳，非卑耳之旁，別有溪水名贊者也。酈氏殆誤會其旨。」

【語　譯】濡水從塞外來，東南過遼西令支縣北，

1 濡水發源於禦夷鎮東南，水有兩個源頭，沿著山兩旁西北流，出山後匯合成一條川流。又西北流經禦夷鎮老城東，在鎮北一百四十里北流，左岸有連淵水注入。連淵水發源於老城東，西北流經老城南，又西北流經綠水池南，池水淵深不流。連淵水又往西，然後轉而北流，又東流經老城北，把兩個沼澤連結起來，稱為連淵浦。又東北流，注入難河。難河右岸有汙水注入。汙水發源於東塢南，西北流經沙野南，沙野是北方人取的地名。在鎮東北二百三十里，往西北注入難河。濡、難二字讀音相近，這是狄族人的語訛。濡水又北流經沙野西，又北流經箕安山東，轉彎往東北流，流經沙野北，東北流經林山北。濡水北岸有個池塘，池水平靜不流。濡水又東北流經孤山南，東北流，有呂泉水注入。呂泉水發源於呂泉塢西，東南流，又轉彎東流經塢南而東北流，有三泉水注入。三泉水有三個源頭，依次排列，匯合成一條水流，在禦夷鎮東北四百里，往東南注入呂泉水。呂泉水又東流經孤山北，又東北流，有逆流水注入。逆流水發源於東南，一路西流，右轉而往東北流去，與木林山水匯合。木林山水發源於山南，東流注入逆水，亂流往東北注入濡河。

2 濡河又東流，盤泉注入。盤泉從西北方往東南流，注入濡河。濡河又東南流，水流彎彎曲曲，稱為曲河。

曲河在禦夷鎮東北三百里，又往東流出山峽，流進安州境內，東南流經漁陽郡白檀縣老城。〈地理志〉說：濡水發源於縣北蠻人地區。漢景帝給李廣的詔書上說：著令將軍領兵東進，在白檀歇息。又東南流，右岸與要水匯合。要水發源於塞外，三條水並流，稱為大要水，東南流經要陽縣老城東，原來是個都尉治所，王莽時改名為要術。要水又東南流，經白檀縣往東南注入濡水。

濡水又東南流，有索頭水注入。索頭水發源於北方的索頭川，南流經廣陽僑郡西，該郡是魏從右北平郡分地設置的。現在是安州的治所。又南流，注入濡水。濡水又東南流，有武列水注入。武列水由三條川流[3]合併而成，西邊的源頭右邊是溪水，也叫西藏水，東南流出溪與蟠泉水匯合。蟠泉水發源於州城東十五里，東流九十里，往東注入西藏水。西藏水又西南流，東藏水注入。東藏水發源於東溪，又名東藏水，往西南流出山谷，與中藏水匯合。中藏水導源於中溪，南流出了山谷，南流注入東藏水。因此把這一片平川命名為三藏川，這條水就叫三藏水。東藏水又南流，從右岸注入西藏水，散漫亂流，在右岸匯合龍泉水。龍泉水發源於東山下，深不可測，往西南流，注入三藏水。三藏水又東南流，與龍芻水匯合。龍芻水發源於西方的龍芻溪，東流入三藏水。又東南流經武列溪，稱為武列水。東南流經一座孑然聳立的石峰下，這座石峰高出層巒之上，孤峰直插雲霄，陡崖險峻至極，高約百餘仞。州牧郡守經過這裡時，常令經過訓練選拔出來的弓箭手彎弓射箭，但卻沒有一個能射到這樣的高度。武列水東流匯合於濡水。

[4]濡水又東南流，五渡水注入。五渡水發源於北方安樂縣的丁原山，南流經該縣老城西，本來是三會城。五渡水往南流入五渡塘，在這片平川裡，水流縈紆曲折，行人要接二連三地過渡，平川與水塘都因而得名了。又南流，注入濡水。濡水又與高石水匯合，高石水發源於東邊的安樂縣東山，西流經三會城南，西流注入五渡川。下游注入濡水。濡水又東南流經盧龍塞。盧龍塞的道路從無終縣向東通出，渡過濡水，通向林蘭陘，東到清陘。盧龍塞十分險要，陡峻的山坡縈紆曲折，所以有九⿰糹爭之名。燕景昭元璽二年（西元三五三年），派將軍步渾修築盧龍塞道路，燒山劈石，拓寬山路，使得二車可以並行，並在嶺上刻石記載這項工程，碑文至今尚存。庾杲之《注揚都賦》說：盧龍山在平岡城北，這實在太粗忽了，與實際相去太遠。我

查考過，盧龍往東越過清陘，到凡城約有二百里左右。從凡城向東北走，去平岡老城約有一百八十里，去黃龍則有五百里。所以陳壽《魏志》說：田疇率領軍隊出盧龍塞，一路上掘山填谷，走了五百餘里，經白檀，過平岡，登上白狼山，直指柳城。平岡在盧龍東北很遠，而仲初卻說在南，那就錯了。

5 濡水又東南流經盧龍老城東。這座老城是漢建安十二年（西元二〇七年），魏武帝征伐蹋頓時所築。濡水又南流，有黃洛水注入。黃洛水發源於北方的盧龍山，南流匯合入濡水。濡水又東南流，與洛水匯合。洛水發源於盧龍塞西，南流注入濡水。濡水又轉彎而流，左岸承接了去潤水，又匯合了敖水，這兩條水都從盧龍西流注入濡水。濡水又東南流經令支縣老城東，這就是王莽時的令氏亭。秦始皇二十二年（西元前二二五年），劃分燕地置遼西郡，令支就是該郡的一個屬縣。《魏土地記》說：肥如城西十里，有濡水，南流經孤竹城西，在右岸匯合玄水，世人說是小濡水，是不對的。玄水發源於肥如縣東北的玄溪，西南流經縣城東，東彎南轉，然後西迴流經肥如縣老城南，民間又稱為肥如水。老城是從前的肥子國。應劭說：晉國滅肥，肥子逃到燕國，燕封他於此縣，所以叫肥如。漢高帝六年（西元前二〇一年），將肥如封給蔡寅為侯國。玄水西南流，在右岸匯合盧水。盧水發源於肥如縣東北的沮溪，南流稱為大沮水；又南流，左岸匯合陽樂水。陽樂水發源於東北陽樂縣溪。《地理風俗記》說：陽樂，從前是燕國的領土，後來是遼西郡的治所，是秦始皇二十二年（西元前二二五年）所置。《魏土地記》說：海陽城西南有陽樂城。陽樂水又西南流注入沮水。匯流處稱為陽口。沮水又西南流，有小沮水注入。小沮水發源於冷溪，世人稱為冷池。又南流匯合了溫泉水。溫泉水發源於東北的溫溪，從此溪西南流，注入小沮水。小沮水又南流與大沮水匯合，稱為盧水。桑欽《說盧子之書》說：晉國滅了肥子國後，把該國族人遷到盧水一帶。盧水有兩條渠道，稱為小沮和大沮，合流後注入玄水。盧水又南流，與溫水匯合。溫水發源於肥如城北，西流注入玄水。〈地理志〉說：盧水南流入玄水。

6 玄水又西南流經孤竹城北，西流注入濡水。所以〈地理志〉說：玄水東流注入濡水。指的是玄水是從東方注入的。〈地理志〉說：令支有孤竹城，是從前的孤竹國。《史記》說：孤竹君的兩個兒子伯夷、叔齊，在這裡彼此辭讓王位，而餓死於首陽山。漢靈帝時，遼西太守廉翻夢見有人對他說：我是孤竹君的兒子，伯夷的弟弟，我的棺材在遼東海上漂流，聽說你心地仁慈善良，希望你能把我掩埋了。翌日去查看，水上果然有浮棺，那些嗤笑他的小吏都無疾而死，於是把他改葬了。《晉書・地道志》說：遼西人看見遼水上有浮棺，想把它打開來。忽然聽到裡面有聲音說：我是孤竹君，你把我的棺材打開做什麼？因此為他立祠。祠在山上，城在山邊。肥如縣南十二里，就是兩水匯合的地方。

又東南過海陽縣西，南入于海。

7 濡水從孤竹城東南流經西鄉北，有甂溝水注入。甂溝水發源於孤竹城東南，東流注入濡水。濡水又流經老城南，分為兩條，北邊一條分支流出，世人稱為小濡水，東流經樂安亭北，往東南流入大海。濡水東南流，經樂安亭南，東流與新河舊河道匯合。舊河道從雍奴縣承接鮑丘水，東流而出，水口稱為鹽關口。魏太祖征伐蹋頓，同時疏導了泃口，所開的渠道，世人稱為新河。陳壽《魏志》說：開新河以通大海。新河又東北流，穿過庚水，又往東北流出去，流經右北平，穿過泃渠水，又東北流經昌城縣老城北，就是王莽時的淑武。新河又東流分為兩條，支渠往東南流入大海。新河從支渠口東流而出，匯合了封大水，水口稱為交流口。封大水發源於新安平縣，西南流經新安平縣老城西。〈地理志〉說：新安平縣是遼西郡的屬縣。封大水又東南流，龍鮮水注入。龍鮮水發源於該縣西北，世人稱為馬頭水。兩個源頭並流，南流匯合成一條水，東流注入封大水。〈地理志〉說：龍鮮水東流注入封大水。亂流往南與新河匯合，往南流入大海。〈地理志〉說：封大水在海陽縣南入海。新河又從海陽縣東流而出，與緩虛水匯合。緩虛水發源於新平縣東北，世人稱為大籠川，東南流經令支城西，西南流，與新河匯合，南流注入大海。〈地理志〉說：緩虛水與封大水都是南流入海的。新河又東流，與素河匯合，匯流處稱為白水口。素河發源於令支縣的藍山，南流與新河匯合，又東南流入海。新河又東流到九過口，分出支流往南注入大海。新河又東流經海陽縣老城南。漢高祖六年（西元前二〇一年），將海陽縣封給搖毋餘為侯國。《魏土地記》說：令支城南六十里有海陽城。新河又東流，與清水匯合。清水發源於海陽縣，東南流經海陽城東，又南流與新河匯合。又南流十來里，西流入九過水，注入大海。新河東流穿過清水，又東流，木究水分支流出，南流入海。新河又東流，在左岸流積成北陽孤淀；淀水向右橫穿過新河，南流注入大海。新河又東流，匯合濡水。

8 濡水又東南流到了絫縣碣石山。文穎說：碣石在遼西絫縣，就是王莽時的選武。絫縣撤併入臨渝，王莽時改臨渝為馮德。〈地理志〉說：大碣石山在右北平郡驪成縣西南，王莽時改名為揭石。漢武帝也曾登此山眺望浩淼的大海，並在這裡刻石立碑。現在海邊有塊形狀如甬道的巨石，長數十里，山頂則有石柱形的大石，常常露出水面，屹立於大海之中，潮水大漲時就隱沒，潮退之後，不動也不隱沒，不知深淺，世人名為天橋柱。石柱的形狀好像是人所建造，但實際上卻不是人力所能辦到的，韋昭也認為這就是碣石。

9 《三齊略記》說：秦始皇在海中造石橋，海神替他立柱。秦始皇請求海神出來相見，海神說：我的相貌很醜，您不要畫我的形貌，我就出來見您。於是進入海中四十里，見到了海神。隨從者都沒有人動手，只有個巧匠卻暗中用腳畫他的形貌。海神發怒了，說道：您不守約，快點給我滾。秦始皇勒轉馬頭返回，前腳還站著，後腳所立處卻崩塌了，僥倖才得登岸，而巧匠就被淹死在海裡，群山的巖石都傾瀉入海中，至今還向東陡斜，這裡可能就是碣石了。濡水在此山以南入海，並不流經海陽縣西。《水經》引證錯了。

10 又據《管子》，齊桓公二十年（西元前六六六年），出征孤竹，到了離卑耳溪還有十里的地方，突然停了下來，吃驚地瞪著雙眼，拉弓就準備要射箭了。當箭還沒有射出的時候，他對隨從們說：你們看到前面那東西嗎？隨從們都說：沒有看到。桓公說：我看見那東西，只有一尺長短，卻完全是人的樣子，戴著帽子，右邊袒開衣襟，走在馬前，難道有人長得像這個樣子的嗎？管仲答道：我聽說豈山有個山神叫俞兒，身長只有一尺，人形畢具，稱霸天下的君王興起時，豈山的山神就會出現。而且他走在馬前，走，就是引路的意思；袒開衣襟，就是指點前面有水；右邊袒開，就是指點要從右方涉水。到了卑耳溪，有個涉水的嚮導說，從左邊涉水，水深到達帽子；從右邊涉水，水深只到膝蓋。於是軍隊全都渡過了河。桓公拱手道：仲父，你真是無所不曉啊，我的罪早該受到懲罰了。現在從孤竹往南走，就是大海，而滄海之中，可辨認得出的山也多得很，可是那位嚮導引渡的卑耳川，卻不知所在了。從前漢朝時候，海水上漲淹沒了大片陸地，想來碣石也同樣已沉沒在大海裡了。

大遼水

大遼水出塞外衛白平山，東南入塞，過遼東襄平縣西。

1 遼水亦言出砥石山，自塞外東流，直遼東之望平縣西，王莽之長說也。屈而西南流，逕襄平縣故城西，秦始皇二十二年，滅燕置遼東郡，治此。漢高帝八年，封紀通為侯國，王莽之昌平也，故平州治。又南逕遼隊縣故城西❶，王莽更名之曰順睦也。公孫淵遣將軍畢衍拒司馬懿于遼隊，即是處也。

又東南過房縣西，

2 〈地理志〉：房，故遼東之屬縣也。遼水右會白狼水。水出右北平白狼縣東南，北流西北屈，逕廣成縣故城南，王莽之平虜也，俗謂之廣都城。又西北，石城川水注之。水出西南石城山，東流逕石城縣故城南。〈地理志〉：右北平有石城縣。北屈逕白鹿山西，即白狼山也。

3 《魏書·國志》曰：遼西單于蹋頓尤強，為袁氏所厚，故袁尚歸之。數入為害，公出盧龍，塹山堙谷五百餘里，未至柳城二百里，尚與蹋頓將數萬騎逆戰。公登白狼山望柳城，卒與虜遇，乘其不整，縱兵擊之。虜眾大崩，斬蹋頓，胡、漢降者二十萬口。《英雄記》曰：曹操于是擊馬鞌，於馬上作十片❷，即于此也。

4 《博物志》曰：魏武於馬上逢獅子❸，使格之，殺傷甚眾，王乃自率常從健兒數百人擊之，獅子吼呼奮越，左右咸驚。王忽見一物從林中出，如貍，起上王車軛上，獅子將至，此獸便跳上獅子頭上，獅子即伏不敢起。于是遂殺之，得獅子而還。未至洛陽四十里，洛中雞狗皆無鳴吠者也。

5 其水又東北入廣成縣，東注白狼水。白狼水北逕白狼縣故城東，王莽更名伏狄。白狼水又東，方城川水注之。水發源西南山下，東流北屈，逕一故城西，世謂之雀目城。東屈逕方城北，東入白狼水。白狼水又東北逕昌黎縣故城西。〈地理志〉曰：交黎也，東部都尉治，王莽之禽虜也。應劭曰：今昌黎也。高平川水注之。水出西北平川，東流逕倭城北，蓋倭地人徙之。又東南逕乳樓城北，蓋逕戎鄉，邑兼夷稱也。又東南注白狼水。白狼水又東北，自魯水注之。水導西北遠山，東南注白狼水。

6 白狼水又東北逕龍山西，燕慕容皝以柳城之北、龍山之南，福地也，使陽裕築龍城，改柳城為龍城縣。十二年，黑龍、白龍見于龍山，皝親觀龍，去二百步，祭以太牢，二龍交首嬉翔，解角而去。皝悅，大赦，號新宮曰和龍宮，立龍翔祠于山上。

7 白狼水又北逕黃龍城東，《十三州志》曰：遼東屬國都尉治昌遼道有黃龍亭者也。魏營州刺史治。《魏土地記》曰：黃龍城西南有白狼河，東北流，附城東北下，即是也。又東北，濫真水出西北塞外，東南歷重山，東南入白狼水。白狼水又東北出，東流分為二水，右水疑即渝水也。《地理志》曰：渝水首受白狼水，西南循山，逕一故城西，世以為河連城，疑是臨渝縣之故城，王莽曰馮德者矣。渝水南流東屈，與一水會，世名之曰檻倫水，蓋戎方之變名耳。疑即《地理志》所謂侯水北入渝者也。《十三州志》曰：侯水南入渝。《地理志》蓋言自北而南也。又西南流注于渝。渝水又東南逕一故城東，俗曰女羅城。又南逕營丘城西。營丘在齊而名之於遼燕之間者，蓋燕、齊遼迥，僑分所在。其水東南入海。《地理志》曰：渝水自塞外南入海。一水東北出塞，為白狼水，又東南流至房縣注于遼。《魏土地記》曰：白狼水下入遼也。

又東過安市縣西，南入於海。

8 《十三州志》曰：大遼水自塞外，西南至安市入于海。

【注　釋】❶遼隊縣故城西　此處有佚文一條。《方輿紀要》卷三十七〈山東〉八〈遼東都指揮司·海川衛·遼隊城〉引《水經注》：「遼隊縣在遼水東岸。」當是此段下佚文。❷於馬上作十片　本句「十片」不可解，《疏》本改「忭舞」。此按《疏》本語譯於後。❸馬上逢獅子　陳橋驛《酈學札記》（上海書店出版社，二〇〇〇年出版）〈獅子〉：「記載中曹操遇見獅子的地方，在中國動物地理區劃中，屬於古北界、東北區的松遼平原亞區，這個地區，在歷史時期是東北虎 (P. t. amurensis) 出沒的地方，曹操和他的官兵，大多去自華北，平時看到的，只有華南虎 (P. t. amoyensis)。……只見過體軀較小的華南虎的人，突然看到一隻碩大斑斕的東北虎，倉卒之間，把它訛作傳說中的聽到過的或圖畫中看到過的獅子，這當然是很可能的。」

【語　譯】大遼水出塞外衛白平山，東南入塞，過遼東襄平縣西。

1 也有人說遼水發源於砥石山，從塞外東流，正好經過遼東郡望平縣西，就是王莽時的長說。轉彎西南流，流經襄平縣老城西。秦始皇二十二年（西元前二二五年），滅燕國置遼東郡，治所就在這裡。漢高帝八年（西元前一九九年），將襄平縣封給紀通為侯國，就是王莽時的昌平，從前是平州的治所。又南流經遼隊縣老城西，王莽時改名稱為順睦。公孫淵派遣將軍畢衍在遼隊抵禦司馬懿，就是這裡。

又東南過房縣西，

2 〈地理志〉：房縣，是從前遼東郡的屬縣。遼水在右岸匯合白狼水。白狼水發源於右北平郡白狼縣東南，北流轉向西北，流經廣成縣老城南，這就是王莽時的平虜，民間稱為廣都城。又西北流，有石城川水注入。石城川水發源於西南的石城山，東流經石城縣老城南。〈地理志〉：右北平有石城縣。水北轉流經白鹿山西，也就是白狼山。

3 《魏書·國志》說：遼西單于蹋頓特別強大，受到袁氏的優遇，所以袁尚投靠他。這個部族屢次入侵，成為禍害。曹公取道盧龍，劈山填谷五百餘里，離柳城還有兩百里時，袁尚與蹋頓便率領數萬騎兵迎戰。曹公登白狼山觀望柳城，終於與敵兵相遇，乘著敵兵還沒有整頓好隊伍，就向他們發起攻擊。敵兵被打得落花流水，殺了蹋頓，胡人和漢人投降的達二十萬人。《英雄記》說：曹操於是敲著馬鞍，在馬上歡舞起來，就是在這地方。

4 《博物志》說：魏武帝在馬上遇到獅子，命將士去打死牠，但被獅子咬死咬傷了很多人。於是魏武帝親自率領數百親兵去打，獅子怒吼著愈加兇暴，隨從都很驚駭。魏武帝忽見林中跳出一隻怪物，形狀像貍貓，躍上魏武帝的車軛上。獅子快衝到時，這隻怪獸就跳上獅子頭上，獅子立即伏下不敢再動了。於是才把牠殺死，抬了死獅回來。離洛陽還有四十里時，這一帶都聽不到雞啼犬吠聲。

5 石城川水又東北流，進入廣成縣，東流注入白狼水。白狼水北流經白狼縣老城東，王莽時改名為伏狄。白狼水又東流，有方城川水注入。方城川水發源於西南山下，東流北折，流經一座老城西，世人稱為雀目城。東轉流經方城北，東流注入白狼水。白狼水又東北流經昌黎縣老城西。〈地理志〉說：昌黎就是交黎，是東部都尉的治所，也就是王莽時的禽虜。應劭說：就是今天的昌黎。高平川水在這裡注入白狼水。高平川水發源於西北方的平野，東流經倭城北，是倭人移居此地所建。水又東南流經乳樓城北，原來水流過戎人地區，城也就兼有異族的稱呼了。水又東南流，注入白狼水。白狼水又東北流，有自魯水注入。自魯水發源於西北方的遠山，東南流，注入白狼水。

6 白狼水又東北流經龍山西，燕慕容皝以為柳城以北、龍山以南是福地，於是派陽裕築龍城，改柳城為龍城縣。十二年（西元三四五年），龍山出現黑龍與白龍，慕容皝親自前去看龍，在離龍二百步處，以豬、牛、羊三牲為祭禮，二龍交首嬉戲飛翔，最後分開龍角飛去。慕容皝很高興，就大赦天下，把他新建的王宮名為和龍宮，並在山上建立龍翔祠。

7 白狼水又北流經黃龍城東，《十三州志》說：黃龍城是遼東屬國都尉的治所，昌遼道有黃龍亭。這裡也是魏營州刺史的治所。《魏土地記》說：黃龍城西南有白狼河，東北流，傍著城邊往東北流下，即指此水。又東北流，濫真水發源於西北塞外，東南流經重山，東南流入白狼水。白狼水又往東北流出，東流分為兩條，右邊的一條可能就是渝水。〈地理志〉說：渝水上流承接白狼水，西南沿著山邊流經一座老城西邊，世人以為是河連城，可能就是臨渝縣老城，即王莽時的馮德。渝水南流東轉，與一條水匯合，世人名為櫑倫水，這是戎族地區的變名。可能就是〈地理志〉所說的北流注入渝水的侯水。《十三州志》說：侯水南流注入渝水。〈地理志〉卻說是自北而南。又西南流注入渝水。渝水又東南流經一座老城東，民間叫女羅城。又南流經營丘城西。營丘在齊，但卻以此為遼、燕之間的城命名，這是因為燕、齊雖遙遠，但有流民僑居在此之故。渝水往東南流入大海。〈地理志〉說：渝水自塞外南流入海。有一條水東北流出塞，就是白狼水，又東南流，到了房縣注入遼水。《魏土地記》說：白狼水下流注入遼水。

又東過安市縣西，南入於海。

8 《十三州志》說：大遼水從塞外流來，西南流到安市縣入海。

小遼水

又玄菟高句麗縣有遼山，小遼水所出，

縣，故高句麗，胡之國也。漢武帝元封二年❶，平右渠，置玄菟郡于此，王莽之下句麗。水出遼山，西南流逕遼陽縣與大梁水會。水出北塞外，西南流至遼陽入小遼水。故〈地理志〉曰：大梁水西南至遼陽入遼。〈郡國志〉曰：縣，故屬遼東，後入玄菟。其水西南流，故謂之為梁水也。小遼水又西南逕襄平縣為淡淵。晉永嘉三年涸。小遼水又逕遼隊縣入大遼水。司馬宣王之平遼東也，斬公孫淵于斯水之上者也。

西南至遼隊縣，入於大遼水也。

【注釋】❶漢武帝元封二年　《水經注疏》作「漢武帝元封三年」。《疏》：「朱（按指《水經注箋》）『三』作『二』，戴仍，趙改「二」作「三」。守敬按：趙改是也。《漢書・武帝紀》、〈朝鮮傳〉並作「三年」。〈地理志〉稱，玄菟郡，元封四年開，亦誤。戴不察，故沿朱之誤。」

【語譯】又玄菟高句麗縣有遼山，小遼水所出，

高句麗縣，從前是高句麗國，是胡人所建的國家。漢武帝元封二年（西元前一〇九年），平定了右渠，在此處置玄菟郡，就是王莽時的下句麗。小遼水發源於遼山，西南流經遼陽縣，與大梁水匯合。大梁水發源於北塞外，西南流到了遼陽注入小遼水。所以〈地理志〉說：大梁水西南流，到遼陽注入遼水。〈郡國志〉說：遼陽縣從前屬遼東郡，後來劃歸玄菟郡。水西南流，所以稱為梁水。小遼水又西南流經襄平縣蓄水成為淡淵。晉永嘉三年（西元三〇九年）枯涸。小遼水又流經遼隊縣，注入大遼水。司馬宣王平定遼東時，就在這條水上殺了公孫淵。

西南至遼隊縣，入於大遼水也。

浿水

浿水出樂浪鏤方縣，東南過臨浿縣，東入於海。

許慎云：浿水出鏤方，東入海。一曰出浿水縣。《十三州志》曰：浿水縣在樂浪東北，鏤方縣在郡東。蓋出其縣南逕鏤方也。昔燕人衛滿自浿水西至朝鮮。朝鮮，故箕子國也。箕子教民以義，田織信厚，約以八法，而下知禁，遂成禮俗。戰國時，滿乃王之，都王險城，地方數千里，至其孫右渠。漢武帝元封二年，遣樓船將軍楊僕、左將軍荀彘討右渠，破渠于浿水，遂滅之。若浿水東流，

無渡浿之理，其地今高句麗之國治，余訪蕃使，言城在浿水之陽。其水西流逕故樂浪朝鮮縣，即樂浪郡治，漢武帝置，而西北流。故〈地理志〉曰：浿水西至增地縣入海。又漢興，以朝鮮為遠，循遼東故塞至浿水為界❶。考之今古，於事差謬，蓋《經》誤證也。

【注釋】❶浿水為界　此處有佚文一條。《山海經・南山經》「曰青邱之山」郭璞注引《水經注》：「〈上林賦〉云：秋田于青邱。」趙一清《水經注附錄》卷上：「此句疑是〈浿水注〉之佚文。」

【語譯】浿水出樂浪鏤方縣，東南過臨浿縣，東入於海。

許慎說：浿水發源於鏤方縣，東流入海。又有人說，是發源於浿水縣。《十三州志》說：浿水縣在樂浪郡東北，鏤方縣則在郡東。原來此水是發源於縣南，而流經鏤方縣的。從前燕人衛滿從浿水往西到朝鮮去。朝鮮，就是古時箕子的封國。箕子教百姓要正正當當地做人，耕田織布誠信敦厚；他訂立了八條約法，百姓也知道遵守禁令，於是就成了禮俗。戰國時，衛滿在朝鮮稱王，建都於王險城，國土數千里。到了他的孫子右渠時，漢武帝元封二年（西元前一〇九年），派了樓船將軍楊僕、左將軍荀彘去討伐右渠，在浿水大敗右渠，就滅了他的國家。如果浿水東流，那就沒有渡浿水的理由了。那地方現在是高句麗的國都。我訪問這個國家的使者，說城在浿水北岸。此水西流經舊時樂浪郡朝鮮縣，往西北流。朝鮮縣即樂浪郡的治所，是漢武帝時設置的。所以〈地理志〉說：浿水西流，到增地縣入海。而且漢朝興起後，因為朝鮮太遠，就以循著遼東從前的邊疆到浿水為國界。考證今天和古代的史實，同事實相差很遠，《水經》的引證錯了。

【研析】此卷有後人拼湊的可能，宋初之本是否如此尚可研究。或許是前四水成一卷，後三水另成一卷，現在已經很難核實。〈校上案語〉謂《崇文總目》稱已佚五卷，今四十卷疑後人分析之數。而後人整理之時，除分析外，或亦有拼合，而此卷兼塞內外並域外河川，酈氏原書或不至於此。

〈濡水〉篇中有幾處重要錯誤，如〈校上案語〉所說：「故于灤河之正源，三藏水之次序，白檀、要陽之建置，俱不免附會乖錯。」戴震之所以把此寫入〈校上案語〉，主要是為了以此稱道「自我皇上命使履視，盡得脈絡曲折之詳」。而其實，《注》文中的錯誤，何止於此。當然是由於「道元足跡皆所未經」之故。而酈氏作《注》，「足跡皆所未經」之處，實居全書多數，又何止區區濡水一地而已。

〈溳水注〉中「余訪蕃使」一段，說明他著述的盡心竭力。而此段中「言城在溳水之陽」數語，可為歷來各界爭論不休之溳水是今大同江之實證，酈氏對此作出了貢獻。

卷十五

洛水 伊水 瀍水 澗水

【題解】此卷合洛、伊、瀍、澗四水。此四水都是北魏京畿附近的河川，所以合成一卷。四水以洛水為首，因為它是古代名水。今四水合稱伊洛河。

洛水是伊洛河的最大支流，今稱洛河，全長近四百五十公里，流域面積包括伊河近二萬平方公里。伊河全長約二百七十公里，流域面積約六千平方公里。洛河發源於今陝西藍田華山山脈，東流進入河南省，在偃師附近與伊河匯合，即稱伊洛河，然後注入黃河。

瀍水今稱瀍河，是洛水的一條小支流，今一般地圖對此水已不作注記。由於西周時周公曾在此占卜建城，又流經洛陽城注入洛河，所以顯得重要，酈注因而列入篇名。

澗水今稱澗河，也是洛河支流，發源於河南澠池北，在今洛陽王城公園南注入洛河，全長僅一百二十餘公里，流域面積一千三百餘平方公里。

洛水

洛水出京兆上洛縣讙舉山，

1 〈地理志〉曰：洛出冢嶺山。《山海經》曰：出上洛西山。又曰：讙舉之山，洛水出焉，東與丹水合。水出西北竹山，東南流注于洛。洛水又東，尸水注之。水北發尸山，南流入洛。洛水又東得乳水。水北出良餘山，南流注于洛。洛水又東，會於龍餘之水。水出蠱尾之山，東流入洛。

2 洛水又東至陽虛山，合玄扈之水。《山海經》曰：洛水東北流，注于玄扈之水是也。又曰：自鹿蹏之山以至玄扈之山，凡九山。玄扈亦山名也，而通與讙舉為九山之次焉。故《山海經》曰：此二山者，洛間也。是知玄扈之水，出于玄扈之山，蓋山水兼受其目矣。其水逕于陽虛之下。《山海經》又曰：陽虛之山，臨于玄扈之水，是為洛汭也。《河圖·玉版❶》曰：倉頡為帝，南巡，登陽虛之山，臨于玄扈洛汭之水。靈龜負書，丹甲青文以授之。即于此水也。

3 洛水又東歷清池山，東合武里水。水南出武里山，東北流注于洛。洛水又東，門水出焉。《爾雅》所謂洛別為波也。洛水又東，要水入焉。水南出三要山，東北逕拒陽城西，而東北流入于洛。洛水又東與獲水合。水南出獲輿山，俗謂之備水也。東北逕獲輿川，世名之為郤川。東北流，注于洛。洛水又東逕熊耳山北，〈禹貢〉所謂導洛自熊耳。《博物志》曰：洛出熊耳，蓋開其源者是也。

東北過盧氏縣南，

4 洛水逕鵰渠關北，鵰渠水南出鵰渠山，即荀渠山也。其水一源兩分，川流半解，一水西北流，屈而東北，入于洛。《山海經》曰：熊耳之山，浮豪之水出焉，西北流注于洛。疑即是水也。荀渠，蓋熊耳之殊稱，若太行之歸山也。故《地說》曰：熊耳之山，地門也，洛水出其間。是亦總名矣。其一水東北逕鵰渠城西，故關城也。其水東北流，注于洛。洛水又東逕盧氏縣故城南，《竹書紀年》：晉出公十九年，晉韓龍取盧氏城。王莽之昌富也。有盧氏川水注之。水北出盧氏山，東南流逕盧氏城東，東南流注于洛。洛水又東，翼合三川，竝出縣之南山，東北注洛。《開山圖》曰：盧氏山宜五穀，可避水災，亦通謂之石城山。山在宜陽山西南，千名之山，咸處其內，陵阜原隰，易以度身者也。又有葛蔓谷水，自南山流注洛水。洛水又東逕高門城南，即《宋書》所謂後軍外兵龐季明入盧氏，進達高門木城者也。洛水東與高門水合。水出北山，東南流合洛水枝津。水上承洛水，東北流逕石勒城北，又東逕高門城北，東入高門水，亂流南注洛。洛水又東，松陽溪水注之。水出松陽山，北流注于洛。洛水又東逕黃亭南，又東合黃亭溪水。水出鵜鶘山，山有二峰，峻極于天，高崖雲舉，亢石無階，猨徒喪其捷巧，鼯族謝其輕工，及其長霄冒嶺，層霞冠峰，方乃就辨優劣耳。故有大、小鵜鶘之名矣。溪水東南流歷亭下，謂之黃亭溪水，又東南入于洛水。洛水又東得荀公溪口。水出南山荀公澗，即龐季明所入荀公谷者也。其水歷谷東北流，注于洛水。洛水又東逕檀山南，其山四絕孤峙，山上有塢聚，俗謂之檀山塢。義熙中，劉公西入長安，舟師所屆，次于洛陽，命參軍戴延之與府舍人虞道元即舟遡流，窮覽洛川，欲知水軍可至之處。延之屆此而返，竟不達其源也。洛水又東，庫谷水注之。水自宜陽山南，三川並發，合為一溪，東北流注于洛。洛水又東得鵜鶘水口，水北發鵜鶘澗，東南流入于洛。洛水又逕僕谷亭北，左合北水。水出北山，東南流注于洛。洛水又東，侯谷水出南山，北流入于洛。洛水又東逕龍驤城北。龍驤將軍王鎮惡，從劉公西入長安，陸行所由，故城得其名。洛水又東，左合宜陽北山水。水自北溪南流注洛。洛水又東，廣由澗水注之。水出南山由溪，北流逕龍驤城東，而北流入于洛。洛水又東，右得直谷水。水出南山，北逕屯城，西北流注于洛水也。

又東北過蠡城邑之南，

城西有塢水，出北四里山上，原高二十五丈，故黽池縣治。南對金門塢，水南五里，舊宜陽縣治也。洛水右會金門溪水。水南出金門山，北逕金門塢，西北流入於洛。洛水又東合款水，其水二源竝發，兩川逕引，謂之大款水也。合而東南入于洛。洛水又東，黍良谷水入焉。水南出金門山，《開山圖》曰：山多重，固在韓❷。建武二年，強弩大將軍陳俊轉擊金門、白馬，皆破之，即此也。而東北流注于洛。洛水又東，左合北溪，南流入于洛也。

6 **又東過陽市邑南，又東北過于父邑之南❸，**

太陰谷水南出太陰溪，北流注于洛。洛水又東，合白馬溪水。水出宜陽山，澗有大石，厥狀似馬，故溪澗以物色受名也。溪水東北流注于洛。洛水又東，有昌澗水注之。水出西北宜陽山，而東南流，逕宜陽故郡南，舊陽市邑也，故洛陽都典農治，此後改為郡。其水又南注于洛。洛水又東逕一合塢南，城在川北原上，高二十丈，南、北、東三箱，天險峭絕，惟築西面即為固，一合之名，起于是矣。劉曜之將攻河南也，晉將軍魏該奔于此，故于父邑也。洛水又東，合杜陽澗水。水出西北杜陽溪，東南逕一合塢，東與槃谷水合，亂流東南入洛。洛水又東，渠谷水出宜陽縣南女几山，東北流逕雲中塢，左上迢遰層峻，流煙半垂，纓帶山阜，故塢受其名。

7 渠谷水又東北入洛水。臧榮緒《晉書》❹稱，孫登嘗經宜陽山，作炭人見之與語，登不應，作炭者覺其情神非常，咸共傳說。太祖聞之，使阮籍往觀與語，亦不應。籍因大嘯，登笑曰：復作向聲。又為嘯，求與俱出，登不肯。籍因別去。登上峰行且嘯，如簫韶笙簧之音，聲振山谷。籍怪而問作炭人，作炭人曰：故是向人聲。籍更求之，不知所止，推問久之，乃知姓名。余按孫綽之敘《高士傳》❺，言在蘇門山，又別作《登傳》❻。孫盛《魏春秋》❼亦言在蘇門山，又不列姓名。阮嗣宗感之，著《大人先生論》❽，言吾不知其人，既神遊自得，不與物交。阮氏尚不能動其英操，復不識何人而能得其姓名。

又東北過宜陽縣南，

8 洛水之北有熊耳山，雙巒競舉，狀同熊耳。此自別山，不與《禹貢》導洛自熊耳同也。昔漢光武破赤眉樊崇，積甲仗與熊耳平，即是山也。山際有池，池水東南流，水側有一池，世謂之澠池矣。又東南逕宜陽縣故城西，謂之西度水，又東南流入于洛。

9 洛水又東逕宜陽縣故城南。秦武王以甘茂為左丞相，曰：寡人欲通三川，窺周室，死不朽矣。茂請約魏以攻韓，斬首六萬，遂拔宜陽城。故韓地也，後乃縣之。漢哀帝封息夫躬為侯國。城之西門，赤眉樊崇與盆子及大將等，奉璽綬劍璧處。世祖不即見，明日，陳兵于洛水見盆子等，謂盆子丞相徐宣曰：不悔乎？宣曰：不悔。上歎曰：卿庸中皦皦，鐵中錚錚也。

10 洛水又東與厭染之水合。水出縣北傅山大陂。山無草木，其水自陂北流，屈而東南注，世謂之五延水。又東南流逕宜陽縣故城東，東南流注于洛。洛水又東南，黃中澗水出北阜，二源奇發，總成一川，東流注于洛。洛水又東，祿泉水注之。其水北出近溪。洛水又東，共水入焉。水北出長石之山，山無草木，其西有谷焉，厥名共谷，共水出焉。南流得尹溪口，水出西北尹谷，東南注之。共水又西南與左澗水會。水東出近川，西流注于共水。共水又南與李谷水合。水出西北李溪，東南注蓁水。蓁水發源蓁谷，西南流與李谷水合，而西南流入共水。共水，世謂之石頭泉，而南流注于洛。洛水又東，黑澗水南出陸渾西山，歷于黑澗，西北入洛。洛水又東，臨亭川水注之。水出西北近溪，東南與長澗水會。水出北山，南入臨亭水，又東南歷九曲西，而南入洛水也。

又東北出散關南，

11 洛水東逕九曲南，其地十里，有坂九曲。《穆天子傳》所謂天子西征，升于九阿。此是也。洛水又東與豪水會。水出新安縣密山，南流歷九曲東，而南流入于洛。洛水之側有石墨山，山石盡黑，可以書疏，故以石墨名山矣。洛水又東，枝瀆左出焉。東出關，絕惠水。又逕清女冢南。冢在北山上，《耆舊傳》云：斯女清貞秀古，跡表來今矣。枝瀆又東，逕周山，上有周靈王冢。《皇覽》曰：周靈王葬于河南城西南周山上，蓋以王生而神，故謚曰靈。其冢，人祠之不絕。又東北逕柏亭南。《皇覽》曰：周山在柏亭西北，謂斯亭也。又東北逕三王陵東北出，三王，或言周景王、悼王、定王也。魏司徒公崔浩注《西征賦》⑨云：定當為敬，子朝作難，西周政弱人荒，悼、敬二王，與景王俱葬于此，故世以三王名陵。《帝王世紀》曰：景王葬于翟泉，今洛陽太倉中大冢是也。而復傳言在此，所未詳矣。又悼、敬二王，稽諸史傳，復無葬處。今陵東有石碑，錄赧王以上世王名號，考之碑記，周墓明矣。枝瀆東北歷制鄉，逕河南縣王城西，歷郟鄏陌。杜預《釋地》曰：縣西有郟鄏陌。謂此也。枝瀆又北入穀，蓋經始周啟，瀆久廢不脩矣。

12 洛水自枝瀆又東出關，惠水右注之，世謂之八關水。戴延之《西征記》謂之八關澤，即《經》所謂散關。鄣自南山，横洛水，北屬于河，皆關塞也，即楊僕家僮所築矣。惠水出白石山之陽，東南流與瞻水合。水東出婁涿之山，而南流入惠水。惠水又東南，謝水北出瞻諸之山，東南流，又有交觸之水，北出廆山，南流，俱合惠水。惠水又南流逕闕城北，二十里者也⑩。其城西阻塞垣，東枕惠水。靈帝中平元年，以河南尹何進為大將軍，率五營士屯都亭，置函谷、廣城、伊闕、大谷、轘轅、旋門、小平津、孟津等八關，都尉官治此。函谷為之首，在八關之限，故世人總其統目，有八關之名矣。其水又南流，入于洛水。《山海經》曰：白石之山，惠水出其陽，而南流注于洛。謂是水也。洛水又與虢水會。水出扶豬之山，北流注于洛水。之南則鹿蹏之山也，世謂之非山。其山陰則峻絕百仞，陽則原阜隆平，甘水發于東麓，北流注于洛水也。

13

又東北過河南縣南，

《周書》⑪稱周公將致政，乃作大邑成周于中土，南繫于洛水，北因于郟山，以為天下之大湊。《孝經援神契》曰：八方之廣，周洛為中，謂之洛邑。《竹書紀年》：晉定公二十年，洛絕于周。魏襄王九年，洛入成周，山水大出。南有甘洛城，《郡國志》所謂甘城也。《地記》曰：洛水東北過五零陪尾⑫，北與澗、瀍合，是二水，東入千金渠，故瀆存焉。

又東過洛陽縣南，伊水從西來注之。

14 洛陽，周公所營洛邑也。故《洛誥》⑬曰：我卜瀍水東，亦惟洛食。其城方七百二十丈，南繫于洛水，北因于郟山，以為天下之湊。方六百里，因西八百里，為千里。《春秋》昭公三十二年，晉合諸侯大夫戍成周之城，故亦曰成周也。司馬遷《自序》云：太史公留滯周南。摯仲治曰：古之周南，今之洛陽。漢高祖始欲都之，感婁敬之言，不日而駕行矣。屬光武中興，宸居洛邑，逮于魏晉，咸兩宅焉。故《魏略》⑭曰：漢火行忌水，故去其水而加佳，魏為土德，土，水之牡也，水得土而流，土得水而柔，除佳加水。

15 《長沙耆舊傳》云：祝良，字召卿，為洛陽令。歲時亢旱，天子祈雨不得，良乃曝身階庭，告誡引罪，自晨至中，紫雲水起，甘雨登降。人為歌曰：天久不雨，烝人失所，天王自出，祝令特苦，精符感應，滂沱下雨⑮。

16 則縣司及河南尹治，司隸，周官也，漢武帝使領徒隸，董督京畿，後因名司州焉。《地記》曰：洛水東入于中提山間，東流會于伊是也。

17 昔黃帝之時，天大霧三日，帝遊洛水之上，見大魚，殺五牲以醮之，天乃甚雨，七日七夜魚流，始得圖書，今《河圖．視萌⑯》篇是也。昔王子晉好吹鳳

18

笙，招延道士，與浮丘同遊伊洛之浦，含始又受玉雞之瑞于此水，亦洛神宓妃之所在也。洛水又東，合水南出半石之山，北逕合水塢，而東北流注于公路澗，但世俗音譌，號之曰光祿澗，非也。上有袁術固，四周絕澗，迢遞百仞，廣四五里，有一水，淵而不流，故溪澗即其名也。合水北與劉水合，水出半石東山，西北流逕劉聚，三面臨澗，在緱氏西南，周畿內劉子國，故謂之劉澗。其水西北流注于合水。合水又北流注于洛水也。

又東過偃師縣南，

洛水東逕計素渚。中朝時，百國貢計所頓，故渚得其名。又直偃師故縣南，與緱氏分水。又東，休水自南注之。其水導源少室山，西流逕穴山南，而北與少室山水合。水出少室北溪，西南流注休水。休水又左會南溪水。水發大穴南山，北流入休水。休水又西南北屈，潛流地下，其故瀆北屈出峽，謂之大穴口。北歷覆釜堆東，蓋以物象受名矣。又東屆零星塢，水流潛通，重源又發，側緱氏原，《開山圖》謂之緱氏山也。亦云仙者升焉。言王子晉控鵠斯阜，靈王望而不得近，舉手謝而去，其家得遺屣。俗亦謂之為撫父堆，堆上有子晉祠。或言在九山，非此。世代已遠，莫能辨之。劉向《列仙傳》[17]云：世有簫管之聲焉。休水又逕延壽城南，緱氏縣治，故滑費，《春秋》滑國所都也。王莽更名中亭，即緱氏城也。城有仙人祠，謂之仙人觀。休水又西轉北屈，逕其城西，水之西南有「司空密陵元侯鄭袤廟碑」，文缺不可復識。又有「晉城門校尉昌原恭侯鄭仲林碑」，晉泰始六年立。休水又北流注于洛水。

19 洛水又東逕百谷塢北，戴延之《西征記》曰：塢在川南，因高為塢，高十餘丈，劉武王西入長安，舟師所保也。洛水又北，陽渠水注之。《竹書紀年》：晉襄公六年，洛絕于洞，即此處也。洛水又北逕偃師城東，東北歷鄩中，水南謂之南鄩，亦曰上鄩也。逕訾城西，司馬彪所謂訾聚也，而鄩水注之。水出北山鄩溪，其水南流，世謂之溫泉水。水側有僵人穴，穴中有僵尸，戴延之《從劉武王西征記》[18]曰：有此尸，尸今猶在。夫物無不化之理，魄無不遷之道，而此尸無神識，事同木偶之狀，喻其推移，未若正形之速遷矣。鄩水又東南，于訾城西北東入洛水。故京相璠曰：今鞏洛渡北，有鄩谷水東入洛，謂之下鄩。故有上鄩、下鄩之名，亦謂之北鄩，于是有南鄩、北鄩之稱矣。又有鄩城，蓋周大夫鄩肸之舊邑。

20 洛水又東逕訾城北，又東，羅水注之。水出方山羅川，西北流，蒲池水注之。

水南出蒲陂，西北流合羅水，謂之長羅川。亦曰羅中也。蓋肸子鄩羅之宿居，故川得其名耳。羅水又西北，白馬溪水注之。水出嵩山北麓，逕白馬塢東，而北入羅水。西北流，白桐澗水注之。水出嵩麓桐溪，北流逕九山東，又北，九山溪水入焉。水出百稱山東谷，其山孤峰秀出，嶕嶢分立。仲長統曰：昔密有卜成者，身遊九山之上，放心不拘之境，謂是山也。山際有九山廟，廟前有碑云：九顯靈府君者，太華之元子，陽九列名，號曰九山府君也。南據嵩岳，北帶洛澨，晉元康二年九月，太歲在戌，帝遣殿中中郎將、關內侯樊廣、緱氏令王與、主簿傅演，奉宣詔命，興立廟殿焉。又有「百蟲將軍顯靈碑」，碑云：將軍姓伊氏，諱益，字隤敳，帝高陽之第二子伯益者也。晉元康五年七月七日，順人吳義等建立堂廟，永平元年二月二十日刻石立頌，贊示後賢矣。其水東北流入白桐澗。又北逕袁公塢東，蓋公路始固有此也，故有袁公之名矣。北流注于羅水。羅水又西北逕袁公塢北，又西北逕潘岳父子墓前，有碑。岳父芘，琅琊太守，碑石破落，文字缺敗。岳碑題云：「給事黃門侍郎潘君之碑」。碑云：君遇孫秀之難，闔門受禍，故門生感覆醢以增慟，乃樹碑以記事。太常潘尼之辭也。羅水又于訾城東北入于洛水也。

又東北過鞏縣東，又北入於河。

21 洛水又東，明樂泉水注之。水出南原下，三泉[19]並導，故世謂之五道泉，即古明溪泉也。《春秋》昭公二十二年，師次于明溪者也。洛水又東逕鞏縣故城南，東周所居也，本周之畿內鞏伯國也。《春秋左傳》所謂尹文父涉于鞏，即于此也。洛水又東，濁水注之，即古黃水也。水出南原，京相璠曰：訾城北三里有黃亭，即此亭也。《春秋》所謂次于黃者也。洛水又東北，洞水發南溪石泉，世亦名之為石泉水也。京相璠曰：鞏東地名坎欿，在洞水東，疑即此水也。又逕盤谷塢東，世又名之曰盤谷水。司馬彪《郡國志》：鞏有坎欿聚。《春秋》僖公二十四年，王出及坎欿。服虔亦以為鞏東邑名也。今考厥文若狀焉，而不能精辨耳。《晉太康地記》、《晉書·地道記》，並言在鞏西，非也。其水又北入洛。

22 洛水又東北流，入于河。《山海經》曰：洛水成皋西入河是也。謂之洛汭，即什谷也。故張儀說秦曰：下兵三川，塞什谷之口。謂此川也。《史記音義》曰：鞏縣有鄩谷水者也。黃帝東巡河，過洛，脩壇沉璧，受《龍圖》于河，《龜書》于洛[20]，赤文綠字。堯帝又脩壇河、洛，擇良即沉，榮光出河，休氣四塞，白雲起，迴風逝，赤文綠色，廣袤九尺，負理平上，有列星之分，七政之度㉑。帝王錄記興亡之數，以授之堯。又東沉書于日稷，赤光起，玄龜負書，背甲赤文成字，遂禪於舜。舜又習堯禮，沉書於日稷，赤光起，玄龜負書至於稷下，榮光休至，黃龍卷甲，舒圖壇畔，赤文綠錯以授舜。舜以禪禹。殷湯東觀于洛，習禮堯壇，降璧三沉，榮光不起，黃魚雙躍，出濟于壇，黑烏以浴，隨魚亦上，化為黑玉赤勒之書，黑龜赤文之題也。湯以伐桀，故《春秋說題辭》曰：河以道坤出天苞，洛以流川吐地符㉒，王者沉禮焉。《竹書紀年》曰：洛伯用與河伯馮夷鬬，蓋洛水之神也。昔夏太康失政，為羿所逐，其昆弟五人，須于洛汭，作〈五子之歌〉㉓于是地矣。

【注釋】❶玉版　篇名。《河圖》中的一篇。已亡佚，輯本收入於《古微書》、《墨海金壺》、《叢書集成初編》等。參見本書卷一〈河水〉篇《河圖》注釋。❷山多重二句　此二句不可解。據《疏》本熊會貞考證，此二句或為：「山出竹，可為律管。」此按《疏》本考證語譯於後。❸又東過陽市邑南二句　此處有佚文一條。《寰宇記》卷一四一〈山南西道〉九〈商州・洛南縣〉引《水經注》：「洛水北起文邑。」當是此段下佚文。❹晉書　書名。南朝齊臧榮緒撰。《隋書・經籍志》及〈兩唐志〉著錄一百一十卷。臧榮緒，《南齊書》有傳。書已亡佚，輯本收入於《廣雅書局叢書》及《叢書集成初編》等，均作十七卷，又補遺一卷。又收入於《漢學堂叢書》、《玉函山房輯佚書補編》等，均作一卷。❺高士傳　書名。晉孫綽撰。《隋書・經籍志》著錄孫綽撰《至人高士傳讚》二卷，不知是否此書。清嚴可均《全晉文》中，《孫綽集》輯存〈傳讚〉十二首。❻登傳　書名。或即《孫登別傳》。《藝文類聚》及《御覽》均引孫綽《孫登別傳》。❼魏春秋　書名。晉孫盛撰。《隋書・經籍志》著錄作《魏氏春秋》二十卷，《兩唐志》著錄作《魏武春秋》二十卷，當是同書。已亡佚，輯本收入於宛委山堂《說郛》弓五十九及《古今說部叢書》等。❽大人先生論　篇名。三國魏阮籍撰。《隋書・經籍志》著錄步兵校尉《阮籍集》十卷，此文即在集中。清嚴可均所輯作〈大人先生傳〉。❾西征賦　後魏崔浩注。《隋書・經籍志》著錄後魏祕書丞相崔浩撰《賦集》八十六卷，此賦當在其中。今集與賦均已亡佚。❿二十里者也　殿本在此處有戴震案語：「此有脫誤。」於後語譯從略。⓫周書　書名。《漢書・藝文志》著錄《周書》七十一篇。後人因其內容係《尚書・周書》之逸篇，故稱《逸周書》。但《隋書・經籍志》及《新唐書・藝文志》著錄均作《汲冢周書》，以為得自汲冢。《四庫提要》史部別史類說：「考《隋經籍志》、《唐藝文志》俱稱此書以晉太康二年得於魏安釐王冢中，則汲冢之說其由來已久，然《晉書・武帝紀》及《荀勖、束皙傳》載汲郡人不准所得《竹書》七十五篇，俱有篇名，無所謂《周書》，杜預〈春秋集解後序〉載汲冢諸書，亦不列《周書》之目。是《周書》不出汲冢也。」今此書《漢魏叢書》、《抱經堂叢書》、《叢書集成初編》諸本，均已稱《逸周書》。⓬五零陪尾　《水經注疏》楊守敬按：「五零陪尾無考。」⓭洛誥　篇名。是《尚書》中的一篇。⓮魏略　書名。晉魚豢撰。《舊唐書・經籍志》著錄三十八卷，《新唐書・藝文志》著錄五十八卷。已亡佚，輯本收入於《玉函山房輯佚書補編》。⓯滂沱下雨　五校鈔本在此下注：「下有脫文。」《水經注釋》在此下亦注：「下有脫文。」⓰視萌　篇名。《河圖》中的一篇。已亡佚，輯本收入於《喬勤恪公全集》、《山右叢書初編》及《緯書》等。參見卷一〈河水〉篇中《河圖》注釋。⓱列仙傳　書名。《隋書・經籍志》著錄《列仙傳讚》二卷，劉向撰，晉郭元祖讚；又《列仙傳讚》三卷，劉向撰，鬷續、孫綽讚。此書記古來仙人，自赤松子至元俗凡七十一人，又各有讚，篇末並有總讚。《四庫提要》子部道家類引陳振孫《書錄解題》：「不類西漢文字，必非向撰，或魏晉間方士為之，托名于向耶？」⓲從劉武王西征記　書名。《隋書・經籍志》著錄有戴祚《西征記》，又有戴延之《西征記》。《水經注》在〈河水四〉、〈渭水三〉、〈汳水〉、〈泗水〉等篇常引《西征記》。〈河水五〉稱戴氏《西征記》，〈濟水二〉、〈洛水〉、〈穀水〉稱戴延之《西征記》。此外，在〈汶水〉、〈洙水〉、〈淄水〉等篇，又引《從征記》。〈兩唐志〉著錄均作戴祚《西征記》，無戴延之書。其實，《西征記》與《從征記》均是《從劉武王西征記》的簡稱。而從古代人名、字相關的習慣揣摩，延之當是祚之字。故隋唐三志著錄，實為同人同書，即戴祚（延之）《從劉武王西征記》。劉武王，即南朝宋開國之君劉武帝，名劉裕（西元三六三～四二二年），曾西征北伐，相繼滅南燕、後秦等，永初元年（西元四二〇年）建國號宋。⓳三泉　《疏》本作「五泉」。據下文「五道泉」一名，「三」係刊板之誤。此據《疏》本語譯於後。⓴受龍圖于河二句　《水經注疏》熊會貞按：「《類聚》九十八引《尚書中候》，河出《龍圖》，洛出《龜書》曰：威赤文像字，以授軒轅。《御覽》九十七引同。又

《開元占經》一百二十分作河出《龍圖》，赤文綠字，以授軒轅；《龜書》威赤文綠字，以授軒轅。」所以《龍圖》、《龜書》，實在是一種傳說。㉑迴風逝六句　據《疏》本楊守敬考證，「迴風逝」應作「迴風搖」，下有脫文「龍馬銜甲」四字；「負理」應作「圓理」；「七政」應作「斗政」。此按《疏》本考證語譯於後。㉒河以道坤二句　此二句原文有脫誤，《疏》本作：「河以通乾出天苞，洛以流坤吐地符。」天苞，指《河圖》。此按《疏》本語譯於後。㉓五子之歌　詩歌名。不見公私著錄。已亡佚。

【語　譯】洛水出京兆上洛縣讙舉山，

1 〈地理志〉說：洛水發源於冢嶺山。《山海經》說：發源於上洛西山。又說：讙舉山，是洛水的發源地，東流與丹水匯合。丹水發源於西北方的竹山，東南流注入洛水。洛水又東流，屖水注入。屖水發源於北方的屖山，南流注入洛水。洛水又東流，引入乳水。乳水發源於北方的良餘山，南流注入洛水。洛水又東流，匯合於龍餘水。龍餘水發源於蠱尾山，東流注入洛水。

2 洛水又東流到了陽虛山，與玄扈水匯合。《山海經》說：洛水東北流，注入玄扈水。又說：從鹿蹏山到玄扈山，共有九座山，玄扈也是山名，而與讙舉山相連，一同構成九山的序列。所以《山海經》說：洛水在二山之間。可知玄扈水發源於玄扈山，山與水都兼有玄扈的名稱。玄扈水流經陽虛山腳下。《山海經》又說：陽虛山在玄扈水旁邊，這就是洛汭。《河圖・玉版》說：倉頡伴隨著黃帝，巡行南方，登上陽虛山，到了玄扈和洛汭水濱。有一隻靈龜背著寶書出來交給他，寶書以青色的文字寫在紅色的龜甲上。此事就發生在這條水上。

3 洛水又東流經清池山，東流與武里水匯合。武里水發源於南方的武里山，東北流，注入洛水。洛水又東流，分出門水。《爾雅》所說的洛水分支流出，成為波水，就是指此水。洛水又東流，要水注入。要水發源於南方的三要山，東北流經拒陽城西，然後東北流，注入洛水。洛水又東流與獲水匯合。獲水發源於南方的獲輿山，民間稱為備水。東北流經獲輿川，世人稱為卻川。東北流，注入洛水。洛水又東流經熊耳山北，就是〈禹貢〉所說的從熊耳山疏導洛水。《博物志》說：洛水發源於熊耳山，那是指開發它的源頭。

東北過盧氏縣南，

4 洛水流經鵰渠關北，鵰渠水發源於南方的鵰渠山，就是荀渠山。這條水的源頭一分為二，成為兩半，一條西北流，轉而東北流，注入洛水。《山海經》說：熊耳山，是浮豪水的發源地，浮豪水西北流注入洛水，想來就是此水。荀渠是熊耳的別名，正像太行山也叫歸山一樣。所以《地說》說：熊耳山，是大地的門戶，洛水就在這門戶間流出。那麼熊耳也是個總名了。另一條東北流經鵰渠城西，就是從前的關城。水往東北流，注入洛水。洛水又東流經盧氏縣老城南。《竹書紀年》：晉出公十九年（西元前四五六年），晉國的韓龍奪取了盧氏城，這就是王莽時的昌富。有盧氏川水在這裡注入。盧氏川水發源於北方的盧氏山，東南流經盧氏城東，東南流，注入洛水。洛水又東流，兩岸匯合了三條水。這三條水都發源於盧氏縣的南山，東北流，注入洛水。《開山圖》說：盧氏山宜於種植五穀，不會遭受水災，也通稱石城山。此山在宜陽山西南，其中包括著成千成百的山名，在這片丘陵高地和低溼地帶，是安身立命的好地方。又有葛蔓谷水，從南山流注洛水。洛水又東流經高門城南，《宋書》所說的後軍外兵龐季明攻入盧氏縣，直達高門木城，指的就是這地方。洛水東流與高門水匯合，高門水發源於北山，東南流與洛水支流匯合。支流上口承接洛水，東北流經石勒城北，又東流經高門城北，東流匯入高門水，往南亂流注入洛水。洛水又東流，松陽溪水注入。松陽溪水發源於松陽山，北流注入洛水。洛水又東流經黃亭南，又東流與黃亭溪水匯合。黃亭溪水發源於鵜鶘山，鵜鶘山有兩座險峰，峻峭至極，上接天際，高崖插雲，崖上絕無可立足的臺階，即使矯捷有如猿猴，輕巧有如鼯鼠，也難以施展其飛縱自如、騰躍無阻的絕技了。待到連綿的雲氣遮住嶺頭，繽紛的彩霞籠罩著峰巔，才能顯現出這些山峰的高低。所以有大鵜鶘和小鵜鶘之稱。溪水東南流，從亭下流過，叫黃亭溪水，又東南流，注入洛水。洛水又東流，流到荀公溪口，在這裡注入的水，發源於南山的荀公澗，就是龐季明曾經進入的荀公谷。這條水經過山谷往東北流，注入洛水。洛水又東流經檀山南，這座山峰四周不與山陵相連，而孤峰孑然聳峙，山上有個聚落，民間稱為檀山塢。義熙年間（西元四〇五～四一八年），劉裕西入長安，水軍駐紮於洛陽。他命令參軍戴延之與府舍人虞道元乘船溯流而上，把洛水完全考察清楚，以探明水軍船隻可以到達的地方。戴延之到了這裡就回去了，竟不能到達源頭。洛水又東流，庫谷水注入。庫谷水發源於宜陽山南麓，三條水源同流，匯合成一條溪澗，東北流注入洛水。洛水又東流，到了鵜鶘水口。鵜鶘水發源於北方的鵜鶘澗，東南流，注入洛水。洛水又流經僕谷亭北，左岸匯合北水。北水發源於北山，東南流注入洛水。洛水又東流，侯谷水發源於南山，北流注入洛水。洛水又東流經龍驤城北。龍驤將軍王鎮惡隨從劉裕西入長安，從陸路行軍經過這裡，所以城也因此得名了。洛水又東流，左岸匯合宜陽北山水。宜陽北山水從北溪南流，注入洛水。洛水又東流，廣由澗水注入。廣由澗水發源於南山由溪，北流經龍驤城東，北流注入洛水。洛水又東流，右岸匯合直谷水。直谷水發源於南山，北流經屯城，西北流，注入洛水。

又東北過蠡城邑之南，

5 城西有塢水，發源於北方四里的山上，山上有一片高原，隆起達二十五丈高，從前是黽池縣治所的所在地。這裡南對金門塢，塢水南五里，是舊時宜陽縣的治所。洛水右岸匯合金門溪水。金門溪水發源於南方的金門山，北流經金門塢，西北流注入洛水。洛水又東流匯合款水。款水有兩個源頭同時流出，兩水並流，稱為大款水。匯合後東南流注入洛水。洛水又東流，黍良谷水注入。黍良谷水發源於南方的金門山。《開山圖》說：山上出產小竹，可製簫笙之類的樂器。建武二年（西元二六年），強弩大將軍陳俊回軍攻打金門、白馬，都攻下了，指的就是此處。黍良谷水往東北流，注入洛水。洛水又東流，左岸匯合北溪，南流注入洛水。

又東過陽市邑南，又東北過于父邑之南，

6 太陰谷水發源於南方的太陰溪，北流注入洛水。洛水又東流，匯合白馬溪水。白馬溪水發源於宜陽山，山澗裡有大石，形狀像馬，所以這條溪澗是以巖石的形狀而得名的。溪水東北流注入洛水。洛水又東流，有昌澗水注入。昌澗水發源於西北方的宜陽山，東南流，經宜陽舊郡南，就是從前的陽市邑，從前洛陽都典農的治所就在這裡，後來改為郡。昌澗水又南流，注入洛水。洛水又東流經一合塢南，此城在洛水北岸的高原上，高二十丈，南、北、東三面是陡峭的天險，只要在西面築城，就堅不可摧了。城堡取名一合，就是因此而來的。劉曜將要攻打河南時，晉將軍魏該逃到這裡，就是從前的于父邑。洛水又東流，與杜陽澗水匯合。杜陽澗水發源於西北方的杜陽溪，東南流經一合塢，東流與槃谷水匯合，往東南亂流，注入洛水。洛水又東流，有渠谷水發源於宜陽縣南的女几山，東北流經雲中塢。山塢左側上方層沓高峻，飄渺的煙霧繚繞著山腰，所以有雲中塢之稱。

7 渠谷水又東北流，注入洛水。臧榮緒《晉書》說：孫登曾經過宜陽山，燒炭人看見他和他搭話，孫登卻不應答。燒炭人見他情態迥異常人，就紛紛傳說開了。晉太祖聽到消息，派阮籍前往看個究竟。阮籍和他談話，他也不應。阮籍因而仰天長嘯。孫登笑道：再嘯一回聽聽看。阮籍又長嘯起來，並請他一起出山，孫登卻不肯。阮籍於是和他作別而去。孫登向山頂走去，邊走邊嘯，聲音如簫管笙簧齊奏，響聲振盪山谷。阮籍很驚奇，去問燒炭人，燒炭人說：那人先前也是發出這樣的聲音的。阮籍再去尋他，卻已不知去向了。打聽了好久，才知道他的姓名。我查考孫綽《高士傳》的記述，說孫登隱於蘇門山；又另外有一部《孫登傳》。孫盛《魏春秋》也說此事發生在蘇門山，但不載其姓名。阮嗣宗心有所感，撰著了〈大人先生論〉，說我不知道那人是誰。他既然神遊自得，不與人交往，阮氏尚且不能打動他的超凡絕俗的情操，那就更不知還有誰人能打聽到他的姓名了。

8 洛水以北有熊耳山，雙峰並舉，形狀就像熊耳。這是另一座山，與〈禹貢〉所說從熊耳疏導洛水的那座熊耳山不同。從前漢光武帝大敗赤眉軍首領樊崇，繳獲的兵器堆積得與熊耳山一樣高，說的就是這座山。山邊有池，池水東南流，水邊又有一池，世人稱為澠池。又東南流經宜陽縣老城西，稱為西度水，又東南流，注入洛水。

又東北過宜陽縣南，

9 洛水又東流經宜陽縣老城南。秦武王任命甘茂為左丞相，說：我想開通到三川的道路，窺伺周朝王室，死後也可以不朽了。甘茂建議聯合魏國進攻韓國，殺了六萬人，攻克了宜陽城。宜陽原來是韓國的領土，以後才設縣。漢哀帝將此地封給息夫躬為侯國。宜陽城西門是赤眉首領樊崇與劉盆子以及各大將軍等，捧著玉璽、綬帶、寶劍、玉璧來投降的地方。光武帝不立即接見他們，第二天，才集合軍隊於洛水之濱，接見劉盆子等人。他對劉盆子的丞相徐宣說：你們不後悔嗎？徐宣說：不後悔。光武帝感嘆道：你真是庸庸碌碌之輩中的佼佼者，鐵漢中的錚錚者。

10 洛水又東流與厭染水匯合。厭染水發源於宜陽縣城北傅山上一個很大的陂湖中。山上不長草木，水自湖中往北流，轉而東南流，世人稱為五延水。又東南流經宜陽縣老城東，東南流，注入洛水。洛水又東南流，有黃中澗水發源於北阜，兩個源頭合成一條，東流注入洛水。洛水又東流，祿泉水注入。祿泉水發源於北方近處的溪澗。洛水又東流，共水注入。共水發源於北方的長石山，山上草木不生，西邊有個山谷，名為共谷，共水就發源於那裡。共水南流到尹溪口，匯合於此口的水發源於西北的尹谷，東南流注入共水。共水又西南流，與左澗水匯合。左澗水發源於東方近處的溪流，西流注入共水。共水又南流與李谷水匯合。李谷水發源於西北的李溪，東南流注入蓁水。蓁水發源於蓁谷，西南流與李谷水匯合，西南流注入共水。人們稱共水為石頭泉，南流注入洛水。洛水又東流，有黑澗水發源於南方的陸渾西山，流過黑澗，西北流注入洛水。洛水又東流，臨亭川水注入。臨亭川水發源於西北近處的溪流，東南流與長澗水匯合。長澗水源出北山，南流注入臨亭水，又東南流，從九曲西面流過，往南注入洛水。

又東北出散關南，

11 洛水東流經九曲南，那地方方圓十里，有一處山坡曲曲折折有九道彎子。《穆天子傳》所說的天子西征，攀登上九阿，就是這地方。洛水又東流與豪水匯合。豪水發源於新安縣的密山，往南流過九曲東，然後南流注入洛水。洛水旁有石墨山，山上的巖石全都是黑色的，可以書寫奏疏，所以稱此山為石墨山。洛水又東流，左岸分出一條支流，往東流出散關，橫穿惠水，又流經清女冢南。這座墳墓在北山上。《耆舊傳》說：這位女子清白堅貞，是古代的優秀人物，她的事跡可作當今和後世的表率。支渠又東流，流經周山，山上有周靈王墓。《皇覽》說：周靈王葬於河南城西南的周山上，因為他生下來就有點神異，因而以靈字作為他的諡號。到他墳前來祭祀的人往來不絕。又東北流經柏亭南。《皇覽》說：周山在柏亭西北，即指此亭。又東北流經三王陵，往東北流去。三王，有人說就是周景王、悼王和定王。魏司徒崔浩注〈西征賦〉說：定字應當作敬字。子朝作亂，西周政權衰落，人才短缺，悼王、敬王兩位帝王與景王都葬在這裡，所以世人把陵墓稱為三王陵。《帝王世紀》說：景王葬於翟泉，現在洛陽太倉中的大墓就是景王墓。但為什麼又傳說在這裡，這就不清楚了。此外，查考史籍傳記，都沒有提到悼王和敬王葬在哪裡，現在陵墓東有石碑，記載著赧王以前諸王的名號，就碑記來考證，這是周朝的陵墓已是很清楚的了。支渠東北流過制鄉，流經河南縣王城西，流過郟鄏陌。杜預《釋地》說：縣西有郟鄏陌，說的就是這裡。支渠又北流注入穀水，自從動工開鑿這條渠道以來，久已荒廢未曾修治過了。

12 洛水從支渠分出處又東流出關，有惠水從右注入，世人稱之為八關水。戴延之《西征記》稱為八關澤，就是《水經》所說的散關。城牆從南山橫跨洛水，往北直到黃河，這一帶全是關隘要塞，都是楊僕家裡的僕役所築。惠水發源於白石山南麓，東南流與瞻水匯合。瞻水發源於東方的婁涿山，南流注入惠水。惠水又東南流，有謝水發源於北方的瞻諸山，東南流，又有交觸水發源於北方的廆山，南流，都注入惠水。惠水又南流經關城北，……關城西面有關塞城牆的阻隔，東面臨近惠水。靈帝中平元年（西元一八四年），任命河南尹何進為大將軍，率領五營士兵屯駐於都亭，設函谷、廣城、伊闕、大谷、轘轅、旋門、小平津、孟津等八關，都尉官員的治所就設在這裡。函谷關為第一關，在八關之列，因此人們就將它作為八關的總稱。惠水又南流，注入洛水。《山海經》說：惠水發源於白石山南麓，南流注入洛水。說的就是此水。洛水又與虢水匯合。虢水發源於扶豬山，北流注入洛水。扶豬山以南則是鹿蹏山，世人稱為非山。這座山的北面極其峻峭，高達百仞，南面則是廣袤而平坦的高原及丘陵地。有甘水發源於東麓，北流注入洛水。

又東北過河南縣南，

13 《周書》說周公將要把政權交還成王時，在中原地區營建大城成周，南臨洛水，北接郟山，以為這是天下的中樞。《孝經援神契》說：八方極其廣大，周洛則是中心，稱為洛邑。《竹書紀年》載：晉定公二十年（西元前四九二年），洛水在周的境內斷流。魏襄王九年（西元前三一〇年），山洪暴發，洛水氾濫，流入成周城。南方有甘洛城，就是〈郡國志〉所說的甘城。《地記》說：洛水東北流過五零陪尾，北流與澗水、瀍水匯合。這兩條水東流入千金渠，舊河道至今還在。

14 **又東過洛陽縣南，伊水從西來注之。**

洛陽就是周公所營建的洛邑。所以〈洛誥〉說：我在瀍水以東占卜，也只有洛邑可以定都。這座城周圍七百二十丈，南臨洛水，北接郟山，作為天下的中樞。周朝王畿方圓六百里，連同西方的八百里，就是千里了。《春秋》昭公三十二年（西元前五一〇年），晉聯合諸侯大夫駐防成周城，所以也叫成周。司馬遷〈自序〉說：太史公滯留在周南。摯仲治說：古代的周南，就是今天的洛陽，漢高祖當初想在那裡建都，但聽了婁敬一席話心有所感，沒幾天就動身離開了。到了光武帝中興時，定都洛陽，一直到魏、晉，也都是以洛陽為都。因此《魏略》說：漢在五行屬火，忌水，所以去掉洛字偏旁的水，而加上佳，改為雒；魏則屬土，土，是水的依託，水有了土才能流動，土有了水才能柔軟，於是又去掉佳而加上水，仍為洛字。

15 《長沙耆舊傳》說：祝良，字召卿，當洛陽縣令。一年天大旱，天子求雨，然而天卻不下雨，於是祝良站在階下的庭院裡，讓烈日曝曬，誠心誠意地向上天請罪，從早晨直站到中午，終於湧起團團的紫雲，甘霖沛然而降。人們為他編了一首歌謠道：上天久晴不雨，百姓流離失所；天子親自出馬，祝令更是辛苦。精誠感應上天，降下滂沱大雨。

16 洛陽縣是司州及河南尹的治所。司隸，是周時的官職，漢武帝時以司隸統領役夫及囚犯，巡察京城，因此後世名為司州。《地記》說：洛水東流，進入中提山間，東流匯合伊水。

17 從前黃帝時，連續發了三天大霧，黃帝在洛水上遊覽，看見一條大魚，就殺了五牲來祭祀，於是天接連下了七天七夜大雨，大魚能游動了，才得到圖譜及祕籍，這就是今天的《河圖・視萌》篇。從前王子晉喜歡吹鳳笙，招聘道士，與浮丘一同在伊水與洛水的水濱遊覽，漢高祖的母親含始又在此水上得到玉雞的祥瑞之兆，同時這也是洛神宓妃所在的地方。洛水又東流，有合水發源於南方的半石山，北流經合水塢，然後往東北流，注入公路澗，但世俗音訛，卻稱為光祿澗，這是錯誤的。山上有袁術固，堡壘四周圍繞著極為險峻的山澗，高達百仞，方圓四五里；有一潭水，極深但不流動，所以溪澗也就因而得名了。合水北流與劉水匯合，劉水發源於半石東山，西北流經劉聚。劉聚三面臨澗，位於緱氏縣西南，是周時王畿以內的劉子國，所以叫劉澗。此水西北流，注入合水。合水又北流，注入洛水。

又東過偃師縣南，

18 洛水東流經計素渚。中朝時，各國計官進京朝貢，途中都要在這裡留宿，渚也因而得名了。又流經偃師舊縣南，偃師縣與緱氏縣就以此水為分界。又東流，休水從南方流來注入。休水發源於少室山，西流經穴山南，然後北流與少室山水匯合。少室山水發源於少室北溪，西南流，注入休水。休水又在左岸匯合南溪水。南溪水發源於大穴南山，北流注入休水。休水又西南流，北轉，潛流入地下，這條水的舊水道轉而往北流出山峽，出峽的山口叫大穴口。北流經覆釜堆東，覆釜堆是因巖石的形狀而得名。又東流到零星塢，水流在地下暗通，傍著緱氏原，重新又冒出地面。緱氏原，《開山圖》稱為緱氏山。也有人說，有仙人在這裡升天。傳說王子晉乘天鵝停駐在這座山上，靈王遙望著他卻無法接近，他向靈王揮手告別，飛升而去，他的家人拾到他掉下的鞋子。民間又把這地方稱為撫父堆，山丘上有子晉祠。也有人說此事發生於九山，不是在這裡。但時代已很遙遠，也弄不清楚了。劉向《列仙傳》說：這裡時常還有笙管的聲音。休水又流經延壽城南，這是緱氏縣的治所，古時的滑費，也就是《春秋》所說的滑國建都的地方。王莽時改名為中亭，就是緱氏城。城內有仙人祠，叫仙人觀。休水又向西轉，向北彎，流經城西，此水西南有「司空密陵元侯鄭袤廟碑」，但文字已剝蝕殘缺，不能辨認了。又有「晉城門校尉昌原恭侯鄭仲林碑」，是晉泰始六年（西元二七〇年）所立。休水又北流，注入洛水。

19 洛水又東流經百谷塢北。戴延之《西征記》說：堡壘在平川南，利用地勢高峻築堡，高十餘丈。劉裕西入長安時，水軍就駐防於這座堡壘。洛水又北流，陽渠水注入。《竹書紀年》載：晉襄公六年（西元前六二二年），洛水至洞斷流，就是此處。洛水又北流經偃師城東，東北流經鄩中。水南稱為南鄩，也叫上鄩。流經訾城西，就是司馬彪所說的訾聚，鄩水在這裡注入。鄩水發源於北山的鄩溪，南流，世人稱為溫泉水。水邊有個僵人洞，洞中有僵屍。戴延之《從劉武王西征記》說：洞中確有僵屍，如今還在。物體沒有不滅的道理，魂魄沒有不散的事例，這具僵屍沒有精神和意識，就像木偶一樣，而它的變化，也沒有正常的形體那樣迅速。鄩水又東南流，在訾城西北東流，注入洛水。所以京相璠說：現在從鞏洛渡水到北方，有鄩谷水，東流注入洛水。那地方叫下鄩，所以有上鄩、下鄩的地名；也叫北鄩，於是又有南鄩、北鄩的名稱。又有鄩城，那是周朝大夫鄩肸原來的封邑。

20 洛水又東流經訾城北，又東流，羅水注入。羅水發源於方山的羅川，西北流，蒲池水注入。蒲池水發源於南方的蒲陂，西北流，匯合羅水，稱為長羅川，也叫羅中。是肸子鄩羅的故居，水也因而得名了。羅水又西北流，白馬溪水注入。白馬溪水發源於嵩山北麓，流經白馬塢東，然後北流注入羅水。羅水西北流，白桐澗水注入。白桐澗水發源於嵩麓桐溪，北流經九山東，又北流，九山溪水注入。九山溪水出自百稱山東谷，這座山孤峰挺秀，高峻峭削，不與眾山相連。仲長統說：從前密縣有個人叫卜成，他身子遊於九山之上，精神則馳騁於無拘無束之境，說的就是此山。山邊有九山廟，廟前有碑說：九顯靈府君是太華的嫡長子，列名於陽九災年，號稱九山府君。南有嵩岳憑依，北有洛溢環繞。晉元康二年（西元二九二年）九月，太歲星在西北偏西的方位，皇上派遣的殿中中郎將關內侯樊廣、緱氏令王與、主簿傅演，奉命頒布詔令，興工建造祠廟殿宇。又有「百蟲將軍顯靈碑」，碑文說：將軍姓伊，名益，字隤敳，就是高陽帝顓頊的第二個兒子伯益。晉元康五年（西元二九五年）七月七日，順人吳義等建立廟堂，永平元年（西元二九一年）二月二十日刻碑立頌詞，以昭示後世的賢者。九山溪水東北流，注入白桐澗。白桐澗又北流經袁公塢東，因為袁公路當初曾堅守在這裡，所以叫袁公塢。白桐澗北流注入羅水。羅水又西北流經袁公塢北，又西北流經潘岳父子墓前，墓前有碑。潘岳父親潘芘，是瑯琊太守。但碑石已破碎剝落，文字也殘缺損壞了。「潘岳碑」完整的標題是：「給事黃門侍郎潘君之碑」。碑文說：先生慘遭孫秀陷害，全家都受株連被殺，門生追思此禍的慘酷而倍加傷痛，因此樹碑記載這一事件。碑文是太常潘尼所撰。羅水又在訾城東北注入洛水。

又東北過鞏縣東，又北入於河。

21 洛水又東流，明樂泉水注入。明樂泉水發源於南原下，五條山泉一齊流出，所以人們稱為五道泉，這就是古代的明溪泉。《春秋》昭公二十二年（西元前五二〇年），軍隊駐紮在明溪，即指此水。洛水又東流經鞏縣老城南，這是東周王室所居的地方，原來是周朝王畿以內的鞏伯國。《春秋左傳》說尹文父在鞏涉水，指的就是這地方。洛水又東流，濁水注入，這就是古代的黃水。黃水發源於南原。京相璠說：訾城北三里有黃亭，就是此亭。《春秋》所說的在黃亭住宿，即指此亭。洛水又東北流，有洞水發源於南溪石泉，人們也叫它石泉水。京相璠說：鞏東有個地方叫坎欿，在洞水東，想來可能就指此水。洞水又流經盤谷塢東，世人又稱為盤谷水。司馬彪〈郡國志〉說，鞏縣有個坎欿聚。《春秋》僖公二十四年（西元前六三六年），王出行，到了坎欿。服虔也以為這是鞏東地區的城名。現在查考這篇文章，情況倒有點相似，只是難以仔細地分辨清楚罷了。《晉太康地記》、《晉書・地道記》都說坎欿在鞏西，這卻不對。洞水又北流注入洛水。

22

洛水又東北流，注入河水。《山海經》說：洛水在成皋西入河，說得不錯。洛水入河處叫洛汭，就是什谷。所以張儀遊說秦王道：向三川進兵，封鎖什谷的谷口，說的就是這條水。《史記音義》說：鞏縣有鄩谷水。黃帝東巡河水時過了洛水，修築祭壇，把白璧投入水中祭祀水神，在河水得到《龍圖》，在洛水得到《龜書》，有紅色的紋理，綠色的文字。堯帝又在河水、洛水修築祭壇，選擇吉日良辰沉璧致祭，那天河上透出一片五色祥光，四周瑞氣彌漫，白雲冉冉升起，旋風飛騰上升。龍馬銜著龜甲從河中出來交給堯。龜甲有紅色的紋理，綠色的文字，寬達九尺，圓形而上平，有各種星座的分布，治理天下的施政法度，關於帝王的記載以及興亡的定數。龍馬便將這件神物交給堯。以後堯又在東方的日稷沉下刻有文字的玉璧，於是水上升起一片紅光，一隻黑龜背圖卷出來，龜甲背上有紅色的文字，於是堯就把帝位禪讓給舜。後來舜又遵照堯的禮儀，在日稷沉下刻有文字的玉璧，紅光升起，黑龜背負著圖卷，來到稷下，五色祥光燦爛奪目，黃龍鬆開鱗甲，在壇邊把圖卷展開，紅色的文字間著綠色的花紋，把它交給舜。舜就將帝位禪讓給禹。殷湯往東視察洛水，仿效堯設壇祭祀的禮儀，連續三次投下玉璧，但沒有五色祥光升起，卻有一對黃色的魚從水中躍出，渡水到壇前；還有一隻黑烏鴉在水中沐浴，隨著魚也上來了，化成一塊刻著紅色文字的黑玉和題著紅色文字的黑色龜甲。商湯就據此來討伐夏桀。所以《春秋說題辭》說：河水因與上天相通而推出《河圖》，洛水因在大地流動而吐出大地的符瑞，所以帝王要沉璧舉行祭禮。《竹書紀年》說：洛伯用與河伯馮夷爭鬥，這洛伯就是洛水的神靈。從前夏太康不理朝政，被后羿所驅逐，他的五個兄弟來到洛汭等待他，在這裡作了〈五子之歌〉。

伊水

1 **伊水出南陽魯陽縣西蔓渠山，**

《山海經》曰：蔓渠之山，伊水出焉。《淮南子》曰：伊水出上魏山。〈地理志〉曰：出熊耳山。即麓大同，陵巒互別耳。伊水自熊耳東北逕鸞川亭北。蘷水出蘷山，北流際其城東而北入伊水。世人謂伊水為鸞水，蘷水為交水，故名斯川為鸞川也。又東為淵潭，潭渾若沸，亦不測其深淺也。伊水又東北逕東亭城南，又屈逕其亭東，東北流者也。

2 **東北過郭落山，**

陽水出陽山陽溪，世人謂之太陽谷，水亦取名焉。東流入伊水。伊水又東北，鮮水入焉。水出鮮山，北流注于伊。伊水又與蠻水合，水出盧氏縣之蠻谷，東流入于伊。

3 **又東北過陸渾縣南，**

《山海經》曰：滽滽之水，出于釐山，南流注于伊水。今水出陸渾縣之西南王母澗，澗北山上有王母祠，故世因以名溪。東流注于伊水，即滽滽之水也。伊水歷崖口，山峽也。翼崖深高，壁立若闕，崖上有塢，伊水逕其下，歷峽北流，即古三塗山也。杜預《釋地》曰：山在縣南。闞駰《十三州志》云：山在東南。今是山在陸渾故城東南八十許里。《周書》：武王問太公曰：吾將因有夏之居，南望過于三塗，北瞻望于有河。《春秋》昭公四年，司馬侯曰：四嶽、三塗、陽城、太室、荊山、中南，九州之險也。服虔曰：三塗、大行、轘轅、崤、澠，非南望也。京相璠著《春秋土地名》亦云：山名也。以服氏之說，塗，道也。準《周書》南望之文，或言宜為轘轅、大谷、伊闕，皆為非也。《春秋》，晉伐陸渾，請有事于三塗。知是山明矣。

[4] 有七谷水注之。水西出女几山之南七溪山，上有西王母祠，東南流注于伊水。又北，蚤谷水注之。水出女几山之東谷，東逕故亭南，東流入于伊水。伊水又東北逕伏流嶺東，嶺上有崑崙祠，民猶祈焉。劉澄之《永初記》稱，陸渾縣西有伏流坂者也。今山在縣南崖口北三十里許，西則非也。北與溫泉水合。水出新城縣之狼皋山西南皋下，西南流會于伊水。伊水又東北逕伏睹嶺，左納焦澗水。水西出鹿蹄山，東流逕孤山南。其山介立豐上，單秀孤峙，故世謂之方山，

即劉中書澄之所謂縣有孤山者也。東歷伏睹嶺南，東流注于伊。

5 伊水又東北，涓水注之。水出陸渾西山，即陸渾都也。尋郭文之故居，訪胡昭之遺像，世去不停，莫識所在。其水有二源，俱導而東注。虢略在陸渾縣西九十里也，司馬彪《郡國志》曰：縣西虢略地，《春秋》所謂東盡虢略者也。北水東流合侯澗水。水出西北侯溪，東南流注于涓水。涓水又東逕陸渾縣故城北，平王東遷，辛有適伊川，見有被髮而祭于野者曰：不及百年，此其戎乎？魯僖公二十二年，秦、晉遷陸渾之戎于伊川，故縣氏之也。

6 澗水東南流，左合南水。水出西山七谷，亦謂之七谷水。阻澗東逝，歷其縣南。又東南，左會北水，亂流左合禪渚水。水上承陸渾縣東禪渚，渚在原上，陂方十里，佳饒魚葦，即《山海經》所謂南望禪渚，禹父之所化。郭景純注云：禪，一音暖，鯀化羽淵而復在此，然已變怪，亦無往而不化矣。世謂此澤為慎望陂，陂水南流注于澗水。

7 澗水又東南注于伊水。昔有莘氏女采桑于伊川，得嬰兒于空桑中，言其母孕于伊水之濱，夢神告之曰：臼水出而東走，母明視而見臼水出焉。告其鄰居而走，顧望其邑，咸為水矣。其母化為空桑，子在其中矣。莘女取而獻之，命養于庖，長而有賢德，殷以為尹，曰伊尹也。

又東北過新城縣南，

8 馬懷橋長水出新城西山，東逕「晉使持節征南將軍宗均碑」南。均字文平，縣人也。其碑，太始三年十二月立。其水又東流入于伊。又有明水出梁縣西狼皐山，俗謂之石澗水也。西北流逕楊亮壘南，西北合康水。水亦出狼皐山，東北流逕范塢北與明水合，又西南流入于伊。《山海經》曰：放皐之山，明水出焉，南流注于伊水是也。

9 伊水又與大戟水會。水出梁縣西，有二源，北水出廣成澤，西南逕楊志塢北與南水合。水源南出廣成澤，西流逕陸渾縣南。《河南十二縣境簿》❶曰：廣成澤在新城縣界黃阜。西北流，屈而東，逕楊志塢南，又北屈逕其塢東，又逕塢北，同注老倒澗，俗謂之老倒澗水，西流入于伊。伊水又北逕新城東，與吳澗水會。水出縣之西山，東流南屈，逕其縣故城西，又東轉逕其縣南，故蠻子國也。縣有鄤聚，今名蠻中是也，漢惠帝四年置縣。其水又東北流，注于伊水。

10 伊水又北逕當階城西，大狂水入焉。水東出陽城縣之大苦山，《山海經》曰：大苦之山多㻬琈之玉，其陽，狂水出焉，西南流，其中多三足龜，人食之者無大疾，可以已腫。狂水又西逕綸氏縣故城南。《竹書紀年》曰：楚吾得帥師及秦伐鄭圍綸氏者也。左與倚薄山水合，水北出倚薄之山，南逕黃城西，又南逕綸氏縣故城東，而南流注于狂水。狂水又西，八風溪水注之。水北出八風山，南流逕綸氏縣故城西，西南流入于狂水。狂水又西得三交水口。水有三源，各導一溪，竝出山南流合舍，故世有三交之名也。石上菖蒲，一寸九節，為藥最妙，服久化僊。其水西南流注于狂水。狂水又西逕缶高山北，西南與湮水合。水出東北湮谷，西南流逕武林亭東北，又屈逕其亭南，其水又西南逕湮陽亭東，蓋藉水以名亭也。又東南流入于狂。狂水又西逕湮陽城南，又西逕當階城南，而西流注于伊。伊水又北，土溝水出玄望山西，東逕玄望山南，又東逕新城縣故城北，東流注于伊水。

11 伊水又北，板橋水入焉。水出西山，東流入于伊水。伊水又北會厭澗水，水出西山，東流逕邥垂亭南。《春秋左傳》文公十七年，秋，周甘歜敗戎于邥垂者也。服虔曰：邥垂在高都南。杜預《釋地》曰：河南新城縣北有邥垂亭。司馬彪《郡國志》曰：新城有高都城。今亭在城南七里，遺基存焉。京相璠曰：舊說言邥垂在高都南，今上黨有高都縣。余謂京論疏遠，未足以證，無如虔說之指密矣。其水又東注于伊水。伊水又北逕高都城東，徐廣《史記音義》曰：今河南新城縣有高都城。《竹書紀年》：梁惠成王十七年，東周與鄭高都利者也。又來儒之水出于半石之山，西南流逕斌輪城北，西歷艾澗，以其水西流，又謂之小狂水也。其水又西南逕大石嶺南，《開山圖》所謂大石山也。山下有「大石嶺碑」，河南隱士通明，以漢靈帝中平六年八月戊辰，于山堂立碑，文字淺鄙，殆不可尋。魏文帝獵于此山，虎超乘輿，孫禮拔劍投虎于是山。山在洛陽南，而劉澄之言在洛東北，非也。山阿有魏明帝高平陵，王隱《晉書》曰：惠帝使校尉陳總仲元詣洛陽山請雨，總盡除小祀，惟存大石而祈之，七日大雨。即是山也。來儒之水又西南逕赤眉城南，又西至高都城東，西入伊水，謂之曲水也。

又東北過伊闕中，

12 伊水逕前亭西，《左傳》昭公二十二年，晉箕遺、樂徵、右行詭濟師，取前城者也。京相璠曰：今洛陽西南五十里伊闕外前亭矣。服虔曰：前讀為泉，周地也。伊水又北入伊闕。昔大禹疏以通水。兩山相對，望之若闕，伊水歷其間北流，故謂之伊闕矣。《春秋》之闕塞也。昭公二十六年，趙鞅使女寬守闕塞是也。陸機云：洛有四闕，斯其一焉。東巖西嶺，竝鐫石開軒，高甍架峰。西側靈巖下，泉流東注，入于伊水。傅毅《反都賦》❷曰：因龍門以暢化，開伊闕以達聰也。闕左壁有石銘云：黃初四年六月二十四日辛巳，大出水，舉高四丈五尺，齊此已下。蓋記水之漲減也。右壁又有石銘云：元康五年，河南府君循大禹之軌，部督郵辛曜、新城令王琨、部監作掾董猗、李褒，斬岸開石，平通伊闕，石文尚存也。

又東北至洛陽縣南，北入於洛。

13 伊水自闕東北流，枝津右出焉。東北引溉，東會合水，同注公路澗，入于洛，今無水。《戰國策》曰：東周欲為田，西周不下水，蘇子見西周君曰：今不下水，所以富東周也，民皆種他種。欲貧之，不如下水以病之，東周必復種稻，種稻而復奪之，是東周受命于君矣。西周遂下水，即是水之故渠也。

14 伊水又東北，枝渠左出焉，水積成湖，北流注于洛，今無水。伊水又東北至洛陽縣南，逕圜丘東，大魏郊天之所，準漢故事建之。《後漢書・郊祀志》❸曰：建武二年，初制郊兆于洛陽城南七里，為圓壇八陛，中又為重壇，天地位其上，皆南向。其外壇，上為五帝位，其外為壝。重營皆紫，以像紫宮，按《禮》，天子大裘而冕，祭皞天上帝于此，今袞冕也。壇墤無復紫矣。伊水又東北流，注于洛水。《廣志》曰：鯢魚聲如小兒嗁，有四足，形如鯪鱧，可以治牛，出伊水也。司馬遷謂之人魚，故其著《史記》曰：始皇帝之葬也，以人魚膏為燭。徐廣曰：人魚似鮎而四足，即鯢魚也。

【注釋】❶河南十二縣境簿　書名。無公私著錄，不知撰者和撰述年代。已亡佚，《文選》潘岳〈閒居賦〉等引及。❷反都賦　詩賦名。後漢傅毅撰。《隋書·經籍志》及《兩唐志》著錄後漢車騎司馬《傅毅集》二卷，此賦當在集中，但集早已亡佚，賦亦散佚。輯本收入於清嚴可均《全後漢文》。❸後漢書郊祀志　應作《續漢書·郊祀志》。

【語譯】伊水出南陽魯陽縣西蔓渠山，

1 《山海經》說：蔓渠山是伊水的發源地。《淮南子》說：伊水發源於上魏山。〈地理志〉說：發源於熊耳山。以上諸山山麓相連大致相同，不過峰巒互有區別而已。伊水從熊耳山東北流經鸞川亭北。蕿水發源於蕿山，傍著魯陽縣城的東邊北流，往北注入伊水。世人稱伊水為鸞水，蕿水為交水，所以把這條水叫鸞川。伊水又東流，積成深潭，潭水混濁，噴騰如沸，也不知道有多深。伊水又東北流經東亭城南，又轉彎流經亭東，而往東北流去。

東北過郭落山，

2 陽水發源於陽山的陽溪，世人稱為太陽谷，水也因此得名。東流匯入伊水。伊水又東北流，鮮水注入。鮮水發源於鮮山，北流注入伊水。伊水又與蠻水匯合，蠻水發源於盧氏縣的蠻谷，東流注入伊水。

又東北過陸渾縣南，

3 《山海經》說：滽滽水發源於釐山，南流注入伊水。但現在此水發源於陸渾縣西南的王母澗，澗北山上有王母祠，所以人們就把這條溪澗也叫王母澗了。溪水東流，注入伊水，也就是滽滽水。伊水流經崖口，這是一處山峽，兩邊懸崖極高，直立有如城闕。崖上有個城堡，伊水流經堡下，經山峽北流，這就是古代的三塗山。杜預《釋地》說：三塗山在縣南。闞駰《十三州志》說：三塗山在東南。現在此山在陸渾縣老城東南約八十里處。《周書》，武王問太公說：我承襲夏朝舊都，朝南可望祭比三塗更遠的山，朝北可望祭大河。《春秋》昭公四年（西元前五三八年）司馬侯說：四嶽、三塗、陽城、太室、荊山、中南，都是九州的險要之地。服虔說：三塗、大行、轘轅、崤、澠，都是不能朝南望祭的。京相璠所著《春秋土地名》也說：三塗是山名。照服虔的解說，塗，就是道路。據《周書》朝南望祭的話看，有人說應當是指轘轅、大谷、伊闕，但也都不對。《春秋》載，晉攻打陸渾時，要求舉行祭祀三塗的儀式，可知那分明是山了。

4 有七谷水在這裡注入伊水。七谷水發源於西方女几山以南的七溪山，山上有西王母祠，七谷水東南流注入伊水。又北流，蚤谷水注入。蚤谷水發源於女几山的東谷，東流經一個舊亭南，東流注入伊水。伊水又東北流經伏流嶺東，嶺上有崑崙祠，民眾至今還到那裡去祈禱。劉澄之《永初記》說：陸渾縣西有伏流坂，即指此山。現在這座山卻在縣城南崖口北三十里左右，說在縣西就不對了。伊水北流與溫泉水匯合。溫泉水發源於新城縣的狼皋山西南的山下，西南流，匯合於伊水。伊水又東北流經伏睹嶺，左岸匯合焦澗水。焦澗水發源於西方的鹿髆山，東流經孤山南。孤山與諸山相離不連，山頂平廣，孤峰秀麗聳峙，所以世人稱為方山，就是中書劉澄之所謂縣裡有古孤山的那座山。焦澗水東流經伏睹嶺南，東流注入伊水。

5 伊水又東北流，涓水注入。涓水發源於陸渾西山，就是陸渾都。尋覓郭文的故居，探訪胡昭的遺像，但都因年代久遠，不知究竟在什麼地方了。涓水有兩個源頭，一起往東流到虢略。虢略在陸渾縣西九十里。司馬彪〈郡國志〉說：縣西有虢略這個地方，《春秋》所說的東到虢略為止，即指這裡。涓水北支往東流，與侯澗水匯合。侯澗水發源於西北方的侯溪，東南流，注入涓水。涓水又東流經陸渾縣老城北。平王往東遷都時，辛有去伊川，看見有個人披頭散髮在曠野致祭，口裡說：用不到一百年，這裡恐怕就要變成戎人的地方了吧？魯僖公二十二年（西元前六三八年），秦、晉二國把陸渾的戎人遷移到伊川去，所以縣也以陸渾為名了。

6 涓水東南流，左岸匯合南水。南水發源於西山七谷，也叫七谷水。由於澗水受阻而東流，流經縣南，又東南流，在左岸匯合北水，成為亂流，在左岸匯合禪渚水。禪渚水上口承接陸渾縣東的禪渚，這片沼澤位於平原上，方圓十里，盛產各種魚類，長滿蘆葦。這就是《山海經》所說的南望禪渚，是禹的父親變化成熊的地方。郭景純《注》說：禪，又可讀作暖，鯀是在羽淵化為黃熊的，可是又說是在這裡；但既已變成精怪，那麼就不管到哪裡都會變的了。世人把這片沼澤稱為慎望陂，陂水南流，注入涓水。

7 涓水又東南流注入伊水。從前有莘氏的女兒在伊水採桑，在一棵空心的桑樹中撿到一個嬰兒，說是嬰兒的母親在伊水之濱懷了孕，夢見神人告訴她：你看到石臼裡有水流出來，就趕快向東逃走。第二天那位母親果然看見石臼裡有水流出，就告訴鄰居趕忙逃走，回頭看他們的城，都成為一片汪洋了。嬰兒母親變成了一棵空心的桑樹，嬰兒就在樹洞裡面。有莘氏的女兒就抱了孩子獻給國王，國王把他交給廚子撫養。孩子長大後有賢德，殷王任命他為尹，就名叫伊尹。

又東北過新城縣南，

8 馬懷橋的長水發源於新城縣西山，東流經「晉使持節征南將軍宗均碑」南。宗均字文平，本縣人，碑是泰始三年（西元二六七年）十二月所立。長水又東流注入伊水。又有明水發源於梁縣西的狼皐山，民間稱為石澗水，西北流經楊亮壘南，西北流與康水匯合。康水也發源於狼皐山，東北流經苑塢北，與明水匯合。明水又西南流，注入伊水。《山海經》說：放皐山是明水的發源地，南流注入伊水。

9 伊水又與大戟水匯合。大戟水發源於梁縣西，有兩個源頭，北面的一條發源於廣成澤，西南流經楊志塢北，與南面的一條匯合。水源出自南方的廣成澤，西流經陸渾縣南。《河南十二縣境簿》說：廣成澤在新城縣境內的黃阜。西北流，轉而東流，流經楊志塢南，又北轉流經塢東，又流經塢北，一同注入老倒澗，民間稱為老倒澗水，西流注入伊水。伊水又北流經新城東，與吳澗水匯合。吳澗水發源於縣裡的西山，東流，然後南轉流經該縣老城西，又東轉，流經縣南。這裡是舊時的蠻子國。縣裡有鄤聚，現在名為蠻中。漢惠

10 帝四年（西元前一九一年），設置為縣。吳澗水又東北流，注入伊水。

伊水又北流經當階城西，有大狂水注入。大狂水發源於東方陽城縣的大砦山。《山海經》說：大砦山，多產㻬琈玉，狂水發源於此山南麓，西南流，水中多三腳龜，人吃了就不會生大病，也可以消腫。狂水又西流經綸氏縣老城南。《竹書紀年》說：楚國吾得率領軍隊聯合秦國攻打鄭國，包圍了綸氏。左岸與倚薄山水匯合。倚薄山水發源於北方的倚薄山，南流經黃城西，又南流經綸氏縣老城東，然後南流注入狂水。狂水又西流，八風溪水注入。八風溪水發源於北方的八風山，南流經綸氏縣老城西，西南流，注入狂水。狂水又西流，在三交水口與三交水匯合。三交水有三個源頭，各自都導流於一條溪水，一起南流出山相併合，所以有三交的水名。水邊石上有菖蒲，一寸裡密密地長有九個節，藥用極好，長期服食可以成仙。三交水西南流，注入狂水。狂水又西流經缶高山北，西南流與湮水匯合。湮水發源於東北方的湮谷，西南流經武林亭東北，又轉彎流經亭南，湮水又西南流經湮陽亭東，此亭即是因這條水而得名。又東南流注入狂水。狂水又西流經湮陽城南，又西流經當階城南，繼續西流注入伊水。伊水又北流，土溝水發源於玄望山西，東流經玄望山南，又東流經新城縣老城北，東流注入伊水。

11 伊水又北流，板橋水注入。板橋水發源於西山，東流注入伊水。伊水又北流，匯合了厭澗水。厭澗水發源於西山，東流經郕垂亭南。《春秋左傳》文公十七年（西元前六一〇年）：秋，周朝甘歜在郕垂打敗戎人，說的就是這地方。服虔說：郕垂在高都南。杜預《釋地》說：河南新城縣北有郕垂亭。司馬彪〈郡國志〉說：新城有高都城。現在亭在城南七里，遺址還存在。京相璠說：從前都說郕垂在高都南，而現在上黨卻有高都縣。我要說京相璠的說法太粗疏了，不足以作為證據，不如服虔說得正確。厭澗水又東流，注入伊水。伊水又北流經高都城東。徐廣《史記音義》說：現在河南新城縣有高都城。《竹書紀年》：梁惠成王十七年（西元前三五三年），東周把高都給予鄭國。又有來儒水發源於半石山，西南流經斌輪城北，西流經過艾澗，因為這條水西流，又稱為小狂水。來儒水又西南流經大石嶺南，就是《開山圖》所說的大石山。山下有「大石嶺碑」，河南隱士通明於漢靈帝中平六年（西元一八九年）八月戊辰日，在山堂立碑，文字膚淺粗俗，幾乎無法看出條理來。魏文帝在這座山上打獵，一隻老虎躍上他乘坐的車子，孫禮拔劍飛擲老虎，也就在這座山上。山在洛陽南，而劉澄之卻說是在洛陽東北，他弄錯了。山彎裡有魏明帝的高平陵。王隱《晉書》說：惠帝派校尉陳總仲元到洛陽去求雨，陳總把山上的小神廟一概廢除，單單留下大石來求雨，果然七日以後就下起大雨來。也是在這座山上。來儒水又西南流經赤眉城南，又西流到高都城東，西流注入伊水，稱為曲水。

又東北過伊闕中，

12 伊水流經前亭西。《左傳》昭公二十二年（西元前五二〇年），晉國箕遺、樂徵、右行詭的軍隊渡過伊水，奪取了前城，即指前亭。京相璠說：現在洛陽西南五十里，伊闕外面就是前亭。服虔說：前，讀作泉。是周的疆域。伊水又北流，流入伊闕。從前大禹在這裡疏浚河道以通水。這地方兩邊山峰相對，望去就像門闕一般，伊水經其間北流，所以稱為伊闕。這就是《春秋》的闕塞。昭公二十六年（西元前五一六年），趙鞅派女寬防守闕塞，就是指伊闕。陸機說：洛陽有四闕，這就是其中的一個。東西兩邊的山嶺，都鑿了石窟，開出窗戶，山峰上橫架著高高的屋脊。西邊靈巖下，有一條泉水東流，注入伊水。傅毅〈反都賦〉說：憑藉龍門來發揚教化，開啟伊闕來通暢見聞。伊闕左邊的石壁上刻有銘文說：黃初四年（西元二二三年）六月二十四日辛巳，發大水，水位升高四丈五尺，與此線相平。原來這是記錄水位高低的標誌。右邊石壁上也有石刻銘文，說：元康五年（西元二九五年），河南太守依照大禹治水的辦法，率領督郵辛曜，新城令王琨，部監作掾董猗、李褒，開鑿兩岸巖石，鑿平伊闕，使水流暢通。石上的銘文還在。

又東北至洛陽縣南，北入於洛。

13 伊水從伊闕東北流，右岸分出支流，引水流向東北灌溉農田，東流匯合水，一同注入公路澗，流入洛水。現在已經乾涸無水了。《戰國策》說：東周想開墾水稻田，西周不肯放水。蘇子去見西周的國君說：您現在不放水，正好富了東周，他們的農民都改種別的莊稼了；您如果要使他們貧困，不如放水來破壞，那麼東周一定又種水稻了，待他們種下水稻，您又給他們斷水，這一來東周就不得不由您擺布了。於是西周就放水，當時水就是通過這條水的舊渠道排放的。

14 伊水又東北流，左岸分出支流，水積聚成為湖泊，北流注入洛水。現在已經沒有水了。伊水又東北流到了洛陽縣南，流經圜丘東，這是大魏在城郊祭天的地方，是按照漢朝舊制建造的。《後漢書・郊祀志》說：建武二年（西元二六年），首先在洛陽城南七里處劃定郊壇的界域，築了一座圓壇，有八道階陛，中央又增築重壇，天地位於頂上，都面向南方；外壇上是五帝之位，壇外是圍牆，共兩層，都塗成紫色，象徵紫宮。依據《周禮》，天子身穿大皮袍，頭戴冠冕，在這裡祭祀皞天上帝。現在則穿龍袍，戴冠冕，祭壇和圍牆不再塗成紫色了。伊水又東北流，注入洛水。《廣志》說：鯢魚的聲音好像嬰兒啼哭，有四條腿，形狀如同穿山甲，可以治療牛瘟。這種魚就是出產於伊水。司馬遷稱牠為人魚，所以他著的《史記》說：秦始皇下葬時，用人魚膏做蠟燭。徐廣說：人魚像鯰魚，有四隻腳，就是鯢魚。

瀍水

瀍水出河南穀城縣北山，

縣北有潛亭，瀍水出其北梓澤中，梓澤，地名也。澤北對原阜，即裴氏墓塋所在，碑闕存焉。其水歷澤東南流，水西有一原，其上平敞，古潛亭之處也。即潘安仁《西征賦》所謂越街郵者也。

東與千金渠合，

《周書》曰：我卜瀍水西，謂斯水也。東南流，水西南有帛仲理墓，墓前有碑，題云：真人帛君之表。仲理名護，益州巴郡人，晉永寧二年十一月立。瀍水又東南流，注于穀。穀水自千金堨東注，謂之千金渠也。

又東過洛陽縣南，又東過偃師縣，又東入于洛。

【語　譯】瀍水出河南穀城縣北山，

穀城縣北有朁亭，瀍水發源於此亭北的梓澤中。梓澤是個地名。這片沼澤北朝丘陵和原野，裴氏的墳墓就在那裡，墓碑和墓闕至今還在。瀍水經沼澤東南流，水西有一片高起的山原，上面平坦開敞，是古時朁亭所在之處。潘安仁〈西征賦〉說的越過街郵，指的就是這地方。

東與千金渠合，

〈周書〉說：我在瀍水以西占卜，說的就是此水。瀍水東南流，水的西南方有帛仲理墓，墓前有一座石碑，題著：真人帛君之墓表。帛仲理名護，益州巴郡人，晉永寧二年（西元三〇二年）十一月立。瀍水又東南流，注入穀水。穀水自千金堨往東流逝，稱為千金渠。

又東過洛陽縣南，又東過偃師縣，又東入于洛。

澗水

澗水出新安縣南白石山，

《山海經》曰：白石之山，惠水出于其陽，東南注于洛；澗水出于其陰，北流注于穀。世謂是山曰廣陽山，水曰赤岸水，亦曰石子澗。〈地理志〉曰：澗水在新安縣，東南入洛。是為密矣。東北流歷函谷東坂東，謂之八特坂。

東南入於洛。

孔安國曰：澗水出澠池山。今新安縣西北有一水，北出澠池界，東南流逕新安縣，而東南流入于穀水。安國所言當斯水也。然穀水出澠池，下合澗水，得其通稱，或亦指之為澗水也。竝未之詳耳。今孝水東十里有水，世謂之慈澗，又謂之澗水。按《山海經》則少水也，而非澗水，蓋習俗之誤耳。又按河南有離山水，謂之為澗水。水西北出離山，東南流歷郟山，于穀城東而南流注于穀。舊與穀水亂流，南入于洛；今穀水東入千金渠，澗水與之俱東入洛矣。或以是水竝為周公之所相卜也。呂忱曰：今河南死水。疑其是此水也。然意所未詳，故竝書存之耳。

【語譯】澗水出新安縣南白石山，

《山海經》說：白石山，惠水發源於此山南麓，東南流，注入洛水；澗水發源於此山北麓，北流注入穀水。人們把此山叫廣陽山，水叫赤岸水，又叫石子澗。〈地理志〉說：澗水在新安縣，東南流，注入洛水。這話說得很正確。澗水東北流經函谷關東坂東，稱為八特坂。

東南入於洛。

孔安國說：澗水發源於澠池山。現在新安縣西北有一條水，發源於北方的澠池縣邊界，東南流經新安縣，然後東南流注入穀水。孔安國所說的，應當就是指這條水。可是穀水發源於澠池，下流匯合澗水，可以通稱，或許有的人也就稱它為澗水了。不過這些情況卻難以搞得清楚了。現在孝水東十里有一條水，人們稱為慈澗，又稱為澗水。我查考《山海經》則稱少水，而不是澗水，這大概是民間說慣了，於是相沿成俗造成的錯誤。我又查考，河南有離山水，也叫澗水。澗水發源於西北方的離山，東南流經過郟山，在穀城東南流注入穀水。舊時與穀水一起亂流，往南流入洛水。現在穀水卻東流注入千金渠，澗水也與此渠一同東流注入洛水。有人以為這條水也是周公占卜的地方。呂忱說：現在河南的死水，猜想起來也許就是此水。但都搞不清楚，只不過都記錄下來備考而已。

【研 析】此四水都是北魏近畿名川，但酈氏雖然立卷置篇，卻並未在此四篇中大肆鋪張。周公占卜於此而建王城，這是洛陽之始，而《注》文僅提〈洛誥〉一次。在《經》文「又東過洛陽縣南，伊水從西來注之」下，《注》文提及：「其城方七百二十丈，南繫于洛水，北因于郟山，以為天下之湊。」在《經》文「又東過偃師縣南」下，《注》文提及：「洛水東逕計素渚，中朝時，百國貢計所頓，故渚得其名。」在《經》文「又東北過鞏縣東，又北入於河」，《注》文提及洛水的重要掌故：「黃帝東巡河，過洛，脩壇沉璧，受《龍圖》于河，《龜書》于洛，赤文綠字。」但從整卷細讀，他雖然重視這座周公開創的處天下之中的名城，而全卷從歷史到地理，都只是記敘北魏首都的外圍概況，而把洛陽京城留在一條小水穀水中詳敘。酈道元的這種卷篇設計，實在稱得上匠心獨運，煞費心計。

卷十六

穀水　甘水　漆水　澾水　沮水

【題　解】此卷記敘了穀水、甘水等五條河流，都是支流小水，其中穀、甘二水均是今伊洛河的支流，而漆、澾、沮三水，則是今涇渭水系的支流。五條兩個水系的小水而合成一卷，也可能是宋初缺佚以後的一種湊合。宋初原本，可能是穀水成為一卷，甘水附於卷末，而漆、澾、沮三水，則在以下〈渭水〉卷中。

穀水是洛水（今伊洛河）的小支流，由於上游發源於澠池縣，所以稱為澠水，下游其實就是卷十五的澗水，小水大篇，情況與卷十三的灅水同，而且超過灅水，因為它流經酈氏當代的北魏首都洛陽，並有若干天然和人工水道環繞洛陽城（護城河）且進入城內。北魏舊都的灅水既然單獨成卷，則穀水成為一卷，這是順理成章。後人把不同水系的漆、澾、沮三水附入此卷，顯然是一種附會。

穀　水

穀水出弘農黽池縣南墦塚林穀陽谷，

1 《山海經》曰：傅山之西有林焉，曰墦塚，穀水出焉，東流注于洛，其中多珚玉。今穀水出千崤東馬頭山穀陽谷，東北流歷黽池川，本中鄉地也。漢景帝中二年，初城，徙萬戶為縣，因崤黽之池以目縣焉，亦或謂之彭池。故徐廣《史記音義》曰：黽，或作彭，穀水出處也。穀水又東逕秦、趙二城南。司馬彪《續漢書》曰：赤眉從黽池自利陽南，欲赴宜陽者也。世謂之俱利城。耆彥曰：昔秦、趙之會，各據一城，秦王使趙王鼓瑟，藺相如令秦王擊缶處也。馮異又破赤眉于是川矣。故光武《璽書》❶曰：始雖垂翅回溪，終能奮翼黽池，可謂失之東隅，收之桑榆矣。

2 穀水又東逕土崤北，所謂三崤也。穀水又東，左會北溪。溪水北出黽池山，東南流注于穀。疑即孔安國所謂澗水也。穀水又東逕新安縣故城南，北夾流而西接崤黽。昔項羽西入秦，坑降卒二十萬于此。國滅身亡，宜矣。

3 穀水又東逕千秋亭南，其亭累石為垣，世謂之千秋城也。潘岳〈西征賦〉曰：亭有千秋之號，子無七旬之期。謂是亭也。又東逕雍谷溪，回岫縈紆，石路阻峽，故亦有峽石之稱矣。穀水歷側，左與北川水合，水有二源，並導北山，東南流合成一水，自乾注巽，入于穀。穀水又東逕缺門山，山阜之不接者里餘，故得是名矣。二壁爭高，斗聳相亂，西瞻雙阜，右望如砥。穀水自門而東，廣陽川水注之。水出廣陽北山，東南流注于穀。南望微山，雲峰相亂。穀水又逕白超壘南，戴延之《西征記》云：次至白超壘，去函谷十五里，築壘當大道，左右有山夾立，相去百餘步，從中出北，乃故關城，非所謂白超壘也。是壘在缺門東十五里，壘側舊有塢，故冶官所在。魏晉之日，引穀水為水冶❷，以經國用，遺跡尚存。

4 穀水又東，石默溪水出微山東麓石默溪，東北流入于穀。穀水又東，宋水北流注于穀。穀水又東逕魏將作大匠毌丘興墓南，二碑存焉。儉父也。《管輅別傳》❸曰：輅嘗隨軍西征，過其墓而歎，謂士友曰：玄武藏頭，青龍無足，白虎銜尸，朱雀悲哭，四危已備，法應滅族。果如其言。

5 穀水又東逕函谷關南，東北流，阜澗水注之。水出新安縣，東南流逕毌丘興墓東，又南逕函谷關西。關高險陿，路出廛郭。漢元鼎三年，樓船將軍楊僕數有大功，恥居關外，請以家僮七百人，築塞徙關于新安，即此處也。昔郭丹西入關，感慨于其下曰：不乘駟馬高車，終不出此關也。去家十二年，果如志焉。阜澗水又東流入于穀。穀水又東北逕函谷關城東，右合爽水。《山海經》曰：白石山西五十里曰穀山，其上多穀，其下多桑，爽水出焉。世謂之紵麻澗，北流注于穀。其中多碧綠。

6 穀水又東，澗水注之。《山海經》曰：婁涿山西四十里曰白石之山，澗水出焉，北流注于穀。摯仲治《三輔決錄注》❹云：馬氏兄弟五人，共居澗、穀二水之交，作五門客，因舍以為名❺。今在河南西四十里。以《山海經》推校，里數不殊仲治所記，水會尚有故居處。斯則澗水也。即《周書》所謂我卜澗水東。言是水也。自下通謂澗水，為穀水之兼稱焉。故《尚書》曰：伊、洛、瀍、澗，既入于河。而無穀水之目，是名亦通稱矣。劉澄之云：新安有澗水，源出縣北；又有淵水，未知其源。余考諸地記，竝無淵水，但淵、澗字相似，時有字錯為淵也。故闞駰《地理志》曰：《禹貢》之澗水。是以知傳寫書誤，字繆舛真，澄之不思所致耳。既無斯水，何源之可求乎？

7 穀水又東，波水注之。《山海經》曰：瞻諸山西三十里婁涿之山，無草木，多金玉，波水出于其陰。世謂之百答水，北流注于穀。其中多茈石、文石。穀水又東，少水注之。《山海經》曰：廆山西三十里曰瞻諸之山，其陽多金，其陰多文石，少水出于其陰。控引眾溪，積以成川，東流注于穀，世謂之慈澗也。穀水又東，俞隨之水注之。《山海經》曰：平逢山西十里廆山，其陽多㻬琈之玉，俞隨之水出于其陰，北流注于穀。世謂之孝水也。潘岳〈西征賦〉曰：澡孝水以濯纓，嘉美名之在茲。是水在河南城西十餘里，故呂忱曰：孝水在河南。而戴延之言在函谷關西❻。劉澄之又云出檀山。檀山在宜陽縣西，在穀水南，無南入之理。考尋茲說，當承緣生《述征》謬誌耳。緣生從戎行旅，征途訊訪，既非舊土，故無所究。今川瀾北注，澄映泥濘，何得言枯涸也❼。皆為疏僻矣。

東北過穀城縣北，

8 城西臨穀水，故縣取名焉。穀水又東逕穀城南，不歷其北。又東，洛水枝流入焉，今無水也。

又東過河南縣北，東南入于洛。

9 河南王城西北，穀水之右有石磧，磧南出為死穀，北出為湖溝。魏太和四年，暴水流高三丈，此地下停流以成湖渚，造溝以通水，東西十里，決湖以注瀍水。穀水又逕河南王城西北，所謂成周矣。《公羊》曰：成周者何？東周也。何休曰：名為成周者，周道始成，王所都也。〈地理志〉曰：河南河南縣，故郟、鄏地也。京相璠曰：郟，山名；鄏，地邑也。卜年定鼎，為王之東都，謂之新邑，是為王城。其城東南名曰鼎門，蓋九鼎所從入也，故謂是地為鼎中。楚子伐陸渾之戎，問鼎于此。《述征記》曰：穀、洛二水，本于王城東北合流，所謂穀、洛鬭也。今城之東南缺千步，世又謂之穀、洛鬭處。俱為非也。余按史傳，周靈王之時，穀、洛二水鬭，毀王宮。王將堨之，太子晉諫王，不聽，遺堰三堤尚存。《左傳》襄公二十五年⑧，齊人城郟，穆叔如周賀。韋昭曰：洛水在王城南，穀水在王城北，東入于瀍。至靈王時，穀水盛出于王城西，而南流合于洛，兩水相格，有似于鬭，而毀王城西南也。穎容著《春秋條例》⑨言，西城梁門枯水處，世謂之死穀是也。始知緣生行中造次，入關經究故事，與實違矣。考王封周桓公于是為西周，及其孫惠公，封少子于鞏為東周，故有東、西之名矣。秦滅周，以為三川郡，項羽封申陽為河南王，漢以為河南郡，王莽又名之曰保忠信卿。光武都洛陽，以為尹。尹，正也，所以董正京畿，率先百郡也。

穀水又東流逕乾祭門北，子朝之亂，晉所開也，東至千金堨。《河南十二縣境簿》曰：河南縣城東十五里有千金堨。《洛陽記》⑩曰：千金堨舊堰穀水，魏時更脩此堰，謂之千金堨。積石為堨而開溝渠五所，謂之五龍渠。渠上立堨，堨之東首，立一石人，石人腹上刻勒云：太和五年二月八日庚戌造築此堨，更開溝渠，此水衡渠上其水，助其堅也，必經年歷世，是故部立石人以記之云爾。蓋魏明帝修王、張故績也。堨是都水使者陳協所造。《語林》[11]曰：陳協數進阮步兵酒，後晉文王欲修九龍堰，阮舉協，文王用之。掘地得古承水銅龍六枚，堰遂成。水歷堨東注，謂之千金渠。

11 逮于晉世，大水暴注，溝瀆泄壞，又廣功焉，石人東脇下文云：太始七年六月二十三日，大水迸瀑，出常流上三丈，蕩壞二堨，五龍泄水，南注瀉下，加歲久漱齧，每澇即壞，歷載消棄大功，今故無令遏，更于西開泄，名曰代龍渠，地形正平，誠得為泄至理。千金不與水勢激爭，無緣當壞，由其卑下，水得踰上漱齧故也。今增高千金于舊一丈四尺，五龍自然必歷世無患。若五龍歲久復壞，可轉于西更開二堨。二渠合用二十三萬五千六百九十八功，以其年十月二十三日起作，功重人少，到八年四月二十日畢。代龍渠即九龍渠也。後張方入洛，破千金堨[12]。永嘉初，汝陰太守李矩、汝南太守袁孚修之，以利漕運，公私賴之。水積年，渠堨頹毀，石砌殆盡，遺基見存，朝廷太和中修復故堨。按千金堨石人西脇下文云：若溝渠久疏，深引水者當于河南城北、石磧西，更開渠北出，使首狐丘[13]。故溝東下，因故易就，磧堅便時，事業已訖，然後見之。

加邊方多事，人力苦少，又渠堨新成，未患于水，是以不敢預脩通之。若于後當復興功者，宜就西磧，故書之于石，以遺後賢矣。雖石磧淪敗，故跡可憑，準之于文，北引渠東合舊瀆。

12 舊瀆又東，晉惠帝造石梁于水上，按橋西門之南頰文，稱晉元康二年十一月二十日，改治石巷、水門，除豎枋，更為函枋，立作覆枋屋，前後辟級續石障，使南北入岸，築治漱處，破石以為殺矣。到三年三月十五日畢訖。并紀列門廣長深淺于左右巷，東西長七尺，南北龍尾廣十二丈，巷瀆口高三丈，謂之皋門橋。潘岳〈西征賦〉曰：駐馬皋門。即此處也。

13 穀水又東，又結石梁，跨水制城，西梁也。穀水又東，左會金谷水。水出太白原，東南流歷金谷，謂之金谷水，東南流逕晉衛尉卿石崇之故居。石季倫〈金谷詩集敘〉⑭曰：余以元康七年，從太僕出為征虜將軍。有別廬在河南界金谷澗中，有清泉茂樹，眾果、竹、柏、藥草備具。金谷水又東南流入于穀。

14 穀水又東逕金墉城北。魏明帝于洛陽城西北角築之，謂之金墉城。起層樓于東北隅，《晉宮閣名》⑮曰：金墉有崇天堂，即此。地上架木為榭，故白樓矣。皇居創徙，宮極未就，止蹕于此。搆宵榭于故臺，所謂臺以停停也。南曰乾光門，夾建兩觀，觀下列朱桁于塹，以為御路。東曰含春門，北有退門，城上西面列觀，五十步一睥睨，屋臺置一鐘以和漏鼓。西北連廡函蔭，墉比廣榭。炎夏之日，高視⑯常以避暑。為綠水池一所，在金墉者也。穀水逕洛陽小城北，因阿舊城，憑結金墉，故向城也。永嘉之亂，結以為壘，號洛陽壘。故《洛陽記》曰：陵雲臺西有金市，金市北對洛陽壘者也。

15 又東歷大夏門下，故夏門也。陸機〈與弟書〉⑰云：門有三層，高百尺，魏明帝造。門內東側，際城有魏明帝所起景陽山，餘基尚存。孫盛《魏春秋》曰：景初元年，明帝愈崇宮殿，雕飾觀閣，取白石英及紫石英及五色大石于太行穀城之山，起景陽山于芳林園，樹松竹草木，捕禽獸以充其中。于時百役繁興，帝躬自掘土，率群臣三公已下，莫不展力。山之東，舊有九江。陸機《洛陽記》曰：九江直作圓水。水中作圓壇三破之，夾水得相逕通。〈東京賦〉⑱曰：濯龍芳林，九谷八溪，芙蓉覆水，秋蘭被涯。今也，山則塊阜獨立，江無復髣髴矣。

16 穀水又東，枝分南入華林園，歷疏圃南，圃中有古玉井，井悉以珉玉為之，以緇石為口，工作精密，猶不變古，璨焉如新。又逕瑤華宮南，歷景陽山北，山有都亭，堂上結方湖，湖中起御坐石也。御坐前建蓬萊山，曲池接筵，飛沼拂席，南面射侯，夾席武峙。背山堂上，則石路崎嶇，巖嶂峻險，雲臺風觀，纓巒帶阜。遊觀者升降阿閣，出入虹陛，望之狀鳧沒鸞舉矣。其中引水飛皋，傾瀾瀑布，或枉渚聲溜，潺潺不斷，竹柏蔭于層石，繡薄叢于泉側，微飆暫拂，則芳溢于六空，寔為神居矣。

17 其水東注天淵池，池中有魏文帝九華臺，殿基悉是洛中故碑累之，今造釣臺于其上。池南直魏文帝茅茨堂，前有「茅茨碑」，是黃初中所立也。其水自天淵池東出華林園，逕聽訟觀南，故平望觀也。魏明帝常言，獄，天下之命也，每斷大獄，恆幸觀聽之。以太和三年，更從今名。

18 觀西北接華林隸簿，昔劉楨磨石處也。《文士傳》[19]曰：文帝之在東宮也，宴諸文學，酒酣，命甄后出拜，坐者咸伏，惟劉楨平視之。太祖以為不敬，送徒隸簿。後太祖乘步牽車乘城，降閱簿作，諸徒咸敬，而楨拒坐[20]，磨石不動。太祖曰：此非劉楨也，石如何性？楨曰：石出荊山玄巖之下，外炳五色之章，內秉堅貞之志，雕之不增文，磨之不加瑩，稟氣貞正，稟性自然。太祖曰：名豈虛哉？復為文學。

19 池水又東流，入洛陽縣之南池，池，即故翟泉也，南北百一十步，東西七十步。皇甫謐曰：悼王葬景王于翟泉，今洛陽太倉中大冢是也。《春秋》定公元年，晉魏獻子合諸侯之大夫于翟泉，始盟城周。班固、服虔、皇甫謐咸言翟泉在洛陽東北，周之墓地。今按周威烈王葬洛陽城內東北隅，景王冢在洛陽太倉中，翟泉在兩家之間，側廣莫門道東、建春門路北。路，即東宮街也，于洛陽為東北。後秦封呂不韋為洛陽十萬戶侯，大其城，并得景王冢矣，是其墓地也。及晉永嘉元年，洛陽東北步廣里地陷，有二鵝出，蒼色者飛翔沖天，白色者止焉。陳留孝廉董養曰：步廣，周之翟泉，盟會之地，今色蒼，胡象矣，其可盡言乎？後五年，劉曜、王彌入洛，帝居平陽。陸機《洛陽記》曰：步廣里在洛陽城內，宮東是翟泉所在，不得于太倉西南也。京相璠與裴司空彥季脩〈晉輿地圖〉[21]，作《春秋地名》，亦言今太倉西南池水名翟泉。又曰：舊說言翟泉本自在洛陽北芒弘城，成周乃繞之[22]。杜預因其一證，謂必是翟泉，而即實非也。後遂為東宮池。

20 晉《中州記》[23]曰：惠帝為太子，出聞蝦蟆聲，問人為是官蝦蟆、私蝦蟆？侍臣賈胤對曰：在官地為官蝦蟆，在私地為私蝦蟆。令曰：若官蝦蟆，可給廩。

先是有讖云：蝦蟇當貴。昔晉朝收愍懷太子于後池，即是池也。

21 其一水自大夏門東逕宣武觀，憑城結構，不更增墉，左右夾列步廊，參差翼跂，南望天淵池，北矚宣武場。《竹林七賢論》曰：王戎幼而清秀，魏明帝于宣武場上為欄，苞虎牙，使力士袒裼，迭與之搏，縱百姓觀之。戎年七歲，亦往觀焉，虎乘間薄欄而吼，其聲震地，觀者無不辟易顛仆，戎亭然不動。帝于門上見之，使問姓名而異之。

22 場西故賈充宅地。穀水又東逕廣莫門北，漢之穀門也。北對芒阜，連嶺脩亘，苞總眾山，始自洛口，西踰平陰。悉芒壠也。《魏志》曰：明帝欲平北芒，令登臺見孟津。侍中辛毗諫曰：若九河溢涌，洪水為害，丘陵皆夷，何以禦之？帝乃止。

23 穀水又東屈南，逕建春門石橋下，即上東門也。阮嗣宗〈詠懷詩〉曰：步出上東門者也[24]。一曰上升門，晉曰建陽門。《百官志》[25]曰：洛陽十二門，每門候一人，六百石。《東觀漢記》曰：郅惲為上東門候，光武嘗出，夜還，詔開門欲入，惲不內。上令從門間識面。惲曰：火明遼遠。遂拒不開，由是上益重之。亦袁本初挂節處也。橋首建兩石柱，橋之右柱銘云：陽嘉四年乙酉壬申，詔書以城下漕渠，東通河、濟，南引江、淮，方貢委輸，所由而至，使中謁者魏郡清淵馬憲監作石橋梁柱，敦敕工匠盡要妙之巧，攢立重石，累高周距，橋工路博，流通萬里云云。河南尹邳崇隴、丞渤海重合雙福、水曹掾中牟任防、史王蔭、史趙興、將作吏睢陽申翔、道橋掾成皐卑國、洛陽令江雙、丞平陽降監掾王騰之、主石作右北平山仲，三月起作，八月畢成。其水依柱，又自樂里道屈而東出陽渠。昔陸機為成都王穎入洛，敗北而返。水南即馬市，舊洛陽有三市，斯其一也。亦稽叔夜為司馬昭所害處也。

北則白社故里。昔孫子荊會董威輦于白社，謂此矣。以同載為榮，故有〈威輦圖〉㉖。又東逕馬市石橋，橋南有二石柱，並無文刻也。漢司空漁陽王梁之為河南也，將引穀水以溉京都，渠成而水不流，故以坐免。後張純堰洛以通漕，洛中公私穰贍。是渠今引穀水，蓋純之創也。按陸機《洛陽記》、劉澄之《永初記》言，城之西面有陽渠，周公制之也。昔周遷殷民于洛邑，城隍偪狹，卑陋之所耳。晉故城成周以居敬王，秦又廣之，以封不韋，以是推之，非專周公可知矣。亦謂之九曲瀆，《河南十二縣境簿》云：九曲瀆在河南鞏縣西，西至洛陽。又按傅暢《晉書》㉗云：都水使者陳狼鑿運渠，從洛口入，注九曲，至東陽門。是以阮嗣宗〈詠懷詩〉所謂朝出上東門，遙望首陽岑；又言遙遙九曲間，裴徊欲何之者也。陽渠水南暨閶闔門，漢之上西門者也。《漢宮記》㉘曰：上西門所以不純白者，漢家厄于戌，故以丹鏤之。太和遷都，徙門南側，其水北乘高渠，枝分上下，歷故石橋東入城，逕望先寺。中有碑，碑側法「子丹碑」，作龍矩勢，于今作則佳，方古猶劣。

25

渠水又東歷故金市南，直千秋門，右宮門也。又枝流入石逗伏流，注靈芝九龍池。魏太和中，皇都遷洛陽，經構宮極，脩理街渠，務窮隱，發石視之，曾無毀壞。又石工細密，非今知所擬，亦奇為精至也，遂因用之。其一水自千秋門南流逕神虎門下，東對雲龍門，二門衡栿之上，皆刻雲龍風虎之狀，以火齊薄之。及其晨光初起，夕景斜輝，霜文翠照，陸離眩目。又南逕通門、掖門西，又南流東轉，逕閶闔門南，案《禮》，王有五門：謂皋門、庫門、雉門、應門、路門。路門一曰畢門，亦曰虎門也。魏明帝上法太極于洛陽南宮，起太極殿于漢崇德殿之故處，改雉門為閶闔門。昔在漢世，洛陽宮殿門題，多是大篆，言是蔡邕諸子。自董卓焚宮殿，魏太祖平荊州，漢吏部尚書安定梁孟皇善師宜官八分體㉙，求以贖死。太祖善其法，常仰繫帳中愛翫之，以為勝宜官，北宮牓

26

題，咸是鵠筆，南宮既建，明帝令侍中京兆韋誕以古篆書之。皇都遷洛，始令中書舍人沈含馨以隸書書之；景明、正始之年，又敕符節令江式以大篆易之。今諸桁榜題，皆是式書。

《周官》㉚：太宰以正月懸治法于象魏。《廣雅》曰：闕，謂之象魏。《風俗通》曰：魯昭公設兩觀于門，是謂之闕，從門，欮聲。《爾雅》曰：觀謂之闕。《說文》曰：闕，門觀也。《漢官典職》㉛曰：偃師去洛四十五里，望朱雀闕，其上鬱然與天連，是明峻極矣。《洛陽故宮名》㉜有朱雀闕、白虎闕、蒼龍闕、北闕、南宮闕也。《東觀漢記》曰：更始發洛陽，李松奉引，車馬奔，觸北闕鐵柱門，三馬皆死，即斯闕也。《白虎通》曰：門必有闕者何？闕者，所以飾門。別尊卑也。今閶闔門外夾建巨闕，以應天宿，雖不如禮，猶象而魏之，上加復思，以易觀矣。《廣雅》曰：復思謂之屏。《釋名》曰：屏，自障屏也；罘思在門外。罘，復也。臣將入，請事于此，復重思之也。漢末兵起，壞園陵罘思，曰無使民復思漢也。故《鹽鐵論》㉝曰：垣闕罘思。言樹屏隅角所架也。穎容又曰：闕者，上有所失，下得書之于闕，所以求論譽于人，故謂之闕矣。今闕前水南道右，置登聞鼓以納諫。昔黃帝立明堂之議，堯有衢室之問，舜有告善之旌，禹有立鼓之訊，湯有總街之誹，武王有靈臺之復，皆所以廣設過誤之備也。

27 渠水又枝分，夾路南出，逕太尉、司徒兩坊間，謂之銅駝街。舊魏明帝置銅駝諸獸于閶闔南街。陸機云：駝高九尺，脊出太尉坊者也。水西有永寧寺，熙平中始創也，作九層浮圖，浮圖下基方十四丈，自金露盤下至地四十九丈，取法代都七級，而又高廣之[34]。雖二京之盛，五都之富，利剎靈圖，未有若斯之構。按《釋法顯行傳》[35]，西國有爵離浮圖，其高與此相狀，東都西域，俱為莊妙矣。

28 其地是曹爽故宅，經始之日，于寺院西南隅得爽窟室，下入土可丈許，地壁悉纍方石砌之，石作細密，都無所毀，其石悉入法用，自非曹爽，庸匠亦難復制此。桓氏有言，曹子丹生此豚犢，信矣。渠左是魏晉故廟地，今悉民居，無復遺墉也。渠水又西歷廟社之間，南注南渠。廟社各以物色辨方。《周禮》，廟及路寢，皆如明堂，而有燕寢焉。惟祧廟則無，後代通為一廟，列正室于下，無復燕寢之制。《禮》：天子建國，左廟右社，以石為主，祭則希冕。今多王公攝事，王者不親拜焉。咸寧元年，洛陽大風，帝社樹折，青氣屬天，元王東

29

渡，魏社代昌矣。

渠水自銅駝街東逕司馬門南。魏明帝始築，闕崩，壓殺數百人，遂不復築，故無闕門。南屏中舊有置銅翁仲處，金狄既淪，故處亦褫，惟壞石存焉。自此南直宣陽門，經緯通達，皆列馳道，往來之禁，一同兩漢。曹子建嘗行御街，犯門禁，以此見薄。渠水又東逕杜元凱所謂翟泉北，今無水。坎方九丈六尺，深二丈餘，似是人功而不類于泉陂，是驗非之一證也。又皇甫謐《帝王世紀》云：王室定，遂徙居，成周小，不受王都，故壞翟泉而廣之。泉源既塞，明無故處，是驗非之二證也。杜預言：翟泉在太倉西南。既言西南，于洛陽不得為東北，是驗非之三證也。稽之地說，事幾明矣，不得為翟泉也。

30

渠水歷司空府前，逕太倉南，出東陽門石橋下，注陽渠。穀水自閶闔門而南逕土山東，水西三里有坂，坂上有土山，漢大將軍梁冀所成。築土為山，植木成苑。張璠《漢記》㊱曰：山多峭坂，以象二崤，積金玉，採捕禽獸，以充其中。有人殺苑兔者，迭相尋逐，死者十三人。南出逕西陽門，舊漢氏之西明門也，亦曰雍門矣。舊門在南，太和中以故門邪出，故徙是門，東對東陽門。

31

穀水又南逕白馬寺東。昔漢明帝夢見大人，金色，項佩白光。以問群臣，或對曰：西方有神名曰佛，形如陛下所夢，得無是乎？于是發使天竺，寫致經像，始以榆欓盛經，白馬負圖，表之中夏。故以白馬為寺名。此榆欓後移在城內愍懷太子浮圖中，近世復遷此寺。然金光流照，法輪東轉，創自此矣。

32 穀水又南逕平樂觀東。李尤〈平樂觀賦〉㊲曰：乃設平樂之顯觀，章祕偉之奇珍。華嶠《後漢書》㊳曰：靈帝于平樂觀下起大壇，上建十二重，五采華蓋高十丈㊴。壇東北為小壇，復建九重，華蓋高九丈㊵，列奇兵騎士數萬人，天子住大蓋下。禮畢，天子躬擐甲，稱無上將軍，行陣三帀而還，設祕戲以示遠人。故〈東京賦〉曰：其西則有平樂都場，示遠之觀，龍雀蟠蜿，天馬半漢。應劭曰：飛廉神禽，能致風氣，古人以良金鑄其象。明帝永平五年，長安迎取飛廉并銅馬，置上西門外平樂觀。今于上西門外無他基觀，惟西明門外獨有此臺，巍然廣秀，疑即平樂觀也。又言皇女稚殤，埋于臺側，故復名之曰皇女臺。晉灼曰：飛廉，鹿身，頭如雀有角，而蛇尾豹文。董卓銷為金用，銅馬徙于建始殿東階下，胡軍喪亂，此象遂淪。

33 穀水又南逕西明門，故廣陽門也㊶。門左枝渠東派入城，逕太社前，又東逕太廟南，又東于青陽門右下注陽渠。穀水又南，東屈逕津陽門南，故津門也。

昔洛水泛洪漂害者眾，津陽城門校尉將築以遏水。諫議大夫陳宣止之曰：王尊臣也，水絕其足，朝廷中興，必不入矣。水乃造門而退。

34

穀水又東逕宣陽門南，故苑門也。皇都遷洛，移置于此，對閶闔門南，直洛水浮桁。故《東京賦》曰：泝洛背河，左伊右瀍者也。夫洛陽考之中土，卜惟洛食，寔為神也[42]。門左即洛陽池處也。池東，舊平城門所在矣，今塞。北對洛陽南宮，故蔡邕曰：平城門，正陽之門，與宮連屬，郊祀法駕所由從出，門之最尊者。《洛陽諸宮名》[43]曰：南宮有謻臺、臨照臺。《東京賦》曰：其南則有謻門曲榭，邪阻城洫。《注》云：謻門，冰室門也；阻，依也；洫，城下池也。皆屈曲邪行，依城池為道。故《說文》曰：隍，城池也。有水曰池，無水曰隍矣。謻門即宣陽門也，門內有宣陽冰室，《周禮》有冰人，日在北陸而藏之，西陸朝覿而出之。冰室舊在宣陽門內，故得是名。門既擁塞，冰室又罷。

35

穀水又逕靈臺，北望雲物也。漢光武所築，高六丈，方二十步。世祖嘗宴于此臺，得鼮鼠于臺上。亦諫議大夫第五子陵之所居，倫少子也，以清正[44]，洛陽無主人，鄉里無田宅，寄止靈臺，或十日不炊，司隸校尉南陽左雄、尚書盧江朱孟興等，皆倫故孝廉功曹，各致禮餉，竝辭不受，永建中卒。

36 穀水又東逕平昌門南，故平門也。又逕明堂北，漢光武中元元年立。尋其基構，上圓下方，九室重隅十二堂。蔡邕《月令章句》㊺同之，故引水于其下為辟雝也。穀水又東逕開陽門南。《晉宮閣名》曰：故建陽門也。《漢官》曰：開陽門始成，未有名宿，昔有一柱來，在樓上。琅邪開陽縣上言：縣南城門，一柱飛去。光武皇帝使來，識視良是，遂堅縛之，因刻記年、月、日以名焉。何湯，字仲弓，嘗為門候，上微行夜還，湯閉門不內，朝廷嘉之。

37 又東逕國子太學石經北，《周禮》有國學，教成均之法。《學記》㊻曰：古者，家有塾，黨有庠，遂有序，國有學。亦有虞氏之上庠、下庠，夏后氏之東序、西序，殷人之左學、右學，周人之東膠、虞庠。〈王制〉㊼云：養國老于上庠，養庶老于下庠，故有太學、小學，教國之子弟焉，謂之國子。漢魏以來，置太學于國子堂㊽。東漢靈帝光和六年，刻石鏤碑載《五經》，立于太學講堂前，悉在東側。

38 蔡邕以熹平四年，與五官中郎將堂谿典，光祿大夫楊賜，諫議大夫馬日磾，議郎張馴、韓說，太史令單颺等，奏求正定《六經》文字。靈帝許之。邕乃自書丹于碑，使工鐫刻，立于太學門外。于是後儒晚學，咸取正焉。及碑始立，其觀視及筆寫者，車乘日千餘輛，填塞街陌矣。今碑上悉銘刻蔡邕等名。魏正始中，又立古、篆、隸《三字石經》。古文出于黃帝之世，倉頡本鳥跡為字，取其孳乳相生，故文字有六義焉。自秦用篆書，焚燒先典，古文絕矣。魯恭王得孔子宅書，不知有古文，謂之科斗書。蓋因科斗之名，遂效其形耳。言大篆出于周宣之時，史籀創著。平王東遷，文字乖錯，秦之李斯及胡母敬，又改籀書，謂之小篆，故有大篆、小篆焉。然許氏《字說》㊾專釋于篆，而不本古文。言古隸之書起于秦代，而篆字文繁，無會劇務，故用隸人之省，謂之隸書。或云即程邈于雲陽增損者，是言隸者，篆捷也。孫暢之嘗見青州刺史傅弘仁說：臨淄人發古冢，得桐棺，前和外隱為隸字，言齊太公六世孫胡公之棺也。惟三字是古，餘古今書，證知隸自出古，非始于秦。魏初，傳古文出邯鄲淳，《石經》古文，轉失淳法，樹之于堂西，石長八尺，廣四尺，列石于其下，碑石四十八枚，廣三十丈。魏明帝又刊《典論》㊿六碑，附于其次。陸機言：〈太學贊〉別一碑，在講堂西，下列「石龜碑」，載蔡邕、韓說、堂谿典等名。〈太學弟子贊〉復一碑，在外門中。今二碑竝無。《石經》東有一碑，是漢順帝陽嘉元年立，碑文云：建武二十七年造太學，年積毀壞。永建六年九月，詔書脩太學，刻石記年，用作工徒十一萬二千人，陽嘉元年八月作畢。碑南面刻頌，表裡鏤字，猶存不破。漢《石經》北有晉「辟雍行禮碑」，是太始二年立。其碑中折，但世代不同，物不停故，《石經》淪缺，存半毀幾，駑言永久，諒用憮焉。考古有三雍之文，今靈臺太學，並無辟雍處。晉永嘉中，王彌、劉曜入洛，焚毀二學，尚髣髴前基矣。

39 穀水于城東南隅枝分北注，逕青陽門東，故清明門也，亦曰稅門，亦曰芒門。又北逕東陽門東，故中東門也。又北逕故太倉西，《洛陽地記》[51]曰：大城東有太倉，倉下運船常有千計。即是處也。又北入洛陽溝。穀水又東，左迆為池。又東，右出為方湖，東西百九十步，南北七十步，故水衡署之所在也。穀水又東南轉屈而東注，謂之阮曲，云阮嗣宗之故居也。穀水又東，注鴻池陂。《百官志》曰：鴻池，池名也。在洛陽東二十里，丞一人，二百石。池東西千步，南北千一百步，四周有塘池，中又有東西橫塘，水溜徑通。故李尤〈鴻池陂銘〉曰：鴻澤之陂，聖王所規，開源東注，出自城池也。

40 其水又東，左合七里澗。《晉後略》[52]曰：成都王穎使吳人陸機為前鋒都督，伐京師，輕進，為洛軍所乘，大敗于鹿苑，人相登躡，死于塹中及七里澗，澗為之滿，即是澗也。澗有石梁，即旅人橋也。昔孫登不欲久居洛陽，知楊氏榮不保終，思欲遯跡林鄉，隱淪妄死，楊駿埋之于此橋之東，駿後尋亡矣。《搜神記》曰：太康末，京洛始為〈折楊〉之歌，有兵革辛苦之辭。駿後被誅，太后幽死，〈折楊〉之應也。

41 凡是數橋，皆壘石為之，亦高壯矣。制作甚佳，雖以時往損功，而不廢行旅。〈朱超石與兄書〉[53]云：橋去洛陽宮六七里，悉用大石，下圓以通水，可受大舫過也。題其上云：太康三年十一月初就功，日用七萬五千人，至四月末止。此橋經破落，復更脩補，今無復文字。

42 陽渠水又東流逕漢廣野君酈食其廟南[54]。廟在北山上，成公綏所謂偃師西山也。山上舊基尚存，廟宇東向，門有兩石人對倚，北石人胸前銘云：門亭長。石人西有二石闕，雖經頹毀，猶高丈餘。闕西，即廟故基也。基前有碑，文字剝缺，不復可識。子安仰澄芬于萬古，讚清徽于廟像，文字厥集矣。

43 陽渠水又東逕亳殷南，昔盤庚所遷，改商曰殷此始也。班固曰：尸鄉，故殷湯所都者也。故亦曰湯亭。薛瓚《漢書注》、皇甫謐《帝王世紀》，竝以為非，以為帝嚳都矣。《晉太康記》、《地道記》，竝言田橫死于是亭，故改曰尸鄉，非也。余按司馬彪《郡國志》，以為《春秋》之尸氏也，其澤，野負原，夾郭多墳隴焉，即陸士衡會王輔嗣處也。袁氏《王陸詩敘》55，機初入洛，次河南之偃師，時忽結陰，望道左若民居者，因往逗宿，見一少年，姿神端遠，與機言玄，機服其能而無以酬折，前致一辯，機題緯古今，綜檢名實，此少年不甚欣解。將曉，去，稅駕逆旅，嫗曰：君何宿而來？自東數十里無村落，止有山陽王家墓。機乃怪悵，還睇昨路，空野霾雲，攢木蔽日，知所遇者，審王弼也。

44
此山即祝雞翁之故居也。《搜神記》曰：祝雞翁者，洛陽人也，居尸鄉北山下56，養雞百年餘，雞至千餘頭，皆有名字，欲取，呼之名，則種別而至。後之吳山，莫知所去矣。穀水又東逕偃師城南。皇甫謐曰：帝嚳作都于亳，偃師是也。王莽之所謂師氏者也。穀水又東，流注于洛水矣。

【注釋】❶光武璽書　「光武」是否指後漢光武帝不可知。璽書，此書不見何種著錄。已亡佚。❷水冶　是一種利用河流水力從事冶鑄的機器。陳橋驛《酈學札記》在〈水冶〉篇中提及：「元王楨《農書》卷十九的解釋是，水冶又稱水排，後漢杜詩始作。案《後漢書・杜詩傳》：『冶鑄者為排以吹炭令激水以鼓之者也。』說明這是一種利用水力的鼓風裝置。因為對於冶金工業來說，鼓風（送氧）是十分重要的關鍵。《三國志・魏書・韓暨傳》云：『舊時冶，作馬排，每一熟石用馬百匹；更作人排，又費功力。暨乃因長流為水排，計其利益，三倍于前。』〈杜詩傳〉和〈韓暨傳〉都提到作水冶之事，但王楨只言杜詩，這當然是因為杜詩早於韓暨之故。不過這種機器，在初創以後，總有不斷改進的過程。不妨認為，後漢杜詩初創，而三國韓曁作了改進。經過改進的水冶，其效率已經比馬力高出三倍，而其時尚在距今十七個世紀以前，所以不能不說這是中國古代在水力利用和冶金工業上的卓越成就。」「《水經注》記載的水冶，位於今河南省西部的穀水之上，而且只是魏晉的遺跡，說明當時已經廢棄不用。但其實酈道元所在的北魏時代，水冶在這一帶仍然使用於冶金工業。據天一閣所藏明嘉靖《彰德府志》卷一〈安陽縣・水冶〉所載的這種水冶：『在縣西四十里，《舊經》曰，後魏時引水鼓爐，名水冶，僕射高隆之監造，深一尺，闊一步。』案《彰德府志》，高隆之監造的這個水冶，位於洹水之上。但由於高隆之是東魏末葉人，以後入官於齊，酈道元已不及見，所以〈洹水注〉中沒有這方面的記載。」❸管輅別傳　書名。《隋書・經籍志》著錄《管輅傳》三卷，管辰撰。〈兩唐志〉著錄俱作二卷。此三志著錄是否即是《注》文所引，或另有《別傳》，因書已亡佚，無可核實。管輅，字公明。《三國志・魏書》有傳。❹三輔決錄注　書名。《隋書・經籍志》著錄《三輔決錄》七卷，趙岐撰，摯虞注。《後漢書・趙岐傳》稱岐著《三輔決錄》，傳於時。章懷太子注《後漢書》曾引趙岐自序，稱「三輔者雍州之地」。《晉書・摯虞傳》稱虞注解《三輔決錄》。書已散佚，古籍如《文選》、《顏氏家訓》以及《北堂書鈔》、《御覽》等類書多有引及，今存《玉函山房輯佚書續編》等輯本。❺作五門客二句　《水經注疏》在卷十五〈澗水〉篇《經》文「澗水出新安縣南白石山下」，《注》文作「作五門客舍，因以為名」。❻戴延之言句　殿本在此處有戴震案語：「案上所引，不言南入，當有脫文。」❼何得言枯涸也　殿本在此處有戴震案語：「上所引無枯萎之語，當有脫文。」❽二十五年　《水經注疏》作「二十四年」。《疏》：「朱作二十五年，全、趙、戴同。守敬按：《左傳》是二十四年，今訂。」❾春秋條例　書名。《隋書・經籍志》著錄十卷，漢公車徵士潁容撰。《後漢書・潁容傳》：「容善《春秋左氏》。……著《春秋左氏條例》五萬餘言。」書已亡佚，今僅存《玉函山房輯佚書》輯本一卷。❿洛陽記　書名。《隋書・經籍志》及〈兩唐志〉著錄一卷，晉陸機撰（〈唐志〉「機」作「璣」，當是誤字）。已亡佚，輯本收入於宛委山堂《說郛》弓六十一及《擊淡廬叢稿》等。陸機（西元二六一～三〇三年），字士衡，《晉書》有傳。⓫語林　書名。東晉裴啟撰。《隋書・經籍志》《燕丹子》注云：「《語林》十卷，東晉處士裴啟撰。亡。」今有馬氏輯本二卷。⓬後張方入洛二句　《水經注疏》在此下有「京師水碓皆涸」六字。《疏》：「朱無『京師』以下二十七字。全云：張方破堨，何以反云公私賴之？據《晉書・李矩傳》補『京師水碓皆涸，永嘉初，汝陰太守李矩、汝南太守袁孚脩之以利漕運』二十七字。戴亦補，但失補『京師水碓皆枯』六字。」⓭使首狐丘　此句有脫誤。語譯從略。⓮金谷詩集敘　文章名。晉石季倫撰。《隋書・經籍志》著錄晉衛尉卿《石崇集》六卷。今集已亡佚，此文收入於《世說新語・品藻》篇及清嚴可均《全三國六朝文》。石崇（西元二四九～三〇〇年），字季倫。西晉大臣。《晉書》有傳。⓯晉宮閣名　書名。不見於隋唐諸志著錄，不知撰者和撰述年代。已亡佚。書名或作《晉宮閣記》、《晉宮闕部》。《北堂書鈔·舟部》、《初學記·居處部》、《御覽·居處部》等均有引及。⑯視　應為「祖」字之誤。《疏》本注云全祖望、趙一清改「視」為「祖」。今依此語譯於後。⑰與弟書　書信名。《隋書·經籍志》著錄《陸機集》十四卷，《兩唐志》著錄作十五卷。其弟名雲，《晉書》亦有傳。今集已亡佚，而清嚴可均《全三國六朝文》輯存此文，作〈與弟雲書〉。⑱東京賦　詩賦名。漢張衡撰。《隋書·經籍志》著錄《張衡集》十一卷，此賦收入於《文選》卷三及清嚴可均《全後漢文》。⑲文士傳　書名。《隋書·經籍志》著錄《文士傳》五十卷，張隱撰。《舊唐書·經籍志》著錄作張隱《文林傳》。已亡佚，《初學記》、《御覽》、《文選注》等均引及此書。⑳而楨拒坐　殿本在此處有戴震案語：「拒坐未詳。近刻作掘坐。朱謀㙔云：一作匡坐。」㉑京相璠與裴司空句　與，應作「為」或「替」解。彥季，當作「季彥」。裴秀（西元二二四～二七一年），西晉大臣，地理學家，字季彥。晉輿地圖，圖名。已亡佚。此圖實為京相璠作品。京為裴門客，故其事載於《晉書·裴秀傳》。㉒舊說二句　此處《疏》本斷句作「舊說言翟泉本自在洛陽北，萇弘城成周，乃繞之」。今依《疏》本語譯於後。㉓中州記　書名。此書不見隋唐諸志著錄，不知撰者和撰述年代。文廷式《補晉書藝文志》著錄作《晉中州記》。自來僅酈氏〈穀水注〉引及。已亡佚，亦無輯本。㉔阮嗣宗詠懷詩曰二句　詠懷詩，三國魏阮嗣宗撰。嗣宗，阮籍字。《文選》卷二十三收入阮嗣宗〈詠懷詩〉十七首，《注》文所引「步出上東門」，在十七首中為第十首。清吳汝淪《古詩鈔》卷二收入阮籍〈詠懷詩〉三十九首，《注》文所引者為第九首。篇末云：「顏延年云：阮公身事亂朝，常恐遇禍，因茲咏懷，雖在刺譏，而文多隱避，百代之下，難以情測。」㉕百官志　書名。不見隋唐諸志著錄，不知撰者和撰述年代。《注》文只作《百官志》，但鄭德坤《水經注引書考》（臺北藝文印書館，一九七四年出版）第二八九種作《晉百官志》，並按《舊唐書·經籍志》著錄作《晉百官志》四十卷（《新唐書·藝文志》作十四卷）。但謝沈《後漢書》、袁山松《後漢書》、司馬彪《續漢書》均可能有〈百官志〉。故此「百官志」未必是《晉百官志》，因諸書俱佚，無可定論。㉖威輦圖　圖名。未見公私著錄，不知撰繪者。已亡佚。㉗晉書　書名。晉傅暢撰。《隋書·經籍志》著錄《晉書》凡八種，獨無傅暢《晉書》。〈隋志〉著錄《晉諸公贊》二十一種，晉祕書監傅暢撰。則《注》文所引是否即是此書，因書已亡佚，無可核實。㉘漢宮記　書名。此書不見隋唐諸志著錄，不知撰者和撰述年代。《水經注疏》作《漢官儀》，《疏》：「朱作《漢官記》，箋曰：官誤作宮。蓋本《玉海》，全、趙、戴皆依改宮。守敬按：《續漢書·百官志》引應劭《漢官》曰，上西門所以不純白者，漢家初成，故丹鏤之。與此各有誤。此《漢官記》是《漢官儀》之誤。」㉙師宜官八分體　《水經注疏》守敬按：「《書斷》曰：後漢師宜官，南陽人也。靈帝好書，徵天下工書于鴻都門，至數百人，八分稱宜官為最。」㉚周官　書名。即《周禮》。㉛漢

官典職　書名。《隋書．經籍志》著錄《漢官職典儀式選用》二卷，漢衛尉蔡質撰。《新唐書．藝文志》作蔡質《漢官典儀》一卷。已亡佚，輯本收入於《平津館叢書》、《知不足齋叢書》第七函、《四部備要》、《叢書集成初編》等。㉜洛陽故宮名　書名。隋唐諸志不著錄。章宗源《隋書經籍志考證》卷六：「《洛陽故宮名》，卷亡，不著錄。」《後漢書．安帝紀注》引作《洛陽宮闕名》。《初學記》、《藝文類聚》、《御覽》等所引均作《洛陽故宮名》。又〈隋志〉著錄另有〈洛陽宮殿簿〉一卷，〈舊唐志〉作三卷，不知是否就是此書。㉝鹽鐵論　書名。《漢書．藝文志》著錄《鹽鐵論》六十篇，漢桓寬撰。今本作十卷或十二卷，內容記錄西漢昭帝時，各地賢良、文學六十餘人在京城會議的各種意見，議論廣泛，其中涉及對鹽鐵官營的批評。故書此名。㉞而又高廣之　此處有佚文一條。《方輿紀要》卷四十八〈河南〉三〈河南府．洛陽縣．永寧寺〉引《水經注》：「高百丈，最為壯麗。」當是此段下佚文。㉟釋法顯行傳　書名。即《法顯傳》，或稱《佛國記》。卷一〈河水注〉曾多次引及此書。㊱漢記　書名。《隋書．經籍志》著錄《後漢紀》三十卷，張璠撰。已亡佚，輯本收入於《七家後漢書》等。《魏書．三少帝紀》說：「張璠，晉之令史，撰《後漢紀》，雖似未成，辭藻可觀。」故此書可能並非完帙。《注》文作《漢記》，當脫「後」字。㊲平樂觀賦　詩賦名。漢李尤撰，《隋書．經籍志》著錄樂安相《李尤集》五卷，此賦當在其中。今集與賦俱亡佚，僅見《藝文類聚》卷六十三引及。尤字伯仁，《後漢書》有傳。㊳後漢書　書名。《隋書．經籍志》著錄十七卷，本九十七卷，晉華嶠撰。今殘缺。〈兩唐志〉著錄均作三十七卷，當是殘籍。已亡佚，輯本收入於《七家後漢書》、《漢學堂叢書》、《黃氏逸書考》、《玉函山房輯佚書補編》等，均作一卷。㊴十二重二句　此處《疏》本斷句作「十二重五采華蓋，高十丈」。今依《疏》本語譯於後。㊵九重二句　此處《疏》本斷句作「九重華蓋，高九丈」。今依《疏》本語譯於後。㊶故廣陽門也　此處有佚文一條。清畢沅《晉書地理志新補正》卷二〈河南郡〉(西有廣陽)引《水經注》：「郭緣生《述征記》：廣陽門西南有劉曜壘、試弩棚，西北有鬬雞臺、射雉觀。」當是此段下佚文。㊷寔為神也　殿本在此處有戴震案語：「此語有訛誤。」《水經注疏》楊守敬按：「『神』字下當有『都』字。」今依《疏》本語譯於後。㊸洛陽諸宮名　書名。不見隋唐諸志著錄。「諸」當是「故」之訛，則此書是《洛陽故宮名》。參見前注。㊹以清正　朱謀㙔《水經注箋》在此下箋云：「此下疑脫『為郡功曹』四字。」㊺月令章句　書名。蔡邕撰，《隋書．經籍志》著錄十二卷。已亡佚，輯本作一卷或二卷，收入於《漢魏遺書鈔》、《漢學堂叢書》、《南菁書院叢書》等。㊻學記　篇名。《禮記》的一篇，敘述古代的教育思想和教學制度等。清劉光蕡的《學記臆解》一卷、近人王樹枏的《學記箋證》四卷等，均是後人研究〈學記〉的著作。㊼王制　篇名。《禮記》的一篇，在今本《禮記》中分為三卷，敘述古代帝王及公侯將相的各種制度。㊽置太學于國子堂　《疏》本郭守敬按，郭緣生《述征記》：「國學在辟雍東北五里，太學在國學東二百步。」則下句之「東」字應繫於此句，為「置太學于國子堂東」。今依此語譯於後。㊾字說　書名。即許慎《說文解字》。酈氏引書常有隨意簡稱之例。㊿典論　書名。魏文帝撰。《三國志・魏書・文帝紀》：「帝以素書所著《典論》及詩賦餉孫權，又以紙寫一通與張昭。」原有五卷，已佚，僅其中〈論文〉一篇，為《文選》收存。51洛陽地記　書名。此書，隋唐諸志均不著錄。〈隋志〉及〈兩唐志〉均有《洛陽記》著錄。抑或酈氏引書之隨意，其書即《洛陽記》。《水經注疏》疏云：「疑衍『地』字。」即是此意。52晉後略　書名。《隋書・經籍志》著錄《晉後略記》五卷，下邳太守荀綽撰。《晉書》本傳綽撰《晉後書》十五篇，傳於世。《新唐書・藝文志》著錄作《晉後略》。已亡佚，《御覽》等有引及。53朱超石與兄書　書信名。朱超石兄名石齡，南朝宋人，《宋書》及《南史》均有傳。朱超石事跡附見於其兄本傳。此書信已亡佚，清嚴可均據《藝文類聚》及《御覽》引存此書凡六條。54陽渠水又東句　殿本在此處有戴震案語：「穀水自閶闔門而南以下并陽渠水，原本及近刻獨此處及下逕亳殷忽兩稱陽渠，後復稱穀水，考其地相比次，非有錯紊，而稱名參錯，或後人臆改使然，今姑仍之。」55王陸詩敘　詩書名。袁氏撰。隋唐諸志及一切公私著錄均不見，亦不知袁氏為何許人。已亡佚。56居尸鄉北山下　此處有佚文一條。《東晉疆域志》卷二〈洛陽〉引《水經注》：「尸鄉南有亳坂，東有桐城，即太甲所放處。」當是此段下佚文。

【語　譯】穀水出弘農黽池縣南墦塚林穀陽谷，

1 《山海經》說：傅山西有一片森林，稱為墦塚，穀水就發源在那裡，東流注入洛水，水中多珚玉。現在穀水發源於千崤山東的馬頭山穀陽谷，東北流經黽池川，這裡原來是中鄉地區。漢景帝中元二年（西元前一四八年），開始築城，遷來一萬戶居民，把它設立為縣，並按崤黽池來取縣名，也有稱為彭池的。所以徐廣《史記音義》說：黽，也有寫作彭字的，是穀水的發源地。穀水又東流經秦國和趙國的兩座城南。司馬彪《續漢書》說：赤眉軍從黽池取道利陽南，打算去宜陽。人們稱為俱利城。據老人們說：從前秦、趙兩國會盟，雙方各自據守一城，秦王要趙王彈瑟，藺相如則要脅秦王擊缶，就在這地方。馮異也是在此水上大敗赤眉軍的。所以光武帝的《璽書》說：開頭雖然在回溪打了敗仗而洩氣，最後卻在黽池得勝而重振雄威，可謂失之東隅，收之桑榆了。

2 穀水又東流經土崤北，這就是所謂的三崤了。穀水又東流，在左岸匯合北溪。溪水發源於北方的黽池山，東南流注入穀水。推想起來，可能就是孔安國所說的澗水了。穀水又東流經新安縣老城南，與城北的分支南北夾城而流，西與崤黽池相接。從前項羽往西攻入秦國境內，就在這裡活埋了二十萬投降的秦兵。他最後國滅身亡，真是咎由自取。

3 穀水又東流經千秋亭南，此亭用石頭砌築成城牆，人們稱為千秋城。潘岳〈西征賦〉說：亭有千秋的名號，但我兒卻無七十日之壽。說的就是此亭。又東流經雍谷溪，這裡山谷回環，多石的山徑縈紆曲折地通過峽谷的險阻，所以也有峽石的稱呼。穀水流經谷側，左岸與北川水匯合。北川水有兩個源頭，都出自北山，東南流，合併成一條，從西北流向東南，注入穀水。穀水又東流經缺門山，山岡間約有一里餘的空缺，斷而不連，因而得名。兩邊巖壁爭高，陡峭聳峙，難分高下，向西遠眺兩山，就像兩塊巨大的磨石。穀水從缺門東流，廣陽川水注入。廣陽川水發源於廣陽北山，東南流注入穀水。南望微山，雲霧繚繞的群峰，朦朦朧朧，難辨難分。穀水又流經白超壘南，戴延之《西征記》說：接著到了白超壘，距函谷關十五里。城堡就建築在大道上，左右兩邊有山夾道聳立，相距百餘步，道路就從中間通向北方。這裡其實是舊時的關城，並不是所謂的白超壘。這個堡壘在缺門東十五里，堡壘旁邊舊時有個小城，是從前冶官的駐地。魏晉時期，引了穀水利用水力鼓風冶煉，以供國家的需用，遺跡至今還在。

4 穀水又東流，有石默溪水發源於微山東麓的石默溪，東北流注入穀水。穀水又東流，宋水北流注入穀水。穀水又東流經魏將作大匠毌丘興墓南，如今還留有兩塊墓碑。毌丘興是毌丘儉的父親。《管輅別傳》說：管輅曾隨軍西征，經過毌丘興的墳墓而喟然長嘆，對他的朋友們說：玄武縮頭，青龍無腳，白虎銜著屍體，朱雀悲哀痛哭，四種危象都已具備，按理應當滅族。真的被他說中了。

5 穀水又東流經函谷關南，東北流，皁澗水注入。皁澗水發源於新安縣，東南流經毌丘興墓東，又南流經函谷關西。函谷關又高又險，道路就從關城通出去。漢元鼎三年（西元前一一四年），樓船將軍楊僕，屢次建立大功，以居於關外為恥，請求派七百名僮僕修築要塞，把關口遷到新安去，就是此處。從前郭丹從西方入關，在關下感慨地說：如果我不能乘坐駟馬高車，就永遠不出此關。他離家十二年，果然實現了他的志願。皁澗水又東流，注入穀水。穀水又東北流經函谷關城東，在右岸匯合了爽水。《山海經》說：白石山西五十里有穀山，山上多穀，山下多桑，爽水就發源於此。人們叫它紵麻澗，北流注入穀水。澗中多產孔雀石。

6 穀水又東流，澗水注入。《山海經》說：婁涿山西四十里，有白石山，澗水就發源在那裡，北流注入穀水。摯仲治《三輔決錄注》道：馬氏兄弟五人，一起住在澗水和穀水交匯之處，他們造了一座有五扇門的客舍，即以此命名。現在那地方在河南以西四十里。以《山海經》來推算，里數與摯仲治的記載並無不同。二水相匯合處還有馬氏故居的舊址。那麼這就是澗水了。〈周書〉所說的我在澗水以東占卜，說的就是這條水。自此到下游，也通稱澗水，是穀水的兼稱。所以《尚書》說：伊水、洛水、瀍水、澗水，都注入河水。沒有提到穀水，即可看出澗水也是通稱了。劉澄之說：新安有澗水，源頭出自縣北；又有淵水，不知水源在哪裡。我考察各種地記，並沒有淵水，但淵、澗兩字很相似，時常有把澗字錯成淵字的。所以闞駰〈地理志〉說：〈禹貢〉的淵水。可知是輾轉傳抄造成的錯誤，錯字弄亂了正字，劉澄之不動腦筋，因而受惑了。既然本來就沒有這條水，那又怎能找到它的源頭呢？

7 穀水又東流，波水注入。《山海經》說：瞻諸山西三十里，有婁涿山，山上沒有草木，卻有很多金玉，波水發源於山北，人們稱為百答水，北流注入穀水。其中多紫石和文石。穀水又東流，少水注入。《山海經》說：廆山西三十里有瞻諸山，山南多金，山北多文石，少水發源於山北。少水引來眾多的山澗，積成一條溪流，東流注入穀水，人們稱為慈澗。穀水又東流，俞隨水注入。《山海經》說：平蓬山西十里的廆山，山南多㻬琈玉。俞隨水發源於山北，北流注入穀水。人們稱為孝水。潘岳〈西征賦〉說：在孝水沐浴並洗滌帽纓，讚美這裡有個美名。此水在河南城西十餘里，所以呂忱說：孝水在河南郡。而戴延之則說在函谷關西，劉澄之又說發源於檀山。檀山在宜陽縣西，是在穀水以南，孝水絕沒有南流注入穀水的道理的。考證這個說法，一定是因為受郭緣生《述征記》記述錯誤的影響的緣故。郭緣生隨從駐防部隊行軍，沿途查訪，但所到之處都不是他原來熟悉的地方，所以他也無從研究。現在溪水滾滾北流，澄澈的碧水映出水底的汙泥，怎麼可以說已經枯涸無水了呢。這些話都說得太輕率武斷了。

東北過穀城縣北，

8 穀城西瀕穀水，所以縣也因此得名。穀水又東流經穀城南，並不流經城北。又東流，洛水支流注入，現在已經乾涸無水了。

又東過河南縣北，東南入于洛。

9 河南王城西北，穀水右岸有石瀨，從石瀨南流而出的是死穀水，北流而出的是湖溝。魏太和四年（西元四八〇年）洪水暴漲，高達三丈，這裡地勢低窪，水積成湖，於是開溝通水，東西長達十里，疏導湖水流注入瀍水。穀水又流經河南王城西北，這裡就是所謂的成周。《公羊傳》說：成周是什麼？就是東周。何休說：之所以名為成周，是因為當時周朝政制剛剛成立，這是周王建都的地方之故。〈地理志〉說：河南郡的河南縣，是古代的郟、鄏地方。京相璠說：郟是山名；鄏是個地方的城邑。占卜安置九鼎定都的年分，把這裡建為周王的東都，稱為新邑，這就是王城。這座城東南的城門叫鼎門，是因為九鼎從此門進入，所以把這地方稱為鼎中。楚子攻打陸渾的戎人，就在這裡詢問鼎的大小輕重，有圖謀王位的野心。《述征記》說：穀水和洛水本來是在王城東北合流的，這就是所謂的穀、洛相鬥。現在城東南方有個長一千步的缺口，人們又說是穀、洛相鬥之處。但這些說法都是不對的。我查考史籍傳記，周靈王時，穀、洛二水相沖擊，沖毀了王宮，靈王想要把水堵住，太子晉勸阻靈王，靈王不聽，現在還留著三道堤堰的遺跡。《左傳》襄公二十五年（西元前五四八年），齊人在郟築城，穆叔到周去祝賀。韋昭說：洛水在王城以南，穀水在王城以北，東流注入瀍水。到了靈王時，穀水水勢很大，從王城以西流過，南流與洛水匯合。兩條水互相沖擊，有點像是猛鬥的樣子，於是把王城西南也沖毀了。穎容著《春秋條例》說：西城梁門枯涸無水的地方，世人稱為死穀。於是我們才知道郭緣生途中匆促，入關後調查古時事跡所得的資料，與實況是頗不相符的。考王把周桓公封在這裡，叫西周，到了他的孫子惠公，把小兒子封在鞏，就是東周，所以有東周和西周的名稱。秦滅了周，置為三川郡；項羽封申陽為河南王，漢置為河南郡，王莽又名為保忠信卿。光武帝建都洛陽，叫做尹。尹是匡正的意思，是藉以匡正京畿，對天下百郡起帶頭作用。

10 穀水又東流經乾祭門北，是子朝作亂時晉所開的，東邊直至千金堨。《河南十二縣境簿》說：河南縣城東十五里有千金堨。《洛陽記》說：千金堨從前是為攔截穀水所築，魏時再次修建此堰，稱為千金堨。當時用石塊砌築成堰，開鑿了五處溝渠，稱為五龍渠。渠上立石堨，石堨東端，立了一個石人，石人腹上刻著：太和五年（西元二三一年）二月八日庚戌，築成此堨，又開鑿溝渠，當水沖激渠道時，可以攔截大水，以保渠道堅固，經久不壞。因此立這石人記載此事。這是魏明帝重修王梁、張純的舊堰時所立。石堰是都水使者陳協所造。《語林》說：陳協屢次請阮步兵喝酒，後來晉文王想修築九龍堰，阮步兵推薦陳協，得到文王的任用。掘地時掘出六枚古代接水用的銅龍，堰也就築成了。水經過此堰向東流，稱為千金渠。

11 到了晉朝，大水暴漲狂沖，溝渠都被沖壞了，於是又擴大工程。石人東邊脅下刻的文字說：泰始七年（西元二七一年）六月二十三日，大水漲勢兇猛，水位高出平常三丈，把兩座石堰也都沖毀了。五龍渠排放的水流，往南奔瀉而下，加上年長月久的沖蝕，每逢水潦，就會毀壞，歷年的巨大工程，就都前功盡棄了。所以現在不再築堰截流，而於西邊開渠洩流，名叫代龍渠。這裡地形平整，確實是掌握了洩流排洪的正確規律了。千金渠不正面迎著兇猛的水勢，原當不會被沖壞；但由於地勢低窪，水就可能漫過堰上，逐漸侵蝕。現在把千金堨比原來再加高一丈四尺，五龍渠自然定會經久不遭水災了。假如五龍渠年久以後又被沖壞，可以轉到西邊再築兩座石堰。兩條渠道合計耗費二十三萬五千六百九十八工，於當年十月二十三日開工，但因工程巨大，人力不足，直到八年（西元二七二年）四月二十日方竣工。代龍渠就是九龍渠。後來張方攻入洛陽，破壞了千金堨。永嘉（西元三〇七～三一三年）初，汝陰太守李矩、汝南太守袁孚重修石堰，以便運糧，官府和百姓都要依賴它。年久之後渠道和石堰又都湮廢了，砌堰的石塊差不多都被沖走了，只有遺址還在。朝廷在太和年間（西元四七七～四九九年），修復了這條舊堰。據千金堨石人西邊脅下的文字說：假如溝渠年久失修，進行深濬引水工程者，應當在河南城以北、石灘以西再開一條渠道通向北方，……舊渠是向東流下的，利用舊渠施工較為容易，石灘牢固，易於固堤，有利於農事。竣工以後，方能看到效益。加以邊境有外敵侵擾，苦於人力不足，而且渠道和堤堰剛剛建成，還沒有受到水災的威脅，所以也不敢貿然就預先把它修通。假如日後需要重新興工，以在西邊的石灘施工為宜。所以把這些意見刻在石上，留給後世賢者參考。現在雖然石灘也被淹沒了，但還有遺跡可作為憑證。照石人的銘文，引渠北出，是往東與舊渠匯合的。

[12] 舊渠又東流，晉惠帝在水上造了一座石橋。據石橋西門南壁的銘文說：晉元康二年（西元二九二年）十一月二十日，改建石巷、水門，拆除豎式枋柱，改為捲洞式枋門，又在橋上建廊屋，前後在兩面橋頭加砌石級，與堤岸相接，使南北兩頭都通到岸上。又為防止水流沖蝕，破石以減煞水勢。到三年三月十五日竣工。並在各門左右兩面記載寬度、長度及其高低。石巷東西長七尺，南北護堤龍尾寬廣十二丈，橋巷通道橋頭的入口高三丈。此橋叫皋門橋。潘岳〈西征賦〉說：駐馬皋門，就指這地方。

[13] 穀水又東流，又造了一座石橋，橫跨水上，以削弱入城的水勢，這就是西梁。穀水又東流，左岸匯合金谷水。金谷水發源於太白原，東南流經過金谷，稱為金谷水，東南流經晉衛尉卿石崇故居。石崇〈金谷詩集敘〉說：元康七年（西元二九七年），我任征虜將軍隨從太僕出征。我有一座別墅在河南邊界的金谷澗中，那裡有澄清的泉流，茂密的樹林，還有各種果木、綠竹、翠柏、藥草等，應有盡有。金谷水又東南流，注入穀水。

[14] 穀水又東流經金墉城北。這是魏明帝在洛陽城西北角築的，稱為金墉城。又在東北角建造層樓，《晉宮閣名》說：金墉城有崇天堂，即指此樓。在平地上，用木材架構成榭，就是從前的白樓。剛開始遷都時，宮殿還沒有建成，皇上臨時暫住於此。在舊臺上建造小榭，真所謂樓臺高聳了。南門叫乾光門，兩邊建了樓觀，樓觀下面，在護城河上放置紅色浮橋，專供皇帝行走。東門叫含春門，北門叫邏門。城上西面樓觀羅列，五十步有一道雉堞，屋臺上放著一口鐘，配合報更漏的大鼓。西北廊廡相接，可以遮蔭，城牆靠近高臺大榭。夏天酷熱的日子，高祖常在這裡避暑，還在金墉城裡建了一口綠水池。穀水流經洛陽小城北，靠近老城，與金墉城聯結在一起，就是從前的向城。永嘉之亂時，把它築成營壘，稱為洛陽壘。所以《洛陽記》說：陵雲臺西有金市，金市北對洛陽壘。

15 穀水又東流，從大夏門下流過。這就是舊時的夏門。陸機〈與弟書〉說：門有三層，高百尺，魏明帝造。門內東側，靠近城邊，有魏明帝所造的景陽山，遺址還在。孫盛《魏春秋》說：景初元年（西元二三七年）明帝把宮殿建得愈高，大肆雕飾觀閣，在太行穀城山開採白石英及紫石英，還有五色大石，在芳林園築景陽山，種植松竹草木，捕珍禽異獸放養於其中。當時各種工程勞役頻繁徵集，明帝還親自掘土，率領群臣參加建設工程，自三公以下無人不奮發出力。景陽山以東，舊時有九江。陸機《洛陽記》說：九江匯合處形成一個圓池，池中造了一個圓壇，築堤把它分隔成三個部分，隔水兩岸都可相通。〈東京賦〉說：濯龍和芳林二園，九谷和八溪二池，紅荷遮蔽了水面，秋蘭披覆著水濱，但是今天，景陽山只遺下一個孤單的小丘，九江也杳無蹤跡了。

16 穀水又東流，分出支渠南流進入華林園，從疏圃以南流過。圃中有古時的玉井，這口古井全用珉玉砌成，用黑石砌築井口，石工做得十分精緻，今天看來，這口古井一點也沒有改變，仍是璀璨如新。又流經瑤華宮南，流過景陽山以北，山上有都亭，殿堂與方湖相接，湖中用石頭砌築成御座。御座前建蓬萊山，彎彎曲曲的池岸與座位相接，飛泉的水花飄拂著坐席；南面設立了箭靶，在座位兩旁威武地聳立著。依恃著山巒而設置的殿堂上方，則是崎嶇的石徑和陡峭險峻的巖峰，在峰巒陵阜之間，散布著高高的樓臺等建築。遊人在樓閣中上上下下，從弧形的臺階進進出出，遠遠望去，就像鵜鶘潛水，鸞鳳翔空一樣。其中又引水從高岸上傾瀉而下，形成瀑布；或在彎曲的水濱潺潺不絕地發出淙淙的清響，綠竹翠柏隱蔽著層巖，繁花灌叢聚集於泉邊，微風飄拂，芳香散遍四方，這真是神仙的居處啊。

17 穀水往東注入天淵池，池中有魏文帝時建的九華臺，殿基都是洛陽舊碑疊砌而成，現在於殿上造了一座釣臺。池南正對魏文帝的茅茨堂，前面有「茅茨碑」，是黃初年間（西元二二〇～二二六年）所立。穀水從天淵池東流出華林園，流經聽訟觀南，這就是舊時的平望觀。魏明帝時常說：訟案，是天下人命關天的大事。每次判決刑獄大案，他都時常親自去聽審。太和三年（西元二二九年），把平望觀改為今天的聽訟觀。

18 聽訟觀西北，連接華林園的隸簿。這是從前劉楨磨石的地方。《文士傳》說：文帝在東宮的時候，設宴邀請各位文人，酒喝得正高興時，叫甄后出來和大家見面行禮。一座的人都低頭不敢仰視，只有劉楨正面直視著她。太祖認為他無禮，就把他送到囚犯勞役的地方。後來太祖乘坐步挽車登城，下車視察犯人的勞動。所有的犯人都對他畢恭畢敬的，但劉楨卻坦然磨石如故，動也不動。太祖說：這不是劉楨嗎，這石頭的性質怎麼樣？劉楨說：這石頭是從荊山黑巖之下採來的，外觀上是五彩花紋，煒煒有光，其內質則素性堅貞，志不可奪；雕琢它不能增加它的美麗，研磨它也不會使它更為光澤：它秉賦的氣質就是堅貞剛正，天生的性格就是樸質自然。太祖說：你的名聲豈有半點虛假？於是又恢復了他文學的職務。

19 池水又東流，流入洛陽縣的南池，這就是從前的翟泉，南北一百一十步，東西七十步。皇甫謐說：悼王葬景王於翟泉，就是現在洛陽太倉中的大墳。《春秋》定公元年（西元前五〇九年），晉魏獻子在翟泉會合諸侯的大夫，開始為成周築城。班固、服虔、皇甫謐都說翟泉在洛陽東北，是周的墓地。現在經過考察，周威烈王葬在洛陽城內東北角，景王墓在洛陽太倉中，翟泉在兩墓之間，在廣莫門路東的一側，建春門路北，這條路就是東宮街，就洛陽而言，位置是在東北方。後來秦封呂不韋為洛陽十萬戶侯，把城改建得更大，並且發現了景王墓，太倉確是他的墓地。到了晉永嘉元年（西元三〇七年），洛陽東北步廣里地面下陷，飛出了兩隻天鵝，一隻蒼色，衝天直上，一飛而去，另一隻白色，卻停了下來。陳留孝廉董養說：步廣里，就是周朝的翟泉，是會盟之地。現在一鵝色蒼，這是胡人的象徵呀，大事可不好了，怎麼能說透呢？五年以後，劉曜、王彌侵入洛陽，晉帝遷都於平陽。陸機《洛陽記》說：步廣里在洛陽城內，王宮以東是翟泉所在之處，不可能在太倉西南的。京相璠和司空裴秀修編〈晉輿地圖〉，作《春秋地名》，也說現在太倉西南的池水叫翟泉。又說：按照舊說，以為翟泉本來在洛陽北方，萇弘築成周城時，才把它圍了進來。杜預就引了這條資料作證，說這一定就是翟泉，但經過實地考察，卻發現它不是。以後就把它建為東宮池了。

20 晉《中州記》說：惠帝還是太子時，有次出宮聽到青蛙的叫聲，問人們說：這是官家的青蛙還是私人的青蛙？侍臣賈胤答道：在官家田地裡的是官家青蛙，在私人田地裡的就是私人青蛙。於是惠帝下令道：如果是官家青蛙，就撥些官糧給牠。先前有一句預言說：青蛙要居尊位。從前晉朝在後池拘捕了愍懷太子，就是此池。

21 一條渠水從大夏門東流經宣武觀，此觀附建於城牆上，不再築牆，左右兩邊都建了步廊，參差地向外彎彎曲曲，向南可以遙望天淵池，朝北可以憑眺宣武場。《竹林七賢論》說：王戎小時長得眉清目秀，魏明帝在宣武場上做了個虎欄，折斷老虎的爪牙，令勇士赤膊與虎搏鬥，任百姓前往觀看。王戎只有七歲，也去看鬥虎。老虎乘人不備，撲向虎欄大吼，吼聲使大地也震動了，觀眾沒有一個不嚇得紛紛逃退，跌跌撞撞亂作一團的，只有王戎一人安然不動。明帝在門上看到了，覺得很是驚異，就差人去問他姓名。

22 宣武場西是舊時賈充的宅地。穀水又東流，經廣莫門北，就是漢朝時候的穀門。此門北朝芒阜，連綿延伸的峰嶺，從洛口起向西直越過平陰，都叫芒壠。《魏志》說：明帝想削平北芒，使得登臺就可以看到孟津。侍中辛毗勸諫道：假如九河氾濫，洪水釀成災害，這時丘陵都被削平了，又要憑什麼去阻擋呢？明帝這才打消了這想法。

23 穀水又東流南轉，流經建春門石橋下，建春門就是上東門。阮嗣宗〈詠懷詩〉說：步行走出上東門，即指此門。又名上升門，晉時叫建陽門。《百官志》說：洛陽有十二門，每門都有一個人守候，薪俸每年六百石。《東觀漢記》說：郅惲當上東門的守門人，光武帝有一次出城，夜裡回來，便命令他開門好進城。郅惲不肯放他進來。光武帝叫他從門縫裡認清他的面貌，郅惲說：火光太遠了，看不清。就是拒不開門。因而光武帝更加器重他。這裡也是袁本初掛節辭官的地方。橋頭豎立著兩根石柱，橋上右邊石柱的銘文說：陽嘉四年（西元一三五年）乙酉、壬申二日的兩次詔書指示，城下運糧的水道東通河水、濟水，南引江水、淮水，各方的貢品，都要從這條水道運進來。因此指派中謁者魏郡清淵縣馬憲監督建造石橋梁柱，督促工匠施展出最巧妙的技能，把極重的巨石拼砌起來，把拱門砌得高高的。橋梁務必精美，道路務必寬闊，才能通行萬里，如此等等。河南尹下邳崇隗、丞渤海郡重合縣雙福、水曹掾中牟縣任防、史官王蔭、史官趙興、將作吏睢陽縣申翔、道橋掾成皋縣皋國、洛陽令江雙、丞平陽縣降監掾王騰之、主石作右北平郡山仲，三月開工，八月竣工。此水依傍著橋柱而流，又從樂里道轉彎東流，從陽渠流出。從前陸機為成都王司馬穎進軍洛陽，兵敗而返。穀水南岸就是馬市，從前洛陽有三市，馬市就是其中之一。這裡也是嵇叔夜被司馬昭所害的地方。

24 北岸則是白社舊址。從前孫子荊在白社會見董威輦，說的就是這地方。孫子荊以能與董威輦同車為榮耀，所以有〈威輦圖〉。又東流經馬市石橋，橋南有兩支石柱，但沒有刻上文字。漢朝司空漁陽郡王梁當河南尹，打算引穀水來灌溉京都，可是渠道開鑿完成之後，水卻不能流通。因而獲罪被免職。後來張純在洛水築堰，以通漕運，洛陽一帶官民都得到豐足的供應。這條渠現在還是引了穀水流通的，這是張純首創的功績。據陸機《洛陽記》、劉澄之《永初記》所說，城西有陽渠，是周公所建。從前周把殷商的百姓遷移到洛邑，城牆和護城河都很局促狹窄，是個卑陋的地方。所以晉在成周築城，以供周敬王居住，秦又擴大了此城，封給呂不韋。照此情況推論起來，可知河渠並非全是周公所開。陽渠又名九曲瀆。《河南十二縣境簿》說：九曲瀆在河南鞏縣西，西到洛陽。又據傅暢《晉書》說：都水使者陳狼鑿運渠，從洛口引水注入九曲瀆，直到東陽門。所以阮嗣宗〈詠懷詩〉說：早上走出了上東門，遙望那高高的首陽山；又說：在遙遙的九曲瀆之間，徘徊著想往哪裡走。陽渠水南通閶闔門，就是漢朝的上西門。《漢宮記》說：上西門之所以不塗成純白色，是因為漢朝天子曾在西北方被困，所以用紅色來塗漆雕刻。太和年間（西元四七七～四九九年）遷都，把城門移到南側，此水乘著渠道較高的地勢，分支下流，從舊石橋東經過望先寺，東流入城。寺中有碑，石碑側面仿效「子丹碑」，雕鏤了蟠龍的形狀。比起今天的石雕還算好，但與古代的雕刻相比，卻顯得拙劣了。

25 渠水又東流，打從舊時的金市南流過。金市正對著千秋門，右邊即宮門。支流又流入石砌的下水道，從地下注入靈芝九龍池。魏太和年間（西元四七七～四九九年）京都遷到洛陽，規劃建造宮殿，修理街旁溝渠，要求務必查明隱蔽的處所，於是打開石板來看，發現這條下水道竟毫無損壞。而且石工極其精細，不是今天所做可比，真是出奇的精良，於是仍舊留下使用。另一條水從千秋門南流經神虎門下，此門東對雲龍門，這兩座門的橫梁上都雕著雲龍風虎的形狀，以玫瑰珠石來裝飾；在朝陽初出，夕照西斜的時候，映照出絢麗的光彩，燦爛奪目。又南流經通門、掖門西，又南流東轉，流經閶闔門南。按照《周禮》，帝王有五門，稱為：皐門、庫門、雉門、應門、路門。路門又稱畢門，也叫虎門。魏明帝在洛陽南宮仿效太極，在漢朝崇德殿的故址建造太極殿，把雉門改為閶闔門。從前漢朝時代，洛陽宮殿門額上的題字，用的多是大篆，據說大都是蔡邕等人所題。自從董卓焚燒了宮殿後，魏太祖平定荊州，漢吏部尚書安定人梁孟皇善於書寫師宜官的八分體，請求以書法免他一死。太祖賞識他的書法，時常把他的字高懸在帳子裡玩賞，覺得他的字還超過師宜官。北宮牌額的題字，都是梁鵠的手筆。南宮建成以後，明帝令侍中京兆韋誕以古篆書寫，遷都洛陽後，才叫中書舍人沈含馨以隸書來書寫。景明（西元五〇〇～五〇三年）、正始（西元五〇四～五〇八年）年間，又下令符節令江式以大篆來替換。現在殿內梁上的匾額，都是江式所寫。

26 《周官》：太宰於正月時在象魏上張貼法令。《廣雅》說：皇宮外的門闕叫象魏。《風俗通》說：魯昭公在宮門口建了兩座樓觀，叫闕。闕字偏旁從門，讀作欮聲。《爾雅》說：樓觀叫闕。《說文》說：闕，就是門口的樓觀。《漢官典職》說：偃師離洛陽四十五里，遙望朱雀闕，一派蓬蓬勃勃的氣象，就像與天相連似的，真是高大之極了。《洛陽故宮名》有朱雀闕、白虎闕、蒼龍闕、北闕、南宮闕。《東觀漢記》說：更始帝從洛陽出發，李松導引車駕，馬拉著車狂奔，撞到北闕的鐵柱門，三匹馬都撞死了，說的就是此闕。《白虎通》說：門為什麼必須有闕呢？闕這種建築，是用以裝飾大門，區別尊卑的。現在閶闔門外兩邊建了巨闕，是與天上的星宿相對應的，雖然沒有全都依照禮法的規定，但也還是如同象魏一樣，在上面加建復思，來代替樓觀。《廣雅》說：復思叫屏。《釋名》說：屏，就是給自己遮蔽身體；罘思設置在門外。罘，就是復，臣子將要進宮奏事，可以在這裡再重新思考一下。漢朝末年四處紛紛起兵，把園陵的罘思都砸了，說是不使百姓再思念漢朝。所以《鹽鐵論》說：牆闕設罘思，這是說在邊角上立屏風，架設起來的就是罘思。潁容又說：立闕的用意是，在上的如有錯失，臣下可以寫在闕上，是徵求人們的批評的，所以叫闕。今天則在闕前水南道路右邊放了一面登聞鼓，來聽取下面的批評意見。從前黃帝建立明堂議政制度，堯在大路旁造屋諮詢百姓意見，舜有旌旗持以宣告善事，禹設鼓徵求民間意見，湯在大街傾聽百姓非議政事，武王在靈臺接見稟報者：這些都是為了廣泛徵求批評意見而採取的措施。

27 渠水又分支沿御道兩旁南流，從太尉、司徒兩坊間流過，那條街叫銅駝街。從前魏明帝在閶闔南街放置了銅駝等獸的鑄像。陸機說：銅駝高九尺，脊背高出太尉坊。水西有永寧寺，創建於熙平年間（西元五一六～五一八年），造了一座九層寶塔，塔基方圓十四丈，從塔頂的金露盤到地面高四十九丈，是仿照代都的七層寶塔建造的，但造得更高大，雖然繁華如二京，富饒如五都，但那裡的寺院寶塔，卻都不及這裡雄偉。我查考《釋法顯行傳》，西域有爵離浮圖，高與此塔相仿，那麼東都與西域二塔，風姿的莊嚴精妙是可相媲美了。

28 那地方原是曹爽的故居，開工那一天，在寺院西南角掘出了曹爽的地下室，築在地下一丈左右，四壁都用方整的石塊砌疊而成，石工細緻精密，一點都沒有毀壞。這些石塊就都拿來作為造塔之用。要不是曹爽，平庸的匠人也是難以複製的。因而桓氏有句話說：曹子丹生了這沒出息的畜牲。確實不錯。水渠左岸是魏晉時的祖廟舊址，現在全都成了民居，連斷垣殘壁也不留了。渠水又西流經太廟與社壇之間，南流注入南渠。太廟和社壇都憑各種事物來辨別方向。《周禮》：太廟和聽政的路寢都和明堂一樣，但設有叫燕寢的內室，只有奉祀遠祖的祧廟裡沒有。後代就籠統地只設一廟，在下方設置正室，不再有設燕寢的規制。《禮》：天子建都，左邊設宗廟，右邊立社壇，神位以石雕成，祭祀時穿葛衣、戴禮冠。現在多由王公來主持，帝王本人一般不親自去祭拜了。咸寧元年（西元二七五年）洛陽刮大風，社壇的樹折斷了，一股青氣直透天庭，於是元帝東渡，魏就取代晉室而昌盛起來了。

29 渠水從銅駝街東流經司馬門南。魏明帝開始築闕時，門闕崩塌下來，壓死了數百人，於是就不再建築，所以沒有闕。門南屏風內從前放著銅人，以後銅人被移走，舊址也廢圮了，只留下一堆亂石。從這裡往南直通宣陽門，道路縱橫通達，都鋪了馳道，往來通行的規定，完全與兩漢時一樣。曹子建曾從御街行走，違犯了門禁，因而受到冷落。渠水又東流經杜元凱所說的翟泉以北，現在已經沒有水了。那地方的坑窪方圓九丈六尺，深二丈餘，看來像是人工挖掘成的，不像泉穴。這是它不是翟泉的第一個證據。此外皇甫謐《帝王世紀》說：皇室安定下來以後就遷都到成周，因成周太小，容納不下皇家的都城，所以毀掉翟泉加以擴大。泉水已經填塞了，原來的地點分明早就不存在了，這是它不是翟泉的第二個證據。杜預說：翟泉在太倉西南。既說是西南，對洛陽來說就不應在東北，這是它不是翟泉的第三個證據。據地理典籍來考證，事情大致上可以搞清楚了：那不可能是翟泉。

30 渠水流過司空府前，流經太倉南，從東陽門石橋下流出，注入陽渠。穀水從閶闔門南流經土山東。水西三里有一道山坡，坡上有土山，是漢朝大將軍梁冀所造。梁冀積土成山，植樹建造園林。張璠《漢記》說：山嶺陡坡很多，就拿它來象徵東、西兩座崤山，在裡面積聚了許多金銀珠玉。又捕捉了各種飛禽走獸飼養在苑內。有人殺了苑裡的兔子，就不斷地搜尋追捕，被殺的達十三人。水南流經西陽門而出。西陽門就是漢時的西明門，也叫雍門。舊門原在南，太和年間(西元四七七～四九九年)因舊門方向偏斜，所以把這座城門遷走，東與東陽門相對。

31 穀水又南流經白馬寺東。從前漢明帝夢見個金色巨人，頸上圍著一圈白光。他詢問諸大臣，有人回答道：西方有個大神，名叫佛，樣子就同陛下夢見的一樣，說不定那就是佛吧？於是就遣使去天竺，抄寫佛經、描繪佛像帶回。起初用榆木盒子裝經卷，用白馬馱著佛像回來，在中國予以宣揚。所以就建寺以白馬為名。這些榆木經盒後來移到城內愍懷太子的寶塔中存放，近世又遷回到白馬寺中。金光流照，法輪東轉，就是從那時開始的。

32 穀水又南流經平樂觀東。李尤〈平樂觀賦〉說：於是建造了名震一時的平樂觀，把祕藏的奇珍公諸於世。華嶠《後漢書》說：靈帝在平樂觀下築了個大壇，壇上豎起十二重五彩華蓋，高十丈；大壇東北又築了個小壇，又豎起九重華蓋，高九丈。又調動了奇兵騎士數萬人排成隊伍，皇帝則坐在大華蓋底下。典禮完畢之後，皇帝親自身穿鎧甲，號稱無上將軍，在列陣中走了三圈然後回去，並演戲招待遠方客人。所以〈東京賦〉說：西邊有平樂會場，招待遠方來客觀看，有神獸龍雀蟠繞，大宛天馬騰空。應劭說：飛廉神禽能刮風，古人用優質金屬給牠鑄像。明帝永平五年(西元六二年)，長安迎取飛廉和銅馬，放在上西門外的平樂觀裡。現在上西門外並沒有別的樓觀基址，只有西明門外留有這座土臺，顯得高大巍峨，也許就是平樂觀遺址了。又說皇帝的女兒幼時就夭折了，埋葬在臺旁，所以又叫皇女臺。晉灼說：飛廉，身子是鹿，頭卻像雀，有角，長著蛇的尾巴，豹的斑紋。董卓把它熔化了，鑄成錢幣使用，而把銅馬搬到建始殿東階下。胡軍入侵，戰亂中銅馬也喪失了。

33 穀水又南流流經西明門，就是舊時的廣陽門。此門左邊，一條支渠往東分出，流入城中，流經太社前面，又東流經太廟南，又東流，在青陽門右注入陽渠。穀水又南流，轉而東流經津陽門南，就是舊時的津門。從前洛水氾濫，被洪水沖走淹死的人很多，津陽城門校尉打算築堤防水，諫議大夫陳宣勸阻他說：以前王尊是臣子，水漫到他的腳上就停止了，何況現在朝廷中興，水一定不會入城的。果然水淹到城門就退了。

34 穀水又東流經宣陽門南，這就是舊時的苑門。遷都洛陽後，把城門移到這裡，與閶闔門南相望，面對著洛水浮橋。所以〈東京賦〉說：上溯洛水，背靠河水，左有伊水，右有瀍水。洛陽這地方，在中原地區進行考察，占卜時只有洛邑為吉，實在是個有神靈佑護的京都。門的左邊就是洛陽池舊址，池東就是舊時平城門所在的地方，現在已經堵塞了。此門北對洛陽南宮，所以蔡邕說：平城門，正陽之門，與宮殿相連通，皇帝去郊外祭天地時，車駕都是從此門出去的，在諸門中最為尊貴。《洛陽諸宮名》說：南宮有謻臺與臨照臺相對。〈東京賦〉說：其南則有謻門曲榭，邪阻城洫。《注》說：謻門，是藏冰室的門；阻，是依傍的意思；洫，就是城牆底下的護城河。謻門的臺榭，都是彎彎曲曲地偏斜伸展，依傍著護城河鋪路。《說文》說：隍，就是護城河；有水的稱池，無水的稱隍。謻門就是宣陽門，門內有宣陽冰室。《周禮》中有掌管冰室的人。太陽的軌道移到北方虛宿的位置時，就採冰入藏；移到西方昴宿的位置，黎明看到星星出現時，就取出藏冰。冰室從前在宣陽門內，所以叫宣陽冰室。宣陽門早已封死，冰室也取消了。

35 穀水又流經靈臺，此臺是用以朝北觀測天文氣象的。靈臺是漢光武帝所築，高六丈，方圓二十步。世祖曾在臺上開設宴會，捉住一隻鼮鼠；諫議大夫第五子陵也曾住過這裡。第五子陵是第五倫的小兒子，以清廉剛正聞名。他的妻子不在洛陽，在家鄉也沒有田園宅第，就棲身於靈臺，有時甚至接連十日不燒飯。司隸校尉南陽左雄、尚書廬江朱孟興等，都是第五倫從前所推薦的孝廉和功曹，兩人都送了禮品和食物給他，他都婉辭不受。他死於永建年間（西元一二六～一三二年）。

36 穀水又東流經平昌門南，就是舊時的平門。又流經明堂北，明堂建於漢光武帝中元元年（西元五六年）。考其結構，是上圓下方，內有九室、雙重的屋角，還有十二個廳堂。蔡邕《月令章句》說法也相同。從前引水通到堂下，作為辟雝。穀水又東流經開陽門南。《晉宮閣名》說：這就是從前的建陽門。《漢官》說：開陽門初建成時，還沒有命名，忽然有一根柱子在樓上出現。琅琊郡開陽縣上報：縣南城門，有一根柱子向天飛去了。光武帝叫人來辨認，果然就是那根飛走的柱子，於是就把它牢牢地捆住，並刻上年月日，名為開陽門。何湯，字仲弓，曾當過守門人。光武帝微服出行到夜間回來，何湯緊閉城門不放他進來，朝廷因而嘉獎他。

37 穀水又東流經國子太學石經北。《周禮》有國學，教授禮儀法度。〈學記〉說：古時家庭有私塾，一黨之中有庠，一遂之中有序，國家則有國學。也就是虞舜時代的大學上庠和小學下庠，夏禹時的大學東序和小學西序，殷商時的大學右學和小學左學，周朝時的大學東膠和小學虞庠。〈王制〉說：把退休的卿大夫供養在上庠，把士人的老者供養在下庠，所以有太學、小學來教公卿大夫的子弟，稱為國子。漢魏以來，在國子堂東設置太學。東漢靈帝光和六年（西元一八三年），把《五經》刻在石碑上，立在太學講堂前面，都在偏東的一側。

38 熹平四年（西元一七五年），蔡邕與五官中郎將堂谿典，光祿大夫楊賜，諫議大夫馬日磾，議郎張馴、韓說，太史令單颺等，上書請求訂正《六經》文字，得到靈帝的批准。於是蔡邕親筆用朱砂寫在碑上，叫石匠去刻，碑成後就立在太學門外。於是後輩的儒生學者，就都以此作為訂正經文的標準。碑剛立好時，人們紛紛前來觀看和抄寫，每天來的車子多達千餘輛，把街巷都堵塞了。現在碑上都刻著蔡邕等人的姓名。魏正始年間（西元二四〇～二四九年），又立了古文、篆書和隸書三種字體的《三字石經》。古文是黃帝時創造出來的，倉頡依照鳥的足跡造字，加以發展變化，所以文字有六書的造字規律。自從秦朝採用篆書，焚燒了前朝的典籍以來，古文就失傳了。魯恭王在孔子故宅裡發現一批古代經書，當時不知道有古文，把它稱為蝌蚪文，大概是因形狀像蝌蚪所以取名的，於是就仿照這種字體來書寫。據說大篆起於周宣王時，是史籀所創。平王東遷後，文字錯亂反常，秦時李斯和胡母敬又把史籀文字加以改造，稱為小篆，於是有了大篆和小篆。但許慎的《字說》，專門解釋篆文，而不以古文為依據。他說古代隸書起源於秦代，篆文筆畫繁複，不適應於繁忙的政務，所以就採用差役的簡筆字體，稱為隸書。也有人說這就是程邈在雲陽增減筆畫整理而成的，稱為隸書，是篆文的簡化。孫暢之曾聽到青州刺史傅弘仁說：臨淄人發掘古墓，掘出了一口桐棺，桐棺前端外側刻有隸字，說是齊太公六世孫胡公的棺槨，只有三個字是古文，其餘都與今文相同。這證明了隸書自古就有了，並非創始於秦時。魏初，傳習古文的人是邯鄲淳培養出來的。但《石經》的古文卻不依邯鄲淳的筆法。《石經》碑文立於廳堂西側，碑長八尺，寬四尺，下有成排的石座。碑共四十八塊，從頭到尾排開長達三十丈。魏明帝又刻了六塊《典論》碑文，附在旁邊。陸機說：又有一塊刻有〈太學贊〉的碑，立在講堂西頭，下有「石龜碑」，上面刻著蔡邕、韓說、堂谿典等人的姓名。又有一塊刻有〈太學弟子贊〉的碑，立在外門中間。現在這兩塊碑都不存在了。《石經》以東有一塊碑，是漢順帝陽嘉元年（西元一三二年）所立，碑文說：建武二十七年（西元五一年）創建太學，年久逐漸毀壞。永建六年（西元一三一年）九月，詔書修建太學，刻碑記年，共費人工十一萬二千，陽嘉元年八月竣工。碑的南面刻了頌詞。正反兩面刻的字都還完好無損。漢《石經》北，有晉「辟雝行禮碑」，是泰始二年（西元二六六年）所立，已經攔腰折斷了。但時代不同，物換星移，《石經》也已殘缺不全了，至今所存不過半數，要想把它永遠留傳下去，實在不免令人失望了。查考典籍，古代有辟雝、明堂、靈臺等所謂的三雝，但今天有靈臺、太學，卻沒有辟雝所在之處。晉永嘉年間（西元三〇七～三一三年），王彌、劉曜打進洛陽，焚毀了二學，但遺址依稀仍在。

39 穀水在城東南角分支北流，經青陽門東，就是舊時的清明門，又稱稅門，也叫芒門。又北流經東陽門東，就是舊時的中東門。又北流經舊時的太倉西。《洛陽地記》說：大城東有太倉，倉下運糧船隻常以千計，說的就是此處。又北流入洛陽溝。穀水又東流，左岸分支流出積成池沼，又東流，右岸分支流出成為方湖。方湖東西一百九十步，南北七十步，從前水衡署就在這裡。穀水又東流南轉，然後折而東流，這一段叫阮曲，據說是阮嗣宗故居所在地。穀水又往東，注入鴻池陂。〈百官志〉說：鴻池是池名，在洛陽以東二十里，有丞一人，薪俸二百石。池東西一千步，南北一千一百步，四周有塘，池中又有東西走向的橫塘，水流可以相通。所以李尤〈鴻池陂銘〉說：鴻澤的陂塘，是聖王所築，引水往東流注，從城池中流出。

40 水又東流，在左岸匯合七里澗。《晉後略》說：成都王司馬穎派吳人陸機為前鋒都督，出兵討伐京師。因為他輕率冒進，被洛陽軍隊乘機攻擊，在鹿苑打了個大敗仗，士兵自相踐踏，在護城河和七里澗死了很多人，把澗都填滿了。指的就是這條澗。澗上有石橋，就是旅人橋。從前孫登不想在洛陽久住，他知道楊氏眼前雖然榮華富貴，但不會有好結果，因而想退隱到鄉野山林裡去，終於沒沒無聞地死去了，楊駿把他埋葬在石橋東邊。不久以後楊駿也死了。《搜神記》說：太康（西元二八〇～二八九年）末年，京城洛陽開始唱〈折楊〉的歌，歌中有描寫戰爭之苦的詞句。楊駿後來被殺，太后也被幽禁而死，〈折楊〉真的應驗了。

41 這裡的幾座橋都是用石塊砌成的，巍峨壯麗，石工製作也極好，雖然隨著時光的流逝而略有損毀，但行人來往仍然無礙。〈朱超石與兄書〉說：橋離洛陽宮六七里，全用大石築成，下面砌成圓拱門，以通水流，可容大船通過。橋上題字說：太康三年（西元二八二年）十一月初開工，每日需用七萬五千人工，到次年四月底建成。這座橋曾崩了幾丈，以後重新進行了修補，現在所刻文字已經不存了。

42 陽渠水又東流經漢廣野君酈食其廟南。廟在北山上，就是成公綏所說的偃師西山。山上還留有舊廟基，廟宇朝東，門前有兩尊石人相對而立，北側石人胸前刻的字是：門亭長。石人西邊有兩座石闕，雖然已經破毀，但還有一丈多高。石闕西邊就是廟宇的舊基，廟基前面有石碑，文字已剝蝕缺損，看也看不清楚了。子安景仰酈食其萬古不朽的令名，對神像讚美他高潔堅貞的節操，但這篇碑文卻殘缺了。

43 陽渠水又東流經亳殷南，從前盤庚遷都於此，把商改名為殷就是由此開始的。班固說：尸鄉，從前曾是殷湯建都的地方，所以又稱湯亭。薛瓚《漢書注》、皇甫謐《帝王世紀》都以為不是殷湯，而是帝嚳建都的地方。《晉太康記》、《地道記》都說田橫死在此亭，所以改名尸鄉，其實不是。我查考司馬彪〈郡國志〉，認為這就是《春秋》的尸氏，那裡的沼澤荒野背依高地，城郭兩邊墳墓很多，就是陸士衡與王輔嗣相遇的地方。袁氏《王陸詩敘》：陸機初到洛陽時，途中在河南偃師過夜。當時忽然烏雲密布，看見道路左邊好像有人家，於是就去投宿。他看見一個少年，風姿神態端莊而有點深不可測的樣子。他與陸機談論玄學，陸機很佩服他的才能，而無法駁倒他，於是提出一個論辯題目。陸機列舉了古往今來的許多史事，從名實上進行檢討，這位少年卻不很喜歡，也不很理解。天將破曉時，陸機就告別上路了，在一家旅店裡歇息。老闆娘問道：您昨晚在哪裡住宿的？這裡往東好幾十里都沒有村莊，只有山陽王家的墳墓呀。陸機於是感到又驚異又惆悵，回頭遙望昨日走過來的道路，只見一片空荒的原野和慘慼的陰雲，高高的樹叢蔭天蔽日，這才知道昨晚所遇的少年，一定是王弼了。

44 這座山就是祝雞翁的故居。《搜神記》說：祝雞翁是洛陽人，住在尸鄉北山下，養雞百餘年，雞數達到一千餘隻，每隻雞都有名字，要想捉雞時，只要叫牠的名字，那隻雞就會從雞群裡走到他面前。後來他到了吳山，就不知去向了。穀水又東流經偃師城南。皇甫謐說：帝嚳建都於亳，就是偃師。王莽稱為師氏。穀水又東流，注入洛水。

甘水

甘水出弘農宜陽縣鹿蹏山，

山在河南陸渾縣故城西北，俗謂之縱山。水之所導，發于山曲之中，故世人目其所為甘掌焉。

東北至河南縣南，北入洛。

甘水發源東北流，北屈逕一故城東，在非山上，世謂之石城也。京相璠曰：或云甘水西山上，夷汙而平，有故甘城，在河南城西二十五里，指謂是城也。

余按甘水東十許里洛城南，有故甘城焉。北對河南故城，世謂之鑒洛城。鑒、甘聲相近，即故甘城也，為王子帶之故邑矣，是以昭叔有甘公之稱焉。甘水又與非山水會。水出非山東谷，東流入于甘水。甘水又于河南城西北入洛。《經》言縣南，非也。京相璠曰：今河南縣西南，有甘水，北入洛。斯得之矣。

【語譯】甘水出弘農宜陽縣鹿蹄山，

鹿蹄山在河南陸渾縣老城西北，民間稱為縱山。水從山彎中流出，所以世人把那地方稱為甘掌。

東北至河南縣南，北入洛。

甘水發源後東北流，北轉流經一座老城東。城在非山上，世人稱為石城。京相璠說：有人說，甘水所出的西山上面，凹陷而平坦，有舊時的甘城，在河南城以西二十五里，指的就是這座城。我查考甘水東十來里的洛城南，有舊時的甘城，北與河南舊城相對，世人稱為鑒洛城。鑒、甘讀音相近，就是舊時的甘城，是從前王子帶的食邑，所以昭叔有甘公之稱。甘水又與非山水匯合。非山水發源於非山東的山谷，東流注入甘水。甘水又在河南城西北注入洛水。《水經》說從縣南入洛，是搞錯了。京相璠說：現在河南縣西南有甘水，北流注入洛水。這就說對了。

漆水

漆水出扶風杜陽縣俞山東，北入于渭。

《山海經》曰：羭次之山，漆水出焉，北流注于渭。蓋自北而南矣。《尚書・

禹貢》、太史公〈禹本紀〉云：導渭水東北至涇，又東過漆沮，入于河。孔安國曰：漆沮，一水名矣，亦曰洛水也，出馮翊北。周太王去邠，度漆踰梁山，止岐下。故《詩》❶云：民之初生，自土沮漆。又曰：率西水滸，至于岐下。是符《禹貢》、〈本紀〉之說。許慎《說文》稱：漆水出右扶風杜陽縣岐山，東入渭。從水，桼聲。又云：一曰漆城池也。潘岳《關中記》❷曰：關中有涇、渭、灞、滻、酆、鄗、漆、沮之水，酆、鄗、漆、沮四水，在長安西南鄠縣，漆、沮皆南注，酆、鄗水北注。《開山圖》曰：麗山西北有溫池。溫池西南八十里岐山，在杜陽北。長安西有渠，謂之漆渠。班固〈地理志〉云：漆水在漆縣西。闞駰《十三州志》又云：漆水出漆縣西，北至岐山，東入渭。今有水出杜陽縣岐山北漆溪，謂之漆渠，西南流注岐水。但川土奇異，今說互出，考之經史，各有所據，識淺見浮，無以辨之矣。

【注釋】❶詩 《詩經・大雅・緜》。❷關中記 書名。〈兩唐志〉著錄一卷，晉潘岳撰。已亡佚，輯本收入於宛委山堂《說郛》弓六十一及《擊淡廬叢稿》等，均一卷。

【語譯】漆水出扶風杜陽縣俞山東，北入于渭。

《山海經》說：漆水發源於褕次之山，北流注入渭水。這裡的意思是說水是從北往南流的。《尚書・禹貢》、太史公〈禹本紀〉說：疏導渭水東北流到涇水，又東流過漆沮，注入河水。孔安國說：漆沮是一條水的名稱，又叫洛水，發源於馮翊以北。周太王離開邠，渡過漆水，翻過梁山，就在岐山腳下停下來。所以《詩經》說：先人創業之初，從土水來到漆水之濱。又說：從邠西的岸邊，來到岐山腳下。這些話都與〈禹貢〉、〈本紀〉的說法相符。許慎《說文》說：漆水發源於右扶風郡杜陽縣的岐山，東流注入渭水。漆字偏旁從水，音桼。又說：又名漆城池。潘岳《關中記》說：關中有涇、渭、灞、滻、酆、鄗、漆、沮等水。酆、鄗、漆、沮四條水，在長安西南的鄠縣，漆水、沮水都南流，酆水、鄗水則北注。《開山圖》說：麗山西北有溫池。溫池西南八十里的岐山，在杜陽北方。長安西有一條渠道，叫漆渠。班固〈地理志〉說：漆水在漆縣西。闞駰《十三州志》又說：漆水發源於漆縣西，北流到岐山，東流注入渭水。現在有一條水，發源於杜陽縣岐山北麓的漆溪，稱為漆渠，西南流，注入岐水。但川流與地區變遷很大，諸說紛紜，查核經史，又人人都有依據。我本人見識淺陋，也無從鑑別孰是孰非了。

滻水

滻水出京兆藍田谷，北入于灞。

〈地理志〉曰：滻水出南陵縣之藍田谷，西北流與一水合。水出西南莽谷，東北流注滻水。滻水又北歷藍田川，北流注于灞水。〈地理志〉曰：滻水北至霸陵入霸水。

【語譯】滻水出京兆藍田谷，北入于灞。

〈地理志〉說：滻水發源於南陵縣的藍田谷，西北流，匯合了一條水。此水發源於西南方的莽谷，東北流注入滻水。滻水又北流穿過藍田川，北流注入灞水。〈地理志〉說：滻水北流到霸陵注入霸水。

沮水

沮水出北地直路縣，東過馮翊祋祤縣北，東入于洛。

〈地理志〉曰：沮出直路縣西，東入洛。今水自直路縣東南，逕譙石山東南流，歷檀臺川，俗謂之檀臺水。屈而夾山西流，又西南逕宜君川，世又謂之宜君水。又得黃嵚水口。水西北出雲陽縣石門山黃嵚谷，東南流注宜君水。又東南流逕祋祤縣故城西，縣以漢景帝二年置，其水南合銅官水。水出縣東北，西南逕銅官川，謂之銅官水。又西南流逕祋祤縣東，西南流逕其城南原下，而西南注宜君水。宜君水又南出土門山西，又謂之沮水。又東南歷土門南原下，東逕懷德城南，城在北原上。又東逕漢太上皇陵北，陵在南原上。

沮水東注鄭渠。昔韓欲令秦無東伐，使水工鄭國間秦鑿涇引水，謂之鄭渠。渠首上承涇水于中山西邸瓠口，所謂瓠中也。《爾雅》以為周焦穫矣。為渠並北山，東注洛三百餘里，欲以溉田。中作而覺，秦欲殺鄭國，鄭國曰：始臣為間，然渠亦秦之利。卒使就渠，渠成而用注填閼之水，溉澤鹵之地四萬餘頃，皆晦一鍾，關中沃野，無復凶年，秦以富彊，卒并諸侯，命曰鄭渠。

渠瀆東逕宜秋城北，又東逕中山南。〈河渠書〉曰：鑿涇水自中山西。〈封禪書〉：漢武帝獲寶鼎于汾陰，將薦之甘泉，鼎至中山，氤氳有黃雲蓋焉。徐廣《史記音義》曰：關中有中山，非冀州者也。指證此山，俗謂之仲山，非也。鄭渠又東逕捨車宮南絕冶谷水。鄭渠故瀆又東逕巀嶭山南、池陽縣故城北，又東絕清水，又東逕北原下，濁水注焉。自濁水以上，今無水。濁水上承雲陽縣東大黑泉，東南流，謂之濁谷水，又東南出原，注鄭渠。又東歷原，逕曲梁城北，又東逕太上陵南原下，北屈逕原東與沮水合，分為二水，一水東南出，即濁水也。至白渠與澤泉合，俗謂之漆水，又謂之為漆沮水。絕白渠，東逕萬年縣故城北為櫟陽渠。城，即櫟陽宮也。漢高帝葬皇考于是縣，起墳陵，署邑號，改曰萬年也。〈地理志〉曰：馮翊萬年縣，高帝置，王莽曰異赤也。故徐廣《史記音義》曰：櫟陽，今萬年矣。闞駰曰：縣西有涇、渭，北有小河。謂此水也。其水又南屈，更名石川水。又西南逕郭獠城西，與白渠枝渠合，又南入于渭水也。其一水東出，即沮水也，東與澤泉合。水出沮東澤中，與沮水隔原，相去十五里，俗謂是水為漆水也。東流逕薄昭墓南，冢在北原上。又逕懷德城北，東南注鄭渠，合沮水。又自沮直絕注濁水，至白渠合焉，故濁水得漆沮之名也。沮循鄭渠，東逕當道城南。城在頻陽縣故城南，頻陽宮也，秦厲公置。城北有頻山，山有漢武帝殿，以石架之。縣在山南，故曰頻陽也。應劭曰：縣在頻水之陽。今縣之左右，無水以應之，所可當者，惟鄭渠與沮水。又東逕蓮芍縣故城北。《十三州志》曰：縣以草受名也。沮水又東逕漢光武故城北，又東逕粟邑縣故城北，王莽更名粟城也。後漢封騎都尉耿夔為侯國。其水又東北流，注于洛水也。

【語譯】沮水出北地直路縣，東過馮翊祋祤縣北，東入于洛。

〈地理志〉說：沮水發源於直路縣西，東流注入洛水。現在沮水從直路縣東南流，經譙石山東南流，穿過檀臺川，民間稱檀臺水。轉彎在兩山之間西流，又西南流經宜君川，世人又稱為宜君水。又流到黃嶔水口。黃嶔水發源於西北方雲陽縣石門山的黃嶔谷，東南流，注入宜君水。又往東南流經祋祤縣老城西，祋祤縣置於漢景帝二年（西元前一五五年），南流與銅官水匯合。銅官水發源於縣城東北，往西南流經銅官川，稱為銅官水。又往西南流經祋祤縣東，往西南流經縣城南原下，然後往西南注入宜君水。宜君水又南流從土門山西流而出，又稱沮水。又東南流，穿過土門南原下，東流經懷德城南，城在北原上。又東流經漢太上皇陵北，陵墓在南原上。

沮水東流注入鄭渠。從前韓國想使秦國不打到東方來，派了水利工程人員鄭國去刺探秦國，開渠引入涇水，稱為鄭渠。水渠上口在中山西的邸瓠口承接涇水，就是所謂的瓠中。《爾雅》以為這是周的焦穫。鄭國傍著北山開渠，往東注入洛水，渠長三百餘里，企圖用以灌溉田地。工程進行期間，被秦發覺了。秦想殺掉鄭國，鄭國說：我當初雖然是來做間諜，但開了這條渠道對秦國也有利。於是秦就讓他把渠道開好。渠道完工之後，引了帶有淤泥的水來灌溉鹽鹼地四萬餘頃，每畝收穫高達一鍾，關中成為一片沃野，不再有荒年，秦國因而富強起來，最後吞併了諸侯。於是這條水渠就被命名為鄭渠。

渠道東流通過宜秋城北，又東流通過中山南。〈河渠書〉說：從中山西開渠引涇水。〈封禪書〉說：漢武帝在汾陰得到寶鼎，想送到甘泉宮去獻祭，到了中山時，升起一片黃雲，彌漫開來籠罩在鼎上。徐廣《史記音義》說：關中有中山，不是冀州的中山。這裡指的就是此山，民間稱為仲山，是不對的。鄭渠又東流經捨車宮南，穿過冶谷水。鄭渠舊道又東流經巀嶭山南、池陽縣舊城北，又東流橫穿過清水，又東流經北原下，有濁水注入。從濁水入口處起，上流現在已經乾涸無水了。濁水上流承接雲陽縣東的大黑泉，東南流稱為濁谷水，又東南流出高地，注入鄭渠。又往東通過高地，流經曲梁城北，又東流經太上陵南原下，北轉流經高地以東與沮水匯合。然後又分成兩條。一條往東南分出，就是濁水，到了白渠與澤泉匯合，民間稱為漆水，又稱漆沮水。此水橫穿過白渠，東流經萬年縣舊城北，叫櫟陽渠。舊城就是櫟陽宮所在地。漢高帝把他父親葬在櫟陽縣，建造了陵墓，並把城名改為萬年。〈地理志〉說：馮翊郡萬年縣，是漢高帝所置，王莽稱為異赤。所以徐廣《史記音義》說：櫟陽，就是現在的萬年。闞駰說：縣西有涇水、渭水，北有小河，指的就是此水。水又南轉，改名為石川水。又西南流經郭獖城西，與白渠支渠匯合，又往南注入渭水。另一條東流，就是沮水，東流與澤泉匯合。澤泉發源於沮水東的沼澤中，與沮水隔著一片高地，相距十五里，民間稱此水為漆水，東流經薄昭墓南。墓在北原上。又流經懷德城北，東南流注入鄭渠，與沮水匯合。又從沮水直穿而過，注入濁水，到白渠相匯合，所以濁水得了漆沮這個名稱。沮水循著鄭渠，東流經當道城南。當道城在頻陽縣老城南，是秦厲公所建頻陽宮的所在地。城北有頻山，山上有漢武帝殿，是用石材構架而成。縣城在山南，所以叫頻陽。應劭說：縣城在頻水以北。現在縣城附近一帶沒有一條相應的水，約略與之相當的，只有鄭渠與沮水罷了。水又東流經蓮芍縣老城北。《十三州志》說：該縣是以草得名的。沮水又東流經漢光武帝老城北，又東流經粟邑縣老城北，王莽把它改名為粟城。後漢把粟邑封給騎都尉耿夔為侯國。水又往東北流，注入洛水。

【研析】《水經注》全書中，小水大注，〈穀水〉當是其中第一。在《經》文「又東過河南縣北，東南入于洛」下，《注》文長達七千餘言，是全書第一長注，實在就是一篇完整的北魏洛陽城市地理。從「洛陽十二門」起，舉凡城垣、郊廓、街市、衢路、川渠、橋梁、宮殿、樓閣、寺廟、浮圖、園林勝景以至碑碣古蹟、歷史掌故等等，無一不在《注》中。酈氏撰《注》，除了山川景物是他特長以外，也非常重視城市都會。當時學術界雖然流行很多描述都城的所謂「都賦」，但這類韻文體裁的詩賦，除了詞藻以外，內容實在都很空泛，所以他曾在卷首〈序〉中抱怨：「都賦所述，裁不宣意。」儘管他在《注》文中引用了當時可見的許多都賦，但是要從這類詩賦中記敘都城的細節實屬不能。他曾在〈濁漳水注〉和〈穀水注〉提出了當時的所謂「五都」，這「五都」都是歷來著名的都城，而且除了蜀中的成都以外，都曾為他所親歷。只是因為這些都城興建時代距北魏都已稍遠，他只能利用所見遺跡和所存文獻記敘，例如對於鄴城，他確實盡了很大努力，但仍不能盡如人意。在全書記敘的所有都城中，除了北魏舊都平城以外，把一座都城詳敘細述和盤托出的唯有洛陽。而時隔四十餘年，羊衒之重去洛陽時，全城已經成為一片廢墟。以〈穀水注〉與《洛陽伽藍記》對比，令人不勝感慨。所以〈穀水注〉對於洛陽在西元六世紀初的記敘，是中國在歷史都城中十分珍貴的文獻。今天，我們在中國古都，特別是洛陽歷史地理的研究中，〈穀水注〉仍然是權威資料。

卷十七

渭水

【題解】渭水今稱渭河，是黃河的最大支流，發源於甘肅定西與臨洮之間的馬銜山，東流經陝西，在潼關縣風陵渡注入黃河。全長八百餘公里，流域面積一百三十餘萬平方公里。現存《水經注》的卷篇設置，已非宋初缺佚前原貌。今〈渭水〉分成三卷，其中卷十八〈渭水〉在全書四十卷中篇幅最為短小，所以分析之跡甚明。江、河、淮、濟都是單獨入海的巨川，〈河水〉五卷，〈江水〉三卷，〈淮水〉一卷，〈濟水〉二卷，此外分卷者還有〈沔水〉三卷，但第三卷實為〈江水〉的第四卷。渭水雖是黃河的最大支流，流域中又有周、秦、漢首都，分卷屬於順理，但估計不可能與〈江水〉等同。〈渭水〉可能分為二卷，〈涇水〉與〈(北)洛水〉合為一卷，因後二水亡佚，故〈渭水〉衍為三卷。不過本卷敘渭水發源地隴西郡首陽縣（今甘肅渭源附近）到陳倉（今陝西寶雞附近），屬於渭水上游，是〈渭水〉的重要一篇。

渭水出隴西首陽縣渭谷亭南鳥鼠山❶，

1 渭水出首陽縣首陽山渭首亭南谷，山在鳥鼠山西北。此縣有高城嶺，嶺上有城，號渭源城，渭水出焉。三源合注，東北流逕首陽縣西與別源合。水南出鳥鼠山渭水谷，《尚書·禹貢》所謂渭出鳥鼠者也。《地說》曰：鳥鼠山，同穴之枝幹也。渭水出其中，東北過同穴枝間，既言其過，明非一山也。又東北流而會于殊源也。渭水東南流，逕首陽縣南，右得封溪水，次南得廣相溪水，次東得共谷水，左則天馬溪水，次南則伯陽谷水，竝參差翼注，亂流東南出矣。

東北過襄武縣北，

[2] 廣陽水出西山，二源合注，共成一川，東北流注于渭。渭水又東南逕襄武縣東北，荊頭川水入焉。水出襄武西南鳥鼠山荊谷，東北逕襄武縣故城北，王莽更名相桓。漢護羌校尉溫序行部，為隗囂部將苟宇所拘，銜鬚自刎處也。其水東北流，注于渭。渭水常若東南，不東北也。又東，梟水注之。水出西南雀富谷，東北逕襄武縣南，東北流入于渭。《魏志》稱，咸熙二年，襄武上言，大人見，身長三丈餘，跡長三尺二寸，白髮，著黃單衣巾，拄杖呼民王，始語云：今當太平。十二月天祿永終，歷數在晉。遂遷魏而事晉。

[3] **又東過獂道縣南，**

右則岑溪水，次則同水，俱左注之；次則過水右注之。渭水又東南逕獂道縣故城西。昔秦孝公西，斬戎之獂王。應劭曰：獂，戎邑也。漢靈帝中平五年，別為南安郡，赤亭水出郡之東山赤谷，西流逕城北，南入渭水。渭水又逕城南，得粟水。水出西南安都谷，東北流注于渭。渭水又東，新興川水出西南鳥鼠山，二源合舍，東北流與彰川合。水出西南溪下，東北至彰縣南。本屬故道侯尉治，後漢縣之，永元元年，和帝封耿秉為侯國也。萬年川水出南山，東北流注之，又東北注新興川，又東北逕新興縣北，《晉書・地道記》，南安之屬縣也。其水又東北與南川水合。水出西南山下，東北合北水，又東北注于渭水。渭水又東逕武城縣❷西，武城川水入焉。津源所導，出鹿部西山，兩源合注，東北流逕鹿部南，亦謂之鹿部水。又東北，昌丘水出西南丘下，東北注武城水，亂流東北注渭水。渭水又東入武陽川，又有關城川水出南，安城谷水出北，兩川參差注渭水。渭水又東，有落門西山東流三谷水注之。三川統一，東北流注于渭水。有落門聚，昔馮異攻落門，未拔而薨。建武十年，來歙又攻之，擒隗囂子純，隴右平。渭水自落門東至黑水峽，左右六水夾注：左則武陽溪水，次東得土門谷水，俱出北山，南流入渭；右則溫谷水，次東有故城溪水，次東有閭里溪水，亦名習溪水，次東有黑水，竝出南山，北流入渭。渭水又東出黑水峽，歷冀川。

又東過冀縣北，

渭水自黑水峽至岑峽，南北十一水注之。北則溫谷水，導平襄縣南山溫溪，東北流逕平襄縣故城南，故襄戎邑也。王莽之所謂平相矣。其水東南流，歷三堆南，又東流南屈，歷黃槐川，梗津渠，冬則輟流，春夏水盛，則通川注渭。次則牛谷水，南入渭水。南有長塹谷水，次東有安蒲溪水，次東有衣谷水，並南出朱圉山，山在梧中聚，有石鼓，不擊自鳴，鳴則兵起。漢成帝鴻嘉三年，天水冀南山有大石自鳴，聲隱隱如雷，有頃止。聞于平襄二百四十里，野雞皆鳴。石長丈三尺，廣厚略等。著崖脅，去地百餘丈，民俗名曰石鼓，石鼓鳴則有兵。是歲廣漢鉗子❸攻死囚，盜庫兵，略吏民，衣繡衣，自號為仙君，黨與漫廣，明年冬伏誅，自歸者三千餘人。信而有徵矣。

其水北逕冀縣城北，秦武公十年伐冀戎，縣之。故天水郡治，王莽更名鎮戎，縣曰冀治。漢明帝永平十七年，改曰漢陽郡，城，即隗囂稱西伯所居也。後漢馬超之圍冀也，涼州別駕閻伯儉潛出水中，將告急夏侯淵，為超所擒。令告城無救，伯儉曰：大軍方至，咸稱萬歲。超怒數之，伯儉曰：卿欲令長者出不義之言乎？遂殺之。

渭水又東，合冀水。水出冀谷。次東有濁谷水，次東有當里溪水，次東有託里水，次東有渠谷水，次東有黃土川水，俱出南山，北逕冀城東，而北流注于渭。渭水又東出岑峽，入新陽川，逕新陽下城南，溪谷、赤蒿二水竝出南山，東北入渭水。渭水又東與新陽崖水合。即隴水也，東北出隴山。其水西流右逕瓦亭南。隗囂聞略陽陷，使牛邯守瓦亭，即此亭也。一水亦出隴山，東南流歷瓦亭北，又西南合為一水，謂之瓦亭川。西南流逕清賓溪北，又西南與黑水合。水出黑城北，西南逕黑城西，西南流，莫吾南川水注之。水東北出隴垂，西南流歷黑城，南注黑水。黑水西南出懸鏡峽，又西南入瓦亭水。又有泌水，自西來會，世謂之鹿角口。又南逕阿陽縣故城東。中平元年，北地羌胡與邊章侵隴右，漢陽長史蓋勳屯阿陽以拒賊，即此城也。其水又南與燕無水合。水源延發東山，西注瓦亭水。瓦亭水又南，左會方城川，西注瓦亭水。瓦亭水又南逕成紀縣東，歷長離川，謂之長離水，右與成紀水合。水導源西北當亭川，東流出破石峽，津流遂斷，故瀆東逕成紀縣，故帝太皞、庖犧所生之處也。漢以為天水郡，縣，王莽之阿陽郡治也。又東，潛源隱發，通入成紀水，東南入瓦亭水。瓦亭水又東南，與受渠水相會。水東出大隴山，西逕受渠亭北，又西南入瓦亭水。

[7] 瓦亭水又西南流，歷僵人峽，路側巖上有死人僵尸巒穴，故岫壑取名焉。釋崒就穴直上，可百餘仞，石路逶迤，劣通單步，僵尸倚窟，枯骨尚全，惟無膚髮而已。訪其川居之士，云其鄉中父老作童兒時，已聞其長舊傳，此當是數百年骸矣。

[8] 其水又西南，與略陽川水合。水出隴山香谷西，西流，右則單溪西注，左則閣川水入焉。其水又西歷蒲池郊，石魯水出東南石魯溪，西北注之。其水又西歷略陽川，西得破社谷水，次西得平相谷水，又西得金里谷水，又西得南室水，又西得虢谷水，竝出南山，北流于略陽城東，揚波北注川水。又西逕略陽道故城北，湟渠水出南山，北逕泥峽北入城。

[9] 建武八年，中郎將來歙與祭遵所部護軍王忠、右輔將軍朱寵，將二千人，皆持鹵刀斧，自安民縣之楊城。元始二年，平帝罷安定滹沱苑以為安民縣，起官寺市里，從番須、回中，伐樹木，開山道至略陽，夜襲擊囂拒守將金梁等，皆殺之，因保其城。隗囂聞略陽陷，悉眾以攻歙，激水灌城，光武親將救之，囂走西城，世祖與來歙會于此。其水自城北注川，一水二川，蓋囂所堨以灌略

陽也。

10 川水西得白楊泉，又西得蒲谷水，又西得蒲谷西川，又西得龍尾溪水，與蒲谷水合。俱出南山，飛清北入川水。川水又西南得水洛口。水源東導隴山，西逕水洛亭，西南流，又得犢奴水口。水出隴山，西逕犢奴川，又西逕水洛亭南，西北注之，亂流西南逕石門峽，謂之石門水，西南注略陽川。略陽川水又西北流入瓦亭水。瓦亭水又西南出顯親峽，石宕水注之。水出北山，山上有女媧祠，庖羲之後有帝女媧焉，與神農為三皇矣。其水南流注瓦亭水。瓦亭水又西南逕顯親縣故城東南，漢封大鴻臚竇固為侯國。自石宕次得蝦蟆溪水，次得金黑水，又得宜都溪水，咸出左右，參差相入瓦亭水。又東南合安夷川口，水源東出胡谷，西北流歷夷水川，與東陽川水會，謂之取陽交。又西得何宕川水，又西得羅漢水，竝自東北、西南注夷水。夷水又西逕顯親縣南，西注瓦亭水。瓦亭水又東南得大華谷水。又東南得折里溪水，又東得六谷水，皆出近溪湍峽，注瓦亭水。又東南出新陽峽，崖岫壁立，水出其間，謂之新陽崖水，又東南注于渭也。

又東過上邽縣，

11 渭水東歷縣北邽山之陰，流逕固嶺東北，東南流，蘭渠川水出自北山，帶佩眾溪，南流注于渭。渭水東南與神澗水合。《開山圖》所謂靈泉池也，俗名之為萬石灣。淵深不測，寔為靈異，先後漫遊者，多羅其斃。渭水又東南得歷泉水。水北出歷泉溪，東南流注于渭。

12 渭水又東南出橋亭西，又南得藉水口。水出西山，百澗聲流，總成一川，東歷當亭川，即當亭縣治也。左則當亭水，右則曾席水注之。又東與大弁川水合。水出西山，二源合注，東歷大弁川，東南流注于藉水。藉水又東南流與竹嶺水合。水出南山竹嶺，二源同瀉，東北入藉水。藉水又東北逕上邽縣，左佩四水，東會占溪水，次東有大魯谷水，次東得小魯谷水，次東有楊反谷水，咸自北山，流注藉水。藉水右帶四水：竹嶺東得亂石溪水，次東得木門谷水，次東得羅城溪水，次東得山谷水，皆導源南山，北流入藉水。藉水又東，黃瓜水注之，其水發源黃瓜西谷，東流逕黃瓜縣北，又東，清溪、白水左右夾注。又東北，大旱谷水南出旱溪，歷澗北流，泉溪委漾，同注黃瓜水。黃瓜水又東北歷赤谷，咸歸于藉。藉水又東得毛泉谷水，又東逕上邽城南，得覈泉水，竝出南山，北流注于藉。

13 藉水即洋水也。北有濛水注焉。水出縣西北邽山，翼帶眾流，積以成溪，東流南屈，逕上邽縣故城西，側城南出上邽。故邽，戎國也。秦武公十年伐邽，縣之，舊天水郡治。五城相接，北城中有湖水，有白龍出是湖，風雨隨之，故漢武帝元鼎三年，改為天水郡。其鄉居悉以板蓋屋，《詩》❹所謂西戎板屋也。濛水又南注藉水，《山海經》曰：邽山，濛水出焉，而南流注于洋，謂是水也。藉水又東得陽谷水，又得宕谷水，竝自南山，北入于藉。藉水又東合段溪水。水出西南馬門溪，東北流合藉水。藉水又東入于渭。

14 渭水又歷橋亭南，而逕綿諸縣東，與東亭水合，亦謂之為橋水也。清水又或為通稱矣。水源東發小隴山，眾川瀉注，統成一水，西入東亭川為東亭水，與小祗、大祗二水合。又西北得南神谷水，三川竝出東南，差池瀉注。又有埋蒲水，翼帶二川，與延水竝西南注東亭水。東亭水又西，右則歎溝水，次西得麴谷水。水出東南，二溪西北流，注東亭川。東亭川水右則溫谷水出小隴山，又西，莎谷水出南山莎溪，西南注東亭川水。東亭川水又西得清水口，水導源東北隴山，二源俱發，西南出隴口，合成一水，西南流歷細野峽，逕清池谷，又逕清水縣故城東，王莽之識睦縣矣。其水西南合東亭川，自下亦通謂之清水矣。

又逕清水城南，又西與秦水合。水出東北大隴山秦谷，二源雙導，歷三泉，合成一水，而歷秦川。川有故秦亭，秦仲所封也，秦之為號，始自是矣。秦水西逕降隴縣故城南，又西南，自亥、松多二水出隴山，合而西南流，逕降隴城北，又西南注秦水。秦水又西南歷隴川，逕六槃口，過清水城，西南注清水。清水上下，咸謂之秦川。又西，羌水注焉。水北出羌谷，引納眾流，合以成溪。溪水星會，謂之小羌水。西南流，左則長谷水西南注之，右則東部水東南入焉。羌水又南入清水。清水又西南得綿諸水口。其水導源西北綿諸溪，東南有長思水，北出長思溪，南入綿諸水。又東南歷綿諸道故城北，東南入清水。清水東南注渭。

渭水又東南合涇谷水。水出西南涇谷之山，東北流與橫水合。水出東南橫谷，西北逕橫水壙，又西北入涇谷水，亂流西北出涇谷峽，又西北，軒轅谷水注之。水出南山軒轅溪，南安姚瞻以為黃帝生于天水，在上邽城東七十里軒轅谷。皇甫謐云：生壽丘，丘在魯東門北。未知孰是也。其水北流注涇谷水。涇谷水又西北，白城溪東北流，白城泉水出其西，東注白城水。白城水又東北入涇谷水。涇谷水又東北歷董亭下。楊難當使兄子保宗鎮董亭，即是亭也。其水東北流注于渭。《山海經》曰：涇谷之山，涇水出焉，東南流注于渭是也。

16 渭水又東，伯陽谷水入焉。水出刑馬之山伯陽谷，北流，白水出東南白水溪，西北注伯陽水。伯陽水又西北歷谷，引控群流，北注渭水。渭水又東歷大利，又東南流，苗谷水注之。水南出刑馬山，北歷平作，西北逕苗谷，屈而東逕伯陽城南，謂之伯陽川。蓋李耳西入，往逕所由，故山原畎谷，往往播其名焉。渭水東南流，眾川瀉浪，鴈次鳴注：左則伯陽東溪水注之，次東得望松水，次東得毛六溪水，次東得皮周谷水，次東得黃杜東溪水，出北山，南入渭水；其右則明谷水，次東得丘谷水，次東得丘谷東溪水，次東有鉗巖谷水，竝出南山，東北注渭。

17 渭水又東南出石門，度小隴山，逕南由縣南，東與楚水合，世所謂長蛇水。水出汧縣之數歷山也，南流逕長蛇戍東，魏和平三年築，徙諸流民以遏隴寇。楚水又南流注于渭。闞駰以是水為汧水焉。渭水又東，汧、汙二水入焉。余按諸《地志》，汧水出汧縣西北。闞駰《十三州志》與此同，復以汧水為龍魚水，蓋以其津流逕通而更攝其通稱矣。

18 渭水東入散關，《抱朴子》❺《神仙傳》❻曰：老子西出關，關令尹喜候氣，

19

知真人將有西遊者，遇老子，彊令之著書，耳不得已，為著《道德二經》❼，謂之《老子書》也。有老子廟。干寶《搜神記》云：老子將西入關，關令尹喜好道之士，覩真人當西，乃要之途也。皇甫士安《高士傳》❽云：老子為周柱下史，及周衰，乃以官隱，為周守藏室史，積八十餘年，好無名接，而世莫知其真人也。至周景王十年，孔子年十七，遂適周見老聃。然幽王失道，平王東遷，關以捍移，人以職徙，尹喜候氣，非此明矣。往逕所由，茲焉或可。

渭水又東逕西武功北，俗以為散關城，非也。褚先生乃曰：武功，扶風西界小邑也，蜀口棧道近山，無他豪，易高者是也❾。渭水又與扞水合。水出周道谷，北逕武都故道縣之故城西，王莽更名曰善治也。故道縣有怒特祠，《列異傳》❿曰：武都故道縣有怒特祠，云神本南山大梓也。昔秦文公二十七年，伐之，樹瘡隨合。秦文公乃遣四十人持斧斫之，猶不斷。疲士一人，傷足不能去，臥樹下，聞鬼相與言曰：勞攻戰乎？其一曰：足為勞矣。又曰：秦公必持不休。答曰：其如我何？又曰：赤灰跋于子何如。乃默無言。臥者以告，令士皆赤衣，隨所斫以灰跋，樹斷化為牛入水，故秦為立祠。其水又東北歷大散關而入渭水也。渭水又東南，右合南山五溪水，夾澗流注之。

又東過陳倉縣西，

20 縣有陳倉山，山上有陳寶雞鳴祠。昔秦文公感伯陽之言，遊獵于陳倉，遇之于此坂，得若石焉，其色如肝，歸而寶祠之，故曰陳寶。其來也自東南，暉暉聲若雷，野雞皆鳴，故曰雞鳴神也。〈地理志〉曰：有上公、明星、黃帝孫、舜妻盲冢祠。有羽陽宮，秦武王起。應劭曰：縣氏陳山。姚睦曰：黃帝都陳，言在此。榮氏《開山圖注》曰：伏犧生成紀，徙治陳倉，非陳國所建也。魏明帝遣將軍太原郝昭築陳倉城，成，諸葛亮圍之。亮使昭鄉人靳祥說之，不下。亮以數萬攻昭千餘人，以雲梯、衝車、地道逼射昭。昭以火射連石拒之，亮不利而還。今汧水對亮城，是與昭相禦處也。陳倉水出于陳倉山下，東南流注于渭水。

21 渭水又東與綏陽溪水合。其水上承斜水。水自斜谷分注綏陽溪，北屆陳倉入渭。故諸葛亮〈與兄瑾書〉曰：有綏陽小谷，雖山崖絕險，溪水縱橫，難用行軍，昔邏候往來，要道通入。今使前軍斫治此道，以向陳倉，足以扳連賊勢，使不得分兵東行者也。

22 渭水又東逕郁夷縣故城南，〈地理志〉曰：有汧水祠，王莽更之曰郁平也。

《東觀漢記》曰：隗囂圍來歙于略陽，世祖詔曰：桃花水出船槃，皆至郁夷、陳倉，分部而進者也。汧水入焉⑪，水出汧縣之蒲谷鄉弦中谷，決為弦蒲藪。《爾雅》曰：水決之澤為汧，汧之為名，寔兼斯舉。水有二源：一水出縣西山，世謂之小隴山，巖嶂高險，不通軌轍，故張衡〈四愁詩〉⑫曰：我所思兮在漢陽，欲往從之隴坂長。其水東北流，歷澗，注以成淵，潭漲不測，出五色魚，俗以為靈，而莫敢採捕，因謂是水為龍魚水，自下亦通謂之龍魚川⑬。

23 川水東逕汧縣故城北，《史記》：秦文公東獵汧田，因遂都其地是也。又東歷澤，亂流為一。右得白龍泉，泉徑五尺，源穴奮通，淪漪四泄，東北流注于汧。汧水又東會一水。水發南山西側，俗以此山為吳山，三峰霞舉，疊秀雲天，崩巒傾返，山頂相捍，望之恆有落勢。〈地理志〉曰：吳山在縣西，《古文》⑭以為汧山也。《國語》所謂虞矣。山下石穴廣四尺，高七尺，水溢石空，懸波側注，淜湃震盪，發源成川，北流注于汧。自水會上下，咸謂之為龍魚川。

24 汧水又東南逕隃麋縣故城南，王莽之扶亭也。昔郭歙恥王莽之徵，而遯跡于斯。建武四年，光武封耿況為侯國矣。汧水東南歷慈山，東南逕郁夷縣平陽故城南，《史記》：秦寧公二年徙平陽。徐廣曰：故郿之平陽亭也。城北有「漢

25
邠州刺史趙融碑」，靈帝建安元年立。汧水又東流注于渭。
渭水之右，磻溪水注之。水出南山茲谷，乘高激流，注于溪中。溪中有泉，謂之茲泉。泉水潭積，自成淵渚，即《呂氏春秋》所謂太公釣茲泉也。今人謂之丸谷，石壁深高，幽隍邃密，林障秀阻，人跡罕交。東南隅有一石室，蓋太公所居也。水次平石釣處，即太公垂釣之所也。其投竿跽餌，兩厀遺跡猶存，是有磻溪之稱也。其水清泠神異，北流十二里注于渭。北去維堆城七十里。

26
渭水又東逕積石原，即北原也。青龍二年，諸葛亮出斜谷，司馬懿屯渭南，雍州刺史郭淮，策亮必爭北原而屯，遂先據之，亮至，果不得上。渭水又東逕五丈原北，《魏氏春秋》⑮曰：諸葛亮據渭水南原，司馬懿謂諸將曰：亮若出武功，依山東轉者，是其勇也。若西上五丈原，諸君無事矣。亮果屯此原，與懿相禦。渭水又東逕郿縣故城南，〈地理志〉曰：右輔都尉治。《魏春秋》：諸葛亮寇郿，司馬懿據郿拒亮。即此縣也。

27
渭水又東逕郿塢南，《漢獻帝傳》⑯曰：董卓發卒築郿塢，高與長安城等，積穀為三十年儲。自云：事成，雄據天下；不成，守此足以畢老。其愚如此。

【注釋】❶鳥鼠山　《經》文首言鳥鼠山，《注》文數言此山。鳥鼠山，又名青雀山，在今甘肅渭源西南十五里。〈禹貢〉稱為鳥鼠同穴山。在古代對此有許多傳說。《爾雅・釋鳥》：「鳥鼠同穴，其鳥名鵌，其鼠為鼵。」晉郭璞注：「鼵如人家鼠而尾短；鵌似鵽而小，黃黑色。穴入地三四尺，鼠在內，鳥在外。」由於渭水是漢族發祥聚居之地，所以對此水上源特別崇奉，傳說甚多。❷武城縣　縣名。上起《漢書・地理志》，下至《魏書・地形志》，均不見記載，按酈氏所注，此縣當然存在，是個正史失載的縣名。❸鉗子　受鉗刑的勞役犯人。❹詩　《詩經・秦風・小戎》。❺抱朴子　書名。《隋書・經籍志》著錄內篇二十一卷，外篇三十卷，葛洪撰。今有《道藏》本，作五十卷。清嚴可均《全晉文》亦有輯存。❻神仙傳　書名。《隋書・經籍志》、《兩唐志》均著錄十卷，葛洪撰。❼道德二經　書名。《隋書・經籍志》著錄《老子道德經》二卷，周柱下史李耳撰，漢文帝時，河上公注，即是此書。今通行本多為晉王弼注本，作二卷。❽高士傳　書名。《隋書・經籍志》著錄六卷，皇甫謐撰。《舊唐志》作七卷，《新唐志》作十卷。《御覽》卷五一〇引〈高士傳序〉：「自堯至魏凡九十餘人。」今存三卷，《四庫提要》有考證。❾無他豪二句　此二句有脫誤，姑以意度語譯於後。❿列異傳　書名。《隋書・經籍志》著錄三卷，魏文帝撰。《舊唐志》作張華《列異傳》三卷，《新唐志》作張華《列異傳》一卷。已亡佚，輯本收入於《舊小說》甲集及魯迅《古小說鉤沉》等。⓫汧水入焉　此處有佚文一條。《寰宇記》卷三十三〈關西道〉八〈隴州・吳山縣〉引《水經注》：「南由縣有白環水，源出白環谷。」當是此段下佚文。《水經注釋》收此條於卷十九〈補涇水注〉內，謝鍾英〈水經注洛涇二水補〉云：「如南由縣有白環水一條，考《寰宇記》，南由縣在隴州西南一百二十里，去涇甚遠，決非〈涇水〉篇佚文。」《方輿紀要》卷五十五〈陝西〉四〈鳳翔府・隴州・南由縣〉云：「州東南百二十里，本漢汧縣地。」則白環水當為汧水支流。汧水見本卷《經》文「又東過陳倉縣西」下《注》文內，則此條當為卷十七〈渭水〉篇佚文。⓬四愁詩　詩名。《隋書・經籍志》著錄《張衡集》十一卷，後漢張衡撰。〈四愁詩〉收在集中，見《文選・溫泉賦序》，清嚴可均輯存。⓭龍魚川　此處有佚文一條。陸佃《埤雅》卷一〈魚部・龍〉引《水經注》：「魚龍以秋日為夜。」或是此段下佚文。⓮古文　此「古文」是否《古文尚書》尚可研究。《水經注疏》不用書名號。《水經注箋》則作「古之汧山也」。五校鈔本亦作「古之汧山也」。趙一清《水經注釋》始作「《古文》以為汧山也」。殿本與《水經注疏》從趙本，但段熙仲點校、陳橋驛復校《水經注疏》，「古文」不加書名號。⓯魏氏春秋　書名。即《魏春秋》。參見本書卷十五《魏春秋》注釋。⓰漢獻帝傳　書名。《隋書・經籍志》著錄有《獻帝春秋》十卷，袁曄撰。《兩唐志》同。又有《漢獻帝起居注》五卷，不知是否此書，或另有他書。

【語　譯】渭水出隴西首陽縣渭谷亭南鳥鼠山，

1 渭水發源於首陽縣首陽山渭首亭的南谷，首陽山在鳥鼠山西北。該縣有高城嶺，嶺上有城，稱為渭源城。渭水就發源在那裡。三條水源相匯合，東北流經首陽縣西，與另一水源匯合。此水源出南方的鳥鼠山渭水谷。《尚書・禹貢》所說的渭水發源於鳥鼠山，即指此而言。《地說》說：鳥鼠山是同穴山的支脈。渭水就發源於這座山間，東北流，從同穴山的支脈間流過。既然說流過，那麼顯然就不是同一座山了。又東北流與另一個源頭相匯合。渭水又東南流，流經首陽縣南，右岸匯合了封溪水；稍南，又匯合了廣相溪水；稍東，又匯合了共谷水；左岸有天馬溪水；稍南，有伯陽谷水，諸水都參差不齊地從兩邊注入，向東南亂流而出。

東北過襄武縣北，

2 廣陽水發源於西山，兩個源頭相匯合，成為一條川流，東北流注入渭水。渭水又東南流經襄武縣東北，荊頭川水注入。荊頭川水發源於襄武縣西南鳥鼠山的荊谷，東北流，從襄武縣老城北方流過。王莽把襄武改名為相桓。漢護羌校尉溫序視察下屬，被隗囂部將苟宇拘捕，就在這裡銜鬚自刎。此水東北流注入渭水。渭水總是東南流，而不是東北流的。又東流，臬水注入。臬水發源於南方的雀富谷，東北流經襄武縣南，東北流注入渭水。《魏志》說：咸熙二年（西元二六五年），襄武縣上書說：有個巨人出現，身長三丈餘，足跡長三尺二寸，白髮，穿著黃色的單衣和頭巾，拄著拐杖高呼民王，呼畢才說：現在天下會太平了。到十二月，上天賦予的王位就要永遠終結了，由晉朝來繼承。於是就廢魏轉而尊晉朝。

又東過獂道縣南，

3 右岸有岑溪水，接著有同水，都由左注入；接著又有過水由右注入。渭水又東南流經獂道縣老城西。從前秦孝公西征，殺了戎族的獂王。應劭說：獂，是戎族的城。漢靈帝中平五年（西元一八八年），另設為南安郡。赤亭水發源於南安郡東山的赤谷，西流經城北，南流注入渭水。渭水又流經城南，匯合了粟水。粟水發源於西南方的安都谷，東北流注入渭水。渭水又東流，新興川水發源於西南方的鳥鼠山，兩個源頭相合併，東北流與彰川匯合。彰川發源於西南方的溪澗下，東北流到了彰縣南。彰縣原來隸屬於故道候尉的治所，後漢時設立為縣，永元元年（西元八九年），和帝把該縣封給耿秉為侯國。萬年川水發源於南山，東北流注入彰川，彰川又東北流注入新興川。新興川又東北流經新興縣北。據《晉書・地道記》，新興縣是南安郡的屬縣。此水又東北流，與南川水匯合。南川水發源於西南方的山下，東北流與北水匯合，又東北流注入渭水。渭水又東流經武城縣西，武城川水注入。武城川水源出鹿部的西山，兩條水源匯合後，往東北流經鹿部南，也叫鹿部水。又東北流，昌丘水發源於西南方的山丘下，東北流注入武城水，亂流往東北注入渭水。渭水又東流進武陽川，又有關城川水來自南方，安城谷水來自北方，這兩條水都參差地注入渭水。渭水又東流，有落門西山東流的三谷水注入。三條水流合為一條，東北流注入渭水。這裡有個落門聚，從前馮異攻打落門，沒有攻下就死了。建武十年（西元三四年），來歙又來攻打，俘獲了隗囂的兒子隗純，平定了隴右。渭水從落門東流到了黑水峽，左右兩邊有六條水接連注入：左邊有武陽溪水，稍東有土門谷水，這兩條水都發源於北山，南流注入渭水；右邊則是溫谷水，稍東有故城溪水，稍東有閭里溪水，又名習溪水，稍東有黑水，都發源於南山，北流注入渭水。渭水又東流出黑水峽，從冀川流過。

又東過冀縣北，

4 渭水從黑水峽到岑峽，南北共有十一條水注入。北方有溫谷水，導源於平襄縣南山的溫溪，往東北流經平襄縣老城南，就是從前的襄戎城。王莽則稱平相。溫谷水東南流，從三堆南流過，又東流南轉，流過黃槐川，水流有點梗塞，冬天則完全斷流；到了春夏水流豐沛時，才能通暢地注入渭水。接著有牛谷水，南流注入渭水。南方有長塹谷水，稍東有安蒲溪水，稍東有衣谷水，都發源於南方的朱圉山，此山在梧中聚，山上有石鼓，無人敲擊卻能發聲，鼓響就有戰事。漢成帝鴻嘉三年（西元前一八年），天水冀南山有大石忽然發出聲響，隱隱約約好像雷聲似的，響了一陣才停下來。二百四十里以外的平襄都聽得到，野雞都驚叫起來。這塊巨石長一丈三尺，寬度和厚度大體上相等，它位在懸崖上的裂隙間，離地一百餘丈，民間稱為石鼓，石鼓響就有戰事。那年廣漢郡受鉗刑的勞役犯人劫獄，釋放死囚犯，盜竊倉庫裡的兵器，劫掠官民。

這些強盜身穿繡花衣裳，自稱仙君，黨羽分布很廣，翌年冬天才被正法，招降歸順的三千餘人。可見石鼓的傳說確非虛言，而且已經應驗了。

5 這幾條水北流經冀縣城北，秦武公十年(西元前六八八年)，討伐冀戎，把戎人地區設立為縣。此縣是舊時天水郡的郡治。王莽改郡名為鎮戎，縣名叫冀治。漢明帝永平十七年(西元七四年)，改名漢陽郡，這座城就是隗囂自封為西伯時居住的地方。後漢馬超包圍冀縣城，涼州別駕閻伯儉潛水泅出城中，要去向夏侯淵告急，卻被馬超所俘。馬超要他告訴城中說救援不會來了。伯儉卻說：大軍就要到了。城中居民都歡呼慶賀。馬超發怒並責備他。伯儉說：您想要叫長者講不義的話嗎？於是馬超就殺了他。

6 渭水又東流，與冀水匯合。冀水發源於冀谷。稍東有濁谷水，稍東有當里溪水，稍東有託里水，稍東有渠谷水，稍東有黃土川水，都發源於南山，北流經冀城東，而北流注入渭水。渭水又往東流出岑峽，流入新陽川，流經新陽下城南；溪谷、赤蒿這兩條水都發源於南山，東北流注入渭水。渭水又東流與新陽崖水匯合。此水即隴水，發源於東北方的隴山。隴水西流，右岸經瓦亭南。隗囂聽說略陽已經陷落，派牛邯守瓦亭，就是此亭。有一條水也發源於隴山，東南流，從瓦亭北流過，又西南流，匯合成一條，稱為瓦亭川。瓦亭川西南流經清竇溪北，又西南流，與黑水匯合。黑水出自黑城北，西南流經黑城西，西南流，莫吾南川水注入。莫吾南川水發源於東北方的隴垂，往西南流經黑城，南流注入黑水。黑水往西南流出懸鏡峽，又西南流注入瓦亭水。又有濫水從西邊流來相匯合，匯流處世人稱為鹿角口。瓦亭水又南流經阿陽縣老城東。中平元年(西元一八四年)，北地羌胡與邊章侵犯隴右，漢陽長史蓋勳屯兵於阿陽抵抗敵人，就是此城。瓦亭水又南流與燕無水匯合。燕無水源頭出自東山，西流注入瓦亭水。瓦亭水又南流，左岸匯合方城川，川水西流注入瓦亭水。瓦亭水又南流經成紀縣東，過了長離川，就稱為長離水，右岸與成紀水匯合。成紀水發源於西北方的當亭川，東流出了破石峽，水就斷流了，舊河道往東通過成紀縣，這是古代帝王太皞、庖犧的出生地。成紀縣，漢朝設置為天水郡，是王莽時阿陽郡的治所。又往東，潛伏的水源又從隱沒中流出地面，通進成紀水，然後東南流注入瓦亭水。瓦亭水又東南流，與受渠水相匯合。受渠水發源於東方的大隴山，西流經受渠亭北，又西南流注入瓦亭水。

7 瓦亭水又西南流，從僵人峽流過，路旁巖上的山洞中有人死後成為僵屍，所以山谷也因此取名為僵人了。下馬向巖洞一直爬上去，約有七八丈，石徑彎彎曲曲，勉強只能容一人通過，僵屍靠著洞壁，枯骨還完好，不過頭髮皮膚都沒有了。訪問住在水邊的人，說是這裡鄉中的父老在小的時候，就已經聽到長輩們講起這具僵屍，那麼它應當是數百年前的骸骨了。

8 瓦亭水又西南流，與略陽川水匯合。略陽川水發源於隴山香谷西，西流，右岸有單溪向西流注，左岸有閤川水注入。略陽川水又西流經蒲池郊，石魯水發源於東南方的石魯溪，往西北注入。略陽川水又西流經略陽川；西流匯合了破社谷水；稍西，又有平相谷水；又西，匯合了金里谷水；又西流，匯合了南室水；又西流，匯合了蹏谷水，這些水都發源於南山，北流於略陽城東，波濤滾滾地往北注入川水。又西流經略陽道老城北，湼渠水出自南山，北流經湼峽北，流入城中。

9 建武八年（西元三二年），中郎將來歙與祭遵部下的護軍王忠、右輔將軍朱寵率領二千名兵士，都手持盾牌、刀斧，從安民縣開到楊城去。元始二年（西元二年），平帝撤銷了安定縣的滹沱苑，設立安民縣，修建了官署、街市和里巷。從番須、回中開始，砍伐樹木，開闢山路直到略陽，乘夜襲擊隗囂的守將金梁等，把他們都殺了。於是占領了此城。隗囂聽說略陽失陷，就調動了所有的軍隊攻打來歙，並決水來淹沒略陽城。光武帝親自領兵去救援，隗囂敗退到西城，光武帝與來歙就在西城會師。湼渠水從城北注入川中，一水分成兩條，這是隗囂攔河引水來淹沒略陽時形成的。

10 略陽川水西流，與白楊泉匯合；又西流，與蒲谷水匯合；又西流，與蒲谷西川匯合；又西流，與龍尾溪水匯合，再與蒲谷水匯合。這些水都發源於南山，清泉飛奔，北流注入略陽川水。川水又西南流，到了水洛口。水洛口的水源出自東方的隴山，西流經水洛亭，西南流，又到了犢奴水口。犢奴水口的水出自隴山，西流經犢奴川，又西流經水洛亭南，往西北注入川水，然後向西南亂流經石門峽，稱為石門水，西南流注入略陽川。略陽川水又西北流注入瓦亭水。瓦亭水又往西南流出顯親峽，石宕水注入。石宕水發源於北山，山上有女媧祠。庖羲以後有女媧，與神農合稱三皇。石宕水南流注入瓦亭水。瓦亭水又西南流經顯親縣老城東南，漢朝把該縣封給大鴻臚竇固為侯國。自石宕起，接著有蝦蟆溪水，接著有金黑水，又有宜都溪水，都是從左右兩邊流出，參差地相互注入瓦亭水。瓦亭水又東南流，匯合於安夷川口。這條水的源頭出自東方的胡谷，西北流經過夷水川，與東陽川水匯合，稱為取陽交。又西流，與何宕川水匯合；又西流，與羅漢水匯合——二水都從東北流來，西南流注入夷水。夷水又西流經顯親縣南，西流注入瓦亭水。瓦亭水又東南流，匯合了大華谷水。又東南流，匯合了折里溪水，又東流，匯合了六谷水，這些水都出自近處湍急溪流的峽谷，注入瓦亭水。又往東南流出新陽峽，這裡崖壑峰巒峻峭如壁，水就發源於其間，稱為新陽崖水，又東南流注入渭水。

又東過上邽縣，

[11] 渭水東流經過上邽縣北邽山的北麓，流經固嶺東北，東南流。蘭渠川水發源於北山，聚集了眾多的溪流，南流注入渭水。渭水又東南流，與神澗水匯合。這就是《開山圖》所謂的靈泉池，民間稱為萬石灣。此灣深不可測，確實非常靈異，先後有不少遊人在這裡淹死。渭水又東南流，匯合了歷泉水。歷泉水發源於北方的歷泉溪，東南流注入渭水。

[12] 渭水又東南流出橋亭西，又南流，到了藉水口。藉水口的水發源於西山，群山間有無數泉流淙淙流瀉，匯集成一條川流，往東從當亭川流過，當亭縣的治所就在這裡。此水左岸有當亭水，右岸有曾席水注入。又東流，與大弁川水匯合。大弁川水發源於西山，兩條源頭匯合在一起，東流經大弁川，東南流注入藉水。藉水又東南流，與竹嶺水匯合。竹嶺水發源於南山的竹嶺，兩條水源一同流瀉，往東北注入藉水。藉水又東北流經上邽縣，左岸引來四條水：東流匯合了占溪水，稍東有大魯谷水，稍東匯合了小魯谷水，稍東有楊反谷水，這四條水都來自北山，流注於藉水。藉水右岸引來四條水：竹嶺東匯合了亂石溪水，稍東匯合了木門谷水，稍東匯合了羅城溪水，稍東匯合了山谷水，這四條水都發源於南山，北流注入藉水。藉水又東流，黃瓜水注入。黃瓜水發源於黃瓜西谷，東流經黃瓜縣北，又東流，清溪、白水從左右兩邊注入，又

東北流，大旱谷水發源於南方的旱溪，經山澗北流，清流逶迤長流，碧波盪漾，一同注入黃瓜水。黃瓜水又東北流穿過赤谷，也都匯合於藉水。藉水又東流，匯合了毛泉谷水，又東流經上邽城南，匯合了覈泉水，二水都出自南山，北流注入藉水。

13 藉水就是洋水。北有濛水注入。濛水發源於縣城西北的邽山，兩岸都引來許多澗水，匯聚成一條溪流，東流南轉，流經上邽縣老城西，沿著城邊往南流出上邽。上邽就是從前的邽，是個戎族小國。秦武公十年（西元前六八八年）攻占了邽，設立為縣，是舊時天水郡的治所。該郡的五座城相互鄰接，北城中有湖水，湖中曾出現過白龍，白龍飛出時，帶來一陣風雨，所以漢武帝元鼎三年（西元前一一四年），就改名為天水郡。郡中鄉間的民房，都用木板蓋成，就是《詩經》裡說的西戎板屋。濛水又往南注入藉水。《山海經》說：邽山是濛水的發源地，南流注入洋水，指的就是此水。藉水又東流，匯合了陽谷水，又匯合了宕谷水，二水都是從南山北流注入藉水的。藉水又東流，與段溪水匯合。段溪水發源於西南方的馬門溪，東北流，匯合於藉水。藉水又東流注入渭水。

14 渭水又從橋亭南流過，流經綿諸縣東，與東亭水匯合，此水也稱為橋水。有時也通稱為清水。水源出自東邊的小隴山，許多溪澗從山上流瀉而下，最後匯合成一條，西流注入東亭川，這就是東亭水，與小祗、大祗二水匯合。又西北流，匯合了南神谷水。這三條水都發源於東南方，參差錯落地流瀉著。又有埋蒲水，兩邊引來兩條水，與延水一起都往西南注入東亭水。東亭水又西流，右岸匯合了歎溝水；再往西，匯合了麴谷水。麴谷水發源於東南方，兩條溪水西北流，注入東亭川。東亭川水的右岸，則有溫谷水發源於小隴山，又西流，莎谷水發源於南山莎溪，西南流注入東亭川水。東亭川水又西流，流到了清水口。流入此口的水發源於東北方的隴山，兩個源頭一齊流出，往西南流出隴口，匯合成一條，西南流經細野峽，流經清池谷，又流經清水縣老城東，這就是王莽時的識睦縣。此水西南流，與東亭川匯合，自此直到下游，也就通稱為清水了。又流經清水城南，又西流，與秦水匯合。秦水發源於東北方大隴山的秦谷，兩個源頭一齊流出，經過三泉匯合成一條，流過秦川。秦川上有古時的秦亭，是秦仲的封地，秦這個稱號，就是從此時開始的。秦水西流經隴縣老城南，又西南流，自亥、松多這兩條水從隴山流出，匯合成一條，西南流，流經降隴城北，又西南流，注入秦水。秦水又西南流過隴川，流經六槃口，流過清水城，往西南注入清水。清水的上游和下游，都叫秦川。又西流，羌水注入。羌水發源於北方的羌谷，接納了許多山泉，合併成一條溪流。湛水也流來相匯合，稱為小羌水。西南流，左岸有長谷水往西南注入，右岸有東部水往東南注入。羌水又南流注入清水。清水又西南流，流到綿諸水口。流入此口的水發源於西北方的綿諸溪，東南有長思水，源出北方的長思溪，南流注入綿諸水，又東南流過綿諸道老城北，東南流注入清水。清水往東南注入渭水。

15 渭水又東南流，匯合了涇谷水。涇谷水發源於西南方的涇谷山，東北流與橫水匯合。橫水發源於東南的橫谷，西北流經橫水壙，又西北流注入涇谷水，然後往西北亂流出了涇谷峽，又西北流，軒轅谷水注入。軒轅谷水源出南山軒轅溪。南安姚瞻以為黃帝生於天水，在上邽城東七十里的軒轅谷。皇甫謐說：黃帝生於壽丘，此丘在魯國東門北。不知誰說得對。軒轅谷水北流注入涇谷水。涇谷水又西北流，有白城溪東北流，白娥泉水來自西邊，東流注入白城水。白城水又東北流注入涇谷水。涇谷水又東北流過董亭下。楊難當派他哥哥的兒子保宗鎮守董亭，就是此亭。涇谷水東北流注入渭水。《山海經》說：涇谷山，是涇水的發源地，東南流注入渭水。

16 渭水又東流，伯陽谷水注入。伯陽谷水發源於刑馬山的伯陽谷，北流，有白水出自東南方的白水溪，西北流注入伯陽水。伯陽水又往西北穿過山谷，匯集了諸澗水流，北流注入渭水。渭水又東流經大利，又東南流，苗谷水注入。苗谷水源出南方的刑馬山，北流經過平作，西北流經苗谷，轉彎東流經伯陽城南，稱為伯陽川。原來李耳西去，走的就是這條路，所以山峰、原野、山谷，往往都留有他的名字。渭水東南流，帶著滾滾的波浪奔流，依次淙淙地注入：左岸有伯陽東溪水注入，稍東有望松水，稍東有毛六溪水，稍東有皮周谷水，稍東有黃杜東溪水，五水都發源於北山，南流注入渭水；右岸有明谷水，稍東有丘谷水，稍東有丘谷東溪水，稍東有鉗巖谷水，四水都出自南山，東北流注入渭水。

17 渭水又東南流，出了石門，流過小隴山，流經南由縣南，東流與楚水匯合，世人稱為長蛇水。長蛇水發源於汧縣的數歷山，南流經長蛇戍東，這個邊防城堡是魏和平三年（西元四六二年）所築，把流民遷徙過來，以阻止隴地的盜寇入侵。楚水又南流注入渭水。闞駰認為此水就是汧水。渭水又東流，汧、汙二水注入。我查考〈地理志〉，汧水發源於汧縣西北。闞駰《十三州志》的說法也與此相同。又以汧水為龍魚水，都是因為此水的幹流與支流互相流通，於是都兼有通稱了。

18 渭水往東流入散關，《抱朴子》和《神仙傳》說：老子西行出關，關令尹喜望氣，知道真人將要西遊，他遇見老子，逼著他著書。李耳不得已，給他撰著了《道經》、《德經》兩種經書，稱為《老子書》。那裡還建有老子廟。干寶《搜神記》說：老子將要西行入關，關令尹喜是個喜歡學道的人，他望氣知道會有真人西來，於是在途中強行留住他。皇甫士安《高士傳》說：老子在周朝當柱下史，到了周朝衰落時，就藉做官而隱居起來，他為周朝守護書庫裡的史籍達八十餘年之久，樂於自隱無名，世人因而都不知道他是真人。到了周景王十年（西元前五三五年），孔子剛十七歲，就遠道去周拜望老聃。但幽王無道，平王東遷，關址因疆域的變化而遷移了，人員因職務的調動也離開了，尹喜望氣，顯然不在這裡。但老子經過這裡，倒也還是可能的。

19 渭水又東流經西武功北，民間以為這是散關城，是弄錯了。褚少孫先生於是說：武功是扶風郡西部邊界上的小城，谷口蜀地棧道近處的山峰，再沒有別的大山比它們更高的了。渭水又與扞水匯合。扞水發源於周道谷，北流經武都郡故道縣老城西，王莽改名為善治。故道縣有怒特祠，《列異傳》說：武都郡故道縣有怒特祠，傳說祠裡所祀奉的神祇本來是南山的大梓樹。從前秦文公二十七年（西元前七三九年），砍伐此樹，但樹上砍出的創口，邊砍邊又合攏。於是秦文公派了四十人持著斧頭去砍伐，但還是砍不斷。一個筋疲力盡的伐木工傷了腳走不動了，就躺在樹下。他聽到鬼和樹神在談話。一個說：這一仗打得夠累了吧？另一個說：確實夠累了。又說：秦公一定不肯就此罷休的。樹神答道：他又能把我怎樣呢？一個又說：如果拿火紅的灰燼把你圍起來又怎麼樣。樹神才默不則聲了。躺在樹下的工人去報告文公，於是文公叫伐木工都穿上紅衣，邊砍邊用熱灰把樹圍起來，樹就被砍斷了，變成一頭牛逃到水中，所以秦為它立祠。扞水又東北流經大散關注入渭水。渭水又東南流，右岸匯合南山五溪水。溪水在山澗兩邊奔流，分頭注入渭水。

20 **又東過陳倉縣西，**

陳倉縣有陳倉山，山上有陳寶雞鳴祠。從前秦文公聽了伯陽的話而心動，到陳倉去打獵，在山坡上得到一塊寶石，石色如肝，回來以後十分珍愛，就當作寶物造祠把它供奉起來，所以稱為陳寶。寶石是從東南方來的，光輝煒煒，聲如雷鳴，野雞都啼起來，所以叫雞鳴神。〈地理志〉說：山上有上公、明星、黃帝孫及舜妻盲的墳墓和祠堂，還有羽陽宮，是秦武王建造的。應劭說：陳倉縣是因陳山而得名的。姚睦說：黃帝建都於陳，據說就在這地方。榮氏《開山圖注》說：伏犧生成紀，把治所遷移到陳倉，陳倉並非陳國所建。魏明帝派遣將軍太原人郝昭築陳倉城，城築成之後，諸葛亮的軍隊把它包圍起來。諸葛亮派了郝昭的同鄉靳祥去遊說他，但沒有成功。於是諸葛亮以數萬軍隊猛攻郝昭的千餘人，以雲梯、衝車、挖地道等攻城器具及戰術攻擊郝昭。郝昭也用火射連石來防禦，諸葛亮失利，只好撤兵回來。現在汧水的對亮城，就是當年諸葛亮和郝昭對抗之處。陳倉水發源於陳倉山下，東南流注入渭水。

21 渭水又東流，與綏陽溪水匯合。綏陽溪水上口承接斜水。斜水從斜谷分支流出，注入綏陽溪，北流到陳倉注入渭水。所以諸葛亮〈與兄瑾書〉說：有綏陽小谷，雖然山崖極其險峻，溪水縱橫交錯，行軍有很大困難，但從前巡邏守望的士兵來往不絕，有要道通向谷內。現在派遣先頭部隊劈山開路，通向陳倉，這就足以牽制敵人的兵力，使他們不能分兵東進了。

22 渭水又東流經郁夷縣老城南。〈地理志〉說：該縣有汧水祠，王莽改縣名為郁平。《東觀漢記》說：隗囂在略陽包圍了來歙，光武帝下詔書說：船槃的桃花水漲，已可以直接開到郁夷、陳倉，分兵前進。汧水在這裡注入渭水。汧水發源於汧縣的蒲谷鄉弦中谷，潰決而漫溢成為弦蒲藪。《爾雅》說：水潰決形成的沼澤叫汧，汧水之名，實際上就兼有這一意義。汧水有兩個源頭：一條出自汧縣的西山，世人稱為小隴山，山高峰險，車馬不通。所以張衡〈四愁詩〉說：我所思念的人在漢陽，想去依從他，怎奈隴坂太長。汧水東北流，經山澗積聚成為深潭，潭水升漲深不可測。潭中有五色魚，民間以為是神靈，不敢去捕捉，因此稱此水為龍魚水，從這裡到下游，也就通稱龍魚川了。

23 川水東流經汧縣老城北。《史記》：秦文公往東去汧田打獵，於是就在那裡建都。說的就是這地方。又東流過沼澤，亂流合併成一條，右岸匯合了白龍泉。此泉直徑五尺，地下水從泉穴奔騰洶湧而出，水流向四方溢出，東北流注入汧水。汧水又東流，匯合了一條水。這條水發源於南山西側，民間稱此山為吳山，三座峰巒高入彩霞，在雲端映現出層層秀色。崩裂的巖峰，峰頂斜欹相撐持著，看來就像隨時都會塌下的樣子。〈地理志〉說：吳山在縣西，《古文》記載稱為汧山，就是《國語》所說的虞山。山下石洞寬四尺，高七尺，水從石洞中湧出，從懸崖上直瀉而下，轟隆之聲振盪著山谷，發源成為川流，北流注入汧水。兩水匯合處的上游和下游，都叫龍魚川。

24 汧水又東南流經隃麋縣老城南，這就是王莽時的扶亭。從前郭歙以王莽徵召他為恥，而隱遁於此。建武四年（西元二八年），光武帝將隃麋縣封給耿況為侯國。汧水東南流經慈山，東南流經郁夷縣平陽老城南。《史記》：秦寧公二年（西元前七一四年）遷都於平陽。徐廣說：就是從前郿縣的平陽亭。城北有「漢郃州刺史趙融碑」，是靈帝建安元年（西元一九六年）所立。汧水又東流注入渭水。

25 渭水右岸有磻溪水注入。磻溪水發源於南山茲谷，乘著高處急瀉而下，注入溪中。溪中有泉水，稱為茲泉。泉水積瀦起來，自成深潭，就是《呂氏春秋》所說，太公垂釣的茲泉。現在人們稱為丸谷，這裡石壁又深又高，幽谷裡的絕澗又深又隱蔽，林木秀美，巖障險阻，人跡很少到這樣的地方。東南角有個石窟，傳說太公曾居住在這裡。水邊有一塊平坦的巖石，就是太公垂釣的處所。他投放釣竿，跪著裝魚餌，兩膝跪過的遺跡還在，因而有磻溪的稱呼。這條溪水清涼得有點神異，北流十二里注入渭水。這裡北距維堆城七十里。

26 渭水又東流經積石原，也就是北原。青龍二年（西元二三四年），諸葛亮出兵斜谷，司馬懿屯駐在渭南，雍州刺史郭淮，料定諸葛亮必定會爭奪北原作為駐兵的營地，於是先去占領。諸葛亮到達之後，果然就上不去了。渭水又東流經五丈原北。《魏氏春秋》說：諸葛亮占據了渭水的南原，司馬懿對諸將說：諸葛亮如果出兵武功，依山勢繞向東方，這就是他的膽略了；如果向西上五丈原，你們諸位就都平安無事了。諸葛亮果然屯兵五丈原，與司馬懿對陣。渭水又東流經郿縣老城南。〈地理志〉說：郿縣是右輔都尉的治所。《魏氏春秋》：諸葛亮侵犯郿縣，司馬懿堅守此城抗擊諸葛亮，說的就是此縣。

27 渭水又東流經郿塢南。《漢獻帝傳》說：董卓調兵修築郿塢，築得與長安城一樣高，在城內貯糧可供三十年食用。自以為霸業如果成功，則可以稱雄天下；不成功，守住此城也可以終老了。其愚蠢竟一至於此。

【研析】渭水上游是漢族的重要發祥之地，所以《注》文引及不少漢族先祖的傳說，如庖羲、女媧、軒轅等等，其中不少故事在《經》文「又東過陳倉縣西」之下，如：「黃帝都陳，言在此。」「伏犧生成紀，徙治陳倉。」傳說不同，但都出於這個地區，說明漢族祖先確曾生活於渭水上游各地。這個地區在三國時代是魏、蜀相爭之地。諸葛亮所謂「六出祁山」就在這一帶。酈《注》時代距三國較近，所以對蜀魏之戰也多有記敘，而且敘事真實，不像後來因蜀為漢統而偏袒。按《注》文所記的蜀魏之戰，諸葛亮未曾打過一次勝仗，此卷所記他進攻陳倉城不下，即是蜀魏之戰中蜀方的第一次敗衄，屬於信史。

卷十八

渭水

【題解】此卷在宋初以前的原本中可能包含在卷十七之中。按〈渭水〉在《水經》中有《經》文十四條，今卷十七、卷十九各占六條，共十二條，而此卷只有二條，與其他二卷相比，實在不能成卷。以字數言，雖然清初治酈學者從宋本和其他本子中查得所缺一頁，補入從「所得白玉」到「謬志也」之間計四百二三十字，但在《水經注》全書中，仍是篇幅最小的一卷（約僅二千字），其記敘地域也仍不出渭河上游。所以本卷是後人分析之誤因而成卷，實在很有可能。但今本既已獨立成卷，「分析」之事，只作以後治酈學者的討論，當然也應該看到，這是酈書卷篇中存在的一個值得探索的課題。

又東過武功縣北，

1 渭水于縣，斜水自南來注之。水出縣西南衙嶺山，北歷斜谷，逕五丈原東，諸葛亮〈與步騭書〉❶曰：僕前軍在五丈原，原在武功西十里餘。水出武功縣，故亦謂之武功水也。是以諸葛亮〈表〉❷云：臣遣虎步監孟琰據武功水東，司馬懿因水長攻琰營，臣作竹橋，越水射之，橋成馳去。其水北流注于渭。《地理志》曰：斜水出衙嶺，北至郿注渭。渭水又東逕馬冢北❸，諸葛亮〈與步騭書〉曰：馬冢在武功東十餘里，有高勢，攻之不便，是以留耳。

2 渭水又逕武功縣故城北，王莽之新光也。《地理志》曰：縣有太一山。《古文》以為終南。杜預以為中南也。亦曰太白山，在武功縣南，去長安二百里，不知其高幾何。俗云：武功太白，去天三百。山下軍行，不得鼓角，鼓角則疾風雨至。杜彥達曰：太白山南連武功山，于諸山最為秀傑，冬夏積雪，望之皓然。

3 山上有谷春祠。春，櫟陽人，成帝時病死，而尸不寒。後忽出櫟南門及光門上，而入太白山。民為立祠于山嶺，春秋來祠中上宿焉。山下有太白祠，民所祀也。

4 劉曜之世，是山崩，長安人劉終于崩所得白玉，方一尺，有文字曰：皇亡皇亡敗趙昌，井水竭，構五梁，咢西小衰困囂喪。嗚呼嗚呼，赤牛奮靷其盡乎❹？時群官畢賀，中書監劉均進曰：此國滅之象，其可賀乎？終如言矣。

5 渭水又東，溫泉水注之，水出太一山，其水沸涌如湯，杜彥達曰：可治百病，世清則疾愈，世濁則無驗❺。其水下合溪流，北注十三里入渭。渭水又東逕漦縣故城南，舊邰城也，后稷之封邑矣。《詩》❻所謂即有邰家室也。城東北有姜嫄祠，城西南百步有稷祠，郿之斄亭也。王少林之為郿縣也，路逕此亭。亭長曰：亭凶殺人。少林曰：仁勝凶邪，何鬼敢忤。遂宿，夜中聞女子稱冤之聲。少林曰：可前來理。女子曰：無衣不敢進。少林投衣與之。女子前訴曰：妾夫為涪令，之官，過宿此亭，為亭長所殺。少林曰：當為理寢冤，勿復害良善也。因解衣于地，忽然不見。明告亭長，遂服其事，亭遂清安。

6 渭水又東逕雍縣南，雍水注之❼。水出雍山，東南流歷中牢溪，世謂之中牢水，亦曰冰井水。南流逕胡城東，俗名也，蓋秦惠公之故居，所謂祈年宮也。孝公又謂之為橐泉宮。按〈地理志〉曰：在雍。崔駰曰：穆公冢在橐泉宮祈年觀下，《皇覽》亦言是矣。劉向曰：穆公葬無丘壟處也。《史記》曰：穆公之卒，從死者百七十七人，良臣子車氏奄息、仲行、鍼虎，亦在從死之中，秦人哀之，為賦〈黃鳥〉❽焉。余謂崔駰及《皇覽》，謬志也❾。惠公、孝公，竝是穆公之後，繼世之君矣，子孫無由起宮于祖宗之墳陵矣，以是推之，知二證之非實也。

7 雍水又東，左會左陽水，世名之西水。水北出左陽溪，南流逕岐州城西，魏置岐州刺史治。左陽水又南流注于雍水。雍水又與東水合，俗名也。北出河桃谷，南流右會南源，世謂之返眼泉，亂流南逕岐州城東，而南合雍水。州居二水之中，南則兩川之交會也，世亦名之為淬空水。東流，鄧公泉注之。水出鄧艾祠北，故名曰鄧公泉。數源俱發于雍縣故城南。縣，故秦德公所居也。《晉書·地道記》以為西虢地也。《漢書·地理志》以為西虢縣。《太康地記》曰：虢叔之國矣。有虢宮。平王東遷，叔自此之上陽，為南虢矣。

8 雍有五畤祠⑩，以上祠祀五帝。昔秦文公田于汧、渭之間，夢黃蛇自天下屬地，其口止于鄜衍。以為上帝之神，于是作鄜畤祀白帝焉。秦宣公作密畤于渭南，祀青帝焉。靈公又于吳陽作上畤，祀黃帝；作下畤，祀炎帝焉。獻公作畦畤于櫟陽而祀白帝。漢高帝問曰：天有五帝，今四何也？博士莫知其故，帝曰：我知之矣，待我而五。遂立北畤祀黑帝焉。應劭曰：四面積高曰雍。闞駰曰：宜為神明之隩，故立群祠焉。

9 又有鳳臺鳳女祠。秦穆公時，有簫史者，善吹簫，能致白鵠、孔雀，穆公女弄玉好之，公為作鳳臺以居之。積數十年，一旦隨鳳去。云雍宮世有簫管之聲焉。今臺傾祠毀，不復然矣。鄧泉東流注于雍，自下雖會他津，猶得通稱，故《禹貢》有雍、沮會同之文矣⑪。

10 雍水又東逕召亭南，世謂之樹亭川，蓋召、樹聲相近，誤耳。亭，故召公之采邑也。京相璠曰：亭在周城南五十里。《後漢・郡國志》[12]曰：郿縣有召亭。謂此也。雍水又東南流與橫水合。水出杜陽山，其水南流，謂之杜陽川。東南流，左會漆水。水出杜陽縣之漆溪，謂之漆渠。故徐廣曰：漆水出杜陽之岐山者是也。漆渠水南流，大巒水注之。水出西北大道川，東南流入漆，即故岐水也。《淮南子》曰：岐水出石橋山，東南流。相如〈封禪書〉曰：收龜于岐。《漢書音義》曰：岐，水名也。謂斯水矣。二川并逝，俱為一水，南與橫水合，自下通得岐水之目，俗謂之小橫水，亦或名之米流川。逕岐山西，又屈逕周城南。城在岐山之陽而近西，所謂居岐之陽也。非直因山致名，亦指水取稱矣。又歷周原下，北則中水鄉成周聚，故曰有周也。水北，即岐山矣。昔秦盜食穆公馬處也。

11 岐水又東逕姜氏城南為姜水。按《世本》：炎帝，姜姓。《帝王世紀》曰：炎帝，神農氏，姜姓。母女登遊華陽，感神而生炎帝。長于姜水，是其地也。東注雍水。雍水又南，逕美陽縣之中亭川，合武水。水發杜陽縣大嶺側，東西三百步，南北二百步，世謂之赤泥峴。沿波歷澗，俗名大橫水也，疑即杜水矣。

其水東南流，東逕杜陽縣故城，世謂之故縣川。又故虢縣有杜陽山，山北有杜陽谷，有地穴北入，亦不知所極，在天柱山南⑬，故縣取名焉，亦指是水而攝目矣，即王莽之通杜也。故〈地理志〉曰：縣有杜水。杜水又東，二坑水注之。水有二源：一水出西北，與瀆魋水合，而東歷五將山，又合鄉谷水。水出鄉溪，東南流入杜水，謂之鄉谷川。又南，莫水注之。水出好畤縣梁山大嶺東，南逕梁山宮西，故〈地理志〉曰：好畤有梁山宮，秦始皇起。水東有好畤縣故城，王莽之好邑也，世祖建武二年，封建威大將軍耿弇為侯國。又南逕美陽縣之中亭川，注雍水，謂之中亭水。雍水又南逕美陽縣西。章和二年，更封彰侯耿秉為侯國。其水又南流注于渭。渭水又東，洛谷之水出其南山洛谷，北流逕長城西。魏甘露三年，蜀遣姜維出洛谷，圍長城，即斯地也。

12 又東，芒水從南來流注之。

芒水出南山芒谷，北流逕玉女房，水側山際有石室，世謂之玉女房。芒水又北逕盩厔縣之竹圃中，分為二水。漢沖帝詔曰：翟義作亂于東，霍鴻負倚盩厔芒竹，即此也。其水分為二流：一水東北為枝流，一水北流注于渭也。

【注釋】❶與步騭書　書信名。此書收入於《諸葛忠武侯集》文集卷一。步騭，字子山，三國吳大臣。赤烏九年（西元二四六年），曾為吳丞相。❷諸葛亮表　此〈表〉，《諸葛忠武侯集》文集卷一據《御覽》卷七十三收入，題作〈上事表〉，但文字與〈渭水注〉小異。《水經注》在本卷、卷二十〈漾水〉及卷三十六〈若水〉皆引「諸葛亮〈表〉」，但非同一篇。❸渭水又東逕馬冢北　此處有佚文一條。《關中水道記》卷三〈渭水〉引《水經注》：「武功縣渭水又東，五谷水北注之，亦名乾溝河。」或是此段下佚文。❹皇亡皇亡敗趙昌六句　屬讖語一類，語意晦澀難明，無法譯出，故僅照錄原文於後。❺世清則疾愈二句　清孫潛校本改「世濁則無驗」為「世亂則無驗。」全祖望、趙一清二本均從孫潛，改「濁」為「亂」，此外各本均與殿本同。但溫泉療疾與「世清」、「世濁」（亂）實無關係。按康熙《隴州志》卷一〈方輿・溫泉〉引《水經注》：「然水清則愈，濁則無驗。」較今各本為勝。❻詩　《詩經・大雅・生民》。❼雍水注之　此處有佚文一條。《名勝志・陝西》卷三〈乾州・武功縣〉引《水經注》：「雍水俗名白水，亦曰圍川水，西北從扶風界流入。」當是此段下佚文。❽黃鳥　《詩經・秦風・黃鳥》。❾謬志也　殿本在此處有戴震案語：「案『所得白玉』至此句『謬』字止，共四百三十七字，近刻脫落，據原本補。」戴所案「近刻脫落，據原本補」之語，頗涉含糊。趙一清在前文「長安人劉終于崩所得白玉」下釋：「劉終以下文理不屬，蓋簡也。按孫潛用柳僉鈔本補四百二十字，真希世之寶也。」所以此中經過，近代酈學家多已明白。鄭德坤〈水經注板本考〉（收入於鄭氏《水經注引書考》，臺北藝文印書館，一九七四年出版）「柳僉鈔本」下云：「又補〈渭水〉篇脫文凡四百二十餘字，首有功于酈書。」胡適〈記孫潛過錄的柳僉水經注鈔本與趙琦美三校水經注本并記此本上的袁廷檮校記〉（《胡適手稿》四集中冊）云：「卷十八有脫葉一整葉，孫潛自記云：戊申（按西元一六六八年）正月九日補寫缺葉。」按孫潛係用朱謀㙔《水經注箋》作底過錄柳、趙二本，則知柳本卷十八〈渭水〉較朱本多一整葉。至於柳本這一整葉從何而來，則汪辟疆〈水經與水經注疏〉（《汪辟疆文集》，上海古籍出版社，一九八八年出版）敘說甚明：「傳民（按指傅增湘）取《大典》本與此本互校，其脫葉之文及字句異同，與殘宋本八九合，乃知大典本《水經注》即據此本鈔錄，〈渭水〉篇卷十八中柳僉據宋本所補四百一十八字脫文，正在此殘宋本十八卷第二葉，真人間瓌寶也。」殘宋本是景祐缺佚以後的本子，但尚較以後輾轉傳鈔的本子完整。而「柳僉鈔本」即錄自此類版本，為孫潛所過錄得以傳世。朱謀㙔所見宋本，卻因缺失一葉，以致有卷十八〈渭水〉之漏。殘宋本之復出，對於證明柳鈔之功，甚有價值。至於所漏字數有四百二十餘字（《水經注疏》云：但細核趙本，實止四百一十九字）至四百三十七字之別，或因起訖計算不同，或如《水經注疏》云：「全、戴皆有增加，故字數各異。」此事來龍去脈既已清楚，字數稍有出入，不足計較。❿雍有五時祠　此處有佚文一條。《方輿紀要》卷五十四〈陝西〉三〈乾州・武功縣・六門堰〉引《水經注》:「五泉渠西自扶風縣流入,經三時原。」或是此段下佚文。⓫故禹貢有雍沮句　殿本在此處有戴震案語:「此句舛誤。」《水經注釋》在此下注:「全氏曰:善長誤矣,豈可以兖州之灘沮釋岐西之水道乎?」⓬後漢郡國志　應作《續漢・郡國志》。酈氏明知《後漢》、《續漢》之別,但書寫常隨意致訛。⓭在天柱山南　此處有佚文一條。《寰宇記》卷三十〈關西道〉六〈鳳翔府・岐山縣〉引《水經注》:「天柱山有鳳凰洞,或云其高峻,迴出諸山,狀若柱,因以為名。」當是此句下佚文。五校鈔本已錄入此文。

【語譯】 又東過武功縣北,

1 渭水到了武功縣,斜水從南方流來注入。斜水發源於武功縣西南的衙嶺山,往北流過斜谷,流經五丈原東。諸葛亮〈與步騭書〉說:我的先頭部隊在五丈原,這片高地平原在武功西十里餘,斜水發源於武功縣,所以也叫武功水。因此諸葛亮〈表〉說:臣派虎步監孟琰占據武功水東岸,司馬懿利用溪水升漲進攻孟琰的營地,臣造了竹橋,向對岸敵軍放箭,竹橋造好以後,敵軍也逃走了。武功水北流注入渭水。〈地理志〉說:斜水發源於衙嶺,北流到郿縣注入渭水。渭水又東流經馬冢北,諸葛亮〈與步騭書〉說:馬冢在武功東十餘里,地勢較高,不易攻取,所以把它留著。

2 渭水又流經武功縣老城北,就是王莽時的新光。〈地理志〉說:武功縣有太一山。《古文》以為是終南山,杜預則以為叫中南山,也有叫太白山的。此山在武功縣南,距長安二百里,也不知有多高。俗語說:武功太白,離天三百。山下行軍,不可吹號打鼓;如果吹號打鼓,就會有狂風暴雨。杜彥達說:太白山南與武功山相連,在群山中最為高峻特出,無論冬夏,山巔都積雪不化,遠遠望去,一片白皚皚的。

3 山上有谷春祠。谷春是櫟陽人,成帝時病死,可是屍體卻保持溫暖不冷。後來忽然出現在櫟陽的南門及光門上,然後進入太白山。人們在山嶺上為他立祠,春秋二季,都來祭祀,並在祠中留宿。山下有太白祠,民眾也常來祭祀。

4 劉曜在位時,太白山崩,長安人劉終在山崩處找到一塊白玉,大小一尺見方,上有文字道:皇亡皇亡敗趙昌,井水竭,構五梁,咢西小衰困囂喪。嗚呼嗚呼,赤牛奮靷其盡乎?當時群官都來慶賀,中書監劉均進諫道：這是亡國之兆，怎麼能慶賀呢？以後他果然言中了。

5 渭水又東流，溫泉水注入。溫泉水發源於太一山，泉水就像開水一樣沸騰，杜彥達說：可以治療百病；不過時勢清明，病才能治好；世道汙濁，治病就不靈驗了。泉水流下來與溪水匯合，北流十三里注入渭水。渭水又東流經斄縣老城南，就是古代的邰城，是后稷的封邑。《詩經》所說的：來到有邰去成家，就指此城。邰城東北有姜嫄祠，城的西南一百步有稷祠，這裡就是郿縣的斄亭。王少林去郿縣當縣令，路過此亭。亭長說：亭裡有鬼，會害人。王少林說：仁德會壓倒凶邪，什麼鬼膽敢冒犯我。就在亭裡住宿。夜半裡聽到有女人呼冤的聲音，王少林說：你上來申訴吧。女人說：我沒穿衣服，不敢上來。王少林把衣服丟給她。女人前來控訴道：我丈夫是涪縣的縣令，去上任時，路過這裡，在亭裡住宿，被亭長殺害了。王少林說：我定會為你洗雪這件冤案的，你不要再傷害好人了。女人脫下衣裳丟在地上，忽然就不見了。翌日訊問亭長，亭長只得服罪，亭裡也不再鬧鬼了。

6 渭水又東流經雍縣南，雍水注入。雍水發源於雍山，東南流，從中牢溪流過，世人稱為中牢水，也叫冰井水。南流經胡城東，胡城是民間的名稱。這是秦惠公的故居，就是所謂的祈年宮。秦孝公又稱之為橐泉宮。據〈地理志〉，祈年宮在雍縣。崔駰說：穆公墓在橐泉宮祈年觀下，《皇覽》也是這樣說的。劉向說：穆公葬在沒有墳壟的地方。《史記》說：穆公死後，殉葬者多達一百七十七人，賢臣子車氏的奄息、仲行、鍼虎三兄弟，也在殉葬者之內。秦人哀悼他們，為他們作〈黃鳥〉一詩。我要說，崔駰及《皇覽》的記載都是荒唐的。惠公、孝公都是穆公的後代，是世代繼承的國君，子孫是不能在祖宗的墳墓上建造宮殿的。照此推論，可知這兩條證言是不正確的。

7 雍水又東流，左岸匯合了左陽水，人們稱為西水。左陽水出自北方的左陽溪，南流經岐州城西，魏時設岐州刺史，治所就在此城。左陽水又南流注入雍水。雍水又與東水匯合，東水是民間的名稱，源出北方的河桃谷，南流，在右岸匯合南源，人們稱為返眼泉，亂流往南經過岐州城東，然後南流與雍水匯合。州城位於兩水之間，南邊則是兩水匯合之處，人們也稱為淬空水。東流，鄧公泉注入。此水源出鄧艾祠北，所以叫鄧公泉，好幾個源頭都是從雍縣老城南流出來的。雍縣是古時秦德公所住的地方。《晉書・地道記》認為這是西虢地方。《漢書・地理志》說是西虢縣，《太康地記》則說：這是虢叔的封國，城裡有虢宮。周平王東遷後，虢叔就離開這裡去上陽，改稱南虢。

8 雍縣有五時祠，以奉祀五帝。從前秦文公在汧水、渭水之間打獵，夢見黃蛇從天上垂下來直到地上，蛇口則擱在鄜衍。他以為這是上帝的神靈，於是建鄜時奉祀白帝。秦宣公在渭南建密時，奉祀青帝。靈公又在吳陽建上時奉祀黃帝，建下時奉祀炎帝。獻公在櫟陽建畦時奉祀白帝。漢高帝問道：上天有五帝，可是現在只有四位，那是什麼緣故呢？博士也搞不清楚。高帝道：我知道了，等到我來時，就會有五位了。於是就建立北時來奉祀黑帝。應劭說：把四面堆高，叫雍。闞駰說：這地方宜於做神明的居處，所以建了許多祠廟。

9 又有鳳臺和鳳女祠。秦穆公時有個簫史，擅長吹簫，簫聲能把白天鵝、孔雀等靈鳥都召來。穆公的女兒弄玉愛上了他，穆公建了鳳臺給他倆居住。過了數十年，一天，他倆騎著鳳凰飛去了。據說雍宮時常有簫管聲。現在臺塌了，祠也毀了，再也聽不到簫聲了。鄧泉東流注入雍水。自此直到下游，雖然也與別的水相匯合，但還是保存了這個通稱。所以〈禹貢〉有雍水、沮水相匯合的文句。

10 雍水又東流經召亭南，人們稱為樹亭川，因為召、樹讀音相近，所以造成錯誤。召亭是從前召公的采邑。京相璠說：亭在周城南五十里。《後漢書・郡國志》說：郿縣有召亭，即指此而言。雍水又東南流，與橫水匯合。橫水發源於杜陽山，南流，稱為杜陽川。東南流，左岸匯合漆水。漆水發源於杜陽縣的漆溪，稱為漆渠。所以徐廣說：漆水發源於杜陽縣的岐山。漆渠水南流，大巒水注入。大巒水發源於西北方的大道川，東南流注入漆水，就是古代的岐水。《淮南子》說：岐水發源於石橋山，東南流。司馬相如〈封禪書〉說：在岐山旁獲龜。《漢書音義》說：岐是水名，指的就是此水。兩條水合流，成為一條，南流與橫水匯合，自此到下游，都有岐水的通稱了，民間則稱為小橫水，也有稱為米流川的，流經岐山西，又轉彎流經周城南。周城在岐山南面而接近西邊，所謂居於岐山之陽，指的就是周城。這個地名不但是因山而來，同時也是因水而來的。又流經周原下面，北方是中水鄉成周聚，所以叫有周。水北就是岐山。是從前秦的鄉野村民偷吃了穆公馬匹的地方。

11 岐水又東流經姜氏城南，稱為姜水。據《世本》：炎帝姓姜。《帝王世紀》說：炎帝即神農氏，姓姜。他的母親女登在華陽閒遊時，受到神的感應而生下炎帝。炎帝在姜水長大，就是這地方。姜水東流注入雍水。雍水又南流，流經美陽縣的中亭川，匯合了武水。武水發源於杜陽縣大嶺旁，東西三百步，南北二百步，人們稱為赤泥峴。清波沿著山澗流過，民間稱為大橫水，可能就是杜水。此水東南流，然後東流經杜陽縣老城，人們稱為故縣川。此外，古時的虢縣有杜陽山，山北有杜陽谷，有個地洞向北通入，也不知道盡頭在哪裡，地點在天柱山南。所以杜陽縣既是因山而得名，同時也是因水而得名的。這就是王莽時的通杜。所以〈地理志〉說：縣裡有杜水。杜水又東流，二坑水注入。二坑水有兩個源頭，一條出自西北，與瀆魋水匯合，東流經五將山，又匯合了鄉谷水。鄉谷水發源於鄉溪，東南流注入杜水，稱為鄉谷川。又南流，莫水注入。莫水發源於好畤縣的梁山大嶺東，南流經梁山宮西。所以〈地理志〉說：好畤有梁山宮，是秦始皇所建。莫水東岸有好畤縣老城，就是王莽時的好邑。世祖建武二年（西元二六年），把該縣封給建威大將軍耿弇為侯國。莫水又南流經美陽縣中亭川，注入雍水，稱為中亭水。雍水又南流經美陽縣西。章和二年（西元八八年），改封給彰侯耿秉為侯國。雍水又南流，注入渭水。渭水又東流，有洛谷水發源於南山的洛谷，北流經長城西。魏甘露三年（西元二五八年），蜀漢派遣姜維出兵洛谷，包圍了長城，就是這地方。

又東，芒水從南來流注之。

12 芒水發源於南山芒谷，北流經玉女房。水岸山邊有個石窟，人們稱為玉女房。芒水又北流經盩厔縣的竹圃中，分為兩條。漢沖帝詔書說：翟義在東方作亂，霍鴻倚恃著盩厔芒竹據守，就是這地方。芒水分為兩條：一條往東北流，這是支流；一條北流注入渭水。

【研　析】 此卷所記敘的地區甚小，在自然地理上全是黃土高原景觀，如五丈原、馬冢、周原，都是黃土高原地貌所特具，有些地名至今尚存。在人文地理上則為周、秦二族接壤之處，武功、漦縣等，都是秦人基地，秦惠公、孝公均活動於此，穆公冢也在此處。而岐山、周原則是周人發祥之地。所以這一帶流傳的上古傳說甚多，如姜嫄、后稷、炎帝、神農等都記入此卷。《注》文如「炎帝，神農氏，姜姓。母女登遊華陽，感神而生炎帝」，屬於漢族的最早傳說之一。三國時代，這個地區魏蜀之戰頻仍，涉及諸葛亮、司馬懿以至姜維等，其所記敘，都是戰場和戰役實績。所以篇幅雖然短小，分析之跡亦很明顯，但《注》文內容在歷史學與歷史地理學研究中甚有價值。

卷十九

渭水

【題解】此卷記敘渭水中下游，不論此水在宋初原本上作二卷抑三卷，但此卷所敘渭水，從周、秦、漢京畿到注入黃河，無疑是各卷記敘的重點。開卷的槐里縣，即今陝西興平附近，最後在船司空（今陝西潼關東北）注入黃河，結束了黃河最大支流的流程。全卷在《經》文「又東過長安縣北」及「又東過霸陵縣北，霸水從縣西北流注之」下，《注》文長達六千餘言，因為這兩條《經》文下，記及盛朝故都，情況與卷十三〈漯水〉和卷十六〈穀水〉相似。所以《注》文也寫得相當細緻。

又東過槐里縣南，又東，澇水從南來注之。

[1]渭水逕縣之故城南，《漢書集注》，李奇謂之小槐里，縣之西城也。又東與芒水枝流合。水受芒水于竹圃，東北流，又屈而北入于渭。渭水又東北逕黃山宮南，即〈地理志〉所云，縣有黃山宮，惠帝二年起者也。〈東方朔傳〉曰：武

帝微行，西至黃山宮。故世謂之遊城也。就水注之。水出南山就谷，北逕大陵西，世謂之老子陵。昔李耳為周柱史，以世衰入戎，于此有冢。事非經證，然莊周著書云：老聃死，秦失弔之，三號而出。是非不死之言，人稟五行之精氣，陰陽有終變，亦無不化之理。以是推之，或復如傳。古人許以傳疑，故兩存耳。

2 就水歷竹圃北，與黑水合。水上承三泉，就水之右，三泉奇發，言歸一瀆，北流，左注就水。就水又北流注于渭。渭水又東合田溪水。水出南山田谷，北流逕長楊宮西，又北逕盩厔縣故城西，又東北與一水合。水上承盩厔縣南源，北逕其縣東，又北逕思鄉城西，又北注田溪。田溪水又北流，注于渭水也。縣北有蒙蘢渠，上承渭水于郿縣，東逕武功縣為成林渠❶，東逕縣北，亦曰靈軹渠，《河渠書》以為引堵水。徐廣曰：一作諸川，是也。

3 渭水又東逕槐里縣故城南，縣，古犬丘邑也，周懿王都之。秦以為廢丘，亦曰舒丘。中平元年，靈帝封左中郎將皇甫嵩為侯國。縣南對渭水，北背通渠。《史記・秦本紀》云：秦武王三年，渭水赤三日；秦昭王三十四年，渭水又大赤三日。《洪範五行傳》❷云：赤者，火色也；水盡赤，以火沴水也。渭水，秦大川也；陰陽亂，秦用嚴刑，敗亂之象。後項羽入秦，封司馬欣為塞王，都櫟陽；董翳為翟王，都高奴；章邯為雍王，都廢丘：為三秦。漢祖北定三秦，引水灌城，遂滅章邯。三年，改曰槐里。王莽更名槐治也，世謂之為大槐里。晉太康中，始平郡治也。其城遞帶防陸，舊渠尚存，即《漢書》所謂槐里環堤者也。

4 東有漏水，出南山赤谷，東北流逕長楊宮東，宮有長楊樹，因以為名。漏水又北歷葦圃西，亦謂之仙澤。又北逕望仙宮，又東北，耿谷水注之。水發南山耿谷，北流與柳泉合，東北逕五柞宮西，長楊、五柞二宮，相去八里，並以樹名宮，亦猶陶氏以五柳立稱。故張晏曰：宮有五柞樹，在盩厔縣西。其水北逕仙澤東，又北逕望仙宮東，又北與赤水會❸，又北逕思鄉城東，又北注渭水。

5 渭水又東合甘水，水出南山甘谷，北逕秦文王萯陽宮西，又北逕五柞宮東，又北逕甘亭西，在水東鄠縣❹。昔夏啟伐有扈，作誓于是亭。故馬融曰：甘，有扈南郊地名也。甘水又東得澇水口。水出南山澇谷，北逕漢宜春觀東，又北逕鄠縣故城西，澇水際城北出合美陂水。水出宜春觀北，東北流注澇水。澇水北注甘水，而亂流入于渭。即上林故地也。

6 東方朔稱武帝建元中微行，北至池陽，西至黃山，南獵長楊，東遊宜春。夜漏十刻，乃出，與侍中、常侍、武騎、待詔及隴西、北地良家子能騎射者，期諸殿下，故有期門之號。旦明，入山下，馳射鹿、豕、狐、兔，手格熊羆，上大驩樂之。上乃使大中大夫虞丘壽王與待詔能用算者，舉籍阿城以南，盩厔以東，宜春以西，提封頃畮及其賈直，屬之南山以為上林苑。東方朔諫秦起阿房而天下亂，因陳泰階六符之事，上乃拜大中大夫，給事中，賜黃金百斤，卒起上林苑。故相如請為天子遊獵之賦，稱烏有先生、亡是公而奏〈上林〉❺也。

又東，豐水從南來注之。

7 豐水出豐溪，西北流分為二水：一水東北流為枝津，一水西北流，又北，交水自東入焉；又北，昆明池水注之；又北逕靈臺西，又北至石墩注于渭。《地說》云：渭水又東與豐水會于短陰山內，水會無他高山異巒，所有惟原阜石激而已。水上舊有便門橋，與便門對直，武帝建元三年造。張昌曰：橋在長安西北茂陵東。如淳曰：去長安四十里。渭水又逕太公廟北，廟前有「太公碑」，文字褫缺，今無可尋。渭水又東北與鄗水合。水上承鄗池于昆明池北，周武王之所都也。故《詩》❻云：考卜維王，宅是鄗京，維龜正之，武王成之。自漢武帝穿昆明池于是地，基構淪褫，今無可究。

8 《春秋後傳》❼曰：使者鄭容入柏谷關，至平舒置，見華山有素車白馬，問鄭容安之？答曰：之咸陽。車上人曰：吾華山君使，願託書致鄗池君。子之咸陽，過鄗池，見大梓下有文石，取以款列梓，當有應者。以書與之，勿妄發，致之得所欲。鄭容行至鄗池，見一梓下果有文石，取以款梓，應曰：諾。鄭容如睡，覺而見宮闕，若王者之居焉。謁者出，受書入。有頃，聞語聲言祖龍死。神道茫昧，理難辨測，故無以精其幽致矣。

9 鄗水又北流，西北注與滮池合。水出鄗池西，而北流入于鄗。《毛詩》❽云：滮，流浪也。而世傳以為水名矣。鄭玄曰：豐、鄗之間，水北流也。鄗水北逕清泠臺西，又逕磁石門西。門在阿房前，悉以磁石為之，故專其目。令四夷朝者，有隱甲懷刃入門而脅之以示神，故亦曰卻胡門也。鄗水又北注于渭。

10 渭水北有杜郵亭，去咸陽十七里，今名孝里亭，中有白起祠。嗟乎！有制勝之功，慚尹商之仁，是地即其伏劍處也。渭水又東北逕渭城南，文穎以為故咸陽矣。秦孝公之所居離宮也。獻公都櫟陽，天雨金，周太史儋見獻公曰：周故與秦國合而別，別五百歲復合，合七十歲而霸王出。至孝公作咸陽、築冀闕而徙都之。故〈西京賦〉曰：秦里其朔，寔為咸陽。太史公曰：長安，故咸陽也。

漢高帝更名新城。武帝元鼎三年，別為渭城，在長安西北渭水之陽，王莽之京城也。始隸扶風，後并長安。南有沉水注之，水上承皇子陂于樊川，其地即杜之樊鄉也。漢祖至櫟陽，以將軍樊噲灌廢丘，最賜邑于此鄉也。

11 其水西北流逕杜縣之杜京西，西北流逕杜伯冢南。杜伯與其友左儒仕宣王，儒無罪見害，杜伯死之，終能報恨于宣王。故成公子安〈五言詩〉❾曰：誰謂鬼無知，杜伯射宣王。沉水又西北逕下杜城，即杜伯國也。沉水又西北枝合❿故渠。渠有二流，上承交水，合于高陽原，而北逕河池陂東，而北注沉水。沉水又北與昆明故池會，又北逕秦通六基⓫東，又北逕堨水陂東，又北得陂水。水上承其陂，東北流入于沉水。

12 沉水又北逕長安城，西與昆明池水合。水上承池于昆明臺，故王仲都所居也。桓譚《新論》稱元帝被病，廣求方士，漢中送道士王仲都。詔問所能，對曰：能忍寒暑。乃以隆冬盛寒日，令袒載駟馬于上林昆明池上，環冰而馳，御者厚衣狐裘寒戰，而仲都獨無變色；臥于池臺上，曛然自若。夏大暑日，使曝坐，環以十爐火，不言熱，又身不汗。

13 池水北逕鄗京東、秦阿房宮西。《史記》曰：秦始皇三十五年，以咸陽人多，先王之宮小，乃作朝宮于渭南，亦曰阿城也。始皇先作前殿阿房，可坐萬人，下可建五丈旗，周馳為閣道，自殿直抵南山。表山巔為闕，為複道自阿房度渭，屬之咸陽，象天極，閣道絕漢抵營室也。《關中記》[12]曰：阿房殿在長安西南二十里，殿東西千步，南北三百步，庭中受十萬人。

14 其水又屈而逕其北，東北流注堨水陂。陂水北出，逕漢武帝建章宮東，于鳳闕南，東注泬水。泬水又北逕鳳闕東，《三輔黃圖》[13]曰：建章宮，漢武帝造，周二十餘里，千門萬戶，其東鳳闕，高七丈五尺，俗言貞女樓，非也。《漢武帝故事》[14]云：闕高二十丈。《關中記》曰：建章宮圓闕，臨北道，有金鳳在闕上，高丈餘，故號鳳闕也。故繁欽《建章鳳闕賦》[15]曰：秦漢規模，廓然毀泯，惟建章鳳闕，巋然獨存，雖非象魏之制，亦一代之巨觀也。

15 泬水又北，分為二水：一水東北流，一水北逕神明臺東。《傅子宮室》[16]曰：上于建章中作神明臺、井幹樓，咸高五十餘丈，皆作懸閣，輦道相屬焉。《三輔黃圖》曰：神明臺在建章宮中，上有九室，今人謂之九子臺，即實非也。泬水又逕漸臺東，《漢武帝故事》曰：建章宮北有太液池，池中有漸臺三十丈。漸，浸也，為池水所漸。一說星名也。南有璧門三層，高三十餘丈，中殿十二間，階陛咸以玉為之，鑄銅鳳五丈，飾以黃金，樓屋上椽首，薄以玉璧。因曰璧玉門也。泬水又北流注渭。亦謂是水為潏水也。故呂忱曰：潏水出杜陵縣。《漢書音義》曰：潏，水聲，而非水也。亦曰高都水。前漢之末，王氏五侯大治池宅，引泬水入長安城。故百姓歌之曰：五侯初起，曲陽最怒，壞決高都，竟連五杜。土山漸臺，像西白虎。即是水也。

又東過長安縣北，

16 渭水東分為二水。《廣雅》曰：水自渭出為澩，其猶河之有雍也。此瀆東北流逕「魏雍州刺史郭淮碑」南，又東南合一水，逕兩石人北。秦始皇造橋，鐵鐓重不勝，故刻石作力士孟賁等像以祭之，鐓乃可移動也。

17 又東逕陽侯祠北，漲輒祠之，此神能為大波，故配食河伯也。後人以為鄧艾祠，悲哉。讒勝道消，專忠受害矣。此水又東注渭水。水上有梁，謂之渭橋，秦制也，亦曰便門橋。秦始皇作離宮于渭水南北，以象天宮，故《三輔黃圖》曰：渭水貫都，以象天漢，橫橋南度，以法牽牛。南有長樂宮，北有咸陽宮，欲通二宮之間，故造此橋。廣六丈，南北三百八十步，六十八間，七百五十柱，百二十二梁。橋之南北有堤，激立石柱，柱南，京兆主之；柱北，馮翊主之。

有令丞，各領徒千五百人。橋之北首，壘石水中，故謂之石柱橋也。舊有忖留神像，此神嘗與魯班語，班令其人出。忖留曰：我貌很醜，卿善圖物容，我不能出。班于是拱手與言曰：出頭見我。忖留乃出首，班于是以腳畫地，忖留覺之，便還沒水，故置其像于水，惟背以上立水上。後董卓入關，遂焚此橋，魏武帝更脩之，橋廣三丈六尺。忖留之像，曹公乘馬見之驚，又命下之。《燕丹子》曰：燕太子丹質于秦，秦王遇之無禮，乃求歸。秦王為機發之橋，欲以陷丹，丹過之橋，不為發。又一說，交龍扶轝而機不發。但言⑰，今不知其故處也。

18 渭水又東與沉水枝津合。水上承沉水，東北流逕鄧艾祠南，又東分為二水：一水東入逍遙園注藕池，池中有臺觀，蓮荷被浦，秀實可翫。其一水北流注于渭。

19 渭水又東逕長安城北。漢惠帝元年築，六年成，即咸陽也。秦離宮無城，故城之。王莽更名常安。十二門：東出北頭第一門，本名宣平門，王莽更名春王門正月亭，一曰東都門，其郭門亦曰東都門，即逢萌挂冠處也。第二門，本名清明門，一曰凱門，王莽更名宣德門布恩亭，內有藉田倉，亦曰藉田門。第三門，本名霸城門，王莽更名仁壽門無疆亭，民見門色青，又名青城門，或曰青綺門，亦曰青門。門外舊出好瓜，昔廣陵人邵平為秦東陵侯，秦破，為布衣，種瓜此門，瓜美，故世謂之東陵瓜。是以阮籍〈詠懷詩〉云：昔聞東陵瓜，近在青門外，連畛拒阡陌，子母相鉤帶。指謂此門也。南出東頭第一門，本名覆盎門，王莽更名永清門長茂亭。其南有下杜城。應劭曰：故杜陵之下聚落也，故曰下杜門，又曰端門，北對長樂宮。第二門，本名安門，亦曰鼎路門，王莽更名光禮門顯樂亭，北對武庫。第三門，本名平門，又曰便門，王莽更名信平門誠正亭，一曰西安門，北對未央宮。西出南頭第一門，本名章門，王莽更名萬秋門億年亭，亦曰光華門也。第二門，本名直門，王莽更名直道門端路亭，故龍樓門也。張晏曰：門樓有銅龍。《三輔黃圖》曰：長安西出第二門，即此門也。第三門，本名西城門，亦曰雍門，王莽更名章義門著義亭，其水北入有函里，民名曰函里門，亦曰突門。北出西頭第一門，本名橫門，王莽更名霸都門左幽亭。如淳曰：音光，故曰光門。其外郭有都門、有棘門，徐廣曰：棘門在渭北。孟康曰：在長安北，秦時宮門也。如淳曰：《三輔黃圖》曰棘門在橫門外，按《漢書》：徐厲軍于此備匈奴，又有通門、亥門也。第二門，本名廚門，又曰朝門，王莽更名建子門廣世亭，一曰高門。蘇林曰：高門，長安城北門也。其內有長安廚官在東，故名曰廚門也。如淳曰：今名廣門也。第三門，本名杜門，亦曰利城門，王莽更名進和門臨水亭，其外有客舍，故民曰客舍門，又曰洛門也。凡此諸門，皆通逵九達，三途洞開，隱以金椎，周以林木，左出右入，為往來之徑，行者升降，有上下之別。漢成帝之為太子，元帝嘗急召之，太子出龍樓門不敢絕馳道，西至直城門方乃得度。上怪遲，問其故，以狀對，上悅，乃著令令太子得絕馳道也。

20 渭水東合昆明故渠，渠上承昆明池東口，東逕河池陂北，亦曰女觀陂。又東合泬水，亦曰漕渠，又東逕長安縣南，東逕明堂南，舊引水為辟雍處，在鼎路門東南七里。其制上圓下方，九宮十二堂，四嚮五室，堂北三百步有靈臺，是漢平帝元始四年立。渠南有漢故圜丘，成帝建始二年，罷雍五畤，始祀皇天上帝于長安南郊。應劭曰：天郊在長安南，即此也。故渠之北有白亭博望苑，漢武帝為太子立，使通賓客，從所好也。太子巫蠱事發，斫杜門東出，史良娣死，葬于苑北，宣帝以為戾園，以倡優千人樂思后園廟，故亦曰千鄉。

21 故渠又東而北屈逕青門外，與泬水枝渠會。渠上承泬水于章門西，飛渠引水入城，東為倉池，池在未央宮西，池中有漸臺。漢兵起，王莽死于此臺。又東逕未央宮北，高祖在關東，令蕭何成未央宮，何斬龍首山而營之。山長六十餘里，頭臨渭水，尾達樊川，頭高二十丈，尾漸下，高五、六丈，土色赤而堅，云昔有黑龍從南山出飲渭水，其行道因山成跡，山即基，闕不假築，高出長安城。北有玄武闕，即北闕也。東有蒼龍闕，闕內有閶闔、止車諸門。未央殿東有宣室、玉堂、麒麟、含章、白虎、鳳皇、朱雀、鵷鸞、昭陽諸殿，天祿、石渠、麒麟三閣。未央宮北，即桂宮也。周十餘里，內有明光殿、走狗臺、柏梁臺，舊乘複道，用相逕通。故張衡〈西京賦〉曰：鉤陳之外，閣道穹隆，屬長樂與明光。逕北通于桂宮。

22

故渠出二宮之間，謂之明渠也。又東歷武庫北，舊樗里子葬于此。樗里子名疾，秦惠王異母弟也，滑稽多智，秦人號曰智囊。葬于昭王廟西，渭南陰鄉樗里，故俗謂之樗里子。云我百歲後，是有天子之宮夾我墓。疾，以昭王七年卒，葬于渭南章臺東。至漢，長樂宮在其東，未央宮在其西，武庫直其墓。秦人諺曰：力則任鄙，智則樗里是也。明渠又東逕漢高祖長樂宮北，本秦之長樂宮也。周二十里，殿前列銅人，殿西有長信、長秋、永壽、永昌諸殿。殿之東北有池，

23 池北有層臺，俗謂是池為酒池，非也。故渠北有樓，豎「漢京兆尹司馬文預碑」。故渠又東出城分為二渠，即《漢書》所謂王渠者也。蘇林曰：王渠，官渠也，猶今御溝矣。晉灼曰：渠名也，在城東覆盎門外。一水逕楊橋下，即青門橋也。側城北逕鄧艾祠西，而北注渭，今無水。其一水右入昆明故渠，東逕奉明縣廣城鄉之廉明苑南。史皇孫及王夫人葬于郭北，宣帝遷苑南，卜以為悼園，益園民千六百家，立奉明縣，以奉二園。園在東都門，昌邑王賀自霸御法駕，郎中令龔遂驂乘，至廣明東都門是也。故渠東北逕漢太尉夏侯嬰冢西，葬日，柩馬悲鳴，輕車罔進，下得〈石槨銘〉云：于嗟滕公居此室。故遂葬焉。冢在城東八里飲馬橋南四里，故時人謂之馬冢。

故渠又北分為二渠：東逕虎圈南而東入霸，一水北合渭，今無水。

又東過霸陵縣北，霸水從縣西北流注之。

24 霸者，水上地名也，古曰滋水矣。秦穆公霸世，更名滋水為霸水，以顯霸功。水出藍田縣藍田谷，所謂多玉者也。西北有銅谷水⑱，次東有輞谷水，二水合而西注，又西流入埿水。埿水又西逕嶢關，北歷嶢柳城。東、西有二城，魏置青埿軍于城內，世亦謂之青埿城也。秦二世三年，漢祖入，自武關攻秦，趙高遺將距于嶢關者也。《土地記》⑲曰：藍田縣南有嶢關，地名嶢柳道，通荊州⑳。《晉・地道記》曰：關當上洛縣西北。浧水又西北流入霸。霸水又北歷藍田川，逕藍田縣東。《竹書紀年》：梁惠成王三年，秦子向命為藍君，蓋子向之故邑也。川有漢臨江王榮冢。景帝以罪徵之，將行，祖于江陵北門，車軸折，父老泣曰：吾王不反矣。榮至，中尉郅都急切責王，王年少，恐而自殺。葬于是川，有燕數萬，銜土置冢上，百姓矜之。

25

霸水又左合滻水，歷白鹿原東。即霸川之西，故芷陽矣。《史記》：秦襄王葬芷陽者是也，謂之霸上；漢文帝葬其上，謂之霸陵。上有四出道以瀉水，在長安東南三十里。故王仲宣賦詩㉑云：南登霸陵岸，迴首望長安。漢文帝嘗欲從霸陵上西馳下峻坂，袁盎攬轡于此處。上曰：將軍怯也。盎曰：臣聞千金之子，坐不垂堂，百金之子，立不倚衡，聖人不乘危，今馳不測，如馬驚車敗，奈高廟何？上乃止。

26

霸水又北，長水注之。水出杜縣白鹿原，其水西北流，謂之荊溪。又西北，左合狗枷川水，水有二源，西川上承磈山之斫槃谷，次東有苦、谷二水合，而東北流逕風涼原西，〈關中圖〉㉒曰：麗山之西，川中有阜，名曰風涼原，在磈山之陰，雍州之福地。即是原也。其水傍溪北注，原上有漢武帝祠。其水右合東川。水出南山之石門谷，次東有孟谷，次東有大谷，次東有雀谷，次東有土門谷。五水北出谷，西北歷風涼原東，又北與西川會。原為二水之會，亂流北逕宣帝許后陵東，北去杜陵十里，斯川于是有狗枷之名。川東亦曰白鹿原也。上有狗枷堡。《三秦記》曰：麗山西有白鹿原，原上有狗枷堡，秦襄公時，有大狗來，下有賊則狗吠之，一堡無患，故川得厥目焉。川水又北逕杜陵東，元帝初元元年，葬宣帝杜陵，北去長安五十里。陵之西北有杜縣故城，秦武公十一年縣之，漢宣帝元康元年，以杜東原上為初陵，更名杜縣為杜陵。王莽之饒安也。其水又北注荊溪。荊溪水又北逕霸縣，又有溫泉入焉。水發自原下，入荊溪水，亂流注于霸，俗謂之滻水，非也。《史記音義》：文帝出安門。《注》云：在霸陵縣，有故亭，即〈郡國志〉所謂長門亭也。《史記》云：霸、滻，長水也。雖不在祠典，以近咸陽秦漢都；涇、渭，長水，盡得比大川之禮。

27 昔文帝居霸陵北，臨廁指新豐路示慎夫人曰：此走邯鄲道也。因使慎夫人鼓瑟，上自倚瑟而歌，悽愴悲懷，顧謂群臣曰：以北山石為槨，用紵絮斮陳漆其間，豈可動哉。釋之曰：使其中有可欲，雖錮南山猶有隙；使無可欲，雖無石槨，又何戚焉。文帝曰：善。拜廷尉。韋昭曰：高岸夾水為廁，今斯原夾二水也。霸水又北會兩川，又北，故渠右出焉。

28 霸水又北逕王莽九廟南。王莽地皇元年，博徵天下工匠，壞撤西苑、建章諸宮館十餘所，取材瓦以起九廟。算及吏民，以義入錢穀，助成九廟。廟殿皆重屋，太初祖廟，東西南北各四十丈，高十七丈，餘廟半之，為銅薄櫨，飾以金銀雕文，窮極百工之巧，褫高增下，功費數百巨萬，卒死者萬數。霸水又北逕枳道，在長安縣東十三里，王莽九廟在其南。漢世有白蛾群飛，自東都門過枳道，呂后祓除于霸上，還見倉狗戟脅于斯道也。

29 水上有橋，謂之霸橋。地皇三年，霸橋木災㉓自東起，卒數千以水沉沃救不滅，晨燌夕盡。王莽惡之，下書曰：甲午火橋，乙未，立春之日也，予以神明聖祖，黃、虞遺統受命，至于地皇四年，為十五年，正以三年終冬，絕滅霸駁之橋，欲以興成新室，統一長存之道，其名霸橋為長存橋。

30 霸水又北，左納漕渠，絕霸右出焉。東逕霸城北，又東逕子楚陵北。皇甫謐曰：秦莊王葬于芷陽之麗山，京兆東南霸陵山。劉向曰：莊王大其名立墳者也。《戰國策》㉔曰：莊王字異人，更名子楚，故世人猶以子楚名陵。又東逕新豐縣，右會故渠。渠上承霸水，東北逕霸城縣故城南，漢文帝之霸陵縣也，王莽更之曰水章。

31 魏明帝景初元年，徙長安，金狄重不可致，因留霸城南，人有見薊子訓與父老共摩銅人曰：正見鑄此時，計爾日已近五百年矣。

32 故渠又東北逕劉更始冢西，更始二年，為赤眉所殺，故侍中劉恭夜往取而埋之。光武使司徒鄧禹收葬于霸陵縣。更始尚書僕射行大將軍事鮑永，持節安集河東，聞更始死，歸世祖，累遷司隸校尉，行縣經更始墓，遂下拜哭，盡哀而去。帝問公卿，大中大夫張湛曰：仁不遺舊，忠不忘君，行之高者。帝乃釋。

33 又東北逕新豐縣，右合漕渠，漢大司農鄭當時所開也。以渭難漕，命齊水工徐伯發卒穿渠引渭。其渠自昆明池，南傍山原，東至于河，且田且漕，大以為便，今無水。

34 霸水又北逕秦虎圈東，《列士傳》㉕曰：秦昭王會魏王，魏王不行，使朱亥奉璧一雙。秦王大怒，置朱亥虎圈中，亥瞋目視虎，眥裂血出濺虎，虎不敢動，即是處也。霸水又北入于渭水。

35 渭水又東會成國故渠。渠，魏尚書左僕射衛臻征蜀所開也，號成國渠，引以澆田。其瀆上承汧水于陳倉東，東逕郿及武功槐里縣北，渠左有安定梁嚴冢，碑碣尚存。又東逕漢武帝茂陵南，故槐里之茂鄉也。應劭曰：帝自為陵，在長安西北八十餘里。《漢武帝故事》曰：帝崩後見形，謂陵令薛平曰：吾雖失勢，猶為汝君。奈何令吏卒上吾陵磨刀劍乎？自今以後，可禁之。平頓首謝，因不見。推問陵傍，果有方石，可以為礪，吏卒常盜磨刀劍。霍光欲斬之，張安世曰：神道茫昧，不宜為法。乃止。故阮公〈詠懷詩〉曰：失勢在須臾，帶劍上吾丘。

36 陵之西而北一里，即李夫人冢，冢形三成，世謂之英陵。夫人兄延年知音，尤善歌舞，帝愛之，每為新聲變曲，聞者莫不感動。常侍上起舞，歌曰：北方有佳人，絕世而獨立，一顧傾人城，再顧傾人國。寧不知傾城復傾國，佳人難再得。上曰：世豈有此人乎？平陽主曰：延年女弟。上召見之，妖麗善歌舞，得幸，早卒，上憫念之，以后禮葬，悲思不已，賦詩悼傷。

37 故渠又東逕茂陵縣故城南，武帝建元二年置。〈地理志〉曰：宣帝縣焉。王莽之宣成也。故渠又東逕龍泉北，今人謂之溫泉，非也。渠北故坂北，即龍淵廟。如淳曰：《三輔黃圖》有龍淵宮，今長安城西有其廟處，蓋宮之遺也。故渠又東逕姜原北，渠北有漢昭帝陵，東南去長安七十里。又東逕平陵縣故城南，〈地理志〉曰：昭帝置，王莽之廣利也。故渠之南有竇氏泉，北有徘徊廟。又東逕漢大將軍魏其侯竇嬰冢南，又東逕成帝延陵南，陵之東北五里，即平帝康陵坂也。故渠又東逕渭陵南，元帝永光四年，以渭城壽陵亭原上為初陵，詔不立縣邑。又東逕哀帝義陵南，又東逕惠帝安陵南，陵北有安陵縣故城。〈地理志〉曰：惠帝置。王莽之嘉平也。渠側有杜郵亭。又東逕渭城北，〈地理志〉曰：縣有蘭池宮。秦始皇微行，逢盜于蘭池，今不知所在。又東逕長陵南，亦曰長山也。秦名天子冢曰山，漢曰陵，故通曰山陵矣。《風俗通》曰：陵者，天生自然者也，今王公墳壠稱陵。《春秋左傳》曰：南陵，夏后皋之墓也。《春秋說題辭》曰：丘者，墓也，冢者，種也，種墓也。羅倚于山，分卑尊之名者也。故渠又東逕漢丞相周勃冢南，冢北有亞夫冢。故渠東南謂之周氏曲，又東南逕漢景帝陽陵南，又東南注于渭，今無水。

38

渭水又東逕霸城縣北，與高陵分水。水南有定陶恭王廟、傅太后陵。元帝崩，傅昭儀隨王歸國，稱定陶太后。後十年，恭王薨，子代為王，徵為太子，太子即帝位，立恭王寢廟于京師，比宣帝父悼皇故事。元壽元年，傅后崩，合葬渭陵。潘岳《關中記》：漢帝后同塋，則為合葬不共陵也，諸侯皆如之。恭王廟在霸城西北，廟西北，即傅太后陵，不與元帝同塋。渭陵，非謂元帝陵也。蓋在渭水之南，故曰渭陵也。陵與元帝齊者，謂同十二丈也。王莽奏毀傅太后冢，冢崩，壓殺數百人；開棺，臭聞數里。公卿在位，皆阿莽旨，入錢帛，遣子弟及諸生、四夷，凡十餘萬人，操持作具，助將作掘傅后冢，二旬皆平，周棘其處，以為世戒。今其處積土猶高，世謂之增墀，又亦謂之增阜，俗亦謂之成帝初陵處，所未詳也。

39 渭水又逕平阿侯王譚墓北，冢次有碑，左則涇水注之。渭水又東逕鄣縣西，蓋隴西郡之鄣徙也。渭水又東得白渠枝口，又東與五丈渠合。水出雲陽縣石門山，謂之清水，東南流逕黃嶔山西，又南入祋祤縣，歷原南出，謂之清水口。東南流絕鄭渠，又東南入高陵縣，逕黃白城西，本曲梁宮也。南絕白渠，屈而東流，謂之曲梁水。又東南逕高陵縣故城北，東南絕白渠瀆，又東南入萬年縣，謂之五丈渠。又逕藕原東，東南流注于渭。

40 渭水右逕新豐縣故城北，東與魚池水會。水出麗山東北，本導源北流，後秦始皇葬于山北，水過而曲行，東注北轉。始皇造陵，取土其地，汙深水積成池，謂之魚池也。在秦皇陵東北五里，周圍四里，池水西北流，逕始皇冢北。秦始皇大興厚葬，營建冢壙于麗戎之山，一名藍田㉖，其陰多金，其陽多玉，始皇貪其美名，因而葬焉。斬山鑿石，下錮三泉，以銅為槨，旁行周迴三十餘里，上畫天文星宿之象，下以水銀為四瀆、百川、五嶽、九州，具地理之勢。宮觀百官，奇器珍寶，充滿其中。今匠作機弩，有所穿近，輒射之。以人魚膏㉗為燈燭，取其不滅者久之。後宮無子者，皆使殉葬甚眾。墳高五丈，周迴五里餘，作者七十萬人，積年方成。而周章百萬之師，已至其下，乃使章邯領作者以禦難，弗能禁。項羽入關，發之，以三十萬人三十日運物不能窮。關東盜賊，銷槨取銅，牧人尋羊燒之，火延九十日不能滅。

41
北對鴻門十里，池水又西北流，水之西南有溫泉，世以療疾。《三秦記》曰：麗山西北有溫水，祭則得入，不祭則爛人肉。俗云：始皇與神女遊而忤其旨，神女唾之生瘡，始皇謝之，神女為出溫水，後人因以澆洗瘡。張衡〈溫泉賦序〉㉘曰：余出麗山，觀溫泉，浴神井，嘉洪澤之普施，乃為之賦云。此湯也，不使灼人形體矣。

42
池水又逕鴻門西，又逕新豐縣故城東，故麗戎地也。高祖王關中，太上皇思東歸，故象舊里，制茲新邑，立城社，樹枌榆，令街庭若一，分置豐民以實茲邑，故名之為新豐也。漢靈帝建寧三年，改為都鄉，封段熲為侯國。後立陰槃城。其水際城北出，世謂是水為陰槃水。又北絕漕渠，北注于渭。

43

渭水又東逕鴻門北，舊大道北下坂口名也。右有鴻亭。《漢書》：高祖將見項羽。《楚漢春秋》[29]曰：項王在鴻門，亞父曰：吾使人望沛公，其氣衝天，五色采相繆，或似龍，或似雲，非人臣之氣，可誅之。高祖會項羽，范增目羽，羽不應。樊噲杖盾撞人入，食豕肩于此，羽壯之。〈郡國志〉曰：新豐縣東有鴻門亭者也。郭緣生《述征記》，或云霸城南門曰鴻門也。項羽將因會危高祖，羽仁而弗斷，范增謀而不納，項伯終護高祖以獲免。既抵霸上，遂封漢王。按《漢書注》：鴻門在新豐東十七里，則霸上應百里。按《史記》：項伯夜馳告張良，良與俱見高祖，仍使夜返。考其道里，不容得爾。今父老傳在霸城南門數十里，于理為得。按緣生此記，雖歷覽《史》、《漢》，述行涂經見，可謂學而不思矣。今新豐縣故城東三里有坂，長二里餘，塹原通道，南北洞開，有同門狀，謂之鴻門。孟康言，在新豐東十七里，無之。蓋指縣治而言，非謂城也。自新豐故城西至霸城五十里，霸城西十里則霸水，西二十里則長安城。應劭曰：霸，水上地名，在長安東二十里，即霸城是也。高祖舊停軍處，東去新豐既遠，何由項伯夜與張良共見高祖乎？推此言之，知緣生此記乖矣。

44 渭水又東，石川水南注焉。渭水又東，戲水注之。水出麗山馮公谷，東北流，又北逕麗戎城東，《春秋》：晉獻公五年伐之，獲麗姬于是邑。麗戎，男國也，姬姓，秦之麗邑矣。又北，右總三川，逕鴻門東，又北逕戲亭東。應劭曰：戲，弘農湖縣西界也。地隔諸縣，不得為湖縣西。蘇林曰：戲，邑名，在新豐東南四十里。孟康曰：乃水名也，今戲亭是也。

45 昔周幽王悅褒姒，姒不笑，王乃擊鼓舉烽火以徵諸侯，諸侯至，無寇，褒姒乃笑，王甚悅之。及犬戎至，王又舉烽以徵諸侯，諸侯不至，遂敗幽王于戲水之上，身死于麗山之北。故《國語》㉚曰：幽滅者也。

46 漢成帝建始二年，造延陵為初陵，以為非吉，于霸曲亭南更營之。鴻嘉元年，于新豐戲鄉為昌陵縣，以奉初陵。永始元年，詔以昌陵卑下，客土疏惡，不可為萬歲居，其罷陵作，令吏民反，故徙將作大匠解萬年燉煌。《關中記》曰：昌陵在霸城東二十里，取土東山，與粟同價，所費巨萬，積年無成。即此處也。

47 戲水又北分為二水，竝注渭水。渭水又東，泠水入焉。水南出肺浮山，蓋麗山連麓而異名也。北會三川，統歸一壑，歷陰槃、新豐兩原之間，北流注于渭。

渭水又東，酋水南出倒虎山，西總五水，單流逕秦步高宮東，世名市丘城。歷新豐原東而北逕步壽宮西，又北入渭。渭水又東得西陽水，又東得東陽水，竝南出廣鄉原北垂，俱北入渭。渭水又東逕下邽縣故城南。秦伐邽，置邽戎于此。有上邽，故加下也。渭水又東與竹水合。水南出竹山北，逕媚加谷，歷廣鄉原東，俗謂之大赤水，北流注于渭。

48 渭水又東得白渠口。大始二年，趙國中大夫白公奏穿渠引涇水，首起谷口，出于鄭渠南，名曰白渠。民歌之曰：田于何所，池陽谷口，鄭國在前，白渠起後。即水所始也。東逕宜春城南，又東南逕池陽城北，枝瀆出焉。東南歷藕原下，又東逕鄣縣故城北，東南入渭，今無水。

49 白渠又東，枝渠出焉，東南逕高陵縣故城北，〈地理志〉曰：左輔都尉治，王莽之千春也。《太康地記》謂之曰高陸也。車頻《秦書》曰：苻堅建元十四年[31]，高陸縣民穿井得龜，大二尺六寸，背文負八卦古字，堅以石為池養之，十六年而死，取其骨以問吉凶，名為客龜。大卜佐高魯夢客龜言：我將歸江南，不遇，死于秦。魯于夢中自解曰：龜三萬六千歲而終，終必亡國之徵也。為謝玄破于淮、肥，自縊新城浮圖中，秦祚因即淪矣。

50 又東逕櫟陽城北，《史記》：秦獻公二年，城櫟陽，自雍徙居之；十八年，雨金于是處也。項羽以封司馬欣為塞王。按《漢書》：高帝克關中始都之，王莽之師亭也。後漢建武二年，封驃騎大將軍景丹為侯國。丹讓，世祖曰：富貴不還故鄉，如衣錦夜行，故以封卿。白渠又東逕秦孝公陵北，又東南逕居陵城北、蓮芍城南，又東注金氏陂，又東南注于渭。故《漢書‧溝洫志》曰：白渠首起谷口，尾入櫟陽是也。今無水。

又東過鄭縣北，

51 渭水又東逕巒都城北，故蕃邑，殷契之所居。《世本》曰：契居蕃。闞駰曰：蕃在鄭西。然則今巒城是矣。俗名之赤城，水曰赤水，非也。苻健入秦，據此城以抗杜洪。小赤水即《山海經》之灌水也。水出石脆之山，北逕蕭加谷于孤柏原西，東北流與禺水合。水出英山，北流與招水相得，亂流西北注于灌。灌水又北注于渭。渭水又東，西石橋水南出馬嶺山，積石據其東，麗山距其西，源泉上通，懸流數十，與華岳同體。其水北逕鄭城西，水上有橋，橋雖崩褫，舊跡猶存。東去鄭城十里，故世以橋名水也。而北流注于渭，闞駰謂之新鄭水。

52 渭水又東逕鄭縣故城北，《史記》：秦武公十年㉜縣之，鄭桓公友之故邑也。《漢書》薛瓚《注》言：周自穆王已下，都于西鄭，不得以封桓公也。幽王既敗，虢、儈又滅，遷居其地，國于鄭父之丘，是為鄭桓公。無封京兆之文。余按遷《史記》，考《春秋》、《國語》、《世本》言，周宣王二十二年，封庶弟友于鄭。又《春秋》、《國語》竝言桓公為周司徒，以王室將亂，謀于史伯，而寄帑與賄于虢、儈之間。幽王霣于戲，鄭桓公死之。平王東遷，鄭武公輔王室，滅虢、儈而兼其土。故周桓公言于王曰：我周之東遷，晉、鄭是依。乃遷封于彼。《左傳》隱公十一年，鄭伯謂公孫獲曰：吾先君新邑于此，其能與許爭乎？是指新鄭為言矣。然班固、應劭、鄭玄、皇甫謐、裴頠、王隱、闞駰及諸述作者，咸以西鄭為友之始封，賢于薛瓚之單說也。無宜違正經而從逸錄矣。

53 赤眉樊崇于郭北設壇，祀城陽景王，而尊右校卒史劉俠卿牧牛兒盆子為帝。年十五，被髮徒跣，為具絳單衣，半頭赤幘，直綦履。顧見眾人拜，恐畏欲啼。號年建世，後月餘，乘白蓋小車，與崇及尚書一人，相隨向鄭北，渡渭水，即此處也。

54 城南山北有五部神廟，東南向華岳，廟前有碑，後漢光和四年，鄭縣令河東裴畢字君先立。渭水又東與東石橋水會，故沇水也[33]。水南出馬嶺山，北流逕武平城東。按〈地理志〉：左馮翊有武城縣，王莽之桓城也。石橋水又逕鄭城東，水有故石梁，《述征記》曰：鄭城東、西十四里各有石梁者也。又北逕沇陽城北，注于渭。《漢書・地理志》：左馮翊有沇陽縣，王莽更之曰制昌也。蓋藉水以取稱矣。

渭水又東，敷水注之。水南出石山之敷谷，北逕告平城東。耆舊所傳，言武王伐紂，告太平于此，故城得厥名，非所詳也。敷水又北逕集靈宮西。〈地理志〉曰：華陰縣有集靈宮，武帝起，故張昶〈華嶽碑〉稱，漢武慕其靈，築宮在其後。而北流注于渭。渭水又東，糧餘水注之。水南出糧餘山之陰，北流入于渭，俗謂之宣水也。渭水又東合黃酸之水，世名之為千渠水。水南出升山，北流注于渭。渭水又東逕平舒城北，城側枕渭濱，半破淪水，南面通衢。昔秦始皇之將亡也，江神素車白馬，道華山下，返璧于華陰平舒道，曰：為遺鎬池君。使者致之，乃二十八年渡江所沉璧也。即江神返璧處也。渭水之陽即懷德縣界也。城在渭水之北，沙苑之南，即懷德縣故城也。世謂之高陽城，非矣。〈地理志〉曰：〈禹貢〉北條荊山在南山下，有荊渠，即夏后鑄九鼎處也。王莽更縣曰德驩。渭水又東逕長城北，長澗水注之。水南出太華之山，側長城東而北流，注于渭水。《史記》：秦孝公元年，楚、魏與秦接界，魏築長城，自鄭濱洛者也。

又東過華陰縣北，

56 洛水入焉，闞駰以為漆沮之水也。《曹瞞傳》[34]曰：操與馬超隔渭水，每渡渭，輒為超騎所衝突。地多沙，不可築城。婁子伯說，今寒可起沙為城，以水灌之，一宿而成。操乃多作縑囊以堙水，夜汲作城，比明城立于是水之次也。

渭水逕縣故城北，《春秋》之陰晉也。秦惠文王五年，改曰寧秦；漢高帝八
57 年，更名華陰。王莽之華壇也。縣有華山[35]。《山海經》曰：其高五千仞，削成而四方，遠而望之，又若華狀，西南有小華山也。韓子曰：秦昭王令工施鉤梯上華山，以節柏之心為博箭，長八尺，棊長八寸，而勒之曰：昭王嘗與天神博于是。《神仙傳》曰：中山衛叔卿嘗乘雲車，駕白鹿，見漢武帝。帝將臣之，叔卿不言而去。武帝悔，求得其子度世，令追其父，度世登華山，見父與數人博于石上，敕度世令還。山層雲秀，故能懷靈抱異耳。山上有二泉，東西分流，至若山雨滂湃，洪津泛灑，挂溜騰虛，直瀉山下。有漢文帝廟，廟有石闕數碑，

一碑是建安中立，漢鎮遠將軍段煨更脩祠堂，碑文漢給事黃門侍郎張昶造，昶自書之。文帝又刊其二十餘字，二書存，垂名海內。又刊侍中司隸校尉鍾繇、弘農太守毋丘儉姓名，廣六行，鬱然脩平。是太康八年，弘農太守河東衛叔始為華陰令，河東裴仲恂役其逸力，脩立壇廟，夾道樹柏，迄于山陰。事見永興元年華百石所造碑。

58 渭水又東，沙渠水注之。水出南山北流，西北入長城。城自華山北達于河。《華嶽銘》曰：秦、晉爭其祠，立城建其左者也。郭著《述征記》指證魏之立長城，長城在後，不得在斯，斯為非矣。渠水又北注于渭。《三秦記》曰：長城北有平原，廣數百里，民井汲巢居，井深五十尺。渭水又東逕定城北，《西征記》曰：城因原立。《述征記》曰：定城去潼關三十里，夾道各一城。渭水又東，泥泉水注之，水出南山靈谷，而北流注于渭水也。渭水又東合沙渠水。水即符禺之水也，南出符石，又逕符禺之山，北流入于渭。

東入於河。

59 《春秋》之渭汭也。《左傳》閔公二年，虢公敗犬戎于渭隧。服虔曰：隧謂汭也。杜預曰：水之隈曲曰汭。王肅云：汭，入也。呂忱云：汭者，水相入也。

水會，即船司空所在矣。〈地理志〉曰：渭水東至船司空入河。服虔曰：縣名，都官。《三輔黃圖》有船庫官，後改為縣。王莽之船利者也。

【注　釋】❶成林渠　殿本在此處有戴震案語：「此有脫誤，《漢書・地理志》『右扶風』下云，成國渠首受渭，東北至上林苑為蒙蘢渠。」《水經注疏》熊會貞按：「〈溝洫志〉亦作成國渠，與〈地理志〉同，別無成林渠之稱。」❷洪範五行傳　書名。五行，指金、木、水、火、土，故亦是占卜讖緯之書。已亡佚，輯本收入於《左海全集》、《漢魏遺書鈔》等。❸與赤水會　此處有佚文一條。清吳燾《游蜀日記》引《水經注》：「赤水即竹水，一名箭谷水。」當是此段下佚文。❹在水東鄠縣　此處有佚文一條。《寰宇記》卷二十六〈關西道〉二〈雍州〉二〈鄠縣〉引《水經注》：「亭在甘水之東。」又云：「扈水上承扈陽池。」當是此段下佚文。❺上林　詩賦名。事見《漢書・司馬相如傳》。❻詩　《詩經・大雅・文王有聲》。❼春秋後傳　書名。《隋書・經籍志》著錄三十一卷，晉著作郎樂資撰。書記戰國至秦末史事。〈兩唐志〉著錄作三十卷。已亡佚，輯本收入於《漢學堂叢書》及《漢魏遺書鈔》等。❽毛詩　《詩經・小雅・白華》。❾五言詩　詩名。晉成公綏撰。《隋書・經籍志》著錄《成公綏集》九卷，〈兩唐志〉著錄作十卷。但集中不收此詩，唯丁福保《全晉詩》卷二收錄。成公綏字子安，《晉書》有傳。❿枝合　《疏》本作「左合」，此依《疏》本語譯於後。⓫秦通六基　《水經注疏》熊會貞按：「秦通六基無考，當在今長安縣西。」⓬關中記　書名。〈兩唐志〉著錄一卷，晉潘岳撰。已亡佚，輯本收入於宛委山堂《說郛》弓六十一及《擊淡廬叢稿》等，均一卷。⓭三輔黃圖　書名。《隋書・經籍志》著錄作《黃圖》一卷。〈兩唐志〉作《三輔黃圖》一卷。其書撰於後漢，但不著撰人。漢景帝時分內史為左、右內史和主爵中尉，同治長安城內京畿之地，故稱三輔。此書記敘秦漢三輔的各種城市建設，內容詳盡而清楚，故甚有價值。今收入於《古今逸史》、《關中叢書》、《寶顏堂祕笈》、宛委山堂《說郛》弓六十等，又有單行本，如陳直著《三輔黃圖校正》。⓮漢武帝故事　書名。《隋書・經籍志》及〈兩唐志〉著錄二卷，不著撰人，亦有題漢班固撰者。已亡佚，輯本甚多，如《古今說海》、《古今逸史》、《玉函山房輯佚書補編》等。⓯建章鳳闕賦　詩賦名。《隋書・經籍志》及〈兩唐志〉著錄後漢丞相主簿《繁欽集》十卷，此賦當在集中。今賦隨集亡，僅見《三輔黃圖》及宋敏求《長安志》等引及。參見本書卷八〈濟水〉篇中〈避地賦〉注釋。⓰傅子宮室　書名。此書不見於歷來公私著錄，不知撰者和撰述年代，除酈注外亦不見他書引及。已亡佚。⓱但言　殿本在此處有戴震案語：「此下有脫文。」朱謀㙔《水經注箋》說：「謝（按指謝兆申）云：疑有脫誤。」語譯從略。⓲銅谷水　此處有佚文。宋敏求《熙寧長安志》卷十六〈縣〉六〈藍田・銅谷水〉引《水經注》：「其水右合東川水，水出南山之石門谷。」又云：「石門谷東有銅谷水。」此二「石門谷」不同，「石門谷東有銅谷水」句中，「石門谷」三字，當為此句下佚文。⓳土地記　書名。不見隋唐諸志著錄。文廷式《補晉書藝文志》卷二云：「張氏《土地記》，郭璞於注《山海經・海內南經》引之。」本卷《經》文「又東過霸陵縣北，霸水從縣西北流注之」下，《注》文引及此書。同卷《經》文「又東過槐里縣南，又東，澇水從南來注之」下，《注》引及「張晏」之名，但未及此書。姚振宗《三國藝文志》著錄有張晏《土地記》一種，疑即張氏《土地記》。晏字子博，三國魏人，其書亡佚已久，亦無輯本。⓴地名嶢柳道二句　《疏》本斷句為：「地名嶢柳，道通荊州。」今依《疏》本語譯於後。㉑王仲宣賦詩　指王粲所著之〈七哀詩〉，收錄於《昭明文選》。仲宣為王粲字。㉒關中圖　圖名。不見隋唐諸志著錄，亦不知撰者和撰繪年代。已亡佚，《玉海》卷十四〈漢長安圖〉下引及此圖。但《水經注疏》認為此圖是《開山圖》之誤。《疏》：「朱《開山圖》訛作〈關中圖〉，全、趙、戴同。守敬按：《初學記》八，《文選》王元長《曲水詩序注》，《寰宇記》並引此條，語有詳略，皆作《遁甲開山圖》，則「關中」當作「開山」無疑。」㉓霸橋木災　《疏》本校記按：《漢書・王莽傳》無「木」字。沈炳巽云：「木」字疑衍。下文所述皆是霸橋被火焚毀之事，此「木」字不可解。㉔戰國策　《戰國策・秦策》。㉕列士傳　書名。《隋書・經籍志》及〈兩唐志〉著錄二卷，漢劉向撰。已亡佚，輯本收入於《玉函山房輯佚書補編》。㉖藍田　此處有佚文一條。宋敏求《熙寧長安志》卷十六〈縣〉六〈藍田・劉谷水〉引《水經注》：「劉谷水出藍田山之東谷，俗謂之劉谷，西北與石門水合。」當是此段下佚文。㉗人魚膏　人魚熬成的油。人魚，《正義》引《廣志》謂其「聲如小兒啼，有四足」。蓋即今之所謂鯢，俗稱娃娃魚。㉘溫泉賦序　詩賦名。賦及序均收入於《古文苑》卷五及清嚴可均《全後漢文》。㉙楚漢春秋　書名。《漢書・藝文志》著錄九卷，漢陸賈撰。已亡佚，有《漢學堂》輯本。㉚國語　《國語・魯語》。㉛苻堅建元十四年　《水經注疏》作「苻堅建元十二年」。《疏》：「戴改作『十四年』，守敬按：《十六國春秋》作『十二年正月』。」㉜秦武公十年　《水經注疏》作「秦武公十一年」。《疏》：「朱無『一』字，全、趙、戴同。會貞按：〈秦本紀〉，武公十一年，初縣鄭。此脫『一』字，今增。」㉝故沈水也　此處有佚文一條。《寰宇記》卷二十九〈關西道〉五〈華州・鄭縣〉引《水經注》：「沈水北逕沈城之西。」當是此段下佚文。㉞曹瞞傳　書名。〈兩唐志〉著錄《曹瞞傳》一卷。〈舊唐志〉並云吳人作。曹操，字孟德，小名阿瞞。已亡佚，《世說新語注》及《文選注》有引及。㉟縣有華山　此處有佚文一條。《方輿紀要》卷五十二〈陝西〉一〈泰華〉引《水經注》：「華嶽有三峰，直上數千仞，基廣而峰峻疊秀，迄于嶺表，有如削成。」當是此句下佚文。

【語　譯】 又東過槐里縣南，又東，澇水從南來注之。

1 渭水流經槐里縣老城南。《漢書集注》：李奇稱老城為小槐里，是槐里縣的西城。渭水又東流與芒水支流匯合。芒水的支流在竹圃匯合了芒水，東北流，又轉彎北流注入渭水。渭水又東北流經黃山宮南，就是〈地理志〉所說的：縣裡有黃山宮，是惠帝二年（西元前一九三年）所建。〈東方朔傳〉說：武帝微服出行，西到黃山宮。所以人們稱為遊城。在這裡有就水注入。就水發源於南山的就谷，北流經大陵西，人們稱為老子陵。從前李耳在周朝當柱史，因為周朝衰落了，於是避世去到戎族地區，他的墳墓就在這裡。此事並無確實的證據，但莊周著書說：老聃死後，秦失去弔唁他，號哭了三聲就出來。這裡沒有說老子是不死的，而且人秉承了五行的精氣，而陰陽的變化也總是有個盡頭的，人也絕沒有不死的道理。照此推斷，也許流傳下來的說法是可信的。古人容許保留疑點，所以把兩種說法都記下來。

2 就水流過竹圃北，與黑水匯合。黑水上流承接三泉，在就水右岸，三條源泉分頭流出，最後合併成一條，北流，向左注入就水。就水又北流注入渭水。渭水又東流匯合了田溪水。田溪水發源於南山田谷，北流經長楊宮西，又北流經盩厔縣老城西，又東北流，匯合了一條水。此水上流承接盩厔縣的南源，北流經該縣東，又北流經思鄉城西，又北流注入田溪。田溪水又北流，注入渭水。盩厔縣北有蒙蘢渠，上口在郿縣承接渭水，東流經武功縣叫成林渠，東流經縣北，又叫靈軹渠。〈河渠書〉以為是從堵水引流的。徐廣說：此渠又叫諸川，一點也沒錯。

3 渭水又東流經槐里縣老城南，槐里縣就是古代的犬丘邑，周懿王建都在這裡。秦朝叫廢丘，又叫舒丘。中平元年（西元一八四年），靈帝把該縣封給左中郎將皇甫嵩為侯國。該縣南臨渭水，北依通渠。《史記・秦本紀》說：秦武王三年（西元前三〇八年），渭水接連三天發紅；秦昭王三十四年（西元前二七三年），渭水又接連三天大發紅。《洪範五行傳》說：紅是火的顏色，水完全變紅，是火克水的象徵。渭水是秦國的大河流，陰陽錯亂，這是秦使用嚴刑，導致敗亂的徵兆。後來項羽入秦，封司馬欣為塞王，定都櫟陽；封董翳為翟王，定都高奴；封章邯為雍王，定都廢丘：這就是三秦。漢高祖北征，平定三秦，引水來淹灌廢丘城，消滅了章邯。三年（西元前二〇四年），把廢丘改名為槐里。王莽又改名為槐治。人們稱為大槐里。晉太康年間（西元二八〇～二八九年），是始平郡的郡治。槐里城有環繞如帶的堤道，舊渠至今仍在，這堤道就是《漢書》所謂的槐里環堤。

4 東有漏水，發源於南山的赤谷，東北流經長楊宮東，長楊宮裡有長楊樹，因而以樹為名。漏水又北流經萯圃西，也叫仙澤。又北流經望仙宮，又東北流，耿谷水注入。耿谷水發源於南山的耿谷，北流與柳泉匯合；東北流經五柞宮西。長楊、五柞這兩座宮殿，相距八里，都是以樹木為宮名的。這也正像陶潛以五柳為號一樣。所以張晏說：宮裡有五柞樹，在盩厔縣西。耿谷水北流經仙澤東，又北流經望仙宮東，又北流與赤水匯合，又北流經思鄉城東，又北流注入渭水。

5 渭水又東流，匯合了甘水。甘水發源於南山的甘谷，北流經秦文王的萯陽宮西，又北流經五柞宮東，又北流經甘亭西，亭在水東鄠縣。從前夏啟討伐有扈氏，就在這個亭子裡立誓。所以馬融說：甘是有扈氏南郊的地名。甘水又東流到了澇水口。從這裡流入的水，發源於南山的澇谷，北流經漢宜春觀東，又北流經鄠縣老城西，澇水沿著城邊北流，匯合了美陂水。美陂水自宜春觀北流而出，東北流注入澇水。澇水又北流注入甘水，然後亂流注入渭水。這裡就是上林苑的故址。

6 東方朔說：建元年間（西元前一四〇～前一三五年），漢武帝微服出行，北到池陽，西到黃山，南在長楊狩獵，東在宜春遊覽。夜間更漏到了十刻，就出來與侍中、常侍、武騎、待詔，以及隴西、北地的良家子弟善於騎射者，在殿下相會，所以這地方就叫期門了。天明以後，這一行人馬都去到山下，騎馬奔馳，射獵鹿、野豬、狐狸和兔子，而且還徒手與熊羆格鬥，皇上十分高興。皇上於是命大中大夫虞丘壽王與能運算的待詔，登記阿城以南、盩厔以東、宜春以西所轄田畝及其價值，把這片土地徑直延伸到與南山相連，都劃為上林苑。東方朔以秦建阿房宮而天下大亂的歷史教訓來進諫，又陳述了按泰階六符來觀察天象、預卜吉凶的道理，皇上於是封他為大中大夫、給事中，賞賜黃金百斤，但還是建造了上林苑。所以司馬相如請求撰寫了一篇天子遊獵的賦，文中假託烏有先生、亡是公，並把此〈上林賦〉呈獻給武帝。

又東，豐水從南來注之。

7 豐水發源於豐溪，西北流分為兩條：一條東北流，是支流；一條西北流，然後又北流，有交水從東方流來注入；又北流，有昆明池水注入；又北流經靈臺西，又北流到石墩而注入渭水。《地說》說：渭水又東流，在短陰山內與豐水匯合。兩水相匯合的地方，沒有別的高山奇嶺，所有的不過是原野丘陵和石堤而已。水上從前有便門橋，與便門直對，建於武帝建元三年（西元前一三八年）。張昌說：橋在長安西北茂陵東。如淳說：距長安四十里。渭水又流經太公廟北，廟前有「太公碑」，文字都已剝落殘缺，現在無法辨認了。渭水又東北流與鄗水匯合。鄗水上流在昆明池北承接鄗池，這就是周武王建都的地方。所以《詩經》說：武王前來占卜，建都選定鄗京，靈龜昭示大吉，武王把它建成。自從漢武帝在這裡開鑿昆明池，周朝故都已湮沒，現在已再也無法探尋了。

8 《春秋後傳》說：使者鄭容進了柏谷關，來到平舒置時，看見華山有素車白馬，車上人問鄭容要到哪裡去？鄭容答道：到咸陽去。車上人說：我是華山君的使者，想請您帶一封信給鄗池君。您到咸陽，要經過鄗池，您會看到大梓樹下有一塊有花紋的石頭，您拿來敲一下這棵梓樹，就會有人出來接應您的。請把信交給他，但不要擅自拆閱；信交到後，就可以得到您想要的東西了。鄭容到了鄗池，看到一棵梓樹下面果然有一塊有花紋的石頭，他拿來敲了一下梓樹，裡面有人應聲道：來了。鄭容恍如睡夢裡一般，看見有一座宮闕，像是帝王的居處。一位侍者出來，接過信就進去了。一會兒，聽到裡面有人說話的聲音，說是祖龍死了。鬼神的事渺渺茫茫，難以按常理來推測，因而也無從細究它的祕奧了。

9 鄗水又北流，西北流與滮池匯合。滮池的水出自鄗池西，北流注入鄗水。《毛詩》說：滮，是水流的波浪。但世代傳說卻以為是水名。鄭玄說：豐水、鄗水之間，水都是北流的。鄗水北流經清泠臺西，又流經磁石門西。磁石門在阿房宮前，因為全都是用磁石造成的，所以就以磁石為門名。四夷來朝覲的人，如果身上隱藏著鎧甲刀劍進門，就會被發現而可以制止他們，由於此門如此神妙，所以又名卻胡門。鄗水又北流注入渭水。

10 渭水北有杜郵亭，距咸陽十七里，現在叫孝里亭，裡面有白起祠。可嘆呀！白起有克敵制勝的本領，卻愧無尹商的仁德，這裡就是他拔劍自刎的地方。渭水又東北流經渭城南，文穎以為就是古代的咸陽，是秦孝公所居的離宮。獻公建都於櫟陽，天上下金雨，周太史儋見獻公說：周從前與秦國由合而分，分後五百年又合，合後七十年而出了一位霸王。到了孝公時建咸陽，築冀闕，於是就遷都到那裡。所以〈西京賦〉說：秦的居處在北方，就是咸陽。太史公說：長安，就是古時的咸陽。漢高帝改名為新城。武帝元鼎三年(西元前一一四年)，另建渭城，在長安西北渭水的北岸，就是王莽時的京城。初時隸屬扶風，後來併入長安。南有泬水注入。泬水上口在樊川承接皇子陂，這裡就是杜縣的樊鄉。漢高祖到了櫟陽，因為將軍樊噲曾水淹廢丘，功勞最大，就把此鄉賜給他作為食邑。

11 泬水西北流經杜縣的杜京西，西北流經杜伯墓南。杜伯和他的朋友左儒在宣王朝中做官，左儒無罪被害，杜伯為他而死，最後向宣王報了仇。所以成公子安〈五言詩〉說：誰說鬼無知，杜伯射宣王。泬水又西北流經下杜城，就是杜伯國。泬水又西北流，左岸匯合舊渠。渠道有兩條水流，上口承接交水，在高陽原匯合為一條，北流經河池陂東，北流注入泬水。泬水又北流與昆明舊池匯合，又北流經秦通六基東，又北流經堨水陂東，又北流匯合了陂水。陂水上流承接該陂，東北流注入泬水。

12 泬水又北流經長安城，西流與昆明池水匯合。昆明池水上流在昆明臺承接昆明池，昆明臺就是從前王仲都所住的地方。桓譚《新論》說：元帝患病，徵求天下方士，於是漢中送去了道士王仲都。元帝下詔問他有什麼本領，王仲都回答道：能經得起寒暑。於是在隆冬酷寒的日子，叫他在上林昆明池上打赤膊乘坐馬車，繞著結冰的池水奔跑。駕車人穿著厚厚的狐皮襖還顫抖不止，唯獨王仲都一人坦然面不改色；他躺在池臺上，也若無其事似的。夏天酷暑的日子，叫他坐在驕陽之下曝曬，四面還圍繞著十個火爐，他卻不說熱，而且身上也不出汗。

13 池水北流經鄗京東、秦阿房宮西。《史記》說：秦始皇三十五年(西元前二一二年)，因咸陽官員眾多，先王的宮殿太小，於是在渭南建朝宮，也叫阿城。秦始皇先造前殿阿房宮，宮中坐得下萬人，殿下可豎立高達五丈的旌旗。四周建造閣道，從宮殿直達南山。將南山的山頭給朝宮做宮前的雙闕，從阿房宮建造複道跨過渭水，與咸陽相連，以象徵天極閣道橫渡銀河，直通營室星。《關中記》說：阿房宮在長安西南二十里，宮殿的規模東西一千步，南北三百步，庭中可容納十萬人。

14 昆明池水又轉彎流經宮殿北，東北流注入堨水陂。陂水從北面流出，流經漢武帝建章宮東，在鳳闕南東流注入泬水。泬水又北流經鳳闕東。《三輔黃圖》說：建章宮，漢武帝所建，周圍二十餘里，宮中有成千上萬的門窗。東邊是鳳闕，高七丈五尺，民間稱為貞女樓，這不對。《漢武帝故事》說：宮闕高二十丈。《關中記》說：建章宮的門闕呈圓形，面對通向北方的道路，闕上有金鳳，高丈餘，所以稱為鳳闕。繁欽《建章鳳闕賦》說：秦漢時的規模，已經消蹤滅跡，只有建章宮的鳳闕，還巍然獨存。鳳闕雖然不合象魏的規制，但也是一代偉大的樓觀了。

15 泬水又北流，分為兩條：一條東北流，一條北流經神明臺東。《傅子宮室》說：皇上在建章宮中築神明臺、井榦樓，高度都達到五十餘丈，而且上面都造了懸閣，下面鋪了車路相通。《三輔黃圖》說：神明臺在建章宮，上面有九個房間，現在人們稱為九子臺，但實際上卻不是。泬水又流經漸臺東。《漢武帝故事》說：建章宮北有太液池，池中有漸臺，高三十丈。漸，意思是浸；就是說被池水所浸。但據另一種說法，漸是星名。南有璧門三層，高三十餘丈；中殿十二間，臺階都用玉砌成。又鑄銅鳳高五丈，以黃金裝飾；樓屋上的椽子頭上，都貼上了玉璧。因此稱為璧玉門。泬水又北流注入渭水。也有人把這條水叫潏水的。所以呂忱說：潏水發源於杜陵縣。《漢書音義》說：潏是水流聲，不是水名。也叫高都水。前漢末年，王氏五侯大規模開鑿水池，修建宮室，把泬水引入長安城。所以老百姓的歌謠道：五侯開始興起，曲陽侯最為殷富。毀掉高都堤防，占地直到五杜。土山還有漸臺，象徵西方白虎。說的就是這條水。

又東過長安縣北，

16 渭水東流，分為兩條。《廣雅》說：從渭水分出的是㶏水，正像河水有雍水一樣。這條水道往東北流經「魏雍州刺史郭淮碑」南，又東南流與一條水匯合，流經兩個石人北。秦始皇造橋，鐵鐓太重，沒人抬得動，所以雕了兩個石人，代表大力士孟賁等像，向他們致祭，鐵鐓這才搬得動了。

17 水又東流經陽侯祠北，水漲時就要祭祀。這位神祇能掀起大浪，所以與河伯一起享祭。後人卻以為這是鄧艾祠，這真可悲。譭謗者得志，世道淪喪，忠良的人就要受害了。澩水又東流注入渭水。水上有橋，稱為渭橋，是秦時建造的，也叫便門橋。秦始皇在渭水南北兩岸都建了離宮，象徵天宮，所以《三輔黃圖》說：渭水直穿都城，以象徵天上銀河，跨河造橋通南岸，以仿效牽牛星。南有長樂宮，北有咸陽宮，要使兩宮可以相通，所以造了這座橋。橋寬六丈，南北長三百八十步，橋上有六十八個房間，共七百五十根柱子，一百二十二條大梁。橋的南北兩端都有堤防，豎立著石柱，柱南由京兆尹主管，柱北由左馮翊主管。有令丞等官員，每人都帶領役徒一千五百人。橋的北端，在水中堆疊石塊，所以叫石柱橋。舊時有忖留神像。這位神祇曾與魯班談話，魯班請他出來。忖留說：我的相貌很醜陋，而你又擅長描繪人物的容貌，我不能出來。魯班於是拱手作揖，對他說：請把您的頭露出來與我相見就好了。忖留才把頭露出來。於是魯班用腳在地上描畫。忖留覺察到了，就重新沒入水中。所以他的像是放在水中的，只有背部以上露出水面。後來董卓入關，燒了這座橋，魏武帝重建此橋，橋寬三丈六尺。忖留的像，因曹操騎馬看見時吃了一驚，又叫人把它移去。《燕丹子》說：燕太子丹留在秦國當人質，秦王待他無禮，於是請求回國。秦王在橋上裝了機關，想謀害太子丹，但太子丹過橋時機關卻沒有觸發。還有一個傳說，說是兩條龍交在一起，抬起他的車子，所以機關就不能觸發了。……現在已不知橋的原址了。

18 渭水又東流與泬水支流匯合。泬水的支流上流承接泬水，東北流經鄧艾祠南，又東流分為兩條：一條東流進入逍遙園，注入藕池，池中有臺觀，岸邊荷葉荷花遮蓋了水面，秀麗悅目；另一條北流注入渭水。

19 渭水又東流經長安城北。長安城是漢惠帝元年（西元前一九四年）開始修築，六年時建成，這就是咸陽城。秦時的離宮原來是沒有築城的，所以築了城牆。王莽改名為常安。咸陽有十二座城門，從東城出去，北端第一座城門原叫宣平門，王莽改名為春王門正月亭，又叫東都門；外城的城門也叫東都門。這就是逢萌掛冠辭官而去的地方。第二座城門原叫清明門，又叫凱門，王莽改名為宣德門布恩亭，裡面有藉田倉，也叫藉田門。第三門原叫霸城門，王莽改名為仁壽門無疆亭；老百姓看到門呈青色，又叫它青城門，或者叫青綺門，又叫青門。從前城門外出產好瓜，廣陵人邵平，秦時做過東陵侯，秦亡，當了老百姓，在此門外種瓜，瓜很甜美，人們稱為東陵瓜。阮籍〈詠懷詩〉說：從前聽說東陵瓜，就在青門外近畔；瓜田一畦連一畦，大瓜小瓜連成串。指的就是此門。從南城出去，東端第一座城門原叫覆盎門，王莽改名為永清門長茂亭，南面有下杜城。應劭說：就是從前杜陵的下聚落，所以叫下杜門，又叫端門，北對長樂宮。第二座城門原叫安門，也叫鼎路門，王莽改名為光禮門顯樂亭，北對武庫。第三門原叫平門，又叫便門，王莽改名為信平門誠正亭，又叫西安門，北對未央宮。出西城，南端第一門原叫章門，王莽改名為萬秋門億年亭，又叫光華門。第二門原叫直門，王莽改名為直道門端路亭，就是從前的龍樓門。張晏說：門樓有銅龍。《三輔黃圖》說：長安西出第二門，就是這座門。第三門原叫西城門，又叫雍門，王莽改名為章義門著義亭。渭水北流進入有函里，老百姓稱為函里門，又叫突門。出北城，西端第一門原叫橫門，王莽改名為霸都門左幽亭。如淳說：橫，音光，所以叫光門，外城有都門、有棘門。徐廣說：棘門在渭水北。孟康說：在長安北，是秦時的宮門。如淳說：《三輔黃圖》說棘門在橫門外。據《漢書》：徐厲駐軍在這裡，以防備匈奴。又有通門、亥門。第二門原叫廚門，又叫朝門，王莽改名為建子門廣世亭，又名高門。蘇林說：高門是長安城北門。門內有長安廚官在東，所以叫廚門。如淳說：現在叫廣門。第三門原叫杜門，也叫利城門，王莽改名叫進和門臨水亭；外面有客舍，所以老百姓叫它客舍門，又叫洛門。所有這些城門，都有通衢大道四通八達，每座大開的城門都有三條大道通過。修路時以大鐵錐夯土，大路兩旁種植樹木，從左邊出城，右邊進城，往來通行都有一定的途徑；行路的人或升或降，有上下等級的差別。漢成帝還是太子時，元帝有急事召喚他，太子出了龍樓門，不敢橫穿馳道，就一直往西走到直城門方才能穿過大路。皇上奇怪他為什麼來得這樣晚，問他什麼緣故，太子說明原因，皇上十分高興，於是下了命令，特許太子可以橫穿馳道。

20 渭水東流與昆明舊渠匯合。此渠上流承接昆明池東邊的水口，東流經河池陂北，河池陂也叫女觀陂。又東流與泬水匯合，泬水也叫漕渠。又東流經長安縣南，東流經明堂南，就是舊時引水圍繞的辟雍，在鼎路門東南七里。明堂的規制上圓下方，內有九宮十二堂，四面有五個房間，堂北三百步有靈臺，是漢平帝元始四年（西元四年）所建。渠南有漢朝原來祭天的圜丘，成帝建始二年（西元前三一年）撤銷雍縣五畤，才在長安南郊奉祀皇天上帝。應劭說：天郊在長安南，就是此處。舊渠以北有白亭博望苑，是漢武帝依太子的喜好而建的，以便他與賓客交往。巫蠱事起，太子砍開杜門往東逃走，史良娣自殺，葬於苑北，宣帝稱為戾園，又因有戲子千人在思后的園廟作樂，所以也叫千鄉。

21 舊渠又東流北轉，流經青門外，與泬水支渠匯合。支渠上流在章門西承接泬水，渠道引水入城，東為倉池，池在未央宮西，池中有漸臺。漢朝起兵討伐王莽後，王莽便是死於此臺。舊渠又東流經未央宮北。高祖在關東時，命令蕭何興建未央宮，蕭何掘平龍首山的前端來營建此宮，龍首山長六十餘里，前端瀕渭水，山尾延伸到樊川，山頭高二十丈，尾端逐漸降低，高僅五六丈。山土呈紅色，十分堅硬，傳說從前有黑龍從南山出來到渭水飲水，龍所經過的道路依山而形成痕跡，宮殿以山為基，宮闕也無需另築臺址，就已高出長安城了。北有玄武闕，就是北闕。東有蒼龍闕，闕內有閶闔、止車諸門。未央宮東有宣室、玉堂、麒麟、含章、白虎、鳳皇、朱雀、鵷鸞、昭陽諸殿，天祿、石渠、麒麟三閣。未央宮北，就是桂宮。周圍十餘里，內有明光殿、走狗臺、柏梁臺，從前有複道相通。所以張衡〈西京賦〉說：後宮之外，閣道彎彎曲曲，把長樂宮和明光殿相連起來，往北通到桂宮。

22 舊渠在二宮之間流出，稱為明渠。又東流經武庫北，從前樗里子就葬在這裡。樗里子名疾，是秦惠王的異母弟，為人滑稽而富於智謀，秦人稱他為智囊。他葬於昭王廟西，渭南陰鄉的樗里，所以民間稱他為樗里子。他說：待我百年之後，會有天子的宮殿把我的墳墓夾在中間。嬴疾死於昭王七年（西元前三〇〇年），葬於渭南章臺東。到了漢朝，長樂宮在他墓東，未央宮在他墓西，武庫正對他的墳墓。秦人諺語說：力氣要數任鄙，智慧要數樗里。明渠又東流經漢高祖長樂宮北，這裡本來是秦時的長樂宮。周圍二十里，殿前排列著銅人，殿西有長信、長秋、永壽、永昌等殿。殿的東北有池，池北有層臺，民間稱此池為酒池，其實不對。舊渠以北有樓，立著「漢京兆尹司馬文預碑」。

23 舊渠又東流出城，分為兩條，就是《漢書》所謂的王渠。蘇林說：王渠，就是官渠。正像現在的御溝。晉灼說：王渠是渠名，在城東覆盎門外。一條水流經楊橋——就是青門橋——下，沿著城邊北流經鄧艾祠西，北流注入渭水，現在已經枯涸無水了。另一條向右流入昆明舊渠，東流經奉明縣廣城鄉的廉明苑南。史皇孫及王夫人葬在城北，宣帝把此墓遷到苑南，經占卜選為修建悼園的地點。為增加人口，遷入民戶一千六百家，並設置奉明縣，以奉祀兩個陵園。陵園在東都門，昌邑王劉賀從霸駕馭著皇帝的車駕，郎中令龔遂陪乘，到了廣明東都門，就是此門。舊渠東北流經漢太尉夏侯嬰墓西，夏侯嬰下葬那天，駕柩車的馬悲鳴，柩車不能前進，掘地發現的〈石槨銘〉說：唉，就讓滕公住在這所房子裡吧。於是就葬在這裡。墓在城東八里，飲馬橋南四里，所以當時人們稱為馬冢。

舊渠又北流，分為兩條：一條東流經虎圈南，往東注入霸水；一條北流匯合渭水，現在已經枯涸無水了。

又東過霸陵縣北，霸水從縣西北流注之。

24 霸，是個水上的地名，霸水古代稱為滋水。秦穆公稱霸時，把滋水改名為霸水，藉以顯耀自己稱霸的功業。此水發源於藍田縣藍田谷，其地以富於玉礦而聞名。西北有銅谷水，稍東有輞谷水，二水匯合而西流，又往西注入涅水。涅水又西流經嶢關，北流經過嶢柳城。東西兩邊二城並峙，魏在城內駐紮青涅軍，所以世人也叫它青涅城。秦二世三年（西元前二〇七年），漢高祖從武關攻秦，趙高派遣將軍在嶢關抵抗。《土地記》說：藍田縣南有嶢關，地名嶢柳，有道路通荊州。《晉·地道記》說：嶢關在上洛縣西北。涅水又西北流注入霸水。霸水又往北流過藍田川，流經藍田縣東。《竹書紀年》：梁惠成王三年（西元前三六七年），秦子向受命為藍君，藍田就是子向從前的食邑。藍田川有漢朝臨江王劉榮墓。景帝以他有罪徵召他，臨行時父老們在江陵北門與他餞別，車軸卻忽然斷了，父老們哭泣道：我們的大王不會回來了。劉榮來到後，中尉郅都立即嚴厲地斥責了他一頓，臨江王年輕膽小，心裡害怕，就自殺了。他被葬於藍田川，當時有數萬隻燕子銜泥堆在墳上，百姓也很憐憫他。

25 霸水又在左岸匯合滻水，流過白鹿原東。白鹿原在霸川西，是從前的芷陽。《史記》：秦襄王葬於芷陽，就是這地方，稱為霸上；漢文帝葬在那裡，稱為霸陵，在長安東南三十里。陵墓上有水池，水池四面都有水道排水。王仲宣賦詩道：往南登上霸陵的高岸，回頭遙望著長安。漢文帝曾想乘車從霸陵的陡坡上西馳而下，袁盎就在這裡勒住車駕的韁繩。文帝說：將軍你膽子也太小了。袁盎說：我曾聽說過：家有千金的公子，不坐在堂前的簷下；家有百金的公子，不倚著樓殿的欄杆站立。聖人是不去冒險的，現在您要乘車奔跑下坡，就難保不出事，萬一馬受了驚，車也翻了，怎麼對得起高祖呢？文帝這才作罷。

26 霸水又北流，長水注入。長水發源於杜縣白鹿原，水西北流，稱為荊溪。又西北流，左岸匯合狗枷川水。狗枷川水有兩個源頭，西川上源承接磈山的斫槃谷，稍東有苦、谷兩條水匯合，東北流經風涼原西。〈關中圖〉說：麗山以西，一片平川中有個山丘，名叫風涼原，在磈山北，是雍州的福地。指的就是這座山原。此水沿溪北流，原上有漢武帝祠。水在右岸匯合東川。東川發源於南山的石門谷，稍東有孟谷，稍東有大谷，稍東有雀谷，稍東有土門谷。這五條水北流出谷，西北流過風涼原東，又北流與西川匯合。風涼原是兩條水匯合的地方，匯合後往北亂流經宣帝許后陵東，北距杜陵十里。水流到這裡名叫狗枷川，川東也叫白鹿原。上面有狗枷堡。《三秦記》說：麗山西有白鹿原，原上有狗枷堡。秦襄公時，有大狗來到這裡，原下有賊狗就會狂吠，因此全堡都平安無事，水也因而得名了。川水又北流經杜陵東。元帝初元元年（西元前四八年），把宣帝葬在杜陵，北距長安五十里。陵墓西北有杜縣老城，秦武公十一年（西元前六八七年），在這裡設縣，漢宣帝元康元年（西元前六五年），以杜縣東原上為初陵，把杜縣改名為杜陵，就是王莽時的饒安。狗枷川水又北流注入荊溪。荊溪水又北流經霸縣，又有溫泉注入。溫泉水發源於原下，注入荊溪水，亂流注入霸水。民間叫滻水，是不對的。《史記音義》：文帝出安門。《注》說：安門在霸陵縣，有個老亭，就是《郡國志》所謂的長門亭。《史記》說：霸水、滻水，都是很長的河流，雖然不在祭祀的禮儀制度之列，但因接近秦漢的都城咸陽，所以涇水、渭水兩條長河也都得到可與大川相比的祭禮了。

27 從前文帝站在霸陵北坡，在坡邊指著去新豐的路對慎夫人說：這就是到邯鄲去的道路。於是叫慎夫人鼓瑟，文帝本人伴著樂曲歌唱，不禁引起淒愴悲切的情懷。他環顧群臣道：以北山的石材做棺槨，用苧麻、棉絮浸了陳漆緊緊地嵌入縫隙間，難道還撬得開嗎。張釋之說：如果裡面有人家想要的東西，即使把整座南山封得嚴嚴實實的，也還是有隙可乘的；如果沒有人家想要的東西，即使沒有石棺，又何必擔憂呢。文帝說：你說得不錯。於是封他為廷尉。韋昭說：高岸兩邊有水叫廁，現在這片山原就夾在兩水之間。霸水又北流，匯合了兩條水，又北流，舊渠在右岸分出。

28 霸水又北流經王莽九廟南。王莽地皇元年（西元二〇年），大規模徵集天下工匠，把西苑、建章等十幾處宮館拆毀，利用拆下的木材、磚瓦建造九廟；人頭稅攤派到下級官吏和平民百姓，捐錢捐穀，以助成九廟的建築。廟殿都建成雙層，上古始祖的祠廟，東西南北各四十丈，高十七丈，其餘廟宇減半；斗拱以銅製成，用金銀雕成花紋裝飾。建廟時把百工絕頂的精工巧藝全都使上了，截高補低，工程費用高達數百萬，兵卒民夫死者以萬計。霸水又北流經枳道，在長安縣東十三里。王莽九廟在縣南。漢時有白蛾成群而飛，從東都門飛過枳道。呂后在霸上禳災祈福，回來時看到一隻青灰色的狗，撲上來用爪子抓她的腋下，就是在這條路上。

29 水上有橋，叫霸橋。地皇三年，霸橋發生火災，從東頭先起火，數千兵士用水來澆，都不能撲滅。早晨起火，到了傍晚就把橋燒光了。王莽對這場火災覺得很討厭，就下了詔書說：甲午火燒霸橋，乙未正好是立春日。我以神明的聖祖黃帝、虞舜後裔的身分受命為天子，到了地皇四年就有十五個年頭了，正好在地皇三年將盡的冬天，毀掉這座不正的橋梁，這正是要振興新朝，促進統一長存之道，宜將霸橋改名為長存橋。

30 霸水又北流，左岸匯合了漕渠，橫穿過霸水從右岸流出。東流經霸城北，又東流經子楚陵北。皇甫謐說：秦莊王葬於芷陽的麗山。京兆東南的霸陵山，劉向說：莊王看重此山的大名，因而在那裡營建陵墓。《戰國策》說：莊王字異人，又名子楚。所以人們至今還是叫它子楚陵。又東流經新豐縣，右岸匯合舊渠。舊渠上流承接霸水，東北流經霸城縣老城南，就是漢文帝時的霸陵縣。王莽改名為水章。

31 魏明帝景初元年（西元二三七年），想把長安的銅人搬到洛陽來，但因銅人太重了，無法搬到，只得將它們留在霸城南。有人見到薊子訓與父老一起撫摩銅人，說：我恰好有看到澆鑄銅人的情形，推算日子，已經快五百年了。

32 舊渠又東北流經劉更始墓西。更始帝於二年（西元二四年）被赤眉所殺，前侍中劉恭乘夜潛往，把他的屍體運回來掩埋了。光武帝派司徒鄧禹把他安葬於霸陵縣。更始帝的尚書僕射、行大將軍事鮑永，持節把軍隊結集在河東，聽到更始帝已死，就投效光武帝，逐級升遷到司隸校尉。他在巡察京畿時，途經更始帝墓，就下馬跪拜痛哭，極盡哀悼弔唁之禮，方才離去。光武帝問公卿，大中大夫張湛說：仁愛的人不遺棄舊交，忠貞的人不忘記君主，這是德行崇高的人啊。光武帝心中的疑慮方才消除了。

33 舊渠又東北流經新豐縣，在右岸匯合漕渠，此渠是漢大司農鄭當時所開鑿。因為渭水運糧困難，於是令齊國的水利專家徐伯調兵開渠，引入渭水以利運糧。渠道從昆明池起，南邊沿著山地，往東直達河水，既可灌溉田畝，又可運輸糧食，好處很多，可是今天已經乾涸無水了。

34 霸水又北流經秦虎圈東。《列士傳》說：秦昭王約魏王相會，魏王不去，差朱亥奉送一對玉璧給他。秦王大怒，把朱亥放進虎欄。朱亥怒目圓睜，直瞪著老虎，把眼角都睜裂了，鮮血直濺到老虎身上。老虎怕得動都不敢動，就是在這地方。霸水又北流注入渭水。

35 渭水又東流與成國舊渠匯合。這條渠道，是魏尚書左僕射衛臻征伐蜀國時所開，號稱成國渠，用以引水灌溉田畝。渠道上口在陳倉以東承接汧水，東流經郿縣及武功郡槐里縣北，渠道左岸有安定梁嚴墓，如今墓碑還在。又東流經漢武帝茂陵南，就是從前槐里的茂鄉。應劭說：武帝親自營建陵墓，在長安西北八十餘里。《漢武帝故事》說：武帝死後顯靈對守陵吏薛平說：我雖然失勢了，但到底還是你的君王。怎麼可以讓小吏兵丁到我的陵上來磨刀劍呢？今後你要禁止他們。薛平叩頭謝罪，鬼魂一眨眼就不見了。他去查問時，發現陵墓旁果然有一塊方石可以當磨石使用，下吏兵士常常偷偷地到這裡來磨刀劍。霍光想殺了他們，張安世說：鬼神的事渺茫難知，不宜作為執法的依據。於是霍光才作罷。阮籍〈詠懷詩〉說：轉瞬間就失去權勢，讓人帶劍上我的陵墓。

36 茂陵西邊偏北一里，就是李夫人墓，墓有三層，人們稱為英陵。李夫人的哥哥李延年精通音律，尤其擅長歌舞，武帝很喜歡他。每當他作了新歌或變調樂曲，聽眾無不感動。他時常在侍候武帝時跳舞唱歌，唱道：北方有一位美人兒，姿容秀麗舉世無雙。盼一眼令人城破，再盼一眼令人國亡。豈不知城破國又亡，再找個這樣的美人可別想。武帝說：世上難道真有這樣的美人嗎？平陽公主說：有，就是延年的妹妹。武帝召她進宮，見她妖豔無比，而且能歌善舞，於是大為寵愛。但她不幸早逝，武帝心傷，就以皇后的喪禮安葬她；他時時刻刻思念她，並作詩悼亡。

37 舊渠又東流經茂陵縣老城南，是武帝建元二年（西元前一三九年）所置。〈地理志〉說：宣帝設立為縣。就是王莽時的宣成。舊渠又東流經龍泉北，現在人們叫溫泉，這不對。渠道北邊原來的山坡以北，有龍淵廟。如淳說：《三輔黃圖》有龍淵宮，現在長安城西有龍淵廟所在之處，就是龍淵宮的遺址。舊渠又東流經姜原北，渠北有漢昭帝陵，東南距長安七十里。又東流經平陵縣老城南。〈地理志〉說：平陵縣是昭帝所設置，就是王莽時的廣利。舊渠南有竇氏泉，北有徘徊廟。又東流經漢大將軍魏其侯竇嬰墓南，又東流經成帝延陵南，陵墓東北五里，就是平帝康陵的山坡。舊渠又東流經渭陵南。元帝永光四年（西元前四〇年），以渭城壽陵亭原上為初陵，詔書說明不立縣城。又東流經哀帝義陵南，又東流經惠帝安陵南，陵墓北有安陵縣老城。〈地理志〉說：安陵縣是惠帝所置。王莽時叫嘉平。渠道旁邊有杜郵亭。又東流經渭城北。〈地理志〉說：縣裡有蘭池宮。秦始皇微服出行，在蘭池碰到強盜，但現在已不知在什麼地方了。又東流經長陵南，也叫長山。秦朝稱天子的墳墓為山，漢朝則稱陵，所以通常叫山陵。《風俗通》說：陵是天然形成的，現在王公的墳墓叫陵。《春秋左傳》說：南陵是夏朝帝皋的墳墓。《春秋說題辭》說：丘，就是墳墓，冢，就是腫，像是隆腫起來的墳墓。羅列依傍於山邊，藉以區別尊卑的名分。舊渠又東流經漢丞相周勃墓南，墓北有周亞夫墳。舊渠東南流，稱為周氏曲，又東南流經漢景帝陽陵南，又東南流注入渭水，現在已經乾涸無水了。

38 渭水又東流經霸城縣北，與高陵縣以水為分界。水南有定陶恭王廟、傅太后陵。元帝死後，傅昭儀隨恭王回到封國，稱為定陶太后。十年後，恭王亡故，他的兒子嗣位為王，並受徵召為太子。太子即帝位，沿襄宣帝父親悼皇的先例，在京師建立恭王的宗廟。元壽元年（西元前二年），傅太后死，與恭王合葬於渭陵。潘岳《關中記》：漢朝皇帝與皇后同葬一個墓地，就算合葬也不共陵。諸侯也都援此例。恭王廟在霸城西北，該廟的西北方，就是傅太后陵，不與元帝同一個墓地。渭陵並不是元帝的陵墓。因為在渭水以南，所以叫渭陵。傅太后陵與元帝陵平級，這是說高度都是十二丈。王莽上書拆毀傅太后墓，墳墓崩塌，壓死了數百人，開棺時好幾里外都能聞到臭氣。在位的公卿都迎合王莽的旨意，繳納錢幣，派遣子弟、諸生及四方的夷人共十餘萬，人人持著掘墓工具，幫助將作大匠掘毀傅太后墳，二十天後才全部掘平。接著在四周種植荊棘，作為天下的鑑誡。現在那裡堆積的泥土還很高，人們稱為增墀，又叫增阜。民間又說是成帝初陵處。這些稱呼的由來也弄不清楚。

39 渭水又流經平阿侯王譚墓北，墓旁有碑，左岸有涇水注入。渭水又東流經鄣縣西，這是從隴西郡的鄣縣遷移過來的。渭水又東流到了白渠支渠的水口；又東流與五丈渠匯合。五丈渠發源於雲陽縣的石門山，叫清水，東南流經黃嶔山西；又南流，進入祋祤縣境，流過原野南，叫清水口。東南流，橫穿過鄭渠；又東南流，進入高陵縣，流經黃白城西，這裡原來是曲梁宮。又南流橫穿過白渠，轉彎東流，稱為曲梁水。又東南流經高陵縣老城北，往東南橫穿過白渠瀆，又東南流入萬年縣，稱為五丈渠。又流經藕原東，東南流注入渭水。

40 渭水往右流經新豐縣老城北，東流與魚池水匯合。魚池水發源於麗山東北，原來是引水北流的，後來秦始皇葬於山北，水經過這裡就繞了個彎前進，東流北轉。秦始皇築陵時，在這裡取土，挖成深坑，於是積水成池，稱為魚池。魚池在秦始皇陵東北五里，周圍四里，池水西北流，流經秦始皇陵北。秦始皇大興厚葬，在麗戎山營建墓穴。麗戎山又叫藍田，山北多金，山南多玉。秦始皇愛慕此山的美名，所以葬在那裡。造陵時劈山鑿石，在墓穴下面堵死三條地下水，以銅鑄造棺槨；墓地周圍三十餘里。墓室上面，畫著天文星宿，下面用水銀比擬天下的四條大河和無數小河，以及五嶽、九州，地理形勢完備無遺。墓穴內還安置著宮觀、百官，奇異的器皿、珍貴的寶物，把墓內堆得滿滿的。還叫匠人製作裝了機關的弓弩，有人入墓走近，弓弩就會發箭將他射死。又以人魚的脂膏做燈燭，因為能經久不滅。後宮沒有生過兒子的妃嬪，殉葬的很多。墳高五丈，周圍五里餘，參加造陵的達七十萬人，接連好幾年方才建成。這時周章百萬大軍已經打到陵墓下面了，於是派章邯率領築陵役夫去抵抗，但卻約束不住他們。項羽入關，掘開陵墓，以三十萬人來搬運陵墓裡的器物，接連搬了三十日還是搬不完。關東的盜賊把銅棺熔化了，取銅利用；牧人尋找羊群，又把墓給燒了，大火延燒了九十日還不能撲滅。

41 始皇陵北十里，與鴻門相對。池水又西北流，水的西南方有溫泉，人們都用來治病。《三秦記》說：麗山西北有溫泉，須先致祭才能下水沐浴，不祭就會燙爛皮肉。據民間傳說，秦始皇與神女同遊，觸犯了她的意旨，神女向他吐口水，使得他生瘡。始皇向她道歉，神女才為他變出溫泉，後人就利用它來洗瘡。張衡〈溫泉賦序〉說：我途經麗山，觀看溫泉，在神井沐浴，讚頌這偉大的神水施惠於千萬民眾，於是為它作賦。這溫泉，是不會再燙壞人的身體了。

42 池水又流經鴻門西，又流經新豐縣老城東，這裡從前是麗戎地區。漢高祖在關中稱王，太上皇思鄉想回到東方去，所以仿照故鄉的風物，建造了這座新城，建立土地廟，種植白榆樹，使得街道庭院都和故鄉一樣；並把豐縣的百姓遷過來，補充縣裡的人口，所以叫新豐。漢靈帝建寧三年（西元一七〇年），改名都鄉，把它封給段熲為侯國。以後設立陰槃城。此水沿著城邊北流，世人稱為陰槃水。又北流，橫穿過漕渠，北流注入渭水。

43 渭水又東流經鴻門北，這是舊時從北而下的大道經過山坡缺口的地名。右邊有鴻亭。《漢書》：高祖將要去見項羽。《楚漢春秋》說：項王在鴻門，亞父說：我差人給沛公望氣，看到他頭上有一股氣直沖天庭，五彩錯雜相間，或者像龍，或者像雲，這不是做臣子的氣，不如先殺了他。高祖會見項羽，范增向項羽使了個眼色，但項羽不理會他。樊噲持盾推開門衛闖了進來，在這裡吃了一隻豬腿，項羽誇他豪壯。〈郡國志〉說：新豐縣東有鴻門亭，即指此處。郭緣生《述征記》：有人說霸城南門叫鴻門。項羽想利用會見的機會來殺害高祖，但項羽心軟，下不了決心；范增為他出謀，他卻不採納；項伯終於掩護著高祖，使他得以幸免。高祖到了霸上，就自封漢王。據《漢書注》：鴻門在新豐東十七里，那麼距霸上應當有一百里了。據《史記》：項伯乘夜飛馬去告訴張良，張良和他一起見高祖，仍舊叫他連夜回去。根據這些情況來判斷里程，不可能有這麼遠。現在父老相傳鴻門在霸城南門數十里，情理上是說得通的。郭緣生寫這篇記述，雖然遍讀《史記》、《漢書》，但記述沿途所見，卻可說只會讀書而不會思考。現在新豐縣老城東三里有山坡，長二里餘，在那裡深挖了一道溝子以便通行，南北兩頭都開了大口子，就像門戶一樣，稱為鴻門。孟康說：鴻門在新豐東十七里，可是事實上卻沒有。大概他是指縣治而言，而非指新豐城。從新豐老城西到霸城有五十里，霸城西十里則是霸水，西二十里則是長安城。應劭說：霸，是個水上的地名，在長安東二十里，就是霸城。高祖從前曾在這裡駐軍，東離新豐既遠，項伯怎麼能乘夜與張良去見高祖呢？根據這一點來推論，就可以知道郭緣生這條記載是錯誤的。

44 渭水又東流，石川水南流注入。渭水又東流，戲水注入。戲水發源於麗山馮公谷，東北流，又北流經麗戎城東。《春秋》：晉獻公五年（西元前六七二年），討伐麗戎，在此城得到麗姬。麗戎是男爵一級的封國，姓姬，就是秦時的麗邑。又北流，右岸匯合了三條溪流，流經鴻門東，又北流經戲亭東。應劭說：戲，是弘農郡湖縣的西部邊界。但這裡與湖縣之間隔了好幾個縣，不可能是湖縣的西部。蘇林說：戲是城名，在新豐東南四十里。孟康說：戲是水名，就是今天的戲亭水。

45 從前周幽王想博得褒姒高興，但褒姒不笑，於是幽王就敲鼓並燒起烽火徵召諸侯，諸侯來到以後，一看卻沒有敵兵，褒姒這才笑了起來，幽王也十分高興。以後犬戎來了，幽王又燒了烽火徵召諸侯，諸侯卻不來了，於是幽王就在戲水上打了敗仗，在麗山以北被殺。所以《國語》說：幽王滅亡了。

46 漢成帝建始二年（西元前三一年），在延陵建築初陵，但以為不吉利，於是又在霸曲亭南重新興建。鴻嘉元年（西元前二〇年），把新豐縣戲鄉立為昌陵縣，以奉祀初陵。永始元年（西元前一六年），下詔說昌陵地勢低窪，位置偏僻，環境惡劣，不可作為帝王安眠的地方，著即停止陵寢的建造工程，使官吏人民返回原地，並把將作大匠解萬年貶謫至燉煌。《關中記》說：昌陵在霸城東二十里，要到東山去取土，運土的工本等同於稻米的價格，耗資巨萬，而連續數年卻一無所成。就是在這地方。

47 戲水又北流，分為兩條，都注入渭水。渭水又東流，泠水注入。泠水發源於南方的肺浮山，此山山麓與麗山相連但山名不同。泠水北流匯合三條溪流，一同流入一條深溝，流經陰槃、新豐兩處原野之間，北流注入渭水。渭水又東流，有酋水發源於南方的倒虎山，西流總匯了五條溪澗，合為一水，流經秦步高宮東，世人將此宮所在地稱為市丘城。流過新豐原東，而北流經步壽宮西，又北流注入渭水。渭水又東流匯合了西陽水，又東流匯合了東陽水，兩水都發源於南方的廣鄉原北界，都北流注入渭水。渭水又東流經下邽縣老城南。秦攻打邽，在邽地的戎人安置在這裡。因為有個上邽，所以把這裡叫下邽。渭水又東流與竹水匯合。竹水發源於南方的竹山北麓，流經媚加谷，流經廣鄉原東，民間稱為大赤水，北流注入渭水。

48 渭水又東流到了白渠口。太始二年（西元前九五年），趙國中大夫白公上書建議開鑿渠道，引導涇水，上端從谷口開始，沿著鄭渠南端流出，名叫白渠。民間歌謠道：在哪裡耕田呀，在池陽的谷口。鄭國開渠在前，白渠繼起在後。這裡說的池陽谷口，就是白渠起始的地方。渠水東流經宜春城南，又東南流經池陽城北，這裡分出一條支渠，東南流經藕原下，又東流經鄗縣老城北，往東南流入渭水，但今天已經乾涸無水了。

49 白渠又東流，分出一條支渠，東南流經高陵縣老城北。〈地理志〉說：該縣是左輔都尉的治所。王莽時叫千春。《太康地記》稱為高陸。車頻《秦書》說：苻堅建元十四年（西元三七八年），高陸縣有人挖井，捉到一隻大烏龜，大二尺六寸，龜背上有八卦古字。苻堅用石頭造了個水池來飼養牠。十六年後死了，取龜骨來占卜吉凶，稱為客龜。大卜佐高魯夢見客龜說：我想回到江南去，但生不逢時，結果死於秦。高魯在夢中自己解夢道：龜壽達三萬六千年而終，龜死定是亡國的徵兆。苻堅在淮水、肥水之間被謝玄打得大敗，自縊於新城佛塔中，前秦於是也滅亡了。

50 又東流經櫟陽城北。《史記》：秦獻公二年（西元前三八三年），在櫟陽築城，從雍遷都到那裡；十八年，天降金雨，就是在這裡。項羽把櫟陽封給司馬欣為塞王。據《漢書》：高帝攻克關中後方才建都於此；這就是王莽時的師亭。後漢建武二年（西元二六年），把這裡封給驃騎大將軍景丹為侯國。景丹謙讓，世祖說：做人有了榮華富貴卻不回故鄉，正如枉穿了綾羅綢緞在黑夜裡行走一樣，所以要封你。白渠又東流經秦孝公陵北，又東南流經居陵城北、蓮芍城南，又東流注入金氏陂，又東南流注入渭水。所以《漢書・溝洫志》說：白渠上端起於谷口，尾端流入櫟陽。現在已經乾涸無水了。

又東過鄭縣北，

[51] 渭水又東流經巒都城北，就是古時的蕃邑，殷契就住在那裡。《世本》說：契居於蕃。闞駰說：蕃在鄭西。這樣說來，那就是今天的巒城了。民間叫赤城，水叫赤水，但都不對。苻健進入秦地，占據此城來抵抗杜洪。小赤水就是《山海經》的灌水。灌水發源於石脆山，北流經孤柏原西邊的蕭加谷，東北流與禺水匯合。禺水發源於英山，北流與招水相匯合，往西北亂流注入灌水。灌水又北流注入渭水。渭水又東流，有西石橋水發源於南方的馬嶺山，積石山盤踞於水東，麗山對峙於水西，水源從山上流下來，成為數十道瀑布，山與華山連成一體。西石橋水北流經鄭城西，水上有橋，雖然已經崩塌了，但遺跡還在。此橋東距鄭城十里，所以人們以橋來取水名。此水北流注入渭水，闞駰稱為新鄭水。

[52] 渭水又東流經鄭縣老城北。《史記》：秦武公十年（西元前六八八年），在這裡設縣。這裡原來是鄭桓公姬友的食邑。《漢書》薛瓚《注》說：周朝從穆王以下各代，一直建都於西鄭，不可能封給桓公的。幽王敗後，虢、儈又都滅亡了，於是遷到那裡，建都於鄭父丘，這就是鄭桓公。但沒有封於京兆的記載。我查考過司馬遷的《史記》，也查考了《春秋》、《國語》和《世本》的說法，周宣王二十二年（西元前八〇六年），封庶母所生的弟弟姬友於鄭。此外，《春秋》、《國語》都說桓公在周任司徒，因王室將亂，與史伯商量，而把庫藏的錢幣與貨物寄存於虢、儈之間。幽王死於戲，鄭桓公也為他而死。平王遷都於東方，鄭武公輔助王室，滅了虢、儈，兼併了兩國的土地，所以周桓公對平王說：我們周王室東遷時，是依靠晉國與鄭國的。於是把兩國的土地轉封給它們。《左傳》隱公十一年（西元前七一二年），鄭伯對公孫獲說：我的祖先在這裡新建城邑，我哪裡能與許國爭奪呢？指的就是新鄭。但班固、應劭、鄭玄、皇甫謐、裴頠、王隱、闞駰以及許多著作家，都認為西鄭是姬友初封之地，這些都比薛瓚獨家的說法來得可靠。違反嚴肅的經籍而以稗官野史

為依據，是不適當的。

53 赤眉樊崇在城郭北面設壇，奉祀城陽景王，把右校卒史劉俠卿的放牛童盆子尊奉為帝。劉盆子只有十五歲，披頭散髮，赤腳無鞋，為他準備了紅色的單衣，紮了半個頭的紅頭巾，直紋緞鞋。他看見眾人下拜，害怕得幾乎要哭了起來。於是建王朝，立年號。月餘之後，乘著白蓋小車，與樊崇及尚書一人，相伴著向鄭北進發，渡過渭水。就是這地方。

54 城南山北有五座神廟，東南面向華山，廟前有碑，是後漢光和四年（西元一八一年），鄭縣縣令河東裴畢——字君先——所立。渭水又東流與東石橋水匯合。這就是從前的沈水。沈水發源於南方的馬嶺山，北流經武平城東。據〈地理志〉：左馮翊有武城縣，就是王莽時的桓城。石橋水又流經鄭城東，水上有一座老石橋。《述征記》說：鄭城東、西十四里，兩頭各有一座石橋。水又北流經沈陽城北，注入渭水。《漢書‧地理志》：左馮翊有沈陽縣，王莽改名叫制昌。沈陽，是因沈水而得名的。

55 渭水又東流，敷水注入。敷水發源於南方石山的敷谷，北流經告平城東。據老人相傳，說是武王伐紂，曾在這裡祭天，宣告天下太平，城即因此得名。但事實如何卻不得而知。敷水又北流經集靈宮西。〈地理志〉說：華陰縣有集靈宮，是武帝所造，所以張昶〈華嶽碑〉說：漢武帝仰慕華山的神靈，因此在山後建築宮殿。敷水北流注入渭水。渭水又東流，糧餘水注入。糧餘水發源於南方糧餘山的山北，北流注入渭水，民間稱為宣水。渭水又東流與黃酸水匯合，世人稱為千渠水。黃酸水發源於南方的升山，北流注入渭水。渭水又東流經平舒城北，此城一側瀕臨渭水岸邊，城牆崩塌，一半已沒入水中了，城南面向通衢大道。從前秦始皇即將亡國時，江神駕著素車白馬，途經華山腳下，就在華陰平舒道將璧玉託予使者，說：請替我交給鄗池君。使者將璧玉交到後，才知道那原來是秦始皇二十八年（西元前二一九年）出遊渡江時所沉的璧玉。這裡就是江神還璧玉的地方。渭水北岸，就是懷德縣的邊界。城在渭水以北，沙苑以南，就是懷德縣老城。世人叫高陽城，是不對的。〈地理志〉說：〈禹貢〉北條荊山在南山下，有荊渠，就是夏禹王鑄九鼎的地方。王莽改縣名叫德驩。渭水又東流經長城北，長澗水注入。長澗水發源於南方的太華山，沿著長城東而北流，注入渭水。《史記》：秦孝公元年（西元前三六一年），楚、魏與秦接境，魏從鄭開始，沿著洛水之濱修築長城。

又東過華陰縣北，

56 洛水在這裡注入。闞駰以為這是漆沮水。《曹瞞傳》說：曹操與馬超隔著渭水對峙，每次渡渭水時，曹軍就要受到馬超騎兵的衝擊。那地方多沙，不能築城。婁子伯說：現在天氣極冷，可以用沙來築城，用水來澆灌，一夜功夫就築好了。於是曹操做了許多縑袋來堵水，夜裡汲水築城，到了天明，城就赫然聳立在水邊了。

57 渭水流經華陰縣老城北，就是《春秋》的陰晉。秦惠文王五年（西元前三三三年），改名為寧秦；漢高帝八年（西元前一九九年），改名華陰。王莽時則叫華壇。華陰縣有華山。《山海經》說：山高五千仞，四方好像切削而成似的，遠遠望去，卻又像花，西南有小華山。韓子說：秦昭王命令工匠以鉤梯爬上華山，用節柏的樹心製作博弈用的博箭，長八尺，棋長八寸。在上面刻道：昭王曾與天神在這裡博弈。《神仙傳》說：中山衛叔卿曾乘雲車，駕白鹿，去見漢武帝。武帝想要他做臣子，衛叔卿不發一言就走了。武帝後悔，找到了他的兒子度世，叫他去追回他父親。度世登上華山，看見他父親和好幾個人一起在巖上玩博戲，並叫度世回去。華山峰巒層沓峻高，雲霞秀美奇異，所以能懷藏仙靈，含蘊神異之氣。山上有兩條泉水，向東西兩邊分流。每逢山雨滂沱，山洪就湍急奔流，瀑布也騰空乘崖，直瀉山下了。山上有漢文帝廟，廟前有石闕和幾塊石碑，一塊是建安年間（西元一九六～二二〇年）所立，記載漢鎮遠將軍段煨重修祠堂的事，碑文是漢給事黃門侍郎張昶親自撰文並書寫的。文帝又刻了二十餘字。這兩種題刻都還在，海內享有盛名。又刻了侍中司隸校尉鍾繇、弘農太守毌丘儉姓名，寬六行，書法氣勢蓬勃，勻稱優美。太康八年（西元二八七年），弘農太守河東衛叔始任華陰令時，與河東裴仲恂大力修築壇廟，道路兩旁還種植翠柏，一直通到山北為止。重修祠堂的事，在永興元年（西元三〇四年）華百石所造的碑上有所記載。

58 渭水又東流，沙渠水注入。沙渠水發源於南山而北流，往西北流入長城。長城從華山往北直通到河水。《華嶽銘》說：秦、晉二國爭奪華山祠，築城立於祠左。郭緣生著《述征記》指證魏築的長城，是在後面，不可能在這裡，這說法是不對的。沙渠水又北流注入清水。《三秦記》說：長城北有平原，廣闊數百里，居民從井裡汲水，住的是窯洞，井深達五十尺。渭水又東流經定城北。《西征記》說：定城是依據平原而建立的。《述征記》說：定城距潼關三十里，道路兩邊各有一座城。渭水又東流，泥泉水注入。泥泉水發源於南山的靈谷，北流注入渭水。渭水又東流匯合了沙渠水。沙渠水也就是符禺水，發源於南方的符石，又流經符禺山，北流注入渭水。

東入於河。

59 渭水就是《春秋》的渭汭。《左傳》閔公二年（西元前六六〇年），虢公在渭隊打敗了犬戎。服虔說：隊，就是汭的意思。杜預說：水彎曲處叫汭。王肅說：汭，就是入的意思。呂忱說：所謂汭，就是兩條水相互注入，也就是水的匯合處，即船司空的所在地。〈地理志〉說：渭水東流到船司空注入河水。服虔說：船司空是個縣名，有都官。《三輔黃圖》有船庫官，後來改為縣。就是王莽時的船利。

【研析】本卷在〈渭水〉三卷（或二卷）中最關重要。因為秦、漢京都，均在本卷之中。除了「題解」中指出的兩條《經》文下的細緻記敘外，古都盛況，其實貫穿全卷。例如秦在渭水兩岸所建阿房宮，「東西千步，南北三百步」，其前殿「可坐萬人，下可建五丈旗」，「庭中受萬人」。秦始皇在離宮南北所建的「渭橋」（便門橋），橋南為長樂宮，橋北為咸陽宮。此橋，「廣六丈，南北三百八十步，六十八間，七百五十柱，百二十二梁」。為了管理此橋，南北「有令丞，各領徒千五百人」。又如蕭何為漢高祖建未央宮，「斬龍首山而營之。山長六十餘里，頭臨渭水，尾達樊川，頭高二十丈，尾漸下，高五、六丈，……高出長安城」。漢武帝也曾大興土木，《注》文說：「建章宮，漢武帝造，周二十餘里，千門萬戶。」用「千門萬戶」四字記敘這座宮殿的宏偉巨大，實在簡潔而得其要領。此外如麗山的秦始皇陵，長安城的漢建十二門等等，《注》文都有細緻的記敘。所以這一卷內容可謂豐富多彩，具有重要的存史價值。但是也必須看到，這個地區在秦漢以前，已是西周都城豐鎬，但《注》文未有一語記及，說明西周概況，當時已經所知甚少。

卷十九附錄

補洛水一　補洛水二　補豐水　補涇水一　補涇水二　補芮水

【題解】殿本〈校上案語〉中指出唐代及宋初諸書「所引滹沱水、涇水、洛水，皆不見于今書」。歷代治酈學者常有輯佚之舉，也有以所輯成果補成卷篇者。清趙一清用功最深，在其《水經注釋》中補撰〈補滏水〉、〈補洛水〉、〈補洛水〉等十餘篇，又清謝鍾英亦補撰〈洛水〉、〈涇水〉等篇。雖不能盡復酈書原貌，但畢竟於酈有功。故王先謙纂《合校水經注》時，對趙、謝所補各篇收錄其中，以供後學參考。其所收錄，多附於同卷水系之後，流域完整，便於參閱。本書卷十六「題解」中指出，該卷之漆、滻、沮三水，屬於渭河水系而編入伊洛河水系卷中，恐是前人分析之誤，因今本沿歷已久，明見其訛而只能因循。但合校本所附各補篇，趙、謝所補〈洛水〉亦置於卷十六之末，實為不妥，補篇不同於正篇，不必因循其訛，故將此〈補洛水〉二篇移於卷十九〈渭水〉之末，俾流域完整，水系不紊。

洛水在《水經注》有同名二篇，卷十五洛水今稱伊洛河，已見上文。趙、謝所補洛水今稱北洛河，是渭河支流，發源於陝西省北部定邊縣南梁山，南流至華陰縣附近注入渭河；全長六百五十餘公里，流域面積近二萬七千平方公里。尚有補豐、涇、芮等共四篇，與〈補洛水〉合置於本卷篇末。

豐水今稱灃河，是渭河支流，發源於西安南秦嶺，全長不及百里，在西安市附近注入渭河。

涇水今稱涇河，發源於寧夏回族自治州涇源縣六盤山，另一源出甘肅平涼崆峒山。兩源在甘肅匯合，至陝西高陵東注入渭河，全長四百五十餘里，流域面積四萬五千餘平方公里。芮水今稱黑河或黑水河，發源於甘肅華亭西北六盤山，至陝西長武附近注入涇河，全長僅一百六十餘公里。

補洛水一❶

《禹貢錐指》曰：〈禹貢〉豫有洛而雍無洛。洛水之名其昉于殷周之際乎？《周禮》雍州之浸曰渭洛。《水經》無洛水之目，唯〈沮水〉、〈渭水〉注中一見，然《寰宇記・慶州・安化縣・尉李城》下引《水經注》云：洛川南逕尉李城，東北合馬嶺水，號白馬水。華池縣子午山舊名翟道山，一謂之雞山。引《水經》云：有烏雞水出焉，西北注于洛水。樂蟠縣有水出縣西北引《水經注》云：與青山水合。《寧州・安定縣・洛水》下引《水經》一名馬嶺川水，《注》云：洛水又南，逕栒邑故城北與新陽川水合。〈珊瑚谷水〉下引《水經》云：珊瑚水東南至栒邑入洛。〈襄樂縣・大延水〉下引《水經注》云：大延、小延水出油水南延溪，西南流逕襄樂縣南，於延城西二水合流。〈油水〉下引《水經》云：與追語川水并出東翟道山。〈鄜州・洛交縣・白水〉下引《水經》云：白水源出分水嶺。〈三川縣・葦谷水〉下引《水經注》云：自葦谷東南流入三川。〈黃原水〉下引《水經注》云：砂羅谷水南流逕黃原祠東合葦川。〈坊州・中部縣·石堂山〉下引《水經注》云：豬水西出翟道縣西石堂山，本名翟道山，《穆天子傳》曰：癸酉，天子命駕八駿之駟，造父為御，南征朔野，逕絕翟道，升于太行。翟道，即縣之石堂山也，郭璞以為隴右狄道，非也。〈淺石川〉下引《水經》云：淺石川水出翟道山。〈香川水〉下引《水經注》云：香川水出中部縣北香山，在縣西南三十七里。自宜君縣界來，南香水在縣南三十五里，出遺谷。〈泥水〉下引《水經》云：泥水出翟道縣泥谷。〈蒲水〉下引《水經注》云：蒲谷水源出中部縣蒲谷原。〈丹州·宜川縣·丹陽川〉下引《水經》云：蒲川水自鄜州洛川縣流入丹陽川。〈延州·膚施縣·清水〉下引《水經注》云：清水出上郡，北流至老人谷，俗謂老人谷水，又東逕高奴縣合豐林水。〈同州·馮翊縣·商原〉下引《水經注》云：洛水南逕商原西，俗謂許原也。〈沙阜〉下引《水經注》云：洛水東逕沙阜北，其阜東西八十里，南北三十里，俗名之曰沙苑。〈澄城縣·新城〉下引《水經注》云：雲門谷水源出澄城縣界。〈朝邑縣·朝坂〉下引《水經注》云：洛水東南歷彊梁原，俗所謂朝坂。此皆言洛水而今本無之，是《水經》原有〈洛水〉篇，宋初尚存，後乃亡之耳。一清按，胡氏所引《寰宇記》清水一條已見卷三〈河水注〉，蓋偶有不照也。〈漢志·北地郡・郇郅縣〉泥水出北蠻夷中有牧師苑官，又有泥陽縣，莽曰泥陰，蓋泥水所逕也。《說文》作沂水，沂、泥字通用。蒲谷水亦見《渭水注》中。又《寰宇記・安化縣》下云：《周地圖記》云：郇郅城今名尉李城，《注水經》云：尉李城亦曰不窋城。〈澄城縣・溫泉〉下引《水經注》云：水有三源，奇川鴻瀉，西注于洛，亦曰帝嚳泉。〈丹州・汾川縣〉下引《水經注》云：汾川縣西有殺狗嶺。《初學記・丹州》引《水經注》云：烏川水出汾川縣西北。按汾川縣本漢上郡地，魏太和八年置安平縣，屬北汾州，其州在河西三堡鎮東，更有南汾州，魏大統十八年省北汾州，乃取丹陽川號立汾川縣。道元卒于孝昌三年，下距大統十八年，已歷二十六年，何緣知有置縣事乎？且西魏文帝殂于大統十七年三月，明年廢帝欽元年，亦非十八年也。汾川縣之文得無誤耶？《魏書・地形志》云：汾州延和三年為鎮，太和十二年置州，治蒲子城，孝昌中陷，移治西河，事見《北史・裴延儁傳》。延儁從祖弟良稍遷尚書考功郎中，時汾州吐京胡薛羽等作逆，以良兼尚書左丞，為西北道行臺，山胡劉蠡升自云有聖術，胡人信之，咸相影附。以良為汾州刺史加輔國將軍行臺如故。良以城人饑窘，夜率眾奔西河。汾州之居西河，自良始也。又《初學記》云：丹州豬水流逕柏城。遼州兔川西南流注洛水。蒲州小蒲川水東南流入坊州。《太平御覽》引《水經》曰：白於山今名女郎山，上多松柏，下多樗櫟，其獸多㸲牛、𦍒羊，鳥多白鴞，洛水出于其陽，東注于渭也。又洛水源出縣北白於山。按《括地志》曰：白於山在慶州洛源縣，所謂縣北，即洛源縣之北也。《山海經》曰：盂山西百五十里曰白於之山，其鳥多鴞。郭璞曰：鴞似鳩而青色。盛宏之《荊州記》云：有鳥如雌雞，其名為鴞，楚人謂之鵩。《史記索隱》引《水經》曰：洛水出上郡彫陰泰冒山，過華陰入渭。此真漢代《經》文，洛水之源委具焉。《漢志・北地郡・歸德縣》下云：洛水出北蠻夷中，入河左馮翊。《懷德縣》下云：洛水東南入渭。蓋由渭以達于河也。又《河水注》云：河水又南，洛水自獵山枝分東派，東南注于河。全祖望曰：此洛水即雍州北地之所出也。經流則合漆沮以入渭，而支流則自上郡入河。《史記》晉文公攘戎翟居于圁洛之間，是洛水地望之見于七國之先者。《地理志》引《職方》冀州之寖曰汾潞。闞駰以為潞即濁漳是也。而師古曰：潞出歸德，蓋以潞為洛，繆之甚矣。

【注釋】❶補洛水一　此篇為趙一清所補，從合校本錄入。

【語譯】《禹貢錐指》說：〈禹貢〉豫州有洛，而雍州無洛。洛水這個名稱，是在殷周之間開始的嗎？《周禮》說：雍州的水澤叫渭洛。《水經》中沒有洛水的名稱，只在〈沮水〉和〈渭水〉中出現一次，但《寰宇記‧慶州‧安化縣‧尉李城》下引《水經注》說：洛川南流經過尉李城，東北流與馬嶺水匯合，稱為白馬水。《寰宇記》華池縣的子午山，舊名翟道山，還有一名叫雞山。此處引《水經》說：烏雞水發源於此，西北流注入洛水。《寰宇記》樂蟠縣有水從西北流出，這裡引《水經注》說：和青山水匯合。《寰宇記》〈寧州‧安定縣‧洛水〉下引《水經》說：一名馬嶺川水。《水經注》說：洛水又向南，經過枸邑故城北和新陽川水匯合。《寰宇記》〈珊瑚谷水〉下引《水經》說：珊瑚水向東南到枸邑注入洛水。《寰宇記》〈襄樂縣‧大延水〉下引《水經注》說：大延水和小延水出於油水以南的延溪，西南流經過襄樂縣南，在延城以西二水匯合。《寰宇記》〈油水〉下引《水經》說：油水與追語川水共同發源於東翟道山。《寰宇記》〈鄜州‧洛交縣‧白水〉下引《水經》說：白水發源於分水嶺。《寰宇記》〈三川縣‧葦谷水〉下引《水經注》說：葦谷水從葦谷東南流入三川縣。《寰宇記》〈黃原水〉下引《水經注》說：砂羅谷水向南流經過黃原祠以東與葦川匯合。《寰宇記》〈坊州‧中部縣‧石堂山〉下引《水經注》說：豬水從西邊翟道縣以西的石堂山流出，石堂山本名翟道山，《穆天子傳》說：癸酉這天，天子下命令，用八匹駿馬的車駕，由造父駕御，向南征討朔野。經過整個翟道，升登上太行山。翟道，即翟道縣的石堂山。郭璞《穆天子傳注》以為就是隴山以西的狄道，是錯誤的。《寰宇記》〈淺石川〉下引《水經》說：淺石川水發源於翟道山。《寰宇記》〈香川水〉下引《水經注》說：香川水發源於中部縣北的香山，香山在中部縣西南三十七里。香川水從宜君縣界來，南香水發源於中部縣南三十五里的遺谷。《寰宇記》〈泥水〉下引《水經》說：泥水發源於翟道縣泥谷。《寰宇記》〈蒲水〉下引《水經注》說：蒲谷水發源於中部縣蒲谷原。《寰宇記》〈丹州‧宜川縣‧丹陽川〉下引《水經》說：蒲川水從鄜州洛川縣流入丹陽川。《寰宇記》〈延州‧膚施縣‧清水〉下引《水經注》說：清水發源於上郡，北流到老人谷，俗稱老人谷水，又向東經過高奴縣與豐林水匯合。《寰宇記》〈同州‧馮翊縣‧商原〉下引《水經注》說：洛水向南經過商原以西，俗稱許原。《寰宇記》〈沙阜〉下引《水經注》說：洛水向東經過沙阜以北，沙阜東西八十里，南北三十里，俗稱沙苑。《寰宇記》〈澄城縣‧新城〉下引《水經注》說：雲門谷水發源於澄城縣界。(《寰宇記》〈朝邑縣・朝坂〉下引《水經注》說：洛水向東南經過彊梁原，俗稱朝坂。以上所說的都是洛水，但今本都沒有，說明《水經》原來有〈洛水〉篇，宋初時尚在，以後就亡佚了。一清按：胡氏所引的《寰宇記》中，清水一條已經在卷三〈河水注〉中見到，這是他偶然沒有對照到的地方。《漢書・地理志・北地郡・郁郅縣》，泥水發源於北方蠻夷中，有牧師苑官，又有泥陽縣，王莽改稱泥陰，這是泥水所經過的地方。《說文》中稱為沂水，因為「沂」、「泥」二字是通用的。蒲谷也見於〈渭水注〉中。又《寰宇記》在〈安化縣〉下說：《周地圖記》說：郁郅城現在稱為尉李城，《水經注》說：尉李城又稱為不窋城。(《寰宇記》〈澄城縣・溫泉〉下引《水經注》說：這水有三個源頭，奇異的河流傾瀉下來，向西注入洛水，也叫做帝譽泉。(《寰宇記》〈丹州・汾川縣〉下引《水經注》說：汾川縣以西有殺狗嶺。《初學記・丹州》引《水經注》說：烏川水發源於汾川縣西北。汾川縣原來是漢上郡轄地，北魏太和八年(西元四八四年)設置安平縣，屬於北汾州，這個州在河西三堡鎮以東。另外還有南汾州。西魏大統十八年(西元五五二年)省去北汾州，並以丹陽川的名號設置汾川縣。酈道元死於孝昌三年(西元五二七年)，大統十八年已在他死後二十六年，他怎能知道設置汾川縣的事呢？而且西魏文帝死於大統十七年三月，第二年是廢帝欽元年，也不是大統十八年。設置汾川縣的文字怎麼可能沒有錯誤呢？《魏書・地形志》說：汾州在延和三年建鎮，到太和十二年成為州，州治在蒲子城，孝昌年間淪陷，於是州治遷到西河。此事在《北史・裴延儁傳》有記載。裴延儁的叔祖裴良，任尚書考功郎中的官職，當時，汾州吐京的胡人薛羽等叛逆造反，又讓裴良兼任尚書左丞，做西北道行臺的官。山上的胡人劉蠡升，自稱有高明的法術，胡人相信他，都追隨擁護他。而裴良仍然任官汾州刺史，加補輔國將軍銜行臺。裴良因為城內百姓飢餓困難，在夜間帶領眾人奔走到西河。所以汾州移治到西河是裴良開始的。又《初學記》說：丹州的豬水流過柏城。(《初學記》說：)遼州的兔川向西南流，注入洛水。(《初學記》說：)蒲州小蒲川水向東南流入坊州。《太平御覽》引《水經》說：白於山現在名叫女郎山，山上多松柏樹，山下多樗櫟樹，野獸多牸牛和羖羊，鳥類多白鴞，洛水發源在此山之南，向東流注入渭水。又說洛水發源於縣北的白於山。據《括地志》說：白於山在慶州洛源縣，(《太平御覽》)所說的「縣北」，就是洛源縣以北。《山海經》說：盂山以西一百五十里有山叫白於之山，山中的鳥類多鴞。郭璞說：鴞是一種顏色青而像鳩的鳥。盛宏之《荊州記》說：有一種鳥長得像母雞，其名為鴞，楚人叫牠作鵩。《史記索隱》引《水經》說：洛水發源於上郡彫陰縣泰冒山，經過華陰縣注入渭河。這是真正的漢代《經》文，洛水的真正情況已經寫清楚了。《漢書·地理志·北地郡·歸德縣》下說：洛水發源於北方的蠻夷地區，在左馮翊注入黃河。（《漢書·地理志》）〈懷德縣〉下說：洛水從東南注入渭河，從渭河而匯入黃河。又〈河水注〉說：河水又向南流，洛水從獵山有支流東流，從東南注入黃河。全祖望說：這洛水是從雍州北地郡流出來的，它的幹流與漆沮水匯合而注入渭河，它的支流則從上郡注入黃河。《史記》記載，晉文公因抵禦戎翟而住在圁洛之間，這是洛水一名在戰國七國之前就出現的記載。〈地理志〉引〈職方〉說：冀州的水澤叫做汾潞。闞駰認為潞就是濁漳水。唐顏師古說：潞水發源於歸德，（闞駰）把潞水作為洛水，這是很大的錯誤。

補洛水二❶

《水經注》逸〈洛水〉篇，胡氏渭、趙氏一清輯洛水遺文數十條，然其中舛誤百出，可據為洛水者無幾。《寰宇記·慶州·安化縣》《水經注》云：尉李城亦曰不窋城，洛川南逕尉李城，東北合馬嶺水，號白馬水。〈華池縣·雞山〉《水經注》有烏雞水出焉，西北流注于洛水。樂蟠縣有水出縣西北，《水經注》云：與青山水合。考泥水一名馬嶺水，尉李城今慶陽府治，雞山在合水縣東南五十里，馬嶺、青山均在今合水縣西一里，自白於山南至翟道山，山東水入洛，山西水皆入泥注涇。即古今水道變遷而山不容移也。然則所謂洛水，皆泥水之譌，顧宛溪知其誤而不知其所以誤。胡氏渭不審地望，遂據為洛水遺文，貽誤後學不少。〈安定縣〉引《水經注》云：洛水又南逕栒邑故城，北與栒陽水合，珊瑚谷水東南至栒邑入洛。考栒邑故城在三水縣北二十五里，無論洛水不逕其地，即泥水亦不逕也。《寰宇記》所引洛水并不知何水之譌矣。又〈襄樂縣〉引《水經注》云：大延、小延水出油水南延溪，西南流逕襄樂縣南，於延城西，二水合流。油水與追語川水并東出翟道山。考襄樂縣今甯州東六十里，翟道山又在其東，《水經注》明言延水西南流，洛水在翟道山東，豈有自襄樂縣西南流可以入洛者耶？此實〈涇水〉篇文而誤以為洛水也。又〈丹州・宜川縣〉引《水經注》云：蒲川水自鄜州洛川縣流入丹陽川。考洛川在今洛川縣北，宜川縣有丹陽水東流入河，《水經注》云：河水又南得丹陽水口，水出丹陽山，俗謂之丹陽城。顧宛溪曰：蒲川水、丹陽川均入黃河。然則此為〈河水〉篇逸文而誤以為洛水也。至于〈丹州・汾川縣〉引《水經注》云：汾川縣西有殺狗嶺。《初學記・丹州》引《水經注》云：烏川水出汾川縣西北。《寰宇記・洛川縣》引《水經注》云：白水源出分水嶺。考汾川縣今宜川縣東北七十里，殺狗嶺當在延安、甘泉之間，洛交縣今鄜州治，〈丹州〉下既云蒲川水流入丹陽川，〈鄜州〉下復云南流入坊州，豈水異而名偶同耶？凡此數條，或彼此相舛，或源流不備，入洛與否，皆不可知者，編為〈洛水〉篇，疑非是者缺焉。隋唐以下所見之水皆不取，甯缺無妄，蓋其慎也。若今洛水及所受之水，源流備于《水道提綱》矣，故不贅。

洛水出上郡雕陰泰冒山，過華陰入渭❷。

洛水源出洛源縣北白於山，《山海經》曰：盂山西北五十里曰白於之山，其鳥多鴞。白於山今名女郎山，上多松柏，下多樗櫟，其獸多㸲牛、⿰羊它羊，鳥多白鴞。洛水出其陽，東注于渭也。〈地理志〉云：洛水出北地歸德蠻夷中。闞駰謂之漆沮水也。東南流逕上郡雕陰縣秦望山南，南流為三川水。葦谷水自葦谷東南流，破羅谷川南流逕黃原祠東合葦川，葦谷水東流入三川。豬水西出翟道縣西石堂山，本名翟道山。《穆天子傳》曰：癸酉，天子命駕八駿之駟，造父為御，南征朔野，逕絕翟道，升于太行。翟道即縣之石堂山，郭璞以為隴西狄道，非也。豬水流逕柏城，遼川、兔川西南流注洛水。洛水又南逕中部縣東，沮水入焉，故洛水亦名漆沮水。沮水出子午嶺，俗號子午水。〈禹貢〉云，漆、沮二水出馮翊北。即子午水也。東南流，淺石川水合南、北二香水注之。淺石川水出翟道山，與泥谷水及南、北二香水合流。泥谷水出翟道泥谷，東流入淺石川。香水出中部縣香山，在縣西南三十七里，自宜君縣界來，香水在縣南三十五里出遺谷，與淺石川水合流入沮水，沮水又東少北入洛水。洛水又東南逕馮翊衙縣地，左合雲門谷水。雲門谷水源出澄城縣界，南流注洛水。洛水又南得溫泉水口。水有三源，奇川鴻瀉，西注于洛，亦曰帝嚳泉。洛水又南，甘泉水自東北、白水自西北來注之。甘泉水出匱谷中，其水尤甘美堪造酒。泉東至新里，僖公十八年，梁伯益其國而不能實也，命曰新里，秦取之即此也。下流注洛水。白水出白水縣北，其境東南谷多白土，因名白水。東南流至甘泉口，南入洛水。洛水東逕商原西，俗謂之許原也。洛水東逕沙阜北，其阜東西八十里，南北三十里，俗名之曰沙苑。洛水東南歷強梁原，俗謂之朝坂。洛水又東逕懷德縣故城東，南入渭。

【注釋】❶補洛水二　此篇為謝鍾英所補，從合校本錄入。❷洛水出上郡二句　謝鍾英〈補洛水〉，前一段是議論胡渭、趙一清對於收錄〈洛水〉篇佚文的得失，從這條《經》文開始，是其〈補洛水〉正文。此條《經》文得自《史記索隱・匈奴列傳》「放逐戎夷涇洛之北」。

【語譯】《水經注・洛水》篇亡佚，胡渭和趙一清，收輯洛水遺文數十條，但其中錯誤百出，可以作為洛水佚文的沒有多少。《寰宇記‧慶州‧安化縣》引《水經注》說：尉李城也叫不窋城，洛水從南面經過尉李城，在東北與馬嶺水匯合，叫做白馬水。（《寰宇記》）〈華池縣‧雞山〉引《水經注》說：雞山有烏雞水發源而出，向西北流注入洛水。（《寰宇記》說：）樂蟠縣西北有河流發源而出，《水經注》說此河與青山水匯合。據考證，泥水一名馬嶺水，尉李城是現在的慶陽府城，雞山在合水縣東南五十里，馬嶺和青山都在今合水縣以西一里。從白於山南到翟道山，山以東的河流都注入洛水，山以西的河流都通過泥水注入涇水。古今水道是會變遷的，但山岳不會移動，所以胡渭和趙一清所說的洛水，實在是泥水之誤。顧宛溪（指《方輿紀要》著者顧祖禹）知道其中的錯誤，但不知道為什麼會發生這樣的錯誤。胡渭不查考地理位置，而把這些當做是洛水的遺文，造成後來學者的不少誤解。（《寰宇記》）〈安定縣〉引《水經注》說：洛水又南流經過栒邑故城，向北流和栒陽水匯合，珊瑚谷水從東南到栒邑注入洛水。經過考證，栒邑故城在三水縣以北二十五里，不論是洛水還是泥水，都不經過這裡，所以《寰宇記》所引的洛水，還不知道是什麼水的訛誤呢。（《寰宇記》）〈襄樂縣〉又引《水經注》說：大延水和小延水都發源於油水以南的延溪，從西南流經過襄樂縣南，在延城以西二水匯合。油水與追語川水，都從翟道山發源東流而出。經過考證，襄樂縣在今甯州以東六十里，翟道山又在襄樂縣以東，《水經注》明明說延水向西南流，洛水在翟道山東，延水從襄樂縣西南流怎能注入洛水呢？這實在是〈涇水〉篇的文字訛誤作洛水了。（《寰宇記》）〈丹州‧宜川縣〉又引《水經注》說：蒲川水從鄜州洛川縣流入丹陽川。經過考證，洛川在今洛川縣以北，宜川縣有丹陽水東流入黃河。《水經注》說：河水又南流到丹陽水口，與丹陽水匯合。丹陽水發源於丹陽山，俗稱丹陽城。顧宛溪說：蒲川水和丹陽川都流入黃河。那麼這應是〈河水〉篇的佚文，但卻被誤以為是洛水。至於（《寰宇記》）在〈丹州‧汾川縣〉引《水經注》說：汾川縣以西有殺狗嶺。《初學記‧丹州》引《水經注》說：烏川水發源於汾川縣西北。《寰宇記‧洛川縣》引《水經注》說：白水發源於分水嶺。經過考證，汾川縣在今宜川縣東北七十里，則殺狗嶺當在延安與甘泉之間。洛交縣是今鄜州州治，既然〈丹州〉下說蒲川水流入丹陽川，而〈鄜州〉下又說蒲川水向南流入坊州，難道是不同河流而名稱偶然相同嗎？以上所舉數條，有的是彼此矛盾，有的是發源不清，這些河流是否注入洛水，都是不明不白的。將這些河流編為〈洛水〉篇，是值得懷疑的。當然，他們對隋唐以後所見的河流都不收取，寧缺勿濫，這是他們的謹慎之處。對於今日洛水以及所接納的河流，它們的源流都完整地寫在《水道提綱》上，不再贅敘了。

洛水出上郡雕陰秦冒山，過華陰入渭。

洛水發源於洛源縣北的白於山，《山海經》說：孟山西北五十里有白於之山，山中多有稱為鴞的鳥類。白於山今日名叫女郎山，山上多松柏樹，山下多樗櫟樹，野獸多㸲牛和羬羊，鳥類多白鴞。洛水發源於此山之南，向東流注入渭水。〈地理志〉說：洛水發源於北地郡歸德縣的蠻夷地方。也就是闞駰所稱的漆沮水。此水向東南流經過上郡雕陰縣秦望山以南，向南流稱為三川水。葦谷水從葦谷向東南流，破羅谷川向南流經過黃原祠東與葦川匯合，葦谷水向東流注入三川。豬水發源於西邊翟道縣以西的石堂山，此山本名翟道山。《穆天子傳》說：癸酉這一天，天子命令，用八匹駿馬拉引的車駕，由造父駕御，向南征討朔野。經過整個翟道，升登到太行山。翟道就是翟道縣的石堂山。郭璞以為這就是隴西的狄道，這是錯誤的。豬水奔流經過柏城，逾川和兔川向西南流注於洛水。洛水又向南經過中部縣以東，沮水在此注入洛水，所以洛水又名漆沮水。沮水發源於子午嶺，世俗稱為子午水。〈禹貢〉說：漆沮二水發源於馮翊以北，就是子午水。向東南流，有淺石川水匯合了南、北二香水注入。淺石川水發源於翟道山，與泥谷水及南北二香水匯合。泥谷水發源於翟道泥谷，向東流注入淺石川。香水發源於中部縣香山，山在此縣西南三十七里，從宜君縣界延伸而來。香水從中部縣南三十五里流出遺谷，與淺石川水匯合，注入沮水。沮水又向東偏北注入洛水。洛水又東南流經過馮翊衙縣地界，東與雲門谷水匯合。雲門谷水發源於澄城縣界，向南流注入洛水。洛水又南流到溫泉水口。溫泉水有三個源頭，奇異的河流傾瀉下來，向西注入洛水，也叫帝嚳泉。洛水又向南流，甘泉水從東北、白水從西北匯注而入。甘泉水發源於匱谷中，其水特別甘美，可以釀酒。泉水東流到新里。僖公十八年，梁伯多築城邑，卻沒有人去居住，他將這些城邑稱為新里，而秦就把這些地方取去。甘泉水下流注入洛水。白水發源於白水縣以北，縣境東南的谷地中多白土，所以起名叫白水。白水向東南流到甘泉口，向南注入洛水。洛水東流經過商原以西，俗稱許原。洛水向東流經過沙阜以北，沙阜東西八十里，南北三十里，俗稱沙苑。洛水向東南流經過強梁原，俗稱朝坂。洛水向東經過懷德縣故城以東，向南注入渭河。

補豐水❶

宋敏求《長安志・長安縣》下引《水經注》曰：豐水出豐溪，西北流分為二水，一水東北流，又北，交水自東入焉，又北，昆明池水注之，又北逕靈臺西，又北至石堨，注于渭。《萬年縣》下云：福水即交水也。《水經注》曰：水承樊川、御宿諸水，出縣南山石壁谷南三十里與谷水合，亦名子午谷水。《長安縣》下引《水經注》曰：交水又西南流，與豐水枝津合，其北又有漢故渠出焉，又西至石堨，分為二水：一水西流注豐水，一水自石堨北逕細柳諸原，北流入昆明池。又《石闥堰》下引《水經注》云：交水西至石堨，漢武帝元狩三年，穿昆明池所造。一清按，《漢書・地理志・右扶風・鄠縣》：豐水出東南，北過上林苑入渭。宋氏❷所引《水經注》，今本失之，而豐水源流較班《志》❸尤詳也。《禹貢錐指》曰：先儒皆云，豐涇大川故曰會，漆沮小水故曰過。嘗考渭南本周之舊都，西漢因之，其後隋唐復建都于此，歷代相承，鑿引諸川以資汲取、便轉輸、溉民田、灌苑囿，津渠交絡，離合不常，凡地志、水經，所言類非禹迹之舊。《詩》❹曰：豐水東注，維禹之績。則渭南諸川，唯豐為大。自漢鴻嘉中，王商穿長安城引內豐水注第中，而其流漸微。逮唐貞觀中，堰豐鎬入昆明池。二水于是斷流，又于京城西北引豐水為漕渠，合鎬水北流，由禁苑入渭，而豐水之流愈微矣。竊疑豐西之澇，豐東之鎬、潏、霸、滻，禹時悉合豐以入渭，故豐得成其大。且《詩》言東注，而〈漢志〉言北過上林苑入渭。則是北流而非東注矣。按豐水入昆明池不始于唐。東樵云云，由未見《水經注》逸文故也。

【注釋】❶補豐水　此為趙一清所補，《水經注釋》及《合校水經注》均列於卷十九〈渭水〉篇末。❷宋氏　指宋敏求《長安志》。此志成於北宋熙寧年間，故亦可書作《熙寧長安志》。❸班志　即班固《漢書・地理志》。❹詩　《詩經・大雅・文王有聲》。

【語譯】宋敏求的《長安志》在〈長安縣〉下引《水經注》說：豐水發源於豐溪，向西北流分為二水，其中一水向東北流，又向北，交水從東邊注入，又向北，昆明池水注入，又向北經過靈臺以西，又向北到石堨，注入渭水。《長安志》在〈萬年縣〉下說：福水就是交水。《水經注》說：此水接納樊川、御宿各水，從萬年縣南山石壁谷以南三十里與谷水匯合，也叫子午谷水。《長安志》〈長安縣〉下引《水經注》說：交水又向西南流，和豐水支流匯合，它的北邊又有漢代的故渠流來，又向西流到石堨，分為二水：其中一水西流注入豐水，另一水從石堨向北經過細柳諸原，北流注入昆明池。《長安志》又在〈石闥堰〉下引《水經注》說：交水向西流到石堨，此石堨是漢武帝元狩三年，貫穿昆明池而造成的。趙一清按：《漢書・地理志・右扶風・鄠縣》下說：豐水從東南發源而來，向北經過上林苑注入渭水。宋敏求所引《水經注》各句，今本已經缺佚，他所引的豐水源流，比《漢書・地理志》尤為詳細。《禹貢錐指》說：前輩儒者都說，豐、涇是大河，所以稱為「會」；漆、沮是小水，所以稱為「過」。曾經考證，渭南原是周的舊都，西漢繼續建都，後來隋唐又建都於此，歷代繼承，開鑿這幾條河渠，用來作汲取之需、從事運輸、灌溉民田和園苑，所以津渠交錯如脈絡，又常有分支合流，所以地志和水經等，凡是記敘這個地區，都已不是舊時的禹跡了。《詩經》說：豐水向東流注，這是禹的業績。所以渭水以南的各條河川，以豐水為最大。自從漢鴻嘉年間（西元前二〇～前十七年），王商把豐水引入長安城內府第中，這條河渠才漸漸枯竭了。到了唐朝貞觀年間（西元六二七～六四九年），在豐水和鎬水築堰，引入昆明池，這兩條水渠從此斷流。又於京城西北引豐水作為漕渠，與鎬水匯合北流，從王室禁苑流入渭水，豐水就更為枯竭了。我以為豐水以西的潦水，豐水以東的鎬、滈、霸、滻諸水，在夏禹時都匯合豐水注入渭水，所以豐水才得以成為大河。《詩經》說豐水向東流，但《漢書・地理志》說它北過上林苑注入渭水。那麼它應該是北流而不是東注。豐水注入昆明池並不始於唐朝，所以胡東樵在《禹貢錐指》中所說的種種話，是因為沒有見過《水經注》佚文的緣故。

補涇水一❶

《禹貢錐指》曰：《周禮》，雍州，其川涇汭。《水經》無〈涇水〉之目，〈渭水〉篇中于入渭處僅附見一語，而《寰宇記・原州・平高縣・笄頭山一名崆峒山》下引《水經注》云：蓋大隴山之異名，《莊子》❷謂黃帝學道于廣成子，蓋在此山。〈百泉縣・涇水〉下引《水經》云：涇水出自安定涇陽縣高山。《注》云：《山海經》曰：高山，涇水出焉，東流注于渭。入關謂之八水。〈彈箏峽〉

下引《水經注》云：涇水逕都盧山，山路之內，常如有彈箏之聲，行者聞之，鼓舞而去。又云：弦歌之山，峽口水流，風吹滴崖，響如彈箏之韻，因名。〈涇州・靈臺縣・蒲川水〉下引《水經注》云：蒲川水出南山蒲谷，東北合細川水，又東北合且氏水。〈邠州・宜祿縣・芹川〉下引《水經注》云：出羅川縣千子山，山一名千子嶺，東流逕宜祿縣北。〈寧州・真寧縣・大陵水〉下引《水經注》云：大陵、小陵水出巡河南殊川，西南逕寧陽城，故〈豳詩〉❸曰：夾其皇澗。陵水即皇澗。〈乾州・永壽縣・高泉〉下引《水經注》云：甘泉山即高泉山也。〈耀州・雲陽縣・涇水〉下引《水經注》云：涇水東流歷峽，謂之涇峽。〈五龍谷泉〉下引《水經注》云：五龍水出雲陽宮西南。〈雍州・醴泉縣・谷口城〉下引《水經注》云：九嵕山東、仲山西謂之谷口。本文是九嵕山東連仲山、西當涇水處，故謂之谷口，即寒門也。此皆言涇水而今本無之。是《水經》原有〈涇水〉篇，宋初尚存，後乃亡之耳。一清按，《寰宇記・渭州・潘源縣》下引《水經注》云：良源縣有銅城山水出，歷白石城。〈隴州・吳山縣〉下引《水經注》云：南由縣有白環水，出白環谷。二條皆涇水注文，而東樵失引之。又《漢書・地理志・安定郡・烏氏縣》都盧山在西。師古曰：氏音支。

《九域志》曰：都盧峽即彈箏峽。又《文選·北征賦》登赤須之長坂，入義渠之舊城。李善注云：赤須坂在北地郡，《水經注》：赤須水出赤須谷，西南流注羅水。《寰宇記》曰：真寧縣羅川水出羅山，寧州古公劉邑，《春秋》為義渠戎國有義渠城，即《漢書·地理志》北地郡義渠道也。又《初學記》引《水經注》曰：梁谷水西南注于涇。又曰：涇水逕望夷宮北，臨涇水以望北夷，秦二世將祠涇，沉四白馬于涇，齋于此宮內。又曰：涇水逕長平觀北，甘露三年，呼韓邪單于入朝，上登長平觀，詔單于無謁，即是觀也。又《長安志·醴泉縣》下引《水經注》曰：涇水導源安定朝那縣西笄頭山，秦始皇巡地西出笄頭山，即是山也。蓋大隴之異名。又《名勝志·邠州·淳化縣》下引《水經注》云：五龍水泉流逕長箱坂下。《方輿紀要》云：車箱坂《水經》謂之長箱坂。諸所引文又在《寰宇記》之外。《錐指》又曰：《元和志》云：漆水在新平縣西九里，北流注于涇。《寰宇記》云：《注水經》曰：漆水自宜祿界來，又東過漆縣北。今縣西九里有白土川，東北流逕白土原東、陳陽原西，又東北流注涇水。此條亦是〈涇水〉篇逸文，故不見于漆水〈注〉中也。又〈漢志〉鹵縣灈水出西，此則未知所在矣。

【注釋】❶補涇水一　此篇為趙一清所補，《水經注釋》及《合校水經注》均列於卷十九〈渭水〉篇末。❷莊子　〈莊子・外篇・在宥〉：「黃帝為天子十九年，聞廣成子在空同之山，故往見之。曰：我聞吾子達於至道，敢問至道之精。」❸豳詩　《詩經・大雅・公劉》。

【語譯】《禹貢錐指》說：《周禮》：雍州境內的河川是涇汭。《水經》沒有〈涇水〉的篇目，〈渭水〉篇中也只有在注入渭水處附了一句，而《寰宇記・原州・平高縣・笄頭山一名崆峒山》下引《水經注》說：笄頭山是大隴山的別名，《莊子》說：黃帝向廣成子學道，就在此山。《寰宇記》〈百泉縣・涇水〉下引《水經》說：涇水發源於安定郡涇陽縣的高山。《注》文說：《山海經》說：涇水發源於高山，向東流注入渭水，入關後稱為八水。《寰宇記》〈彈箏峽〉下引《水經注》說：涇水經過都盧山，山路之內，常常有像彈箏的聲音，行路的人聽到，都感到興奮鼓舞地前行。又說：這座弦歌之山，水在峽口流動，風吹巖崖水滴，響聲好像彈箏的音韻，所以稱為彈箏峽。《寰宇記》〈涇州・靈臺縣・蒲川水〉下引《水經注》說：蒲川水發源於南山蒲谷，東北匯合細川水，又東北匯合且氏水。《寰宇記》〈邠州・宜祿縣・芹川〉下引《水經注》說：芹川發源於羅川縣千子山——此山又名千子嶺——東流經過宜祿縣北。《寰宇記》〈寧州・真寧縣・大陵水〉下引《水經注》說：大陵水和小陵水發源於巡河以南的另一條河川，西南流經過寧陽城，所以〈豳詩〉說：夾在皇澗之中。陵水就是皇澗。《寰宇記》〈乾州・永壽縣・高泉〉下引《水經注》說：甘泉山就是高泉山。《寰宇記》〈耀州・雲陽縣・涇水〉下引《水經注》說：涇水向東流經過一處山峽，叫做涇峽。《寰宇記》〈五龍谷泉〉下引《水經注》說：五龍水發源於雲陽宮西南。《寰宇記》〈雍州・醴泉縣・谷口城〉下引《水經注》說：九嵕山以東，仲山以西，叫做谷口。《水經注》本文是：九嵕山東與仲山相連，西邊面對著涇水之處，以前叫做谷口，也就是寒門。以上都說到涇水，但今本不見。所以《水經》原有〈涇水〉篇，宋朝初年還存在，以後就亡佚了。趙一清按，《寰宇記・渭州・潘源縣》下引《水經注》說：良源縣有銅城山水流出，經過白石城。《寰宇記》〈隴州・吳山縣〉下引《水經注》說：南由縣有白環水，發源於白環谷。以上兩條都是涇水注文，而東樵在《禹貢錐指》中都錯誤地引用了。又《漢書・地理志・安定郡・烏氏縣》：都盧山在西。

顏師古說：氏音支。《九域志》說：都盧峽就是彈箏峽。又《文選·北征賦》：登赤須之長坂，入義渠之舊城。李善注說：赤須坂在北地郡，《水經注》：赤須水發源於赤須谷，向西南流注入羅水。《寰宇記》說：真寧縣羅川水發源於羅山。寧州是古代公劉的城邑，《春秋》稱為義渠，戎國有義渠城，就是《漢書·地理志》北地郡的義渠道。又《初學記》引《水經注》說：梁谷水從西南注入涇水。又說：涇水經過望夷宮之北，在涇水邊上可以望見北夷。秦二世將為涇水建祠，用四匹白馬沉入涇水，設齋於此宮內。又說：涇水經過長平觀以北，甘露三年，呼韓邪單于前來朝聘，皇上登臨長平觀，詔令單于不必朝謁，就是這座宮觀。又《長安志·醴泉縣》下引《水經注》說：涇水發源於安定郡朝那縣以西的笄頭山，秦始皇出巡，從西邊出笄頭山，就是此山，是大隴山的別名。又《名勝志·邠州·淳化縣》下引《水經注》說：五龍水的泉流經過長箱坂下。《方輿紀要》說：車箱坂在《水經注》中叫做長箱坂。以上所舉的《水經注》引文，都在《寰宇記》以外。《禹貢錐指》又說：《元和志》說：漆水在新平縣以西九里，向北流注入涇水。《寰宇記》說：《水經注》說：漆水從宜祿縣界流來，又東過漆縣以北。今漆縣西九里有白土川，從東北流經過白土原以東、陳陽原以西，又向東北流，注入涇水。這一條也是〈涇水〉篇佚文，所以不見於漆水的《注》文中。又《漢書·地理志》載濯水發源於鹵縣縣西，這條河流就不知它所在了。

補涇水二[1]

《水經注》逸〈涇水〉篇，胡氏渭補之，皆著本朝州縣，是今涇水，非《水經注》涇水也。〈涇水〉逸文，胡氏渭、趙氏一清收集者十數條，今採是者，次其前後。復採誤作洛水者以次補入。不足，又取〈地理志〉、《元和志》、《寰宇記》、《方輿紀要》、《水道提綱》諸書，編為〈涇水〉篇，其故事之關涉水地者從略，志完舊帙，非廣異聞也。

涇水出安定涇陽縣高山涇谷，

《山海經》曰：高山，涇水出焉，東流注于渭。入關謂之八水。〈地理志〉：涇陽縣西幵頭山，〈禹貢〉：涇水所出。涇水導源安定朝那縣幵頭山，秦始皇巡北地，西出幵頭山，即是山也，蓋大隴之異名。一名崆峒，《莊子》謂黃帝學道于廣成子，蓋在此山。涇水逕都盧山，山路之內，常如有彈箏之聲，行者聞之，鼓舞而去，一名弦歌之山，峽口水流，風吹滴崖，響如彈箏之韻，因謂之彈箏峽。涇水從彈箏峽口東流逕隴東郡北，又東南流逕潘原縣南得銅城山水口。潘原縣有銅城山水出，歷白石城，注于涇。涇水又東南逕安定故城南，又東南逕宜祿縣北，汭水自西來注之。汭水出小隴山，其川名汭。汭水又東逕宜祿縣，俗謂之宜祿川水。芹川水出羅川縣千子山，山一名千子嶺，東流逕宜祿縣北，注宜祿川。宜祿川過淺水原又東合涇水。涇水又東，左合泥水。〈地理志〉云：泥水出北蠻夷中。應劭曰：泥水出郁郅北蠻中略畔道。泥水南流逕尉李城東北，尉李城亦曰不窋城，合馬嶺水，號白馬水，故泥水一名馬嶺水。有水出略畔道故城西北，與青山水合，南流注泥水。泥水又南，有烏雞水出雞山，西北流注于泥水。又有油水，與追語川水並東出翟道山，西流注于泥。泥水又南合大延、小延水。大延、小延水出油水南延溪，西南流逕襄樂縣南於延城西，二水合流。延水又西注泥水。泥水南流合羅水，羅水出羅山，又曰羅山水。西流合大陵水，大陵、小陵水出巡和殊川，西南逕甯陽城，故〈豳詩〉曰：夾其皇澗。陵水即皇澗也。羅水又西合赤須水，赤須水出赤須谷，西南流注羅水。羅水又西注泥水，泥水南流入涇水。涇水又東南流逕宜祿縣東，蒲川水自西來注之。蒲川水出南山蒲谷，東北合細川水，又東北合且氏川水，東入涇。涇水東南逕漆縣故城北，漆水自宜祿縣界來，又東過扶風漆縣北，又東南逕甘泉山東，甘泉即高泉山也。涇水又東南逕雲陽縣故城東，五龍泉水出雲陽宮，西南流逕長箱坂下，入涇水。涇水東流歷峽，謂之涇峽。

涇水東南流經瓠口，鄭白二渠出焉。

涇水逕九嵕山東、中山西，謂之谷口，即寒門也。涇水逕長平觀北，甘露三年，呼韓邪單于入朝，上登長平觀，詔單于毋謁，即是觀也。涇水又東逕望夷宮，北臨涇水，以望北夷。秦二世將祠涇，沉四白馬于涇，齋于宮內。涇水又東南至陽陵故城，東入渭。

【注釋】❶補涇水二　此篇為謝鍾英所補，從合校本錄入。

【語譯】《水經注・涇水》篇亡佚，胡渭補了它，用的卻都是清朝的州縣名稱，因而今天的涇水，已經不是《水經注》的涇水了。對於〈涇水〉篇的佚文，胡渭和趙一清收集了十多條，採集這些當代的文字，排列其前後，另外又採集誤作洛水的佚文逐一補入。還有不足的，又採用《漢書・地理志》、《元和郡縣志》、《太平寰宇記》、《讀史方輿紀要》、《水道提綱》等書，編成這篇〈涇水〉。採集之中，凡是有關地理掌故而不涉河川的都從略，因為目的是為了完成舊篇，不是為了廣採博聞。

涇水出安定涇陽縣高山涇谷，

《山海經》說：涇水發源於高山，向東流注入渭水。入關後稱為八水。《漢書・地理志》說：涇陽縣以西有开頭山。〈禹貢〉說此山就是涇水發源之處。涇水發源於安定郡朝那縣的笄頭山，秦始皇出巡到北地郡，從笄頭山向西而出，就是此山。此山的別名是大隴山，還有一個名稱叫崆峒山。《莊子》說：黃帝向廣成子學道，就在此山。涇水流過都盧山，這條山路之內，常常有好像彈箏一樣的聲音，行路之人聽到，都感到興奮鼓舞地前行，所以又名弦歌之山。水在峽口流動，風吹巖崖水滴，響聲好像彈箏的音韻，所以名為彈箏峽。涇水從彈箏峽口向東流經過隴東郡以北，又向東南流經過潘原縣以南，在銅城山水口匯合了銅城山水。銅城山水發源於潘原縣，經過白石城，注入涇水。涇水又向東南流經過安定縣老城以南，又向東南流經過宜祿縣城以北，有汭水由西方流來注入。汭水發源於小隴山，流域中的這片平川稱為汭川。汭水又東流經宜祿縣，俗稱宜祿川水。芹川水發源於羅川縣千子山，此山一名千子嶺，東流經宜祿縣北，注入宜祿川。宜祿川流過淺水原又東與涇水匯合。涇水又東流，左與泥水匯合。《漢書・地理志》說：泥水發源於北方蠻夷之地。應劭說：泥水發源於郁郅以北蠻夷之地的略畔道。泥水向南流經過尉李城東北，尉李城也叫不窋城，泥水在這裡和馬嶺水匯合，稱為白馬水，所以泥水的另一名稱叫馬嶺水。有水發源於略畔道老城西北，和青山水匯合，向南流注入泥水。泥水又向南流，有從雞山發源的烏雞水，從西北流來注入泥水。

又有油水，和追語川水都發源於東邊的翟道山，向西流注入泥水。泥水又向南流和大延水及小延水匯合。大延、小延二水都發源於油水以南的延溪，向西南流經過襄樂縣南、於延城西，而二水匯合。延水向西流注入泥水。泥水向南流和羅水匯合，羅水發源於羅山，又叫羅山水，向西流匯合大陵水，大陵水和小陵水從巡和的另一處河川流出來，向西南流經過甯陽城。所以〈豳詩〉說：夾在皇澗之中。陵水就是皇澗。羅水又向西流與赤須水匯合，赤須水發源於赤須谷，西南流注入羅水。羅水又西流注入泥水，泥水南流注入涇水。涇水又向東南流經過宜祿縣以東，蒲川水從西面流來注入涇水。蒲川水發源於南山蒲谷，向東北流與細川水匯合，又向東北流與且氏川水匯合，東流注入涇水。涇水向東南流經過漆縣故城以北，有漆水從宜祿縣界流來，又向東流經過扶風漆縣以北，又向東南流經過甘泉山以東，甘泉山就是高泉山。涇水又向東南流經過雲陽縣故城以東，從雲陽宮流出來的五龍泉水，向西南流經過長箱坂下，到此注入涇水。涇水向東流經過一個山峽，稱為涇峽。

涇水東南流經瓠口，鄭白二渠出焉。

涇水經過九嵕山以東、中山以西，稱為谷口，也就是寒門。涇水經過長平觀以北，甘露三年，呼韓邪單于前來朝聘。皇上登於長平觀，詔令單于不必進謁，就是這座宮觀。涇水又向東流經過望夷宮。此宮北臨涇水，在此可以遙望北方夷境。秦二世將在涇水建祠，以四匹白馬沉入涇水，設齋於這座宮內。涇水又向東南流到陽陵縣故城，東流注入渭水。

補芮水❶

《太平寰宇記・隴州・汧源縣》下引《水經注》云：芮水出小隴山，其川名汭。〈邠州・宜祿縣・芮水〉下引《水經注》云：芮水又東逕宜祿川，俗謂之宜祿川水。《通典》引《水經》云：汭水逕宜祿川，俗曰宜祿水。《方輿紀要》云：芮水出鳳翔府隴州西四十里弦蒲藪，東北流入平涼府華亭縣南，又東逕崇信縣北至涇州城北，又東南過長武縣北，而東流合于涇水。《禹貢錐指》曰：涇屬渭汭。傳曰：水北曰汭。《春秋傳注》曰：水之隈曲曰汭。《說文》：汭，水相入也。按二義適相成而不相悖。蓋兩水相入，其水會襟帶處必有隈曲。《詩・大雅》❷芮鞫之即，芮即〈職方〉涇汭之汭，水名也。〈漢志・扶風汧縣〉下云：芮水出西北，東入涇，《詩》芮阸，雍州川也。師古曰：阸讀與鞫同。余因悟水北曰汭之義。蓋涇水東南流，至邠州長武縣東，芮水自平涼府靈臺縣界流，逕縣南而東注于涇。公劉所居故豳城，正在二水相會內曲之處。及其後人眾而地不能容，則又營其外曲以居。故曰：止旅迺密，芮鞫之即。鄭箋曰：水之內曰隩，水之外曰鞫。外即南，內即北也。一清按，涇汭各源，汭流稍短，不若涇耳。〈職方〉以二水為雍州川，《水經》宜列于篇目，故採擷群書以補逸文。

【注釋】❶補芮水　此篇為趙一清所補，《水經注釋》及《合校水經注》均列於卷十九〈渭水〉篇末。❷詩大雅　《詩經・大雅・公劉》。

【語　譯】《太平寰宇記・隴州・汧源縣》下引《水經注》說：芮水發源於小隴山，流域中的這片平川稱為汭川。《寰宇記》〈邠州・宜祿縣・芮水〉下引《水經注》說：芮水東流又經過宜祿川，俗稱宜祿川水。《通典》引《水經》說：汭水經過宜祿川，俗稱宜祿水。《方輿紀要》說：芮水發源於鳳翔府隴州西四十里的弦蒲藪，從東北流入平涼府的華亭縣南面，又向東經過崇信縣以北到涇州城北，又向東南經過長武縣以北，向東流注入涇水。《禹貢錐指》說：涇水是渭水以北的支流。古代的文獻說：水的北面稱為汭。《春秋傳注》說：河流的曲折之處稱為汭。《說文》說：汭就是水相匯合。這兩種解釋相通而不矛盾。因為兩條河流匯合，匯合連接的地方，一定有曲折。《詩經・大雅》說：芮鞫之即。這個芮，就是〈職方〉所說涇汭的汭，是河流的名稱。《漢書・地理志・扶風汧縣》下說：芮水發源於西北，向東注入涇水。《詩經》中的芮陒是雍州的河川。顏師古說：「陒」的讀音與「鞫」相同，我因此領悟到「水北曰汭」的意義。因為涇水向東南流，到邠州長武縣以東，芮水從平涼府靈臺縣界流出來，經過靈臺縣南而東流注入涇水。公劉所居的故豳城，正在這兩條河流匯合曲折之處，到後來因為人口增多而容納不下，所以又經營二水匯合曲折以外的地區作為居地。所以說：止旅迺密，芮鞫之即。鄭玄注釋說：河灣以內稱為隩，河灣以外稱為鞫。河灣以外即河流以南，河灣以內即河流以北。趙一清按，涇水和汭水各有它們的源頭，汭水稍短，不及涇水。所以〈職方〉以這兩條川水作為雍州的河流。《水經》應該列入篇目，因而採錄群書的佚文加以補充。

【研　析】以上〈補洛水〉二篇，〈補涇水〉二篇，〈補豐水〉、〈補芮水〉各一篇，共六篇。都是收輯從各種古籍中引及的酈佚湊合而成。此外還參以其他文獻加以議論考證。清代為此者，除趙一清與謝鍾英所輯見於此六篇外，其餘如此篇中議及的胡渭、顧祖禹等學者。他們為了使酈注成為完璧，確實費了極大精力。只是所補者僅是酈注字句，未能補出酈注文采。輯佚難，輯酈佚尤難。這些學者明知其難而為之，精神固可讚佩，而對後學也不無參考價值。

卷二十

漾水　丹水

【題解】 本卷包括〈漾水〉、〈丹水〉二篇，其中〈漾水〉占了全卷的大部分篇幅，但實際上卻是一條記敘錯誤的河流。因為〈禹貢〉有「嶓冢導漾，東流為漢」的話，這實際上是〈禹貢〉的錯誤，因為它把漾水作為漢水的上源。《水經》繼承了〈禹貢〉的錯誤，它開頭就說：「漾水出隴西氐道縣嶓冢山，東至武都沮縣為漢水。」其實，東至武都沮縣的不是漢水，而是西漢水。西漢水和漢水是兩條完全不同的河流，但古人誤以為西漢水就是漢水的上源，所以才有這樣的錯誤。這種錯誤同樣也發生在酈道元的《注》文中，他說：「常璩《華陽國志》曰：漢水有二源：東源出武都氐道縣漾山，為漾水，〈禹貢〉導漾東流為漢是也；西源出隴西西縣嶓冢山，會白水逕葭萌入漢。始源曰沔。」酈道元引《華陽國志》和〈禹貢〉作《注》，認為西漢水就是漢水的西源。東、西兩源匯合，稱為沔水，沔水就是漢水的古稱。酈道元說：「會白水逕葭萌入漢。」白水即今白龍江，所以「會白水」是不錯的，但「逕葭萌入漢」卻全是附會。葭萌是南朝益州之地，酈道元根本沒有到過這個地方，所以他無法糾正古人的錯誤。現在可以肯定的是，《水經》和《水經注》所稱的漾水，就是今西漢水，是四川省境內的長江支流嘉陵江的上流，源出甘肅禮縣秦嶺山脈，經陝西省過略陽縣附近注入嘉陵江。全長二百四十餘公里，流域面積約一萬平方公里。

丹水今稱丹江，是漢江的最大支流，發源於陝西藍田與商縣之間的分水嶺，與渭河水系僅一山之隔，幹流經河南省，並經丹江水庫到湖北省的丹江口注入漢江，幹流全長三百八十公里，流域面積約一萬六千平方公里。

漾水

1 漾水出隴西氐道縣嶓冢山，東至武都沮縣為漢水。

常璩《華陽國志》❶曰：漢水有二源：東源出武都氐道縣漾山，為漾水，〈禹貢〉導漾東流為漢是也；西源出隴西西縣嶓冢山，會白水逕葭萌入漢。始源曰沔。按沔水出東狼谷，逕沮縣入漢。《漢中記》❷曰：嶓冢以東，水皆東流；嶓冢以西，水皆西流。即其地勢源流所歸，故俗以嶓冢為分水嶺。即此推沔水無西入之理。劉澄之❸云：有水從阿陽縣南至梓潼、漢壽入大穴，暗通岡山。郭景純❹亦言是矣。岡山穴小，本不容水，水成大澤而流與漢合。庾仲雍❺又言：漢水自武遂川南入蔓葛谷，越野牛逕至關城，合西漢水。故諸言漢者，多言西漢水至葭萌入漢。又曰：始源曰沔。是以《經》云：漾水出氐道縣，東至沮縣為漢水，東南至廣魏白水。診其沿注，似與三說相符，而未極西漢之源矣。然東、西兩川，俱受沔、漢之名者，義或在茲矣。

2 班固〈地理志〉，司馬彪、袁山松〈郡國志〉❻，竝言漢有二源，東出氐道，

3

西出西縣之嶓冢山。闞駰云：漢或為漾，漾水出崑崙西北隅，至氐道重源顯發而為漾水。又言，隴西西縣，嶓冢山在西，西漢水所出，南入廣魏白水。又云：漾水出獂道，東至武都入漢。許慎、呂忱並言：漾水出隴西獂道，東至武都為漢水。不言氐道，然獂道在冀之西北，又隔諸川，無水南入，疑出獂道之為謬矣。又云：漢，漾也，東為滄浪水。《山海經》曰：嶓冢之山，漢水出焉，而東南流注于江。然東、西兩川，俱出嶓冢而同為漢水者也。

孔安國曰：泉始出為漾，其猶濛耳。而常璩專為漾山、漾水，當是作者附而為山水之殊目矣。余按《山海經》，漾水出崑崙西北隅，而南流注于醜塗之水。《穆天子傳》曰：天子自春山西征，至于赤烏氏，己卯，北征；庚辰，濟于洋水；辛巳，入于曹奴。曹奴人戲，觴天子于洋水之上，乃獻良馬九百，牛羊七千，天子使逢固受之；天子乃賜之黃金之鹿，戲乃膜拜而受。余以太和中從高祖北巡，狄人猶有此獻。雖古今世殊，而所貢不異，然川流隱伏，卒難詳照，地理潛閟，變通無方，復不可全言闞氏之非也。雖津流派別，枝渠勢懸，原始要終，潛流或一，故俱受漢、漾之名，納方土之稱，是其有漢川、漢陽、廣漢、漢壽之號。或因其始，或據其終，縱異名互見，猶為漢、漾矣。川共目殊，或亦在斯。今西縣嶓冢山，西漢水所導也，然微涓細注，若通羃歷，津注而已。

4 西流與馬池水合。水出上邽西南六十餘里，謂之龍淵水。言神馬出水，事同余吾、來淵之異，故因名焉。《開山圖》曰：隴西神馬山有淵池，龍馬所生。即是水也。其水西流謂之馬池川，又西流入西漢水。西漢水又西南流，左得蘭渠溪水，次西有山黎谷水，次西有鐵谷水，次西有石耽谷水，次西有南谷水，竝出南山，揚湍北注。右得高望谷水，次西得西溪水，次西得黃花谷水，咸出北山，飛波南入。西漢水又西南，資水注之。水北出資川，導源四壑，南至資峽，總為一水，出峽西南流，注西漢水。西漢水又西南得峽石水口，水出苑亭、西草、黑谷三溪，西南至峽石口，合為一瀆。東南流，屈而南注西漢水。

5 西漢水又西南合楊廉川水，水出西谷，眾川瀉流，合成一川，東南流逕西縣故城北。秦莊公伐西戎，破之。周宣王與其先大駱犬丘之地，為西垂大夫，亦西垂宮也。王莽之西治矣。建武八年，世祖出阿陽，竇融等悉會，天水震動。隗囂將妻子奔西城從楊廣。廣死，囂愁窮城守。時潁川賊起，車駕東歸，留吳漢、岑彭圍囂。岑等壅西谷水，以縑幔盛土為堤灌城，城未沒丈餘，水穿壅不行，地中數丈涌出，故城不壞。王元請蜀救至，漢等退還上邽。但廣、廉字相狀，後人因以人名名之，故習譌為楊廉也，置楊廉縣焉。又東南流，右會茅川水。水出西南戎溪，東北流逕戎丘城南。吳漢之圍西城，王捷登城向漢軍曰：為隗王城守者皆必死無二心，願諸將亟罷，請自殺以明之，遂刎頸而死。又東北流注西谷水，亂流東南入于西漢水。

6 西漢水又西南逕始昌峽。《晉書・地道記》曰：天水，始昌縣故城西也⑦，亦曰清崖峽。西漢水又西南逕宕備戍南，左則宕備水自東南、西北注之，右則鹽官水南入焉。水北有鹽官，在嶓冢西五十許里，相承營煮不輟，味與海鹽同。故〈地理志〉云：西縣有鹽官是也。其水東南逕宕備戍西，東南入漢水。漢水又西南合左谷水。水出南山窮溪，北注漢水。又西南，蘭皋水出西北五交谷，東南歷祁山軍，東南入漢水。漢水又西南逕祁山軍南，雞水南出雞谷，北逕水南縣，西北流注于漢。漢水又西，建安川水入焉。其水導源建威西北山白石戍東南，二源合注，東逕建威城南，又東與蘭坑水會。水出西南近溪，東北逕蘭坑城西，東北流注建安水。建安水又東逕蘭坑城北、建安城南，其地，故西縣之歷城也。楊定自隴右徙治歷城，即此處也。去仇池百二十里，後改為建安城。其水又東合錯水。水出錯水戍東南，而東北入建安水。建安水又東北，有雉尾谷水；又東北，有太谷水；又北，有小祁山水，竝出東溪，揚波西注。又北，左會胡谷水，水西出胡谷，東逕金盤、歷城二軍北，軍在水南層山上，其水又東注建安水。

7 建安水又東北逕塞峽。元嘉十九年，宋太祖遣龍驤將軍裴方明伐楊難當，難當將妻子北奔，安西參軍魯尚期追出塞峽，即是峽矣。左山側有石穴洞，人言潛通下辨，所未詳也。其水出峽，西北流注漢水。漢水北，連山秀舉，羅峰競峙。祁山在嶓冢之西七十許里，山上有城，極為巖固。昔諸葛亮攻祁山，即斯城也。漢水逕其南，城南三里有亮故壘，壘之左右猶豐茂宿草，蓋亮所植也，在上邽西南二百四十里。《開山圖》曰：漢陽西南有祁山，蹊徑逶迤，山高巖險，九州之名阻，天下之奇峻。今此山于眾阜之中，亦非為傑矣。漢水又西南與甲谷水合。水出西南甲谷，東北流注漢水。漢水又西逕南岈、北岈中，上下有二城相對，左右墳壠低昂，亘山被阜。古諺云：南岈、北岈，萬有餘家。諸葛亮〈表〉❽言：祁山去沮縣五百里，有民萬戶。矚其丘墟，信為殷矣。

8 漢水西南逕武植戍南。武植戍水發北山，二源奇發，合于安民戍南，又南逕武植戍西，而西南流，注于漢水。漢水又西南逕平夷戍南，又西南，夷水注之。

水出北山，南逕其戍西，南入漢水。漢水又西逕蘭倉城南，又南，右會兩溪，俱出西山，東流注于漢水。張華《博物志》云：溫水出鳥鼠山，下注漢水。疑是此水，而非所詳也。漢水又南入嘉陵道而為嘉陵水，世俗名之為階陵水，非也。漢水又東南得北谷水，又東南，得武街水，又東南得倉谷水。右三水，並出西溪，東流注漢水。

9

漢水又東南逕瞿堆西，又屈逕瞿堆南，絕壁峭峙，孤險雲高，望之形若覆唾壺。高二十餘里，羊腸蟠道三十六迴，《開山圖》謂之仇夷，所謂積石嵯峨，嶔岑隱阿者也。上有平田百頃，煮土成鹽，因以百頃為號。山上豐水泉，所謂清泉湧沸，潤氣上流者也。漢武帝元鼎六年，開以為武都郡，天池大澤在西，故以都為目❾矣。王莽更名樂平郡，縣曰循虜。常璩、范曄云，郡居河池，一名仇池，池方百頃，即指此也。左右悉白馬氐矣。漢獻帝建安中，有天水氐楊騰者，世居隴右，為氐大帥。子駒，勇健多計，徙居仇池，魏拜為百頃氐王。漢水又東合洛谷水。水有二源，同注一壑，逕神蛇戍西，左右山溪多五色蛇，性馴良，不為物毒。洛谷水又南逕虎馗戍東，又南逕仇池郡西、瞿堆東，西南入漢水。

10 漢水又東合洛溪水。水北發洛谷，南逕威武戍南，又西南與龍門水合。水出西北龍門谷，東流與橫水會。東北窮溪，即水源也。又南逕龍門戍東，又東南入洛溪水。又東南逕上祿縣故城西，脩源濬導，逕引北溪，南總兩川，單流納漢。漢水又東南逕濁水城南，又東南會平樂水。水出武街東北四十五里，更馳⑩。南溪導源東北流，山側有甘泉涌波飛清，下注平樂水。又逕甘泉戍南，又東逕平樂戍南，又東入漢，謂之會口。漢水東南逕脩城道南，與脩水合。水總二源，東北合漢。漢水又東南，于槃頭郡南與濁水合。水出濁城北，東流，與丁令溪水會。其水北出丁令谷，南逕武街城西，東南入濁水。濁水又東逕武街城南，故下辨縣治也。李琀、李稚以氐王楊難敵妻死葬陰平，襲武街，為氐所殺于此矣。今廣業郡治。濁水又東，宏休水注之。水出北溪，南逕武街城東，而南流注于濁水。

11 濁水又東逕白石縣南。《續漢書》曰：虞詡為武都太守，下辨東三十餘里有峽，峽中白水生大石，障塞水流，春夏輒濆溢，敗壞城郭。詡使燒石，以醯灌之，石皆碎裂，因鐫去焉，遂無泛溢之害。濁水即白水之異名也。

12 濁水又東南，涅陽水北出涅谷，南逕白石縣東，而南入濁水。濁水又東南與仇鳩水合。水發鳩溪，南逕河池縣故城西，王莽之樂平亭也。其水西南流注濁水。濁水又東南與河池水合。水出河池北谷，南逕河池戍東，西南入濁水。濁水又東南，兩當水注之。水出陳倉縣之大散嶺⓫，西南流入故道川，謂之故道水，西南逕故道城東。魏征仇池，築以置戍。與馬鞍山水合，水東出馬鞍山，歷谷西流，至故道城東，西入故道水。西南流，北川水注之。水出北洛櫛山南，南流逕唐倉城下，南至囷冢川，入故道水。故道水又西南歷廣香交，合廣香川水。水出南田縣利喬山，南流至廣香川，謂之廣香川水，又南注故道水，謂之廣香交。故道水又西南入秦岡山，尚婆水注之。山高入雲，遠望增狀，若嶺紆曦軒，峰枉月駕矣。懸崖之側，列壁之上，有神象，若圖指狀婦人之容，其形上赤下白，世名之曰聖女神，至于福應愆違，方俗是祈。水源北出利喬山，南逕尚婆川，謂之尚婆水。歷兩當縣之尚婆城南，魏故道郡治也。西南至秦岡山，入故道水。故道水又右會黃盧山水。水出西北天水郡黃盧山腹，歷谷南流，交注故道水。

13

故道水南入東益州之廣業郡界，與沮水枝津合，謂之兩當溪水，上承武都沮縣之沮水瀆，西南流，注于兩當溪。虞詡為郡，漕穀布在沮，從沮縣至下辨，山道險絕，水中多石，舟車不通。驢馬負運，僦五致一⑫。詡乃于沮受僦直，約自致之，即將吏民按行，皆燒石櫤木，開漕船道，水運通利，歲省萬計，以其僦廩與吏士，年四十餘萬也。又西南注于濁水。

14 濁水南逕槃頭郡東，而南合鳳溪水。水上承濁水于廣業郡，南逕鳳溪，中有二石雙高，其形若闕，漢世有鳳凰止焉，故謂之鳳凰臺。北去郡三里，水出臺下，東南流，左注濁水。濁水又南注漢水。漢水又東南歷漢曲，逕挾崖與挾崖水合。水西出擔潭交，東流入漢水。漢水又東逕武興城南，又東南與北谷水合。水出武興東北，而西南逕武興城北，謂之北谷水。南轉逕其城東，而南與一水合。水出東溪，西流注北谷水，又南流注漢水。漢水又西南逕關城北，除水出西北除溪，東南流入于漢。漢水又西南逕通谷，通谷水出東北通溪，上承漾水，西南流為西漢水。漢水又西南，寒水注之。水東出寒川，西流入漢。漢水又西逕石亭戍，廣平水西出百頃川，東南流注漢；又有平阿水出東山，西流注漢水。漢水又逕晉壽城西，而南合漢壽水。水源出東山，西逕東晉壽故城南，而西南入于漢水也。

又東南至廣魏白水縣西，又東南至葭萌縣，東北與羌水合。

白水西北出于臨洮縣西南西傾山，水色白濁，東南流與黑水合。水出羌中，西南逕黑水城西，又西南入白水。白水又東逕洛和城南，洛和水西南出和溪，東北流逕南黑水城西，而北注白水。白水又東南逕鄧至城南，又東南與大夷祝水合。水出夷祝城西南窮溪，北注夷水。又東北合羊洪水。水出東南羊溪，西北逕夷祝城東，又西北流，屈而東北注于夷水。夷水又東北入白水。白水又東與安昌水會。水源發衛大西溪，東南逕鄧至、安昌郡南，又東南合無累水。無累水出東北近溪，西南入安昌水。安昌水又東南入白水。白水又東南入陰平，得東維水。水出西北維谷，東南逕維城西，東南入白水。白水又東南逕陰平道故城南，王莽更名摧虜矣，即廣漢之北部也。廣漢屬國都尉治，漢安帝永初三年，分廣漢蠻夷置。又有白馬水，出長松縣西南白馬溪，東北逕長松縣北，而東北注白水。白水又東逕陰平大城北，蓋其渠帥自故城徙居也。白水又東，偃溪水出西南偃溪，東北流逕偃城西，而東北流入白水。白水又東逕偃城北，又東北逕橋頭。昔姜維之將還蜀也，雍州刺史諸葛緒邀之于此，後期不及，故維得保劍閣而鍾會不能入也。白水又與羌水合，自下羌水又得其通稱矣。白水又東逕郭公城南。昔郭淮之攻廖化于陰平也，築之，故因名焉。白水又東，雍川水出西南雍溪。東北注白水。白水又東合空泠水，傍溪西南窮谷，即川源也。白水又東南與南五部水會，水有二源：西源出五部溪，東南流；東源出郎谷，西南合注白水。白水又東南逕建昌郡東，而北與一水合，二源同注，共成一溪，西南流入于白水。白水又東南逕白水縣故城東，即白水郡治也。《經》云：漢水出其西，非也。白水又東南與西谷水相得。水出西溪，東流逕白水城南，東南入白水。白水又南，左會東流水，東入極溪，便即水源也。白水又南逕武興城東，又東南，左得刺稽水口，溪東北出，便水源矣。

16 白水又東南，清水左注之。庾仲雍曰：清水自祁山來合白水。斯為孟浪也。水出于平武郡東北曬累亘下，南逕平武城東，屈逕其城南，又西歷平洛郡東南，屈而南逕南陽僑郡東北，又東南逕新巴縣東北，又東南逕始平僑郡南，又東南逕小劍戍北，西去大劍三十里，連山絕險，飛閣通衢，故謂之劍閣也。張載〈銘〉⑬曰：一人守險，萬夫趦趄。信然。故李特至劍閣而歎曰：劉氏有如此地而面縛于人，豈不奴才也。小劍水西南出劍谷，東北流逕其戍下入清水。

17 清水又東南注白水。白水又東南于吐費城南，即西晉壽之東北也，東南流注漢水。西晉壽，即蜀王弟葭萌所封為苴侯邑，故遂名城為葭萌矣。劉備改曰漢壽；太康中，又曰晉壽。水有津關⑭。段元章善風角，弟子歸，元章封笥藥授之。曰：路有急難，開之。生到葭萌，從者與津吏諍，打傷。開笥得書言：其破頭者，可以此藥裹之。生乃歎服，還卒業焉。亦廉叔度抱父柩自沉處也。

又東南過巴郡閬中縣，

18

巴西郡治也。劉璋之分三巴，此其一焉。闞駰曰：強水出陰平西北強山，一曰強川。姜維之還也，鄧艾遣天水太守王頎敗之于強川，即是水也。其水東北逕武都、陰平、梓潼、南安入漢水。漢水又東南逕津渠戍東，又南逕閬中縣東。閬水出閬陽縣，而東逕其縣南，又東注漢水。昔劉璋之攻霍峻于葭萌也，自此水上。張達、范彊害張飛于此縣。漢水又東南得東水口。水出巴嶺，南歷獠中，謂之東遊水。李壽之時，獠自牂柯北入，所在諸郡，布滿山谷。其水西南逕宋熙郡東，又東南逕始平城東，又東南逕巴西郡東，又東入漢水。漢水又東與濩溪水合。水出獠中，世亦謂之為清水也。東南流注漢水。漢水又東南逕宕渠縣東，又東南合宕渠水。水西北出南鄭縣巴嶺，與槃余水同源，派注南流，謂之北水，東南流與難江水合。水出東北小巴山，西南注之，又東南流逕宕渠縣，謂之宕渠水，又東南入於漢。

又東南過江州縣東，東南入於江。

19 涪水注之，庾仲雍所謂涪內水者也。

【注釋】❶華陽國志　書名。晉常璩撰。《隋書・經籍志》著錄作十二卷，〈舊唐志〉作三卷（當漏「十」字），〈新唐志〉作十三卷。今本十二卷，前四卷為地志，計〈巴志〉、〈漢中志〉、〈蜀志〉、〈南中志〉各一卷；後七卷為人物志，計〈公孫述劉二牧志〉、〈劉先主志〉、〈劉後主志〉、〈大同志〉、〈李特雄期壽勢志〉、〈先賢士女總贊〉、〈後賢志〉各一卷，末卷為〈序志并益、梁、寧三州先後以來士女名目錄〉。全書體例格式已和日後地方志近似，故清洪良吉〈澄城縣志序〉云：「一方之志，始于〈越絕〉，後有〈華陽國志〉。」此書除各種單行本外，尚收入《古今逸史》、《函海》、《叢書集成初編》等。❷漢中記　書名。此書不見於隋唐諸志及其他公私著錄，不知撰者和撰述年代。除《水經注》外，尚有《輿地紀勝》卷一八三、一九〇各卷引及，說明宋時尚在。今亡佚已久，亦無輯本流傳。❸劉澄之　此指其所撰《永初山川古今記》，或簡稱《永初山川記》及《永初記》，參見卷五〈河水〉注釋。「永初」（西元四二〇～四二二年）是南朝宋武帝劉裕年號。❹郭景純　即晉郭璞。所注有《山海經》及《爾雅》等。❺庾仲雍　此指其所撰《漢水記》。參見卷二八〈沔水注〉中《漢水記》的注釋。❻郡國志　篇名。因撰者晉人袁山松曾撰《後漢書》，此「郡國志」當指其所撰《後漢書》中之志。已亡佚。❼天水二句　始昌縣，漢之西縣，晉改始昌，屬天水郡。守敬按：〈晉志〉無西縣，天水郡有始昌縣。……朱「西城」誤作「城西」。趙云：當互倒作「西城」。❽諸葛亮表　此〈表〉如卷十八〈渭水〉，亦收入於《諸葛忠武侯集》文集卷一，題作〈祁山表〉。❾故以都為目　因水澤所聚叫「都」，所以稱為「都郡」。❿更馳　《疏》本楊守敬按：「『更』，疑當作『東』，『馳』字斷句，此以馬之馳喻水之流也。」此按《疏》本考證語譯。⓫大散嶺　此處有佚文一條。《御覽》卷一六七〈州郡部〉十三〈鳳州〉引《水經注》：「大散水流入黃花川，黃花縣因水得名。」當是此句下佚文。⓬僦五致一　僦，指運費。致，指運到目的地的糧食、布匹。⓭張載銘　《隋書・經籍志》著錄中書郎《張載集》七卷，〈兩唐志〉亦均著錄，但卷數各異（〈舊唐志〉作三卷，〈新唐志〉作一卷），清嚴可均有此集輯本，但未收其銘文，故已亡佚。⓮水有津關　此處有佚文一條。《通鑑》卷一二二〈宋紀〉四「文帝元嘉十一年」（置戍於葭萌水）胡注引《水經注》：「白水東南流至葭萌縣北，因謂之葭萌水，水有津關，即所謂白水關也。」當是此句下佚文。

【語　譯】漾水出隴西氐道縣嶓冢山，東至武都沮縣為漢水。

1 常璩《華陽國志》說：漢水有兩個源頭：東源出自武都氐道縣的漾山，就是漾水，即〈禹貢〉所說的疏導漾水，東流為漢水。西源出自隴西西縣的嶓冢山，匯合了白水，流經葭萌注入漢水。上源叫沔水。沔水發源於東狼谷，流經沮縣注入漢水。《漢中記》說：嶓冢山以東，水都東流；嶓冢山以西，水都西流。源流各自循著地勢流向一方，所以人們以為嶓冢山是分水嶺。由此推論起來，沔水絕沒有西流的道理。劉澄之說：有一條水從阿陽縣南流到梓潼、漢壽，流進一個大洞，山洞在地下與岡山相通。郭景純也是這樣說的。岡山洞小，本來容不了多少水，但水積成了大沼澤，流出去與漢水匯合。所以庾仲雍又說：漢水從武遂川南流進入蔓葛谷，越過野牛，直至關城，與西漢水匯合。所以諸家談論漢水，大都說西漢水到葭萌注入漢水。又說：上源叫沔水。所以《水經》說：漾水發源於氐道縣，東流到沮縣就是漢水，東南流到廣魏白水。考察水流一路的流程，似乎與上面三種說法相符合，但卻沒有追溯到西漢水水源的盡頭。不過東、西兩條漢水都有沔水和漢水的名稱，道理也許就在這裡。

2 班固《漢書・地理志》，司馬彪、袁山松〈郡國志〉都說漢水有兩個源頭，東源出自氐道縣，西源出自西縣的嶓冢山。闞駰說：漢水有人說即是漾水；漾水發源於崑崙山西北角，流到氐道縣，潛流於地下的源頭才重新流出地面，稱為漾水。又說：隴西郡西縣，嶓冢山在西，西漢水就從那裡流出，南流注入廣魏白水。又說：漾水發源於隴西郡豲道縣，東流到了武都注入漢水。許慎、呂忱都說：漾水發源於隴西郡豲道縣，東流到了武都就叫漢水。他們都沒有說到氐道，但豲道縣在冀縣西北，又隔著許多川流，沒有一條水是流進南方的，我懷疑發源於豲道縣的說法是錯誤的。又說：漢水就是漾水，東邊是滄浪水。《山海經》說：嶓冢山是漢水的發源地，東南流注入江水。那麼東、西兩條水都發源於嶓冢山，而且都是漢水。

3 孔安國說：泉水初出時叫漾水，意思就是水流很細。但常璩卻擅自提出漾山、漾水等名，這一定是作者把山水牽連在一起而造出的異名。我查考《山海經》，漾水發源於崑崙山西北角，南流注入醜塗水。《穆天子傳》說：天子從春山西征，到了赤烏氏；己卯日，北征；庚辰日，渡過洋水；辛巳日，進入曹奴。曹奴有個叫戲的人，在洋水上宴請天子，獻給他好馬九百匹，牛羊七千頭，天子派逢固去接收；天子也賜給他黃金製成的鹿，戲於是向他頂禮膜拜，然後接受。太和年間（西元四七七～四九九年）我曾隨從高祖去北方巡察，狄人還有這種獻禮。雖然古今時代不同了，朝貢的禮品還是一樣，但川流隱伏於地下，很難詳細了解，地理隱祕奧深，變化毫無規律可循，也不能都說闞駰說得不對。雖然水道分支流出，支渠相隔遙遠，但推究其源頭和歸宿，隱蔽於地下的水流有時卻同屬一條，所以都有漢水或漾水之名，同時又採用一些地方名稱，因而有漢川水、漢陽水、廣漢水、漢壽水等等名稱。有時是按照上源立名，有時是按照歸宿稱呼，即使水名互有不同，但指的還是漢水或漾水。同一條水而名稱各異，也許正是這緣故。今天西縣的嶓冢山，是西漢水的發源地，初發時不過一縷細流，只不過與遍布四方的涓涓細水相通，最後都匯集在一起罷了。

4 西漢水西流與馬池水匯合。馬池水發源於上邽西南六十餘里，稱為龍淵水。據說有神馬從水裡出來，與余吾、來淵的奇蹟相類似，因此取名龍淵。《開山圖》說：隴西神馬山有淵池，是龍馬出生的地方。說的就是這條水。龍淵水西流，叫馬池川，又西流注入西漢水。西漢水又西南流，左岸匯合了蘭渠溪水，再西流有山黎谷水，再西流有鐵谷水，再西流有石耽谷水，再西流有南谷水，都發源於南山，急流滾滾地往北奔流。右岸匯合了高望谷水，再西流匯合了西溪水，再西流匯合了黃花谷水，都發源於北山，清波飛濺，南流注入西漢水。西漢水又西南流，資水注入。資水發源於北方的資川，源流自四面的溝壑流來，南流到資峽，合為一條；出了山峽，往西南流，注入西漢水。西漢水又西南流到了峽石水口，峽石水發源於苑亭、西草、黑谷三條溪澗，西南流到了峽石口，匯合為一條，東南流，轉而往南注入西漢水。

5 西漢水又西南流匯合了楊廉川水。楊廉川水發源於西谷，谷內諸澗從四面奔瀉而來，匯合成一條，東南流經西縣老城北。秦莊公討伐西戎，把西戎擊潰。周宣王把秦莊公的祖先大駱於犬丘的封地賜給他，號為西垂大夫，這也是西垂宮所在的地方。王莽改名為西治。建武八年（西元三二年），光武帝來到阿陽，竇融等都領兵前來會合。大軍壓境，天水人心動搖。隗囂帶了妻子兒女逃到西城去投奔楊廣。楊廣死後，隗囂因孤城防守陷入困境，心中十分憂愁。這時潁川盜寇蠭起，光武帝回到東方，留下吳漢、岑彭包圍隗囂。岑彭等用帳幕布來做土包，築堤堵住西谷水來淹沒西城，但城牆還有丈餘沒有被淹時，水卻沖破堤壩，從地下數丈處湧出，城因而沒有被水毀壞。加上王元向蜀請得的救兵到達，吳漢等只得退回上邽。但廣、廉二字字形相似，後人以人為城命名，把楊廣誤作楊廉，以訛傳訛，就稱為楊廉城，並設楊廉縣。又東南流，右岸匯合茅川水。茅川水發源於西南戎溪，東北流經戎丘城南。吳漢包圍西城時，王捷登上城頭，向漢軍說：為隗王守城的士卒都抱著必死的決心，絕無三心兩意。希望諸位將領從速退兵，讓我們以自殺來表明我們的決志。於是大家都刎頸自殺了。又東北流注入西谷水，往東南亂流注入西漢水。

6 西漢水又西南流經始昌峽。《晉書・地道記》說：在天水郡，始昌縣就是舊時的西城，也叫清崖峽。西漢水又西南流經宕備戍南，左岸有宕備水從東南往西北注入，右岸有鹽官水往南注入。鹽官水北岸有個地方叫鹽官，在嶓冢西約五十里，人們世世代代在這裡以煮鹽為業，從未中斷過。這裡的鹽，味道與海鹽相同。所以〈地理志〉說：西縣有鹽官。鹽官水東南流經宕備戍西，東南流注入漢水。漢水又西南流與左谷水匯合。左谷水發源於南山深處的溪澗，北流注入漢水。又西南流，有蘭皋水發源於西北的五交谷，東南從祁山軍流過，往東南注入漢水。漢水又西南流經祁山軍南，雞水發源於南方的雞谷，北流經水南縣，西北流注入漢水。漢水又西流，建安川水注入。建安川水發源於建威西北山白石戍東南，兩個源頭合流，東流經建威城南，又東流與蘭坑水匯合。蘭坑水出自西南方近處的溪流，東北流經蘭坑城西，東北流注入建安水。建安水又東流經蘭坑城北、建安城南，這地方就是舊時西縣的歷城。楊定把治所從隴右遷移到歷城，就是這地方。這裡離仇池一百二十里，後來改為建安城。建安水又東流與錯水匯合。錯水發源於錯水戍東南，東北流注入建安水。建安水又東北流，有雉尾谷水；又東北流，有太谷水；又北流，有小祁山水，都發源於東溪，揚著清波西流。又北流，左岸匯合胡谷水，胡谷水發源於西方的胡谷，東流經金盤、歷城兩個駐防城堡北，城堡在水南層沓的山嶺上，這條水又往東注入建安水。

7 建安水又東北流經塞峽。元嘉十九年（西元四四二年），南朝宋太祖派龍驤將軍裴方明討伐楊難當，楊難當帶了妻室子女北逃，安西參軍魯尚期追擊出了塞峽，指的就是此峽。左邊山旁有石洞，據說暗通下辦縣，不知是否屬實。建安水流出山峽，西北流注入漢水。漢水北岸，連綿的群山秀色映著晴空，峰巒競相聳峙。祁山在嶓冢山以西約七十里，山上有城，非常險固，從前諸葛亮進攻祁山，就是這座城。漢水流經城南，城南三里有諸葛亮軍營的遺址，遺址近旁，荒草還很豐盛，那是諸葛亮當年種植的。那地方在上邽西南二百四十里。《開山圖》說：漢陽西南有祁山，山徑盤迴曲折，山高巖險，是九州著名的險要之地，天下罕見的高山峻嶺。但今天在周圍群山之中，卻也不見得怎麼峻高突出。漢水又西南流與甲谷水匯合。甲谷水發源於西南方的甲谷，東北流注入漢水。漢水又西流經南岈、北岈中間，上下有兩座城相對峙，左右兩邊，漫山遍野都是高低起伏的墳墓。古時有諺語說：南岈、北岈，一萬多家。諸葛亮〈祁山表〉說：祁山距沮縣五百里，有居民萬餘家。只要看一看那裡的大片墓地，就可以知道是個富裕之區了。

8 漢水西南流經武植戍南。武植戍水發源於北山，兩個源頭流出來顯得特異，匯合於安民戍南，又南流經武植戍西，往西南注入漢水。漢水又西南流經平夷戍南，又西南流，夷水注入。夷水發源於北山，南流經平夷戍西，往南注入漢水。漢水又西經蘭倉城南，又南流，右岸匯合兩條都發源於西山的溪流，東流注入漢水。張華《博物志》說：溫水發源於鳥鼠山，從山上流下，注入漢水。可能即是此水，但也說不準。漢水又南流進入嘉陵道，稱為嘉陵水，民間卻叫階陵水，這不對。漢水又東南流匯合了北谷水，又東南匯合了武街水，又東南匯合了倉谷水。右邊這三條水都出自西溪，東流注入漢水。

9 漢水又東南流經瞿堆西，又轉彎流經瞿堆南，這裡絕壁陡峭聳峙，險峻的孤峰高入青雲，一眼望去，山形好像倒置的痰盂。山高二十餘里，盤旋曲折的山道，有三十六道彎子，《開山圖》稱為仇夷，所謂層沓的山巖險巇巍峨，高峰峻嶺隱蔽著山塢，就是描寫這地方。山上有平坦的田地一百頃，煮泥可以煮出食鹽，因此以百頃為地名。山上水源豐沛，正像人們所說的清泉湧沸，溼氣上騰。漢武帝元鼎六年（西元前一一一年），把這個地區開闢為武都郡，天池大澤在西，因此以都為郡名。王莽改郡名為樂平，縣名則稱循虜。常璩、范曄說：郡在河池，又叫仇池，池方圓百頃，就指此池。附近一帶居民都是白馬氐族。漢獻帝建安年間（西元一九六～二二〇年），天水郡氐族有個叫楊騰的，世居隴右，是氐族的大帥。他的兒子楊駒，勇武而足智多謀，遷居到仇池，魏封他為百頃氐王。漢水又東流匯合了洛谷水。洛谷水有兩個源頭，一同注入一條深溝，流經神蛇戍西，兩邊的山溪多五色蛇，生性很馴良，無毒，不會害人。洛谷水又南流經虎馗戍東，又南流經仇池郡西、瞿堆東，往西南注入漢水。

10 漢水又東流匯合了洛溪水。洛溪水發源於北方的洛谷，南流經威武戍南，又西南流與龍門水匯合。龍門水發源於西北方的龍門谷，東流與橫水匯合。東北方山谷盡頭的溪澗，就是它的水源。又南流經龍門戍東，又東南流注入洛溪水。又東南流經上祿縣老城西，源長水深，又引入北溪，南流匯合兩條川流，成為一條，注入漢水。漢水又東南流經濁水城南，又東南流匯合了平樂水。平樂水發源於武街東北四十五里，東流。南溪疏導水源往東北流，山邊有甘冽的清泉，飛奔下注平樂水。又流經甘泉戍南，又東流經平樂戍南，又東流注入漢水。匯流處稱為會口。漢水東南流經脩城道南，與脩水匯合。脩水總匯了兩個源頭，東北流與漢水匯合。漢水又東南流，在槃頭郡南與濁水匯合。濁水發源於濁城北，東流，與丁令溪水匯合。丁令溪水發源於北方的丁令谷，南流經武街城西，東南流注入濁水。濁水又東流經武街城南，此城是舊時下辨縣的治所。李琀、李稚乘氐王楊難敵的妻子死後葬在陰平的機會，襲擊武街，就在這裡被氐人所殺。武街現在是廣業郡的治所。濁水又東流，宏休水注入。宏休水發源於北溪，南流經武街城東，南流注入濁水。

11 濁水又東流經白石縣南。《續漢書》說：虞詡任武都太守時，下辨東三十餘里有個山峽，峽中的白水有一塊大石，堵住水流，到了春夏雨季，水浪奔騰漫溢，沖壞城郭。虞詡派人以火燒巨石，以醋澆灌，巨石都碎裂了，然後把它鑿去，於是再也沒有洪水氾濫的災害了。濁水就是白水的異名。

12 濁水又東南流，涅陽水發源於北方的涅谷，南流經白石縣東，然後南流注入濁水。濁水又東南流與仇鳩水匯合。仇鳩水發源於鳩溪，南流經河池縣老城西，就是王莽時的樂平亭。仇鳩水西南流注入濁水。濁水又東南流與河池水匯合。河池水發源於河池北谷，南流經河池戍東，西南流注入濁水。濁水又東南流，兩當水注入。兩當水發源於陳倉縣的大散嶺，往西南流入故道川，稱為故道水，西南流經故道城東。魏征討仇池時，築此城駐防。故道水與馬鞍山水匯合，馬鞍山水發源於東方的馬鞍山，穿過山谷西流，到了故道城東，西流注入故道水。故道水西南流，北川水注入。北川水發源於北洛橅山南，南流經唐倉城下，南流到困冢川，流入故道水。故道水又西南流過廣香交，匯合了廣香川水。廣香川水發源於南田縣利喬山，南流到廣香川稱為廣香川水，又往南注入故道水，匯流處稱為廣香交。故道水又西南流進秦岡山，尚婆水注入。秦岡山高插雲霄，遠遠望去，峰巒層層疊疊，彷彿這些高峰峻嶺，會迫使日神羲和以及月神嫦娥的車駕，都要繞彎通過似的。懸崖旁邊的石壁上，有個好像畫成神像的圖樣，容貌像個婦女，圖像上部紅色，下部白色，世人稱為聖女神，地方民眾常到這裡來祈求福祿，避免禍殃。水源出自北方的利喬山，南流經尚婆川，叫尚婆水。流經兩當縣的尚婆城南，這是魏故道郡的治所。尚婆水西南流到了秦岡山，注入故道水。故道水又在右岸匯合黃盧山水。黃盧山水發源於西北方天水郡黃盧山的半山腰，穿過山谷南流，注於故道水。

13 故道水南流進入東益州的廣業郡邊界，與沮水支流匯合，稱為兩當溪水，上源承接武都郡沮縣的沮水瀆，西南流注入兩當溪。虞詡任郡守時，要把沮縣的糧食和布匹從沮縣運到下辨。當時山路極險，而水中礁石又很多，無論水路陸路，或車或船，都無法通行。如果以驢馬背負，運費極其高昂，運到的貨物，要付價值五倍的運費。於是虞詡就在沮縣與民夫議定運費，約定由各人自行送到。他率領屬吏和百姓開闢水道，親自督察巡行，用柴火燒裂礁石，開闢出一條運糧水道。水運暢通了，每年節省的運費數以萬計。他把作為運費的存糧分給下屬官吏及兵丁，年達四十萬餘。兩當溪又往西南注入濁水。

14 濁水南流經槃頭郡東，南與鳳溪水匯合。鳳溪水上流在廣業郡承接濁水，南流經鳳溪，溪中有兩塊巨石成雙高聳，形狀好像門闕，漢代有鳳凰在石上棲止，所以叫鳳凰臺。北距郡城三里，水流從臺下流出，東南流，向左注入濁水。濁水又南流注入漢水。漢水又往東南流過漢曲，流經挾崖與挾崖水匯合。挾崖水發源於西方的擔潭交，東流注入漢水。漢水又東流經武興城南，又東南流與北谷水匯合。北谷水發源於武興城東北，西南流經武興城北，稱為北谷水。然後折而南流經城東，南流與一條水匯合。這條水源出東溪，西流注入北谷水，又南流注入漢水。漢水又西南流經關城北，除水發源於西北方的除溪，東南流注入漢水。

漢水又西南流經通谷。通谷水發源於東北方的通溪，通溪上口承接漾水，西南流稱為西漢水。漢水又西南流，寒水注入。寒水出自東方的寒川，西流注入漢水。漢水又西流經石亭戍，廣平水出自西方的百頃川，東南流注入漢水；又有平阿水出自東山，西流注入漢水。漢水又流經晉壽城西，然後南流匯合了漢壽水。漢壽水源出東山，西流經東晉壽老城南，然後西南流注入漢水。

又東南至廣魏白水縣西，又東南至葭萌縣，東北與羌水合。

白水在西北方發源於臨洮縣西南的西傾山，水色白濁，東南流與黑水匯合。黑水發源於羌中，西南流經黑水城西，又西南流注入白水。白水又東流經洛和城南，洛和水發源於西南方的和溪，東北流經南黑水城西，然後北流注入白水。白水又東南流經鄧至城南，又東南流與大夷祝水匯合。大夷祝水發源於夷祝城西南方的窮溪，北流注入夷水。夷水又東北流匯合羊洪水。羊洪水出自東南方的羊溪，西北流經夷祝城東，又西北流，轉向東北注入夷水。夷水又東北流注入白水。白水又東流與安昌水匯合。安昌水源出衛大西溪，東南流經鄧至、安昌郡南，又東南流匯合無累水。無累水發源於東北方近處的溪澗，西南流注入安昌水。安昌水又東南流注入白水。白水又東南流，進入陰平，匯合了東維水。東維水出自西北方的維谷，東南流經維城西，東南流注入白水。白水又東南流經陰平道老城南，王莽改名為摧虜，就在廣漢北部。廣漢屬國都尉治所，是漢安帝永初三年（西元一〇九年），從廣漢蠻夷分出設置的。又有白馬水，發源於長松縣西南的白馬溪，東北流經長松縣北，然後往東北注入白水。白水又東流經陰平大城北，是羌人首領從老城遷來居於此的。白水又東流，偃溪水發源於西南的偃溪，東北流經偃城西，然後往東北流入白水。白水又東流經偃城北，又東北流經橋頭。從前姜維將要回蜀時，雍州刺史諸葛緒在這裡攔截他，但遲來了一步，沒有追上他，所以姜維得以保住劍閣，而鍾會不能攻入。白水又與羌水匯合，自此直到下游，羌水也可通稱白水了。白水又東流經郭公城南。從前郭淮在陰平攻打廖化，築了此城，因有此名。白水又東流，雍川水發源於西南方的雍溪，東北流注入白水。白水又東流匯合了空冷水，溪流近旁西南方的深谷，就是這條水的源頭。白水又東南流與南五部水匯合。這條水有兩個源頭：西邊的源頭出自五部溪，東南流；東邊的源頭出自郎谷，西南流合為一條，注入白水。白水又東南流經建昌郡東，北流與一條水匯合，兩個源頭合流成為一條溪水，西南流注入白水。白水又東南經白水縣老城東，這裡就是白水郡的治所。《水經》說：漢水從縣城西流過，不是的。白水又東南流與西谷水相匯合。西谷水源出西溪，東流經白水城南，東南流注入白水。白水又南流，左岸匯合東流水。向東進入溪流的盡頭，就是這條水的源頭了。白水又南流經武興城東，又東南流，左岸有刺稽水口，從流入此口的溪水往東北，便是刺稽水的水源了。

16 白水又東南流，清水向左岸注入。庾仲雍說：清水從祁山流來與白水匯合。真是一派胡言。清水發源於平武郡東北，矚累亙之下，南流經平武城東，轉彎流經城南，又西流經平洛郡東南，折而南流經南陽僑郡東北，又東南流經新巴縣東北，又東南流經始平僑郡南，又東南流經小劍戍北。這裡西距大劍山三十里，山脈連綿，極其險峻，全憑凌空架設的棧道通行，所以稱為劍閣。張載的〈劍閣銘〉說：一人守住絕險，千軍萬馬也卻步不前。確實如此。無怪李特到劍閣時感嘆道：劉氏有如此險要之地，卻向人束手求降，豈不是太不中用的奴才了嗎。小劍水發源於西南方的劍谷，東北流經邊防城堡底下，注入清水。

17 清水又東南流注入白水。白水又東南流經吐費城南，臨近西晉壽的東北方，東南流注入漢水。西晉壽，就是蜀王弟葭萌封為苴侯的城邑，因而就把此城名為葭萌。劉備改名為漢壽；太康年間（西元二八〇～二八九年），又名為晉壽。白水上有個關口。段元章擅長觀風占卜，他的弟子要回家時，段元章裝了一盒藥給他，對他說：路上遇到急難時，把它打開。弟子到了葭萌，隨從的人與關吏發生爭執，被打傷了。他打開盒子，見有字條寫道：頭被打破，可用此藥敷上。弟子這才傾心佩服了，重新回去完成學業。這裡也是廉叔度抱著父親的靈柩投水而死的地方。

又東南過巴郡閬中縣，

18 閬中縣是巴西郡的郡治。劉璋劃分三巴，這是其中之一。闞駰說：強水發源於陰平西北的強山，又叫強川。姜維退兵時，鄧艾派天水太守王頎在強川打敗了他，就是這條水。強水東北流經武都、陰平、梓潼、南安後注入漢水。漢水又東南流經津渠戍東，又南流經閬中縣東。閬水發源於閬陽縣，東流經該縣南，又往東注入漢水。從前劉璋在葭萌進攻霍峻，就是從這條水上來的。張達、范彊也就是在該縣殺害張飛的。漢水又東南流到東水口。流入水口的水發源於巴嶺，南流經過獠中，稱為東遊水。李壽時，獠人從牂柯向北方入侵，所到諸郡，漫山遍野都是獠人。東遊水西南流經宋熙郡東；又東南流經始平城東；又東南流經巴西郡東；又東流注入漢水。漢水又東流與濩溪水匯合。濩溪水發源於獠中，世人也稱為清水。東南流注入漢水。漢水又東南流經宕渠縣東，又東南流與宕渠水匯合。宕渠水發源於西北方南鄭縣的巴嶺，與槃余水同一個源頭，而分道南流，稱為北水，東南流與難江水匯合。難江水發源於東北的小巴山，往西南流去，又東南流經宕渠縣，稱為宕渠水。又東南流注入漢水。

又東南過江州縣東，東南入於江。

19 有涪水注入。涪水就是庾仲雍所說的涪內水。

丹水

丹水出京兆上洛縣西北冢嶺山，

1 一名高豬嶺也。丹水東南流與清池水合。水源東北出清池山，西南流入于丹水。

東南過其縣南，

2 縣，故屬京兆，晉分為郡。《地道記》曰：郡在洛上，故以為名。《竹書紀年》：晉烈公三年，楚人伐我南鄙，至于上洛。楚水注之。水源出上洛縣西南楚山。昔四皓隱于楚山，即此山也。其水兩源合舍于四皓廟東，又東逕高車嶺南，翼帶眾流，北轉入丹水。嶺上有四皓廟。丹水自倉野又東歷兔和山，即《春秋》所謂左師軍于兔和，右師軍于倉野者也。

又東南過商縣南，又東南至于丹水縣，入於均。

[3]契始封商，魯連子曰：在太華之陽。皇甫謐、闞駰並以為上洛商縣也。殷商之名，起于此矣。丹水自商縣東南流注，歷少習，出武關。應劭曰：秦之南關也，通南陽郡。《春秋左傳》哀公四年，楚左司馬使謂陰地之命大夫士蔑曰：晉、楚有盟，好惡同之，不然將通于少習以聽命者也。京相璠曰：楚通上洛，阨道也。漢祖下析、酈，攻武關。文穎曰：武關在析縣西百七十里，弘農界也。丹水又東南流入臼口，歷其戍下。又東南，析水出析縣西北弘農盧氏縣大嵩山，南流逕脩陽縣故城北。縣，即析之北鄉也。又東入析縣，流結成潭，謂之龍淵，清深神異。《耆舊傳》云：漢祖入關，逕觀是潭，其下若有府舍焉。事既非恆，難以詳矣。其水又東逕其縣故城北，蓋《春秋》之白羽也。《左傳》昭公十八年，楚使王子勝遷許于析是也。郭仲產云：相承言，此城漢高所築，非也。余按《史記》：楚襄王元年，秦出武關，斬眾五萬，取析十五城。漢祖入關，亦言下析、酈，非無城之言，脩之則可矣。

4 析水又歷其縣東，王莽更名縣為君亭也。而南流入丹水縣注于丹水。故丹水會均，有析口之稱。丹水又東南逕一故城南，名曰三戶城。昔漢祖入關，王陵起兵丹水，以歸漢祖。此城疑陵所築也。丹水又逕丹水縣故城西南，縣有密陽鄉，古商密之地，昔楚申息之師所戍也。《春秋》之三戶矣。杜預曰：縣北有三戶亭。《竹書紀年》曰：壬寅，孫何侵楚，入三戶郛者是也。水出丹魚，先夏至十日，夜伺之，魚浮水側，赤光上照如火，網而取之，割其血以塗足，可以步行水上，長居淵中。

5 丹水東南流至其縣南，黃水北出芬山黃谷，南逕丹水縣，南注丹水。黃水北有墨山，山石悉黑，繢彩奮發，黝焉若墨，故謂之墨山。今河南新安縣有石墨山，斯其類也。丹水南有丹崖山，山悉赬壁霞舉，若紅雲秀天，二岫更為殊觀矣。丹水又南逕南鄉縣故城東北。漢建安中，割南陽右壤為南鄉郡，逮晉封宣帝孫暢為順陽王，因立為順陽郡，而南鄉為縣。舊治酇城，永嘉中，丹水浸沒，至永和中，徙治南鄉故城。城南門外，舊有郡社柏樹，大三十圍，蕭欣為郡，伐之。言有大蛇從樹腹中墜下，大數圍，長三丈，群小蛇數十，隨入南山，聲如風雨。伐樹之前，見夢于欣，欣不以厝意，及伐之，更少日，果死。丹水又東逕南鄉縣北，興寧末，太守王靡之改築今城，城北半據在水中，左右夾澗深長，及春夏水漲，望若孤洲矣。城前有「晉順陽太守丁穆碑」，郡民范甯立之。丹水逕流兩縣之間，歷於中之北，所謂商於者也。故張儀說楚絕齊，許以商於之地六百里，謂以此矣。《呂氏春秋》曰：堯有丹水之戰以服南蠻，即此水也。又南合均水，謂之析口。

【語譯】丹水出京兆上洛縣西北冢嶺山，

1 冢嶺山又叫高豬嶺。丹水東南流與清池水匯合。清池水發源於東北的清池山，西南流注入丹水。

東南過其縣南，

2 上洛縣從前屬京兆郡，晉朝分出另立為郡。《地道記》說：郡在洛水上，因以為名。《竹書紀年》：晉烈公三年（西元前四一三年），楚人攻打我國南部邊境，直打到上洛。楚水注入。楚水源出上洛縣西南的楚山。從前有東園公、綺里季、夏黃公、角里先生合稱四皓，隱於楚山，就是這座山。楚水的兩個源頭在四皓廟東合流，又東流經高車嶺南，兩邊引來許多小澗，北轉注入丹水。嶺上有四皓廟。丹水從倉野又東流經兔和山，就是《春秋》所說的左翼部隊駐紮在兔和，右翼部隊駐紮在倉野。

又東南過商縣南，又東南至于丹水縣，入於均。

3 契最初封於商，魯連子說：商在太華山南。皇甫謐、闞駰都以為即是上洛郡的商縣。殷商之名，就是起源於此的。丹水從商縣往東南流注，經過少習，流出武關。應劭說：武關就是秦時的南關，通南陽郡。《春秋左傳》哀公四年（西元前四九一年），楚國左司馬遣使對陰地的命大夫士蔑說：晉、楚有盟約，有共同的愛憎。如不信守盟約，我們只好往少習山那邊去，聽候秦國的吩咐了。京相璠說：武關是楚國通上洛的險隘山道，漢高祖攻下析、酈二縣，又進攻武關。文穎說：武關在析縣西一百七十里，在弘農的邊界上。丹水又東南流入臼口，流過邊防城堡下。又東南流，析水發源於析縣西北，弘農郡盧氏縣的大蒿山，南流經脩陽縣老城北。脩陽縣即是析縣的北鄉。又東流進入析縣，水流積聚成潭，稱為龍淵，水極清而有神異。《耆舊傳》說：漢高祖入關時經過這裡，俯視這個深潭，看見水下好像有府邸房屋。既然這樣的奇事並不是經常出現的，也就很難弄得清楚了。析水又東流經該縣老城北，就是《春秋》的白羽。《左傳》昭公十八年（西元前五二四年），楚國派王子勝把許人遷到析。郭仲產說：相傳此城是漢高祖所築，其實不是。我查考《史記》，楚襄王元年（西元前二九八年），秦出兵武關，殺了五萬人，奪取了析十五座城。有人說，漢高祖入關，也曾攻下析、酈。以上這些記載，都沒有明確指出原本析是沒有城的，但漢高祖重修過析城卻是可能的。

4 析水又流過縣東，王莽把縣名改為君亭。析水往南流入丹水縣，注入丹水。所以丹水匯合均水，有析口之名。丹水又東南流經一座老城南，名叫三戶城。從前漢高祖入關，王陵在丹水起兵，歸順漢高祖。此城可能就是王陵所築。丹水又流經丹水縣老城西南，縣裡有密陽鄉，是古時的商密地方，從前楚國申息的軍隊屯戍於此，也就是《春秋》的三戶。杜預說：丹水縣北有三戶亭。《竹書紀年》說：壬寅日，孫何入侵楚國，進入三戶外城。水中出丹魚，在夏至前十日，在夜間等待，魚在水邊浮到水上，紅光上照如火，用漁網去捕，剖魚取血塗在腳上，可以在水上步行，長時間停留在水中。

5 丹水東南流到了縣南，黃水發源於北方芬山的黃谷，南流經丹水縣，往南注入丹水。黃水北有墨山，山上的石頭都是黑色的，光彩煥發，黑油油的有如墨錠，所以稱為墨山。現在河南新安縣有石墨山，也是這一類。丹水南有丹崖山，山上全是淺紅色的石壁，好像紅霞映照天際，兩山一黑一紅，更顯出一派奇觀了。丹水又南流經南鄉縣老城東北。漢建安年間（西元一九六～二一九年），劃出南陽郡右邊的轄地設置南鄉郡，到了晉時封宣帝孫劉暢為順陽王，因此立為順陽郡，把南鄉設立為縣。舊時的治所是酇城。永嘉年間（西元三〇七～三一三年），酇城被丹水淹沒，到了永和年間（西元三四五～三五六年），就把治所遷到南鄉老城了。老城南門外，舊時郡中土地廟有一棵柏樹，大三十圍，蕭欣當郡守時砍了這棵大樹，據說有大蛇從樹洞中墜下，蛇身大數圍，長三丈，一群數十條小蛇跟著牠爬入南山，發出有如風雨般的聲音。砍樹前，巨蛇曾託夢給蕭欣，可是蕭欣不以為意，到了伐樹之後，沒有幾天，蕭欣果然死了。丹水又東流經南鄉縣北，興寧末年（西元三六五年），太守王靡之把這座城改築成今天的樣子，城北有一半已陷入水中，左右兩邊都是深長的山澗，到了春天夏天，溪水上漲，看去就像孤島的樣子。城的前面，有「晉順陽太守丁穆碑」，是郡民范甯所立。丹水流經兩縣之間，流過於中北，這就是商於。所以張儀遊說楚國與齊國絕交，允諾把商於地區六百里割讓給楚國，即指這地方。《呂氏春秋》說：堯發起丹水之戰，以征服南蠻，說的就是此水。又南流與均水匯合，匯流處稱為析口。

【研　析】由於漾水是一條錯誤的河流，《水經》循〈禹貢〉之誤，《水經注》又循《水經》之誤，故此卷有損於存史價值。不過酈氏其實已經改正了其中的不少錯誤，《注》文記敘的今嘉陵江上游白水，即今白龍江，仍能差強人意。又如所敘益州廣業郡守虞詡整治從沮縣至下辨的水道以利航運的故事，在水利航運史上都具有意義。至於丹水，在卷內雖篇幅短小，但此水當今為南水北調中的重要通道，所以也值得研究。

卷二十一

汝水

【題解】汝水今稱汝河，是發源於河南省境內的淮河支流之一。淮河是一條支流極多的河流，發源於河南省境內的淮河支流，流域面積超過一百平方公里的就有二百六十餘條。從現代的汝河來看，在淮河諸支流中，不過是條二級小支流，從伏牛山東麓發源以後東流，到新蔡以東就注入淮河的另一支流洪河，流程不出河南省境，全長僅二百餘公里，流域面積七千餘平方公里。但古代汝水是淮河的最大支流之一，《漢書・地理志》所記的此水：「過郡四，行千三百四十里。」確為一條大河，故《水經注》為其單獨成卷。《水經》說：「又東至原鹿縣，南入于淮。」《水經》撰於三國時代，當時的原鹿縣，位於今安徽阜南南、河南淮濱東。具體位置在今安徽省地理城附近。《水經注》說：「所謂汝口，側水有汝口戍，淮、汝之交會也。」在南北朝齊代，北魏與南齊以淮河為界，汝水入淮在北魏轄境之內。到了梁代，北魏南疆北縮，汝水入淮已在南梁轄境之內。古代汝水是淮水的一級支流，而今汝河是淮河的二級支流。《水經注》所記的汝口，即今洪河入淮之處，位於淮濱縣谷堆附近。

汝水出河南梁縣勉鄉西天息山，

1 〈地理志〉曰：出高陵山，即猛山也。亦言出南陽魯陽縣之大盂山，又言出弘農盧氏縣還歸山❶。《博物志》曰：汝出燕泉山。並異名也。余以永平中蒙除魯陽太守，會上臺下列〈山川圖〉❷，以方誌❸參差，遂令尋其源流。此等既非學徒，難以取悉，既在遷見，不容不述。今汝水西出魯陽縣之大盂山蒙柏谷，巖鄣深高，山岫邃密，石徑崎嶇，人蹟裁交，西即盧氏界也。

2 其水東北流逕太和城西，又東流逕其城北，左右深松列植，筠柏交蔭，尹公度之所棲神處也。又東屆堯山西嶺下，水流兩分：一水東逕堯山南，為滍水也。即《經》所言滍水出堯山矣。一水東北出為汝水，歷蒙柏谷。左右岫壑爭深，山阜競高，夾水層松茂柏，傾山蔭渚，故世人以名也。津流不已，北歷長白沙口，狐白溪水注之。夾岸沙漲若雪，因以取名。其水南出狐白川，北流注汝水；汝水又東北趣狼皋山者也。

東南過其縣北，

3 汝水自狼皋山東出峽，謂之汝阨也。東歷麻解城北，故鄤鄉城也，謂之蠻中。《左傳》❹所謂單浮餘圍蠻氏，蠻氏潰者也。杜預曰：城在河南新城縣之東南，伊洛之戎，陸渾蠻氏城也。俗以為麻解城，蓋蠻、麻讀聲近故也。汝水又逕周平城南。京相璠曰：霍陽山在周平城東南者也。汝水又東與三屯谷水合。水出南山，北流逕石碣東。柱側刊云：河南界。又有一碣題言：洛陽南界。碑柱相對，既無年月，竟不知何代所表也。其水又北流，注于汝水。

4 汝水又東與廣成澤水合。水出狼皋山北澤中。安帝永初元年，以廣成遊獵地假與貧民。元初二年，鄧太后臨朝，鄧騭兄弟輔政，世士以為文德可興，武功宜廢，寢蒐狩之禮，息戰陣之法。于時，馬融以文武之道，聖賢不墜，五材之用，無或可廢，作《廣成頌》❺云：大漢之初基也，揆厥靈囿，營于南郊。右矕三塗，左枕嵩嶽，面據衡陰，背箕王屋，浸以波溠，演以滎洛，金山石林，殷起乎其中，神泉側出，丹水涅池，怪石浮磬，燿焜于其陂。桓帝延熹元年，校獵廣成，遂幸函谷關。

5 其水自澤東南流，逕溫泉南，與溫泉水合。溫水數源，揚波于川左泉上，華宇連蔭，茨甍交拒。方塘石沼，錯落其間，頤道者多歸之。其水東南流注廣成澤水。澤水又東南入于汝水。汝水又東得魯公水口。水上承陽人城東魯公陂。城，古梁之陽人聚也，秦滅東周，徙其君于此。陂水東南流，合于澗水。水出北山，南流注之，又亂流注于汝水。汝水之右，有霍陽聚，汝水逕其北，東合霍陽山水。水出南山，杜預曰：河南梁縣有霍山者也。其水東北流逕霍陽聚東，世謂之華浮城，非也。《春秋左傳》哀公四年，楚侵梁及霍。服虔曰：梁、霍，周南鄙也。建武二年，世祖遣征虜將軍祭遵攻蠻中山賊張滿，時，厭新、柏華餘賊合，攻得霍陽聚，即此。霍陽山水又逕梁城西。按《春秋》，周小邑也，于戰國為南梁矣。故《經》云汝水逕其縣北。俗謂之治城，非也，以北有注城故也。今置治城縣，治霍陽山。水又東北流，注于汝水。汝水又左合三里水。水北出梁縣西北，而東南流逕其縣故城西，故裹狐聚也。〈地理志〉云：秦滅西周，徙其君于此，因乃縣之。杜預曰：河南縣西南有梁城，即是縣也。水又東南逕注城南。司馬彪曰：河南梁縣有注城。《史記》：魏文侯三十二年，敗秦于注者也。又與一水合，水發注城東坂下，東南流注三里水。三里水又亂流入于汝。汝水又東逕成安縣故城北。按〈地理志〉，潁川郡有成安縣，侯國也。《史記．建元以來功臣侯者年表》曰：漢武帝元朔五年，校尉韓千秋擊南越，死，封其子韓延年為成安侯，即此邑矣。世謂之白泉城，非也，俗謬耳。

6 汝水又東為周公渡，藉承休之徽號，而有周公之嘉稱也。汝水又東，黃水注之。水出梁山東南，逕周承休縣故城東，為承休水。縣，故子南國也。漢武帝元鼎四年，幸洛陽，巡省豫州，觀于周室，邈而無祀，詢問耆老，乃得孽子嘉，封為周子南君，以奉周祀。按《汲冢古文》❻，謂衛將軍文子為子南彌牟，其後有子南勁。《紀年》：勁朝于魏，後惠成王如衛，命子南為侯。秦并六國，衛最後滅，疑嘉是衛後，故氏子南而稱君也。

7 初元五年，為周承休邑，《地理志》曰：侯國也，元帝置。元始二年，更曰鄭公，王莽之嘉美也。故汝渡有周公之名，蓋藉邑以納稱。世謂之黃城，水曰黃水，皆非也。其水又東南逕白茅臺東，又南逕梁瞿鄉西，世謂之期城，非也。按《後漢書》，世祖自潁川往梁瞿鄉，馮魴先詣行所，即是邑也。水積為陂，世謂之黃陂，東轉逕其城南東流，右合汝水。

又東南過潁川郟縣南，

8 汝水又東與張磨泉合。水發北阜，春夏水盛，則南注汝水。汝水又東，分為西長湖，湖水南北五十餘步，東西三百步。汝水又東，扈澗水北出大劉山，南逕木蓼堆東郟城西，南流入于汝。汝水又右迆為湖，湖水南北八九十步，東西四五百步，俗謂之東長湖。湖水下入汝，古養水也。水出魯陽縣北將孤山北長岡下，數泉俱發，東歷永仁三堆南，又東逕沙川，世謂之沙水。歷山符壘北，又東逕沙亭南，故養陰里也。司馬彪〈郡國志〉曰：襄城有養陰里。京相璠曰：在襄城郟縣西南，養，水名也。俗以是水為沙水，故亦名之為沙城，非也。又城處水之陽，而以陰為稱，更用惑焉。但流襍間居，裂溉互移，致令川渠異容，津途改狀，故物望疑焉。又右會董溝水。水出沛公壘西六十許步。蓋漢祖入關，往征是由，故地擅斯目矣。其水東北注養水。養水又東北入東長湖，亂流注汝水也。

9 汝水又逕郟縣故城南。《春秋》昭公十九年，楚令尹子瑕之所城也。潕水注之。水出魯陽縣之將孤山，東南流。許慎云：水出南陽魯陽，入父城，從水，敖聲。呂忱《字林》亦言在魯陽。潕水東入父城縣與桓水會。水出魯陽北山，水有二源奇導，于賈復城合為一瀆，逕賈復城北復南，擊郾所築也。俗語訛謬，謂之寡婦城，水曰寡婦水。此瀆水有窮通，故有枯渠之稱焉。其水東北流至父城縣北，右注潕水，亂流又東北至郟入汝。

10 汝水又東南，左合藍水。水出陽翟縣重嶺山，東南流逕紀氏城，西有層臺，謂之紀氏臺。《續漢書》曰：世祖車駕西征，盜賊群起，郟令馮魴為賊延裒所攻，力屈。上詣紀氏，群賊自降，即是處，在郟城東北十餘里。其水又東南流

11

逕黃阜東，而南入汝水。汝水又東南流，與白溝水合，水出夏亭城西，又南逕龍城西，城西北，即摩陂也，縱廣可十五里。魏青龍元年，有龍見于郟之摩陂，明帝幸陂觀龍于是，改摩陂曰龍陂，其城曰龍城。其水又南入于汝水。

汝水又東南與龍山水會。水出龍山龍溪，北流際父城縣故城東。昔楚平王大城城父，以居太子建。故杜預曰：即襄城之父城縣也。馮異據之以降世祖，用報巾車之恩也。其水又東北流與二水合，俱出龍山，北流注之，又東北入于汝水。汝水又東南逕襄城縣故城南。王隱《晉書・地道記》曰：楚靈王築。劉向《說苑》❼曰：襄城君始封之日，服翠衣，帶玉佩，徙倚于流水之上，即是水也。楚大夫莊辛所說處，後乃縣之。呂后元年，立孝惠後宮子義為侯國，王莽更名相成也。黃帝嘗遇牧童于其野，故嵇叔夜〈讚〉❽曰：奇矣難測，襄城小童，倦遊六合，來憩茲邦也。其城南對汜城，周襄王出鄭居汜，即是此城也。《春秋》襄公二十六年，楚伐鄭，涉汜而歸。杜預曰：涉汝水于汜城下也。晉襄城郡治。京相璠曰：周襄王居之，故曰襄城也。今置關于其下。汝水又東南流逕西不羹城南。《春秋左傳》昭公十二年，楚靈王曰：昔諸侯遠我而畏晉，今我大城陳、蔡、不羹，賦皆千乘，諸侯其畏我乎？《東觀漢記》曰：車騎馬防以前參藥，勤勞省闥，增封侯國襄城、羹亭千二百五十戶，即此亭也。汝水又東南逕繁丘城南，而東南出也。

12 又東南過定陵縣北，

湛水出犨縣北魚齒山西北，東南流，歷魚齒山下為湛浦，方五十餘步。《春秋》襄公十六年，晉伐楚，報楊梁之役。楚公子格及晉師，戰于湛阪，楚師敗績，遂侵方城之外。今水北悉枕翼山阜，于父城東南、湛水之北，山有長阪，蓋即湛水以名阪，故有湛阪之名也。湛水又東南逕蒲城北。京相璠曰：昆陽縣北有蒲城，蒲城北有湛水者是也。湛水又東，于汝水九曲北東入汝。杜預亦以是水為湛水矣。《周禮》：荊州其浸潁湛。鄭玄云：未聞。蓋偶有不照也。今考地則不乖其土，言水則有符《經》文矣。汝水又東南逕定陵縣故城北。漢成帝元延三年，封侍中衛尉淳于長為侯國，王莽更之曰定城矣。《東觀漢記》曰：光武擊王莽二公，還到汝水上，于涯以手飲水，澡頮塵垢，謂傅俊曰：今日疲倦，諸君寧憊也，即是水也。水右則滍水左入焉，左則百尺溝出矣。溝水夾岸層崇，亦謂之為百尺堤也。自定陵城北通潁水于襄城縣，潁盛則南播，汝泆則北注。溝之東有澄潭，號曰龍淵，在汝北四里許，南北百步，東西二百步，水至清深，常不耗竭，佳饒魚筍。湖溢則東注滍水矣。

13 汝水又東南，昆水注之。水出魯陽縣唐山，東南流逕昆陽縣故城西。更始元年，王莽徵天下能為兵法者，選練武衛，招募猛士，旌旗輜重，千里不絕。又驅諸猛獸虎、豹、犀、象之屬，以助威武，自秦、漢出師之盛，未嘗有也。世祖以數千兵徼之陽關，諸將見尋、邑兵盛，反走入昆陽。世祖乃使成國上公王鳳、廷尉大將軍王常留守，夜與十三騎出城南門，收兵于郾。尋、邑圍城數十重，雲車十餘丈，瞰臨城中，積弩亂發，矢下如雨。城中人負戶而汲，王鳳請降，不許。世祖帥營部俱進，頻破之，乘勝以敢死三千人，徑衝尋、邑兵，敗其中堅于是水之上，遂殺王尋。城中亦鼓譟而出，中外合勢，震呼動天地。會大雷風，屋瓦皆飛，莽兵大潰。

14 昆水又屈逕其城南。世祖建武中，封侍中傅俊為侯國，故《後漢．郡國志》❾有昆陽縣，蓋藉水以氏縣也。昆水又東逕定陵城南，又東注汝水。汝水又東南逕奇領城西北，今南潁川郡治也。濆水出焉，世亦謂之大㶏水。《爾雅》曰：河有雍，汝有濆。然則濆者，汝別也。故其下夾水之邑，猶流汝陽之名。是或濆、㶏之聲相近矣，亦或下合㶏、潁，兼統厥稱耳。

15 又東南過郾縣北，

汝水逕奇領城西東南流，其城衿帶兩水，側背雙流。汝水又東南流逕郾縣故城北，故魏下邑也。《史記》：楚昭陽伐魏取郾是也。汝水又東得醴水口。水出南陽雉縣，亦云導源雉衡山。即《山海經》云衡山也。郭景純以為南岳，非也。馬融《廣成頌》曰：面據衡陰，指謂是山。在雉縣界，故世謂之雉衡山。依《山海經》，不言有水。然醴水東流歷唐山下，即高鳳所隱之山也。醴水又東南與臯水合。水發臯山，郭景純言或作章山，東流注于醴水。醴水又東南逕唐城北，南入城而西流出城，城蓋因山以即稱矣。醴水又屈而東南流，逕葉縣故城北，《春秋》昭公十五年，許遷于葉者也。楚盛周衰，控霸南土，欲爭強中國，多築列城于北方，以逼華夏，故號此城為萬城，或作方字。唐勒《奏土論》[10]曰：我是楚也[11]，世霸南土，自越以至葉，垂弘境萬里，故號曰萬城也。余按《春秋》，屈完之在召陵，對齊侯曰：楚國方城以為城。杜預曰：方城，山名也，在葉南。未詳孰是。

16 楚惠王以封諸梁子高，號曰葉公城，即子高之故邑也。葉公好龍，神龍下之。河東王喬之為葉令也，每月望，常自詣臺朝帝，怪其來數而不見車騎，顯宗密今太史伺望之，言其臨至，輒有雙鳧從東南飛來，于是候鳧至，舉羅張之，但得一隻舄，乃詔尚方診視，則四年中所賜尚書官屬履也。每當朝時，葉門下鼓不擊自鳴，聞于京師。後天下玉棺于堂前，吏民推排，終不搖動。喬曰：天帝獨欲召我耶？乃沐浴服飾寢其中，蓋便立覆，宿昔葬于城東，土自成墳。其夕，縣中牛皆流汗喘乏，而人無知者。百姓為立廟，號葉君祠，牧守每班錄，皆先謁拜之，吏民祈禱，無不如應，若有違犯，亦立能為祟。帝乃迎取其鼓，置都亭下，略無復聲焉。或云，即古仙人王喬也，是以于氏書之于〈神化〉。

17 醴水又逕其城東與燒車水合。水西出苦菜山，東流側葉城南，而下注醴水。醴水又東逕葉公廟北，廟前有「沈子高諸梁碑」，舊秦漢之世，廟道有雙闕、几筵，黃巾之亂，殘毀積闕，魏太和、景初中，令長脩飾舊宇，後長汝南陳晞，以正始元年立碑，碑字破落，遺文殆存，事見其碑。

18 醴水又東與葉西陂水會，縣南有方城山，屈完所謂楚國方城以為城者也。山有湧泉北流，畜之以為陂。陂塘方二里，陂水散流，又東逕葉城南而東北注醴水。醴水又東注葉陂。陂東西十里，南北七里，二陂竝諸梁之所堨也。陂水又東逕潕陽縣故城北，又東逕定陵城南，東與芹溝水合。其水導源葉縣，東逕潕陽城北，又東逕定陵縣南，又東南流注醴。其水逕流昆、醴之間，纏絡四縣之中，疑即呂忱所謂峴水也。今于定陵更無別水，惟是水可當之。醴水東逕郾縣故城南，左入汝。《山海經》曰：醴水東流注于涀水也。汝水又東南流逕鄧城西，《春秋左傳》桓公二年，蔡侯、鄭伯會于鄧者也。汝水又東南流，潕水注之。

19

又東南過汝南上蔡縣西，

汝南郡，楚之別也⑫，漢高祖四年置，王莽改郡曰汝汾。縣，故蔡國，周武王克殷，封其弟叔度于蔡。《世本》曰：上蔡也。九江有下蔡，故稱上。《竹書紀年》曰：魏章率師及鄭師伐楚，取上蔡者也。永初元年，安帝封鄧騭為侯國。汝水又東逕懸瓠城北。王智深云：汝南太守周矜起義于懸瓠者是矣。今豫州刺史汝南郡治。城之西北，汝水枝別左出，西北流，又屈西東轉，又西南會汝，形若垂瓠。耆彥云：城北名馬灣，中有地數頃，上有栗園，栗小，殊不竝固安之實也，然歲貢三百石，以充天府。水渚即栗州也。樹木高茂，望若屯雲積氣矣。林中有栗堂，射堋甚閒敞，牧宰及英彥多所遊薄。其城上西北隅，高祖以太和中幸懸瓠，平南王肅起高臺于小城，建層樓于隅阿，下際水湄，降眺栗渚，左右列榭，四周參差競跱，奇為佳觀也。

又東南過平輿縣南，

20 溱水出浮石嶺北青衣山，亦謂之青衣水也。東南逕朗陵縣故城西，應劭曰：西南有朗陵山，縣以氏焉。世祖建武中，封城門校尉臧宮為侯國也。溱水又南屈逕其縣南，又東北逕北宜春縣故城北，王莽更名之為宜孱也。豫章有宜春，故加北矣。元初三年，安帝封后父侍中閻暢為侯國。溱水又東北逕馬香城北，又東北入汝。汝水又東南逕平輿縣南，安成縣故城北，王莽更名至成也。漢武帝元光六年，封長沙定王子劉蒼為侯國矣。汝水又東南，陂水注之。水首受慎水于慎陽縣故城南陂，陂水兩分，一水自陂北遶慎陽城四周城塹。

21 潁川荀淑遇縣人黃叔度于逆旅，與語移日，曰：子，吾師表也。范奕論曰：黃憲言論風旨，無所傳聞。然士君子見之者，靡不服深遠，去疵吝，將以道周性全，無得而稱乎。

22 塹水又自瀆東北流注北陂。一水自陂東北流積為鮦陂。陂水又東北，又結而為陂，世謂之窖陂。陂水上承慎陽縣北陂，東北流積而為土陂。陂水又東為窖陂；陂水又東南流注壁陂。陂水又東北為太陂，陂水又東入汝。汝水又東南逕平陵亭北；又東南逕陽遂鄉北。汝水又東逕櫟亭北，《春秋》之棘櫟也。杜預曰：汝陰新蔡縣東北有櫟亭，今城在新蔡故城西北，城北半淪水。汝水又東南逕新蔡縣故城南。昔管、蔡間王室，放蔡叔而遷之。其子胡，能率德易行，周公舉之為卿士，以見于王，王命之以蔡，申呂地也，以奉叔度祀，是為蔡仲矣。宋忠曰：故名其地為新蔡，王莽所謂新遷者也。世祖建武二十八年，封吳國為侯國。《汝南先賢傳》⑬曰：新蔡鄭敬，字次都，為郡功曹。都尉高懿廳事前有槐樹，白露類甘露者。懿問掾屬，皆言是甘露。敬獨曰：明府政未能致甘露，但樹汁耳。懿不悅，託疾而去。

23 汝水又東南，左會濦水，水上承汝水別流于奇頟城東，東南流為練溝，逕召陵縣西，東南流注，至上蔡西岡北為黃陵陂，陂水東流，于上蔡岡東為蔡塘，又東逕平輿縣故城南，為濦水。縣，舊沈國也，有沈亭。《春秋》定公四年，蔡滅沈，以沈子嘉歸，後楚以為縣。《史記》曰：秦將李信攻平輿，敗之者也。建武三十年，世祖封銚統為侯國，本汝南郡治。昔費長房為市吏，見王壺公懸壺郡市，長房從之，因而自遠同入此壺，隱淪仙路，骨謝懷靈，無會而返。雖能役使鬼神，而終同物化。

24 城南里餘有神廟，世謂之張明府祠，水旱之不節則禱之。廟前有圭碑，文字紊碎，不可復尋，碑側有小石函。按《桂陽先賢畫讚》⑭：臨武張熹，字季智，為平輿令。時天大旱，熹躬禱雩，未獲嘉應，乃積薪自焚，主簿侯崇、小吏張化從熹焚焉，火既燎，天靈感應，即澍雨，此熹自焚處也。

25 澺水又東南，左迆為葛陂，陂方數十里，水物含靈，多所苞育，昔費長房投杖于陂，而龍變所在也。又劾東海君于是陂矣。陂水東出為鮦水，俗謂之三丈陂，亦曰三嚴水。水逕鮦陽縣故城南，應劭曰：縣在鮦水之陽。漢明帝永平中，封衛尉陰興子慶為侯國也。縣有葛陵城。建武十五年，更封安成侯銚丹為侯國。城之東北有楚武王冢，民謂之楚王琴。城北祝社里下，土中得銅鼎，銘云：楚武王。是知武王隧也。鮦陂東注為富水，水積之處，謂之陂塘，津渠交絡，枝布川隰矣。澺水自葛陂東南逕新蔡縣故城東，而東南流注于汝。汝水又東南逕下桑里，左迆為橫塘陂，又東北為青陂者也。汝水又東南逕壺丘城北，故陳地。《春秋左傳》文公九年，楚侵陳，克壺丘，以其服于晉是也。汝水又東與青陂合。水上承慎水于慎陽縣之上慎陂。右溝北注馬城陂，陂西有黃丘亭。陂水又東逕新息亭北，又東為綢陂。陂水又東逕新息縣，結為牆陂。陂水又東逕遂鄉東南而為壁陂。又東為青陂，陂東對大呂亭。《春秋外傳》⑮曰：當成周時，南有荊蠻、申、呂，姜姓矣，蔡平侯始封也。西南有小呂亭，故此稱大也。側陂南有青陂廟，廟前有陂。漢靈帝建寧三年，新蔡長河南緱氏李言，上請脩復青陂，司徒臣訓、尚書臣襲，奏可洛陽宮，于青陂東塘南樹碑。碑稱青陂在縣坤地，源起桐柏淮川別流，入于潺湲，逕新息牆陂，衍入褒信界，灌溉五百餘頃。陂水又東分為二水：一水南入淮，一水東南逕白亭北，又東逕吳城南。《史記》：楚惠王二年，子西召太子建之子勝于吳，勝入居之，故曰吳城也。又東北屈逕壺丘東而北流，注于汝水，世謂之薄溪水。汝水又東逕褒信縣故城北而東注矣。

又東至原鹿縣，

26 汝水又東南逕縣故城西，杜預《釋地》曰：汝陰有原鹿縣也。

南入于淮。

27 所謂汝口，側水有汝口戍，淮、汝之交會也。

【注釋】❶弘農盧氏縣還歸山　此處有佚文一條。《方輿紀要》卷五十一〈河南〉六〈南陽府．汝州．霍陽聚〉引《水經注》：「宏農有柏華聚。」當是此段下佚文。❷山川圖　圖名。可能是一幅大區域圖中的一個小區。因未見公私著錄，圖亦亡佚，無可核實。❸方誌　在現存古籍中，「方誌」之名始見於此。又卷二十二〈渠沙水注〉，《注》文作「方志」。「誌」與「志」通用。❹左傳　事見《左傳》哀公四年。❺廣成頌　銘頌名。《隋書・經籍志》及《兩唐志》著錄後漢南郡太守《馬融集》九卷，此頌當在集中。今集已亡佚，頌仍存於《後漢書・馬融傳》中。❻汲冢古文　書名。即《竹書紀年》。亦作《汲郡古文》、《汲冢書》。常簡稱《紀年》，卷二十二〈渠沙水注〉稱汲郡墓《竹書紀年》。此亦《注》文中一書多名之例。❼說苑　書名。《漢書・藝文志》著錄六十七篇。《隋書・經籍志》著錄二十卷，劉向撰。《漢書》本傳說劉向「采傳記行事，著《新序》、《說苑》凡五十篇」。今存《四庫全書》本，共二十卷。❽嵇叔夜讚　篇名。《隋書・經籍志》著錄《聖賢高士傳讚》三卷，嵇康撰。嵇康，字叔夜，三國魏人，竹林七賢之一。此讚當是《聖賢高士傳讚》中之一篇，已亡佚。❾後漢郡國志　應作《續漢・郡國志》。❿奏士論　書名。隋唐諸志均不著錄。《注》文稱唐勒，此人僅見於《史記・屈原賈生列傳》：「屈原既死之後，楚有宋玉、唐勒、景差之徒者，皆好辭而以賦見稱，然皆祖屈原之從容辭令，終莫敢直諫。」據此，則知唐勒為戰國楚人。但全文已亡佚，所存僅此《注》所引二十餘字。清嚴可均輯本，亦盡於此，想必從此輯存。⓫我是楚也　殿本在此處有戴震案語：「此語有舛誤。」此語今僅見於〈屈原賈生列傳〉，戴震所案，不知其所據為何書。⓬楚之別也　此句意義不明，刪略。⓭汝南先賢傳　書名。《隋志》及《新唐志》著錄作五卷，《舊唐志》作三卷。不知撰述年代和撰人。已亡佚，輯本收入於宛委山堂《說郛》卷五十八及《五朝小說大觀》、《玉函山房輯佚書補編》等，均作一卷。⓮桂陽先賢畫讚　書名。《隋書・經籍志》著錄一卷，吳左中郎張勝撰。《兩唐志》均作五卷。今《麓山精舍叢書》第一集輯有吳張勝撰《桂陽先賢傳》一卷。當以畫佚傳存，故書名去畫而留傳。⓯春秋外傳　書名。《後漢書・楊終傳》稱楊終「著《春秋外傳》十二篇」。《華陽國志》所記與此同。《隋書・經籍志》著錄《春秋外傳章句》一卷，王肅撰。肅書或是注釋楊終之書。因二書均已亡佚，無可核實。

【語　譯】汝水出河南梁縣勉鄉西天息山，

1 〈地理志〉說：汝水發源於高陵山，就是猛山。也有人說發源於南陽郡魯陽縣的大盂山，又說發源於弘農郡盧氏縣的還歸山。《博物志》說：汝水發源於燕泉山，都是一山的異名。我在永平年間（西元五〇八～五一二年）受命出任魯陽太守，上任時正值上級長官蒞臨，展示〈山川圖〉，但因地方誌說法參差不一，就命我們探尋諸水的源流。參加工作的，既未經過專門學習，就很難取得詳盡正確的資料；本人既是親眼所見，就不得不作具體敘述了。現在汝水發源於西方魯陽縣大盂山的蒙柏谷，那一帶斷崖高峭峻險，山谷幽深密布，石徑崎嶇，人跡罕至，西邊接近盧氏縣邊界。

2 汝水東北流經太和城西，又東流經城北，左右兩岸青松茂密成行，修竹與翠柏枝蔭交錯，這是尹公度棲隱修仙之處。又東流到堯山西嶺下，分為兩條：一條東流經堯山南，叫滍水，就是《水經》所說發源於堯山的滍水；另一條東北流，就是汝水，穿過蒙柏谷。兩岸布滿高山深谷，密層層的蒼松，綠沉沉的翠柏，深林高樹長滿山上，繁枝密葉隱蔽著水濱，所以世人名為蒙柏谷。泉流滔滔不絕，北流經長白沙口，狐白溪水注入。兩岸沙漲如雪，因而得名。狐白溪水出自南方的狐白川，北流注入汝水；汝水又東北向狼皋山奔流而去。

東南過其縣北，

3 汝水從狼皋山東流出峽，稱為汝阨。東流經麻解城北，這就是從前的鄤鄉城，稱為蠻中。《左傳》所說的單浮餘包圍了蠻氏，蠻氏被擊潰，即指此處。杜預說：城在河南新城縣東南，是伊洛的戎族，陸渾蠻氏的城邑。民間叫麻解城，這是因為蠻、麻二字讀音相似而致訛的。汝水又流經周平城南。京相璠說：霍陽山在周平城東南，即指此城。汝水又東流與三屯谷水匯合。三屯谷水發源於南山，北流經石碣東。柱旁刻字說：河南界。又有一塊界碑，碑上刻著：洛陽南界。石碑與石柱相對，沒有標明年月，也不知道是哪個時代所立的。三屯谷水又北流，注入汝水。

4 汝水又東流與廣成澤水匯合。廣成澤水發源於狼皋山北的沼澤中。安帝永初元年（西元一〇七年），將廣成皇家遊獵之地借給貧民。元初二年（西元一一五年），鄧太后臨朝，鄧騭兄弟輔佐處理政事，文士發表意見，以為應當大興文治，廢除武功，把皇家狩獵的禮儀、列陣作戰的方法，全都束之高閣。當時，馬融卻以為，文治與武功這兩種統治方法，聖賢從不偏廢；就如同金木水火土五種材料，都是有用的，沒有一件可以廢棄。於是寫了〈廣成頌〉說：大漢建國初期，劃定這片園林福地，在南郊把它建設起來。園林右望三塗，左憑嵩嶽；前面對著衡山之北，背後有王屋山屏護；得波、溠二水的灌溉，有滎、洛兩川的滋潤；金山、石林在中間高聳，神泉在旁邊湧出；丹水、涅池，怪石如浮於水上，在陂塘中煒煒生輝。桓帝延熹元年（西

5 元一五八年），在廣成圍獵，接著就來到函谷關。

廣成澤水從沼澤東南流，流經溫泉南，與溫泉水匯合。溫泉水有好幾個源頭，在川流左岸的溫泉上飛波跳躍，該處有連片華麗的屋宇，屋脊縱橫交錯。其間錯落地散布著砌築得方整的池塘，很多修道者都喜歡到這裡來。溫泉水東南流注入廣成澤水。澤水又東南流注入汝水。汝水又往東流到魯公水口。這條水上流承接陽人城東的魯公陂。陽人城就是古代梁國的陽人聚，秦滅了東周，把東周國王遷徙到這裡。陂水東南流，匯合於澗水。澗水發源於北山，南流注入陂水，又亂流注入汝水。汝水右岸有霍陽聚，汝水流經聚北，東流與霍陽山水匯合。霍陽山水發源於南山，杜預說：河南梁縣有霍山，即指此山。霍陽山水東北流經霍陽聚東，世人稱為華浮城，這不對。《春秋左傳》哀公四年（西元前四九一年）楚國入侵梁、霍。服虔說：梁、霍，是周的南部邊境。建武二年（西元二六年），世祖派征虜將軍祭遵進攻蠻中的山寇張滿，當時厭新、柏華等殘餘盜寇聯合起來進攻，攻下了霍陽聚，指的就是這地方。霍陽山水又流經梁城西。據《春秋》，梁城是周的小城，戰國時叫南梁。所以《水經》說：汝水流經該縣北。民間稱為治城，這不對。這是因為北方有個注城的緣故。現在設了治城縣，縣治在霍陽山。霍陽山水又東北流，注入汝水。汝水又在左岸匯合了三里水，三里水發源於北方的梁縣西北，東南流經該縣老城西，這就是古時的罳狐聚。〈地理志〉說：秦滅了西周後，把周王遷到這裡，因而設立為縣。杜預說：河南縣西南有梁城，就是此縣。三里水又東南流經注城南，司馬彪說：河南梁縣有注城。《史記》：魏文侯三十二年（西元前四一四年），在注城打敗了秦國。又與一條水匯合，此水發源於注城東的山坡下，東南流，注入三里水。三里水又亂流，注入汝水。汝水又東流經成安縣老城北。據〈地理志〉，潁川郡有成安縣，是個侯國。《史記·建元以來功臣侯者年表》說：漢武帝元朔五年（西元前一二四年），校尉韓千秋攻打南越時戰死，於是封他的兒子韓延年為成安侯，他的封邑就在這裡。但人們卻稱為白泉城，其實不是，這完全是民間傳聞失實之故。

6 汝水又東流就是周公渡，這裡是周時的承休邑，由於這個至善的地名，因而有了周公的美稱。汝水又東流，黃水注入。黃水發源於梁山後東南流，流經周時的承休縣老城東，叫承休水。承休縣是從前的子南國。

漢武帝元鼎四年（西元前一一三年），來到洛陽，巡察豫州，他看到周朝王室因年代久遠，無人祭祀了，於是詢問老人，才找到周的後裔庶子嘉，封為周子南君，讓他負責對周朝先人的祭祀。據《汲冢古文》，衛國將軍文子就是子南彌牟，他的後裔有子南勁。《竹書紀年》載：子南勁朝覲魏王。後來惠成王去衛，封子南為侯。秦統一了六國，衛是最後滅亡的國家。推想嘉可能是衛國的後代，因而以子南為姓氏，且稱為君。

7 初元五年（西元前四四年），這裡是周承休邑。《地理志》說：這是個侯國，是元帝設立的。元始二年（西元二年），改稱鄭公，王莽時叫嘉美。所以汝水的渡口叫周公渡，是因城得名的。人們卻把城叫黃城，把水叫黃水，都是不對的。此水又東南流經白茅臺東，又南流經梁瞿鄉西，人們叫期城，這不對。據《後漢書》，世祖從潁川到梁瞿鄉去，馮魴事先去行宮，就是此城。水流積聚成為陂塘，人們稱為黃陂。水東轉，經城南東流，從右岸匯合於汝水。

又東南過潁川郟縣南，

8 汝水又東流與張磨泉匯合。張磨泉發源於北方的丘陵地，春夏水盛漲時，就南流注入汝水。汝水又東流，分支積聚為西長湖，湖水南北五十餘步，東西三百步。汝水又東流，扈澗水發源於北方的大劉山，南流經木蓼堆東、郟城西，南流注入汝水。汝水又從右岸旁出，積成湖泊，湖水南北八九十步，東西四五百步，民間稱為東長湖。湖水下流注入汝水，就是古養水。古養水出自魯陽縣北將孤山北長岡之下，幾條泉水同時噴發，東流經永仁三堆南，又東流經沙川，人們稱為沙水，流過山符壘北，又東流經沙亭南，就是從前的養陰里。司馬彪《郡國志》說：襄城有養陰里。京相璠說：在襄城郟縣西南。養是水名，民間以此水為沙水，所以把城也稱為沙城，這不對。此城又處於養水北岸，但卻稱為養陰，這更使人困惑難解了。但流民雜戶混雜居住，開溝引水灌溉，位置常有變動，溝渠形狀常有改變，致使後世的學者也弄不清了。又在右岸匯合堇溝水。堇溝水發源於沛公壘西六十來步。沛公入關，出征時是從這裡出發的，地方也就因此得名了。堇溝水東北流，注入養水。養水又東北流注入東長湖，亂流注入汝水。

9 汝水又流經郟縣老城南。《春秋》昭公十九年（西元前五二三年），楚國令尹子瑕築成此城。潚水注入。潚水發源於魯陽縣將孤山，東南流。許慎說：瀙水發源於南陽郡魯陽縣，流入父城。瀙字偏旁從水，音敖。呂忱《字林》也說此水在魯陽。瀙水東流進入父城縣，與桓水匯合。桓水發源於魯陽北山，有兩個源頭，流到賈復城匯合成一條，流經賈復城北又南流，此城是賈復攻打郾縣時所築。民間語訛，稱為寡婦城，把水也稱為寡婦水。這條水有時會斷流，有時又會流通，因此有枯渠之稱。此水東北流到了父城縣北，在右岸注入瀙水，亂流又往東北到郟縣，注入汝水。

10 汝水又東南流，左岸匯合藍水。藍水發源於陽翟縣重嶺山，東南流經紀氏城，城西有層臺，稱為紀氏臺。《續漢書》說：世祖車駕西征，盜賊蠭起，郟縣縣令馮魴被寇兵延裒所攻，兵力不敵。此時皇上來到紀氏，賊兵自行投降，指的就是這地方。這裡在郟城東北十餘里。藍水又東南流經黃阜東，往南注入汝水。汝水又東南流，與白溝水匯合。白溝水發源於夏亭城西，又南流經龍城西，龍城西北就是摩陂。縱寬約十五里。魏青龍元年（西元二三三年），有龍出現於郟縣摩陂，明帝來到陂邊，就在這裡看龍，並把摩陂改名為龍陂。城就稱為龍城。白溝水又往南注入汝水。

11 汝水又東南流與龍山水匯合。龍山水發源於龍山的龍溪，沿著父城縣老城東往北流。從前楚平王在城父大規模築城，給太子建居住。所以杜預說：城父，就是襄城的父城縣。馮異占據了此城，投降世祖，以報答他在巾車鄉開釋之恩。此水又東北流與二水匯合，這兩條水都出自龍山，往北流注，又東北流注入汝水。汝水又東南流經襄城縣老城南。王隱《晉書・地道記》說：襄城是楚靈王所築。劉向《說苑》說：襄城君初封那天，穿著翠綠色的衣服，戴著玉佩，徘徊於流水上，指的就是此水。楚國大夫莊辛曾在此向他遊說過。以後立為縣。呂后元年（西元前一八七年），封給孝惠帝與後宮所生的兒子劉義為侯國，王莽改名為相成。黃帝曾在那裡的田野裡遇到牧童，嵇叔夜〈聖賢高士傳讚〉說：奇事真是難測，黃帝倦遊天下，迷途時遇到襄城小童，才到這裡來休息。襄城南對氾城，周襄王離開鄭國，定居於氾城，指的就是此城。《春秋》襄公二十六年（西元前五四七年），楚國討伐鄭國，涉水過氾城而歸。杜預說：在氾城之下涉過汝水。氾城晉時是襄城郡治。京相璠說：周襄王住在那裡，所以叫襄城。現在於城下設關。汝水又東南流經西不羹城南。《春秋左傳》昭公十二年（西元前五三〇年），楚靈王說：從前諸侯因我們僻遠而害怕晉國，現在我們大興土木，修築陳、蔡、不羹等城，兵車都有千乘，諸侯難道不害怕我們嗎？《東觀漢記》說：車騎馬防因進奉參藥，進宮探病很勤，給他的侯國增加了襄城、羹亭一千二百五十戶，就是此亭。汝水又東南流經繁丘城南，然後向東南流去。

又東南過定陵縣北，

12 湛水發源於犨縣北魚齒山西北，東南流，經過魚齒山下就是湛浦，方圓五十餘步。《春秋》襄公十六年（西元前五五七年），晉攻楚，報復楊梁之役。楚公子格與晉軍在湛阪作戰，楚軍戰敗，於是晉軍進入方城以外的地方。現在湛水以北都憑依山陵，在父城東南、湛水北岸，有一條長長的山坡，這道山坡就是以湛水命名的，所以叫湛阪。湛水又東南流經蒲城北。京相璠說：昆陽縣北有蒲城，蒲城北有湛水。湛水又東流，在汝水九曲北，東流注入汝水。杜預也以此水為湛水。《周禮》：荊州的大川有潁水、湛水。鄭玄卻說：沒聽說過有這兩條水。他偶然也有疏失之處。現在經實地考察，這些記載與當地情況並無不合，所記川流與《水經》也是相一致的。汝水又東南流經定陵縣老城北。漢成帝元延三年（西元前一〇年），封給侍中衛尉淳于長為侯國，王莽改名為定城。《東觀漢記》說：光武帝進攻王莽的兩個大臣，回來到了汝水上，在水邊用手掬水喝，並潑水洗去塵垢，對傅俊說：今天確實很勞累了，但諸君難道就累垮了嗎。他這話就是在這條水上說的。汝水右岸，有溵水向左注入，左岸有百尺溝流出。溝水兩岸有高高的河堤，也叫百尺堤。溝水從定陵城以北，在襄城縣與潁水相通，潁水上漲時就南流，汝水氾濫時就北流。溝水東有個清澈的水潭，叫龍淵，在汝水北岸約四里；水潭南北百步，東西二百步，水極清澈幽深，常年不涸。這一帶盛產魚類和竹筍。潭水滿溢時就東流注入瀙水。

13 汝水又東南流，昆水注入。昆水發源於魯陽縣的唐山，東南流經昆陽縣老城西。更始元年（西元二三年），王莽徵召天下擅長兵法的軍事人才，選拔訓練武衛部隊，招募猛士，旌旗輜重千里絡繹不絕，作戰時又驅使各種猛獸，如虎、豹、犀、象之類，以助軍威。從秦漢以來，出兵時的這種盛況是不曾有過的。世祖派數千兵馬在陽關攔截敵軍，諸將見王尋、王邑兵多勢盛，就退回昆陽。於是世祖就派遣成國上公王鳳、廷尉大將軍王常留守，連夜帶領十三名輕騎從南門出城，到郾縣去調集軍隊。王尋、王邑把昆陽城圍了數十重，靠近城邊布置了高達十餘丈的樓車，居高臨下地偵察城中動態，並用弓弩向城中亂射，箭如雨下，城中人只得背負著門板去汲水。王鳳請求投降，但王尋等不許。世祖率各路兵馬一同進攻，屢次打敗敵軍，繼而又乘勝組織了敢死隊三千人，直衝王尋、王邑軍隊，在昆水上大敗敵軍主力，殺了王尋。此時城中守軍也擊鼓吶喊，衝出城外，內外夾擊，喊殺聲震天動地。當時正逢大雷雨，狂風大作，刮得屋上瓦片亂飛，王莽軍大敗。

14 昆水又轉彎流經昆陽城南。世祖建武年間（西元二五～五六年），把昆陽封給侍中傅俊為侯國。所以《後漢書・郡國志》有昆陽縣，便是因水而得名的。昆水又東流經定陵城南，又東流注入汝水。汝水又東南流經奇領城西北，現在是南潁川郡的治所。潰水就發源於此，人們也稱為大濦水。《爾雅》說：河水有雍水，汝水有潰水。那麼潰水其實就是汝水的分支了，因而下游兩水之間的城邑中，今天還有一個叫汝陽。或許是因為潰、濦兩字讀音相近，又或許是因為汝水下游與濦水、潁水匯合，於是也就籠統地兼稱了吧。

又東南過郾縣北，

15 汝水經奇領城西往東南流，城在兩水之間；側面和背後兩邊都臨水。汝水又東南流經郾縣老城北，老城是舊時魏的下邑。《史記》說：到楚國昭陽伐魏取郾，就指此城。汝水又東流到了醴水口。醴水發源於南陽雉縣，也有人說導源於雉衡山，就是《山海經》說的衡山。郭景純以為這就是南嶽，其實不是。馬融〈廣成頌〉說：面對衡山之北，指的就是此山。山在雉縣邊界，所以人們叫它雉衡山。據《山海經》，沒有提到衡山有水，但醴水東流經唐山下，就是高鳳隱居的山。醴水又東南流與皋水匯合。皋水發源於皋山。郭景純說，皋山，有人稱為章山，東流注入醴水。醴水又東南流經唐城北，南流入城，然後西流出城，城就是因山而得名的。醴水又折向東南，流經葉縣老城北。《春秋》昭公十五年（西元前五二七年）：把許遷到葉，就指葉縣。楚盛周衰，楚國稱霸於南方，還想在中原爭強，在北方修築了許多城邑，來進逼華夏，因稱此城為萬城，萬字也有寫作方字的。唐勒《奏土論》說：我們楚國世代稱霸南方，從越到葉的邊界，國境遼闊萬里，因此號稱萬城。我查考《春秋》，屈完在召陵，對齊侯說：楚國以方城為城。杜預說：方城是山名，在葉縣南。不知誰的說法正確。

16 楚惠王把葉縣封給諸梁子高，號為葉公城。葉縣老城就是子高的封邑。葉公好龍，神龍於是下凡。河東王喬當葉縣縣令，每月十五日，常常親自赴京朝見皇上，皇上見他常來，卻又不見有車馬，覺得很奇怪，顯宗暗裡派太史監視他。太史報告說，他來時常有一對野鴨從東南方飛來，於是等待野鴨飛來時，就張開鳥網捕捉；但網住的卻是一隻鞋子。於是皇帝叫尚方令仔細查驗，發現這是近四年來賜給尚書官吏的鞋子。每當上朝時，葉縣衙門下大鼓不擊自鳴，京城都能聽到。後來，在縣府大堂前從天上降下一口玉棺。無論人們怎樣用力推，都推不動。王喬說：天帝只想召我一個人去吧？於是沐浴更衣，穿戴齊整躺入棺中，棺蓋馬上自動蓋上了。不久他被安葬在城東，泥土自動堆築成墳墓。當天晚上，縣裡的牛都大汗淋漓，喘息得有氣無力，人們都不知什麼緣故。百姓為他立廟，稱為葉君祠，州郡長官每當封爵授官時，都要先來廟裡拜謁，官民前來祈禱，總是有求必應的。如果有人做壞事，也會立即作祟。於是皇帝前來迎取這面鼓，放在都亭下，但從此再也不響了。有人說：他就是古時的仙人王喬。所以後來干寶把這件事寫入《搜神記・神化》中。

17 醴水又流經城東與燒車水匯合。燒車水發源於西方的苦菜山，傍著葉城南邊東流，注入醴水。醴水又東流經葉公廟北，廟前有「沈子高諸梁碑」。從前秦漢時候，廟道上有兩座門闕和祭席等物，黃巾之亂後，都被破壞得殘缺不堪了，魏太和（西元二二七～二三二年）、景初（西元二三七～二三九年）年間，縣令重新修葺了舊廟，後任縣官汝南陳晞於正始元年（西元二四〇年）立碑。現在碑上刻的字已殘破損毀，但遺文基本上還在，所記事跡可從碑上看到。

18 醴水又東流與葉縣西陂水匯合，縣南有座方城山，屈完所說楚國以方城為城，就是此山。山上有泉水湧出，北流積聚成陂塘。陂塘方圓二里，陂水散流，又東流經葉城南，然後往東北注入醴水。醴水又東流注入葉陂。此陂東西十里，南北七里。兩個陂塘都是葉公諸梁所築。陂水又東流經潕陽縣老城北，又東流經定陵城南，東流與芹溝水匯合。芹溝水導源於葉縣，東流經潕陽城北，又東流經定陵縣南，然後東南流注入醴水。這支水流經昆水、醴水之間，彎彎曲曲地流過四縣，可能就是呂忱所說的峴水。今天在定陵再也沒有別的水與峴水相當。醴水東流經郾縣老城南，向左注入汝水。《山海經》說：醴水東流，注入混水。汝水又東南流經鄧城西。《春秋左傳》桓公二年（西元前七一〇年），蔡侯、鄭伯在鄧相會，就是此城。汝水又東南流，潕水注入。

又東南過汝南上蔡縣西，

19 汝南郡……漢高祖四年（西元前二〇三年）設置，王莽改郡名為汝汾。上蔡縣就是舊時的蔡國，周武王征服殷後，把蔡封給他的弟弟叔度。《世本》說：就是上蔡；因為九江有個下蔡，所以稱上蔡。《竹書紀年》說：魏章率軍並聯合鄭軍攻楚，奪取上蔡。永初元年（西元一〇七年），安帝將上蔡封給鄧騭為侯國。汝水又東流經懸瓠城北。王智深說：汝南太守周矜在懸瓠起義，指的就是這地方。今天，上蔡是豫州刺史和汝南郡的治所。城的西北，汝水的一條支流從左邊分出，西北流，又西折東轉，又西南流與汝水匯合，河道彎曲，狀如倒掛的葫蘆。老年人說：城北名叫馬灣，灣中有土地數頃，還有個栗園，栗子很小，與固安的栗子相比差得遠了，但每年上貢三百石，以充實朝廷的府庫。這個水中的沙洲就是栗洲，沙洲上樹木參天，樹蔭茂密，望去好像一片蓊蓊鬱鬱的綠雲。樹林中有栗堂、靶場，十分清幽寬敞，當地州縣長官和名人常來這裡遊樂。太和年間（西元四七七～四九九年），高祖曾巡察懸瓠城，平南將軍王肅在小城西北角修築高臺，建造層樓，下臨水濱，俯眺栗渚，兩邊都是水榭，四周景物參差競峙，堪稱勝景了。

又東南過平輿縣南，

20 溱水發源於浮石嶺北的青衣山，又稱青衣水。東南流經朗陵縣老城西。應劭說：西南有朗陵山，朗陵縣就因山而得名。世祖建武年間（西元二五～五六年），將該縣封給城門校尉臧宮為侯國。溱水又南轉流經縣南，又東北流經北宜春縣老城北，王莽改名為宜孱。豫章有個宜春，因此這裡叫北宜春。元初三年（西元一一六年），安帝將該縣封給皇后之父侍中閻暢為侯國。溱水又東北流經馬香城北，又東北流注入汝水。汝水又東南流經平輿縣南、安成縣老城北，王莽改名為至成。漢武帝元光六年（西元前一二九年），將安成封給長沙定王的兒子劉蒼為侯國。汝水又東南流，陂水注入。陂水上流在慎陽縣老城旁的南陂承接慎水。陂水分為兩條，一條從陂北流出，環繞慎陽城四周的城壕。

21 潁川荀淑在客舍裡遇到本縣同鄉黃叔度，與他傾心長談之後，對他說：您真是我的表率啊。范奕評論說：黃憲言論中的意旨，沒有流傳下來。但凡見過他的有才德之士，無不佩服他思想的深邃，借鑑他克服自身的缺點和錯誤，使仁義之道得到發揚，人的至性臻於完美。豈不是值得稱道的嗎。

22 城壕水又從渠中東北流，注入北陂。另一條水從陂塘東北流出，積聚成為鮦陂。陂水又東北流，又積聚成陂塘，人們稱為窖陂。陂水上流承接慎陽縣的北陂，往東北流，積聚成土陂。陂水又東流，就是窖陂。陂水又東南流，注入壁陂。陂水又東北流，就是太陂；陂水又東流，注入汝水。汝水又東南流經平陵亭北，又東南流經陽遂鄉北。汝水又東流經櫟亭北，就是《春秋》所說的棘櫟。杜預說：汝陰郡新蔡縣東北有櫟亭。今天此城在新蔡縣老城西北，城北一半已沉入水中。汝水又東南流經新蔡縣老城南。從前管、蔡二國離間周王室，蔡叔被放逐，遷貶於此。他的兒子胡，能遵循祖先的德行，端正行為，周公推薦他做卿士，引他朝見周王，周王以原屬申呂的蔡封給他，讓他掌管對叔度的祭祀，這就是蔡仲。宋忠說：於是把這地方稱作新蔡。也就是王莽時的新遷。世祖建武二十八年（西元五二年），將新蔡封給吳國，立為侯國。《汝南先賢傳》說：新蔡鄭敬，字次都，廬郡功曹。都尉高懿官署廳前有槐樹，樹上的白露看來有點像甘露。高懿問下屬，都說是甘露，只有鄭敬一人卻說：您的政績還不能使天降甘露，這只不過是樹汁罷了。高懿很不高興，就藉口身體不適離開了。

23 汝水又東南流，在左岸匯合了澺水。澺水上流在奇頟城東承接汝水分支，東南流，稱為練溝；流經召陵縣西，往東南奔流，到上蔡西岡北，就是黃陵陂；陂水東流，在上蔡岡東積成蔡塘，又東流經平輿縣老城南，稱為澺水。平輿縣是從前的沈國，有沈亭。《春秋》定公四年（西元前五〇六年），蔡滅沈，俘虜了沈子嘉回國，後來楚立為縣。《史記》說：秦將李信攻平輿，擊敗守軍。建武三十年（西元五四年），世祖把平輿封給銚統為侯國，這裡本來是汝南郡的治所。從前費長房當市吏，看見王壺公把壺掛在郡裡的市場上，費長房就跟著他，因而從遠處和他一同進入壺中，從此他就隱遁修仙，但他的氣質缺少靈氣，未能領悟仙道就返回人間，雖然能遣使鬼神，但最後還是死了。

[24] 城南一里餘有神廟，人們稱為張明府祠，每逢水旱失常，人們就在那裡祈禱。廟前有一塊上尖下方的石碑，碑上文字剝落破損，已看不清楚了，碑旁有一個小石匣。據《桂陽先賢畫讚》，臨武張熹，字季智，當平輿縣令。當時天正大旱，張熹親自設祭祈求降雨，但並無靈驗，於是他就堆了柴垛自焚；主簿侯崇、小吏張化也跟他一起自焚。大火熊熊燒起來時，上天的神靈受了感動，立即降了一場大雨，這裡就是張熹自焚的地方。

[25] 澺水又東南流，左岸分出支水，積聚成葛陂。陂塘方圓數十里，水生的動物都含有靈氣，湖裡所藏所長育的東西很多，這裡就是以前費長房把手杖投到陂裡變成龍的地方；他又在這裡彈劾東海君。陂水東流而出叫鮦水，民間稱為三丈陂，也叫三嚴水。鮦水流經鮦陽縣老城南。應劭說：鮦陽縣在鮦水北岸。漢明帝永平年間（西元五八～七五年），把鮦陽封給衛尉陰興的兒子陰慶為侯國。鮦陽縣有葛陵城。建武十五年（西元三九年），把鮦陽改封給安成侯銚丹為侯國。城的東北有楚武王墓，民間稱為楚王琴。在城北祝社里下的土中，挖出了一隻銅鼎，上有銘文題著：楚武王。由此可知這是武王墓的隧道。鮦陂水東流叫富水，流水積聚之處叫陂塘，這裡溝渠交錯，遍布這一片低窪地。澺水從葛陂東南流經新蔡縣老城東，往東南注入汝水。汝水又東南流經下桑里，向左分支流出積成橫塘陂，又東北流是青陂。汝水又東南流經壺丘城北，這是舊時陳國地方。《春秋左傳》文公九年（西元前六一八年），楚國入侵陳國，攻下壺丘，因為陳臣服於晉。汝水又東流與青陂匯合。青陂水上流在慎陽縣的上慎陂承接慎水。右溝北流，注入馬城陂。馬城陂西有黃丘亭。陂水又東流經新息亭北，又東流是綢陂；陂水又東流經新息縣，積成墻陂。陂水又東流經遂鄉東南形成壁陂。又東流積成青陂，青陂東對大呂亭。《春秋外傳》說：成周時候，南方有荊蠻、申、呂，都姓姜，最初受封

在這裡的是蔡平侯。因西南有小呂亭，所以這裡稱為大呂亭。陂塘旁邊，南有青陂廟，廟前有池塘。漢靈帝建寧三年（西元一七〇年），河南緱氏李言當新蔡縣官，向朝廷請求修復青陂，司徒許訓、尚書聞人襲在洛陽宮向皇帝上奏獲准，在青陂東塘南立碑，碑文說青陂座落在該縣西南，發源於桐柏山的淮川的一條分支，匯入潺湲水，流經新息縣的牆陂，延伸流入褒信邊界，灌溉田地五百餘頃。陂水又東流，分成兩條：一條南流注入淮水；另一條東南流經白亭北，又東流經吳城南。《史記》說：楚惠王二年（西元前四八七年），子西從吳召回太子建的兒子勝，勝來後就住在這裡，所以稱為吳城。水又東北轉，經壺丘東而北流，注入汝水，人們稱為薄溪水。汝水又東流經褒信縣老城北，然後往東流去。

又東至原鹿縣，

南入于淮。

26 汝水又東南流經原鹿縣老城西。杜預《釋地》說：汝陰郡有原鹿縣。

27 入淮處就是所謂汝口，水邊有汝口戍，位於淮水和汝水的匯流處。

【研　析】河川與山岳不同，歷代常有變遷。特別是其中下游，改道之事實所常見。但河流的發源處則基本穩定，所以古代對於河源的考察探索，歷來都很重視。上起國君，下至州郡，多對此有所作為。漢武帝遣張騫探尋黃河河源，因受〈禹本紀〉等傳說而致訛，但以後各朝，對此仍賡續不輟，到唐朝而基本否定「重源」之說。歷元至清，終於大致探索清楚。黃河是全國巨流，其他次要河川如汝水之類，其河源也在當局探查之列。此卷《注》文，酈氏首敘汝源的不同傳說，然後在「余以永平中蒙除魯陽太守，會上臺下列〈山川圖〉」一段，記述了他親自勘查的事實。所以在《注》文「既在遝見，不容不述」下，所敘是他自己親自考察的結果。我國歷代有關河川水利之書，如《水經》、《水經注》，包括各史〈河渠志〉以至清《水道提綱》等等，都有大量實地考察的成果，而酈道元在這方面尤值得推崇。

卷二十二

潁水　洧水　潩水　溍水　渠沙水

【題　解】此卷包括五條河流，都是淮河的支流。其中潁水今稱潁河，是淮河最大的支流，發源於河南登封附近的嵩山，東南流在安徽潁上附近注入淮河，全長約六百公里，流域面積約四萬平方公里。

洧水今稱洧河，是潁水的支流，上游稱為雙洎河，在河南彭店以東注入賈魯河，從今洧川到彭店一段，雨季有水，乾季枯水，形成一種季節河現象，全長約七十公里。

潩水今稱潩河，發源於河南許昌以西，東南流至西華縣逍遙鎮以東匯合清流河而注入潁河，因為河流短小，今一般地圖已不標此河。

溍水又名溱水，是洧河的支流，河流短小，一般地圖也已不標此河。

渠是淮河的一級支流，但這條水的名稱很有一些問題。武英殿本《水經注》在卷首目錄中只用一個「渠」字，但在卷二十二標題中，「渠」字之下又用小一號字加「沙水」二字，總目錄與分卷目錄不統一，殿本僅此一處。趙一清《水經注釋》稱為「渠水」。朱謀㙔《水經注箋》總目錄與分卷目錄均無此水名稱，但卷內緊接溍水以後仍敘此水，內容並無缺漏。楊、熊《水經注疏》的總目和分卷目錄均作「渠沙水」。從不同版本之間的差異和殿本從總目和分卷目錄的差異來看，說明這條河流比較複雜。有人認為殿本總目錄作「渠」，這是受《水經》的影響，因為《水經》第一句就作「渠出滎陽北河，東南過中牟縣之北」。並無「渠水」或「渠沙水」

字樣。但有人則認為《經》文原為「蒗蕩」（也作狼湯，殿本作蒗蕩）渠出滎陽北河，傳鈔時脫去「蒗蕩」二字。《水經注釋》作「渠水」，不稱「渠」。殿本在分卷目錄下用小一號字加「沙水」二字，這是因為《經》文「又東至浚儀縣」下，《注》文最後提出了「沙水」這個名稱。《注》文說：「新溝又東北流逕牛首鄉北，謂之牛建城，又東北注渠，即沙水也。」從此以後，《注》文不再提渠水，只說沙水。直到最後說：「沙水東流注于淮，謂之沙汭。」由於這條河流名稱多，歷來變遷也多，所以比較複雜。此河實為古代鴻溝，後稱蒗蕩渠，又稱沙水，又稱蔡水。總之是古代溝通黃河和淮河之間的一片水系。現在河道變遷，已經找不到這條河流了。今各本地圖，多不繪此水。但譚其驤主編《中國歷史地圖集》第四冊仍繪有此水，並括注（蒗蕩渠），北起成皋（今滎陽北）以東黃河，經浚儀（今開封）南到項縣（今沈丘）入淮。

潁水

1 **潁水出潁川陽城縣西北少室山，**

秦始皇十七年滅韓，以其地為潁川郡，蓋因水以著稱者也。漢高帝二年❶，以為韓國。王莽之左隊也。《山海經》曰：潁水出少室山。〈地理志〉曰：出陽城縣陽乾山。今潁水有三源奇發，右水出陽乾山之潁谷，《春秋》潁考叔為其封人。其水東北流。中水導源少室通阜，東南流逕負黍亭東。《春秋》定公六年，鄭伐馮、滑、負黍者也。馮敬通〈顯志賦〉❷曰：求善卷之所在，遇許由于負黍。京相璠曰：負黍在潁川陽城縣西南二十七里，世謂之黃城也。亦或謂是水為瀷水，東與右水合。左水出少室南溪，東合潁水。故作者互舉二山，言水所發也。《呂氏春秋》曰：卞隨恥受湯讓，自投此水而死。張顯《逸民傳》❸、嵇叔夜《高士傳》竝言投洞水而死。未知其孰是也。

東南過其縣南，

2 潁水又東，五渡水注之。其水導源崈高縣東北太室東溪。縣，漢武帝置，以奉太室山，俗謂之崈陽城。及春夏雨泛，水自山頂而迭相灌澍，崿流相承，為二十八浦也。暘旱輟津，而石潭不耗，道路遊憩者，惟得餐飲而已，無敢澡盥其中，苟不如法，必數日不豫，是以行者憚之。山下大潭，周數里，而清深肅潔。水中有立石，高十餘丈，廣二十許步，上甚平整。緇素之士，多泛舟升陟，取暢幽情。其水東南逕陽城西，石溜縈委，溯者五涉，故亦謂之五渡水。東南流入潁水。

3 潁水逕其縣故城南，昔舜禪禹，禹避商均，伯益避啟❹，竝于此也。亦周公以土圭測日景處。漢成帝永始元年，封趙臨為侯國也。縣南對箕山，山上有許由冢，堯所封也。故太史公曰：余登箕山，其上有許由墓焉，山下有牽牛墟。側潁水有犢泉，是巢父還牛處也，石上犢跡存焉。又有許由廟，碑闕尚存，是漢潁川太守朱寵所立。潁水逕其北，東與龍淵水合。其水導源龍淵，東南流逕陽城北，又東南入于潁。潁水又東，平洛溪水注之。水發玉女臺下平洛澗，世謂之平洛水。呂忱所謂勺水出陽城山。蓋斯水也。又東南流，注于潁。潁水又東出陽關，歷康城南，魏明帝封尚書右僕射衛臻為康鄉侯，此即臻封邑也。

又東南過陽翟縣北，

4

潁水東南流逕陽關聚。聚夾水相對，俗謂之東、西二土城也。潁水又逕上棘城西，又屈逕其城南。《春秋左傳》襄公十八年，楚師伐鄭，城上棘以涉潁者也。縣西有故堰，堰石崩褫，頹基尚存，舊遏潁水枝流所出也。其故瀆東南逕三封山北，今無水。渠中又有泉流出焉，時人謂之嵎水，東逕三封山東，東南歷大陵西連山，亦曰啟笙亭[5]。啟享神于大陵之上，即鈞臺也。《春秋左傳》曰：夏啟有鈞臺之饗是也。杜預曰：河南陽翟縣南有鈞臺。其水又東南流，水積為陂，陂方十里，俗謂之鈞臺陂，蓋陂指臺取名也。又西南流逕夏亭城西，又屈而東南為郟之靡陂。潁水自堨東逕陽翟縣故城北，夏禹始封于此為夏國，故武王至周曰：吾其有夏之居乎？遂營洛邑。徐廣曰：河南陽城陽翟，則夏地也。《春秋經》書：秋，鄭伯突入于櫟。《左傳》桓公十五年，突殺檀伯而居之。

服虔曰：檀伯，鄭守櫟大夫；櫟，鄭之大都。宋忠曰：今陽翟也。周末，韓景侯自新鄭徙都之。王隱曰：陽翟本櫟也。故潁川郡治也。城西有「郭奉孝碑」，側水有「九山祠碑」。叢柏猶茂，北枕川流也。

又東南過潁陽縣西，又東南過潁陰縣西南，

應劭曰：縣在潁水之陽，故邑氏之。按《東觀漢記》，漢封車騎將軍馬防為侯國。防，城門校尉，位在九卿上，絕席。潁水又南逕潁鄉城西，潁陰縣故城在東北，舊許昌典農都尉治也，後改為縣，魏明帝封侍中辛毗為侯國也。潁水又東南逕柏祠曲東，歷岡丘城南，故汾丘城也。《春秋左傳》襄公十八年，楚子庚治兵于汾。司馬彪曰：襄城縣有汾丘。杜預曰：在襄城縣之東北也。逕繁昌故縣北，曲蠡之繁陽亭也。《魏書．國志》曰：文帝以漢獻帝延康元年，行至曲蠡，登壇受禪于是地，改元黃初。其年，以潁陰之繁陽亭為繁昌縣。城內有三臺，時人謂之繁昌臺。壇前有二碑，昔魏文帝受禪于此。自壇而降曰：舜、禹之事，吾知之矣。故其石銘曰：遂于繁昌築靈壇也。于後其碑六字生金，論者以為司馬金行，故曹氏六世遷魏而事晉也。潁水又東南流逕青陵亭城北，北對青陵陂，陂縱廣二十里，潁水逕其北，枝入為陂。陂西則漷水注之。水出襄城縣之邑城下，東流注于陂。陂水又東入臨潁縣之狼陂。潁水又東南流而歷臨潁縣也。

又東南過臨潁縣南，又東南過汝南濦強縣北，洧水從河南密縣東流注之。

6 臨潁，舊縣也。潁水自縣西注，小濦水出焉。《爾雅》曰：潁別為沙。郭景純曰：皆大水溢出，別為小水之名也，亦猶江別為沱也。潁水又東南逕皋城北，即古皋城亭矣。《春秋經》書，公及諸侯盟于皋鼬者也。皋、澤字相似，名與字乖耳。潁水又東逕濦陽城南，《竹書紀年》曰：孫何取濦陽。濦強城在東北，潁水不得逕其北也。潁水又東南，溵水入焉，非洧水也。

又東過西華縣北，

7 王莽更名之曰華望也。有東，故言西矣。世祖光武皇帝建武中，封鄧晨為侯國。漢濟北戴封，字平仲，為西華令，遇天旱，慨治功無感，乃積柴坐其上以自焚，火起而大雨暴至，遠近歎服。永元十三年❻，徵太常焉。縣北有習陽城，潁水逕其南，《經》所謂洧水流注之也。

又南過女陽縣北，

8 縣故城南有汝水枝流，故縣得厥稱矣。闞駰曰：本汝水別流，其後枯竭，號曰死汝水，故其字無水。余按汝、女乃方俗之音，故字隨讀改，未必一如闞氏之說，以窮通損字也。潁水又東，大㶏水注之，又東南逕博陽縣故城東，城在南頓縣北四十里，漢宣帝封邴吉為侯國。王莽更名樂嘉。

又東南過南頓縣北，㶏水從西來流注之。

9 㶏水于樂嘉縣入潁，不至于頓。頓，故頓子國也，周之同姓。《春秋》僖公二十五年，楚伐陳，納頓子于頓是也。俗謂之潁陰城，非也。潁水又東南逕陳縣南；又東南，左會交口者也。

又東南至新陽縣北，蒗蕩渠水從西北來注之。

10 《經》云蒗蕩渠者，百尺溝之名別[7]也。潁水南合交口新溝，自是東出。潁上有堰，謂之新陽堰，俗謂之山陽堨，非也。新溝自潁北東出，縣在水北，故應劭曰：縣在新水之陽。今縣故城在東，明潁水不出其北，蓋《經》誤耳。潁水自堰東南流，逕項縣故城北。《春秋》僖公十七年，魯滅項是矣。潁水又東，右合谷水。水上承平鄉諸陂，東北逕南頓縣故城南，側城東注。《春秋左傳》所謂頓迫于陳而奔楚，自頓徙南，故曰南頓也。今其城在頓南三十餘里。又東逕項城中，楚襄王所郭，以為別都。都內西南小城，項縣故城也，舊潁州治[8]。

谷水逕小城北，又東逕魏豫州刺史賈逵祠北。王隱言，祠在城北。非也。廟在小城東。昔王淩為宣王司馬懿所執，屆廟而歎曰：賈梁道，王淩魏之忠臣，惟汝有靈知之。遂仰鴆而死。廟前有碑，碑石金生。干寶曰：黃金可採，為晉中興之瑞。谷水又東流出城，東注潁。

11

潁水又東，側潁有公路城，袁術所築也，故世因以術字名城矣。潁水又東逕臨潁城北。城臨水闕南面。又東逕雲陽二城間，南北翼水，竝非所具。又東逕丘頭，丘頭南枕水，《魏書·郡國志》[9]曰：宣王軍次丘頭，王淩面縛水次，故號武丘矣。潁水又東南流，于故城北，細水注之。水上承陽都陂，陂水枝分，東南出為細水。東逕新陽縣故城北，又東南逕宋縣故城北，縣，即所謂郪丘者也。秦伐魏取郪丘，謂是邑矣。漢成帝綏和元年，詔封殷後于沛，以存三統。平帝元始四年，改曰宋公。章帝建初四年，徙邑于此，故號新郪，為宋公國也。王莽之新延矣。細水又南逕細陽縣，新溝水注之。溝首受交口，東北逕新陽縣故城南，漢高帝六年，封呂青為侯國，王莽更名曰新明也。故應劭曰：縣在新水之陽，今無水，故渠舊道而已。東入澤渚而散流入細。細水又東南逕細陽縣故城南。王莽更之曰樂慶也。世祖建武中，封岑彭子遵為侯國。細水又東南，

12

積而為陂，謂之次塘，公私引裂，以供田溉。又東南流，屈而西南入潁。〈地理志〉曰：細水出細陽縣，東南入潁。

潁水又東南流逕胡城東，故胡子國也。《春秋》定公十五年，楚滅胡，以胡子豹歸是也。杜預《釋地》曰：汝陰縣西北有胡城也。潁水又東南，汝水枝津注之，水上承汝水別瀆于奇洛城東三十里，世謂之大㶏水也。東南逕召陵縣故城南，《春秋左傳》僖公四年，齊桓公師于召陵，責楚貢不入，即此處也。城內有大井，徑數丈，水至清深。闞駰曰：召者，高也。其地丘墟，井深數丈，故以名焉。又東南逕征羌縣，故召陵縣之安陵鄉安陵亭也。世祖建武十一年，以封中郎將來歙，歙以征定西羌功，故更名征羌也。闞駰引《戰國策》以為秦昭王欲易地，謂此，非也。汝水別瀆又東逕公路臺北，臺臨水，方百步，袁術所築也。汝水別溝又東逕西門城，即南利也。漢宣帝封廣陵厲王子劉昌為侯國。縣北三十里有孰城，號曰北利，故瀆出于二利之間，間關女陽之縣，世名之死汝縣，取水名，故曰女陽也。又東逕南頓縣故城北，又東南逕鮦陽城北，又東逕邸鄉城北，又東逕固始縣故城北。〈地理志〉：縣，故寖也。寖丘在南，故藉丘名縣矣。王莽更名之曰閏治。孫叔敖以土浸薄，取而為封，故能綿嗣，城北猶有「叔敖碑」。建武二年，司空李通又慕叔敖受邑，故光武以嘉之，更名固始。別汝又東逕蔡岡北，岡上有平陽侯相蔡昭冢。昭字叔明，周后稷之胄，冢有石闕，闕前有二碑，碑字淪碎，不可復識，羊虎傾低，殆存而已。枝汝又東北流逕胡城南，而東歷女陰縣故城西北，東入潁水。

13 潁水又東逕女陰縣故城北。《史記・高祖功臣侯者年表》曰：高祖六年，封夏侯嬰為侯國。王莽更名之曰汝濆也。縣在汝水之陰，故以汝水納稱。城西有一城，故陶丘鄉也，汝陰郡治。城外東北隅有舊臺翼城若丘，俗謂之女郎臺，雖經頹毀，猶自廣崇。上有一井，疑故陶丘鄉，所未詳。

又東南至慎縣東，南入于淮。

14 潁水東南流，左合上吳、百尺二水，俱承次塘細陂，南流注于潁。潁水又東南，江陂水注之。水受大漴陂，陂水南流，積為江陂，南逕慎城西，側城南流入于潁。潁水又逕慎縣故城南，縣，故楚邑，白公所居以拒吳。《春秋左傳》哀公十六年，吳人伐慎，白公敗之。王莽之慎治也。世祖建武中，封劉賜為侯國。潁水又東南逕蜩蟟郭東，俗謂之鄭城矣。又東南入于淮。《春秋》昭公十二年，楚子狩于州來，次于潁尾，蓋潁水之會淮也。

【注　釋】❶漢高帝二年　《水經注疏》亦作「二年」，但楊守敬按：「〈漢志〉潁川郡，高帝五年為韓國，六年復故。考《史記‧高祖紀》五年，立韓信為韓王，都陽翟，六年，徙太原。〈信傳〉同。此二年為五年之誤，無疑。」❷顯志賦　詩賦名。後漢馮敬通撰。賦存《後漢書‧馮衍傳》。敬通是馮衍之字。❸逸民傳　書名。《隋書‧經籍志》著錄七卷，張顯撰。〈兩唐志〉著錄因避太宗諱作《逸人傳》三卷，張顯撰。《御覽》亦引張顯《逸民傳》。❹伯益避啟　此儒家相傳上古帝位禪讓之說。儒學諸書都是如此記敘。但古本《竹書紀年‧夏后氏》篇下有「益干啟位，啟殺之」一條。《史通》在〈疑古〉、〈雜說〉兩篇中，均引此作「益為后啟所誅」。酈氏在《注》文中多處引及《紀年》，但此獨不引，說明酈道元的儒學思想。❺連山亦曰啟筮亭　清孫詒讓《札迻》卷三：「案此文「連山亦曰啟筮亭」七字有誤，考《御覽》八十二引《歸藏易》云：『昔夏后啟筮享神于大陵而上鈞臺枚占，皐陶曰不吉。』（《初學記》二十二亦引其略）此文疑當作『《連山易》曰：啟筮享神于大陵之上』。蓋《連山》、《歸藏》兩《易》皆有此文，抑或本出《歸藏》，酈氏誤憶為《連山》，皆未可知。今本『連山亦』，『亦』即『易』之誤（易、亦音相近），『啟筮亭』三字又涉下『啟筮享』三字而衍（亭、享形相近）。文字傳訛，虛構成實，遂若此地自有山名連，亭名啟筮者。不知酈意，但引《連山易》以釋大陵耳。安得陵之外別有山與亭乎？」《連山易》及《歸藏易》傳為《周易》以前的古《易》，《玉函山房輯佚書》輯有此二《易》各一卷。❻永元十三年　《水經注疏》熊會貞按：「范書本傳（指《後漢書‧戴封傳》）作十二年。」❼名別　《水經注疏》作「別名」。《疏》：「戴『別名』誤作『名別』。」❽舊潁州治　王國維〈明抄本水經注跋〉（《觀堂集林》第十二卷）：「潁水又東逕項城中，楚襄王所郭以為別都，都內西南有小城，項縣故城也，舊預州治。案預者，豫之別字，諸本並訛作潁。考項縣在漢魏時本屬豫州汝南郡，至後魏孝昌四年始置潁州，不得為項縣地，而天平二年置北揚州，乃治項城，當是舊豫州治，不得為後魏潁州治也。且下文云：又東逕刺史賈逵祠，刺史上不著州名，乃承上文舊豫州治言之（《魏書》本傳，逵為豫州刺史），則此本作預州是，諸本作潁州者誤也。」❾魏書郡國志　《魏書》作〈地形志〉而不作〈郡國志〉。《水經注疏》楊守敬按：「王沈有《魏書》，豈酈所引乎？然《齊書‧禮志》言，王沈《魏書》無志。則此當指陳壽《三國志》。觀〈渠水注〉亦載宣王事，稱《魏書‧國志》，則『郡』字是衍文。」

【語　譯】**潁水出潁川陽城縣西北少室山，**

1 秦始皇十七年（西元前二三〇年）滅了韓國，把它的疆域設置為潁川郡，郡是以水來命名的。漢高帝二年（西元前二〇五年），立為韓國。王莽改名為左隊。《山海經》說：潁水發源於少室山。〈地理志〉說：潁水發源於陽城縣陽乾山。現在潁水有三個源頭，右邊的一條發源於陽乾山的潁谷。《春秋》記載，潁考叔任潁谷邊防長官之職。水往東北流。中間一條發源於少室山的通阜，東南流經負黍亭東。《春秋》定公六年（西元前五〇四年），鄭國攻打馮、滑、負黍等地。馮敬通〈顯志賦〉說：尋求高士善卷所在的地方，在負黍遇到許由。京相璠說：負黍在潁川郡陽城縣西南二十七里，人們稱為黃城。也有人稱這條水為瀷水，東流與右邊那條水匯合。左邊的一條發源於少室山的南溪，東流與潁水匯合。因此，各家作者在提到潁水的發源地時，都互舉上述這兩座山。《呂氏春秋》說：卞隨以接受湯的讓位為恥，自投潁水而死。張顯《逸民傳》、嵇叔夜《高士傳》都說卞隨投洞水而死，不知誰說得對。

東南過其縣南，

2 潁水又東流，五渡水注入。五渡水發源於崈高縣東北的太室山東溪。崈高縣是漢武帝時為奉祀太室山而設置的，民間稱為崧陽城。每逢春夏多雨時，一條又一條的山泉從山頂流瀉而下，崖水和溪流相接，形成二十八個水口。乾旱季節山澗溪流斷水，但石潭仍不乾涸，過往行人遊客在此歇息，只能舀點水喝罷了，沒有人敢在潭水洗澡或洗手，如果有人不遵守這個規矩，一定有好幾天身體要不舒服，因此行人都有點畏懼。山下有個大潭，周圍數里，潭水清深潔淨。水中有一塊屹立的巨石，高十餘丈，寬廣二十來步，頂端非常平整。僧俗人士常划船到那裡，爬到巖頂上，情懷為之一暢。五渡水往東南流經陽城西，石澗縈回曲折，過往行人要反復涉水，因此也叫五渡水。水往東南流，注入潁水。

3 潁水流經陽城縣舊城南，從前舜讓位給禹，禹避讓商均，伯益又避讓啟，都是在這裡。這裡也是周公用土圭測日影的地方。漢成帝永始元年（西元前一六年），把陽城縣封給趙臨為侯國。縣城南對箕山，山上有許由墓，是堯時所築。因此太史公說：我登箕山，山上有許由墓，山下有牽牛墟。在潁水旁有一條犢泉，是巢父還牛的地方，巖石上牛的足跡還在。還有許由廟，石碑墓闕都還在，是漢朝潁川太守朱寵所建。潁水流經廟北，東流與龍淵水匯合。龍淵水發源於龍淵，東南流經陽城北，又往東南注入潁水。潁水又東流，平洛溪水注入。平洛溪水發源於玉女臺下的平洛澗，世人稱為平洛水。呂忱所說的勺水發源於陽城山，指的就是這條水。又東南流，注入潁水。潁水又東流出陽關，流經康城南。魏明帝封尚書右僕射衛臻為康鄉侯，這裡就是他的封邑。

又東南過陽翟縣北，

4 潁水東南流經陽關聚。陽關聚夾水相對，民間稱為東土城和西土城。潁水又流經上棘城西，又拐彎流經城南。《春秋左傳》襄公十八年（西元前五五五年），楚國軍隊攻打鄭國，修築了上棘城，以便渡過潁水。縣西有舊堰，堰石已崩毀，但殘破的堰基還在。從前這道堤堰是攔截潁水、從潁水引出支流處。舊渠道往東南通過三封山北，今天已沒有水了。渠道中又有泉流湧出，當時人們稱為嵎水，東流經三封山東，東南流經大陵西的連山，又稱啟筮亭。啟在大陵上祭神，那就是鈞臺。《春秋左傳》說：夏啟在鈞臺祭神。杜預說：河南郡陽翟縣南有鈞臺。水又往東南流，水流積聚成陂塘，方圓十里，民間稱為鈞臺陂，就是以臺來取名的。又西南流經夏亭城西，又轉向東南，形成郟縣的靡陂。潁水從堰壩東流經陽翟縣舊城北，夏禹最初封在這裡，稱夏國，所以武王到周時說：我還是住到夏的老家去好吧？於是，就開始營建洛邑。徐廣說：夏住在河南陽城，陽翟是夏的舊地。《春秋經》記載：秋天，鄭伯突進入櫟。《左傳》桓公十五年（西元前六九七年），突殺了檀伯，就在櫟居住下來。服虔說：檀伯是鄭國守衛櫟的大夫，櫟是鄭國的大都。宋忠說：櫟就是今天的陽翟。周朝末年，韓景侯自新鄭遷都到這裡。王隱說：陽翟原來是櫟，是舊時潁川郡的治所。城西有「郭奉孝碑」，水旁有「九山祠碑」，柏樹林還很茂密，北面緊靠川流。

又東南過潁陽縣西，又東南過潁陰縣西南，

5 應劭說：縣城在潁水之北，因此以潁陽作為縣名。根據《東觀漢記》，漢朝時把潁陽封給車騎將軍馬防為侯國。馬防當城門校尉，地位在九卿之上，不與人同席。潁水又南流經潁鄉城西。潁陰縣舊城在東北，過去是許昌典農都尉的治所。後來改為縣，魏明帝時把潁陰封給侍中辛毗為侯國。潁水又東南流經柏祠曲東，流過岡丘城南，岡丘城就是過去的汾丘城。《春秋左傳》襄公十八年（西元前五五五年），楚子庚在汾練兵。司馬彪說：襄城縣有汾丘。杜預說：汾在襄城縣東北。潁水流經繁昌縣老城北，就是曲蠡的繁陽亭。《魏書·

國志》說：文帝在漢獻帝延康元年（西元二二〇年）巡行到曲蠡，在此地登壇接受了帝位，改元黃初。同年，把潁陰的繁陽亭改為繁昌縣。城內有三座臺，當時人稱為繁昌臺。壇前有兩座石碑。當年魏文帝在此受禪，從壇上走下來說：舜、禹的事情我知道了。所以石碑上的銘文說：於是就在繁昌修築了靈壇。後來石碑上的六個字長了金，評論者認為司馬氏五行屬金，所以曹氏六世而魏亡晉立。潁水又東南流經青陵亭城北，此城北對青陵陂，陂塘南北寬二十里，潁水流經陂北，支流注入成為陂塘。陂西有瀙水注入。瀙水發源於襄城縣的邑城下，東流注入陂中。陂水又東流，注入臨潁縣的狼陂。潁水又東南流經臨潁縣。

又東南過臨潁縣南，又東南過汝南㶏強縣北，洧水從河南密縣東流注之。

6 臨潁是個舊縣。潁水從縣西流過，小㶏水在這裡流出。《爾雅》說：潁水分支為沙水。郭景純說：都是大河溢出，分為小支流的名稱，也正如江水分支成為沱水一樣。潁水又東南流經皋城北，就是古時的皋城亭。《春秋經》記載：定公和諸侯會盟於皋鼬。皋、澤字形相似，因而造成了名與字不相一致。潁水又東流經㶏陽城南。《竹書紀年》說：孫何攻取㶏陽。㶏強城在東北，潁水是不可能流經此城以北的。潁水又東南流，注入的是潩水，而不是洧水。

又東過西華縣北，

7 西華縣，王莽改名為華望。因為有東華，所以此城稱西華。世祖光武帝建武年間（西元二五～五六年），把西華縣封給鄧晨為侯國。漢朝濟北人戴封，字平仲，當西華縣縣令，有一年天大旱，他慨嘆自己政績平庸，沒有感動上天，就堆起柴垛，坐在上面自焚，火點燃後暴雨驟降，遠近都讚嘆佩服他。永元十二年（西元一〇一年），他被朝廷徵召擔任太常之職。縣北有習陽城，潁水流經城南，這就是《水經》中所說的，洧水流注於潁水的地方。

又南過女陽縣北，

8 女陽縣舊城南有汝水支流，因此叫女陽。闞駰說：此水原是汝水支流，後來枯竭了，稱為死汝水，因而汝字偏旁無水。我查考過：汝、女二字方言讀音相近，所以字也隨著讀音而改了，未必就像闞氏所說，因水枯不通而削去原字偏旁的。潁水又東流，大㶏水注入；又東南流經博陽縣舊城東，舊城在南頓縣北四十里，漢宣帝把該縣封給邴吉為侯國。王莽改名為樂嘉。

又東南過南頓縣北，㶏水從西來流注之。

9 㶏水在樂嘉縣注入潁水，並沒有流到南頓縣。頓就是從前的頓子國，與周同姓。《春秋》僖公二十五年（西元前六三五年），楚國討伐陳國，將頓子送回頓。民間稱頓為潁陰城，其實不對。潁水又東南流經陳縣南；又東南流，左岸匯合於交口。

又東南至新陽縣北，蒗蕩渠水從西北來注之。

10 《水經》說的蒗蕩渠，是百尺溝的別名。潁水南流，與新溝匯合於交口，新溝從這裡向東分支流出。潁水上有堰，稱為新陽堰，民間稱山陽堨，是弄錯了。新溝從潁水北岸向東流出。新陽縣在新溝水以北，所以應劭說：新陽縣在新水北岸。今天舊縣城在東，顯然潁水不可能流經該縣以北，《水經》是搞錯了。潁水從新陽堰往東南流，流經項縣舊城北。《春秋》僖公十七年（西元前六四三年），魯國滅了項國。潁水又東流，右岸與谷水匯合。谷水上源承接平鄉諸陂，往東北流經南頓縣舊城以南，從城旁向東流去。《春秋左傳》說：頓受到陳的脅迫而投奔楚國，從頓南遷，所以稱南頓。現在此城在頓南三十餘里。水又往東流經項城中，楚襄王修築外城，把項城作為別都。都內西南的小城就是項縣的舊城，從前是潁州的治所。谷水流經小城北，又東流經魏豫州刺史賈逵祠北。王隱說：祠在城北。其實不是。廟在小城東。從前王淩被宣王司馬懿俘獲，到了此廟嘆息道：賈梁道啊，王淩是魏的忠臣，只有你有靈才知道我呀。於是就飲毒酒而死。廟前有一塊石碑，碑石上生出黃金。干寶說：黃金能採下來，這是晉朝中興的吉祥徵兆。谷水又東流出城，東流注入潁水。

11 潁水又東流，岸邊有公路城，是袁術所築，所以世人用袁術的字來命名。潁水又東流經臨潁城北。此城瀕水，南面沒有城牆。又東流經雲陽二城之間，二城位於潁水南北兩岸，城牆都不完全。潁水又東流經丘頭，丘頭南面瀕水。《魏書．郡國志》說：宣王軍隊駐紮丘頭，王淩在潁水旁自縛投降，所以又稱武丘。潁水又東南流，細水在舊城北注入。細水上流承接陽都陂。陂水分支流出，東南流的是細水，東流經新陽縣舊城北，又東南流經宋縣舊城北。宋縣就是所謂的鄟丘。秦國進攻魏國，奪取了鄟丘，說的就是此城。漢成帝綏和元年（西元前八年），下詔將沛封給殷的後代，以便保存夏商周三代的正朔。平帝元始四年（西元四年），改稱宋公。章帝建初四年（西元七九年），把封邑遷到這裡，因此稱新鄟，是宋公國。王莽時叫新延。細水又南流經細陽縣，新溝水注入。新溝水上流承接交口，東北流經新陽縣舊城南。漢高帝六年（西元前二〇一年），把新陽封給呂青為侯國，王莽改名為新明。所以應劭說：新陽縣在新水北岸，現在已經沒有水了，只不過還留有舊渠道而已。新溝水往東注入沼澤，然後散流匯入細水。細水又往東南流經細陽縣舊城南。王莽改名為樂慶。世祖建武年間（西元二五～五六年），把細陽封給岑彭的兒子岑遵為侯國。細水又東南流，積水成為陂塘，稱為次塘，公田和私田都開渠引水灌溉。又東南流，拐彎轉向西南，注入潁水。〈地理志〉說：細水發源於細陽縣，往東南注入潁水。

12
潁水又東南流經胡城東，這裡從前是胡子國。《春秋》定公十五年（西元前四九五年），楚國滅了胡子國，俘獲胡子豹回來。杜預《釋地》說：汝陰縣西北有胡城。潁水又東南流，汝水支流注入，這條支流上流在奇洛城東三十里承接汝水支流，世人稱為大㶏水。東南流經召陵縣舊城南。《春秋左傳》僖公四年（西元前六五六年），齊桓公率軍到了召陵，責問楚國不納貢賦，就在這裡。城內有一口大井，直徑數丈，水極清且深。闞駰說：召，是高的意思。這一帶空寂荒涼，有數丈深的大井，所以名為召陵。此水又東南流經征羌縣，這是從前召陵縣的安陵鄉，就是安陵亭。世祖建武十一年（西元三五年），把安陵封給中郎將來歙，來歙因出征定西羌有功，所以改地名為征羌。闞駰引《戰國策》認為：秦昭王想調換土地而改名，其實不是如此。汝水支流又東流經公路臺北，此臺臨水，方圓百步，是袁術所築。汝水支流又東流經西門城，就是南利。漢宣帝將南利封給廣陵厲王的兒子劉昌為侯國。縣北三十里有孰城，又稱北利。舊河道穿過南利和北利之間，輾轉流經女陽縣，世人稱為死汝縣。該縣是因水而取名，所以叫女陽。又東流經南頓縣舊城北，又東南流經鮦陽城北，又東流經邸鄉城北，又東流經固始縣舊城北。〈地理志〉說：固始縣是從前的寑。因為寑丘在縣南，因此就以丘來取縣名。王莽改名為閏治。孫叔敖因為這裡土地潮溼貧瘠，領了它作為封地，所以能使後代綿延不絕。城北還有「叔敖碑」。建武二年（西元二六年），司空李通也敬慕孫叔敖，領受此地為封邑，所以光武帝嘉獎他，並改地名為固始。汝水支流又東流經蔡岡北，岡上有平陽侯宰相蔡昭的墳墓。蔡昭字叔明，是周朝先祖后稷的後代。墳墓有石闕，石闕前有兩塊石碑，碑上文字已剝蝕破碎，不能辨認了，墓前的石羊石虎也已倒下，只不過還留著罷了。汝水支流又往東北流經胡城南，又東流經女陰縣舊城西北，東流注入潁水。

13 潁水又東流經女陰縣舊城北。《史記・高祖功臣侯者年表》說：高祖六年（西元前二〇一年），把女陰封給夏侯嬰為侯國。王莽改名為汝濆。該縣在汝水南岸，是因汝水而得名的。城西有一座城，從前是陶丘鄉，是汝陰郡的治所。城外東北角有座舊臺，靠著城邊，像小丘一樣，民間叫女郎臺，雖然已經頹毀，但舊基還很高大，上面還有一口井。推想起來可能就是從前的陶丘鄉，但詳情不清。

又東南至慎縣東，南入于淮。

14 潁水東南流，左邊匯合了上吳、百尺兩條水，這兩條水都承接次塘細陂，南流注入潁水。潁水又東南流，江陂水注入。江陂水接納了大漴陂，陂水南流，積聚成江陂，南流經慎城西，沿著城旁南流注入潁水。潁水又流經慎縣舊城南，慎縣是從前的楚邑，白公據守在這裡，抗拒吳國。《春秋左傳》哀公十六年（西元前四七九年），吳人攻慎，白公打敗了他們。王莽時叫慎治。世祖建武年間（西元二五～五六年），把慎縣封給劉賜為侯國。潁水又往東南流經蜩蟟郭東，民間稱為鄭城。又往東南注入淮水。《春秋》昭公十二年（西元前五三〇年），楚子在州來狩獵，在潁尾住宿，這是潁水和淮水的匯流處。

洧水

洧水出河南密縣西南馬領山，

1 水出山下，亦言出潁川陽城山。山在陽城縣之東北，蓋馬領之統目焉。洧水東南流，逕一故臺南，俗謂之陽子臺。又東逕馬領塢北，塢在山上，塢下泉流北注，亦謂洧別源也，而入于洧水。洧水東流，綏水會焉。水出方山綏溪，即《山海經》所謂浮戲之山也。東南流，逕漢弘農太守張伯雅墓，塋域四周，壘石為垣，隅阿相降，列于綏水之陰。庚門表二石闕，夾對石獸于闕下。冢前有石廟，列植三碑，碑云：德字伯雅，河南密人也。碑側樹兩石人，有數石柱及諸石獸矣。舊引綏水南入塋域，而為池沼，沼在丑地，皆蟾蜍吐水，石隍承溜。池之南，又建石樓、石廟，前又翼列諸獸。但物謝時淪，凋毀殆盡。夫富而非義，比之浮雲，況復此乎？王孫、士安，斯為達矣❶。綏水又東南流逕上郭亭南，東南注洧。

2 洧水又東，襄荷水注之。水出北山子節溪，亦謂之子節水，東南流注于洧。洧水又東會瀝滴泉水，出深溪之側，泉流丈餘，懸水散注，故世士以瀝滴稱，南流入洧水也。

東南過其縣南，

3 洧水又東南流，與承雲二水合，俱出承雲山，二源雙導，東南流注于洧，世謂之東、西承雲水。洧水又東，微水注之。水出微山，東北流入于洧。洧水又東逕密縣故城南，《春秋》謂之新城。《左傳》僖公六年，會諸侯伐鄭圍新密，鄭所以不時城也。今縣城東門南側，有漢密令卓茂祠。茂字子康，南陽宛人，溫仁寬雅，恭而有禮。人有認其馬者，茂與之，曰：若非公馬，幸至丞相府歸我。遂挽車而去。后馬主得馬，謝而還之。任漢黃門郎，遷密令，舉善而教，口無惡言，教化大行，道不拾遺，蝗不入境，百姓為之立祠，享祀不輟矣。洧水又左會瀷泉水。水出玉亭西，北流注于洧水。

4 洧水又東南與馬關水合。水出玉亭下，東北流歷馬關，謂之馬關水。又東北注于洧。洧水又東合武定水。水北出武定岡，西南流，又屈而東南，流逕零鳥塢西，側塢東南流。塢側有水，懸流赴壑，一匹有餘，直注澗下，淪積成淵。嬉遊者矚望，奇為佳觀，俗人覩此水挂于塢側，遂目之為零鳥水，東南流入于洧。洧水又東與虎牘山水合。水發南山虎牘溪，東北流入洧。洧水又東南，赤澗水注之。水出武定岡，東南流逕皇臺岡下，又歷岡東，東南流注于洧。洧水又東南流，潧水注之。

5 洧水又東南逕鄶城南。《世本》曰：陸終娶于鬼方氏之妹，謂之女隤，是生六子，孕三年。啟其左脅，三人出焉；破其右脅，三人出焉。其四曰萊言，是為鄶人。鄶人者，鄭是也。鄭桓公問于史伯，曰：王室多難，予安逃死乎？史伯曰：虢、鄶，公之民，遷之可也。鄭氏東遷，虢、鄶獻十邑焉。劉楨云：鄶在豫州外方之北，北鄰于虢，都滎之南，左濟右洛，居兩水之間，食溱、洧焉。徐廣曰：鄶在密縣，妘姓矣，不得在外方之北也。洧水又東逕陰坂北，水有梁焉，俗謂是濟為參辰口。《左傳》襄公九年，晉伐鄭，濟于陰坂，次于陰口而還是也。杜預曰：陰坂，洧津也。服虔曰：水南曰陰，口者，水口也，參、陰聲相近，蓋傳呼之謬耳。又晉居參之分，實沈之土；鄭處大辰之野，閼伯之地❷。軍師所次，故濟得其名也。

6 又東過鄭縣南，潧水從西北來注之。

洧水又東逕新鄭縣故城中。《左傳》襄公元年，晉韓厥、荀偃帥諸侯伐鄭，入其郛，敗其徒兵于洧上是也。《竹書紀年》晉文侯二年，周惠王子多父伐鄶，克之，乃居鄭父之丘，名之曰鄭，是曰桓公。皇甫士安《帝王世紀》云：或言縣故有熊氏之墟，黃帝之所都也，鄭氏徙居之，故曰新鄭矣。城內有遺祠，名曰章乘是也。洧水又東，為洧淵水，《春秋傳》曰：龍鬬于時門之外洧淵，即此潭也。今洧水自鄭城西北入而東南流，逕鄭城南城之南門內，舊外蛇與內蛇鬬，內蛇死。六年，大夫傅瑕殺鄭子，納厲公，是其徵也。

7 水南有鄭莊公望母臺。莊姜惡公寤生，與段京居。段不弟，姜氏無訓，莊公居夫人于城潁，誓曰：不及黃泉，無相見也。故成臺以望母，用伸在心之思。感考叔之言，忻大隧之賦，洩洩之慈有嘉，融融之孝得常矣。

8 洧水又東與黃水合，《經》所謂潧水，非也。黃水出太山南黃泉，東南流逕華城西，史伯謂鄭桓公曰：華君之土也。韋昭曰：華，國名矣。《史記》：秦昭王三十三年，白起攻魏，拔華陽，走芒卯，斬首十五萬。司馬彪曰：華陽，亭名，在密縣。嵇叔夜常采藥于山澤，學琴于古人，即此亭也。黃水東南流，又與一水合。水出華城南岡，一源兩分，泉流派別，東為七虎澗水，西流即是水也。其水西南流注于黃水。黃，即《春秋》之所謂黃崖也。故杜預云：苑陵縣西有黃水者也。又東南流，水側有二臺，謂之積粟臺，臺東，即二水之會也。捕獐山水注之，水東出捕獐山，西流注于黃水。黃水又南至鄭城北，東轉于城之東北，與黃溝合。水出捕獐山東，南流至鄭城，東北入黃水。黃水又東南逕龍淵東南，七里溝水注之。水出隙候亭東南平地，東注，又屈而南流，逕升城東，又南歷燭城西，即鄭大夫燭之武邑也，又南流注于洧水也。

9 又東南過長社縣北，

洧水東南流，南濮、北濮二水入焉。濮音僕。洧水又東南與龍淵水合。水出長社縣西北。有故溝上承洧水，水盛則通注龍淵水，減則津渠輟流。其瀆中濊泉南注，東轉為淵，綠水平潭，清潔澄深，俯視游魚，類若乘空矣，所謂淵無潛鱗也。又東逕長社縣故城北，鄭之長葛邑也。《春秋》隱公五年，宋人伐鄭，圍長葛是也。後社樹暴長，故曰長社。魏潁川郡治也。余以景明中出宰茲郡，于南城西側脩立客館，版築既興，于土下得一樹根，甚壯大，疑是故社怪長暴茂者也。稽之故說，縣無龍淵水名，蓋出近世矣。京相璠《春秋土地名》曰：長社北界有稟水，但是水導于隍壍之中，非北界之所謂。又按京、杜《地名》❸，竝云長社縣北有長葛鄉，斯乃縣徙于南矣。然則是水即稟水也。其水又東南逕棘城北，《左傳》所謂楚子伐鄭救齊，次于棘澤者也。稟水又東，左注洧水。洧水又東南分為二水：其枝水東北流注沙，一水東逕許昌縣。故許男國也，姜姓，四岳之後矣。《穆天子傳》所謂天子見許男于洧上者也。漢章帝建初四年，封馬光為侯國。《春秋佐助期》❹曰：漢以許失天下，及魏承漢歷，遂改名許昌也。城內有景福殿基，魏明帝太和中造，準價八百餘萬。洧水又東入汶倉城內，俗以是水為汶水，故有汶倉之名，非也。蓋洧水之邸閣❺耳。洧水又東逕鄢陵縣故城南。李奇曰：六國為安陵也，昔秦求易地，唐且受使于此。漢高帝十二年，封都尉朱濞為侯國。王莽更名左亭。洧水又東，鄢陵陂水注之，水出鄢陵南陂東，西南流注于洧水也。

又東南過新汲縣東北，

洧水自鄢陵東逕桐丘南，俗謂之天井陵，又曰岡，非也。洧水又屈而南流，水上有梁，謂之桐門橋，藉桐丘以取稱，亦言取桐門亭而著目焉，然不知亭之所在，未之詳也。洧水又東南逕桐丘城。《春秋左傳》莊公二十八年，楚伐鄭，鄭人將奔桐丘，即此城也。杜預《春秋釋地》曰：潁川許昌城東北。京相璠曰：鄭地也。今圖無而城見存，西南去許昌故城可三十五里，俗名之曰堤。其城南即長堤，固洧水之北防也。西面桐丘，其城邪長而不方，蓋憑丘之稱，即城之名矣。洧水又東逕新汲縣故城北。漢宣帝神雀二年置于許之汲鄉曲洧城，以河內有汲縣，故加新也。城在洧水南堤上。又東，洧水右迆為濩陂。洧水又逕匡城南，扶溝之匡亭也。又東，洧水左迆為鴨子陂，謂之大穴口也。

又東南過茅城邑之東北，

11 洧水自大穴口東南逕洧陽城西，南逕茅城東北；又南，左合甲庚溝。溝水上承洧水，于大穴口東北枝分，東逕洧陽故城南，俗謂之復陽城，非也。蓋洧、復字類音讀變。漢建安中，封司空祭酒郭奉孝為侯國。其水又東南為鴨子陂，陂廣十五里，餘波南入甲庚溝，西注洧，東北瀉沙。洧水又南逕一故城西，世謂之思鄉城，西去洧水十五里。洧水又右合濩陂水。水上承洧水于新汲縣，南逕新汲縣故城東，又南積而為陂，陂之西北即長社城。陂水東翼洧堤，西面茅邑，自城北門列築堤道，迄于此岡。世尚謂之茅岡，即《經》所謂茅城邑也。陂水北出東入洧津，西納北異流❻。

又東過習陽城西，折入于潁。

12 洧水又東南逕辰亭東，俗謂之田城，非也。蓋田、辰聲相近，城、亭音韻聯故也。《經》書：魯宣公十一年，楚子、陳侯、鄭伯盟于辰陵也。京相璠曰：潁川長平有故辰亭。杜預曰：長平縣東南有辰亭。今此城在長平城西北，長平城在東南，或杜氏之謬，《傳》書之誤耳。長平東南淋陂北畔有一阜，東西減里，南北五十許步，俗謂之新亭臺，又疑是杜氏所謂辰亭而未之詳也。洧水又南逕長平縣故城西。王莽之長正也。洧水又南分為二水，枝分東出，謂之五梁溝，逕習陽城北，又東逕赭丘南，丘上有故城。〈郡國志〉曰：長平故屬汝南，縣有赭丘城。即此城也。又東逕長平城南，東注澇陂。洧水南出，謂之雞籠水，故水會有籠口之名矣。洧水又東逕習陽城西，西南折入潁。〈地理志〉曰：洧水東南至長平縣入潁者也。

【注釋】❶王孫士安二句　王孫，指漢楊王孫。臨終前交代欲裸葬，以身親土。士安，指晉皇甫謐，字士安。亦主張薄葬，遺命死後僅需以竹席裹屍。這裡展現出酈道元對薄葬思想的表彰，對比上文對張伯雅的嚴詞批判，更顯意義深長。❷晉居參之分四句　高帝氏有閼伯、實沈兩個兒子，彼此間不能相和，日動干戈，相互征伐。後堯遷閼伯於商丘，主祀辰星；遷實沈於大夏，主祀參星。❸京杜地名　指杜預和京相璠有關地名的著作。杜預撰《春秋釋地》一書，是解釋《春秋》地名的常用書籍。酈氏引及此書時，常用《杜預釋地》、《杜元凱釋地》等別名。京相璠撰《春秋土地名》一書，性質與杜書相似，故「京杜《地名》」實為酈氏合《春秋釋地》與《春秋土地名》二書的簡稱。❹春秋佐助期　書名。不見歷來公私著錄，不知撰者和撰述年代，是《春秋》緯書的一種。已亡佚，無輯本。❺邸閣　《水經注》全書記及邸閣多處，唯此處有解。《水經注疏》熊會貞按：「〈河水〉五、〈淇水〉、〈濁漳水〉、〈贛水〉等篇，並言邸閣。此以洧水邸閣釋汶倉，是邸閣即倉之殊目矣。」❻西納北異流　殿本在此處有戴震案語：「此句有脫誤，未詳。」語譯從略。

【語譯】**洧水出河南密縣西南馬領山，**

1 洧水發源於馬領山下，也有說發源於潁川陽城山。陽城山在陽城縣東北，是包括馬領山在內的總名。洧水東南流，流經一座舊臺南，民間稱陽子臺。又東流經馬領塢北，此塢在山上，塢下的山泉北流，有人說這是洧水的另一個源頭，注入洧水。洧水東流，與綏水匯合。綏水發源於方山綏溪，就是《山海經》所說的浮戲山。水往東南流，經漢時弘農太守張伯雅墓，墓地四周用石塊砌成圍牆，牆角層層下降，坐落在綏水南岸。西門有兩座石闕，石闕兩邊有兩隻石獸，墓前有石廟，排著三塊石碑。碑文上說：張德字伯雅，河南密縣人。碑旁立著兩座石人，還有幾根石柱和一些石獸。從前引了綏水往南流入墓園，蓄水造成池沼，池在墓園東北角，池上有蛤蟆吐水的石雕，瀉入石池中。池沼南，又建石樓、石廟，前兩旁排列著各種石獸，但因年代久遠，物換星移，差不多都已風化剝蝕了。不義而來的富貴，正如煙雲過眼，好景不常，更何況這些東西呢？楊王孫裸葬，皇甫士安以竹席裹屍，可說曠達了。綏水又東南流經上郭亭南，往東南注入洧水。

2 洧水又東流，襄荷水注入。襄荷水發源於北山子節溪，也稱子節水，東南流，注入洧水。洧水又東流，匯合了瀝滴泉水。瀝滴泉水從深溪旁流出，從一丈多高的巖頭散流而下，所以文人把它稱為瀝滴泉，南流注入洧水。

東南過其縣南，

3 洧水又東南流，與承雲山流出的兩條山泉匯合，這兩條山泉都向東南流，注入洧水，世人稱為東承雲水與西承雲水。洧水又東流，微水注入。微水發源於微山，東北流，注入洧水。洧水又東流經密縣老城南。密縣，《春秋》稱為新城。《左傳》僖公六年（西元前六五四年），諸侯會師討伐鄭國，圍困了新密，因鄭國興工築城不得其時，所以興師討伐。現在縣城東門南側，有漢時密縣縣令卓茂祠。卓茂字子康，南陽宛人，為人溫良寬厚，待人謙恭有禮。一次，有個人誤認卓茂的馬是他的，卓茂就把馬給他，說：這馬如果不是您的，請您送到丞相府還我。說罷拉著車就走了。後來那個人找回了自己的馬，就把馬送還卓茂，並向他道歉。卓茂曾任漢朝黃門郎，調任密縣縣令，他以美德來教育人，口裡不出惡言，於是社會風氣大大改善了，路上不撿別人丟失的東西，連蝗蟲也不侵入境內。百姓為他立祠，享受祭祀年年不斷。洧水又在左岸與璅泉水匯合。璅泉水發源於玉亭西，北流注入洧水。

4 洧水又東南流與馬關水匯合。馬關水發源於玉亭下，東北流經馬關，稱為馬關水。又東北流，注入洧水。

洧水又東流與武定水匯合。武定水發源於北方的武定岡，西南流，又轉向東南，流經零鳥塢西，沿著塢側東南流。塢旁有一掛瀑布，淩空飛瀉而下，高達四丈餘，直注山澗下，積成一個大深潭。遊人眺望，無不稱為奇觀；當地百姓見此水掛在塢側，就把它稱為零鳥水，東南流，注入洧水。洧水又東流與虎牘山水匯合。虎牘山水發源於南山的虎牘溪，東北流注入洧水。洧水又東南流，赤澗水注入。赤澗水發源於武定岡，東南流經皇臺岡下，又流經岡東，東南流注入洧水。洧水又東南流，潧水注入。

5 洧水又東南流經鄶城南。《世本》說：陸終娶了鬼方氏的妹妹女隤為妻，女隤懷孕三年，生了六個兒子：打開她的左脇，生出三個嬰孩；打開右脇，又生出三個嬰孩。第四個兒子名萊言，就是鄶人的祖先，鄶人的居地就是鄭。鄭桓公問史伯：王室多患難，我能到哪裡去逃命呢？史伯說：虢、鄶兩地都是您的百姓，您可以遷到那邊去。於是鄭氏東遷，虢、鄶獻出了十座城。劉楨說：鄶在豫州外方以北，北面與虢相鄰，都城在滎澤南，左有濟水，右是洛水，居於兩水之間，以溱、洧為封地。徐廣說：鄶在密縣，鄶人姓妘，不可能在外方以北。洧水又東流經陰坂北，水上有橋，民間稱這渡口為參辰口。《左傳》襄公九年（西元前五六四年），晉攻鄭，在陰坂渡水，在陰口駐紮了幾天退回。杜預說：陰坂是洧水上的渡口。服虔說：水的南面稱陰，口指水口，參、陰讀音相近，是口頭相傳造成的錯誤。此外，晉國地處商宿和參宿的分野，屬於實沈之地；鄭國地處大辰星的分野，是閼伯之地。晉軍在這裡駐紮過，渡口因此得名。

又東過鄭縣南，潧水從西北來注之。

6 洧水又東流經新鄭縣舊城中。《左傳》襄公元年（西元前五七二年），晉國的韓厥、荀偃率領諸侯軍攻打鄭國，攻入城中，在洧水上打敗了鄭國的步兵。《竹書紀年》：晉文侯二年（西元前七七九年），周惠王的兒子多父伐鄶，攻克後就定居在鄭父之丘，取名為鄭，這就是鄭桓公。皇甫士安《帝王世紀》說：有人說該縣是從前的有熊氏之墟，是黃帝的都城，鄭氏移居到那裡，所以稱為新鄭。城內還留有一座祠廟，名叫章乘。洧水又東流，稱為洧淵水。《春秋左氏傳》說：龍在時門外的洧淵相鬥，就是指這個水潭。今天洧水從鄭城西北流入後東南流，流經鄭城南城之南門內，此處曾有外蛇與內蛇相鬥，內蛇鬥死。六年，大夫傅瑕殺了鄭子，接納了厲公，蛇門就是這個事件的徵兆。

7 洧水南有鄭莊公的望母臺。莊姜十分討厭莊公，因為莊姜生莊公時難產。她與段一起居住在京城裡。段對待長兄莊公不敬，姜氏又不管教，於是莊公把夫人遷往城潁去居住，發誓說：不到黃泉，決不與她相見。後來莊公悔悟，所以築臺望母，表示內心的思念。他聽了潁考叔一席話，於是在隧道中與母親相見。母子作賦，表達了融融泄泄的慈母之情和孝子之心，母子關係得以恢復，值得稱頌。

8 洧水又東流與黃水匯合，《水經》說是濟水，其實不對。黃水發源於太山南麓的黃泉，往東南流經華城西。史伯對鄭桓公說：華城原是您的土地。韋昭說：華，是國名。《史記》：秦昭王三十三年（西元前二七四年），白起進攻魏國，攻克華陽，直趨芒卯，殺了十五萬人。司馬彪說：華陽是亭名，在密縣。嵇叔夜常在山間和澤地採藥，曾在這個亭裡向古人的神靈學琴。黃水東南流，又與一水匯合。此水發源於華城南岡，一個源頭分為兩條，分道而流，東邊一條叫七虎澗水，西邊的就是這條水了。此水西南流，注入黃水。黃，就是《春秋》所說的黃崖。所以杜預說：苑陵縣西有一條黃水。黃水又東南流，水旁有兩座臺，稱為積粟臺，臺東就是這兩條水的匯流處。接著，捕獐山水又注入。捕獐山水發源於東方的捕獐山，西流注入黃水。黃水又南流到鄭城北，向東轉，在鄭城東北與黃溝匯合。黃溝發源於捕獐山東，南流到鄭城，東北流注入黃水。黃水又東南流經龍淵東南，七里溝水注入。七里溝水出自隙候亭東南的平地，先是東流，繼而又轉彎南流，經升城東，又南流經燭城西，就是鄭國大夫燭之武的封邑。又南流注入洧水。

又東南過長社縣北，

9 洧水東南流，南濮、北濮兩水注入。濮音僕。洧水又東南流與龍淵水匯合。龍淵水發源於長社縣西北。有一條舊溝，上流承接洧水，水大時就與龍淵相通，水淺時溝渠就斷流。這條舊溝中間有一條濊泉，往南流注，東轉形成一片深潭，綠水平波，澄潔深沉，俯視游魚，有如在空中游動，所謂深潭裡沒有深藏不露的魚，正是指此。龍淵水又東流經長社縣舊城北，這裡原是鄭國的長葛邑。《春秋》隱公五年（西元前七一八年），宋人攻打鄭國，圍困長葛，就指這裡。後來社廟前有一株樹突然長高了，所以稱為長社。魏時，這裡是潁川郡的治所。我於景明年間(西元五〇〇～五〇三年)，出任該郡太守，在南城西側修建賓館，正當興工挖土築牆時，從地下挖出一條樹根，十分粗大，想來可能就是過去社廟前那棵暴長的怪樹的根。查考舊時的有關記載，該縣沒有龍淵的水名，那是近代才出現的。京相璠《春秋土地名》說：長社北界有稟水，但這條水流過深溝之中，並不是在北界。又京、杜《地名》都說，長社縣北有長葛鄉，這表明縣是向南遷移了。這樣看來，這條水就是稟水了。稟水又往東南流經棘城北，《左傳》說：楚子伐鄭救齊，駐兵於棘澤，指的就是這裡。稟水又東流，向左注入洧水。洧水又東南流分為兩條：支流東北流，注入沙水；另一條東流經許昌縣。許昌從前是男爵的封國，姓姜，是四岳的後代。《穆天子傳》說：天子在洧上會見許男，即是指此。漢章帝建初四年(西元七九年)，把許昌封給馬光為侯國。《春秋佐助期》說：漢因為許失了天下，到了魏繼漢而立，就改名為許昌。城內有景福殿舊基，殿建於魏明帝太和年間(西元二二七～二三三年)，造價達八百多萬。洧水又東流入汶倉城內，民間以為這條水是汶水，所以取名汶倉，其實不對。那是洧水的倉儲城。洧水又東流經鄢陵縣舊城南。李奇說：六國時稱安陵，昔日秦國要求調換土地，唐且接受使命曾到過這裡。漢高帝十二年(西元前一九五年)，將鄢陵封給都尉朱濞為侯國。王莽改名為左亭。洧水又東流，鄢陵陂水注入。鄢陵陂水出自鄢陵南陂東，西南流注入洧水。

又東南過新汲縣東北，

洧水從鄢陵東流經桐丘南，民間稱為天井陵，又稱天井岡，都不對。洧水又轉彎南流，水上有橋，稱為桐門橋，是據桐丘取名的，也有人說是因桐門亭得名，但此亭在什麼地方，也弄不清楚了。洧水又東南流經桐丘城。《春秋左傳》莊公二十八年(西元前六六六年)，楚國攻打鄭國，鄭人打算逃奔到桐丘，就是指此城。杜預《春秋釋地》說：桐丘城在潁川郡許昌城東北。京相璠說：桐丘是鄭國的疆域。今天地圖上沒有標出此城，但實際上卻還在，西南距許昌舊城約三十五里，民間叫堤。城南就是長堤，是原來洧水北岸的堤防。西對桐丘，城就是按此丘而取名的，城形呈斜長狀，而不方正。洧水又東流經新汲縣舊城北。漢宣帝神雀二年(西元前六〇年)，在許縣的汲鄉曲洧城設縣，因為河內郡已有汲縣，所以稱新汲。城座落在洧水的南堤上。洧水又東流，右岸分支流出，形成濩陂。洧水又流經匡城南，就是扶溝的匡亭。又東流，洧水左岸分支流出，形成鴨子陂。出水口稱為大穴口。

又東南過茅城邑之東北，

11 洧水從大穴口東南流經洧陽城西，南流經茅城東北；又南流，左岸與甲庚溝匯合。溝水上流承接洧水，在大穴口往東北分出支流，東流經洧陽舊城南。洧陽城民間叫復陽城，其實不是。因為洧、復兩字形近致誤，讀音也就隨著字而改變了。漢朝建安年間（西元一九六～二二〇年），把洧陽封給司空祭酒郭奉孝為侯國。溝水支流又東南流，形成了鴨子陂，陂寬廣十五里，末流往南注入甲庚溝，西流注入洧水，然後往東北流瀉入沙水。洧水又南流經一座舊城西，世人稱為思鄉城，西距洧水十五里。洧水又在右岸與濩陂水匯合。濩陂水上流在新汲縣承接洧水，南流經新汲縣舊城東，又南流，積水成為陂塘，陂塘西北就是長社城。陂水東有洧水堤防翼護，西與茅邑相對。從城北門開始修築堤道，直到這道山岡，人們還稱為茅岡。茅邑就是《水經》裡所說的茅城邑。陂水從北面流出，東流注入洧水……。

又東過習陽城西，折入于潁。

12 洧水又東南流經辰亭東，民間稱為田城，這不對。大概田、辰音近，城、亭韻同，而致音訛的緣故。《春秋經》載，魯宣公十一年（西元前五九八年），楚子、陳侯、鄭伯在辰陵會盟。京相璠說：潁川長平有舊辰亭。杜預說：長平縣東南有辰亭。今天此城在長平城西北，長平城在東南，也許杜氏的差錯是因《左傳》裡記載失誤引起的吧。長平東南淋陂北岸有一座土丘，東西長不到一里，南北寬五十來步，民間稱新亭臺，也許就是杜氏所說的辰亭了，但也弄不清楚。洧水又南流經長平縣舊城西，王莽時稱為長正。洧水又南流分為兩條，向東分流的稱為五梁溝，流經習陽城北，又東流經赭丘南，丘上有舊城。〈郡國志〉說：長平從前屬汝南郡，縣裡有赭丘城，就指此城。洧水又東流經長平城南，東流注入澇陂。洧水南流，稱為雞籠水，所以匯流處地名叫籠口。洧水又東流經習陽城西，轉向西南注入潁水。〈地理志〉說：洧水東南流，到長平縣注入潁水。

潩水

潩水出河南密縣大騩山，

大騩，即具茨山也。黃帝登具茨之山，升于洪堤上，受《神芝圖》❶于華蓋童子，即是山也❷。潩水出其阿，流而為陂，俗謂之玉女池。東逕陘山北。《史記》：魏襄王六年，敗楚于陘山者也。山上有鄭祭仲冢，冢西有子產墓，累石為方墳。墳東有廟，竝東北向鄭城。杜元凱言不忘本。際廟舊有一枯柏樹，其塵根故株之上，多生稚柏成林，列秀青青，望之奇可嘉矣。潩水又東南逕長社城西北，南濮、北濮二水出焉。劉澄之著《永初記》云：《水經》濮水，源出大騩山，東北流注泗。衛靈聞音于水上，殊為乖矣。余按《水經》為潩水不為濮也。是水首受潩水，川渠雙引，俱東注洧。洧與之過沙，枝流派亂，互得通稱。是以《春秋》昭公九年，遷城父人于陳，以夷濮西田益之。京相璠曰：以夷之濮西田益也。杜預亦言，以夷田在濮水西者與城父人。服虔曰：濮，水名也。且字類音同，津瀾邈別，不得為北濮上源，師氏傳音于其上矣。

潩水又南逕鐘亭西，又東南逕皇臺西，又東南逕關亭西，又東南逕宛亭西，鄭大夫宛射犬之故邑也。潩水又南分為二水，一水南出逕胡城東，故潁陰縣之狐人亭也。其水南結為陂，謂之胡城陂。潩水自枝渠東逕曲強城東，皇陂水注之，水出西北皇臺七女岡北，皇陂即古長社縣之濁澤也。《史記》：魏惠王元年，韓懿侯與趙成侯合軍伐魏，戰于濁澤是也。其陂北對雞鳴城，即長社縣之濁城也。陂水東南流逕胡泉城北，故潁陰縣之狐宗鄉也。又東合狐城陂水。水上承皇陂，而東南流注于黃水，謂之合作口。而東逕曲強城北，東流入潩水。時人謂之勑水，非也。勑、潩音相類，故字從聲變耳。潩水又逕東、西武亭間，兩城相對，疑是古之岸門，史遷所謂走犀首于岸門者也。徐廣曰：潁陰有岸亭。未知是否？

潩水又南逕射犬城東，即鄭公孫射犬城也，蓋俗謬耳。潩水又南逕潁陰縣故城西，魏明帝封司空陳群為侯國。其水又東南逕許昌城南，又東南與宣梁陂水合。陂上承狼陂于潁陰城西南，陂南北二十里，東西十里。《春秋左傳》曰：楚子伐鄭師于狼淵是也。其水東南入許昌縣，逕巨陵城北，鄭地也。《春秋左氏傳》莊公十四年，鄭厲公獲傅瑕于大陵。京相璠曰：潁川臨潁縣東北二十五里有故巨陵亭，古大陵也。其水又東，積而為陂，謂之宣梁陂也。陂水又東南入潩水。潩水又西南流逕陶城西，又東南逕陶陂東。東南入于潁。

【注　釋】❶神芝圖　此圖實際並不存在，僅是一種傳說，與本書卷一〈河水〉之《龍馬圖》相似。❷即是山也　此處有佚文一條。嘉靖《許州志》卷一〈山川・襄城縣・具茨山〉引《水經注》：「其山有軒轅避暑洞。」當是此句下佚文。

【語　譯】潩水出河南密縣大騩山，

大騩山就是具茨山。黃帝登上具茨山，爬到洪堤上，從華蓋童子手裡接受了〈神芝圖〉，就在這座山上。潩水發源於山彎裡，流出後積聚成陂，民間稱玉女池。池水東流經陘山以北。《史記》載，魏襄王六年（西元前三一三年），在陘山打敗了楚軍。山上有鄭祭仲墓，墓西有子產墓，用石塊壘砌成方墳，墳東有一座廟，都面向東北，朝著鄭城。杜元凱說這是不忘本的意思。廟旁原來有一棵枯死的柏樹，在它的舊根殘株上，長出許多小柏樹，郁然成叢，青翠欲滴，可稱是奇妙的美景。潩水又東南流經長社城西北，南濮、北濮兩條水都從這裡流出。劉澄之著的《永初記》說：《水經》載，濮水發源於大騩山，東北流，注入泗水。衛靈公曾在水上聽音樂。這是完全搞錯了。我查考過《水經》，發源於大騩山的是潩水而不是濮水。南、北濮水的上流都承接潩水，二渠並流，都東注於洧水。洧水與濮水並流，又都注入沙水，支流淩亂交錯，所以可相互通稱。《春秋》昭公九年（西元前五三三年），把城父人遷到陳，把夷在濮水以西的田畝添補給他們。京相璠說：以夷在濮水以西的田畝添補給他們。杜預也說：把夷在濮水西的田地劃給城父人。服虔說：濮是水名。師氏作靡靡之音的濮水與這條濮水，雖然字合音同，但此濮與彼濮互不相涉，它不是北濮的上源。

潩水又南流經鐘亭西，又東南流經皇臺西，又東南流經關亭西，又東南流經宛亭西，這是鄭國大夫宛射犬的舊邑。潩水又南流分為兩條。一條南流經胡城東，就是舊時潁陰縣的狐人亭。水南流，積聚成陂，稱為胡城陂。潩水從支渠東流經曲強城東，皇陂水注入。皇陂水發源於西北的皇臺七女岡北麓，皇陂就是古時長社縣的濁澤。《史記》載，魏惠王元年（西元前三六九年），韓懿侯和趙成侯合兵進攻魏國，在濁澤開戰，即指此地。此陂北面直對雞鳴城，就是長社縣的濁城。陂水東南流經胡泉城北，這裡是舊潁陰縣的狐宗鄉。又東流與狐城陂水匯合。陂水上流承接皇陂，東南流，注入黃水，匯流處稱合作口。匯合後東流經曲強城北，東流注入潩水。當時人稱為勑水，這不對。勑、潩二字音近，因此字就隨讀音而改變了。潩水又流經東武亭和西武亭之間，兩城相對，這裡可能就是古時的岸門，即司馬遷所說的，犀首在岸門敗走的地方。徐廣說：潁陰有岸亭，不知是否就是此處？

潩水又南流經射犬城東，就是鄭公孫的射犬城，稱犬城是民間的誤傳。潩水又南流經潁陰縣舊城西，魏明帝把潁陰封給司空陳群為侯國。潩水又東南流經許昌城南；又東南流與宣梁陂水匯合。陂水上游在潁陰城西南承接狼陂，狼陂南北二十里，東西十里。《春秋左傳》說：楚子在狼淵攻打鄭軍。宣梁陂水東南流入許昌縣，流經巨陵城北，這是鄭國地域。《春秋左氏傳》莊公十四年（西元前六八〇年），鄭厲公在大陵俘獲傅瑕。京相璠說：潁川郡臨潁縣東北二十五里有舊巨陵亭，就是古時的大陵。宣梁陂水又東流，積水成陂，稱為宣梁陂。陂水又東南流，注入潩水。潩水又西南流經陶城西，又東南流經陶陂東。

東南入于潁。

潧　水

潧水出鄭縣西北平地，

潧水出鄶城西北雞絡塢下，東南流逕賈復城西，東南流，左合泌水。水出賈復城，東南流注于潧。潧水又南，左會承雲山水。水出西北承雲山，東南歷渾子岡東注，世謂岡峽為五鳴口，東南流注于潧。潧水又東南流，歷下田川，逕鄶城西，謂之為柳泉水也。故史伯答桓公曰：君以成周之眾，奉辭伐罪，若克虢、鄶君之土也，如前華後河，右洛左濟，主芣騩而食潧洧，脩典刑以守之，可以少固。即謂此矣。潧水又南，懸流奔壑，崩注丈餘，其下積水成潭，廣四十許步，淵深難測。又南注于洧。《詩》❶所謂溱與洧者也。世亦謂之為鄶水也❷。

東過其縣北，又東南過其縣東，又南入于洧水。

自鄶、潧東南，更無別瀆，不得逕新鄭而會洧也。鄭城東入洧者，黃崖水也，蓋《經》誤證耳。

【注釋】❶詩　指《詩經・鄭風・溱洧》。❷謂之為鄶水也　此處有佚文一條：嘉靖《鄢陵志》卷一〈地理志・山川〉引《水經注》：「鄶水注于潧。」當是此句下佚文。

【語譯】潧水出鄭縣西北平地，

潧水發源於鄶城西北雞絡塢下，東南流經賈復城西，東南流，左岸與濺水匯合。濺水發源於賈復城，東南流注入潧水。潧水又南流，左岸與承雲山水匯合。承雲山水發源於西北方的承雲山，往東南流經渾子岡，東流而去。人們把此岡的峽谷叫五鳴口，東南流注入潧水。潧水又東南流，流經下田川，流過鄶城西，稱為柳泉水。史伯回答桓公道：您就憑著成周的兵力，伸張正義，討伐有罪者，如果攻克虢、鄶，那地方就是您的土地了。到那時前有華山，後有河水，左據濟水，右擁洛水，掌管著芣騩山，靠潧水、洧水養活；制訂典章刑律來治理，國家就鞏固了。說的就是這地方。潧水又南流，從懸崖上奔瀉入巖壑，崖高丈餘，水聲轟鳴，下面積水成潭，寬約四十步，水深莫測。潧水又南流注入洧水。這就是《詩經》所說的溱水與洧水。世人也稱為鄶水。

東過其縣北，又東南過其縣東，又南入于洧水。

鄶水、潧水的東南方，再也沒有別的河流了，潧水不可能流經新鄭再與洧水匯合的。在鄭城東注入洧水的是黃崖水，《水經》引證錯了。

渠 沙水

1 渠出滎陽北河，東南過中牟縣之北，

《風俗通》曰：渠者，水所居也❶。渠水自河與濟亂流，東逕滎澤北，東南分濟，歷中牟縣之圃田澤，北與陽武分水。澤多麻黃草，故《述征記》曰：踐縣境便覩斯卉，窮則知踰界。今雖不能，然諒亦非謬。《詩》❷所謂東有圃草也。皇武子曰：鄭之有原圃，猶秦之有具囿。澤在中牟縣西，西限長城，東極官渡，北佩渠水，東西四十許里，南北二十許里，中有沙岡，上下二十四浦，津流逕通，淵潭相接。各有名焉：有大漸、小漸、大灰、小灰、義魯、練秋、大白楊、小白楊、散嚇、禺中、羊圈、大鵠、小鵠、龍澤、蜜羅、大哀、小哀、大長、小長、大縮、小縮、伯丘、大蓋、牛眼等。浦水盛則北注，渠溢則南播。故《竹書紀年》，梁惠成王十年，入河水于甫田，又為大溝而引甫水者也。又有一瀆，自酸棗受河，導自濮瀆，歷酸棗逕陽武縣南出，世謂之十字溝，而屬于渠。或謂是瀆為梁惠之年所開，而不能詳也。斯浦乃水澤之所鍾，為鄭隰之淵藪矣。

2 渠水右合五池溝。溝上承澤水，下流注渠，謂之五池口。魏嘉平三年，司馬懿帥中軍討太尉王凌于壽春，自彼而還，帝使侍中韋誕勞軍于五池者也。今其地為五池鄉矣。渠水又東，不家溝水注之。水出京縣東南梅山北溪。《春秋》襄公十八年，楚蔿子馮、公子格率銳師侵費，右迴梅山。杜預曰：在密東北，即是山也。

3 其水自溪東北流逕管城西，故管國也，周武王以封管叔矣。成王幼弱，周公攝政。管叔流言曰：公將不利于孺子。公賦〈鴟鴞〉以伐之，即東山之師是也。《左傳》宣公十二年，晉師救鄭，楚次管以待之。杜預曰：京縣東北有管城者是也。俗謂之為管水。

4 又東北，分為二水：一水東北流注黃雀溝，謂之黃淵，淵周百步。其一水東越長城，東北流，水積為淵，南北二里，東西百步，謂之百尺水。北入圃田澤，分為二水，一水東北逕東武強城北。《漢書‧曹參傳》：擊羽嬰于昆陽，追至葉，還攻武強，因至滎陽。薛瓚云：按武強城在陽武縣，即斯城也。漢高帝六年，封騎將莊不識為侯國。又東北流，左注于渠，為不家水口也。一水東流，又屈而南，轉東南注白溝也。

渠水又東，清池水注之。水出清陽亭西南平地，東北流逕清陽亭南，東流，即故清人城也。《詩》❸所謂清人在彭。彭為高克邑也。故杜預《春秋釋地》云：中牟縣西有清陽亭是也。清水又屈而北流至清口澤，七虎澗水注之。水出華城南岡，一源兩派，津川趣別，西入黃雀溝❹，東為七虎溪，亦謂之為華水也。又東北流，紫光溝水注之。水出華陽城東北而東流，俗名曰紫光澗，又東北注華水。華水又東逕棐城北，即北林亭也。《春秋》：文公與鄭伯宴于棐林，子家賦〈鴻雁〉者也。《春秋》宣公元年，諸侯會于棐林以伐鄭，楚救鄭，遇于北林。服虔曰：北林，鄭南地也。京相璠曰：今滎陽苑陵縣有故林鄉，在新鄭北，故曰北林也。余按林鄉故城在新鄭東如北七十許里，苑陵故城在東南五十許里，不得在新鄭北也。考京、服之說，竝為疎矣。杜預云：滎陽中牟縣西南有林亭，在鄭北。今是亭南去新鄭縣故城四十許里，蓋以南有林鄉亭，故杜預據是為北林，最為密矣。又以林鄉為棐，亦或疑焉。諸侯會棐，楚遇于此，

6 寧得知不在是而更指他處也。積古之傳，事或不謬矣。

又東北逕鹿臺南岡北，出為七虎澗，東流，期水注之。水出期城西北平地，世號龍淵水。東北流，又北逕期城西，又北與七虎澗合，謂之虎溪水，亂流東注逕期城北，東會清口水。司馬彪〈郡國志〉曰：中牟有清口水。即是水也。清水又東北，白溝水注之。水有二源：北水出密之梅山東南，而東逕靖城南，與南水合；南水出太山，西北流至靖城南，左注北水，即承水也。《山海經》曰：承水出太山之陰，東北流注于役水者也。世亦謂之靖澗水。又東北流，太水注之。水出太山東平地，《山海經》曰：太水出于太山之陽，而東南流注于役水。世謂之禮水也。東北逕武陵城西，東北流注于承水。承水又東北入黃瓮澗，北逕中陽城西。城內有舊臺甚秀，臺側有陂池，池水清深。澗水又東屈逕其城北。《竹書紀年》：梁惠成王十七年，鄭釐侯來朝中陽者也。其水東北流為白溝，又東北逕伯禽城北，蓋伯禽之魯，往逕所由也。屈而南流，東注于清水，即潘岳「都鄉碑」所謂自中牟故縣以西，西至于清溝。指是水也。

亂流東逕中牟宰魯恭祠南。漢和帝時，右扶風魯恭，字仲康，以太尉掾遷中
7 牟令，政專德化，不任刑罰，吏民敬信，蝗不入境。河南尹袁安疑不實，使部

掾肥親按行之，恭隨親行阡陌，坐桑樹下，雉止其旁，有小兒，親曰：兒何不擊雉？曰：將雛。親起曰：蟲不入境，一異；化及鳥獸，二異；豎子懷仁，三異。久留非優賢，請還。是年嘉禾生縣庭，安美其治，以狀上之，徵博士侍中。車駕每出，恭常陪乘，上顧問民政，無所隱諱，故能遺愛，自古祠享來今矣。

8 清溝水又東北逕沈清亭，疑即博浪亭也。服虔曰：博浪，陽武南地名也。今有亭，所未詳也。歷博浪澤，昔張良為韓報仇于秦，以金椎擊秦始皇不中，中其副車于此。

9 又北分為二水，枝津東注清水。清水自枝流北注渠，謂之清溝口。渠水又左逕陽武縣故城南，東為官渡水，又逕曹太祖壘北，有高臺，謂之官渡臺，渡在中牟，故世又謂之中牟臺。建安五年，太祖營官渡，袁紹保陽武，紹連營稍前，依沙堆為屯，東西數十里。公亦分營相禦，合戰不利。紹進臨官渡，起土山地道以逼壘，公亦起高臺以捍之，即中牟臺也。今臺北土山猶在，山之東悉紹舊營，遺基並存。渠水又東逕田豐祠北，袁本初慚不納其言，害之。時人嘉其誠謀，無辜見戮，故立祠于是，用表袁氏覆滅之宜矣。

10 又東，役水注之。水出苑陵縣西隙候亭東，世謂此亭為郤城，非也。蓋隙、郤聲相近耳。中平陂❺，世名之涅泉也，即古役水矣。《山海經》曰：役山，役水所出，北流注于河。疑是水也。東北流逕苑陵縣故城北，東北流逕焦城東、陽丘亭西，世謂之焦溝水。《竹書紀年》：梁惠成王十六年，秦公孫壯率師伐鄭，圍焦城不克，即此城也。俗謂之驛城，非也。役水自陽丘亭東流，逕山民城北，為高榆淵。《竹書紀年》：梁惠成王十六年，秦公孫壯率師城上枳、安陵、山民者也。又東北為酢溝，又東北，魯溝水出焉；役水又東北，涅溝水出焉；又東北為八丈溝；又東，清水枝津注之。水自沈城東派，注于役水。役水又東逕曹公壘南，東與沫水合。《山海經》云：沫山，沫水所出，北流注于役。今是水出中牟城西南，疑即沫水也。

11

東北流逕中牟縣故城西，昔趙獻侯自耿都此。班固云：趙自邯鄲徙焉。趙襄子時，佛肸以中牟叛，置鼎于庭，不與己者烹之，田英將褰裳赴鼎處也。薛瓚注《漢書》云：中牟在春秋之時為鄭之堰也，及三卿分晉，則在魏之邦土。趙自漳北不及此也。《春秋傳》曰：衛侯如晉過中牟。非衛適晉之次也。《汲郡古文》曰：齊師伐趙東鄙，圍中牟。此中牟不在趙之東也。按中牟當在漯水之上矣。按《春秋》：齊伐晉夷儀，晉車千乘在中牟，衛侯過中牟，中牟人欲伐之，衛褚師固亡在中牟，曰：衛雖小，其君在，未可勝也。齊師克城而驕，遇之必敗。乃敗齊師。服虔不列中牟所在。杜預曰：今滎陽有中牟。迴遠，疑為非也。然地理參差，土無常域，隨其強弱，自相吞并，疆里流移，寧可一也。兵車所指，逕紆難知，自魏徙大梁，趙以中牟易魏，故趙之南界，極于浮水，匪直專漳也。趙自西取後止中牟，齊師伐其東鄙，于宜無嫌。而瓚徑指漯水，空言中牟所在，非論證也。漢高帝十一年，封單父聖為侯國。沫水又東北注于役水。昔魏太祖之背董卓也，間行出中牟，為亭長所錄。郭長公《世語》❻云：為縣所拘，功曹請釋焉。

12 役水又東北逕中牟澤，即鄭太叔攻萑蒲之盜于是澤也。其水東流北屈注渠。《續述征記》❼所謂自醬魁城到酢溝十里者也。渠水又東流而左會淵水。其水上承聖女陂，陂周二百餘步，水無耗竭，湛然清滿，而南流注于渠。渠水又東南而注大梁也。

又東至浚儀縣，

13 渠水東南逕赤城北，戴延之所謂西北有大梁亭，非也。《竹書紀年》：梁惠成王二十八年，穰疵率師及鄭孔，夜戰于梁赫，鄭師敗逋。即此城也。左則故瀆出焉。秦始皇二十年，王賁斷故渠，引水東南出以灌大梁，謂之梁溝。又東逕大梁城南，本《春秋》之陽武高陽鄉也，于戰國為大梁。周梁伯之故居矣。梁伯好土功，大其城，號曰新里。民疲而潰，秦遂取焉。後魏惠王自安邑徙都之，故曰梁耳。《竹書紀年》：梁惠成王六年四月甲寅，徙都于大梁是也。秦滅魏以為縣，漢文帝封孝王于梁，孝王以土地下溼，東都睢陽，又改曰梁，自是置縣。

14 以大梁城廣，居其東城夷門之東，夷門，即侯嬴抱關處也。《續述征記》以此城為師曠城，言郭緣生曾遊此邑，踐夷門，升吹臺，終古之跡，緬焉盡在。余謂此乃梁氏之臺門，魏惠之都居，非吹臺也，當是誤證耳。《西征記》論儀封人即此縣，又非也。《竹書紀年》：梁惠成王三十一年三月，為大溝于北郛，以行圃田之水。《陳留風俗傳》曰：縣北有浚水，像而儀之，故曰浚儀。余謂故汳沙為陰溝矣，浚之，故曰浚，其猶《春秋》之浚洙乎？漢氏之浚儀水，無他也，皆變名矣。

15 其國多池沼，時池中出神劍，到今其民像而作之，號大梁氏之劍也。渠水又北屈，分為二水，《續述征記》曰：汳沙到浚儀而分也。汳東注，沙南流，其水更南流，逕梁王吹臺東。《陳留風俗傳》曰：縣有蒼頡師曠城，上有列僊之吹臺，北有牧澤，澤中出蘭蒲，上多儁髦，衿帶牧澤，方十五里，俗謂之蒲關澤，即謂此矣。梁王增築，以為吹臺。城隍夷滅，略存故跡，今層臺孤立于牧澤之右矣。其臺方百許步，即阮嗣宗〈詠懷詩〉所謂駕言發魏都，南向望吹臺，簫管有遺音，梁王安在哉？晉世喪亂，乞活憑居，削墮故基，遂成二層，上基猶方四五十步，高一丈餘，世謂之乞活臺，又謂之繁臺城。渠水于此，有陰溝、鴻溝之稱焉。項羽與漢高分王，指是水以為東西之別。蘇秦說魏襄王曰：大王之地，南有鴻溝是也。故尉氏縣有波鄉、波亭、鴻溝鄉、鴻溝亭，皆藉水以立稱也。今蕭縣西亦有鴻溝亭，梁國睢陽縣東有鴻口亭，先後談者，亦指此以為楚、漢之分王，非也。蓋《春秋》之所謂紅澤者矣。渠水右與氾水合，水上承役水于苑陵縣，縣，故鄭都也，王莽之左亭縣也。役水枝津東派為氾水者也，而世俗謂之泥溝水也。《春秋左傳》僖公三十年，晉侯、秦伯圍鄭，晉軍函陵，秦軍氾南，所謂東氾者也。其水又東北逕中牟縣南，又東北逕中牟澤與淵水合。水出中牟縣故城北，城有層臺。按郭長公《世語》及干寶《晉紀》[8]，竝言中牟縣故魏任城玉臺下池中，有漢時鐵錐，長六尺，入地三尺，頭西南指不可動。

正月朔自正，以為晉氏中興之瑞。而今不知所在，或言在中陽城池臺，未知焉是？淵水自池西出，屈逕其城西，而東南流注于氾。氾水又東逕大梁亭南，又東逕梁臺南，東注渠。

16 渠水又東南流逕開封縣，睢、渙二水出焉。右則新溝注之。其水出逢池，池上承役水于苑陵縣，別為魯溝水。東南流逕開封縣故城北。漢高帝十一年，封陶舍為侯國也。《陳留志》❾稱，阮簡字茂弘，為開封令，縣側有劫賊，外白甚急數，簡方圍棊長嘯。吏云：劫急。簡曰：局上有劫亦甚急。其耽樂如是。故《語林》曰：王中郎以圍棊為坐隱，或亦謂之為手談，又謂之為棊聖。

17 魯溝南際富城，東南入百尺陂，即古之逢澤也。徐廣《史記音義》曰：秦使公子少官率師會諸侯逢澤。汲郡墓《竹書紀年》作秦孝公會諸侯于逢澤。斯其處也。故應德璉《西征賦》❿曰：鑾衡東指，弭節逢澤。其水東北流為新溝，新溝又東北流逕牛首鄉北，謂之牛建城，又東北注渠，即沙水也。音蔡，許慎正作沙音，言水散石也。從水少，水少沙見矣。楚東有沙水，謂此水也。

又屈南至扶溝縣北，

18 沙水又東南逕牛首鄉東南，魯溝水出焉，亦謂之宋溝也。又逕陳留縣故城南，孟康曰：留，鄭邑也，後為陳所并，故曰陳留矣。魯溝水又東南逕圉縣故城北，縣苦楚難，脩其干戈以圉其患，故曰圉也，或曰邊陲之號矣。歷萬人散。王莽之篡也，東郡太守翟義興兵討莽，莽遣奮威將軍孫建擊之于圉北，義師大敗，尸積萬數，血流溢道，號其處為萬人散，百姓哀而祠之。

19 又歷魯溝亭，又東南至陽夏縣故城西。漢高祖六年，封陳豨為侯國。魯溝又南入渦，今無水也。沙水又東南逕斗城西。《左傳》襄公三十年，子產殯伯有尸，其臣葬之于是也。沙水又東南逕牛首亭東。《左傳》桓公十四年，宋人與諸侯伐鄭東郊，取牛首者也，俗謂之車牛城矣。沙水又東南，八里溝水出焉。又東南逕陳留縣裘氏鄉裘氏亭西，又逕澹臺子羽冢東，與八里溝合。按《陳留風俗傳》曰：陳留縣裘氏鄉有澹臺子羽冢，又有子羽祠，民祈禱焉。京相璠曰：今泰山南武城縣有澹臺子羽冢，縣人也。未知孰是。因其方志所敘，就記纏絡焉。

20 溝水上承沙河而西南流，逕牛首亭南，與百尺陂水合。其水自陂南逕開封城東三里岡，左屈而西流南轉，注八里溝。又南得野兔水口。水上承西南兔氏亭北野兔陂，鄭地也。《春秋傳》云：鄭伯勞屈生于兔氏者也。陂水東北入八里溝。八里溝水又南逕石倉城西，又南逕兔氏亭東，又南逕召陵亭西，東入沙水。沙水南逕扶溝縣故城東。縣即潁川之穀平鄉也。有扶亭，又有洧水溝，故縣有扶溝之名焉。建武元年，漢光武封平狄將軍朱鮪為侯國。沙水又東與康溝水合。水首受洧水于長社縣東，東北逕向岡西，即鄭之向鄉也。後人遏其上口，今水盛則北注，水耗則輟流。又有長明溝水注之。水出苑陵縣故城西北。縣有二城，此則西城也。二城以東，悉多陂澤，即古制澤也。京相璠曰：鄭地。杜預曰：澤在滎陽苑陵縣東，即《春秋》之制田也。故城西北平地出泉，謂之龍淵泉。泉水流逕陵丘亭西，又西，重泉水注之。水出城西北平地，泉湧南流，逕陵丘亭西，西南注龍淵水。龍淵水又東南逕凡陽亭西，而南入白鴈陂。陂在長社縣東北，東西七里，南北十里，在林鄉之西南，司馬彪〈郡國志〉曰：苑陵有林鄉亭。白鴈陂又引瀆南流，謂之長明溝，東轉北屈，又東逕向城北，城側有向岡，《左傳》襄公十一年，諸侯伐鄭，師于向者也。又東，右迆為染澤陂，而東注于蔡澤陂。長明溝水又東逕尉氏縣故城南，圈稱云：尉氏，鄭國之東鄙，弊獄官名也，鄭大夫尉氏之邑。故欒盈曰：盈將歸死于尉氏也。

21 溝瀆自是三分，北分為康溝，東逕平陸縣故城北。高后元年，封楚元王子禮為侯國。建武元年，以戶不滿三千，罷為尉氏縣之陵樹鄉。又有陵樹亭，漢建安中，封尚書荀攸為陵樹鄉侯。故《陳留風俗傳》曰：陵樹鄉，故平陸縣也。北有大澤，名曰長樂廄。康溝又東逕扶溝縣之白亭北，《陳留風俗傳》曰：扶溝縣有帛鄉、帛亭，名在七鄉十二亭中。康溝又東逕少曲亭，《陳留風俗傳》曰：尉氏縣有少曲亭，俗謂之小城也。又東南逕扶溝縣故城東，而東南注沙水。沙水又南會南水。其水南流，又分為二水，一水南逕關亭東，又東南流，與左水合，其水自枝瀆南逕召陵亭西，疑即扶溝之亭也，而東南合右水。世以是水與鄢陵陂水雙導，亦謂之雙溝。又東南入沙水。沙水南與蔡澤陂水合，水出鄢陵城西北，《春秋》成公十六年，晉、楚相遇于鄢陵，呂錡射中共王目，王召養由基，使射殺之。亦子反醉酒自斃處也。陂東西五里，南北十里。陂水東逕匡城北，城在新汲縣之東，北即扶溝之匡亭也。亭在匡城鄉，《春秋》文公元年，諸侯朝晉，衛成公不朝，使孔達侵鄭，伐緜訾及匡，即此邑也。今陳留長垣縣南有匡城，即平丘之匡亭也。襄邑又有承匡城，然匡居陳、衛之間，亦往往有異邑矣。陂水又東南至扶溝城北，又東南入沙水。沙水又南逕小扶城西，而東南流也。城即扶溝縣之平周亭，東漢和帝永元中，封陳敬王子參為侯國。

沙水又東南逕大扶城西，城即扶樂故城也。城北二里有「袁良碑」，云：良，陳國扶樂人。後漢世祖建武十七年，更封劉隆為扶樂侯，即此城也。渦水于是分焉，不得在扶溝北便分為二水也。

22 其一者，東南過陳縣北，

沙水又東南逕東華城西；又東南，沙水枝瀆西南達洧，謂之甲庚溝，今無水。沙水又南與廣漕渠合。上承龐官陂，云鄧艾所開也。雖水流廢興，溝瀆尚夥。昔賈逵為魏豫州刺史，通運渠二百里餘，亦所謂賈侯渠也。而川渠逕復，交錯畛陌，無以辨之。沙水又東逕長平縣故城北，又東南逕陳城北，故陳國也。伏羲、神農竝都之。城東北三十許里，猶有羲城實中，舜後嬀滿，為周陶正，武王賴其器用，妻以元女太姬而封諸陳，以備三恪⑪。太姬好祭祀，故《詩》⑫所謂坎其擊鼓，宛丘之下。宛丘在陳城南道東，王隱云：漸欲平。今不知所在矣。楚討陳，殺夏徵舒于栗門，以為夏州後。城之東門內有池，池水東西七十步，南北八十許步，水至清潔，而不耗竭，不生魚草，水中有故臺處，《詩》⑬所謂東門之池也。城內有漢相王君造「四縣邸碑」，文字剝缺，不可悉識，其略曰：惟茲陳國，故曰淮陽郡云云。清惠著聞，為百姓畏愛，求賢養士，千有餘人，賜與田宅吏舍，自損俸錢，助之成邸。五官掾西華陳騏等二百五人，以延熹二年云云。故其頌曰：脩德立功，四縣回附。今碑之左右，遺墉尚存，基礎猶在，時人不復尋其碑證，云孔子廟學，非也。後楚襄王為秦所滅，徙都于此。文穎曰：西楚矣。三楚，斯其一焉。城南郭裡，又有一城，名曰淮陽城，子產所置也。漢高祖十一年以為淮陽國，王莽更名，郡為新平，縣曰陳陵，故豫州治。王隱《晉書・地道記》云：城北有故沙，名之為死沙，而今水流津通，漕運所由矣。沙水又東而南屈，逕陳城東，謂之百尺溝，又南分為二水，新溝水出焉。溝水東南流，谷水注之，水源上承滂陂，陂在陳城西北，南暨犖城，皆為陂矣。陂水東流謂之谷水，東逕滂城北。王隱曰：犖北有谷水是也。犖即檉矣。《經》書：公會齊、宋于檉者也。杜預曰：檉即犖也，在陳縣西北，為非。檉，小城也，在陳郡西南。谷水又東逕陳城南，又東流入于新溝水，又東南注于潁，謂之交口。水次有大堰，即古百尺堰也。《魏書・國志》曰：司馬宣王討太尉王淩，大軍掩至百尺堨，即此堨也。今俗呼之為山陽堰，非也。蓋新水首受潁于百尺溝，故堰兼有新陽之名也。以是推之，悟故俗謂之非矣。

又東南至汝南新陽縣北，

23 沙水自百尺溝東逕寧平縣之故城南。《晉陽秋》稱晉太傅東海王越之東奔也，石勒追之，燌尸于此。數十萬眾，斂手受害，勒縱騎圍射，尸積如山，王夷甫死焉。余謂俊者所以智勝群情，辨者所以文身祛惑，夷甫雖體荷儁令，口擅雌黃，汙辱君親，獲罪羯勒，史官方之華、王，諒為褒矣。

24 沙水又東，積而為陂，謂之陽都陂，明水注之。水上承沙水枝津，東出逕汝南郡之宜祿縣故城北。王莽之賞都亭也。明水又東北流注于陂，陂水東南流，謂之細水。又東逕新陽縣北，又東，高陂水東出焉。沙水又東分為二水，即《春秋》所謂夷濮之水也。枝津北逕譙縣故城西，側城入渦。沙水東南逕城父縣西南，枝津出焉，俗謂之章水。一水東注，即濮水也，俗謂之艾水。東逕城父縣之故城南，東流注也。

又東南過山桑縣北，

25 山桑故城在渦水北，沙水不得逕其北明矣。《經》言過北，誤也。

又東南過龍亢縣南，

26 沙水逕故城北，又東南逕白鹿城北而東注也。

又東南過義成縣西，南入于淮。

27 義成縣故屬沛，後隸九江。沙水東流注于淮，謂之沙汭。京相璠曰：楚東地也。《春秋左傳》昭公二十七年，楚令尹子常以舟師及沙汭而還。杜預曰：沙，水名也。

【注　釋】❶水所居也　此處有佚文二條。《禹貢山川地理圖》卷下〈莨蕩渠口辨〉引《水經注》：「渠水即莨蕩渠也。」又《方輿紀要》卷四十六〈河南〉一〈潁水〉引《水經注》：「莨蕩渠自中牟東流，至浚儀縣分為二水，南流曰沙水，東注曰汴水。」當均是此段下佚文。❷詩　指《詩經・小雅・車攻》。❸詩　指《詩經・鄭風・清人》。❹黃雀溝　《水經注疏》作「黃崖溝」。《疏》：「全改『崖』作『雀』，云：此即〈濟水注〉之黃雀溝，鄭國別有黃崖溝，非此溝也。趙、戴改同。會貞按：〈洧水〉篇敘黃水，謂黃為《春秋》之黃崖，即此所入之水。若〈濟水〉篇之黃雀溝，不得與此通也。全說謬，戴、趙並依改，脈水之功疏矣。」❺中平陂　趙一清在此處按：「『中平陂』上有脫文。」❻世語　書名。即郭頒《世語》。《隋書・經籍志》著錄作《魏晉世語》十卷。此處作郭長公，長公是郭頒字，晉襄陽令。〈河水〉五已有注釋。❼續述征記　書名。隋唐三志俱著錄《述征記》二卷，但未及《續述征記》。而卷二十六〈巨洋水注〉引及郭緣生《續述征記》，故此書亦為南朝宋郭緣生所撰，已亡佚。無輯本。❽晉紀　書名。《隋書・經籍志》著錄二十三卷，晉干寶撰，訖愍帝。〈舊唐志〉作二十二卷，〈新唐志〉作干寶《晉書》二十二卷，已亡佚。輯本收入於《漢學堂叢書》、《叢書集成初編》等，均一卷。❾陳留志　書名。《隋書・經籍志》著錄十五卷，東晉剡令江敞撰。〈舊唐志〉作江瀓，〈新唐志〉作《陳留人物志》十五卷，江敞撰。或疑此書即圈稱《陳留風俗傳》。已亡佚。輯本收入於《說郛》卷六。❿西征賦　詩賦名。三國魏應德璉撰。《隋書・經籍志》著錄《魏太子文學應瑒集》一卷，此賦當在集中，今賦隨集亡。歷來唯《水經注》引及，清嚴可均即據此《注》文輯入《全後漢文》。⓫以備三恪　周武王封黃帝之後於薊、封帝堯之後於祝、封帝舜之後於陳謂之三恪。見《禮記》孔疏。杜注則以封虞、夏、商之後為三恪。恪，誠敬。⓬詩　指《詩經・陳風・宛丘》。⓭詩　指《詩經・陳風・東門之池》。

【語　譯】渠出滎陽北河，東南過中牟縣之北，

1 《風俗通》說：渠是水所存積的地方。渠水從河水分出，與濟水亂流，東經滎澤北，東南從濟水分支而

出，流經中牟縣圃田澤，北與陽武縣以水為分界。澤中多麻黃草，所以《述征記》說：一踏進縣境，到處都可以看見這種草，待到走完草地時，就知道過了縣界了。今天雖然沒有這樣一目了然的區分，但想來也不是隨口亂說的。《詩經》裡說的東有圃草，就指這種麻黃草。皇武子說：鄭國有原圃，就像秦國有具囿一樣。圃田澤在中牟縣西，西止於長城，東到官渡，北連渠水，東西約四十里，南北約二十里。澤中有沙岡，上下有二十四處水口，河渠相通，深潭相接，各有各的名稱：有大漸、小漸、大灰、小灰、義魯、練秋、大白楊、小白楊、散嚇、禺中、羊圈、大鵠、小鵠、龍澤、蜜羅、大哀、小哀、大長、小長、大縮、小縮、伯丘、大蓋、牛眼等等。港灣水漲時就北流，渠水滿溢時就向南宣洩。所以《竹書紀年》載，梁惠成王十年（西元前三六〇年），把河水引入甫田，又開鑿大溝引入甫水。另有一條渠道，通過濮瀆從酸棗引入河水，穿過酸棗，經陽武縣南流而出，世人稱為十字溝，而與渠水相連。有人說這條渠是梁惠王時開鑿的，但也弄不清楚。此水口是水澤匯聚的地方，是鄭國低窪的叢林沼澤地帶。

2 渠水又在右岸與五池溝匯合。五池溝上流承接澤水，往下流注入渠水，匯流處稱為五池口。魏嘉平三年（西元二五一年），司馬懿率中軍在壽春討伐太尉王淩，回師途中，皇帝派侍中韋誕在五池慰勞軍隊。今天這裡已成為五池鄉了。渠水又東流，不家溝水注入。不家溝水發源於京縣東南的梅山北溪。《春秋》襄公十八年（西元前五二四年），楚國蔿子馮、公子格率領精兵侵費，從右邊繞過梅山。杜預說：梅山在密縣東北，指的就是這座山。

3 不家溝水從溪中往東北流經管城西，這裡是從前的管國，周武王封管叔於此。當時成王年幼，周公攝政，管叔散布流言道：周公掌政將不利於幼王。周公作〈鴟鴞〉討伐管叔，他率領的就是東山的軍隊。《左傳》宣公十二年（西元前五九七年），晉軍救鄭，楚軍屯駐於管，嚴陣以待。杜預說：京縣東北有管城，就指此城。民間稱這條水為管水。

4 管水又東北流，分為兩條：一條東北流，注入黃雀溝，稱為黃淵，淵潭周圍百步；另一條東流，越過長城，東北流，積聚成淵，南北二里，東西百步，稱為百尺水。北流注入圃田澤，又分為兩條：一條東北流經東武強城北。《漢書‧曹參傳》說：曹參在昆陽攻打羽嬰，追到葉，又折回攻打武強，因而到滎陽。薛瓚說：武強城在陽武縣，指的就是此城。漢高帝六年（西元前二〇一年），把陽武封給騎將莊不識為侯國。水又東北流，向左注入渠水，匯流處稱為不家水口。另一條東流，又折而南轉，往東南注入白溝。

5 渠水又東流，清池水注入。清池水發源於清陽亭西南平地上，往東北流經清陽亭南，東流就到從前的清人城。《詩經》說到清人在彭。彭就是高克的城邑。因此杜預《春秋釋地》說：中牟縣西有清陽亭。清水又轉彎北流，到清口澤，七虎澗水注入。七虎澗水發源於華城南岡，源頭一分為二，各自朝著不同的方向，西流的注入黃雀溝，東流的叫七虎溪，也稱華水。華水又東北流，紫光溝水注入。紫光溝水出自華陽城東北而東流，民間稱為紫光澗。又東北流，注入華水。華水又東流經棐城北，就是北林亭。《春秋》：文公與鄭伯在棐林會宴，子家誦〈鴻雁〉一詩，就是在這地方。《春秋》宣公元年（西元前六〇八年），諸侯為伐鄭在棐林會合；楚國去援救鄭，在北林與諸侯軍相遇。服虔說：北林是鄭國南部地區。京相璠說：今天滎陽郡苑陵縣有舊時的林鄉，因地處新鄭以北，所以稱北林。我查考過，林鄉舊城在新鄭東偏北七十來里，苑陵舊城在東南五十來里，不可能在新鄭以北的。這樣看來，京相璠、服虔的說法都有錯誤。杜預說：滎陽郡中牟縣西南有林亭，在鄭以北。今天此亭南距新鄭縣舊城四十來里，因為南有林鄉亭，所以杜預根據這一點以為是北林，這說法最為確切。又認為林鄉就是棐，這又值得懷疑了。諸侯在棐會師，楚軍在此與諸侯軍相遇，哪裡知道不在這裡而另指別處呢。自古流傳下來的記載，也許是不錯的。

6 華水又東北流經鹿臺南岡北，流出後稱為七虎澗；東流有期水注入。期水發源於期城西北的平地，世人稱為龍淵水。東北流，又北流經期城西，又北流與七虎澗水匯合，稱為虎溪水，亂流奔向東方，經期城北，東流與清口水匯合。司馬彪〈郡國志〉說：中牟縣有清口水，指的就是這條水。清水又東北流，白溝水注入。白溝水有兩個源頭：北水發源於密縣的梅山東南，東流經靖城南與南水匯合；南水發源於太山，西北流到靖城南，向左注入北水，就是承水。《山海經》說：承水發源於太山北麓，東北流，注入役水，世人也稱為靖澗水。又東北流，太水注入。太水發源於太山東的平地。《山海經》說：太水發源於太山南麓，東南流注入役水，世人稱為禮水。東北流經武陵城西，東北流注入承水。承水又東北流，注入黃瓮澗，北流經中陽城西。城內有一座舊臺，十分突出，臺旁有池，池水清澈淵深。澗水又東流，轉彎流經城北。《竹書紀年》：梁惠成王十七年（西元前三五三年），鄭釐侯來中陽城朝見。此水東北流，稱為白溝。又東北流經伯禽城北，那是伯禽赴魯時所經過的地方。白溝水拐彎南流，東注清水。潘岳「都鄉碑」所說的，從中牟舊縣以西，西行到清溝。指的就是這條水。

7 清溝水亂流東經中牟縣縣令魯恭祠南。漢和帝時，右扶風人魯恭，字仲康，從太尉掾調任中牟令，他致力於政事，以德教化人民，不輕易施行刑罰，官吏百姓都十分尊敬信任他，連蝗蟲都不飛入縣境。河南府尹袁安懷疑所聞不實，派部屬肥親去巡察，魯恭跟著肥親走過田間小路，坐在一棵桑樹下，這時有一隻雉雞停息在樹旁，還有一個小孩也在。肥親問小孩道：你為什麼不去打這隻雉雞呢？小孩回答道：牠正帶著一群小雉呢。肥親站起來說：蝗蟲不入縣境，是一奇；教化及於鳥獸，是二奇；兒童懷有仁心，是三奇。久留並非優待賢人，讓我回去吧。那年縣府庭院裡長出一棵莖壯穗長的嘉禾，袁安讚賞他的政績，寫了奏狀上呈朝廷，魯恭被徵聘為博士、侍中。皇上每次車駕出門，魯恭常在旁陪伴，皇上問及民政諸事，他都直言不諱。所以自古以來，一直受到民間的愛戴，立祠享祭，至今從未中斷過。

8 清溝水又東北流經沈清亭，可能就是博浪亭。服虔說：博浪是陽武以南的地名。今日也確有其亭，但詳情還是不得而知。清溝水流經博浪澤，從前張良為韓國向秦報仇，投鐵錘擊秦始皇，沒有擊中，卻擊中了侍從的車，此事就發生在這裡。

9 清溝水又北流，分為兩條，支流東注入清水。清水從支流分出處北注渠水，匯流處稱清溝口。渠水左岸流經陽武縣舊城南，東流稱為官渡水；又流經曹太祖營壘北，這裡有一座高臺，稱為官渡臺，渡口在中牟，所以人們又稱為中牟臺。建安五年（西元二〇〇年），太祖在官渡紮營，袁紹守在陽武，連營結寨逐漸向前推進，依傍沙堆為營地，東西連營達數十里。曹操也分兵抵禦，交戰失利。袁紹兵向東推進逼近官渡，築土山，挖地道進逼曹操營壘；曹操也築起高臺來捍衛，這就是中牟臺。今天臺北的土山還在，土山以東都是袁紹的舊營壘，遺基也都還留著。渠水又東流經田豐祠北。袁本初不聽田豐意見，以致戰敗，羞憤交加，竟把田豐殺了。當時人們讚賞田豐真心為袁紹謀劃，卻無辜被殺，特在此為他立祠，用以表示袁氏的覆滅是咎由自取。

10 渠水又東流，役水注入。役水發源於苑陵縣以西、隙侯亭以東，世人稱此亭為郤城，是弄錯了，那是由於隙、郤兩字讀音相近而致誤。中平陂，世人稱為滍泉，就是古時的役水。《山海經》說：役水發源於役山，北流注入河水。指的可能就是這條水。役水東北流經苑陵縣舊城北，東北流經焦城東、陽丘亭西，世人稱為焦溝水。《竹書紀年》：梁惠成王十六年（西元前三五四年），秦國公孫壯率領軍隊攻鄭，包圍了焦城，卻沒有攻下，指的就是此城。民間稱為驛城，是弄錯了。役水從陽丘亭東流，流經山民城北，就到高榆淵。《竹書紀年》：梁惠成王十六年，秦公孫壯率軍修築了上枳、安陵、山民等城。役水又東北流是酢溝。又東北流，魯溝水分支流出；役水又東北流，分出湹溝水；又東北流是八丈溝；又東流，清水支流注入。這條支流從沈城往東分出，注入役水。役水又東流經曹公壘南，東流與沫水匯合。《山海經》說：沫水發源於沫山，北流注入役水。現在這條水發源於中牟城西南，可能就是沫水。

11 沫水東北流經中牟縣舊城西，從前趙獻侯從耿遷都到這裡。班固說：趙從邯鄲遷到這裡。趙襄子的時候，佛肸在中牟反叛，把大鍋放在庭院中，不跟他走的就投入大鍋裡煮死，這裡就是田英提起衣襟走向大鍋的地方。薛瓚注《漢書》說：中牟在春秋時是鄭國的疆域，到三卿分晉時，則在魏的國境內；趙在漳水以北，國界不到這裡。《春秋傳》說：衛侯去晉，經過中牟，但這不代表中牟在從衛去晉的路上。《汲郡古文》說：齊國軍隊攻打趙國東部邊境，圍困中牟。這裡的中牟不在趙國東邊。中牟應在漯水上。據《春秋》：齊國攻打晉國夷儀，晉軍千餘輛兵車聚集在中牟。衛侯經過中牟的時候，中牟人想攻擊他。衛國有個褚師固早先逃亡到中牟，他對中牟人說：衛國雖然是小國，但君主在，是不能取勝的。齊軍攻克城邑，已經驕傲起來了，一交戰就要打敗仗。後來果然打敗齊軍。服虔沒有指出中牟在什麼地方。杜預說：今天滎陽有個中牟，路途迂迴遙遠，想來不是那個中牟。但地理狀況很不一致，地域的範圍又變化無常，隨著各國力量的強弱消長，自相吞併，疆界也變動不定，怎麼可以看作一成不變呢。當年兵車開往何處，故意迂迴曲折地繞道走，也很難說。自從魏遷移到大梁後，趙用中牟與魏交換土地，所以趙的南疆直到浮水為止，而不止到漳水。趙國自從向西擴張後，到中牟為止，齊軍侵犯它的東部邊境，該是無可懷疑的。而薛瓚卻立即推定是在漯水，憑空斷言中牟所在之處，這不是論證的正確方法。漢高帝十一年（西元前一九六年），把中牟封給單父聖為侯國。沫水又東北流，注入役水。從前魏太祖背離董卓，抄小路逃出中牟，被亭長捉住。郭長公《世語》說：被縣官拘捕，功曹請求釋放他。

12 役水又東北流經中牟澤，鄭太叔就在這片澤地中進攻萑蒲的盜賊。此水東流，折向北方，注入渠水。《續述征記》所說：從醬魁城到酢溝路程十里，這裡的酢溝就指渠水。渠水又東流，在左岸與淵水匯合。淵水上流承接聖女陂，此陂周圍二百餘步，陂水從不乾涸，常是清泉滿池。池水南流注入渠水。渠水又往東南向著大梁流去。

又東至浚儀縣，

13 渠水東南流經赤城北，戴延之以為西北的大梁亭就是赤城，其實不是。《竹書紀年》：梁惠成王二十八年（西元前三四二年），魏將穰疵率兵與鄭孔在梁、赫進行夜戰，鄭軍敗逃。就指此城。左邊有舊渠道從這裡流出。秦始皇二十年（西元前二二七年），王賁截斷這條舊渠道，引水流向東南，去淹沒大梁城，形成的渠道叫梁溝。渠水又東流經大梁城南。這裡原是《春秋》中的陽武高陽鄉，到戰國時稱為大梁，是周朝梁伯的故居。梁伯喜歡大興土木，擴大此城的範圍，稱為新里。百姓不勝勞苦，紛紛逃亡，於是秦國就乘機奪取了此城。後來魏惠王從安邑遷都到這裡，所以叫梁。《竹書紀年》載：梁惠成王六年（西元前三六四年）四月甲寅日，遷都到大梁。秦滅魏後設立為縣。漢文帝把梁封給孝王，孝王因為這裡地勢低窪潮溼，把都城移到東面的睢陽，又改稱梁。自此以後，就在這裡立縣。

14 因為大梁城範圍很大，就把縣治設在東城夷門以東。夷門就是當年侯嬴守關的地方。《續述征記》以為此城就是師曠城，說郭緣生曾經遊歷過此城，到過夷門，登上吹臺，這些從遙遠的古代留下的遺跡，今天都還在。我認為這是梁氏的臺門，魏惠王居住的地方，並不是吹臺，郭氏是弄錯了。《西征記》提到儀城封人，以為儀城就是此縣，也不對。《竹書紀年》載：梁惠成王三十一年（西元前三三九年）三月，在北邊外城開鑿了大溝，以引圃田舊澤的水。《陳留風俗傳》說：縣北有浚水，以儀象測定位置，因此稱為浚儀。我認為從前的汳沙水就是陰溝，因為疏浚過，所以稱為浚水，這也許就像《春秋》說的浚洙吧？漢朝的浚儀水，沒有什麼特別的意思，不過都是異名罷了。

15 這一帶地方遍布池塘沼澤，當時池中撈出一把神劍，到今天當地人還仿它的式樣製劍，稱為大梁氏之劍。渠水又北轉，分為二水。《續述征記》說：汳沙到浚儀而分流，汳水東注，沙水南流。渠水更南流，經梁王吹臺東。《陳留風俗傳》說：縣有蒼頡、師曠二城，城上有仙人們的吹臺，北有牧澤，澤中多蘭草和香蒲，這一帶人才輩出。牧澤方圓十五里，民間稱蒲關澤，就是指這裡。梁王擴建了吹臺。城牆和護城河都已平毀了，只留下一點遺跡。現在那座層臺還孤零零地聳立在牧澤右邊。層臺方圓約一百步，就是阮嗣宗〈詠懷詩〉裡所寫的：從魏都乘車出發，向南眺望著吹臺。簫管依然還有遺音，可是梁王如今何在？晉朝戰禍頻仍，流民聚居在這裡，臺基被挖掘破壞，於是就成為兩層了，上層還有四五十步見方，高一丈多，民間稱為乞活臺，又叫繁臺城。渠水到這裡，有陰溝、鴻溝之稱。項羽與漢高祖劃地稱王，就以這條水作為東西的分界。蘇秦遊說魏襄王說：大王的土地南面有鴻溝，指的就是此水。舊尉氏縣有波鄉、波亭、鴻溝鄉、鴻溝亭，都是以水命名的。今天蕭縣西也有鴻溝亭，梁國睢陽縣東有鴻口亭，古今許多談及鴻溝的人，也有認為此水是楚漢的分界，是搞錯了的。實際上這是《春秋》所說的紅澤。渠水在右岸與汜水匯合，汜水上流在苑陵縣承接役水。苑陵縣是從前鄭國的都城，就是王莽時的左亭縣。役水支流向東分出稱為汜水，民間則稱為漄溝水。《春秋左傳》僖公三十年（西元前六三〇年），晉侯、秦伯包圍了鄭，晉軍駐紮在函陵，秦軍駐紮在汜南——就是所謂的東汜。此水又東北流經中牟縣南，又東北流經中牟澤與淵水匯合。淵水發源於中牟縣舊城北，城裡有層臺。據郭長公《世語》和干寶《晉紀》，都說中牟縣從前魏時任城玉臺下的池中，有一把漢時的鐵錐，長六尺，陷入地下三尺，錐頭指向西南，扳也扳不動，但到正月初一，錐頭卻自動指正了方向。人們認為這是晉朝中興的吉兆。但今天不知道這鐵錐在什麼地方了。有人說在中陽城池臺，不知道是不是真的？淵水從池西流出，拐彎流經城西，往東南注入汜水。汜水又往東流經大梁亭南，又東流經梁臺南，東流注入渠水。

16 渠水又東南流經開封縣，睢水和渙水在這裡分出。右岸有新溝水注入。新溝水從逢池流出，池水上源在苑陵縣承接役水，分支流出，叫魯溝水。往東南流經開封縣舊城北。漢高帝十一年（西元前一九六年），把開封封給陶舍為侯國。《陳留志》說：阮簡，字茂弘，當開封縣令的時候，縣旁有強盜搶劫，外面多次報告情況十分緊急，阮簡正在下圍棋，一邊長聲吟嘯。縣吏說：強盜搶劫十分緊急啊。阮簡回答說：棋局上有劫，也很緊急啊。這位縣令沉溺於娛樂竟到了如此地步。所以《語林》說：王中郎把下圍棋稱為坐隱。也有人把它叫做手談，又稱善弈者為棋聖。

17 魯溝南緊靠富城，魯溝東南流，注入百尺陂，就是古時的逢澤。徐廣《史記音義》說：秦國派公子少官率領軍隊在逢澤與諸侯相會。汲郡墳墓裡發掘出來的《竹書紀年》載：秦孝公在逢澤與諸侯相會。說的就是這地方。所以應德璉的〈西征賦〉說：皇上車駕東行，停車逗留於逢澤。此水東北流，稱為新溝，新溝又東北流經牛首鄉北，有城叫牛建城；又往東北注入渠水，也就是沙水。沙，音蔡，許慎正音讀作沙，意思是說中流沖散石子，偏旁從水，從少，水少沙也露出來了。楚國東部有沙水，就指這條水。

又屈南至扶溝縣北，

18 沙水又東南流經牛首鄉東南，魯溝水從這裡分出，魯溝也稱宋溝。又流經陳留縣舊城南。孟康說：留是鄭國城邑，後來被陳國兼併，所以叫陳留。魯溝水又東南流經圉縣舊城北。圉縣人民深受楚國侵擾之苦，打造兵器以防禦入侵，因此取名為圉。也有人說圉就是邊陲的意思。魯溝水又流經萬人散。王莽篡位時，東郡太守翟義興兵討伐王莽，王莽派遣奮威將軍孫建在圉縣北攔擊翟義。翟義的軍隊大敗，被殺了萬餘人，道路上血流成河，因而把那地方叫萬人散。百姓哀悼死難者，就為他們立祠。

19 魯溝水又流經魯溝亭，又東南流到陽夏縣舊城西。漢高祖六年（西元前二〇一年），把陽夏縣封給陳豨為侯國。

魯溝又往南注入渦水，今天已經枯涸無水了。沙水又東南流經斗城西。《左傳》襄公三十年（西元前五四三年），子產停放好伯有的屍體，又把伯有的臣僚葬在這裡。沙水又東南流經牛首亭東。《左傳》桓公十四年（西元前六九八年），宋人與諸侯攻打鄭國東郊，攻占牛首，民間稱為車牛城。沙水又東南流，八里溝水在這裡分出；又東南流經陳留縣裘氏鄉裘氏亭西，又流經澹臺子羽墓東，與八里溝水匯合。據《陳留風俗傳》說：陳留縣裘氏鄉有澹臺子羽墓，又有子羽祠，百姓都到祠裡祈禱。京相璠說：現在泰山南的武城縣有澹臺子羽墓，子羽是本縣人。不知哪一說法正確。這裡只是根據地方誌上的記載，把糾纏不清之處摘錄下來罷了。

20 溝水上流承接沙河，西南流經牛首亭南，與百尺陂水匯合。百尺陂水從陂南流經開封城東的三里岡，向左拐彎而西流南轉，注入八里溝。八里溝水又南流，在野兔水口接納了一條水。這條水上源承接西南方兔氏亭以北的野兔陂，那是在鄭國境內。《春秋傳》說：鄭伯在兔氏慰勞屈生。陂水往東北注入八里溝。八里溝水又南流經石倉城西，又南流經兔氏亭東，又南流經召陵亭西，東流注入沙水。沙水南流經扶溝縣舊城東。扶溝縣就是潁川的穀平鄉，有扶亭，又有洧水溝，所以名為扶溝縣。建武元年（西元二五年），漢光武帝把扶溝縣封給平狄將軍朱鮪為侯國。沙水又東流與康溝水匯合。康溝水上流在長社縣東引入洧水，東北流經向岡西，就是鄭的向鄉。後人堵塞了這條水的上流，現在水漲時就北流，水淺時就斷流。又有長明溝水注入。長明溝水發源於苑陵縣舊城西北。苑陵縣有兩座城，舊城是西城。兩座城以東一帶，有很多沼澤，這就是古時的制澤。京相璠說：這是在鄭國境內。杜預說：沼澤在滎陽郡苑陵縣東，就是《春秋》中說的制田。舊城西北平地湧出泉水，稱為龍淵泉。泉水流經陵丘亭西，又西流，重泉水注入。重泉水發源於舊城西北的平地，泉水湧出，南流經陵丘亭西，往西南注入龍淵水。龍淵水又東南流經凡陽亭西，然後往南注入白鴈陂。白鴈陂在長社縣東北，東西七里，南北十里，在林鄉西南。司馬彪〈郡國志〉說：苑陵有林鄉亭。白鴈陂又有一條渠道引水南流，稱為長明溝，溝水向東拐彎，又向北轉，然後東流經向城北。城旁有向岡。《左傳》襄公十一年（西元前五六二年），諸侯討伐鄭國，兵臨於向。長明溝又東流，右岸分流積成染澤陂，往東注入蔡澤陂。長明溝水又東流經尉氏縣舊城南。圈稱說：尉氏縣是鄭國東部邊境。尉氏是執掌

21 刑獄的官名，是鄭大夫尉氏的封邑。所以欒盈說：我回去將死於尉氏之手了。

長明溝在這裡分為三條，北支叫康溝，東流經平陸縣舊城北。高后元年（西元前一八七年），把平陸封給楚元王的兒子劉禮為侯國。建武元年（西元二五年），因平陸縣人口不滿三千戶，撤縣改為尉氏縣的陵樹鄉。又有陵樹亭。漢朝建安年間（西元一九六～二二〇年），封尚書荀攸為陵樹鄉侯。因此《陳留風俗傳》說：陵樹鄉是過去的平陸縣。北有大澤，名為長樂廄。康溝水又東流經扶溝縣白亭北。《陳留風俗傳》說：扶溝縣有帛鄉、帛亭。地名在七鄉十二亭之列。康溝水又東流經少曲亭。《陳留風俗傳》說：尉氏縣有少曲亭，民間稱為小城。又東南流經扶溝縣舊城東，往東南注入沙水。沙水又南流，與南水匯合。此水南流又分為兩條。一條南流經闞亭東，又東南流，與左水匯合。此水從支渠南流經召陵亭西，召陵亭可能就是扶溝亭。此水東南流，與右水匯合。世人因此水與鄢陵陂水並流，所以也稱雙溝。又往東南注入沙水。沙水南流與蔡澤陂水匯合。陂水出自鄢陵城西北。《春秋》成公十六年（西元前五七五年），晉、楚兩軍在鄢陵相遇，呂錡射中共王的眼睛，共王把養由基召來，要他將呂錡射死。這裡也是子反醉酒而死的地方。蔡澤陂東西五里，南北十里。陂水東流經匡城北；城在新汲縣東，北邊就是扶溝的匡亭。亭在匡城鄉。《春秋》文公元年（西元前六二六年），諸侯到晉國朝見，衛成公卻不去，還派遣孔達入侵鄭國，攻打緜訾和匡——匡，就是匡城。現在陳留郡長垣縣南有匡城，就是平丘的匡亭。襄邑又有承匡城。然而匡在陳、衛之間，又往往有好幾個不同的城。陂水又東南流到扶溝城北，又往東南注入沙水。沙水又南流經小扶城西，然後轉向東南。小扶城就是扶溝縣的平周亭，東漢和帝永元年間（西元八九～一〇五年），把平周亭封給陳敬王的兒子劉參為侯國。沙水又東南流經大扶城西，這座城就是扶樂舊城。城北二里有「袁良碑」，碑文說：袁良，陳國扶樂人。後漢世祖建武十七年（西元四一年），改封劉隆為扶樂侯，就是這座城。渦水在這裡分出，不可能在扶溝以北就分為兩條支流的。

其一者，東南過陳縣北，

22 沙水又東南流經東華城西；又東南流，沙水支流西南流到洧水，稱為甲庚溝，現在已經乾涸無水了。沙水又南流與廣漕渠匯合。廣漕渠上流承接龐官陂，據說是鄧艾開鑿的。雖然水流時斷時通，溝渠還是很多的。從前賈逵當魏豫州刺史，疏通了這條渠道二百餘里，於是就稱為賈侯渠。然而河渠像田間阡陌似的縱橫交錯，很難辨別哪些是他疏浚過的。沙水又東流經長平縣舊城北，又東南流經陳城北，這裡就是從前的陳國。伏羲、神農都在這裡建都過。城東北三十來里，還有一座羲城，十分堅固。舜的後代嬀滿，在周朝當陶正，武王需要他所做的陶器，因而把自己的長女太姬嫁給他為妻，並把陳封給他，這樣，武王分封前三朝帝王後裔，即所謂的三恪，就都辦妥了。太姬喜歡祭祀，所以《詩經》裡寫道：宛丘之下，鼓聲咚咚。宛丘在陳城南的路東。王隱說：宛丘逐漸被削平。今天已不知在什麼地方了。楚國攻陳，在栗門殺了夏徵舒，在陳設置夏州。陳城東門內有個水池，池水東西七十步，南北約八十步，池水十分清淨，從不乾涸，而且也不生魚蝦水草，池心留有舊時亭臺的遺址——這就是《詩經》裡所說的東門之池。城內有漢相王君所造的「四縣邸碑」，碑上文字已剝落殘缺，有些已看不清楚，大致意思是：現在的陳國，過去叫淮陽郡。又說：王君以清廉仁愛著稱，受到百姓的敬畏愛戴。他求賢養士千餘人，賜給他們田地住宅。他自己削減薪俸，幫助吏屬修建房舍。五官掾西華陳騏等二百零五人，於延熹二年（西元一五九年）等等。所以頌詞說：他修仁德，立功勳，四方各縣百姓都來歸附。今天碑的左右還遺留著斷垣殘壁，基礎還在。當今人們不去尋遺碑為證，卻說這是孔子廟的學舍，這是弄錯了。後來楚襄王時國都被秦國攻破，於是遷都到這裡來。文穎說：這就是西楚。所謂的三楚，這就是其中之一。城南外城裡面，又有一座城，名叫淮陽城，是子產修築的。漢高祖十一年（西元前一九六年），立為淮陽國，王莽改名叫新平，縣叫陳陵，是先前豫州的治所。王隱《晉書・地道記》說：城北有從前的沙水舊道，名叫死沙，但今天水流暢通，是漕運經過的地方。沙水又東流南轉，流經陳城東，稱為百尺溝，又南流分為兩條，新溝水就在這裡流出。溝水東南流，谷水注入。谷水上流承接澇陂，陂在陳城西北，南達犖城，這一片都是湖澤。陂水東流稱為谷水，東流經澇城北。王隱說：犖城北有谷水。犖水就是檉水。《春秋》載，僖公在檉與齊、宋會盟。杜預說：檉就是犖，說在陳縣西北，卻弄錯了。檉是小城，在陳郡西南。谷水又東流經陳城南，又東流注入新溝水，又往東南注入潁水，匯流處稱為交口。水旁有一條大堤堰，就是古時的百尺堰。《魏書・國志》說：司馬宣王討伐太尉王淩，大軍出其不意來到百尺堨，指的就是這條堤堰。現在民間稱為山陽堰，其實不是。因新溝水上流在百尺溝接納了潁水，所以這條堰又兼稱新陽堰。根據這一點推斷，可知民間的稱呼是錯誤的。

又東南至汝南新陽縣北，

23 沙水從百尺溝東流經寧平縣舊城南。《晉陽秋》說：晉朝太傅東海王司馬越逃往東方，石勒在後追擊，在這裡焚燒了他的屍體，部下數十萬人都被圍困在此，束手受戮。石勒縱馬圍射，屍積如山，王夷甫也死在這裡。我想，才智出眾的人是憑著機智勝過普通人，能言善辯的人長於文飾自己，袪除迷惑。王夷甫雖然身負英才俊士的美名，說話長於顛倒黑白，汙辱自己的君王，得罪了石勒，史官把他與華歆、王朗相比，實在還是抬高了他。

24 沙水又東流，積水成陂，稱為陽都陂，明水注入。明水上流承接沙水支流，東流經汝南郡宜祿縣舊城北。宜祿縣就是王莽時的賞都亭。明水又東北流注入陂中。陂水東南流，稱為細水。又東流經新陽縣北，又東流，高陂水往東分流而出。沙水又東流，分為兩條，就是《春秋》所說的夷濮水。支流北流經譙縣舊城西，在城旁流過，注入渦水。沙水東南流經城父縣西南，又有一條支流在此分出，民間稱為章水。另一條東流，就是濮水，民間稱為艾水。東流經城父縣舊城南，往東流去。

又東南過山桑縣北，

25 山桑縣舊城在渦水以北，沙水不可能流經城北，這是明明白白的。《水經》卻說流過縣北，是搞錯了。

又東南過龍亢縣南，

26 沙水流經舊城北，又東南流經白鹿城北，然後往東流去。

又東南過義成縣西，南入于淮。

27 義成縣原先屬於沛郡，後來屬於九江郡。沙水東流，注入淮水，稱為沙汭。京相璠說：這裡是楚國東部地區。《春秋左傳》昭公二十七年（西元前五一五年），楚國令尹子常把水軍開到沙汭後又退了回去。杜預說：

沙，是水名。

【研　析】酈道元的寫作技巧，素為學者所折服。其中尤以描寫自然風景，歷來多獲讚賞。如明楊慎在《丹鉛雜錄》卷七中說：「予嘗欲抄出其山水佳勝為一帙，以洗宋人《臥遊錄》之陋，未暇也。」特別是明末清初的張岱，他在〈跋寓山注二則〉（《瑯嬛文集》卷五）一文中寫道：「古人記山水，太上酈道元，其次柳子厚，近時則袁中郎。」張岱以酈、柳、袁三人作比，說明三人都是寫景能手。袁中郎即袁宏道，是明末「公安體」的代表人物，畢生寫過不少遊記，收入於《袁中郎全集》卷十四。以後又有人把他的遊記抽出來，單獨出版了《袁中郎遊記》。張岱和袁宏道差不多是同時代人，所以完全有資格對袁作評價，並把他列入三人中的末位，這種評價是公允的。但張在酈、柳二人中進行評比，稱酈為「太上」，而柳列為「其次」。柳子厚就是柳宗元，是著名的唐宋八大家之一，在文學上聲名遠過於酈道元，張岱讓柳屈居酈下，是否有失公平？不過細細咀嚼張文，他所說的「太上」、「其次」，指的是「古人記山水」。柳宗元畢生文章雖多，但山水文章主要以《永州八記》出名。以此而論，酈、柳之間的高下就可以對比了。此卷〈洧水注〉中，酈氏文章：「瀵泉南注，東轉為淵，綠水平潭，清潔澄深，俯視游魚，類若乘空矣，所謂淵無潛鱗也。」酈氏書中類似於此的描寫頗不少，如卷三十七〈夷水注〉：「其水虛映，俯視游魚，如乘空也。」同卷〈澧水注〉：「澧水又東，茹水注之，水出龍茹山，水色清澈，漏石分沙。」柳宗元在《永州八記》中的一篇〈至小丘西小石潭記〉中，也有這樣的描寫：「潭中魚可百許頭，皆若空游而無所依。」足見柳文取法酈文，或許也就是張岱議論的依據。當然，人類的一切學問和經驗，後代總是繼承前代而不斷發展的。柳在寫景技巧上吸取了酈之長，這是很自然和正常的事，而張岱所評的在「記山水」方面的「太上」和「其次」，也並無不當之處。

卷二十三

陰溝水 汳水 獲水

【題解】陰溝水是古代淮河水系的河流，《經》文說：「陰溝水出河南陽武縣蒗蕩渠。」蒗蕩渠即卷二十二的渠水，說明它是從渠水分流出來的。但《經》文後來又說：「東南至沛，為過水。」則它的下流注入過水。從這一句《經》文以下，一直寫到過水入淮，從此不再提及陰溝水。這一帶歷史上河流變遷很大，現在已經不再存在這條河流。只能在歷史地圖上找到，如譚其驤《中國歷史地圖集》第四冊和鄭德坤《重編水經注圖・總圖部分》都繪有此水，在原武（今河南原陽）和浚儀（今開封）之間。

汳水也是古代鴻溝水系中的河流之一。從《水經》來看：「汳水出陰溝于浚儀縣北。」說明三國時代的汳水是從陰溝水分出來的一支，酈道元解釋這一句《經》文：「陰溝，即蒗蕩渠也，亦言汳受旃然水，又云丹、沁亂流，于武德絕河，南入滎陽合汳，故汳兼丹水之稱。」說明在北魏時代，儘管浚儀、滎陽都在他可以親自考察的北魏疆域之內，但是由於河道播遷，別名眾多，他在當時就分辨不清楚了。晉代以後，人們把汳水作為汴水的下流，汳水之名已經廢棄不用，甚至有人認為「汳」字是「汴」字的古字，魏晉人怕反，所以把「反」改成「卞」。這種傳說並不可靠，卻也反映了這個地區水道複雜多變的情況。

獲水據《水經》原文：「(汳水) 又東至梁郡蒙縣，為獲水，餘波南入睢陽城中。」又說：「獲水出汳水于梁郡蒙縣北。」由此看來，古代獲水是汳水的下流。獲水最後注入泗水，這是《經》文與《注》文都一致的，但《注》文在最後記敘彭城縣的彭祖樓時說：「其樓之側，襟汳帶泗，東北為二水之會也。」說明即使在獲水會泗之處，古時仍有稱汳水的。

陰溝水

陰溝水出河南陽武縣蒗蕩渠，

1 陰溝首受大河于卷縣，故瀆東南逕卷縣故城南，又東逕蒙城北。《史記》：秦莊襄王元年，蒙驁擊取成皋、滎陽，初置三川郡。疑即驁所築也，于事未詳。故瀆東分為二，世謂之陰溝水。京相璠以為出河之濟，又非所究，俱東絕濟隧。右瀆東南逕陽武城北，東南絕長城，逕安亭北，又東北會左瀆。左瀆又東絕長城，逕垣雍城南。昔晉文公戰勝于楚，周襄王勞之于此。故《春秋》書：甲午至于衡雝，作王宮于踐土。《呂氏春秋》曰：尊天子于衡雝者也。〈郡國志〉曰：卷縣有垣雝城，即《史記》所記韓獻秦垣雍是也。又東逕開光亭南，又東逕清陽亭南，又東合右瀆。又東南逕封丘縣，絕濟瀆。東南至大梁，合蒗蕩渠。梁溝既開，蒗蕩渠故瀆寔兼陰溝、浚儀之稱，故云出陽武矣。東南逕大梁城北，左屈與梁溝合。俱東南流，同受鴻溝、沙水之目。其川流之會左瀆東導者，即汳水也，蓋津源之變名矣。故《經》云：陰溝出蒗蕩渠也。

東南至沛，為過水，

2 陰溝始亂蒗蕩，終別于沙，而過水出焉。過水受沙水于扶溝縣。許慎又曰：過水首受淮陽扶溝縣蒗蕩渠，不得至沛方為過水也。《爾雅》曰：過為洵。郭景純曰：大水泆為小水也。呂忱曰：洵，過水也。過水逕大扶城西，城之東北，悉諸袁舊墓，碑宇傾低，羊虎碎折，惟司徒滂、蜀郡太守騰、博平令光碑字所存。惟此自餘，殆不可尋。

3 過水又東南逕陽夏縣西，又東逕邈城北，城實中而西，有隙郭。過水又東逕大棘城南，故鄢之大棘鄉也。《春秋》宣公二年，宋華元與鄭公子歸生戰于大棘，獲華元。《左傳》曰：華元殺羊食士，不及其御。將戰，羊斟曰：疇昔之羊子為政，今日之事，我為政。遂御入鄭，故見獲焉。後其地為楚莊所并。故圈稱❶曰：大棘，楚地，有楚太子建之墳及伍員釣臺，池沼具存。

4 過水又東逕安平縣故城北。《陳留風俗傳》曰：大棘鄉，故安平縣也。士人敦憃，易以統御。過水又東逕鹿邑城北，世謂之虎鄉城，非也，《春秋》之鳴鹿矣。杜預曰：陳國武平西南有鹿邑亭是也。城南十里有「晉中散大夫胡均碑」，元康八年立。過水之北有「漢溫令許續碑」。續字嗣公，陳國人也，舉賢良，拜議郎，遷溫令。延熹中立。過水又東，逕武平縣故城北，城之西南七里許有「漢尚書令虞詡碑」，碑題云：虞君之碑。諱詡，字定安，虞仲之後，為朝歌令、武都太守。文字多缺，不復可尋。按范曄《漢書》❷，詡字升卿，陳國武平人，祖為縣獄吏，治存寬恕，嘗曰：于公為里門，子為丞相。吾雖不及于公，子孫不必不為九卿。故字詡曰升卿。定安，蓋其幼字也。魏武王初封于此，終以武平華夏矣。

過水又東逕廣鄉城北，圈稱曰：襄邑有蛇丘亭，故廣鄉矣，改曰廣世。後漢順帝陽嘉四年，封侍中摯填為侯國，即廣鄉也。過水又東逕苦縣西南，分為二水，枝流東北注，于賴城入谷，謂死過也。過水又東南屈，逕苦縣故城南，〈郡國志〉曰：《春秋》之相也。王莽更名之曰賴陵矣。城之四門列築馳道，東起賴鄉，南自南門，越水直指故臺西面；南門列道，徑趣廣鄉道；西門馳道，西屆武平；北門馳道，暨于北臺。過水又東北屈，至賴鄉西，谷水注之。谷水首受渙水于襄邑縣東，東逕承匡城東。《春秋經》書：夏叔仲彭生會晉郤缺于承匡。《左傳》曰：謀諸侯之從楚者。京相璠曰：今陳留襄邑西三十里有故承匡城。谷水又東南逕己吾縣故城西。《陳留風俗傳》曰：縣，故宋也，雜以陳、楚之地，故梁國寧陵縣之徙❸種龍鄉也。以成、哀之世，戶至八九千，冠帶之徒求置縣矣。永元十一年，陳王削地，以大棘鄉、直陽鄉十二年自鄢隸之，命以嘉名曰己吾，猶有陳、楚之俗焉。

6 谷水又東逕柘縣故城東。〈地理志〉：淮陽之屬縣也。城內有〈柘令許君清德頌〉，石碎字紊，惟此文見碑。城西南里許，有「漢陽臺令許叔種碑」，光和中立；又有「漢故樂成陵令太尉掾許嬰碑」，嬰字虞卿，司隸校尉之子，建寧元年立。餘碑文字碎滅，不復可觀，當似司隸諸碑也。谷水又東逕苦縣故城中，水泛則四周隍塹，耗則孤津獨逝。谷水又東逕賴鄉城南，其城實中，東北隅有臺偏高，俗以是臺在谷水北，其城又謂之谷陽臺，非也。谷水自此東入過水。

7 過水又北逕老子廟東。廟前有二碑，在南門外。漢桓帝遣中官管霸祠老子，命陳相邊韶撰文。碑北有雙石闕甚整頓，石闕南側，魏文帝黃初三年經譙所勒，闕北東側，有孔子廟，廟前有一碑，西面是陳相魯國孔疇建和三年立，北則老君廟，廟東院中有九井焉。又北，過水之側又有李母廟。廟在老子廟北，廟前有李母冢，冢東有碑，是永興元年譙令長沙王阜所立。碑云：老子生于曲、過間。過水又屈東，逕相縣故城南，其城卑小實中，邊韶〈老子碑〉文云：老子，楚相縣人也，相縣虛荒，今屬苦，故城猶存，在賴鄉之東，過水處其陽。疑即此城也，自是無郭以應之。

8 過水又東逕譙縣故城北，《春秋左傳》僖公二十二年❹，楚成得臣帥師伐陳，遂取譙，城頓而還是也。王莽之延成亭也，魏立譙郡，沇州治。沙水自南枝分，北逕譙城西，而北注過。過水四周城側，城南有曹嵩冢，冢北有碑，碑北有廟堂，餘基尚存，柱礎仍在。廟北有二石闕雙峙，高一丈六尺，榱櫨及柱皆雕鏤雲矩，上罦罳❺已碎，闕北有圭碑，題云：漢故中常侍長樂太僕特進費亭侯曹君之碑，延熹三年立。碑陰又刊詔策，二碑文同。夾碑東西，列對兩石馬，高八尺五寸，石作麤拙，不匹光武隧道所表象馬也。有騰兄冢，冢東有碑，題云：漢故潁川太守曹君墓，延熹九年卒。而不刊樹碑歲月。墳北有其元子熾冢，冢東有碑，題云：漢故長水校尉曹君之碑。歷太中大夫、司馬、長史、侍中，遷長水，年三十九卒，熹平六年造。熾弟胤冢，冢東有碑，題云：漢謁者曹君之碑，熹平六年立。城東有曹太祖舊宅，所在負郭對廛，側隍臨水。《魏書》曰：太祖作議郎，告疾歸鄉里，築室城外，春夏習讀書傳，秋冬射獵以自娛樂。文帝以漢中平四年生于此，上有青雲如車蓋，終日乃解。即是處也。後文帝以延

9 康元年辛譙，大饗父老，立壇于故宅，壇前樹碑，碑題云：大饗之碑。碑之東北，過水南，有譙定王司馬士會冢。冢前有碑，晉永嘉三年立。碑南二百許步有兩石柱，高丈餘，半下為束竹交文，作制極工。石榜云：晉故使持節散騎常侍都督揚州、江州諸軍事、安東大將軍、譙定王河內溫司馬公墓之神道❻。

10 過水又東逕朱龜墓北，東南流。冢南枕道有碑，碑題云：漢故幽州刺史朱君之碑。龜字伯靈，光和六年卒官，故吏別駕從事史，右北平無終年化❼，中平二年造。碑陰刊故吏姓名，悉薊、涿及上谷、北平等人。

11 過水東南逕層丘北，丘阜獨秀，巍然介立，故壁壘所在也。過水又東南逕城父縣故城北，沙水枝分注之。水上承沙水于思善縣，世謂之章水，故有章頭之名也。東北流逕城父縣故城西，側城東北流入于過。過水又東逕下城父北，〈郡國志〉曰：山桑縣有下城父聚者也。過水又屈逕其聚東郎山西，又東南屈，逕郎山南，山東有垂惠聚，世謂之禮城。袁山松〈郡國志〉曰：山桑縣有垂惠聚。即此城也。過水又東南逕過陽城北，臨側過水，魏太和中為過州治，以蓋表為刺史。後罷州立郡，衿帶過戍。過水又東南逕龍亢縣故城南，漢建武十三年，世祖封傳昌為侯國。故語曰：沛國龍亢至山桑者也。過水又屈而南流出石梁，梁石崩褫，夾岸積石高二丈，水歷其間，又東南流，逕荊山北而東流注也。

又東南至下邳淮陵縣，入于淮。

12 過水又東，左合北肥水。北肥水出山桑縣西北澤藪，東南流，左右翼佩數源，異出同歸，蓋微脈涓注耳。東南流逕山桑邑南，俗謂之北平城。昔文欽之封山桑侯，疑食邑于此城。東南有一碑，碑文悉破無驗，惟碑背故吏姓名尚存，熹平元年義士門生沛國蕭劉定興立。北肥水又東逕山桑縣故城南，俗謂之都亭，非也。今城內東側猶有山亭桀立，陵阜高峻，非洪臺所擬。《十三州志》所謂山生于邑，其亭有桑，因以氏縣者也。郭城東有「文穆冢碑」，三世二千石，穆郡戶曹史，徵試博士、太常丞，以明氣候，擢拜侍中右中郎將，遷九江、彭城、陳留三郡，光和中卒，故吏涿郡太守彭城呂虔等立。

13 北肥水又東，積而為陂，謂之瑕陂。陂水又東南逕瑕城南，《春秋左傳》成公十六年，楚師還及瑕，即此城也。故京相璠曰：瑕，楚地。北肥水又東南逕向縣故城南。〈地理志〉曰：故向國也。《世本》曰：許、州、向、申，姜姓也，炎帝後。京相璠曰：向，沛國縣，今并屬譙國龍亢也。杜預曰：龍亢縣東有向城，漢世祖建武十三年，更封富波侯王霸為侯國，即此城也。俗謂之圓城❽，非。又東南逕義成南，世謂之楮城，非。又東入于過，過水又東注淮。《經》言下邳淮陵入淮，誤矣。

【注釋】❶圈稱　此是人姓名。後漢末人，字幼舉。撰《陳留風俗傳》，前已有注解。稱著者姓名而不錄書名，亦酈氏常有習慣。如圈稱因其所著僅有《陳留風俗傳》，故所指必是此書。另外有些稱著者，所著僅酈《注》引用者就有幾種，需要讀者分辨。❷范曄漢書　應作范曄《後漢書》。酈氏常常隨意簡略，全書例子甚多，讀者需要自己留意。❸徙　熊會貞引《陳留風俗傳》曰無「徙」字，《初學記》二十六引同。又云，今其都印文曰種龍。足徵此「徙」字衍。❹僖公二十二年　《水經注疏》作「僖公二十三年」。《疏》：「朱訛作『二十二年』，戴同，趙改『二十三年』。守敬按：《左傳》在二十三年。」❺罘罳　古代設在門外或城角上的網狀建築，用以守望和防禦。❻神道　指墓前的道路。《後漢書．中山簡王焉》李賢注：「墓前開道，建石柱以為標，謂之神道。」❼年化　《水經注疏》疏：「朱《箋》曰：當作『牟化』。即造碑故吏姓名也。趙云：《隸釋》引此作『年化』，『年』亦姓也。戴作『年』同。守敬按：《隸釋》作『牟』。明抄本原作『牟』，則『年』字非也。」❽俗謂之圓城　此處有佚文一條。雍正《江南通志》卷三十五〈輿地志．古迹〉六〈鳳陽府．向城〉引《水經注》：「北肥水逕向縣故城南，俗謂之圓城，或謂團城。」「或謂團城」四字，當是此句下佚文。

【語譯】陰溝水出河南陽武縣蒗蕩渠，

1 陰溝水上流在卷縣承接大河，老渠道東南流經卷縣老城南，又東流經蒙城北。據《史記》載，秦莊襄王元年（西元前二四九年）蒙驁攻占成皋、滎陽，首先設置了三川郡。蒙城大概就是蒙驁修築的，但史實還不大清楚。老渠道東流，分為兩條，民間稱為陰溝水。京相璠認為是從河水分出的濟水，也沒有細究，這兩條支渠都向東穿過濟隧。右渠往東南流經陽武城北，東南流，穿過長城，流經安亭北，又東北流與左渠匯合。左渠又東流，穿過長城，流經垣雍城南。從前晉文公戰勝楚國，周襄王就在這裡慰勞晉軍。所以《春秋》

記載：甲午年晉文公到了衡雝，在踐土修建了王宮。《呂氏春秋》說：在衡雝尊奉周天子。〈郡國志〉說：卷縣有垣雝城，就是《史記》所說韓國獻給秦國的垣雍城。左渠又東流經開光亭南，又東流經清陽亭南，又東流與右渠匯合。陰溝水又東南流經封丘縣，橫穿過濟水。東南流到大梁，與蒗蕩渠匯合。梁溝開鑿後，蒗蕩渠老渠道實際上兼有陰溝和浚儀水兩個名稱，因此，《水經》說陰溝水發源於陽武縣。陰溝水東南流經大梁城北，左轉與梁溝匯合。兩條水都往東南流，也都兼有鴻溝和沙水的名稱。那條東流與左渠相匯合的，就是汳水，這是這條支流源頭的異名。因此《水經》說：陰溝水源出蒗蕩渠。

東南至沛，為過水，

2 陰溝水先亂流入蒗蕩渠，最後又從沙水分出，成為過水。過水在扶溝縣承接沙水。許慎又說：過水上流承接了淮陽郡扶溝縣的蒗蕩渠，不可能到沛縣才成為過水的。《爾雅》說：過水就是洵水。郭景純說：這是大水溢出而形成的支流。呂忱說：洵水，就是過水。過水流經大扶城西，此城的東北，全是袁氏的古墓，不少墓室都塌陷了，墓碑傾倒了，石羊石虎也破碎斷折了，只有司徒袁滂、蜀郡太守袁騰、博平縣令袁光的墓碑還在。除此之外，就都不知是誰的墓了。

3 過水又往東南流經陽夏縣西，又往東流經邈城北，城牆十分堅實，但西頭，城郭卻有裂隙。過水又東流經大棘城南，這是從前鄢縣的大棘鄉。《春秋》宣公二年（西元前六〇七年），宋國華元與鄭國公子歸生在大棘會戰，華元被俘。《左傳》說：華元在出陣前殺羊慰勞將士，但沒有把羊肉分給他的駕車人。將要開戰時，駕車人羊斟說：過去的羊肉由您做主，今天的事情要由我做主了。就駕車闖入鄭軍陣中，所以華元被俘。後來這一帶被楚莊王所兼併了。因而圈稱說：大棘是楚國地方，有楚太子建的墳墓及伍員的釣臺、池塘，如今都還在。

4 過水又東流經安平縣老城北。《陳留風俗傳》說：大棘鄉就是從前的安平縣。人民敦厚愚拙，容易統治。過水又東流經鹿邑城北，人們稱為虎鄉城，其實不是，這裡是《春秋》記載的鳴鹿。杜預說：陳國武平西南有個鹿邑亭，就指這地方。城南十里有「晉中散大夫胡均碑」，元康八年（西元二九八年）立。過水以北有

「漢溫令許續碑」。許續字嗣公，陳國人，被推舉為賢良，授官議郎，以後調到溫縣當縣令。墓碑是延熹年間（西元一五八～一六七年）所立。過水又東流經武平縣老城北，城西南約七里有「漢尚書令虞詡碑」，碑上題字道：虞君之碑。虞君名詡，字定安，是虞仲的後代，當過朝歌令和武都太守。碑上文字殘缺很多，不能辨認了。據范曄《後漢書》，虞詡，字升卿，陳國武平人，祖父在縣裡當獄吏，管理犯人較為寬厚，他曾說：于公當里門小吏，但他的兒子卻做了丞相。我雖比不上于公，但子孫未必不能當九卿。因此給虞詡取字叫升卿。定安是他的小名。魏武王最初被封在這裡，終於以武力平定了華夏。

5 過水又東流經廣鄉城北。圈稱說：襄邑有個蛇丘亭，就是從前的廣鄉，後來改稱廣世。後漢順帝陽嘉四年（西元一三五年），將這地方封給侍中摯填為侯國，就是廣鄉。過水又東流經苦縣西南，分為兩條，支流東北流，在賴城流入山谷，稱為死過。過水又轉向東南，流經苦縣老城南。〈郡國志〉說：這裡就是《春秋》記載的相。王莽改名為賴陵。苦縣老城四面的城門，都修築了寬闊的馳道，東從賴鄉開始，南從南門穿過過水，直通舊臺西面；南門各條道路，直通廣鄉道；西門的馳道，西到武平；北門的馳道，直到北臺。過水又轉向東北，流到賴鄉西，谷水注入。谷水上流在襄邑縣東承接渙水，東流經承匡城東。《春秋經》記載：夏天，叔仲、彭生在承匡會見晉國郤缺。《左傳》說：商議對付投靠楚國的諸侯。京相璠說：今天，在陳留襄邑西三十里有舊時的承匡城。谷水又東南流經己吾縣老城西。《陳留風俗傳》說：己吾縣從前屬於宋國，兼有陳、楚的部分土地，是從前梁國寧陵縣的種龍鄉。成帝、哀帝時，這裡的居民發展到八九千戶，於是當地的士族、官吏要求設縣。永元十一年（西元九九年），陳王封地被削，十二年（西元一〇〇年）自鄢劃出大棘鄉、直陽鄉隸屬於該縣，取了個美名叫己吾，並且還保留了陳、楚的舊習俗。

6 谷水又東流經柘縣老城東。據〈地理志〉，這是淮陽的屬縣。城內有〈柘令許君清德頌〉，別的石碑都已破碎，碑文也已模糊不清了，只有此文的碑刻還看得出。城西南約一里左右，有「漢陽臺令許叔種碑」，是光和年間（西元一七八～一八四年）所立；又有「漢故樂成陵令太尉掾許嬰碑」，許嬰，字虞卿，是司隸校尉的兒子。碑是建寧元年（西元一六八年）所立。其餘的石碑，文字都剝蝕不清，無可辨認，看來也和司隸等碑差不多了。谷水又東流經苦縣老城中，水大氾濫時，就流遍四周的護城河；水小時，就只有一水獨流了。谷水又東流經賴鄉城南。這座城很堅實，東北角有臺較高。民間以為此臺在谷水北，因此又稱此城為谷陽臺，其實不對。谷水在這裡東流注入渦水。

7 渦水又北流經老子廟東。廟前有兩塊石碑，在南門外。漢桓帝派遣宦官管霸為老子建祠，命陳國丞相邊韶撰寫碑文。石碑北面有兩座很整齊的石闕，石闕南側，是魏文帝黃初三年（西元二二二年）經過譙縣時刻的，石闕北邊東側，有孔子廟，廟前有一塊石碑，石碑朝西，是陳國丞相魯國的孔疇在建和三年（西元一四九年）所立。北面就是老君廟，廟東的院子裡有九口井。又往北，在渦水的旁邊又有李母廟，在老子廟北，廟前有李母墓，墓東有石碑，是永興元年（西元三〇六年）譙縣令長沙王司馬阜所立。碑文說：老子生在曲水、渦水之間。渦水又東轉，流經相縣老城南，此城雖很小卻很堅固，邊韶撰的〈老子碑〉說：老子是楚國相縣人。相縣虛空荒涼，今天屬於苦縣，老城至今還在，在賴鄉東，渦水流過城南。說的可能就是此城，但從這裡起卻沒有相應的城郭。

8 渦水又東流經譙縣老城北。《春秋左傳》僖公二十二年（西元前六三八年），楚國成得臣率領軍隊討伐陳國，結果攻取了譙，在頓築城，然後班師而還。王莽時叫延成亭，魏時設立了譙郡，是沛州的治所。沙水從南面分出支流，北流經譙城西，然後北流注入渦水。渦水四面環繞著城邊，城南有曹嵩墓，墓北有石碑，碑北有廟堂，今天在遺址上還能看到石柱和石礎。廟北有兩座石闕，互相對峙，高一丈六尺，頂椽、斗拱及立柱都雕刻著雲紋，上面的罘罳已經破碎，石闕北邊有一塊圭形碑，碑上題著：漢故中常侍長樂太僕特進費亭侯曹君之碑，延熹三年（西元一六〇年）立。背面又刻著詔書，兩塊碑的碑文相同。石碑東西兩邊，相對立著兩匹石馬，高八尺五寸，石雕粗糙拙劣，比不上光武帝墓道上的石像石馬。附近有曹騰兄墓，墓東有石碑，題著：漢故潁川太守曹君墓，延熹九年（西元一六六年）卒，但未刻立碑年月。墓北有他的長子曹熾墓，墓東有石碑，題著：漢故長水校尉曹君之碑。曹君歷任大中大夫、司馬、長史、侍中等職，調任長水，三十九歲亡故，熹平六年（西元一七七年）立。曹熾弟曹胤墓也在這裡。墓東有碑，題著：漢謁者曹君之碑，熹平六年立。城東有曹太祖故居故址，故居背靠城牆，面對民宅，旁邊是城壕臨水。《魏書》說：太祖嘗過議郎，後因病辭官還鄉，在城外建了房屋，春夏研讀詩書經傳，秋冬到郊外射獵娛樂。文帝於漢中平四年（西元一八七年）出生在這裡，當時天上青雲像車蓋一樣籠罩著，直到天晚才散去，指的就是此處。後來文帝在延康元年（西元二二〇年）駕臨譙縣，大擺筵席宴請鄉里父老，並在故居設立祭壇，壇前立碑，碑題叫大饗之碑。

9 石碑東北、渦水南岸，有譙定王司馬士會墓。墓前有塊石碑，是晉永嘉三年（西元三〇九年）所立。碑南約二百來步，有兩根石柱，高一丈多，下半部雕有成束的竹子互相交叉的花紋，雕刻非常精緻。石碑上刻著：晉故使持節散騎常侍都督揚州、江州諸軍事、安東大將軍、譙定王河內郡溫縣司馬公墓之神道。

10 渦水又東流經朱龜墓北，東南流。墓南路旁，有塊石碑，碑上題著：漢故幽州刺史朱君之碑。朱龜字伯靈，光和六年（西元一八三年）死於在任期間，舊屬別駕從事史右北平郡無終縣年化，中平二年（西元一八五年）造。碑的背面刻著舊時屬吏的姓名，都是薊、涿及上谷、北平等地人。

11 渦水東南流經層丘北，丘岡特別秀美，巍然獨立，這是從前軍營的所在地。渦水又東南流經城父縣老城北，沙水的支流在這裡注入。此水上流在思善縣承接沙水，世人稱為章水，因此有章頭的地名。章水東北流經城父縣老城西，沿著城旁往東北流入渦水。渦水又東流經下城父北。就是〈郡國志〉所說的：山桑縣有下城父村。渦水又折而流經村東的郎山西，又向東南轉，流經郎山南，郎山東有個垂惠村，人們稱為禮城。袁山松〈郡國志〉說：山桑縣有垂惠村，指的就是此城。渦水又東南流經渦陽城北，城瀕渦水，北魏太和年間（西元四七七～四九九年）是渦州的治所，以蓋表為刺史。後來撤州立郡，有渦水天險為屏障。渦水又東南流經龍亢縣老城南，漢建武十三年（西元三七年），光武帝把該縣封給傅昌為侯國。所以俗語說：沛國龍亢到山桑，龍亢指的就是這裡。渦水又轉而向南，流出石橋，石橋已毀，崩塌下來的石塊堆積在兩岸，高達二丈，水從其間流過。又東南流經荊山北，往東流去。

12 **又東南至下邳淮陵縣，入于淮。**

渦水又東流，在左岸與北肥水匯合。北肥水發源於山桑縣西北的大澤，東南流，左右兩岸引來了好幾條水流，都是從不同的地方匯合於一處的，不過是些細流而已。北肥水東南流經山桑邑南，民間稱為北平城。從前文欽受封為山桑侯，食邑大概就在這裡。城東南有一塊石碑，碑文已經完全剝蝕得無法辨認了，只有石碑背面所刻的屬吏姓名還能看清：熹平元年（西元一七二年）義士門生沛國蕭縣劉定興立。北肥水又東流經山桑縣老城南，民間稱為都亭，這不對。現在城內東側小山岡上還有一座亭子高高地矗立著，山岡很高峻，不是一般大臺所能相比。《十三州志》說：城內有座山，山上亭旁有桑樹，因此取名山桑縣。外城東有「文穆冢碑」，大意說：文穆祖上三代都官至二千石，文穆初任郡戶曹史，召試為博士、太常丞，因善於觀測雲氣來占卜吉凶，升任侍中、右中郎將，調任九江、彭城、陳留三郡太守，光和年間（西元一七八～一八四年）亡故。前屬吏涿郡太守彭城呂虔等人立碑。

13 北肥水又東流，積聚成陂塘，叫瑕陂。塘水又東南流經瑕城南。《春秋左傳》成公十六年（西元前五七五年），楚軍回返到瑕，就指此城。所以京相璠說：瑕是楚國疆域。北肥水又東南流經向縣老城南。〈地理志〉說：向縣是從前的向國。《世本》說：許、州、向、申，都姓姜，是炎帝的後代。京相璠說：向是沛國的一個縣，今天已併入譙國龍亢縣了。杜預說：龍亢縣東有向城，漢世祖建武十三年（西元三七年），將向城改封給富波侯王霸為侯國，就是此城。民間稱為圓城，不對。北肥水又東南流，流經義成南，人們稱為楮城，也不對。北肥水又東流注入過水，過水又東流注入淮水。《水經》說過水到下邳淮陵縣注入淮水，是搞錯了。

汳　水

1 汳水出陰溝于浚儀縣北，

陰溝，即蒗蕩渠也，亦言汳受旃然水，又云丹、沁亂流，于武德絕河，南入滎陽合汳，故汳兼丹水之稱。河、濟水斷，汳承旃然而東。自王賁灌大梁，水出縣南而不逕其北。夏水洪泛，則是瀆津通，故渠即陰溝也，于大梁北又曰浚水矣。故圈稱著《陳留風俗傳》曰：浚水逕其北者也。又東，汳水出焉。故《經》云汳出陰溝于浚儀縣北也。汳水東逕倉垣城南，即浚儀縣之倉垣亭也。城臨汳水，陳留相畢邈治此。征東將軍苟晞之西也，邈走歸京，晞使司馬東萊王讚代據倉垣，斷留運漕。

2 汳水又東逕陳留縣之鉼鄉亭北。《陳留風俗傳》所謂縣有鉼鄉亭，即斯亭也。汳水又逕小黃縣故城南，《神仙傳》稱靈壽光，扶風人，死于江陵胡罔家，罔殯埋之。後百餘日，人有見光于此縣，寄書與罔，罔發視之，惟有履存。

3 汳水又東逕鳴鴈亭南。《春秋左傳》成公十六年，衛侯伐鄭，至于鳴鴈者也。杜預《釋地》云：在雍丘縣西北，今俗人尚謂之為白鴈亭。汳水又東，逕雍丘縣故城北，逕陽樂城南。《西征記》曰：城在汳北一里，周五里，雍丘縣界。汳水又東，有故渠出焉，南通睢水，謂之董生決。或言董氏作亂，引水南通睢水，故斯水受名焉。今無水。汳水又東，枝津出焉，俗名之為落架口。《西征記》曰：落架，水名也。《續述征記》曰：在董生決下二里。汳水又逕外黃縣南，又東逕莠倉城北。《續述征記》曰：莠倉城去大游墓二十里。又東逕大齊城南，《陳留風俗傳》曰：外黃縣有大齊亭。又東逕科城北。《陳留風俗傳》曰：縣有科稟亭，是則科稟亭也。

4 汳水又東逕小齊城南。汳水又南逕利望亭南。《風俗傳》曰：故成安也。〈地理志〉：陳留縣名，漢武帝以封韓延年為侯國。汳水又東，龍門故瀆出焉。瀆舊通睢水，故《西征記》曰：龍門，水名也。門北有土臺，高三丈餘，上方數十步。汳水又東逕濟陽考城縣故城南，為菑獲渠。考城縣，周之采邑也，于《春秋》為戴國矣。《左傳》隱公十年，秋，宋、衛、蔡伐戴是也。漢高帝十一年秋，封彭祖為侯國。《陳留風俗傳》曰：秦之穀縣也。後遭漢兵起，邑多災年，故改曰菑縣。王莽更名嘉穀。章帝東巡過縣，詔曰：陳留菑縣，其名不善。高祖鄙柏人之邑，世宗休聞喜而顯獲嘉應，亨吉元符，嘉皇靈之顧，賜越有光，列考武皇，其改菑縣曰考城。是瀆蓋因縣以獲名矣。

5 汳水又東逕寧陵縣之沙陽亭北，故沙隨國矣。《春秋左傳》成公十六年，秋，會于沙隨，謀伐鄭也。杜預《釋地》曰：在梁國寧陵縣北沙陽亭是也。世以為堂城，非也。汳水又東逕黃蒿塢北，《續述征記》曰：堂城至黃蒿二十里。汳水又東逕斜城下，《續述征記》曰：黃蒿到斜城五里。《陳留風俗傳》曰：考城縣有斜亭。汳水又東逕周塢側。《續述征記》曰：斜城東三里。晉義熙中，劉公遣周超之自彭城緣汳故溝，斬樹穿道七百餘里，以開水路，停泊于此，故茲塢流稱矣。

6 汳水又東逕葛城北，故葛伯之國也。孟子曰：葛伯不祀。湯問曰：何為不祀？稱無以供祠祭。遺葛伯，葛伯又不祀。湯又問之。曰：無以供犧牲。湯又遺之，又不祀。湯又問之。曰：無以供粢盛。湯使亳眾往，為之耕，老弱饋食。葛伯又率民奪之，不授者則殺之。湯乃伐葛。葛于六國屬魏，魏安釐王以封公子無忌，號信陵君，其地葛鄉，即是城也，在寧陵縣西十里。

7 汳水又東逕神坑塢，又東逕夏侯長塢。《續述征記》曰：夏侯塢至周塢，各相距五里。汳水又東逕梁國睢陽縣故城北，而東歷襄鄉塢南。《續述征記》曰：西去夏侯塢二十里，東一里，即襄鄉浮圖也。汳水逕其南，漢熹平中某君所立。死因葬之，其弟刻石樹碑，以旌厥德。隧前有獅子、天鹿，累塼作百達柱八所，荒蕪頹毀，彫落略盡矣。

又東至梁郡蒙縣，為獲水，餘波南入睢陽城中，

8 汳水又東逕貫城南，俗謂之薄城，非也。闞駰《十三州志》以為貫城也，在

蒙縣西北。《春秋》僖公二年，齊侯、宋公、江、黃盟于貫。杜預以為貰也。云貫、貰字相似。貰在齊，謂貰澤也，是矣。非此也。今于此地更無他城，在蒙西北惟是邑耳。考文準地，貰邑明矣，非亳可知。

9 汳水又東逕蒙縣故城北，俗謂之小蒙城也。《西征記》：城在汳水南十五六里，即莊周之本邑也，為蒙之漆園吏。郭景純所謂漆園有傲吏者也。悼惠施之沒，杜門于此邑矣。汳水自縣南出，今無復有水。惟睢陽城南側有小水，南流入于睢城。南二里有「漢太傅掾橋載墓碑」，載字元賓，梁國睢陽人也，睢陽公子，熹平五年立。城東百步有石室，刊云：漢鴻臚橋仁祠。城北五里有石虎、石柱，而無碑誌，不知何時建也。汳水又東逕大蒙城北，自古不聞有二蒙，疑即蒙亳也，所謂景薄為北亳矣。椒舉云：商湯有景亳之命者也。闞駰曰：湯都也。亳本帝嚳之墟，在〈禹貢〉豫州河洛之間，今河南偃師城西二十里尸鄉亭是也。皇甫謐以為考之事實，學者失之，如孟子之言湯居亳，與葛為鄰，是即亳與葛比也。湯地七十里，葛又伯耳，封域有限，而寧陵去偃師八百里，不得童子饋餉而為之耕。今梁國自有二亳，南亳在穀熟，北亳在蒙，非偃師也。古文〈仲虺之誥〉曰：葛伯仇餉，征自葛始。即孟子之言是也。崔駰曰：湯冢在濟陰薄縣北。《皇覽》曰：薄城北郭東三里平地有湯冢。冢四方，方各十步，高七尺，上平也。漢哀帝建平元年，大司空使郤長卿按行水災，因行湯冢。在漢屬扶風，今徵之迴渠亭有湯池、徵陌是也。然不經見，難得而詳。按〈秦寧公本紀〉云：二年伐湯，三年與亳戰，亳王奔戎，遂滅湯。然則周桓王時自有亳王號湯，為秦所滅，乃西戎之國，葬于徵者也，非殷湯矣。

劉向言，殷湯無葬處為疑。杜預曰：梁國蒙縣北有薄伐城，城中有成湯冢，其西有箕子冢。今城內有故冢方墳，疑即杜元凱之所謂湯冢者也，而世謂之王子喬冢。冢側有碑，題云：仙人王子喬碑。曰：王子喬者，蓋上世之真人，聞其仙，不知興何代也。博問道家，或言潁川，或言產蒙，初建此城，則有斯丘，傳承先民曰：王氏墓暨于永和之元年冬十二月，當臘之時。夜，上有哭聲，其音甚哀，附居者王伯怪之，明則祭而察焉。時天鴻雪下，無人徑，有大鳥跡在祭祀處，左右咸以為神。其後有人著大冠，絳單衣，杖竹立冢前，呼採薪孺子伊永昌曰：我王子喬也，勿得取吾墳上樹也。忽然不見。時令泰山萬熹，稽故老之言，感精瑞之應，乃造靈廟，以休厥神。于是好道之儔自遠方集，或絃琴以歌太一，或覃思以歷丹丘，知至德之宅兆，實真人之祖先。延熹八年秋八月，皇帝遣使者奉犧牲，致禮祠，濯之，敬肅如也。國相東萊王璋，字伯儀，以為神聖所興，必有銘表，乃與長史邊乾遂樹之玄石，紀頌遺烈，觀其碑文，意似非遠，既在逕見，不能不書存耳。

【語譯】汳水出陰溝于浚儀縣北，

1 陰溝就是蒗蕩渠，有的說汳水承接旃然水，又說丹水與沁水亂流，在武德橫穿河水，向南流入滎陽，與汳水匯合，因此汳水又兼有丹水的名稱。後來，河水、濟水斷流，汳水就承接旃然水東流。自從王賁引水淹大梁城後，汳水就從縣南流出去，而不經縣北。夏天洪水氾濫時，這條河就和老渠道相通，老渠道就是陰溝，在大梁北又叫浚水。因此圈稱著的《陳留風俗傳》說：浚水流經大梁北。又東流，汳水就從這裡分出。所以《水經》說：汳水是從浚儀縣北的陰溝分出來的。汳水東流經倉垣城南，這就是浚儀縣的倉垣亭。此城瀕汳水，陳留丞相畢邈的治所就在這裡。當時，征東將軍茍晞西進，畢邈逃回京城，茍晞派司馬東萊王讚代為據守倉垣，並斷絕了陳留運糧的水路。

2 汳水又東流經陳留縣鉼鄉亭北。《陳留風俗傳》提到陳留縣有鉼鄉亭，就是此亭。汳水又流經小黃縣老城南。《神仙傳》說：靈壽光，扶風人，死於江陵胡岡家，胡岡把他安葬了。過了一百多天，卻有人在小黃縣看見靈壽光，就寫信告訴胡岡。胡岡掘開墳墓一看，只留下一雙鞋子。

3 汳水又東流經鳴鴈亭南。《春秋左傳》成公十六年（西元前五七五年），衛侯討伐鄭國，到了鳴鴈。杜預《釋地》說：鳴鴈亭在雍丘縣西北，現在民間還稱作白鴈亭。汳水又東流經雍丘縣老城北，又流經陽樂城南。《西征記》說：陽樂城在汳水北一里，城牆周長五里，在雍丘縣邊界。汳水又東流，有一條老渠道從這裡分出，南通睢水，叫作董生決。有人說董氏作亂時，引汳水南流與睢水相通，水就因此得名。今天已乾涸無水了。汳水又東流，有支流分出，分水口民間稱落架口。《西征記》說：落架是水名。《續述征記》說：

在董生決下流二里。汳水又流經外黃縣南，又東流經莠倉城北。《續述征記》說：莠倉城離大游墓二十里。又東流經大齊城南。《陳留風俗傳》說：外黃縣有個大齊亭。又東流經科城北。《陳留風俗傳》說：縣裡有個科稟亭，那麼這就是科稟亭了。

4 汳水又東流經小齊城南。汳水又南流經利望亭南。《風俗傳》說：這就是從前的成安。〈地理志〉說，陳留是縣名，漢武帝把陳留封給韓延年為侯國。汳水又東流，龍門老河道在這裡分出。河道以前與睢水相通，因此《西征記》說：龍門是水名。龍門北有個土臺，高三丈餘，頂上面積數十步見方。汳水又東流，經濟陽考城縣老城南，稱菑獲渠。考城縣是周朝的采邑，《春秋》叫戴國。《左傳》隱公十年（西元前七一三年）秋，宋、衛、蔡三國討伐戴國，指的就是考城。漢高帝十一年（西元前一九六年）秋，將該縣封給彭祖為侯國。《陳留風俗傳》說：這是秦時的穀縣。後來漢兵起事，遭到戰禍，縣裡連年災荒，因而改名為菑縣。王莽又改名嘉穀。漢章帝東巡時經過此縣，下詔說：陳留菑縣，縣名不好。高祖討厭柏人這惡劣的縣名，世宗因獲致捷報而將他巡幸之處改名為聞喜，以紀念吉慶的喜事。為感激先皇英靈的眷顧，把榮耀歸於歷代武功顯赫的先皇，特此把菑縣改為考城。這條渠道大概是因菑縣而得名的。

5 汳水又東流經寧陵縣沙陽亭北，這就是從前的沙隨國。《春秋左傳》成公十六年（西元前五七五年）秋，在沙隨會盟，策劃討伐鄭國。杜預《釋地》說：梁國寧陵縣北有沙陽亭，民間稱為堂城，是搞錯了。汳水又東流經黃蒿塢北。《續述征記》說：堂城到黃蒿二十里。汳水又東流經斜城下。《續述征記》說：黃蒿到斜城五里。《陳留風俗傳》說：考城縣有斜亭。汳水又東流經周塢旁。《續述征記》說：周塢在斜城東三里。晉朝義熙年間（西元四〇五～四一八年），劉裕派遣周超之從彭城沿著汳水老渠道，砍樹開路七百多里，開通了水路，船隻停泊在這裡，因此這個船塢留下了周塢的名稱。

6 汳水又東流經葛城北，這是從前葛伯的封國。孟子說：葛伯不祭祀。湯問道：為什麼不祭祀？葛伯回答說：沒有供品可以祭祀。湯給葛伯送去供品，葛伯又不祭祀。湯又問他。葛伯回答說：沒有牛羊供祭。湯又送給他牛羊，葛伯還是不祭祀。湯又問他。葛伯答道：沒有穀物供祭。湯就派了亳的民眾去為他耕種，讓老弱的人去送飯。葛伯又帶人去奪取飯食，不肯給他的人，就把他們殺掉。於是湯才出兵伐葛。葛在六國時屬於魏國。魏安釐王把這裡封給公子無忌，號為信陵君，封地在葛鄉，就是此城。位於寧陵縣西十里。

7 汳水又東流經神坑塢，又東流經夏侯長塢。《續述征記》說：從夏侯塢到周塢，相距五里。汳水又東流經梁國睢陽縣舊城北，然後又東流經襄鄉塢南。《續述征記》說：襄鄉塢西距夏侯塢二十里，向東一里就是襄鄉塔。汳水流經塔南，這座塔是漢朝熹平年間（西元一七二～一七八年）某君所建。他死後葬在這裡，他的弟弟刻石立碑，表彰他的功德。墓道前有獅子、天鹿，用磚砌築了百達柱八處，現在大多荒廢頹敗，崩塌毀壞得差不多了。

又東至梁郡蒙縣，為獲水，餘波南入睢陽城中，

8 汳水又東流經貰城南，此城民間稱為薄城，其實不是。闞駰《十三州志》說是貰城，位於蒙縣西北。《春秋》僖公二年（西元前六五八年），齊侯、宋公、江、黃在貫會盟。杜預卻說是貰。他說：貰、貫二字，字形相似。貫在齊，指的是貫澤，他說得不錯。所以不是這裡。現在，這一帶沒有別的城，只有這座在蒙縣西北的城。考察文獻，與實地核對，可知這分明是貰邑，而不是亳城了。

9 汳水又東流經蒙縣老城北，民間稱為小蒙城。據《西征記》：城在汳水南十五六里，就是莊周的家鄉，他曾當過蒙的漆園吏。郭景純所說的漆園有個高傲的小吏就是指他。他為悼念惠施之死，在此城閉門不出。汳水從縣南流出來，今天已經乾涸無水了。只有睢陽城南有一條小水，南流注入睢城。城南二里有「漢太傅掾橋載墓碑」。橋載字元賓，梁國睢陽人，睢陽公子於熹平五年（西元一七六年）立。城東百步有石室，門口刻著：漢鴻臚橋仁祠。城北五里有石虎、石柱，卻沒有石碑，不知是什麼時候修建的。汳水又東流經大蒙城北，自古以來，從未聽說過有兩個蒙城，這裡也許就是蒙亳了，而所謂的景薄則是北亳。椒舉說：商湯曾在景亳發布詔令。闞駰說：景亳是商的都城。亳原本是帝嚳的故都，在〈禹貢〉所載豫州境內的黃河與洛水之間，就是今天河南偃師城西二十里的尸鄉亭。皇甫謐以為考證起史實來，學者都常常弄錯。例如孟子說，湯住在亳，與葛相鄰，那麼亳與葛就是近鄰了。湯的領地七十里，葛的爵位又不過是伯，封地有限，而寧陵與偃師相距卻遠達八百里，不可能讓兒童送飯、青壯年替他們耕田的。現在梁國有兩個叫亳的地方，南亳在穀熟，北亳在蒙，而不是偃師。古文〈仲虺之誥〉說：因為葛伯殺人奪取飯食，於是征伐就從葛開始。這是孟子的說法。崔駰說：湯墓在濟陰薄縣北。《皇覽》說：薄城北郭以東三里，平地上有湯墓。墓呈方形，每邊各長十步，高七尺，墓頂平。漢哀帝建平元年（西元前六年），大司空使郤長卿巡視水災，也去視察了湯墓。漢朝時屬於扶風；現在考察迴渠亭還有湯池，就是徵陌。但沒有親眼看到，難以知道詳情。據〈秦寧公本紀〉說：二年（西元前七一四年）伐湯，三年與亳打仗，亳王逃到戎國，就滅了湯。那麼周桓王時也有個亳王名湯，被秦所滅的了。這是西戎一個小國的國王，死後葬於徵，並不是指殷湯。

10 劉向說：殷湯沒有葬處使人懷疑。杜預說：梁國蒙縣北有薄伐城，城中有成湯墓，墓西還有箕子墓。現在城中有一座方形古墓，可能就是杜元凱所說的湯墓了，但人們卻叫它王子喬墓。墓旁有碑，題著：仙人王子喬碑；碑文說：王子喬是上古時代的真人，只聽說他成了仙，但不知生在哪個朝代。問了許多道人，有人說他是潁川人，有人說他生於蒙縣。初時修建此城時，就已有了這座墳墓了，據老人相傳：說是王氏墓在永和元年（西元一三六年）冬十二月，正值祭祖的日子，夜裡，墳上竟傳來哭聲，哭得很悲哀，住在旁邊的王伯覺得很奇怪，天明去祭祀時，仔細地察看。當時天下大雪，沒有人行走，在祭祀處只看到大鳥的足跡，鄰近的人都認為這是神靈留下的。以後有人戴著一頂大帽，穿著紅袍，手持竹杖站在墓前，對著砍柴的孩子伊永昌說：我是王子喬，你不可砍我墳上的樹呀。說完忽然不見。當時的縣令泰山人萬熹，考究了先前老人的話，又看到有神靈顯應的吉兆，於是修建了靈廟，使神靈可以在此止息。於是喜歡學道的人紛紛從遠方而來，有的彈琴歌頌太一，有的沉思冥想，神遊於奇幻的丹丘仙境，知道這神聖的墓地，葬的實在就是真人的祖先。延熹八年（西元一六五年）秋八月，皇帝派遣使者帶著牲禮，前來獻祭，齋沐後，懷著敬畏的心情，祭禮非常莊嚴肅穆。宰相東萊人王璋，字伯儀，認為神靈和聖人所出的地方，必須有銘刻加以表彰，於是就和長史邊乾遂一同樹碑立石，來頌揚仙人的事跡。讀這篇碑文，內容似乎也並不怎麼深刻，但我既然親目所睹，也不能不記錄下來，留作參考罷了。

獲水

獲水出汳水于梁郡蒙縣北，

1 《漢書・地理志》曰：獲水首受甾獲渠，亦兼丹水之稱也。《竹書紀年》曰：宋殺其大夫皇瑗于丹水之上。又曰宋大水。丹水壅不流，蓋汳水之變名也。獲水自蒙東出，水南有「漢故繹幕令匡碑」，匡字公輔，魯府君之少子也。碑字碎落，不可尋識，竟不知所立歲月也。獲水又東逕長樂固北、已氏縣南，東南流逕于蒙澤。《十三州志》曰：蒙澤在縣東。《春秋》莊公十二年，宋萬與公爭博，殺閔公于斯澤矣。

2 獲水又東逕虞縣故城北，古虞國也。昔夏少康逃奔有虞，為之庖正，虞思于是妻之以二姚者也。王莽之陳定亭也。城東有「漢司徒盛允墓碑」。允字伯世，梁國虞人也。其先奭氏，至漢中葉，避孝元皇帝諱，改姓曰盛。世濟其美，以迄于公，察孝廉，除郎，累遷司空、司徒。延熹中立墓，中有石廟，廟宇傾頹，基構可尋。

3 獲水又東南逕空桐澤北，澤在虞城東南，《春秋》哀公二十六年冬，宋景公遊于空澤；辛巳，卒于連中。大尹、左師與空澤之士千甲，奉公自空桐入如沃宮者矣。獲水又東逕龍譙固，又東合黃水口。水上承黃陂，下注獲水。獲水又東入櫟林，世謂之九里柞。獲水又東南逕下邑縣故城北，楚考烈王滅魯，頃公亡遷下邑。又楚、漢彭城之戰，呂后兄澤軍于下邑，高祖敗還從澤軍。子房肇捐地之策，收垓下之師，陸機所謂即下邑❶者也。王莽更名下洽矣。

4 獲水又東逕碭縣故城北。應劭曰：縣有碭山，山在東，出文石，秦立碭郡，蓋取山之名也。王莽之節碭縣也。山有梁孝王墓。其冢斬山作郭，穿石為藏。行一里到藏中，有數尺水，水有大鯉魚。黎民謂藏有神，不敢犯神。凡到藏，皆潔齋而進，不齋者，至藏輒有獸噬其足。獸難得見，見者云似狗，所未詳也。山上有梁孝王祠。

5 獲水又東，穀水注之。上承碭陂。陂中有香城，城在四水之中，承諸陂散流，為零水、瀤水、清水也。積而成潭，謂之碭水。趙人有琴高者，以善鼓琴，為康王舍人，行彭涓之術，浮遊碭郡間二百餘年，後入碭水中取龍子，與弟子期曰：皆潔齋待于水旁，設屋祠。果乘赤鯉魚出，入坐祠中。碭中有可萬人觀之，留月餘，復入水也。

6 陂水東注，謂之穀水，東逕安山北，即碭北山也。山有陳勝墓。秦亂，首兵伐秦，弗終厥謀，死，葬于碭，諡曰隱王也。穀水又東北注于獲水。獲水又東歷藍田鄉郭，又東逕梁國杼秋縣故城南。王莽之予秋也。獲水又東歷洪溝東注，南北各一溝，溝首對獲，世謂之鴻溝，非也。《春秋》昭公八年秋，蒐于紅。杜預曰：沛國蕭縣西有紅亭，即〈地理志〉之虹縣也。景帝三年，封楚元王子富為侯國。王莽之所謂貢矣。蓋溝名音同，非楚、漢所分也。

又東過蕭縣南，睢水北流注之❷。

7 蕭縣南對山，世謂之蕭城南山也。戴延之謂之同孝山，云取漢陽城侯劉德所居里名目山也。劉澄之云：縣南有冒山。未詳孰是也。山有箕谷，谷水北流注獲，世謂之西流水，言水上承梧桐陂，陂水西流，因以為名也。余嘗逕蕭邑，城右惟是水北注獲水，更無別水，疑即《經》所謂睢水也。城東、西及南三面臨側獲水，故沛郡治，縣亦同居矣。城南舊有石橋秏處，積石為梁，高二丈，今荒毀殆盡，亦不具誰所造也。縣本蕭叔國，宋附庸，楚滅之。《春秋》宣公十二年，楚伐蕭，蕭潰，申公巫臣曰：師人多寒，王巡三軍撫之，士同挾纊。蓋恩使之然矣。蕭女聘齊為頃公之母，郤克所謂蕭同叔子也。獲水又東歷龍城，不知誰所創築也。獲水又東逕同孝山北，山陰有楚元王冢，上圓下方，累石為之，高十餘丈，廣百許步，經十餘墳，悉結石也。獲水又東，淨淨溝水注之。水上承梧桐陂，西北流，即劉中書澄之所謂白溝水也。又北入于獲，俗名之曰淨淨溝也。

又東至彭城縣北，東入于泗。

8 獲水自淨淨溝東逕阿育王寺北，或言楚王英所造，非所詳也。蓋遵育王之遺法，因以名焉。與安陂水合。水上承安陂餘波，北逕阿育王寺側。水上有梁，謂之玄注橋。水旁有石墓，宿經開發，石作工奇，殊為壯構，而不知誰冢，疑即澄之所謂凌冢也。水北流注于獲。獲水又東逕彌黎城北，劉澄之《永初記》所謂城之西南有彌黎城者也。

9 獲水于彭城西南迴而北流，逕彭城。城西北舊有楚大夫龔勝宅，即楚老哭勝處也。獲水又東轉逕城北而東注泗水。北三里有石冢被開，傳言楚元王之孫劉向冢，未詳是否。城即殷大夫老彭之國也。于《春秋》為宋地。楚伐宋并之，以封魚石。崔子季珪〈述初賦〉❸曰：想黃公于邳圯，勤魚石于彭城❹。即是縣也。孟康曰：舊名江陵為南楚，陳為東楚，彭城為西楚。文穎曰：彭城，故東楚也。項羽都焉，謂之西楚。漢祖定天下，以為楚郡，封弟交為楚王，都之。宣帝地節元年，更為彭城郡。王莽更之曰和樂郡也，徐州治。城內有漢司徒袁安、魏中郎將徐庶等數碑，並列植于街右，咸曾為楚相也。大城之內有金城❺，東北小城，劉公更開廣之，皆壘石高四丈，列壍環之。小城西又有一城，是大司馬琅邪王所脩，因項羽故臺，經始即構，宮觀門閣，惟新厥制。義熙十二年，霖雨驟澍，汳水暴長，城遂崩壞。冠軍將軍彭城劉公之子也登更築之，悉以塼壘，宏壯堅峻，樓櫓赫奕，南北所無。宋平北將軍徐州刺史河東薛安都舉城歸魏，魏遣博陵公尉苟仁、城陽公孔伯恭援之，邑閣如初，觀不異昔。自後毀撤，一時俱盡，間遺工雕鏤，尚存龍雲迂勢，奇為精妙矣。城之東北角起層樓于其上，號曰彭祖樓。〈地理志〉曰：彭城縣，古彭祖國也。《世本》曰：陸終之子，其三曰籛，是為彭祖。彭祖城是也，下曰彭祖冢。彭祖長年八百，綿壽永世，于此有冢，蓋亦元極之化矣。其樓之側，襟汳帶泗，東北為二水之會也。聳望川原，極目清野，斯為佳處矣。

【注釋】❶即下邑　《疏》本作「即謀下邑」，此按《疏》語譯於後。❷又東過蕭縣南二句　此條《經》文《水經注疏》無「又」字。《疏》：「朱『東』上有『又』字，戴、趙同。守敬按：依例不當有『又』字，今刪。」❸述初賦　詩賦名。三國魏崔季珪撰。此賦已亡佚，僅見《藝文類聚》卷二十七引及。季珪名琰，《三國志・魏書》有傳。❹勤魚石于彭城　《水經注疏》作「封魚石于彭城」。《疏》：「朱『封』訛『勒』。趙云：依孫潛校改『勤』。事在《春秋》襄公九年。戴改同。會貞按：『勤』字亦不可通。《左傳》襄公元年，圍宋彭城，為宋討魚石。『討』與『勒』形近，似『討』之誤。然『封』與『勒』亦形近，作『封』為勝。」❺金城　守敬按：《名勝志》：徐州外城，為楚元王交築，此書〈汳水注〉、〈肥水注〉亦言金城。《方輿紀要》引《荊州記》：江陵城中有金城，故牙城也。晉、宋時凡城內牙城，皆謂之金城。

【語　譯】獲水出汳水于梁郡蒙縣北，

1 《漢書・地理志》說：獲水上流承接甾獲渠，又兼有丹水之稱。《竹書紀年》說：宋國在丹水上殺了它的大夫皇瑗。又說，宋國發大水，使丹水壅塞不通，丹水大概就是汳水的異名。獲水從蒙縣向東流出，水南有「漢故繹幕令匡碑」。匡字公輔，是魯府君的小兒子。墓碑上的字跡已破損剝落，不能辨識，看不出立碑的年月了。獲水又東流經長樂固北、已氏縣南，往東南流經蒙澤。《十三州志》說：蒙澤在縣東，《春秋》莊公十二年（西元前六八二年），宋萬與閔公賭博時相爭，在蒙澤殺了閔公。

2 獲水又東流經虞縣老城北，虞縣是古時的虞國。從前夏朝少康逃奔到有虞氏那裡，做了管理膳食的小官，於是虞思把自己的兩位女兒嫁給他。虞縣就是王莽時的陳定亭。城東有「漢司徒盛允墓碑」。盛允字伯世，梁國虞人。他的祖上姓奭，到了漢朝中期，為避孝元皇帝諱，改為姓盛。盛氏世代繼承祖上的美德，到了盛允，被舉薦為孝廉，授官為郎，歷任司空、司徒。墓碑立於延熹年間（西元一五八～一六七年），墓地還建有一座石廟，廟宇已經倒塌了，但廟基還可以找到。

3 獲水又東南流經空桐澤北，空桐澤座落在虞城東南，《春秋》哀公二十六年（西元前四六九年）冬天，宋景公在空澤遊覽，辛巳日，在連中逝世。大尹、左師組織了空澤的千名甲士，將景公的靈柩從空桐護送到沃宮。獲水又東流經龍譙固，又東流與黃水匯合於黃水口。黃水上流承接黃陂，下流注入獲水。獲水又東流入櫟林，世人稱為九里柞。獲水又東南流經下邑縣老城北，楚考烈王滅了魯國，頃公逃走，遷居到下邑。又，楚、漢彭城之戰時，呂后的哥哥呂澤，把軍隊駐紮在下邑，高祖戰敗退回，來到呂澤的軍中。張子房首創捐地的策略，招收了垓下的軍隊，陸機所說的在下邑謀劃，就指這件事。下邑，王莽改名為下治。

4 獲水又東流經碭縣老城北。應劭說：碭縣有碭山，山在縣東，出產紋石，秦朝時設立碭郡，就是以山來命名的。王莽改名為節碭縣。山上有梁孝王墓。這座墳墓，開山作棺槨，鑿石為貯存葬品的墓室。行走一里路，才到墓室裡：那裡有積水，深數尺，水中有大鯉魚。民眾都說墓室裡有神明，不敢觸犯祂。到墓室裡來的人都要齋戒沐浴才敢進來，如果不舉行齋戒，一到這裡就有野獸出來咬他的腳，這野獸不易看見，見過的人都說形狀像狗，也不知究竟怎樣。山上有梁孝王祠。

5 獲水又東流，穀水注入。穀水上流承接碭陂，陂中有座香城，此城四面環水，陂塘接納了幾條散流的水，有零水、瀼水、清水，積聚成深潭，叫碭水。趙國有個人名叫琴高，因擅長彈琴，成為康王的門客，他掌握了仙人彭祖、涓子的仙術，在碭郡漫遊了二百餘年，後來要潛入碭水中取龍子，與弟子們約定說：大家都齋戒沐浴，設立屋祠，在水旁等待。不久，他果然乘坐紅鯉魚從水中出來，進入祠中坐著。碭郡一帶約有上萬人來觀看，他在祠中逗留了一個多月，後又重新潛入水中。

6 陂水東流，稱為穀水，東流經安山北，這就是碭北山。山上有陳勝墓。秦朝末年大亂，陳勝最先起兵伐秦，結果卻先敗身死，葬於碭縣，謚號稱隱王。穀水又東北流注入獲水。獲水又東流經藍田鄉的城郭，又東流經梁國杼秋縣老城南。這就是王莽時的予秋。獲水又東流經洪溝往東流去。洪溝南北各有一條，溝的上端與獲水相對，人們稱為鴻溝，其實不是。《春秋》昭公八年（西元前五三四年）秋，在紅打獵。杜預說：沛國蕭縣西有紅亭，就是〈地理志〉裡說的虹縣。景帝三年（西元前一五四年），把該縣封給楚元王的兒子富為侯國。就是王莽時所稱呼的貢。原來溝名讀音相同，實則並非指楚、漢分界的那條鴻溝。

又東過蕭縣南，睢水北流注之。

7 蕭縣南對山丘，人們稱它為蕭城南山。戴延之稱它為同孝山，說是以漢陽城侯劉德居住的鄉里名為山命名的。劉澄之說：縣南有冒山。不知道哪種說法正確。山裡有箕谷，谷水北流注入獲水，世人叫它西流水，說此水上流承接梧桐陂，是因陂水西流而得名的。我曾途經蕭邑，城的西邊只有這條水北流注入獲水，再沒有其他的水了，推想起來就是《水經》裡所說的睢水。蕭城東、西、南三面臨獲水之濱，舊時的沛郡治所及縣治都同在此城。城南從前有一座石橋，橋墩上有水位降低的痕跡，石橋用石塊壘砌而成，高二丈，也未署建造者的名字，現在已荒廢毀壞得差不多了。蕭縣原來是蕭叔國，是宋國的附庸，被楚國所滅。《春秋》宣公十二年（西元前五九七年），楚國征伐蕭國，蕭國被擊潰，申公巫臣說：戰士大多衣單身寒，請君王巡視三軍，撫慰將士，他們就像穿上棉衣一樣溫暖了。這是統帥施恩於部下的結果。蕭女嫁往齊國，後來成為頃公的母親，就是郤克所說的蕭同叔子。獲水又東流經龍城，這座城不知是誰首先修築的。獲水又東流經同孝山北，山的北麓有楚元王墓，上圓下方，用石塊壘砌而成，高十餘丈，寬約百來步，南北向並列有十幾座墳墓，都是石塊壘結的。獲水又東流，淨淨溝水注入。溝水上流承接梧桐陂，西北流，就是中書劉澄之所說的白溝水。又北流注入獲水，民間稱為淨淨溝。

又東至彭城縣北，東入于泗。

8 獲水從淨淨溝東流經阿育王寺北，有人說這座寺院是楚王英建造的，這也弄不清楚。因為寺裡取阿育王的遺法，寺也因而得名。獲水與安陂水匯合。安陂水上流承接安陂流出的水，北流經阿育王寺旁。水上有一座橋，叫做玄注橋。岸邊有一座石墓，早年被開掘過，墓石雕砌得很精緻奇巧，是一座十分壯觀的建築，但不知是誰的墳墓，也許就是劉澄之所說的淩冢吧。安陂水北流注入獲水。獲水又東流經彌黎城北，劉澄之《永初記》提到，城的西南有彌黎城，即指此城。

9 獲水在彭城西南轉而北流，流經彭城。城西北從前有楚大夫龔勝故居，就是楚國父老哭弔龔勝的地方。獲水又東轉流經城北，東流注入泗水。城北三里有座石墓被盜掘過，傳說是楚元王孫劉向墓，不知確否。彭城就是殷大夫老彭的封國。《春秋》說是宋國的疆域。楚國攻打宋國，兼併了此城，把它封給魚石。崔季珪〈述初賦〉說：在下邳圯橋懷想黃石公，封魚石於彭城。指的就是此縣。孟康說：過去稱江陵為南楚，陳為東楚，彭城為西楚。文穎說：彭城，從前屬東楚。項羽在這裡建都後稱為西楚。漢高祖平定天下，把這裡立為楚郡，封他的弟弟劉交為楚王，建都彭城。宣帝地節元年（西元前六九年），改為彭城郡。王莽時又改名為和樂郡，是徐州的治所。城內有漢朝司徒袁安、魏中郎將徐庶等幾座石碑，在街道西面排成一行，他們都曾當過楚國的丞相。大城裡有牙城，東北有一座小城，劉公改建擴大了範圍，城牆都用石塊壘砌，高四丈，周圍城濠環繞。小城西又有一座城，是大司馬琅邪王所修建，此城利用從前項羽的老臺經營構築，建造了宮觀和門閣，重新恢復建築的規模。義熙十二年（西元四一六年），忽然下了一場大雨，汳水暴漲，城也崩塌毀壞了。彭城劉公的兒子冠軍將軍也登，又重新修築了城牆。新修的城牆全都用磚壘砌，宏偉壯觀，十分堅固，城頭的瞭望臺瑰麗堂皇，無論南方北方都沒有看到過。宋平北將軍、徐州刺史河東薛安都，率全城軍民歸降於魏，魏派遣博陵公尉苟仁、城陽公孔伯恭援助他，全城完好無損，和先前一樣壯麗。但以後卻被拆毀，昔日的雄姿，也一旦化為烏有，只有局部地方留下一些精緻的雕刻，龍騰雲飛氣勢不凡，雕得十分精妙。城的東北角建造了一座城樓，叫彭祖樓。〈地理志〉說：彭城縣就是古時彭祖的封國。《世本》說：陸終的第三個兒子名叫籛，就是彭祖。他之所以稱為彭祖，是因為封於彭城的緣故。城樓下是彭祖墓。彭祖活到八百歲，是極為長壽的了，這裡有他的墳墓，大概也是無窮天地間的一種物化現象。汳水和泗水流過彭祖樓旁，樓的東北，就是兩水匯合的地方。登樓眺望山川，原野一望無際，是一個登高攬勝的好地方。

【研　析】酈道元為《水經》作《注》，必須以〈禹貢〉為宗。甚至連太史公「不敢言之」的《山海經》，也得因地參用。這些古籍中記載的河川在酈氏撰述時已經很有變遷（其中有的原來就屬於司馬遷所「不敢言之」的一類），酈書的書名就隸《水經》，且不說《水經》也以〈禹貢〉為宗，即《水經》與《水經注》之間，相去不到三百年，其間的河川變遷已有不少。都為酈氏作《注》增加了難度。此卷記敘的三條河川，均在古老的鴻溝水系之中，有的在三國人撰《水經》之時已經不同於古，有的在《經》、《注》三百年間頻有變遷。加上歷代名稱的改易和別名的混淆，所以酈氏雖身履其境，撰述仍非易事。酈氏作《注》，除親自考察以外，也很重視地方文獻，但此卷除《續述征記》和《陳留風俗傳》兩種為他頻用以外，其他地方文獻也付缺如。為此，他不得不借重於碑碣。但在他的實地考察中，又常苦於所見碑碣的破損。在《注》文中表述的如「石碎字紊」、「餘碑文字碎滅，不復可觀」、「碑文悉破無驗」等，都道出了他的困難。儘管如此，此卷《注》文仍然大量引用碑碣，拙撰《水經注金石錄》（《水經注研究二集》，山西人民出版社，一九八七年出版）錄入了他在此卷中引及碑碣達三十三種。施蟄存所撰《水經注碑錄》（天津古籍出版社，一九八七年出版）亦收錄此卷所引碑碣二十七種。為全書各卷引用碑碣之最。而拙錄與施錄中均未採入的古文〈仲虺之誥〉，很可能也是一種碑碣。酈氏撰述之不易，於此可見一斑。

卷二十四

睢水　瓠子河　汶水

【題解】睢水今稱睢河，但河道與《水經注》記敘的已有很大變化。僅在《水經》與《水經注》的三百年間，變化也已不小。《經》文說：「（睢水）又東過相縣南，屈從城北東流，當蕭縣南，入于陂。」但《注》文卻說：「睢水又左合白溝水，水上承梧桐陂，陂側有梧桐山，陂水西南流，逕相城東而南流注于睢。睢盛則北流入于陂，陂溢則西北注于睢。」這裡《經》文和《注》文的差別，不一定是《經》文的錯誤，很可能是河流和水文的變化。《水經注》記載的睢水，最後是「東南流入于泗，謂之睢口」。由於人為的改造，睢河下游現在有偏北的老睢河與偏南的新睢河兩條水道，均在江蘇泗洪縣附近注入洪澤湖。

瓠子河是古代在濮陽（今河南濮陽南）從黃河分出的一條小河，循黃河往東南流，經今山東梁山北折，注入濟水。漢元光三年（西元前一三二年），黃河決於濮陽瓠子口，從決口處東南漫注鉅野澤（今山東鉅野附近），造成黃淮一帶的嚴重水患。元封二年（西元前一〇九年），漢武帝親臨瓠子河督促堵口。據《史記·河渠書》記載：「令群臣從官自將軍以下皆負薪填決河。」司馬遷當時也是參加負薪堵口的從官之一，感受甚深，所以在其《史記》中專寫〈河渠書〉一篇，建立了中國正史「河渠志」的傳統。而且在此篇中寫下了「甚哉！水之為利害也」的水利名言。這次堵口使黃河納入故道，瓠子河就逐漸枯竭。《水經注》時代已經成為一條小河，以後就不復存在。

汶水在《水經》和《水經注》中各有兩條。此卷中的汶水是古代濟水的支流（另一條收入於本書卷二十六，在今山東半島，是濰水的支流），《經》文說「入于濟」，《注》文也說「汶水又西流入濟」。所以在古代是濟水支流無疑。濟水湮廢後，水道發生很大變化。現在，這條汶水稱為大汶河，其下流分成兩條，北支叫大清河，經東平湖注入黃河；南支從南旺附近注入運河，但一九六〇年已築壩堵塞。所以大汶河已成為一條黃河水系的河流。

《水經注》記敘的今山東省境內諸水，包括本卷及卷二十五、二十六在內，河流多而變遷大，與《水經注》時代已有很大的差異。

睢水

睢水出梁郡鄢縣，

1 睢水出陳留縣西蒗蕩渠，東北流。〈地理志〉曰：睢水首受陳留浚儀狼湯水也。《經》言出鄢，非矣。又東逕高陽故亭北，俗謂之陳留北城，非也。蘇林曰：高陽者，陳留北縣也。按在留，故鄉聚名也。有「漢廣野君❶廟碑」，延熹六年十二月，雍丘令董生，仰餘徽于千載，遵茂美于絕代，命縣人長照為文，用章不朽之德。其略云：輟洗分餐❷，諮謀帝猷，陳、鄭有涿鹿之功，海岱無牧野之戰，大康華夏，綏靜黎物，生民以來，功盛莫崇。今故宇無聞，而單碑介立矣。《陳留風俗傳》曰：酈氏居于高陽，沛公攻陳留縣，酈食其有功，封高陽侯。有酈峻，字文山，官至公府掾。大將軍商，有功，食邑于涿，故自陳留徙涿。縣有鉼亭、鉼鄉。建武二年，世祖封王常為侯國也。

2 睢水又東逕雍丘縣故城北。縣，舊杞國也。殷湯、周武以封夏后，繼禹之嗣。楚滅杞，秦以為縣。圈稱曰：縣有五陵之名❸，故以氏縣矣。城內有夏后祠。昔在二代，享祀不輟。秦始皇因築其表為大城，而以縣焉。睢水又東，水積成湖，俗謂之白羊陂，陂方四十里。右則姦梁陂水注之。其水上承陂水，東北逕雍丘城北，又東分為兩瀆，謂之雙溝，俱入白羊陂。陂水東合洛架口。水上承汳水，謂之洛架水，東南流入于睢水。睢水又東逕襄邑縣故城北，又東逕雍丘城北。睢水又東逕寧陵縣故城南，故葛伯國也。王莽改曰康善矣。歷鄢縣北，二城南北相去五十里，故《經》有出鄢之文。城東七里，水次有單父令楊彥、尚書郎楊禪，字文節，兄弟二碑，漢光和中立也。

東過睢陽縣南，

3 睢水又東逕橫城北。《春秋左傳》昭公二十一年，樂大心禦華向于橫。杜預曰：梁國睢陽縣南有橫亭。今在睢陽縣西南，世謂之光城，蓋光、橫聲相近，習傳之非也。睢水又逕新城北，即宋之新城亭也。《春秋左傳》文公十四年，公會宋公、陳侯、衛侯、鄭伯、許男、曹伯、晉趙盾，盟于新城者也。睢水又東逕高鄉亭北，又東逕亳城北，南亳也，即湯所都矣。

4 睢水又東逕睢陽縣故城南，周成王封微子啟于宋以嗣殷後，為宋都也。昔宋元君夢江使乘輜車，被繡衣，而謁于元君。元君感衛平之言而求之于泉陽，男子余且獻神龜于此矣。秦始皇二十二年以為碭郡。漢高祖嘗以沛公為碭郡長，天下既定，五年為梁國。文帝十二年，封少子武為梁王，太后之愛子、景帝寵弟也。是以警衛貂侍，飾同天子，藏珍積寶，多擬京師，招延豪傑，士咸歸之，長卿之徒，免官來遊。廣睢陽城七十里，大治宮觀、臺苑、屏榭，勢並皇居。其所經構也，役夫流唱，必曰〈睢陽曲〉❹，創傳由此始也。城西門即寇先鼓琴處也。先好釣，居睢水旁，宋景公問道不告，殺之。後十年，止此門鼓琴而去。宋人家家奉事之。

5 南門曰盧門也。《春秋》：華氏居盧門里叛。杜預曰：盧門，宋城南門也。司馬彪〈郡國志〉曰：睢陽縣有盧門亭，城內有高臺，甚秀廣，巍然介立，超焉獨上，謂之蠡臺，亦曰升臺焉。當昔全盛之時，故與雲霞競遠矣。《續述征記》曰：迴道似蠡❺，故謂之蠡臺。非也。余按《闕子》❻，稱宋景公使工人為弓，九年乃成。公曰：何其遲也？對曰：臣不復見君矣，臣之精盡于弓矣。獻弓而歸，三日而死。景公登虎圈之臺，援弓東面而射之，矢踰于孟霜之山，集于彭城之東，餘勢逸勁，猶飲羽于石梁。然則蠡臺即是虎圈臺也，蓋宋世牢虎所在矣。

[6] 晉太和中，大司馬桓溫入河，命豫州刺史袁真開石門，鮮卑堅戍此臺，真頓甲堅城之下，不果而還。蠡臺如西，又有一臺，俗謂之女郎臺。臺之西北城中有涼馬臺。臺東有曲池。池北列兩釣臺，水周六七百步。蠡臺直東，又有一臺，世謂之雀臺也。城內東西道北，有晉梁王妃王氏陵表，並列二碑，碑云：妃諱粲，字女儀，東萊曲城人也。齊北海府君之孫，司空東武景侯之季女。咸熙元年嬪于司馬氏，泰始二年妃于國，太康五年薨。營陵于新蒙之❼，太康九年立碑。東即梁王之吹臺也，基陛階礎尚在，今建追明寺。故宮東即安梁之舊地也，齊周五六百步，水列釣臺。池東又有一臺，世謂之清泠臺。北城憑隅，又結一池臺。晉灼曰：或說平臺在城中東北角，亦或言兔園在平臺側。如淳曰：平臺，離宮所在，今城東二十里有臺，寬廣而不甚極高，俗謂之平臺。余按《漢書·梁孝王傳》稱：王以功親為大國，築東苑，方三百里，廣睢陽城七十里，大治

宮室，為複道，自宮連屬于平臺三十餘里，複道自宮東出楊之門，左陽門，即睢陽東門也。連屬于平臺則近矣，屬之城隅則不能，是知平臺不在城中也。梁王與鄒枚、司馬相如之徒，極遊于其上，故齊隨郡王〈山居序〉❽所謂西園多士，平臺盛賓，鄒、馬之客咸在，〈伐木〉之歌屢陳，是用追芳昔娛，神遊千古，故亦一時之盛事。謝氏賦雪❾亦曰：梁王不悅，遊于兔園。今也歌堂淪宇，律管埋音，孤基塊立，無復曩日之望矣。

7

城北五六里，便得漢太尉橋玄墓，冢東有廟，即曹氏孟德親酹處。操本微素，嘗候于玄。玄曰：天下將亂，能安之者，其在君乎。操感知己，後經玄墓，祭云：操以頑質，見納君子，士死知己，懷此無忘。又承約言：徂沒之後，路有經由，不以斗酒隻雞，過相沃酹，車過三步，腹痛勿怨。雖臨時戲言，非至親篤好，胡肯為此辭哉。悽愴致祭，以申宿懷。冢列數碑，一是漢朝群儒、英才、哲士感橋氏德行之美，乃共刊石立碑，以示後世。一碑是故吏司徒博陵崔烈、廷尉河南吳整等，以為至德在己，揚之由人，苟不皦述，夫何考焉。乃共勒嘉石，昭明芳烈。一碑是隴西枹罕北次陌碭守長騭為左尉漢陽獂道趙馮孝高❿，以橋公嘗牧涼州，感三綱之義，慕將順之節，以為公之勳美，宜宣舊邦，乃樹碑頌，以昭令德。光和七年，主記掾李友，字仲僚，作碑文。碑陰有〈右鼎文〉建寧三年拜司空；又有〈中鼎文〉建寧四年拜司徒；又有〈左鼎文〉光和元年拜太尉。鼎銘文曰：故臣門人，相與述公之行，咨度體則，文德銘于三鼎，武功勒于征鉞，書于碑陰，以昭光懿。又有〈鉞文〉，稱是用鏤石假象，作茲征鉞軍鼓，陳之于東階，亦以昭公之文武之勳焉。廟南列二柱，柱東有二石羊，羊北有二石虎，廟前東北有石駝，駝西北有二石馬，皆高大，亦不甚彫毀。惟廟頹構，麤傳遺墉，石鼓仍存，鉞今不知所在。

8 睢水于城之陽，積而為逢洪陂，陂之西南有陂。又東合明水。水上承城南大池，池周千步，南流會睢，謂之明水，絕睢注渙。睢水又東南流，歷于竹圃，水次綠竹蔭渚，菁菁實望，世人言梁王竹園也。睢水又東逕穀熟縣故城北。睢水又東，蘄水出焉。睢水又東逕粟縣[11]故城北。〈地理志〉曰：侯國也，王莽曰成富。睢水又東逕太丘縣故城北，〈地理志〉曰：故敬丘也。漢武帝元朔三年，封魯共王子節侯劉政為侯國，漢明帝更從今名。《列仙傳》曰：仙人文賓，邑人，賣鞾履為業，以正月朔日會故嫗于鄉亭西社，教令服食不老，即此處矣。

9 睢水又東逕芒縣故城北。漢高帝六年，封耏跖為侯國。王莽之傳治。世祖改曰臨睢。城西二里，水南有「豫州從事皇毓碑」，殞身州牧，陰君之罪，時年二十五。臨睢長平輿李君，二千石丞綸氏夏文則，高其行而悼其殞，州國咨嗟，旌閭表墓，昭敘令德，式示後人。城內有「臨睢長左馮翊王君碑」，善有治功，累遷廣漢屬國都尉，吏民思德，縣人公府掾陳盛孫，郎中兒定興、劉伯鄘等，共立石表政，以刊遠績。

縣北與碭縣分水，有碭山。芒、碭二縣之間，山澤深固，多懷神智，有仙者涓子、主柱，竝隱碭山得道。漢高祖隱之，呂后望氣知之，即于是處也。京房《易候》⑫曰：何以知賢人隱。師曰：視四方常有大雲，五色具而不雨，其下賢人隱矣。

又東過相縣南，屈從城北東流，當蕭縣南，入于陂。

相縣，故宋地也。秦始皇二十三年，以為泗水郡；漢高帝四年，改曰沛郡，治此。漢武帝元狩六年，封南越桂林監居翁為侯國，曰湘成也。王莽更名，郡曰吾符，縣曰吾符亭。睢水東逕石馬亭，亭西有漢故伏波將軍馬援墓。睢水又東逕相縣故城南，宋共公之所都也。國府園中，猶有伯姬黃堂⑬基。堂夜被火，左右曰：夫人少避。伯姬曰：婦人之義，保傅不具，夜不下堂，遂遇火而死。

斯堂即伯姬墳死處也。城西有伯姬冢。昔鄭渾為沛郡太守，于蕭、相二縣興陂堰，民賴其利，刻石頌之，號曰鄭陂。

12 睢水又左合白溝水。水上承梧桐陂，陂側有梧桐山，陂水西南流，逕相城東而南流注于睢。睢盛則北流入于陂，陂溢則西北注于睢，出入迴環，更相通注，故《經》有入陂之文。睢水又東逕彭城郡之靈壁東，東南流。《漢書》：項羽敗漢王于靈壁東。即此處也。又云：東通穀泗。服虔曰：水名也，在沛國相界。未詳。睢水逕穀熟，兩分睢水而為蘄水。故二水所在枝分，通謂兼稱，穀水之名，蓋因地變，然則穀水即睢水也。又云，漢軍之敗也，睢水為之不流。睢水又東南逕竹縣故城南，〈地理志〉曰：王莽之篤亭也。李奇曰：今竹邑縣也。睢水又東與滭湖水合。水上承甾丘縣之渒陂，南北百餘里，東西四十里，東至朝解[14]亭，西屆彭城甾丘縣之故城東。王莽更名之曰善丘矣。其水自陂南系于睢水。又東，睢水南[15]，八丈故溝水注之。水上承蘄水而北會睢水。又東逕符離縣故城北。漢武帝元狩四年，封路博德為侯國。王莽之符合也。

13 睢水又東逕臨淮郡之取慮縣故城北，昔汝南步遊張少失其母，及為縣令，遇母于此。乃使良馬踟躕，輕軒罔進，顧訪病姬[16]，乃其母也。誠願宿憑，而冥感昭徵矣。

14 睢水又東合烏慈水。水出縣西南烏慈渚，潭漲東北流，與長直故瀆合，瀆舊上承蘄水，北流八十五里，注烏慈水。烏慈水又東逕取慮縣南，又東屈逕其城東，而北流注于睢。睢水又東逕睢陵縣故城北。漢武帝元朔元年，封江都易王子劉楚為侯國。王莽之睢陸也。睢水又東與潼水故瀆會。舊上承潼縣西南潼陂，東北流逕潼縣故城北，又東北逕睢陵縣，下會睢水。睢水又東南流，逕下相縣故城南。高祖十二年，封莊侯泠耳為侯國。應劭曰：相水出沛國相縣，故此加下也。然則相又是睢水之別名也。東南流入于泗，謂之睢口。《經》止蕭縣，非也。所謂得其一而亡其二矣。

【注釋】❶廣野君　即酈食其，漢陳留高陽（今河南杞縣西）人。有辯才，劉邦因其獻計而得到陳留，故封他為廣野君。後為齊王田廣所殺。❷輟洗分餐　相傳周公求賢殷切，以至「一沐三握髮，一飯三吐哺」，迫不及待地前去接待賢才。後因以「輟洗分餐」指殷勤地求取賢士。❸五陵之名　《水經注疏》作「五陵之丘」，釋雍丘縣名似較合適。此按《疏》本語譯於後。❹睢陽曲　歌曲名。無公私著錄，亦不知曲詞，《注》文既稱「役夫流唱」，當是一種民歌。已亡佚。❺蠡　即螺。特指螺殼、螺號。❻闞子　書名。《漢書・藝文志》著錄一篇。《後漢書・獻帝紀》注引應劭《風俗通》說：「闞，姓也，縱橫家有闞子著書。」已亡佚。輯本收入於《玉函山房輯佚書》。❼營陵于新蒙之　朱謀㙔《水經注箋》說：「此下疑有脫誤。」殿本在此處有戴震案語：「此下有脫文。」按此句句讀明顯未斷，必有脫文。但各本均如此，無從查考。❽山居序　書序名。不見歷來公私著錄。《水經注疏》楊守敬按：「《齊書・武十七王傳》，隨郡王子隆，武王第八子，有文才，文集行於世，今佚。此序，他書亦未引。」鄭德坤《水經注引書考》作〈齊隨郡王山居序〉。❾賦雪　指南朝宋謝惠連撰的〈雪賦〉，收入於《文選》卷十三。❿隴西枹罕句　《水經注疏》熊會貞按：「此碑是梁州人官梁國者所立。而二語多誤。碭、鄢並梁國縣，「鄢」誤「鷰」，又衍「為」字，「碭長」當在「隴西枹罕」上，與「左尉」對，「北次陌守」當是人姓名及字，與「趙馮孝高」對，而文有誤也。」⓫粟縣　粟，《疏》本作「栗」。郭守敬按：「〈漢志〉作「栗」，〈高帝紀〉、〈周勃傳〉同。則「粟」為「栗」無疑。」栗縣，漢屬沛郡，後漢廢。今夏邑縣治。⓬易候　書名。《隋書・經籍志》著錄《周易飛候》九卷，京房撰。按此書如同〈河水〉篇內京房《易妖占》、《易傳》等，均為讖緯之書。京房，漢代人，本姓李，字君明，受《易》於焦延壽，元帝時，以言災異得幸。《漢書》有傳。⓭黃堂　古代太守衙中之正堂。《後漢書・郭丹傳》李賢注：「黃堂，太守之廳事。」⓮朝解　《水經注疏》熊會貞按：「今本〈舊唐志〉亦作「朝解城」，而《方輿紀要》、《一統志》引〈舊唐志〉並作「朝斛」，知本作「朝斛」。《寰宇記》「虹縣」下，亦作「朝斛」。考〈地形志〉，睢南郡有斛城縣，即此。則「解」為「斛」之誤無疑。」⓯又東二句　《疏》本改為「睢水又東南」。譯文按《疏》本。⓰顧訪病姬　王國維校明抄本作「顧訪病嫗」。王國維〈明抄本水經注跋〉：「顧訪病嫗，即其母也，諸本「嫗」並作「姬」。」

【語譯】睢水出梁郡鄢縣，

1 睢水發源於陳留縣西的蒗蕩渠，東北流。〈地理志〉說：睢水上流承接陳留縣浚儀的狼湯水。《水經》說發源於鄢縣，顯然是錯誤的。睢水又東流經高陽舊亭北，民間稱為陳留北城，其實不對。蘇林說：高陽是陳留以北的縣份。按高陽在留，是從前的鄉村名。那裡有「漢廣野君廟碑」。延熹六年（西元一六三年）十二月，雍丘縣令董生仰慕廣野君長留千載的高風，尊崇他優美的典範於萬世之後，因此囑縣人長照撰文，以表彰他不朽的美德。文中大意說：高祖禮賢下士，廣野君也盡心為他出謀劃策。襲陳留，得秦積粟，建立了卓著的功勳；青、徐等地，不戰而定，使國家大大地富盛起來，人民也得以安居樂業。自古以來，沒有更高的功勳了。現在原來的祠廟已不再有人知道了，只有這塊廟碑還孤零零地樹立著。《陳留風俗傳》說：酈氏居住在高陽，沛公攻陳留時，酈食其因獻計有功，封為高陽侯。族人酈峻，字文山，曾任公府掾。大將軍酈商有功，受封以涿為食邑，因此他從陳留遷往涿。陳留縣有餅亭、餅鄉。建武二年（西元二六年），世祖把陳留封給王常為侯國。

2 睢水又東流經雍丘縣舊城北。雍丘縣是舊時的杞國。殷湯和周武王曾把該縣封給夏的子孫，以維續禹的後嗣。後來楚滅了杞，秦時設置為縣。圈稱說：縣裡有五陵之丘，所以縣名叫雍丘。城內有夏后祠。從前商周二代，從未停止過祭祀。到了秦始皇時，在周邊修築了大城牆，並設置為縣。睢水又東流，水流積蓄成湖，民間稱為白羊陂，方圓四十里。睢水右岸有蓩梁陂水注入。這條水上流承接陂水，東北流經雍丘城北，又東流，分為兩條，稱為雙溝，都注入白羊陂。白羊陂水東流到洛架口匯合一水。此水上流承接汳水，稱為洛架水，東南流注入睢水。睢水又東流經襄邑縣老城北，又東流經雍丘城北。睢水又東流經寧陵縣老城南，這裡是從前的葛伯國。王莽改名為康善。睢水流經鄢縣北，鄢縣與寧陵縣兩城南北相距五十里，所以《水經》裡有睢水發源於鄢縣的記載。鄢縣城東七里，水邊有單父縣令楊彥、尚書郎楊禪——字文節——兄弟的兩塊墓碑，是漢光和年間（西元一七八～一八四年）所立。

東過睢陽縣南，

3 睢水又東流經橫城北。《春秋左傳》昭公二十一年（西元前五二一年），樂大心在橫抵抗華向的進攻。杜預說：梁國睢陽縣南有橫亭。現在橫亭在睢陽縣西南，世人稱為光城，大概是光、橫兩字讀音相近，口頭相傳成習，因而造成錯誤的。睢水又流經新城北，這就是宋國的新城亭。《春秋左傳》文公十四年（西元前六一三年），文公在新城與宋公、陳侯、衛侯、鄭伯、許男、曹伯、晉趙盾等會盟。睢水又東流經高鄉亭北，又東流經亳城北，就是南亳，是商湯的都城。

4 睢水又東流經睢陽縣舊城南，周成王把微子啟封於宋，讓他維續殷的後嗣，睢陽縣就是宋的都城。從前宋元君夢見江國使者坐著有帷蓋的車、穿著繡衣前來拜見。元君聽了衛平王的一席話，就去泉陽尋求，男子余且在這裡獻上神龜。秦始皇二十二年（西元前二二五年），在此設置碭郡。漢高祖為沛公時曾當過碭郡長，天下平定後，到五年（西元前二〇二年）立為梁國。漢文帝十二年（西元前一六八年），封小兒子劉武為梁王。劉武是太后的愛子、景帝的寵弟。梁王有警衛和太監，他自己的穿戴與裝飾同天子一樣，儲藏的金銀珠寶多得可與京師相比。他招收天下豪傑，四方賢士紛至遝來，甚至司馬長卿之輩也棄官來投奔他。他擴建睢陽城七十里，在城內大興土木，修建宮觀園囿、亭臺屏樹，建得就像帝王的居處一樣富麗堂皇。營建宮苑時，民夫們都傳唱著〈睢陽曲〉，這首曲子就是從那時開始流傳下來的。城西門就是寇先彈琴的地方。寇先喜歡釣魚，住在睢水岸邊。宋景公向他詢問道術，他不肯說，宋景公就把他殺了。十年後，他來到這座城門前，停下來彈了一會琴，方才離開。宋人家家戶戶都奉祀他。

5 南門叫盧門。《春秋》記載，華氏居住在盧門里，後來反叛了。杜預說：盧門是宋城南門。司馬彪〈郡國志〉說：睢陽縣有盧門亭，城內有一座高臺，十分出色而寬廣，高高地矗立著，超然獨上，稱為蠡臺，又叫升臺。從前在它極盛的時期，真可與雲霞爭高呢。《續述征記》說：登臺的梯級迴旋而上，像田螺一樣，因而稱為蠡臺。其實不是如此。我查考過，《闕子》說：宋景公叫工人為他製弓，九年才製成。景公問：為什麼做得那麼久？工人回答道：臣不能再見到您了，臣把自己的全部精力都花在這張弓上了。那工人獻了弓回家去，三天後就死了。景公登上虎圈臺，拉弓搭箭向東方射去，箭飛過孟霜山，最後都集中在彭城東，餘勢仍很強勁，箭頭深深穿進石橋中。那麼蠡臺就是虎圈臺了，這是宋時關虎的地方。

6 晉太和年間（西元三六六～三七一年），大司馬桓溫擬以水師進入大河，命令豫州刺史袁真去鑿開石門。鮮卑人堅守此臺，袁真屯兵於堅城之下，沒有達到目的，最後只好撤兵而回。蠡臺偏西，又有一臺，俗稱女郎臺。女郎臺西北的城內有涼馬臺。臺東有曲池。池北有兩個並列的釣臺，池周圍約六七百步。蠡臺正東，又有一臺，世人稱為雀臺。在城內一條東西向大道的北端，有晉朝梁王妃王氏的墓碑，二碑並立於墓前，碑上刻著：王妃名粲，字女儀，東萊曲城人。齊北海府君的孫女，司空東武景侯的小女兒。咸熙元年（西元二六四年），嫁給司馬氏，泰始二年（西元二六六年），立為妃，太康五年（西元二八四年）逝世。在新蒙營建陵墓，太康九年（西元二八八年）立碑。墓碑以東就是梁王的吹臺，基址和臺階柱礎還在，今天已建造了追明寺。故宮東即是安梁舊地，周圍五六百步，池邊有釣臺。池東又有一臺，世人稱為清泠臺。北城靠城角，又建有一處池臺。晉灼說：有人說平臺在城中東北角，也有人說兔園在平臺旁邊。如淳說：平臺是梁王離宮所在的地方，現在城東二十里處有一座臺，相當寬廣，但不很高，民間叫平臺。我查考過，《漢書・梁孝王傳》說：梁王憑著功勞和皇親關係受封大國，他修建的東苑方圓三百里，擴建睢陽城七十里，大興土木，建造宮室，修築天橋，從王宮與平臺相連，長達三十餘里，這條天橋從王宮東出楊門。左陽門，就是睢陽東門。說天橋與平臺相連大致上差不多，說與城角相連就不可能了，由此可知平臺不在城中。梁王與鄒枚、司馬相如等人常在平臺上盡情遊樂。正如齊時隨郡王〈山居序〉中所說的：西園有很多士人，平臺則常大會賓客，鄒、馬等名流都在，他們常唱〈伐木〉之歌，藉以追思昔日的歡娛，神遊於千古，所以也是一時的盛事。謝惠連〈雪賦〉也說：梁王不高興時，常到兔園散心。今天當年歌舞之地已經湮滅，管弦之聲已成絕響，只留下一片寂寞荒涼的遺址，不再有昔日燈紅酒綠的盛況了。

7 城北五六里處，有漢朝太尉橋玄墓，墓東有一座廟宇，就是當年曹孟德親自灑酒的地方。曹操本來地位低微，曾在橋玄手下做小官。有一次橋玄對他說：天下將要大亂，能定國安邦的人也許就是您吧。曹操感激知遇之恩，後來經過橋玄墓時，親自祭奠他說：我本來愚頑，卻蒙您接納；士為知己者死，我心裡一直記念著您的恩遇，從未忘記。您曾和我有約。您說：我死之後，您路過我墓地，如不用斗酒隻雞相祭，車過三步，肚子痛可不要埋怨我呀。當時雖是玩笑，但如果不是親密的知己朋友，哪肯說這些話呢。我滿懷著悽愴悲涼之情向您致祭，以表達我平素的懷念之情。墓前排著幾塊石碑，一塊是漢朝一群儒生和有才學的賢能人士，仰慕橋玄高尚的德行，共同刻石所立，用以昭示後人的。另一塊是橋玄舊日的屬吏，如司徒博陵崔列、廷尉河南吳整等所立。他們認為極崇高的美德雖然靠自己的修養，但褒揚這種美德卻要靠別人；如不明確地記述下來，公之於世，後人怎會知道呢。於是共同刻石立碑，表彰他光輝的事跡。還有一碑是隴西枹罕北次陌碭守長驚為左尉漢陽豲道縣趙馮孝高所立。他們想到橋公曾當過涼州牧，有感於三綱的義理，仰慕他順應時勢的明智之舉，認為橋公的功業和美德應在他家鄉發揚光大，於是樹碑稱頌。光和七年（西元一八四年），主記掾李友，字仲僚，撰寫碑文。墓碑背面刻著〈右鼎文〉：建寧三年（西元一七〇年）授官司空；又有〈中鼎文〉：建寧四年（西元一七一年）授官司徒；又有〈左鼎文〉：光和元年（西元一七八年）授官太尉。銘中說：舊時的下屬和門人，相互講述橋公的事跡，商討如何用合宜的規格來紀念他，決定把他的文德刻在三隻鼎上，武功刻在斧鉞上，並寫在碑的背面，以昭示他光輝的美德。又有〈鉞文〉說：憑這石頭雕琢的形狀，製成斧鉞、軍鼓，陳列於東階，也是用以昭示橋公的文武功勳的。廟南置有二柱，柱東有兩頭石羊，石羊北有兩隻石虎，廟前東北有石駝，石駝西北有兩匹石馬，都很高大，也沒有怎麼損毀。只是廟宇已經頹圮，留下一些斷壁殘垣，石鼓現在也還在，但鉞卻已不知去向了。

8 睢水在城南積成逢洪陂，陂塘的西南又有一個陂塘。睢水又東流與明水匯合。明水上源承接城南的大池，大池周圍千步，池水南流與睢水匯合，稱為明水；明水橫穿過睢水，注入渙水。睢水又東南流，流經竹圃，水邊是一片茂密青翠的竹林，綠蔭籠罩著水濱，滿眼一片鬱鬱蔥蔥，人們說這是梁王的竹園。睢水又東流經穀熟縣舊城北。睢水又東流，分出蘄水。睢水又東流經栗縣舊城北。〈地理志〉說：這是個侯國，王莽稱為成富。睢水又東流經太丘縣舊城北。〈地理志〉說：這就是過去的敬丘。漢武帝元朔三年（西元前一二六年），把該縣封給魯恭王的兒子節侯劉政為侯國，漢明帝時改為今名。《列仙傳》說：仙人文賓是本縣人，以賣靴為業，正月初一在鄉亭西社與其妻相會，教她服食不老之法，就在這裡。

9 睢水又東流經芒縣舊城北。漢高帝六年（西元前二〇一年），把該縣封給耏跖為侯國。這就是王莽時的傳治。世祖改名為臨睢。城西二里，睢水南岸有「豫州從事皇毓碑」，皇毓為了州牧，獲罪於陰間之主而死亡，當時只有二十五歲。臨睢長平輿縣李君，二千石丞綸氏縣夏文則，敬佩他的崇高精神，對他的死深表哀悼，州國上下也嘆息不已，於是在他的家鄉旌表他，並在墓前立碑表揚他的美德，為後人樹立榜樣。城內有「臨睢長左馮翊王君碑」，王君善於治理，功績卓著，多次遷升，官至廣漢屬國都尉。官吏、百姓都思念他的恩德，同縣人公府掾陳盛孫、郎中兒定興及劉伯鄘等，共同立碑表彰他的政績。

10 縣北與碭縣以睢水為分界，有碭山。芒縣與碭縣之間，有很多高山大澤，鍾毓神靈才智。仙人涓子、主柱都是隱居在碭山修煉得道的。漢高祖也曾在山上隱居，呂后觀望雲氣就知道他的行蹤，也是在這裡。京房《易候》說：怎麼知道賢人的隱居之地呢。大師說：看到四方常有五色大雲出現，但不下雨，就可以知道下面必有賢人隱居了。

又東過相縣南，屈從城北東流，當蕭縣南，入于陂。

11 相縣是舊時宋國的疆域。秦始皇二十三年（西元前二二四年），立為泗水郡；漢高帝四年（西元前二〇三年），改為沛郡，郡治就在這裡。漢武帝元狩六年（西元前一一七年），把相縣封給南越桂林監居翁為侯國，稱為湘成。王莽改郡名為吾符，縣名為吾符亭。睢水東流經石馬亭，亭西有漢朝伏波將軍馬援墓。睢水又東流經相縣舊城南，宋共公曾建都於此。國府園中，還留著伯姬黃堂的遺址。廳堂夜裡失火，身邊侍者對伯姬說：夫人請稍避一避。伯姬說：做婦女的規矩是，太保太傅如果不在，夜裡就不能離開廳堂。於是就被火燒死。這廳堂就是伯姬被燒死的地方。城西有伯姬墓。從前鄭渾任沛郡太守，在蕭、相二縣興建堰壩，百姓深受其利，刻石稱頌，稱為鄭陂。

12 睢水又在左岸匯合了白溝水。白溝水上源承接梧桐陂，陂旁有梧桐山，陂水向西南流經相城東，然後南流注入睢水。睢水盛漲時，就北流注入陂塘，陂水滿溢時就西北流，注入睢水，迴環出入，交互流通，因此《水經》有睢水入陂的說法。睢水又東流經彭城郡靈壁東，東南流。《漢書》記載，項羽在靈壁東打敗漢王，就是此處。又說：睢水東通穀水、泗水。服虔說：穀、泗都是水名，大概在沛國相縣邊界，但也不很清楚。睢水流經穀熟，分為兩條，一條就是蘄水。兩水分流各兼通稱，穀水的名稱是因地而變的，那麼穀水也就是睢水了。又說：漢軍打了敗仗，睢水因積屍而不流。睢水又東南流經竹縣舊城南。〈地理志〉說：這就是王莽時的篤亭。李奇說：就是今天的竹邑縣。睢水又東流與滭湖水匯合。滭湖水上源承接甾丘縣的滭陂，滭陂南北長百餘里，東西寬四十里。東到朝解亭，西到彭城甾丘縣舊城東。王莽改名為善丘。滭湖水從滭陂南與睢水相通。睢水又東南流，八丈故溝水注入。八丈故溝水上源承接蘄水，北流與睢水匯合。睢水又東流經符離縣舊城北。漢武帝元狩四年（西元前一一九年），把符離封給路博德為侯國。這就是王莽時的符合。

13 睢水又東流經臨淮郡取慮縣舊城北，從前汝南郡步遊張少年時與母親失散了，當了縣令後，在此與母親相遇。當時他乘馬車經過這裡，駿馬忽然停步，躊躇不進，他下車訪問路旁有病的老婦人，竟就是他的母親。平素他思母心誠，冥冥之中似乎有一種預感在向他召喚。

14 睢水又東流與烏慈水匯合。烏慈水發源於縣城西南的烏慈渚，潭水上漲時東北流，與長直舊河道匯合，這條河道從前上源承接蘄水，北流八十五里，注入烏慈水。烏慈水又東流經取慮縣南，又東流，轉而流經城東，然後北流注入睢水。睢水又東流經睢陵縣舊城北。漢武帝元朔元年（西元前一二八年），把睢陵縣封給江都易王的兒子劉楚為侯國。就是王莽時的睢陸。睢水又東流與潼水舊河道匯合。舊時此水上源承接潼縣西南的潼陂，東北流經潼縣舊城北，又東北流經睢陵縣，下流與睢水匯合。睢水又東南流，流經下相縣舊城南。高祖十二年（西元前一九五年），把下相封給莊侯泠耳為侯國。應劭說：相水發源於沛國相縣，所以此處稱下相。那麼相水又是睢水的異名了。睢水東南流注入泗水，匯流處稱為睢口。《水經》說睢水流到蕭縣為止，其實不是的。真是所謂得其一而失其二了。

瓠子河

瓠子河出東郡濮陽縣北河，

1 縣北十里，即瓠河口也。《尚書・禹貢》：雷夏既澤，雝沮會同。《爾雅》曰：水自河出為雝。許慎曰：雝者，河雝水也。暨漢武帝元光三年，河水南泆，漂害民居。元封二年，上使汲仁、郭昌發卒數萬人，塞瓠子決河。于是上自萬里沙還，臨決河，沉白馬玉璧，令群臣將軍以下皆負薪填決河。上悼功之不成，乃作歌曰：瓠子決兮將奈何？浩浩洋洋，慮殫為河，殫為河兮地不寧，功無已時兮吾山平。吾山平兮巨野溢，魚沸鬱兮柏冬日。正道弛兮離常流，蛟龍騁兮放遠遊。歸舊川兮神哉沛，不封禪兮安知外。皇謂河公兮何不仁，泛濫不止兮愁吾人。齧桑浮兮淮泗滿，久不返兮水維緩。

2 一曰：河湯湯兮激潺湲，北渡迴兮迅流難。搴長茭兮湛美玉，河公許兮薪不屬。薪不屬兮衛人罪，燒蕭條兮噫乎何以禦水？隤竹林兮楗石菑❶，宣防塞❷兮萬福來。于是卒塞瓠子口，築宮于其上，名曰宣房宮，故亦謂瓠子堰為宣房堰，而水亦以瓠子受名焉。

3 平帝已後，未及脩理，河水東浸，日月彌廣。永平十二年，顯宗詔樂浪人王景治渠築堤，起自滎陽，東至千乘，一千餘里。景乃防遏衝要，疏決壅積，瓠子之水，絕而不通，惟溝瀆存焉。河水舊東決，逕濮陽城東北，故衛也，帝顓頊之墟。昔顓頊自窮桑徙此，號曰商丘，或謂之帝丘，本陶唐氏火正閼伯之所居，亦夏伯昆吾之都，殷相土又都之。故《春秋傳》曰：閼伯居商丘，相土因之是也。衛成公自楚丘遷此，秦始皇徙衛君角于野王，置東郡，治濮陽縣。濮水逕其南，故曰濮陽也。章邯守濮陽，環之以水。張晏曰：依河水自固。又東逕鹹城南。《春秋》僖公十三年，夏，會于鹹。杜預曰：東郡濮陽縣東南，有鹹城者是也。瓠子故瀆又東逕桃城南。《春秋傳》曰：分曹地，自洮以南，東傅于濟，盡曹地也。今鄄城西南五十里有姚城，或謂之洮也。瓠瀆又東南逕清丘北。《春秋》宣公十二年，《經》書楚滅蕭，晉人、宋、衛、曹同盟于清丘。京相璠曰：在今東郡濮陽縣東南三十里，魏東都尉治。

東至濟陰句陽縣為新溝，

4 瓠河故瀆又東逕句陽縣之小成陽，城北側瀆。《帝王世紀》曰：堯葬濟陰成陽西北四十里，是為穀林。墨子以為堯堂高三尺，土階三等。北教八狄，道死，葬蛩山之陰。《山海經》曰：堯葬狄山之陽，一名崇山。二說各殊，以為成陽近是堯冢也。余按小成陽在成陽西北半里許，實中，俗諺以為囚堯城，士安蓋以是為堯冢也。瓠子北有都關縣故城，縣有羊里亭，瓠河逕其南，為羊里水，蓋資城地而變名，猶《經》有新溝之異稱矣。黃初中，賈逵為豫州刺史，與諸將征吳于洞浦有功，魏封逵為羊里亭侯，邑四百戶，即斯亭也。俗名之羊子城，非也。蓋韻近字轉耳。

5 又東，右會濮水枝津，水上承濮渠，東逕沮丘城南，京相璠曰：今濮陽城西南十五里有沮丘城，六國時，沮、楚同音，以為楚丘，非也。又東逕浚城南，西北去濮陽三十五里，城側有寒泉岡，即《詩》❸所謂爰有寒泉，在浚之下。世謂之高平渠，非也。京相璠曰：濮水故道在濮陽南者也。又東逕句陽縣西，句瀆出焉。濮水枝渠又東北逕句陽縣之小成陽東垂亭西，而北入瓠河。〈地理志〉曰：濮水首受泲于封丘縣東北，至都關入羊里水者也。又按〈地理志〉，山陽郡有都關縣。今其城在廩丘城西，考〈地志〉，句陽、廩丘，俱屬濟陰，則都關無隸山陽理。又按〈地理志〉，郕都亦是山陽之屬縣矣。而京、杜考地驗城，又竝言在廩丘城南，推此而論，似〈地理志〉之誤矣。或亦疆理參差，所未詳。瓠瀆又東逕垂亭北。《春秋》隱公八年，宋公、衛侯遇于犬丘。《經》書垂也。京相璠曰：今濟陰句陽縣小成陽東五里，有故垂亭者也。

又東北過廩丘縣為濮水，

6 瓠河又左逕雷澤北，其澤藪在大成陽縣故城西北十餘里，昔華胥履大跡處也。其陂東西二十餘里，南北十五里，即舜所漁也。澤之東南即成陽縣，故《史記》曰：武王封弟叔武于成。應劭曰：其後乃遷于成之陽，故曰成陽也。〈地理志〉曰：成陽有堯冢、靈臺。今成陽城西二里有堯陵，陵南一里有堯母慶都陵，于城為西南，稱曰靈臺。鄉曰崇仁，邑號脩義，皆立廟，四周列水，潭而不流，水澤通泉，泉不耗竭，至豐魚筍，不敢採捕。前竝列數碑，栝柏數株，檀馬成林。二陵南北，列馳道逕通，皆以磚砌之，尚脩整。堯陵東城西五十餘步中山夫人祠，堯妃也。石壁階墀仍舊，南、西、北三面，長櫟聯蔭，扶疎里餘。中山夫人祠南有仲山甫冢，冢西有石廟，羊虎傾低，破碎略盡，于城為西南，在靈臺之東北。按郭緣生《述征記》，自漢迄晉，二千石及丞尉多刊石，述敘堯即位至永嘉三年，二千七百二十有一載，記于堯妃祠，見漢建寧五年五月，成陽令管遵所立碑文云。堯陵北仲山甫墓南，二冢間有伍員祠，晉大安中立。一碑是永興中建，今碑祠竝無處所。又言堯陵在城南九里，中山夫人祠在城南二里，東南六里，堯母慶都冢，堯陵北二里有仲山甫墓。考地驗狀，咸為疎僻，蓋聞疑書疑耳。

雷澤西南十許里有小山，孤立峻上，亭亭傑峙，謂之歷山。山北有小阜，南屬池澤之東北，有陶墟。緣生言：舜耕陶所在。墟阜聯屬，濱帶瓠河也。鄭玄言：歷山在河東，今有舜井。皇甫謐或言今濟陰歷山是也，與雷澤相比。余謂鄭玄之言為然。故揚雄〈河水賦〉❹曰：登歷觀而遙望兮，聊浮游于河之巖。今雷首山西枕大河，校之圖緯，于事為允。士安又云：定陶西南陶丘，舜所陶處也。不言在此，緣生為失。

8 瓠河之北即廩丘縣也。王隱《晉書‧地道記》曰：廩丘者，《春秋》之所謂齊邑矣，寔表東海者也。《竹書紀年》：晉烈公十一年，田悼子卒，田布殺其大夫公孫孫，公孫會以廩丘叛于趙，田布圍廩丘，翟角、趙孔屑、韓師救廩丘，及田布戰于龍澤，田師敗逋是也。瓠河與濮水俱東流，《經》所謂過廩丘為濮水者也。縣南瓠北有羊角城，《春秋傳》曰：烏餘取衛羊角，遂襲我高魚，有大雨，自竇入，介于其庫，登其城，克而取之者也。京相璠曰：衛邑也。今東郡廩丘縣南有羊角城。高魚，魯邑也。今廩丘東北有故高魚城，俗謂之交魚城，謂羊角為角逐城，皆非也。

9 瓠河又逕陽晉城南。《史記》：蘇秦說齊曰：過衛陽晉之道，逕于亢父之險者也。今陽晉城在廩丘城東南十餘里，與都關為左右也。張儀曰：秦下甲攻衛陽晉，大關天下之匈。徐廣《史記音義》云：關一作開，東之亢父，則其道矣。

瓠河之北又有郕都城。《春秋》隱公五年，郕侵衛。京相璠曰：東郡廩丘縣南三十里有郕都故城。褚先生曰：漢封金安上為侯國，王莽更名之曰城穀者也。

瓠河又東逕黎縣故城南。王莽改曰黎治矣。孟康曰：今黎陽也。薛瓚言：按黎陽在魏郡，非黎縣也。世謂之黎侯城。昔黎侯寓于衛，《詩》❺所謂胡為乎泥中？毛云：泥中，邑名，疑此城也。土地汙下，城居小阜，魏濮陽郡治也。瓠河又東逕秅縣故城南，《地理志》：濟陰之屬縣也。褚先生曰：漢武帝封金日磾為侯國。王莽之萬歲矣，世猶謂之為萬歲亭也。瓠河又東逕鄆城南。《春秋左傳》成公十六年，公自沙隨還，待于鄆。京相璠曰：《公羊》作運字。今東郡廩丘縣東八十里有故運城，即此城也。

又北過東郡范縣東北，為濟渠，與將渠合。

10 瓠河自運城東北，逕范縣與濟、濮枝渠合。故渠上承濟瀆于乘氏縣，北逕范縣，左納瓠瀆，故《經》有濟渠之稱。又北與將渠合。渠受河于范縣西北，東南逕秦亭南。杜預《釋地》曰：東平范縣西北有秦亭者也。又東南逕范縣故城南。王莽更名建睦也。漢興平中，靳允為范令，曹太祖東征陶謙于徐州，張邈迎呂布，郡縣響應。程昱說允曰：君必固范，我守東阿，田單之功可立。即斯邑也。將渠又東會濟渠，自下通謂之將渠，北逕范城東，俗又謂之趙溝，非也。

又東北過東阿縣東，

11 瓠河故瀆又東北，左合將渠枝瀆。枝瀆上承將渠于范縣，東北逕范縣北，又東北逕東阿城南，而東入瓠河故瀆。又北逕東阿縣故城東。《春秋經》書：冬，及齊侯盟于柯。《左傳》曰：冬，盟于柯，始及齊平。杜預曰：東阿即柯邑也。按《國語》：曹沫挾匕首劫齊桓公返遂邑于此矣。

又東北過臨邑縣西，又東北過茌平縣東，為鄧里渠，

12 自宣防已下，將渠已上，無復有水。將渠下水，首受河，自北為鄧里渠。

又東北過祝阿縣，為濟渠，

13 河水自四瀆口出為濟水。濟水二瀆合而東注于祝阿也。

又東北至梁鄒縣西，分為二：

14 脈水尋梁鄒❻，濟無二流，蓋《經》之誤。

其東北者為濟河，其東者為時水。又東北至濟西，濟河東北入于海。時水東至臨淄縣西，屈南過太山華縣東，又南至費縣，東入于沂。

15 時，即耏水也，音而。《春秋》襄公三年，齊、晉盟于耏者也。京相璠曰：今臨淄惟有澅水，西北入濟。即〈地理志〉之如水矣。耏、如聲相似，然則澅水即耏水也。蓋以澅與時合，得通稱矣。時水自西安城西南分為二水，枝津別出，西流，德會水注之。水出昌國縣黃山，西北流逕昌國縣故城南。昔樂毅攻

齊，有功，燕昭王以是縣封之，為昌國君。德會水又西北，五里泉水注之。水出縣南黃阜，北流逕城西，北入德會。又西北，世謂之滄浪溝，又北流注時水。《地理志》曰：德會水出昌國西北，至西安入如是也。時水又西逕東高苑城中而西注也。俗人遏令側城南注，又屈逕其城南。《史記》：漢文帝十五年，分齊為膠西王國，都高苑。徐廣《音義》曰：樂安有高苑城，故俗謂之東高苑也。其水又北注故瀆，又西，蓋野溝水注之。源導延鄉城東北，平地出泉，西北逕延鄉城北。《地理志》：千乘有延鄉縣，世人謂故城為從城，延、從字相似，讀隨字改，所未詳也。西北流，世謂之蓋野溝，又西北流，逕高苑縣北注時水。時水又西逕西高苑縣故城南。漢高帝六年，封丙倩為侯國。王莽之常鄉也。其水側城西注。京相璠曰：今樂安博昌縣南界有時水，西通濟，其源上出盤陽，北至高苑，下有死時[7]，中無水。杜預亦云：時水于樂安枝流，旱則竭涸，為《春秋》之乾時也。《左傳》莊公九年，齊、魯戰地，魯師敗處也。時水西北至梁鄒城入于濟。非濟入時，蓋時來注濟。若濟分東流，明不得以時為名。尋時、濟更無別流南延華費之所，斯為謬矣。

【注釋】❶楗石菑　以竹木草石來填堵決口。楗，填塞決口所用的竹木草石。石菑，堵塞決口立楗時所用的插石。《漢書・溝洫志》顏師古注：「石菑者謂臿石立之，然後以土就填塞也。」❷宣防塞　「宣防」如解為「宣房宮」，則「塞」字不可解。且下文又提及宣房宮。故此處「宣防」宜解為「泛指防河治水」。❸詩　指《詩經・邶風・凱風》。❹河水賦　詩賦名。《水經注釋》及《水經注疏》均作〈河東賦〉。《疏》：「宋『東』訛作『水』，戴同，趙改。守敬按：明鈔本作『東』。賦載《漢書・雄傳》。」王國維〈明鈔本水經注跋〉：「〈瓠子水注〉，揚雄〈河東賦〉，諸『東』並作『水』。」❺詩　指《詩經・邶風・式微》。❻脈水尋梁鄒　《疏》本作「脈水尋梁」。注云：「朱『梁』下有『鄒』字，戴趙同。會貞按：『鄒』字衍。……〈滴水〉篇『尋梁脈水』，〈沅水注〉『脈水尋梁』，皆其辭例足徵。此本無『鄒』字，蓋後人見《經》有『梁鄒』之文，遂妄增『鄒』字以合《經》耳。」此依《疏》語譯於後。❼死時　地名。在今山東桓臺南。因時水於此早時乾涸，故稱死時。

【語譯】瓠子河出東郡濮陽縣北河，

1 濮陽縣北十里處，就是瓠河口。《尚書・禹貢》說，雷夏已積成大澤，雝水、沮水匯合在一起。《爾雅》說：從河水分流出來的是雝水。許慎說：雝，就是大河雝水，即河水阻塞的意思。到了漢武帝元光三年（西元前一三二年），河水南岸泛濫，沖毀民房。元封二年（西元前一〇九年），武帝派遣汲仁、郭昌徵發役卒數萬人，堵塞了瓠子河的決口。於是武帝從萬里沙回來，親臨決河的地點，把白馬、玉璧沉入水中，並令群臣自將軍以下都去背木柴堵塞決口。武帝悲嘆堵塞決口沒有成功，於是作歌道：瓠子決口呵，怎奈何？滾滾洪濤，遍地全成江河。全成江河呵，大地不得安寧，治河永無盡時呵，洪水升漲已與吾山平。吾山漲平呵，巨野澤也已洪流橫溢，魚群不安地翻騰呵，冬近水天仍相接。河道已廢呵，水也無羈地亂流，蛟龍馳騁呵，恣意遠遊。神靈的大水呵，快回舊道來，不登山祭天呵，怎能知關外的巨災。河伯呵，你怎麼如此不仁，你無休無止地泛濫呵，真愁煞人。齧桑漂沒呵，淮、泗也水滿，大水不回故道呵，治水實在太遲緩。

2 另一首歌是：大河滾滾奔騰呵，激起一片狂濤，北道太迂遠呵，疏導難奏效。拉起長竹纜呵，沉下美玉，怎奈河伯如許呵，柴薪又不足。柴薪不足呵，是衛人的罪，草木都燒光了呵，拿什麼來抵擋洪水？砍盡竹林呵，再以竹木草石來填塞，堤防都填好了呵，幸福就來臨。於是終於堵塞了瓠子口，並在口上建了一座宮殿，稱為宣房宮，因此，也稱瓠子堰為宣房堰，水也就以瓠子命名了。

[3] 平帝以後，未及時修理河堰，河水向東漫淹，受淹的範圍愈來愈大。永平十二年（西元六九年），顯宗命令樂浪人王景，從滎陽開始，向東直至千乘，在一千多里的範圍內，築堤治理河渠。於是王景在那些水道要衝作了嚴密的防範措施，並疏通壅塞的河道，瓠子河的水從此就不通了，只留下溝渠。河水過去決口東流時，流經濮陽城東北，這地方就是從前的衛國，也是古代帝王顓頊的舊城。從前，顓頊從窮桑遷移到這裡，稱為商丘，也有人稱為帝丘，本來是陶唐氏掌火官閼伯所居住的地方，也是夏伯昆吾的都邑，殷朝相土也定都於此。因此《春秋傳》說：閼伯居住在商丘，後來相土也接著在這裡居住。衛成公從楚丘遷到這裡，秦始皇把衛君角遷徙到野王，設置了東郡，治所在濮陽縣。濮水在縣南流過，所以稱為濮陽。章邯守濮陽時，開了護城河，使城周環水。張晏說：依靠河水使城防鞏固。舊河道又東經鹹城南。《春秋》僖公十三年（西元前六四七年）夏，在鹹會盟。杜預說：東郡濮陽縣東南，有鹹城，即此城。瓠子河舊道又東經桃城南。《春秋傳》說：把曹國的土地分掉，從洮水以南，東到濟水，都是曹國的土地。現在鄄城西南五十里有姚城，有人稱為洮城。瓠子河又東南流經清丘北。《春秋》宣公十二年（西元前五九七年），《經》中提到楚滅蕭，晉人、宋、衛、曹等在清丘會盟。京相璠說：清丘在今東郡濮陽縣東南三十里，是魏東都尉治所。

東至濟陰句陽縣為新溝，

[4] 瓠子河舊道又東流經句陽縣的小成陽，城北臨近河邊。《帝王世紀》說：堯葬在濟陰郡成陽縣西北四十里，就是穀林。墨子認為堯的堂基高三尺，有三級土階。堯曾去北方教導八狄，死於途中，葬在蛩山的北坡。《山海經》說：堯葬在狄山的南坡，狄山又名崇山。兩種說法互不相同，認為成陽是堯墓所在地較接近事實。我查考過，小成陽在成陽西北約半里，很堅固，民間稱為囚堯城，士安認為大概就是堯墓。瓠子河北有都關縣舊城，該縣有羊里亭，瓠子河流經亭南，稱羊里水，這是隨水流所經的城邑或地址的變名，猶如《水經》有新溝的異名一樣。黃初年間（西元二二〇～二二六年），賈逵任豫州刺史，與諸將在洞浦征吳有功，魏封他為羊里亭侯，食邑四百戶，就是這個羊里亭。民間稱為羊子城，其實不對。這是由於字音相近字也

隨著寫錯的緣故。

5 瓠子河又東流，右岸與濮水支流匯合，支流的上流承接濮渠，東流經沮丘城南。京相璠說：現在濮陽城西南十五里有沮丘城，六國時沮、楚二字同音，以為這是楚丘，其實不是。濮水支流又東流經浚城南，浚城西北距濮陽三十五里，城旁有寒泉岡。《詩經》說：於是有寒泉，在浚邑城下，就指此泉。人們將這條支流稱為高平渠，其實不是的。京相璠說：濮水舊河道在濮陽南。濮水支流又東流經句陽縣西，句瀆在這裡分出。濮水支渠又東北流經句陽縣小成陽東垂亭西，北流注入瓠子河。〈地理志〉說：濮水上游在封丘縣東北承接泲水，流到都關，注入羊里水。又據〈地理志〉，山陽郡有都關縣。現在此城在廩丘城西，查考〈地志〉，句陽、廩丘都屬濟陰郡，那麼都關決無屬於山陽郡的道理。又據〈地理志〉，郕都也是山陽郡的屬縣。而京相璠、杜預對地域和城邑作了一番考證後，都說郕都在廩丘城南，據此推論，似乎〈地理志〉記載有誤。或者是疆界地域不一致，這就不清楚了。瓠子河又東流經垂亭北。《春秋》隱公八年（西元前七一五年），宋公、衛侯在犬丘相會。犬丘在《春秋經》裡寫作垂。京相璠說：今天，濟陰郡句陽縣小成陽以東五里舊時有垂亭，即指此處。

又東北流過廩丘縣為濮水，

6 瓠子河又東流經雷澤北，這個大澤在大成陽縣舊城西北十餘里，就是從前華胥踩著巨人足跡而受孕的地方。這一片大澤東西二十餘里，南北十五里，就是舜捕過魚的地方。大澤東南，就是成陽縣，因此《史記》說：武王把成封給他的弟弟叔武。應劭說：他的後裔就遷到成國的南方，所以稱為成陽。〈地理志〉說：成陽有堯墓和靈臺。現在成陽城西二里有堯陵，陵南一里處有堯母慶都陵，對成陽城說來，是在西南方，稱為靈臺。鄉叫崇仁，城名脩義，都建了廟，四周環水，水靜不流，與澤水相通，泉水從不枯竭。這一帶魚類和竹筍很豐富，但人們不敢去採捕。廟前並列著幾塊石碑，還有幾株檜樹和柏樹，檀木梓榆成林。兩座陵墓一南一北，有馳道相通，路面都用磚砌成，至今還平整完好。堯陵東城西五十餘步，有堯妃中山夫人祠，石壁石階仍然如舊。南、西、北三面，高大的麻櫟樹綠蔭綿延里餘。中山夫人祠南有仲山甫墓，墓西有一座石廟，石羊石虎已經沉陷，差不多都破碎了。石廟在成陽城西南，靈臺東北。據郭緣生《述征記》，從漢朝到晉朝，俸祿二千石一級的官吏及丞尉，大多有刻石記述，從堯即位直至永嘉三年（西元三〇九年），共二千七百二十一年，都記於堯妃祠，這從漢朝建寧五年（西元一七二年）五月成陽縣令管遵所立的碑文中可以看到。堯陵北，仲山甫墓南，兩墓間有伍員祠，是晉朝太安年間（西元三〇二～三〇三年）所建。還有一塊碑是永興年間（西元三〇四～三〇六年）所立。今天碑、祠都無處可尋了。又說：堯陵在成陽城南九里，中山夫人祠在城南二里，城東南六里是堯母慶都墓，堯陵北二里有仲山甫墓。考察地址及實際情況，都不相合，上述諸說大概都是不可靠的傳聞和記述吧。

[7] 雷澤西南約十來里有一座小山，這是一座孤山，山峰高峻，亭亭屹立，稱為歷山。山北有一座小丘，南連雷澤東北，那裡有陶墟。郭緣生說：這是舜耕種和製陶的地方。陶墟和小丘連在一起，座落在瓠子河岸邊。鄭玄說：歷山在河東，現在那裡還有舜井。皇甫謐又說：這是現在濟陰的歷山，與雷澤相近。我認為鄭玄的說法是對的。因而揚雄的〈河水賦〉說：登上歷觀縱目遠眺，姑且在大河崖岸漫遊。現在雷首山西靠大河，對照地圖，陶墟在此較為可信。士安又說：定陶西南陶丘，是舜製陶的地方。他們都不說陶墟在此處，可見緣生是弄錯了。

[8] 瓠子河以北就是廩丘縣。王隱的《晉書·地道記》說：廩丘就是《春秋》所說的齊邑，是東海各國的表率。《竹書紀年》說：晉烈公十一年（西元前四〇五年），田悼子死了，田布殺了大夫公孫孫，公孫會占據廩丘，叛齊投趙，田布於是包圍了廩丘。翟角、趙國孔屑和韓的軍隊援救廩丘，與田布的軍隊在龍澤作戰，田軍被擊敗潰逃。瓠子河與濮水都往東流，就是《水經》所說的，瓠子河流過廩丘稱濮水。縣城以南瓠子河以北有羊角城。《春秋傳》說：烏餘攻取了衛國的羊角城，就襲擊我國的高魚城，此時天下大雨，他便率眾從水道中偷偷進來，從武器庫中取出甲冑，給士兵穿上，登上城頭，攻取了高魚。京相璠說：高魚是衛國城邑。現在東郡廩丘縣南有羊角城。高魚是魯國城邑。現在廩丘東北有舊時的高魚城，民間稱為交魚城，而把羊角城稱為角逐城，這都不對。

9 瓠子河又流經陽晉城南。據《史記》，蘇秦去遊說齊國說：過了衛國陽晉這條路，行經亢父的險要之地，就是指這個陽晉。現在陽晉城在廩丘城東南十餘里，與都關左右相對。張儀說：秦出兵攻打衛國陽晉，把天下的要道封鎖起來。徐廣《史記音義》說：關字也有寫作開字的，東到亢父就是那條路。瓠子河之北又有郕都城。《春秋》隱公五年（西元前七一八年），郕入侵衛國。京相璠說：東郡廩丘縣南三十里有郕都舊城。褚先生說：漢時把這郕都封給金安上為侯國，王莽改名為城穀。瓠子河又東流經黎縣舊城南。王莽改名為黎治。孟康說：今天叫黎陽。薛瓚說：按黎陽在魏郡，不是黎縣。人們稱為黎侯城。從前黎侯寄寓於衛，《詩經》所說為什麼在泥中？毛亨說：泥中，是城名，可能就是指此城。土地低窪，城建在小土丘上，是魏濮陽郡的治所。瓠子河又東流經庇縣舊城南，據〈地理志〉，這是濟陰郡的屬縣。褚先生說：漢武帝將該縣封給金日磾為侯國。王莽改名為萬歲，人們現在還稱萬歲亭。瓠子河又東流經鄆城南。《春秋左傳》成公十六年（西元前五七五年），成公從沙隨回來，逗留在鄆城。京相璠說：《公羊傳》寫作運字。現在東郡廩丘縣東八十里有舊時的運城，就是此城。

又北過東郡范縣東北，為濟渠，與將渠合。

10 瓠子河從運城開始向東北流，流經范縣，與濟水、濮水支渠匯合。舊渠道上流在乘氏縣承接濟水，北流經范縣，左岸匯合了瓠子河，因此《水經》裡有濟渠的名稱。瓠子河又北流與將渠匯合。將渠上流在范縣西北引入河水，東南流經秦亭南。杜預《釋地》說：東平范縣西北有秦亭，即指此亭。將渠又東南流經范縣舊城南。王莽改名為建睦。漢朝興平年間（西元一九四～一九五年），靳允任范縣縣令，曹太祖東征，在徐州攻打陶謙，張邈去迎接呂布，郡縣都起來回應。程昱勸靳允說：您必須固守范縣，我守東阿，那麼我們就可以建立像田單那樣的功業了。指的就是此城。將渠又東流與濟渠匯合。自此以下，渠道通稱將渠，北流經范城東，民間又稱趙溝，其實是不對的。

又東北過東阿縣東，

11 瓠子河舊道又東北流，左岸與將渠支流匯合。支流上源在范縣承接將渠，東北流經范縣北，又東北流經東阿城南，然後東流注入瓠子河舊道。舊河道又北流經東阿縣舊城東。《春秋經》載：冬，和齊侯在柯會盟。《左傳》說：冬，在柯會盟才與齊議和。杜預說：東阿就是柯邑。據《國語》，曹沫手持匕首，要挾齊桓公，就在這裡收回遂邑。

又東北過臨邑縣西，又東北過茌平縣東，為鄧里渠，

12 從宣防以下，將渠以上，不再有水。將渠以下的水，上口由河水導入，從此以北，稱鄧里渠。

又東北過祝阿縣，為濟渠，

13 河水從四瀆口分支流出，叫濟水。濟水二條水道匯合，然後東流注入祝阿縣。

又東北至梁鄒縣西，分為二：

14 探尋水脈，濟水並沒有兩條水流，這是《水經》的錯誤。

其東北者為濟河，其東者為時水。又東北至濟西，濟河東北入于海。時水東至臨淄縣西，屈南過太山華縣東，又南至費縣，東入于沂。

15 時水就是耏水，耏音而。《春秋》襄公三年（西元前五七〇年），齊、晉在耏會盟。京相璠說：現在臨淄只有澅水，西北流注入濟水，就是〈地理志〉的如水。耏、如讀音相似，那麼澅水就是耏水了。因澅水和時水相匯合，所以也都得到通稱了。時水從西安城西南流，分為兩條，支流分出後西流，德會水注入。德會水發源於昌國縣黃山，西北流經昌國縣舊城南。從前樂毅進攻齊國，對燕昭王有功，昭王就把此縣封給他，號為昌國君。德會水又西北流，五里泉水注入。五里泉水發源於縣南的黃阜，北流經城西，北注德會水。德會水又西北流，民間稱為滄浪溝，又北流注入時水。〈地理志〉說：德會水發源於昌國西北，流到西安注入如水。時水又西流經東高苑城中而後繼續西流。民間堵截水道，使水沿城南流，於是又拐彎流經城南。《史記》載：漢文帝十五年（西元前一六五年），從齊國分設膠西王國，建都高苑。徐廣《音義》說：樂安有高苑城，因此俗稱東高苑。時水又北流注入舊河道，又西流，蓋野溝水注入。蓋野溝水源出自延鄉城東北，平地湧出泉水，西北流經延鄉城北。據〈地理志〉，千乘郡有延鄉縣，世人稱舊城為從城，也許因為延、從字形相近，讀音也隨著字而改變的緣故吧，這也不得而知。水又西北流，世人稱為蓋野溝，又西北流，流經高苑縣北注入時水。時水又西流經高苑縣舊城南。漢高帝六年（西元前二〇一年），把該縣封給丙倩為侯國。王莽改名常鄉。時水沿著城旁西流。京相璠說：現在樂安博昌縣南界有時水，西與濟水相通，源頭出自盤陽，北流到高苑，下游有死時，河道無水。杜預也說：時水流到樂安分出支流，天旱時就枯涸，就是《春秋》裡提到的乾時。《左傳》莊公九年（西元前六八五年），齊、魯交戰，魯軍在此處戰敗。時水西北流到梁鄒城注入濟水。不是濟水注入時水，而是時水注入濟水。如果濟水分支東流，顯然不會以時水為名了。探究時水和濟水，再沒有別的水流向南延伸到華縣和費縣地界了。這是《經》文的錯誤。

汶水

汶水出泰山萊蕪縣原山，西南過其縣南，

1 萊蕪縣在齊城西南，原山又在縣西南六十許里。〈地理志〉：汶水與淄水俱出原山，西南入濟。故不得過其縣南也。《從征記》❶曰：汶水出縣西南流，又言自入萊蕪谷，夾路連山百數里，水隍多行石澗中。出藥草，饒松柏，林藿綿濛，崖壁相望。或傾岑阻徑，或迴巖絕谷，清風鳴條，山壑俱響。淩高降深，兼惴慄之懼，危蹊斷徑，過懸度之艱。

2 未出谷十餘里，有別谷在孤山。谷有清泉，泉上數丈有石穴二口，容人行。入穴丈餘，高九尺許，廣四五丈，言是昔人居山之處，薪爨煙墨猶存。谷中林木緻密，行人鮮有能至矣。又有少許山田，引灌之蹤尚存。出谷有平丘，面山傍水，土人悉以種麥。云此丘不宜殖稷黍而宜麥，齊人相承以殖之。意謂麥丘所栖愚公谷也。何其深沉幽翳，可以託業怡生如此也。余時逕此，為之躊躕，為之屢眷矣。余按麥丘愚公在齊，川谷猶傳其名，不在魯，蓋誌者之謬耳。汶水又西南逕嬴縣故城南。《春秋左傳》桓公三年，公會齊侯于嬴，成婚于齊也。

又西南過奉高縣北，

3 奉高縣，漢武帝元封元年立，以奉泰山之祀，泰山郡治也。縣北有吳季札子墓，在汶水南曲中。季札之聘上國也，喪子于嬴、博之間，即此處也。《從征記》曰：嬴縣西六十里有季札兒冢，冢圓，其高可隱也。前有石銘一所，漢末奉高令所立，無所述敘，標誌而已。自昔恆鐫民戶灑掃之，今不能，然碑石糜碎，靡有遺矣，惟故趺存焉。

屈從縣西南流，

4 汶出牟縣故城西南阜下，俗謂之胡盧堆。《淮南子》曰：汶出弗其。高誘曰：山名也。或斯阜矣。牟縣故城在東北，古牟國也。春秋時，牟人朝魯，故應劭曰：魯附庸也。俗謂是水為牟汶也。又西南逕奉高縣故城西，西南流注于汶。

汶水又南，右合北汶水。水出分水溪，源與中川分水，東南流逕泰山東，右合天門下溪水。水出泰山天門下谷，東流。古者，帝王升封，咸憩此水。水上往往有石竅存焉，蓋古設舍所跨處也。

5 《馬第伯書》❷云：光武封泰山，第伯從登山，去平地二十里，南向極望，無不覩。其為高也，如視浮雲，其峻也，石壁窅窱，如無道徑。遙望其人，或為白石，或雪，久之，白者移過，乃知是人。仰視巖石松樹，鬱鬱蒼蒼，如在雲中，俯視溪谷，碌碌不可見丈尺。直上七里天門，仰視天門，如從穴中視天矣。應劭《漢官儀》云：泰山東南山頂，名曰日觀。日觀者，雞一鳴時見日，始欲出，長三丈許，故以名焉。其水自溪而東，濬波注壑，東南流，逕龜陰之田。龜山在博縣北十五里，昔夫子傷政道之陵遲，望山而懷操，故《琴操》有《龜山操》❸焉。山北即龜陰之田也。《春秋》定公十年，齊人來歸龜陰之田是也。

6 又合環水。水出泰山南溪，南流歷中、下兩廟間，《從征記》曰：泰山有下、中、上三廟，牆闕嚴整，廟中柏樹夾兩階，大二十餘圍，蓋漢武所植也。赤眉嘗斫一樹，見血而止，今斧創猶存。門閣三重，樓榭四所，三層壇一所，高丈餘，廣八尺。樹前有大井，極香冷，異于凡水，不知何代所掘，不常浚渫而水旱不減。庫中有漢時故樂器及神車、木偶，皆靡密巧麗。又有石虎建武十三年，永貴侯張余上金馬一匹，高二尺餘，形制甚精。中廟去下廟五里，屋宇又崇麗于下廟，廟東西夾澗。上廟在山頂，即封禪處也。

7 其水又屈而東流，又東南逕明堂下。漢武帝元封元年，封泰山降，坐明堂于山之東北阯。武帝以古處險狹而不顯也，欲治明堂于奉高傍而未曉其制。濟南人公玉帶上黃帝時〈明堂圖〉，圖中有一殿，四面無壁，以茅蓋之，通水，圜宮垣為複道，上有樓從西南入，名曰崑崙，天子從之入，以拜祀上帝焉。于是上令奉高作明堂于汶上，如帶〈圖〉也。古引水為辟雝處，基瀆存焉，世謂此水為石汶。

8 《山海經》曰：環水出泰山，東流注于汶。即此水也。環水又左入于汶水。汶水數川合注❹，又西南流逕徂徠山西。山多松柏，《詩》❺所謂徂徠之松也。《廣雅》曰：道梓松也。《抱朴子》❻稱《玉策記》❼曰：千歲之松，中有物，或如青牛，或如青犬，或如人，皆壽萬歲。又稱天陵有偃蓋之松也，所謂樓松也。《魯連子》❽曰：松樅高十仞而無枝，非憂正室之無柱也。《爾雅》曰：松葉柏身曰樅。《鄒山記》⑨曰：徂徠山在梁甫、奉高、博三縣界，猶有美松，亦曰尤徠之山也。赤眉渠師樊崇所保也，故崇自號尤徠三老矣。山東有巢父廟，山高十里，山下有陂，水方百許步，三道流注。一水東北沿溪而下，屈逕縣南，西北流入于汶；一水北流歷澗，西流入于汶；一水南流逕陽關亭南。《春秋》襄公十七年，逆臧紇自陽關者也。又西流入于汶水也。

過博縣西北，

9 汶水南逕博縣故城東。《春秋》哀公十一年，會吳伐齊取博者也。灌嬰破田横于城下。屈從其城南西流，不在西北也。汶水又西南逕龍鄉故城南。《春秋》成公二年，齊侯圍龍，龍囚頃公嬖人盧蒲就魁，殺而膊諸城上，齊侯親鼓取龍者也。漢高帝八年，封謁者陳署為侯國。汶水又西南逕亭亭山東，黃帝所禪也。山有神廟，水上有石門，舊分水下溉處也。汶水又西南逕陽關故城西，本鉅平縣之陽關亭矣。陽虎據之以叛，伐之，虎焚萊門而奔齊者也。汶水又南，左會淄水。水出泰山梁父縣東，西南流逕菟裘城北。《春秋》隱公十一年營之。公謂羽父曰：吾將歸老焉。故《郡國志》曰：梁父有菟裘聚。淄水又逕梁父縣故城南，縣北有梁父山。《開山圖》曰：泰山在左，亢父在右，亢父知生，梁父主死。王者封泰山，禪梁父，故縣取名焉。淄水又西南逕柴縣故城北。〈地理志〉：泰山之屬縣也。世謂之柴汶矣。淄水又逕郕縣北。漢高帝六年，封董渫為侯國。《春秋》：齊師圍郕，郕人伐齊，飲馬于斯水也。昔孔子行于郕之野，遇榮啟期于是，衣鹿裘，被髮，琴歌，三樂之歡，夫子善其能寬矣。淄水又西逕陽關城南，西流注于汶水。汶水又南逕鉅平縣故城東，而西南流。城東有魯道，《詩》[10]所謂魯道有蕩，齊子由歸者也。今汶上夾水有文姜臺。汶水又西南流，《詩》[11]云汶水滔滔矣。《淮南子》曰：貉渡汶則死。天地之性，倚伏難尋，固不可以情理窮也。汶水又西南逕魯國汶陽縣北，王莽之汶亭也。縣北有曲水亭。《春秋》桓公十二年，《經》書：公會杞侯、莒子，盟于曲池。《左傳》曰：平杞、莒也。故杜預曰：魯國汶陽縣北有曲水亭。漢章帝元和二年，東巡泰山，立行宮于汶陽，執金吾耿恭屯于汶上，城門基塹存焉，世謂之闕陵城也。

汶水又西逕汶陽縣故城北而西注。

又西南過蛇丘縣南，

汶水又西，洸水注焉。又西逕蛇丘縣南，縣有鑄鄉城。《春秋左傳》，宣叔娶于鑄。杜預曰：濟北蛇丘縣所治鑄鄉城者也。

又西南過剛縣北，

11 〈地理志〉：剛，故闡也。王莽更之曰柔。應劭曰：《春秋經》書，齊人取讙及闡。今闡亭是也。杜預《春秋釋地》曰：闡在剛縣北，剛城東有一小亭。今剛縣治，俗人又謂之闡亭。京相璠曰：剛縣西四十里有闡亭。未知孰是。汶水又西，蛇水注之⑫。水出縣東北泰山，西南流逕汶陽之田，齊所侵也。自汶之北，平暢極目，僖公以賜季友。蛇水又西南逕鑄城西，《左傳》所謂蛇淵囿也。故京相璠曰：今濟北有蛇丘城，城下有水，魯囿也。俗謂之濁須水，非矣。蛇水又西南逕夏暉城南。《經》書公會齊侯于下讙是也。今俗謂之夏暉城。蓋《春秋左傳》桓公三年，公子翬如齊，齊侯送姜氏于下讙，非禮也。世有夏暉之名矣。蛇水又西南入汶。汶水又西，溝水注之。水出東北馬山，西南流逕棘亭南。《春秋》成公三年，《經》書：秋，叔孫僑如帥師圍棘。《左傳》曰：取汶陽之田，棘不服，圍之。南去汶水八十里。又西南逕遂城東。〈地理志〉曰：蛇丘遂鄉，故遂國也。《春秋》莊公十三年，齊滅遂而戍之者也。京相璠曰：遂在蛇丘東北十里。杜預亦以為然。然縣東北無城以擬之，今城在蛇丘西北，蓋杜預傳疑之非也。又西逕下讙城西而入汶水。汶水又西逕春亭北，考古無春名，惟平陸縣有崇陽亭，然是亭東去剛城四十里，推播所注則符，竝所未詳也。

12 又西南過東平章縣南，

〈地理志〉曰：東平國，故梁也。景帝中六年，別為濟東國。武帝元鼎元年，為大河郡。宣帝甘露二年，為東平國。王莽之有鹽也。章縣，按《世本》任姓之國也，齊人降章者也。故城在無鹽縣東北五十里。汶水又西南，有泌水注之。水出肥成縣東白原，西南流逕肥成縣故城南。樂正子春謂其弟子曰：子適齊過肥，肥有君子焉。左逕句窳亭北。章帝元和二年，鳳凰集肥成句窳亭，復其租而巡泰山，即是亭也。泌水又西南逕富成縣故城西。王莽之成富也。其水又西南流注于汶。汶水又西南逕桃鄉縣故城西。王莽之鄣亭也。世以此為鄣城，非，蓋因巨新之故目耳。

13 又西南過無鹽縣南，又西南過壽張縣北，又西南至安民亭，入于濟。

汶水自桃鄉四分，當其派別之處，謂之四汶口。其左，二水雙流，西南至無鹽縣之郈鄉城南。郈昭伯之故邑也，禍起鬬雞矣。《春秋左傳》定公十二年，叔孫氏墮郈。今其城無南面。汶水又西南逕東平陸縣故城北。應劭曰：古厥國也。今有厥亭。

14 汶水又西逕危山南，世謂之龍山也。《漢書·宣元六王傳》曰：哀帝時，無臨危山土自起，覆草如馳道狀，又瓠山石轉立。晉灼曰：《漢注》作報山，山脅石一枚，轉側起立，高九尺六寸，旁行一丈，廣四尺。東平王雲及后謁曰：漢世石立，宣帝起之表也。自之石所祭，治石象報山立石，束倍草，并祠之。建平三年，息夫躬告之，王自殺，后謁棄市，國除。

15 汶水又西，合為一水，西南入茂都淀。淀，陂水之異名也。淀水西南出，謂之巨野溝。又西南逕致密城南。《郡國志》曰：須昌縣有致密城，古中都也，即夫子所宰之邑矣。制養生送死之節，長幼男女之禮，路不拾遺，器不彫偽矣。

16 巨野溝又西南入桓公河北，水西出淀，謂之巨良水，西南逕致密城北，西南流注洪瀆。次一汶西逕郈亭北，又西至壽張故城東，瀦為澤渚。初平三年，曹公擊黃巾于壽張東，鮑信戰死于此。其右一汶，西流逕無鹽縣之故城南，舊宿國也。齊宣后之故邑，所謂無鹽醜女也。漢武帝元朔四年，封城陽共王子劉慶為東平侯，即此邑也。王莽更名之曰有鹽亭。汶水又西逕郈鄉城南。〈地理志〉所謂無鹽有郈鄉者也。汶水西南流，逕壽張縣故城北，《春秋》之良縣也。縣有壽聚，漢曰壽良。應劭曰，世祖叔父名良，故光武改曰壽張也。建武十二年，世祖封樊宏為侯國。汶水又西南，長直溝水注之。水出須昌城東北穀陽山南，逕須昌城東，又南，漆溝水注焉。水出無鹽城東北五里阜山下，西逕無鹽縣故城北。水側有東平憲王倉冢，碑闕存焉。元和二年，章帝幸東平，祀以太牢，親拜祠坐，賜御劍于陵前。其水又西流注長直溝。溝水奇分為二：一水西逕須昌城南入濟，一水南流注于汶。汶水又西流入濟。故《淮南子》曰：汶出弗其，西流合濟。高誘云：弗其，山名，在朱虛縣東。余按誘說是，乃東汶，非《經》所謂入濟者也。蓋其誤證耳。

【注釋】❶從征記　書名。即《從劉武王西征記》。❷馬第伯書　此書不見。楊守敬《水經注疏要刪》認為此即馬第伯《封禪儀記》，見《續漢書·祭祀志注》。從《注》文揣摩，楊氏所言可信。❸龜山操　此文已亡佚。《注》文所敘，應為孔子所作。《樂府詩集》卷五十八收有唐韓愈〈龜山操〉，故〈龜山操〉似成一種韻文體裁，與後之詞牌、曲牌相類。❹數川合注　《水經注疏》無此四字。《疏》：「戴『水』下增『數川合注』四字，全增同。會貞按：此敘汶水經流，不必增此四字。戴誤刪上『入于汶水』四字，故臆增，謂北汶、汶水合注耳。」❺詩　指《詩經·魯頌·閟宮》。❻抱朴子　書名。《隋書·經籍志》著錄內篇二十一卷，外篇三十卷，晉葛洪撰。〈兩唐志〉著錄篇數有不同。今此書內外篇共二十卷，收入於《道藏太清部》、《諸子集成》、《四部叢刊》等。❼玉策記　書名。隋唐諸志均不著錄，不知撰者與撰述年代，僅見《抱朴子》引及，已亡佚。❽魯連子　書名。《漢書·藝文志》著錄《魯仲連子》十四篇，已亡佚。輯本收入於《問津堂叢書》、《經典集林》等。魯連，齊人，畢生不仕。❾鄒山記　書名。此書歷來不見公私著錄，不知撰者和撰述年代。除此卷外，僅見《史記·夏本紀·正義》引及一條，亦不著撰者。已亡佚，亦無輯本。❿詩　指《詩經·齊風·南山》。⓫詩　指《詩經·齊風·載驅》。⓬蛇水注之　此處有佚文一條。《輿地廣記》卷七〈京東西路·龔丘縣〉引《水經注》：「蛇水，即讙水也。」當是此句下佚文。

【語譯】汶水出泰山萊蕪縣原山，西南過其縣南，

1 萊蕪縣在齊城西南，原山又在縣西南約六十里。據〈地理志〉，汶水與淄水都發源於原山，西南流注入濟水，因此不可能流經萊蕪縣南的。《從征記》說：汶水發源於萊蕪縣，西南流；又說：流入萊蕪谷後，道路兩邊山巒連綿百餘里，水道大都經過亂石嶙峋的山澗。這一帶盛產藥草，遍地松柏，林莽茂密，斷崖峭壁，遙遙相對望。有的地方，有險峻的小山擋住去路；有的地方，巖壁迴環，通入深谷，山風吹動，枝梢鳴聲響徹幽谷。攀登高峻的山峰，爬下幽深的山谷，令人心驚膽戰；有時路絕崖斷，就只能靠繩索引渡，真是艱險極了。

2 離出谷還有十餘里，在一座孤峰下另有一處山谷。山谷裡有清泉，泉上數丈有個石洞，有兩個洞口，能容人行走。進入洞口丈餘，洞內高約九尺，寬廣四五丈，據說是古人穴居之處，洞裡還留有柴灶、殘灰和煙痕。山谷中樹木茂密，行人很少能到這裡來。還能見到少許山田，留有引水灌溉的痕跡。出了山谷有一片平緩的丘陵，面山傍水，當地土人都在那裡種麥。人們說，這丘陵地不宜種植高粱，只適於種麥。齊人世代相承，都在這裡種麥。想來這就是麥丘愚公所住的山谷了。谷裡怎麼會這樣深幽，這樣蓊蓊鬱鬱；人們在這裡又怎麼會這樣安居樂業，怡然自得地生活呀。我當時經過這裡，看到這麼遠離塵俗的好地方，真是徘徊不捨，離去時還屢屢回頭呢。我查考麥丘愚公在齊境，川谷至今還流傳著這個地名，而不是在魯，這是著作家記述時弄錯的。汶水又西南流經嬴縣老城南。《春秋左傳》桓公三年（西元前七〇九年），桓公在嬴會見齊侯，在齊結了婚。

又西南過奉高縣北，

3 奉高縣是漢武帝元封元年（西元前一一〇年）所置，以供祭祀泰山之需，是泰山郡的治所。縣北有吳季札兒子的墳墓，座落在汶水南的水灣裡。吳季札出訪中原上國，他的兒子在嬴縣、博縣之間死了，就是這地方。《從征記》說：嬴縣西六十里，有季札兒子的墳，呈圓形，墓高約四尺，相當於以手據地的高度。墓前有一座石銘，是漢末奉高縣令所立，也沒有什麼記載，只不過作為標誌而已。從前都指派民戶去掃墓，現在

已不能這樣做了；石碑都已剝蝕破碎，沒有留下什麼了，只有石碑的基座還在。

屈從縣西南流，

4 汶水發源於牟縣舊城西南的山岡下，俗稱胡盧堆。《淮南子》說：汶水發源於弗其。高誘說：弗其是山名。也許就是這座小山吧。牟縣舊城在東北，古代這裡是牟國。春秋時，牟國人要去朝覲魯國，因此應劭說：牟國是魯國的附庸。民間稱這條水為牟汶。又西南流經奉高縣舊城西，西南流注入汶水。汶水又南流，在右岸匯合了北汶水。北汶水發源於分水溪，源頭又分出中川水，東南流經泰山東，右岸與天門下溪水匯合。下溪水發源於泰山天門下谷，往東流。古時，帝王登山封禪，都在這條水邊歇息。水上隨處有石洞，那是古時人們搭棚架舍時留下的。

5 《馬第伯書》：光武帝來泰山封禪，第伯跟隨著一起登山。離平地二十里時，向南極目望去，山下景物一覽無遺。泰山確實很高，可與浮雲相比；泰山也很險峻，懸崖絕壁，深不見底，像是沒有山路可通似的。遙望那些登山的人，有的像白石，有的像雪，看得久了，那白的在移動，才知道是人。仰視山上的巖石松樹，鬱鬱蒼蒼，彷彿是在雲中；俯視底下的溪谷，都是大大小小的亂石，卻看不到丈尺的溪流。一直登上七里，到了天門，抬頭仰視天門，就好像在石洞中觀天似的。應劭《漢官儀》說：泰山東南的山頂，名叫日觀。日觀這地方，第一遍雞啼時，就可以來看日出，太陽剛出來時，長約三丈，因而稱為日觀。下溪水沿溪東流，翻著滾滾的波浪，注入巖壑，接著往東南流經龜陰之田。龜山在博縣北十五里，從前孔夫子哀嘆時政世道的衰落，望龜山有感而賦詩作曲，所以後來的《琴操》中有〈龜山操〉。龜山北就是龜陰之田。《春秋》定公十年（西元前五〇〇年），齊人交還龜陰之田，即指此地。

6 下溪水又與環水匯合。環水發源於泰山南溪，南流經中、下兩廟之間。《從征記》說：泰山有下、中、上三座廟，廟牆和殿宇非常嚴整，廟中臺階兩邊，古柏參天，大的有二十多圍，是漢武帝手植的。赤眉軍曾砍過一棵樹，看見樹中有血流出，因而停止，今天那樹上還留有斧痕。廟門三重，樓榭四所，還有一座三層壇，高一丈餘，寬廣八尺。大樹前有一口大井，井水極香冷，與普通井水不同，不知是哪個朝代掘的。

這口大井並不常常挖泥除淤，但大旱時井水不減。廟中倉庫裡有漢朝的舊樂器和神車、木偶等物，製作都十分精巧華麗。還有石虎建武十三年（西元三四七年），永貴侯張余貢獻的一匹金馬，高二尺餘，製作極其精美。中廟離下廟五里，廟宇比下廟還要高大壯麗，東西兩側都有山澗。上廟在山頂，就是帝王封禪祭天的地方。

7 環水又轉而東流，又東南流經明堂下。漢武帝元封元年（西元前一一〇年），來泰山築壇祭天，祭畢下山，坐於東北山麓的明堂。漢武帝覺得古時所建明堂的處所狹隘而不開敞，想在奉高縣旁重建一座明堂，但不知這種建築的格局和形式。濟南人公玉帶獻上了黃帝時的〈明堂圖〉，圖中有一座殿宇，四面都沒有牆壁，用茅草蓋頂，引水流過；環繞著四面宮牆外又建了天橋，上面有樓，名叫崑崙，入口在西南；天子從這裡進入，就在裡面祭祀禮拜上帝。於是武帝就命令奉高縣按照公玉帶〈明堂圖〉的樣式，在汶上修建明堂。古時引水作辟雝的地方，牆基和環形水道的遺跡都還在，人們稱此水為石汶水。

8 《山海經》說：環水發源於泰山，東流注入汶水。指的就是這條水。環水又從左邊注入汶水。汶水有幾條水流一起注入。又西南流經徂徠山西。山上松柏很多，就是《詩經》裡所謂的徂徠之松。《廣雅》說：就是梓松。《抱朴子》提到《玉策記》的話，說：千年的老松，裡面有種怪物，形狀或是像青牛，或是像青狗，或是像人，壽長都達一萬歲。又說：天子陵墓上有斜欹的老松，就是所謂的樓松。《魯連子》說：松樹樅樹高達十仞，但沒有樹枝，並不是怕正室沒有柱子。《爾雅》也說：葉子如松，枝幹如柏，這種樹叫樅樹。《鄒山記》說：徂徠山又稱尤徠之山，在梁甫、奉高、博三縣邊境，現在還有美松。赤眉軍的頭目樊崇曾據守此山，所以他自稱尤徠三老。徂徠山東有巢父廟，山高十里，山下有個池塘，方圓百步左右，有三條溪澗注入。一條從東北沿溪流下，轉彎流經縣南，西北流注入汶水；一條北流經溪澗，西流注入汶水；又一條南流經陽關亭南。《春秋》襄公十七年（西元前五五六年），迎臧紇於陽關。又西流注入汶水。

過博縣西北，

9 汶水南流經博縣老城東。《春秋》哀公十一年（西元前四八四年），與吳聯合伐齊，奪取了博，即指此地。灌嬰在城下大敗了田橫。汶水轉彎從城南西流，並不從西北流。汶水又西南流經龍鄉舊城南。《春秋》成公二年（西元前五八九年），齊侯圍龍，龍人把頃公的寵臣盧蒲就魁關了起來，處死後在城上把他肢解。齊侯親自擊鼓，攻占了龍。漢高帝八年（西元前一九九年），把這地方封給謁者陳署為侯國。汶水又西南流經亭亭山東，那就是黃帝祭地的地方。山上有神廟，水上有石門，從前是放水灌溉的地方。汶水又西南流經陽關舊城西，這裡原來是鉅平縣的陽關亭，陽虎占據此亭反叛，遭到討伐，就燒掉萊門投奔齊國。汶水又南流，在左岸匯合了淄水。淄水發源於泰山梁父縣東，西南流經菟裘城北。《春秋》隱公十一年（西元前七一二年），營建此城。隱公對羽父說：我將到這裡來安度晚年。所以〈郡國志〉說：梁父有菟裘聚。淄水又流經梁父縣舊城南，縣北有梁父山。《開山圖》說：泰山在東，亢父在西；亢父管出生，梁父管死亡。皇帝來泰山祭天，來梁父祭地，所以縣就取名梁父。淄水又西南流經柴縣舊城北。據〈地理志〉，柴縣是泰山郡的屬縣，人們稱為柴汶。淄水又流經郕縣北。漢高帝六年（西元前二〇一年），把郕縣封給董渫為侯國。《春秋》：齊軍包圍郕，郕人攻打齊國，就在這條水邊放馬飲水。從前孔子在郕的曠野走路，就在這裡碰到榮啟期。榮啟期身穿鹿皮衣，披散著頭髮，彈琴唱歌，以這三件樂事自喜，孔夫子稱讚他的樂觀自得。淄水又西流經陽關城南，西流注入汶水。汶水又南流經鉅平縣舊城東，然後西南流。城東有魯道，就是《詩經》所說的魯道寬闊平坦，齊子由此歸來。現在汶上水邊有文姜臺。汶水又西南流。《詩經》說：汶水滔滔。《淮南子》說：貉渡過汶水就會死。天地萬物的生性，禍福的相互關係探究起來相當困難，原來就不可能按普通的情理搞得清楚的。汶水又西南流經魯國汶陽縣北。這就是王莽時的汶亭。縣北有曲水亭。《春秋》桓公十二年（西元前七〇〇年），《經》載，桓公與杞侯、莒子在曲池會盟。《左傳》說：這是與杞、莒媾和。所以杜預說：魯國汶陽縣北有曲水亭。漢章帝元和二年（西元八五年），東巡泰山，在汶陽建立行宮，執金吾耿恭駐紮在汶上，城門遺址和城壕至今還在，人們稱為闕陵城。汶水又西流經汶陽縣舊城北，然後西流而去。

又西南過蛇丘縣南，

汶水又西流，洸水注入。又西流經蛇丘縣南，縣裡有個鑄鄉城。《春秋左傳》：宣叔在鑄娶親。杜預說：鑄，就是濟北蛇丘縣所屬的鑄鄉城。

又西南過剛縣北，

11 據〈地理志〉，剛，就是從前的闡；王莽改名為柔。應劭說：《春秋經》載，齊人侵占了讙和闡。闡就是現在的闡亭。杜預《春秋釋地》說：闡在剛縣北，剛城東有個小亭。現在是剛縣的治所，民間又叫闡亭。京相璠說：剛縣西四十里有闡亭。諸說不同，不知哪個正確。汶水又西流，蛇水注入。蛇水發源於剛縣東北的泰山，西南流經汶陽之田，這是被齊侵占的地方。汶水以北，極目望去，是一片曠闊的平原，僖公把它賜給季友。蛇水又西南流經鑄城西，這就是《左傳》所說的蛇淵囿。所以京相璠說：現在濟北有蛇丘城，城下有水，這就是魯囿。民間稱為濁須水，這不對。蛇水又西南流經夏暉城南。《春秋經》載，桓公在下讙與齊侯會見。現在民間稱為夏暉城。《春秋左傳》桓公三年（西元前七〇九年），公子翬到齊，齊侯送姜氏到下讙，這是不合禮法的。這就有了夏暉這個地名了。蛇水又西南流注入汶水。汶水又西流，溝水注入。溝水發源於東北方的馬山，西南流經棘亭南。《春秋》成公三年（西元前五八八年），《經》載，秋天，叔孫僑如率兵包圍棘。《左傳》說：齊侵占了汶陽之田，棘不服，於是就把它包圍起來。棘亭南離汶水八十里。溝水又西南流經遂城東。〈地理志〉說：遂城是蛇丘遂鄉，就是從前的遂國。《春秋》莊公十三年（西元前六八一年），齊滅了遂，就在那裡設城堡屯兵駐防。京相璠說：遂在蛇丘東北十里。杜預也認為這說法正確。可是縣城東北沒有一座城符合此說，現在的城是在蛇丘西北，這是杜預存疑造成的錯誤。溝水又西流經下讙城西，然後注入汶水。汶水又西流經春亭北。據考，古時沒有春這個地名，只有平陸縣有個崇陽亭，但此亭東距剛城四十里，以京相璠所注來推斷倒是符合的，但實際如何卻不清楚。

又西南過東平章縣南，

12 〈地理志〉說：東平國，就是從前的梁。景帝中元六年（西元前一四四年），又分出濟東國。武帝元鼎元年（西元前一一六年），這裡是大河郡。宣帝甘露二年（西元前五二年），是東平國。王莽時叫有鹽。章縣，據《世本》，是任姓的國家，是齊人投降於章的居地。舊城在無鹽縣東北五十里。汶水又西南流，有泌水注入。泌水發源於肥成縣東的白原，西南流經肥成縣舊城南。樂正子春對他的弟子說：你去齊國要經過肥，肥這地方有一些賢能的人。泌水左邊流經句窳亭北。章帝元和二年（西元八五年），鳳凰飛集到肥成的句窳亭，於是豁免了當地的地租，並去巡遊泰山，說的就是此亭。泌水又西南流經富成縣舊城西。就是王莽時的成富。泌水又西南流注入汶水。汶水又西南流經桃鄉縣舊城西。這就是王莽時的鄣亭。人們以為這是鄣城，是搞錯了，那只是把新朝的舊地名加以擴大罷了。

又西南過無鹽縣南，又西南過壽張縣北，又西南至安民亭，入于濟。

13 汶水自桃鄉分為四條，四水分流處，稱為四汶口。左岸分出兩條，西南流到無鹽縣的郈鄉城南。那是郈昭伯的封邑，禍事起於鬥雞。《春秋左傳》定公十二年（西元前四九八年），叔孫氏毀去郈城。現在郈城南仍沒有城牆。汶水又西南流經東平陸縣舊城北。應劭說：這是古時的厥國。現在有厥亭。

14 汶水又西流經危山南，人們稱為龍山。《漢書・宣元六王傳》說：哀帝時，無鹽危山的泥土自行隆起，上面蓋了草，好像馳道的樣子；此外瓠山的巖石也轉了方向。晉灼說：《漢書注》瓠山作報山，說山邊有一塊巨石，轉身立起，高九尺六寸，寬四尺，旁移了一丈。東平王雲及王后謁說：漢朝巖石立起，這是表明有新皇帝將興起的徵兆。於是親自到巖石所在之處致祭，又造了一塊類似於報山石的巖石，捆了一把祭祀用的黃倍草，還為它立祠。建平三年（西元前四年），息夫躬告發了他，東平王於是自殺，王后謁被殺頭示眾，封國也被撤除了。

15 汶水又西流，匯合為一條水，向西南流入茂都淀。茂都淀是陂水的異名。淀水向西南流出，稱為巨野溝。又西南流經致密城南。《郡國志》說：須昌縣有致密城，就是古時的中都，也就是孔夫子當過宰的城邑。孔夫子制定了養生送死的儀式，長幼男女之間的禮度，於是路上丟了東西沒有人撿，器物也不作虛浮的雕飾。

16 巨野溝又往西南注入桓公河北，桓公河西流出茂都淀，叫巨良水；西南流經致密城北；西南流注入洪瀆。另一條汶水西流經郈亭北，又西流到壽張舊城東，積聚成為沼澤。初平三年（西元一九二年），曹操在壽張東攻打黃巾，鮑信就在這裡戰死。右邊一條汶水，西流經無鹽縣舊城南，這裡從前是宿國。這裡也是齊宣后的故都，她就是所謂的無鹽醜女。漢武帝元朔四年（西元前一二五年），封城陽共王的兒子劉慶為東平侯，就是此城。王莽改名為有鹽亭。汶水又西流經郈鄉城南。〈地理志〉所說的無鹽有郈鄉，就指這地方。汶水西南流，流經壽張縣舊城北，就是《春秋》中的良縣。縣裡有壽聚，漢時叫壽良。應劭說：世祖的叔父叫劉良，所以光武帝把地名改為壽張。建武十二年（西元三六年），世祖把壽張封給樊宏為侯國。汶水又西南流，長直溝水注入。長直溝水發源於須昌城東北的穀陽山南，流經須昌城東；又南流，漆溝水注入。漆溝水發源於無鹽城東北五里的阜山下，西流經無鹽縣舊城北。水邊有東平憲王劉倉墓，墓碑和墓闕都還在。元和二年（西元八五年），章帝臨幸東平，以太牢致祭，親自在祠座上跪拜，並在陵前賜贈御劍。漆溝水又西流注入長直溝。溝水分成兩條：一條西流經須昌城南，注入濟水；一條南流注入汶水。汶水又西流注入濟水。所以《淮南子》說：汶水發源於弗其，西流與濟水匯合。高誘說：弗其是山名，在朱虛縣東。我以為高誘的說法是正確的，這是東汶，並不是《水經》所說注入濟水的那一條。《水經》的引證是錯誤的。

【研　析】本卷三水，都在酈氏足跡可到之地，《注》文中顯然有其親自考察的成果在內，所以雖然以後水系河道變遷甚巨，但作為歷史河川水利研究的依據，價值無疑很高。其中特別重要的是在〈瓠子河〉篇中，《注》文著重記敘了漢武帝元光三年的黃河決口改道和元封二年的堵復故事。這是正史記載的國君親臨主持的大規模治河工程，不僅是「發卒數萬人」，而且「令群臣將軍以下皆負薪填決河」。是國君親臨指揮黃河堵決的信史。酈氏在〈濟水注〉中已經引及漢武帝的〈瓠子之歌〉，此篇中則全錄此歌（此歌原載於《史記・河渠書》），說明他對黃河決溢堵復的高度重視。〈河渠書〉篇末「太史公曰」，他說：「甚哉！水之為利害也。余從負薪塞宣房悲瓠子之詩而作〈河渠書〉。」說明在《史記》中之所以有〈河渠書〉，是他自己在堵決現場的切身感受。中國古代文獻中曾有《孟子・離婁下》的「水哉，水哉！」之言，而且這還是孔子的原話。但「水利」這個詞彙，卻是司馬遷第一次提出來的。當然，他的原話是「水之為利害也」。即水有利的一面，也有害的一面。現在我們對「水利」這個詞彙，實在也應作這樣的看法。《水經注》全書中有大量水利和水害的記敘，說明酈氏雖然沒有在宣房現場「負薪」，但對於這個故事，他是拳拳服膺的。

卷二十五

泗水　沂水　洙水

【題解】此卷所記三水原來都是淮河水系的河流。泗水原是淮河下游最長的支流，發源於今山東省中部，沿途接納洙水、睢水、沭水、沂水等，在今江蘇淮安以東注入淮水，全長達一千數百公里。金章宗明昌五年（南宋紹熙五年，西元一一九四年），黃河決口於陽武，奪泗水注淮出海，泗水流路受阻，水流長期被阻滯在今濟寧與徐州之間，逐漸形成了南北長達一百二十餘公里的南四湖（南陽、獨山、昭陽、微山），所以古代的泗水，現在已經不復存在。

沂水原是泗水支流，匯注泗水後入淮。由於泗水湮廢，故水道流注今江蘇北部的駱馬湖，在下游疏鑿了一條新沂河，從燕尾港獨流注入黃海，與《水經注》記敘的已經大不相同。

洙水也是泗水支流，古時由於此水流經魯縣（今曲阜），所以古人常以「洙泗」一詞稱頌孔子。因為水道改變，現在地圖上僅有泗河名稱，注入南四湖，即古代泗水的上流，洙水已經不復存在。

泗水

泗水出魯卞縣北山，（ㄙˋ ㄕㄨㄟˇ ㄔㄨ ㄌㄨˇ ㄅㄧㄢˋ ㄒㄧㄢˋ ㄅㄟˇ ㄕㄢ）

1 《地理志》曰：出濟陰乘氏縣。又云：出卞縣北。《經》言北山，皆為非矣。《山海經》曰：泗水出魯東北。余昔因公事，沿歷徐、沇，路逕洙、泗，因令尋其源流。水出卞縣故城東南，桃墟西北。《春秋》昭公七年，謝息納季孫之言，以孟氏成邑與晉而遷于桃。杜預曰：魯國卞縣東南有桃墟，世謂之曰陶墟，舜所陶處也。井曰舜井，皆為非也。墟有漏澤，方十五里，淥水澂渟，三丈如減，澤西際阜，俗謂之嬀亭山，蓋有陶墟、舜井之言，因復有嬀亭之名矣。

2 阜側有三石穴，廣圓三四尺，穴有通否，水有盈漏，漏則數夕之中，傾陂竭澤矣。左右民居，識其將漏，預以木為曲洑，約障穴口，魚鼈暴鱗，不可勝載矣。自此連岡通阜，西北四十許里。岡之西際，便得泗水之源也。《博物志》曰：泗出陪尾。蓋斯阜者矣。石穴吐水，五泉俱導，泉穴各徑尺餘，水源南側有一廟，栝柏成林，時人謂之原泉祠，非所究也。泗水西逕其縣故城南，《春秋》襄公二十九年，季武子取卞，曰：聞守卞者將叛，臣率徒以討之是也。南有姑蔑城，《春秋》隱公元年，公及邾儀父盟于蔑者也。水出二邑之間，西逕郜城北，《春秋》文公七年，《經》書公伐邾。三月甲戌取須句，遂城郜。杜預曰：魯邑也。卞縣南有郜城，備邾難也。泗水自卞而會于洙水也。

3 西南過魯縣北❶，

泗水又西南流，逕魯縣分為二流，水側有一城，為二水之分會也。北為洙瀆。《春秋》莊公九年，《經》書，冬，浚洙。京相璠、服虔、杜預，竝言洙水在魯城北，浚深之為齊備也。南則泗水。夫子教于洙、泗之間，今于城北二水之中，即夫子領徒之所也。《從征記》曰：洙、泗二水交于魯城東北十七里，闕里背洙面泗，南北百二十步，東西六十步，四門各有石閫，北門去洙水百步餘。後漢初，闕里荊棘自闢，從講堂至九里。鮑永為相，因脩饗祠，以誅魯賊彭豐等。郭緣生言：泗水在城南，非也。余按《國語》，宣公夏濫于泗淵，里革斷罟棄之。韋昭云：泗在魯城北。《史記》、《冢記》❷、王隱《地道記》，咸言葬孔子于魯城北泗水上。今泗水南有夫子冢。《春秋孔演圖》❸曰：烏化為書，孔子奉以告天，赤爵銜書，上化為黃玉。刻曰：孔提命，作應法，為赤制。《說題辭》❹曰：孔子卒，以所受黃玉葬魯城北，即子貢廬墓處也。

4 譙周云：孔子死後，魯人就冢次而居者，百有餘家，命曰孔里。《孔叢》曰：夫子墓塋方一里，在魯城北六里泗水上，諸孔氏封五十餘所，人名昭穆，不可復識，有銘碑三所，獸碣具存。《皇覽》曰：弟子各以四方奇木來植，故多諸異樹，不生棘木刺草。今則無復遺條矣。泗水自城北南逕魯城，西南合沂水。
沂水出魯城東南，尼丘山西北，山即顏母所祈而生孔子也。山東十里有顏母廟，
山南數里，孔子父葬處。《禮》所謂防墓崩者也。
5 平地發泉，流逕魯縣故城南。水北東門外，即爰居所止處也。《國語》曰：
海鳥曰爰居，止于魯城東門之外三日，臧文仲祭之，展禽譏焉。故《莊子》曰：
海鳥止郊，魯侯觴之，奏以廣樂，具以太牢，三日而死，此養非所養矣。
6 門郭之外，亦戎夷死處，《呂氏春秋》曰：昔戎夷違齊如魯，天大寒而後門，
與弟子宿于郭門外，寒愈甚，謂弟子曰：子與我衣，我活；我與子衣，子活。
我國士也，為天下惜；子不肖人，不足愛。弟子曰：不肖人惡能與國士并衣
哉？戎嘆曰：不濟夫。解衣與弟子，半夜而死。
7 沂水北對稷門，昔圉人犖有力，能投蓋于此門。服虔曰：能投千鈞之重，過
門之上也。杜預謂走接屋之桷，反覆門上也。《春秋》僖公二十年，《經》書：
春，新作南門。《左傳》曰：書不時也。杜預曰：本名稷門，僖公更高大之，
今猶不與諸門同，改名高門也。其遺基猶在地八丈餘矣，亦曰雩門。《春秋左
傳》莊公十年，公子偃請擊宋師，竊從雩門蒙皋比而出者也。門南隔水，有雩

壇，壇高三丈，曾點所欲風舞處也。高門一里餘道西，有「道兒君碑」，是魯相陳君立。昔曾參居此，梟不入郭。縣，即曲阜之地，少昊之墟，有大庭氏之庫，《春秋》豎牛之所攻也。故劉公幹〈魯都賦〉❺曰：戢武器于有炎之庫，放戎馬于巨野之坰。周成王封姬旦于曲阜，曰魯。秦始皇二十三年，以為薛郡，漢高后元年，為魯國。

8 阜上有季氏宅，宅有武子臺，今雖崩夷，猶高數丈。臺西百步有大井，廣三丈，深十餘丈，以石壘之，石似磬制。《春秋》定公十二年：公山不狃帥費人攻魯，公入季氏之宮，登武子之臺也。臺之西北二里有周公臺，高五丈，周五十步，臺南四里許則孔廟，即夫子之故宅也。宅大一頃，所居之堂，後世以為廟。漢高祖十三年過魯，以太牢祀孔子。自秦燒《詩》、《書》，經典淪缺，漢武帝時魯恭王壞孔子舊宅，得《尚書》、《春秋》、《論語》❻、《孝經》❼。時人已不復知有古文，謂之科斗書，漢世祕之，希有見者。于時聞堂上有金石絲竹之音，乃不壞。廟屋三間，夫子在西間，東向；顏母在中間，南面；夫人隔東一間，東向。夫子牀前有石硯一枚，作甚朴，云平生時物也。魯人藏孔子所乘車于廟中，是顏路所請者也。獻帝時，廟遇火燒之。

9 永平中，鍾離意為魯相，到官，出私錢萬三千文，付戶曹孔訢，治夫子車，身入廟，拭几席、劍履。男子張伯除堂下草，土中得玉璧七枚，伯懷其一，以六枚白意。意令主簿安置几前。孔子寢堂牀首有懸甕，意召孔訢問：何等甕也？對曰：夫子甕也，背有丹書，人勿敢發也。意曰：夫子聖人，所以遺甕，欲以懸示後賢耳。發之，中得素書。文曰：後世脩吾書，董仲舒；護吾車、拭吾履、發吾笥，會稽鍾離意；璧有七，張伯藏其一。意即召問伯，果服焉。

10 魏黃初元年，文帝令郡國脩起孔子舊廟，置百石吏卒，廟有夫子像，列二弟子，執卷立侍，穆穆有詢仰之容。漢魏以來，廟列七碑，二碑無字，栝柏猶茂。廟之西北二里，有顏母廟，廟像猶嚴，有脩栝五株。孔廟東南五百步，有雙石闕，即靈光之南闕，北百餘步即靈光殿基，東西二十四丈[8]，南北十二丈，高丈餘，東西廊廡別舍，中間方七百餘步，闕之東北有浴池，方四十許步，池中有釣臺，方十步，臺之基岸，悉石也，遺基尚整。故王延壽〈賦〉曰：周行數里，仰不見日者也。是漢景帝程姬子魯恭王之所造也。殿之東南，即泮宮也，在高門直北道西，宮中有臺，高八十尺，臺南水東西百步，南北六十步，臺西水南北四百步，東西六十步，臺池咸結石為之，《詩》[9]所謂思樂泮水也。

11 沂水又西逕圜丘北，丘高四丈餘。沂水又西流，昔韓雉射龍于斯水之上。《尸子》⑩曰：韓雉見申羊于魯，有龍飲于沂。韓雉曰：吾聞之，出見虎搏之，見龍射之，今弗射，是不得行吾聞也。遂射之。沂水又西，右注泗水也。

又西過瑕丘縣東，屈從縣東南流，漷水從東來注之。

12 瑕丘，魯邑，《春秋》之負瑕矣。哀公七年，季康子伐邾，因諸負瑕是也。應劭曰：瑕丘在縣西南。昔衛大夫公叔文子升于瑕丘，蘧伯玉從。文子曰：樂哉斯丘，死則我欲葬焉。伯玉曰：吾子樂之，則瑗請前。刺其欲害民良田也。瑕丘之名，蓋因斯以表稱矣。

13 曾子弔諸負夏，鄭玄、皇甫謐竝言衛地。魯、衛雖殊，土則一也。漷水出東海合鄉縣，漢安帝永初七年，封馬光子朗為侯國。其水西南流入邾。《春秋》哀公二年，季孫斯伐邾取漷東田及沂西田是也。漷水又逕魯國鄒山東南而西南流，《春秋左傳》所謂嶧山也。邾文公之所遷，今城在鄒山之陽，依巖阻以墉固。故邾婁之國，曹姓也，叔梁紇之邑也，孔子生于此。後乃縣之，因鄒山之名以氏縣也。王莽之鄒亭矣。京相璠曰：〈地理志〉，嶧山在鄒縣北，繹邑之所依以為名也。山東西二十里，高秀獨出，積石相臨，殆無土壤，石間多孔穴，洞達相通，往往有如數間屋處，其俗謂之嶧孔，遭亂輒將家入嶧，外寇雖眾，無所施害。晉永嘉中，太尉郗鑒將鄉曲保此山，胡賊攻守不能得。今山南有大嶧，名曰郗公嶧，山北有絕巖。秦始皇觀禮于魯，登于嶧山之上，命丞相李斯以大篆勒銘山嶺，名曰書門，《詩》[11]所謂保有鳧嶧者也。

14 漷水又西南逕蕃縣故城南，又西逕薛縣故城北。〈地理志〉曰：夏車正奚仲之國也。《竹書紀年》梁惠成王三十一年，邳遷于薛，改名徐州。城南山上有奚仲冢。《晉太康地記》曰：奚仲冢在城南二十五里山上，百姓謂之神靈也。齊封田文于此，號孟嘗君，有惠喻，今郭側猶有文冢，結石為郭，作制嚴固，瑩麗可尋，行人往還，莫不逕觀，以為異見矣。

15 漷水又西逕仲虺城北，《晉太康地記》曰：奚仲遷于邳，仲虺居之以為湯左相，其後當周爵稱侯，後見侵削，霸者所絀為伯，任姓也。應劭曰：邳在薛。徐廣《史記音義》曰：楚元王子郢客，以呂后二年封上邳侯也。有下，故此為上矣。《晉書・地道記》曰：仲虺城在薛城西三十里。漷水又西至湖陸縣入于泗。故京相璠曰：薛縣漷水首受蕃縣，西注山陽湖陸是也。《經》言瑕丘東，誤耳。

又南過平陽縣西，

16 縣，即山陽郡之南平陽縣也。《竹書紀年》曰：梁惠成王二十九年，齊田肸及宋人伐我東鄙，圍平陽者也。王莽改之曰黽平矣。泗水又南逕故城西，世謂之漆鄉。應劭《十三州記》曰：漆鄉，邾邑也。杜預曰：平陽東北有漆鄉。今見有故城西南，方二里，所未詳也。

又南過高平縣西，洸水從西北來流注之。

17 泗水南逕高平山，山東西十里，南北五里，高四里，與眾山相連。其山最高，頂上方平，故謂之高平山，縣亦取名焉。泗水又南逕高平縣故城西，漢宣帝地節三年，封丞相魏相為侯國。高帝七年，封將軍陳鍇為橐侯。〈地理志〉：山陽之屬縣也。王莽改曰高平。應劭曰：章帝改。按本〈志〉曰：王莽改名，章帝因之矣。所謂洸水者，洙水也。蓋洸、洙相入，互受通稱矣。

又南過方與縣東，

18 漢哀帝建平四年，縣女子田無嗇生子，先未生二月，兒啼腹中，及生，不舉，葬之陌上，三日，人過聞啼聲，母掘養之。

菏水從西來注之。

19 菏水即濟水之所苞注以成湖澤也。而東與泗水合于湖陵縣西六十里穀庭城下，俗謂之黃水口。黃水西北通巨野澤，蓋以黃水沿注于菏，故因以名焉。又屈東南，過湖陸縣南，涓涓水從東北來流注之。

20 〈地理志〉：故湖陵縣也。菏水在南，王莽改曰湖陸。應劭曰：一名湖陵，章帝封東平王蒼子為湖陸侯，更名湖陸也⑫。泗水又東逕郗鑒所築城北，又東逕湖陵城東南，昔桓溫之北入也，范權擒慕容忠于此，城東有「度尚碑」。泗水又左會南梁水，〈地理志〉曰：水出蕃縣。今縣之東北，平澤出泉若輪焉。發源成川，西南流分為二水，北水枝出，西逕蕃縣北，西逕滕城北。

21 《春秋左傳》隱公十一年：滕侯、薛侯來朝，爭長。薛侯曰：我先封。滕侯曰：我周之卜正也。薛庶姓也，我不可以後之。公使羽父請薛侯曰：君辱在寡人，周諺有之，曰：山有木，工則度之；賓有禮，主則擇之。周之宗盟，異姓為後，寡人若朝于薛，不敢與諸任齒，君若辱貺寡人，則願以滕君為請。薛侯許之，乃長滕侯者也。漢高祖封夏侯嬰為侯國，號曰滕公。鄧晨曰：今沛郡公丘也。其水又溉于丘焉。縣故城在滕西北，城周二十里，內有子城，按〈地理志〉，即滕也。周懿王子錯叔繡文公所封也。齊滅之，秦以為縣，漢武帝元朔三年，封魯恭王子劉順為侯國。世以此水溉我良田，遂及百秭，故有兩溝之名焉。

22 南梁水自枝渠西南逕魯國蕃縣故城東，俗以南鄰于漷，亦謂之西漷水。南梁水又屈逕城南，應劭曰：縣，古小邾邑也。〈地理志〉曰：其水西流注于濟渠。濟在湖陸西而左注泗，泗、濟合流，故地記或言濟入泗，泗亦言入濟，互受通稱，故有入濟之文。闞駰《十三州志》曰：西至湖陸入泗是也。《經》無南梁之名，而有涓涓之稱，疑即是水也。戴延之《西征記》亦言湖陸縣之東南有涓涓水，亦無記于南梁，謂是吳王所道之瀆也。余按湖陸西南止有是水，延之蓋以《國語》云，吳王夫差起師，將北會黃池，掘溝于商、魯之間，北屬之沂，西屬于濟，以是言之，故謂是水為吳王所掘，非也。余以水路求之，止有泗川耳。蓋北達沂，西北逕于商、魯，而接于濟矣。吳所浚廣耳，非謂起自東北受沂西南注濟也。假之有通，非吳所趣，年載誠眇，人情則近。以今忖古，益知延之之不通情理矣。泗水又南，漷水注之，又逕薛之上邳城西，而南注者也。

又東過沛縣東[13]，

23 昔許由隱于沛澤，即是縣也，縣蓋取澤為名。宋滅屬楚，在泗水之濱，于秦為泗水郡治。黃水注之。黃水出小黃縣黃鄉黃溝，《國語》曰：吳子會諸侯于黃池者也。黃水東流逕外黃縣故城南。張晏曰：魏郡有內黃縣，故加外也。薛瓚曰：縣有黃溝，故縣氏焉。圈稱《陳留風俗傳》曰：縣南有渠水，于春秋為宋之曲棘里，故宋之別都矣。《春秋》昭公二十五年，宋元公卒于曲棘是也。宋華元居于稷里。宣公十五年，楚、鄭圍宋，晉解揚違楚，致命于此。宋人懼，使華元乘闉夜入楚師，登子反之牀曰：寡君使元以病告，弊邑易子而食，析骸以爨，城下之盟，所不能也。子反退一舍，宋、楚乃平。今城東闉上猶有華元祠，祀之不輟。城北有華元冢。

24 黃溝自城南東逕葵丘下，《春秋》僖公九年，齊桓公會諸侯于葵丘，宰孔曰：齊侯不務德而勤遠略，北伐山戎，南伐楚，西為此會，東略之不知，西則否矣，其在亂乎？君務靖亂，無勤于行。晉侯乃還，即此地也。黃溝又東注大澤，蒹葭萑葦生焉，即世所謂大薺陂也。陂水東北流逕定陶縣南，又東逕山陽郡成武縣之楚丘亭北。黃溝又東逕成武縣故城南。王莽更之曰成安也。黃溝又東北逕郜城北。《春秋》桓公二年，《經》書，取郜大鼎于宋。戊申，納于太廟。《左傳》曰：宋督攻孔父而取其妻，殺殤公而立公子馮，以郜大鼎賂公，臧哀伯諫為非禮。《十三州志》曰：今成武縣東南有郜城，俗謂之北郜者也。

25 黃溝又東逕平樂縣故城南，又東，右合泡水，即豐水之上源也。水上承大薺陂，東逕貰城北，又東逕己氏縣故城北。王莽之己善也。縣有伊尹冢。崔駰曰：殷帝沃丁之時，伊尹卒，葬于薄。《皇覽》曰：伊尹冢在濟陰己氏平利鄉。皇甫謐曰：伊尹年百餘歲而卒，大霧三日，沃丁葬以天子之禮，親自臨喪，以報大德焉。又東逕孟諸澤。杜預曰：澤在梁國睢陽縣東北，又東逕郜成縣故城南。《地理志》：山陽縣也。王莽更名之曰告成矣。故世有南郜、北郜之論也。

26 又東逕單父縣故城南，昔宓子賤之治也。孔子使巫馬期觀政，入其境，見夜漁者，問曰：子得魚輒放何也？曰：小者，吾大夫欲長育之故也。子聞之曰：誠彼形此，子賤得之，善矣。惜哉！不齊所治者小也。王莽更名斯縣為利父矣。世祖建武十三年，封劉茂為侯國。

27 又東逕平樂縣，右合泡水。水上承睢水于下邑縣界，東北注一水，上承睢水于杼秋縣界北流，世又謂之瓠盧溝，水積為渚。渚水東北流，二渠雙引，左合澧水，俗謂之二泡也。自下，澧、泡並得通稱矣。故《地理志》曰：平樂侯國也，泡水所出。又逕豐西澤，謂之豐水。《漢書》稱高祖送徒麗山，徒多亡，到豐西澤，有大蛇當徑，拔劍斬之。此即漢高祖斬蛇處也。又東逕大堰，水分為二，又東逕豐縣故城南，王莽之吾豐也。水側城東北流，右合枝水⑭，上承豐西大堰，派流東北逕豐城北，東注灃水。灃水又東合黃水，時人謂之狂水，蓋狂、黃聲相近，俗傳失實也。自下黃水又兼通稱矣。

28 水上舊有梁，謂之泡橋。王智深《宋史》云：宋太尉劉義恭于彭城遣軍主稽玄敬北至城，覘侯魏軍，魏軍于清西望見玄敬士眾，魏南康侯杜道儁引趣泡橋，沛縣民逆燒泡橋，又于林中打鼓，儁謂宋軍大至，爭渡泡水，水深酷寒，凍溺死者殆半。清水即泡水之別名也。沈約《宋書》稱魏軍欲渡清西，非也。

29 泡水又東逕沛縣故城南，秦末兵起，蕭何、曹參迎漢祖于此城。高帝十一年，封合陽侯劉仲子為侯國。城內有漢高祖廟，廟前有三碑，後漢立。廟基以青石為之，階陛尚存。劉備之為徐州也，治此。袁術遣紀靈攻備，備求救呂布，布救之，屯小沛，招靈請備共飲。布謂靈曰：玄德，布弟也，布性不喜合鬪，但喜解鬪。乃植戟于門，布彎弓曰：觀布射戟小枝，中者，當各解兵；不中，可留決鬪。一發中之，遂解。此即布射戟枝處也。《述征記》曰：城極大，四周壍通豐水，豐水于城南東注泗，即泡水也。〈地理志〉曰：泡水自平樂縣東北至沛入泗者也。

30 泗水南逕小沛縣東，縣治故城南垞上。東岸有泗水亭，漢祖為泗水亭長，即此亭也。故亭今有高祖廟，廟前有碑，延熹十年立。廟闕崩褫，略無全者。水中有故石梁處，遺石尚存。高祖之破黥布也，過之，置酒沛宮，酒酣歌舞，慷慨傷懷曰：遊子思故鄉也。泗水又東南流逕廣戚縣故城南。漢武帝元朔元年，封劉擇為侯國。王莽更之曰力聚也。泗水又逕留縣，而南逕垞城東，城西南有崇侯虎廟，道淪遺愛，不知何因而遠有此圖。泗水又南逕宋大夫桓魋冢西，山枕泗水，西上盡石，鑿而為冢，今人謂之石郭者也。郭有二重，石作工巧。夫子以為不如死之速朽也。

又東南過彭城縣東北，

31 泗水西有龍華寺。是沙門釋法顯遠出西域，浮海東還，持〈龍華圖〉，首創此制。法流中夏，自法顯始也。其所持天竺二石，仍在南陸東基堪中，其石尚光潔可愛。泗水又南，獲水入焉，而南逕彭城縣故城東。周顯王四十二年，九鼎淪沒泗淵，秦始皇時而鼎見于斯水。始皇自以德合三代，大喜，使數千人沒水求之，不得，所謂鼎伏也。亦云系而行之，未出，龍齒齧斷其系。故語曰：

稱樂大早絕鼎系。當是孟浪之傳耳。泗水又逕龔勝墓南，墓碣尚存；又經亞父冢東。《皇覽》曰：亞父冢在廬江縣郭東居巢亭中，有亞父井。吏民親事，皆祭亞父于居巢廳上。後更造祠于郭東，至今祠之。按《漢書·項羽傳》，歷陽人范增，未至彭城而發疽死，不言之居巢。今彭城南有項羽涼馬臺，臺之西南山麓上，即其冢也。增不慕范蠡之舉，而自絕于斯，可謂褊矣。推考書事，墓近于此也。

又東南過呂縣南，

32 呂，宋邑也。《春秋》襄公元年，晉師伐鄭及陳，楚子辛救鄭，侵宋呂、留是也。縣對泗水。漢景帝三年，有白頸烏與黑烏，群鬬于縣，白頸烏不勝，墮泗水中，死者數千。京房《易傳》曰：逆親親，厥妖白黑烏鬬。時有吳、楚之反。

33 泗水之上有石梁焉，故曰呂梁也。昔宋景公以弓工之弓，彎弧東射，矢集彭城之東，飲羽于石梁，即斯梁也。縣濤漰渀，寔為泗險，孔子所謂魚鼈不能游。又云：懸水三十仞，流沫九十里。今則不能也。蓋惟嶽之喻，未便極天明矣。《晉太康地記》曰：水出磬石，《書》所謂泗濱浮磬者也。

34 泗水又東南流，丁溪水注之。溪水上承泗水于呂縣，東南流，北帶廣隰，山高而注于泗川。泗水冬春淺澀，常排沙通道，是以行者多從此溪。即陸機〈行思賦〉⑮所云：乘丁水之捷岸，排泗川之積沙者也。晉太元九年，左將軍謝玄于呂梁遣督護聞人奭用工九萬，擁水立七拕⑯，以利漕運者。

又東南過下邳縣西，

35 泗水歷縣逕葛嶧山東，即奚仲所遷邳嶧者也。泗水又東南逕下邳縣故城西，東南流，沂水流注焉。故東海屬縣也。應劭曰：奚仲自薛徙居之，故曰下邳也。漢徙齊王韓信為楚王，都之，後乃縣焉。王莽之閏儉矣，東陽郡治。文穎曰：秦嘉，東陽郡人，今下邳是也。晉灼曰：東陽縣，本屬臨淮郡，明帝分屬下邳，後分屬廣陵。故張晏曰：東陽郡，今廣陵郡也，漢明帝置下邳郡矣。城有三重，其大城中有大司馬石苞、鎮東將軍胡質、司徒王渾、監軍石崇四碑。南門謂之白門，魏武擒陳宮于此處矣。中城，呂布所守也。小城，晉中興北中郎將荀羨、郗曇所治也。昔泰山吳伯武，少孤，與弟文章相失二十餘年，遇于縣市。文章欲毆伯武，心神悲慟，因相尋問，乃兄弟也。縣為沂、泗之會也。又有武原水注之。水出彭城武原縣西北，會注陵南，逕其城西，王莽之和樂亭也。縣東有徐廟山，山因徐徙，即以名之也。山上有石室，徐廟也。武原水又南合武水，謂之泇水，南逕剛亭城，又南至下邳入泗，謂之武原水口也。又有桐水出西北東海容丘縣，東南至下邳入泗。

36 泗水東南逕下相縣故城東，王莽之從德也。城之西北有漢太尉陳球墓，墓前有三碑，是弟子管寧、華歆等所造。初平四年，曹操攻徐州，破之，拔取慮、睢陵、夏丘等縣。以其父避難被害于此，屠其男女十萬，泗水為之不流，自是數縣人無行跡，亦為暴矣。泗水又東南得睢水口。泗水又逕宿預城之西，又逕其城南。故下邳之宿留縣也，王莽更名之曰康義矣。晉元皇之為安東也，督運軍儲，而為邸閣也。魏太和中，南徐州治，後省為戍。梁將張惠紹北入，水軍所次，憑固斯城，更增脩郭壍，其四面引水環之，今城在泗水之中也。

又東南入于淮。

37 泗水又東逕陵柵南。《西征記》曰：舊陵縣之治也。泗水又東南逕淮陽城北。城臨泗水，昔菑丘訢飲馬斬蛟，眇目于此處也。泗水又東南逕魏陽城北，城枕泗川，陸機〈行思賦〉曰：行魏陽之枉渚。故無魏陽，疑即泗陽縣故城也。王莽之所謂淮平亭矣。蓋魏文帝幸廣陵所由，或因變之，未詳也。泗水又東逕角城北，而東南流注于淮。考諸地說，或言泗水于睢陵入淮，亦云于下相入淮，皆非實錄也。

【注釋】❶西南過魯縣北　此處有佚文一條。《方輿紀要》卷三十二〈山東〉三〈兗州府．曲阜縣．五父衢〉引《水經注》：「(五父衢)在魯東門外二里，襄十一年，季子將作三軍，盟諸僖閎，詛諸五父之衢，八年，陽貨取寶玉大弓以出，舍于五父之衢。」當是此《經》文下佚文。❷冢記　書名。全祖望以為應作《冢墓記》，《水經注釋》作《冢墓記》。《新唐書．藝文志》著錄有《聖賢塚墓記》一卷，李彤撰，或是此書。已亡佚，無輯本。❸春秋孔演圖　書名。《春秋》緯書的一種，已亡佚。輯本作《春秋演孔圖》，收入於宛委山堂《說郛》弓五、《玉函山房輯佚書》、《叢書集成初編》等。❹說題辭　書名。即《春秋說題辭》。❺魯都賦　詩賦名。《隋書．經籍志》著錄魏太子文學《劉楨集》四卷，錄一卷。此賦當在集中，今賦與集均已亡佚，僅見宋王應麟《詩地理考》引及，又輯存於清嚴可均《全後漢文》。劉楨字公幹，三國魏人，《三國志．魏書》有傳。❻論語　書名。《四書》之一，《漢書．藝文志》著錄二十一卷，子夏等撰。《漢書》說：「《論語》者，孔子應答弟子、時人，及弟子相與言而接聞於夫子之語也。當時弟子各有所記，夫子既卒，門人相與輯而論纂，故謂之《論語》。」今存，合《孟子》、〈大學〉、〈中庸〉，謂之《四書》。❼孝經　書名。《漢書．藝文志》著錄《孝經古孔氏》一篇，二十二章。《隋書．經籍志》著錄古文《孝經》與古文《尚書》同出，孔安國為之傳，亡於梁亂。隋祕書監王劭於京師訪得孔傳，送至河間劉炫，炫因序其得喪，述其議疏。今《十三經注疏》本，共十八章，題唐玄宗注。❽東西二十四丈　《水經注疏》熊會貞按：「《御覽》一百七十五、《天中記》十三引此，並無『四』字，《後漢書．東海恭王傳注》亦無此『四』字，當衍。」❾詩　指《詩經．魯頌．泮水》。❿尸子　書名。《漢書．藝文志》著錄二十篇。《隋書．經籍志》著錄二十卷，目一卷，秦相衛鞅上客尸佼撰。尸子名佼，魯人，秦相商君師之，鞅死，佼逃入蜀。已亡佚。輯本收入於《問津堂叢書》、《平津館叢書》、《四部備要》等，均作二卷。⓫詩　指《詩經．魯頌．閟宮》。⓬更名湖陸也　殿本在此處有戴震長篇案語：「原本及近刻并訛作：『為湖陵侯，更名湖陵也。』考《後漢書．郡國志》：『山陽郡湖陸，故湖陵，章帝更名。』劉昭注云：『〈前漢志〉：王莽改曰湖陸，章帝復其號。』又〈郡國志〉：『高平侯國，故橐，章帝更名。』劉昭注云：『〈前漢志〉：王莽改曰高平，章帝復莽此號。』蓋光武中興，凡莽所改，即不行用，至章帝改湖陵為湖陸，改橐為高平，偶與莽同，以莽不足道，故直曰章帝更名耳。光武永平二年，以槀、湖陵益東平國，見〈光武十王列傳〉。注云：「槀縣一名高平。」其正文及注兩槀字，皆槀之訛。是光武時仍前漢之舊，稱槀、湖陵，章帝後則稱高平、湖陸也。今《漢書・地理志・山陽郡・湖陵》下云：「〈禹貢〉：浮于泗、淮，通于河。水在南，莽曰湖陸。」應劭曰：「《尚書》一名湖，章帝封東平王倉子為湖陵侯，更名湖陵。」此條舛誤者八：泗、淮當作淮、泗，一也；通于河，當作通于菏，二也；水在南，當作菏水在南，三也；《尚書》二字，當在〈禹貢〉二字上，不當在應劭下，四也；應劭時稱湖陸已久，所引應劭語，宜為《地理風俗記》湖陸縣之文，一名湖，當是一名湖陵，校《漢書》者妄刪陵字，以起下文之有陵字為更名耳，五也；倉，當作蒼，六也；為湖陵侯當作為湖陸侯，七也；更名湖陵，當作更名湖陸，八也。道元此注亦有《尚書》二字，蓋校是書者據〈漢志〉訛本增入，《說文》菏字下云：菏澤水出山陽湖陵。引〈禹貢〉浮于淮、泗，達于菏，而《水經・濟水》內敘菏水云，又東南過湖陸縣南，東入于泗水。道元注亦引《尚書》浮於淮、泗，達於菏。今《尚書》本皆訛作達于河，以《尚書》及《前》、《後漢書》、《水經注》互有舛誤，彼此紛糾，僅就一處訂正，終難了徹，故備論之。」⑬又東過沛縣東　此條《經》文《水經注疏》作「又南過沛縣東」。《疏》：「戴作「又東」，與鍾、譚、黃晟等本同。會貞按：黃本（此「黃本」當指黃省曾本）作「又南」，證以水道適合，則作「東」者誤也。」⑭右合枝水　《水經注疏》作「左合枝水」。《疏》：「朱左訛作「右」，戴、趙同。會貞按：豐水東逕豐城南，枝水東北逕豐城北，則枝水在豐水之左，此當作「左合」無疑，今訂。」⑮行思賦　詩賦名。《隋書・經籍志》著錄晉平原內史《陸機集》十四卷。宋慶元間，華亭知縣徐民瞻曾刻《二陸文集》，《陸士衡集》十卷、《陸士龍集》十卷即由此而傳。機字士衡，雲字士龍，陸機、陸雲兄弟，當時以文著名，合稱「二陸」，西晉華亭人。此賦今存《陸士衡集》。⑯七拕　《水經注釋》作「七埭」。《水經注疏》亦作「七埭」。《疏》：「朱「埭」作「拕」，《箋》曰：當作「埭」。《晉書》，謝玄堰呂梁水，植柵，立七埭為派，擁二岸之流，以利漕運。」

【語譯】泗水出魯卞縣北山，

1 〈地理志〉說：泗水發源於濟陰郡乘氏縣。又說：發源於卞縣北。《水經》則說發源於北山，這些說法都不對。《山海經》說：泗水發源於魯東北。我過去因公事，曾沿徐水、沇水走過，又曾路經洙水、泗水。當時我派人去探尋過泗水的源頭，查明泗水發源於卞縣老城東南，桃墟西北。《春秋》昭公七年（西元前五三五年），謝息採納了季孫的建議，把孟孫氏的成邑給晉，把居民遷移到桃。杜預說：魯國卞縣東南有個桃墟，世人稱為陶墟，說是舜製陶的地方。那裡有個井叫舜井，其實都不是。桃墟有個漏澤，方圓十五里，澤水清澈澄碧，平靜如鏡，水深近三丈，澤西緊靠一座小土山，民間稱嬀亭山，大概是因為有了陶墟、舜井這些說法，因而又有了嬀亭的名稱的。

2 小山旁有三個石洞，洞口大小約三四尺，石洞有通有塞，澤水有時積得滿滿的，有時又漏掉，一漏水幾天之間就會澤底朝天。附近民眾看出將要漏水了，就預先用木料做成魚留，擋在洞口，水涸之後，澤底魚鱉全都暴露出來，運也運不完了。從此處的小丘向西北方，山岡綿延四十餘里，山岡西便是泗水的源頭。《博物志》說：泗水發源於陪尾山。就指這座小丘。這裡有五個石洞向外淌水，各洞口直徑大約都有一尺餘，五股泉水出洞後就匯合同流。水源南側有一座廟，那裡有成片的檜樹和柏樹林，當時人們稱它為原泉祠，也不知其來由。泗水西流經卞縣舊城南，《春秋》襄公二十九年（西元前五四四年），季武子攻取了卞，說：聽說守卞的軍隊要反叛，我率兵前去討伐。卞縣南有姑蔑城，《春秋》隱公元年（西元前七二二年），隱公和邾儀父在蔑會盟，即指此地。泗水發源於卞縣舊城和姑蔑城之間，西流經郚城北。《春秋》文公七年（西元前六二〇年），《經》記載，文公討伐邾。三月甲戌日攻取須句，於是就在郚築城。杜預說：這是魯國的城邑。卞縣南有郚城，是為防備邾有外患而修築的。泗水在卞縣與洙水匯合。

西南過魯縣北，

3 泗水又西南流，經魯縣分為兩條，水旁有一座城，是兩水分流之處。北面的一條就是洙水。《春秋》莊公九年（西元前六八五年），《經》記載，那年冬天，疏浚洙水。京相璠、服虔、杜預都說洙水在魯城北，疏浚河道是為防備齊國。南支叫泗水。孔夫子在洙水和泗水之間執教，今天城北兩水中間，就是當年孔夫子帶領學生的地方。《從征記》說：洙水和泗水在魯城東北十七里處相匯，闕里背靠洙水，面臨泗水，南北一百二十步，東西六十步，四面城門都有石門檻，北門離洙水百餘步。後漢初期，闕里的荊棘開始被清除，從孔夫子的講堂到九里。當時鮑永任宰相，於是在闕里修建了饗祠，將魯賊彭豐等人處死。郭緣生說：泗水在城南，他弄錯了。我查考過《國語》，夏，宣公在泗淵撒網捕魚，里革割斷魚網，把它丟了。韋昭說：泗水在魯城北。《史記》、《冢記》、王隱《地道記》都說孔子安葬在魯城北的泗水上。今天泗水南有孔子墓。《春秋孔演圖》說：鳥變成了書，孔子捧著書向上天禱告，有紅雀銜書而來，於其上變成一塊黃玉，上面刻著：孔子受命於天，創制法規，確定制度。《說題辭》說：孔子死後，人們把他得到的那塊黃玉陪葬於魯城北，就是子貢守墓的小屋所在的地方。

4 譙周說：孔子死後，魯國人在孔子墓旁居住的有百餘家，這地方就稱為孔里。《孔叢》說：孔夫子的墓地方圓一里，在魯城北六里的泗水畔。孔氏宗族的墳墓共五十餘座，人名輩分已辨別不清了，有墓碑三塊，各種石獸石碣還在。《皇覽》說：孔子的弟子們從各地把珍奇的樹苗帶來種植，因而墓地上有許多異樹，不生荊棘和刺草，但今天，那些樹木一棵也沒有了。泗水從城北南流經魯城，西南流與沂水匯合。沂水發源於魯城東南，尼丘山西北，顏母曾在此山祈禱，於是生了孔子。山以東十里，有顏母廟，山南數里，是孔子父親安葬處。《禮記》所說的防山之墓已崩塌，就指這地方。

5 這裡平地冒出泉水，流經魯縣舊城南。溪水北岸、舊城東門外，就是爰居停息過的地方。《國語》說：海鳥名為爰居，停息在魯城東門外三天，臧文仲去祭牠，被展禽所譏諷。所以《莊子》說：海鳥停息在郊外，魯侯以酒款待，準備了三牲，奏起廣樂，三日後海鳥死了，這是因為奉養的方式不適合所奉養的對象。

6 城門外是戎夷凍死處。《呂氏春秋》說：昔日戎夷離開齊國去魯國，當時天氣十分寒冷，到魯時，城門已經關閉了，就與弟子宿在城門外。夜裡越來越冷了，戎夷對弟子說：你把衣服給我穿，我活；我把衣服給你穿，你活。我是國家的人才，受到天下人的珍惜；你是沒有用的人，不值得憐愛。弟子說：沒用的人怎能與國家的人才共穿衣服呢？戎夷嘆道：哎，不成了。就解下衣服給弟子穿，自己在半夜裡凍死了。

7 沂水北對稷門。從前有個養馬人名舉，力氣很大，能把車蓋投過此門。服虔說：能把千斤重物從門上投過。杜預說：能把架屋頂的木椽反覆從城門上擲過。《春秋》僖公二十年（西元前六四〇年），《經》記載，春，新建了南門。《左傳》說：記載這件事，是因為興工不合時宜。杜預說：原名叫稷門，僖公把門改造得更高大，今天此門還是與各門都不相同，改名高門。城門的遺址還在，占地八丈餘，也稱雩門。《春秋左傳》莊公十年（西元前六八四年），公子偃要求攻擊宋軍，蒙著虎皮偷偷從雩門出城，即指此門。雩門南隔著水的地方，有個祭壇，高三丈，就是曾點想乘涼的地方。距高門一里餘的大路西邊，有「道兒君碑」，是魯國宰相陳君所立。從前曾參住在這裡，壞人都不入城了。魯縣就在曲阜一帶，是少昊都城所在之處，有大庭氏的倉庫，是《春秋》豎牛進攻的地方。所以劉公幹〈魯都賦〉說：收起武器藏在炎帝之庫，放牧戰馬在巨野之郊。周成王把曲阜封給姬旦，稱為魯。秦始皇二十三年（西元前二二四年），立為薛郡。漢高后元年（西元前一八七年），這裡是魯國。

8 小丘上有季氏的住宅，宅裡有一個武子臺，今天雖已崩塌，但還高數丈。臺西一百步有一口大井，寬三丈，深十餘丈，用石塊壘砌，石塊形狀都像磬。《春秋》定公十二年（西元前四九八年）：公山不狃率領費人進攻魯國，定公進入季氏之宮，登上武子之臺。臺西北二里處有周公臺，高五丈，周圍五十步，臺南約四里為孔廟，就是孔夫子的故居。故居範圍約一頃，他住過的廳堂後世改建成廟。漢高祖十二年（西元前一九四年），經過魯，用三牲祭祀孔子。自從秦始皇焚燒《詩經》、《尚書》後，經典散失殘缺，漢武帝時，魯恭王拆毀孔子舊宅，獲得《尚書》、《春秋》、《論語》、《孝經》等書。當時人們已不再知道從前有過古文，稱為蝌蚪書。漢時把它們祕藏起來，很少有人見過這種文字。當時從堂上傳來鐘磬管弦之音，於是就停止拆屋。廟屋有三間：孔夫子住在西間，朝東；顏母在中間，朝南；夫人在東面隔一間，朝東。孔夫子床前有石硯一枚，製作很簡樸，據說是他生時常用之物。魯人把孔子乘過的車藏在廟中，顏路曾請求將它給顏回做棺材。漢獻帝時，廟遭火災燒毀了。

9 永平年間（西元二九一年），鍾離意當魯國宰相，上任時，拿出自己的錢一萬三千文，付給戶曹孔訢，要他整修孔子的車。他親自入廟，擦拭孔夫子的几、席、佩劍和鞋子等舊物。有個叫張伯的漢子在堂下割草時，在土中發現玉璧七枚，他把一枚藏在懷裡，拿了六枚去稟告鍾離意。鍾離意叫主簿把玉璧放在几前。孔子臥室床頭掛著一隻甕。鍾離意叫來孔訢問道：這甕是做什麼的？孔訢回答：這是夫子的甕，背後有朱砂寫的紅字，人們都不敢打開。鍾離意說：夫子是聖人，他之所以留下這個甕，是想啟示後世的賢人的。於是便把甕打開，裡面有一塊白絹，上面寫著：後世編纂我的書的，是董仲舒；保護我的車、擦我的鞋、開我的箱的，是會稽鍾離意；玉璧有七枚，張伯藏了一枚。鍾離意立即叫來張伯詢問，張伯果然供認了。

10 魏黃初元年（西元二二〇年），文帝令郡國修建孔子舊廟，設置年俸百石的吏卒，專門負責管理。廟裡有孔夫子像，旁邊有兩個弟子，手執書卷，站著侍候他，神色肅穆恭敬，似乎在向他請教的樣子。漢、魏以來，廟裡立有七塊碑，兩塊碑無字，廟旁檜樹柏樹至今還很茂盛。孔廟西北二里處，有顏母廟，廟像還很嚴整，廟裡有五株長長的檜樹。孔子廟東南五百步，有一對石闕，就是靈光殿的南闕，廟北百餘步就是靈光殿舊址，東西二十四丈，南北十二丈，高一丈餘；東西兩邊是廊屋，中間方七百餘步；石闕東北有個浴池，方約四十步；池中有釣臺，方十步，臺基和岸邊都是用石頭砌成，遺基還較完整。所以王延壽〈魯靈光殿賦〉說：繞行數里，仰頭不見天日。這是漢景帝程姬的兒子魯恭王所築。靈光殿東南，就是泮宮，在高門正北的大路西。宮中有臺，高八十尺，臺南水池東西一百步，南北六十步，臺西水池南北四百步，東西六十步，臺池都用石塊結砌，這就是《詩經》所說的，在泮水之畔多麼快樂。

11 沂水又西流經圜丘北，丘高四丈餘。沂水又西流，從前韓雉在這條水上射過龍。《尸子》說：韓雉在魯與申羊見面，有一條龍在沂水上飲水。韓雉說：我聽人們說過，出外見到虎，就打死牠；見到龍，就用箭射，今天如果不射，就是聽到了不照辦。說著就用箭射龍。沂水又西流，從右岸注入泗水。

又西過瑕丘縣東，屈從縣東南流，漷水從東來注之。

12 瑕丘是魯國的城邑，也就是《春秋》的負瑕。哀公七年（西元前四八八年），季康子攻打邾國，把邾的國君囚禁在負瑕。應劭說：瑕丘在縣西南。從前衛國大夫公叔文子登上瑕丘，蘧伯玉同他一起。文子說：在這裡多麼快樂呀，我死後真想葬在這裡。伯玉說：您喜歡葬在這裡，那還是讓我先葬吧。伯玉是諷刺他想糟蹋百姓的良田。瑕丘的名稱，就是因這件事而來的。

13 曾子到負夏弔慰，鄭玄、皇甫謐都說那是衛國的疆域。魯、衛雖然是不同的國家，但土地卻還是同一塊土地。漷水發源於東海合鄉縣，漢安帝永初七年（西元一一三年），把合鄉封給馬光的兒子馬朗為侯國。漷水西南流入邾國境內。《春秋》哀公二年（西元前四九三年），季孫斯攻打邾國，奪取了漷水東岸的田和沂水西岸的田。漷水又流經魯國騶山東南，然後轉向西南流。騶山就是《春秋左傳》所說的嶧山。邾文公遷到這裡，今天城建在騶山以南，依山傍巖築城，非常堅固。從前是邾婁國，姓曹，也是叔梁紇的封邑，孔子就出生在這裡。後來在這裡立縣，用騶山的山名給縣取名。也就是王莽時的騶亭。京相璠說：據〈地理志〉，嶧山在騶縣北，繹邑就是以山命名的。嶧山東西二十里，山很高峻，孤峰獨起，全由巖石堆積而成，幾乎沒有土壤；巖石間有許多洞穴，互相連通，有的洞穴有數間房屋那麼大，民間稱為嶧孔，遇上亂世兵禍，就帶全家進入山洞，敵寇雖然眾多，也無法加害了。晉朝永嘉年間（西元三〇七～三一三年），太尉郗鑒率領鄉民保衛這座山，胡賊進攻未能得手。今天山南有一座相連的大山，稱為郗公嶧，山北有絕壁。秦始皇到魯國觀禮，登上嶧山。命丞相李斯用大篆字體在山嶺上刻寫銘文，名叫晝門。《詩經》所說的保有鳧嶧，就指這裡。

14 漷水又西南流經蕃縣舊城南，又西流經薛縣舊城北。〈地理志〉說：這是夏朝車正奚仲的封國。《竹書紀年》載，梁惠成王三十一年（西元前三三九年），邳人遷徙到薛，改名徐州。城南山上有奚仲墓。《晉太康地記》說：奚仲墓在城南二十五里的山上，百姓認為很有神靈。齊國封田文於此。田文號孟嘗君，以仁愛聞名，今天城旁還有田文墓，四面用石塊砌成，製作嚴密堅固，光潔美觀，過往行人沒有不來此觀看的，認為這是世上罕見的建築。

15 漷水又西流經仲虺城北，《晉太康地記》說：奚仲遷到邳去，仲虺則居住在這裡，做了商湯的左丞相，到了周朝，他的後裔封爵稱侯。後來封地被侵占縮小，稱霸的諸侯將他貶降為伯，姓任。應劭說：邳就在薛。徐廣《史記音義》說：楚元王的兒子郢客，在呂后二年（西元前一八六年）時被封為上邳侯。因為有下邳，所以這裡稱上邳。《晉書．地道記》說：仲虺城在薛城西三十里。漷水又西流到湖陸縣注入泗水。所以京相璠說：薛縣的漷水，上流在蕃縣承接了水流，西流注於山陽湖陸。《水經》說流經瑕丘東，是弄錯了。

又南過平陽縣西，

16 平陽縣就是山陽郡的南平陽縣。《竹書紀年》說：梁惠成王二十九年（西元前三四一年），齊國田朌和宋人進攻我國東部邊境，包圍平陽。王莽改名為黽平。泗水又南流經舊城西，世人稱為漆鄉。應劭《十三州記》說：漆鄉是邾的城邑。杜預說：平陽東北有漆鄉。今天在平陽西南，也有舊城，方圓二里。到底是否為漆鄉故城，那就不清楚了。

又南過高平縣西，洸水從西北來流注之。

17 泗水南流經高平山，此山東西十里，南北五里，高四里，與眾山相連，而以這座山為最高，山頂呈方形而平坦，所以稱為高平山。縣也取名為高平縣。泗水又南流經高平縣舊城西。漢宣帝地節三年（西元前六七年），把高平封給丞相魏相為侯國。高帝七年（西元前二〇〇年），封將軍陳鍇為橐侯。據〈地理志〉，高平縣是山陽郡的屬縣。王莽改稱高平郡。應劭說：是章帝改的。據〈地理志〉，王莽改名，章帝沿用。所謂洸水，其實就是洙水，因為洸水、洙水互相匯合，也就可互相通稱了。

又南過方與縣東，

18 漢哀帝建平四年（西元前四年），縣裡有個名叫田無嗇的女子要臨產了，孩子出生前兩個月，就已在腹中啼哭，等到生下來，卻不能活了，她把孩子葬在田間小路上。過了三天，有人經過，聽見哭聲，田無嗇又把他掘出來撫養。

菏水從西來注之。

19 菏水就是由濟水流注、積聚成的湖澤。往東流，在湖陵縣西六十里的穀庭城下與泗水匯合，民間稱為黃水口。黃水西北通巨野澤，因為黃水注入菏水，可相通稱，所以水口也叫黃水口。

又屈東南，過湖陸縣南，涓涓水從東北來流注之。

20 據〈地理志〉，湖陸縣就是從前的湖陵縣。菏水在南，王莽改名為湖陸。應劭說：又名湖陵，章帝封東平王劉蒼的兒子為湖陸侯，改名湖陸。泗水又東流經郗鑒所築的城北，又東流經湖陵城東南。從前桓溫北上，范懽在這裡俘獲了慕容忠。城東有「度尚碑」。泗水又在左岸匯合了南梁水。〈地理志〉說：南梁水發源於蕃縣。今天該縣東北平澤裡冒出泉水，有車輪那般大小。發源後成為河流，西南流分為二條，北支西流經蕃縣北，又西流經滕城北。

21 《春秋左傳》隱公十一年（西元前七一二年）：滕侯、薛侯來朝見，兩人互爭尊長。薛侯說：我薛國是在你滕國之先受封的。滕侯說：我滕國的先人是周朝的卜正；你薛國，是異姓國，我不能落在非姬姓諸侯的後面。隱公派遣羽父向薛侯勸導說：承蒙您前來問候我，周人有這樣的俗語說：山上有樹木，工匠就度量它的用處。賓客來訪，主人就選擇合適的禮儀。周朝的會盟制度規定，異姓的在後面。我如果到薛國去朝見您，是不敢和各位任姓諸侯並列爭先後的。如果承蒙您加惠於我，那麼就希望您允許滕君的請求。薛侯接受了魯隱公的勸告，於是以滕侯為長而先行禮。滕國就是指這個地方。漢高祖把此地封給夏侯嬰，立為侯國，夏侯嬰就稱滕公。鄧晨說：滕城就是今天沛郡的公丘。南梁水灌溉這一帶的土地。該縣舊城在滕城西北，城周圍二十里，城內有子城。據〈地理志〉，這座舊城就是滕城，是周懿王兒子錯叔繡文公的封邑。後來被齊滅掉，秦時立為縣，漢武帝元朔三年（西元前一二六年），把該縣封給魯恭王兒子劉順為侯國。世人因為此水灌溉良田，到達百秭，所以有兩溝的名稱。

22 南梁水從支渠西南流經魯國蕃縣舊城東，因為舊城南與漷水相鄰，民間也稱為西漷水。南梁水又拐彎流經城南，應劭說：蕃縣就是舊時的小邾邑。〈地理志〉說：此水西流注入濟渠。濟水在湖陸西，向東注入泗水，泗水和濟水合流，所以記述地理一類的書中，有的說濟水注入泗水，也有的說泗水注入濟水，因為相互可以通稱，所以有注入濟水的說法。闞駰《十三州志》說：西流到湖陸注入泗水。《水經》裡沒有南梁水，卻有涓涓水，大概就是這條水。戴延之《西征記》也說，湖陸縣的東南有涓涓水，也沒有記載南梁水，說涓涓水是吳王所開的渠道。我查考過，湖陸西南只有這條水，戴延之大概是根據《國語》所說，吳王夫差起兵，將北上黃池，在商、魯之間開掘渠道，北與沂水連接，西通濟水。憑這點記載，所以說這條水是吳王開掘的，但其實不是如此。我根據水路探察，此處只有泗水。北通沂水，西北流經商、魯，而與濟水相接的就是泗水。吳王只是疏浚過，並拓寬了原水道，不能說從東北起開掘，引入沂水，西南流注入濟水。涓涓水只是利用原有水道開成，並不是吳一氣鑿通的。此事年代確實已很久遠了，但人情物理卻還是相近的。以今天來推想古代，就可以更清楚地看出戴延之實在不通情理了。泗水又南流，漷水注入，又流經薛的上邳城西，然後向南流去。

又東過沛縣東，

23 從前許由隱居在沛澤，就在沛縣，沛縣是按沛澤命名的。宋國被滅後屬楚，秦時是泗水郡的治所。沛縣在泗水之濱，黃水注入。黃水出自小黃縣黃鄉的黃溝。《國語》說：吳子與諸侯在黃池會盟，就是這地方。黃水東流經外黃縣舊城南。張晏說：魏郡有內黃縣，所以這裡叫外黃。薛瓚說：縣裡有黃溝，所以縣稱黃縣。圈稱《陳留風俗傳》說：縣南有渠水，春秋時，這裡是宋國的曲棘里，是從前宋國的別都。《春秋》昭公二十五年（西元前五一七年），宋元公死於曲棘。宋華元住在稷里。宣公十五年（西元前五九四年），楚、鄭圍攻宋國，晉國解揚違背楚國之約，在此向宋人傳達了國君的話。宋人十分懼怕，就派華元連夜登越城門外的曲城，潛入楚軍營地，坐在子反床上說：君王派我來向你說明我們的困難，我方城內糧食告罄，已經到要交換子女來吃，用人骨來燒飯的地步了，但要逼我們結城下之盟，這是辦不到的。子反退兵三十里，宋、楚就講和了。現在城東門外曲城上，還有華元祠，祭祀從沒間斷。城北有華元墓。

24 黃溝從城南東流經葵丘下。《春秋》僖公九年（西元前六五一年），齊桓公在葵丘與諸侯會盟，宰孔說：齊侯不致力於改良內政，卻熱衷於侵略遠鄰，北方攻打山戎，南方攻楚，西方舉行了此次盟會，東方要入侵哪個國家呢，現在還不得而知，西方看來不會去打了，恐怕國內就要亂了吧？您要以平亂為己任，不要匆匆前去了。於是晉侯就回去了。這裡提到的葵丘就是這地方。黃溝又東流注入大澤，澤裡長滿蘆葦，即人們所說的大薺陂。陂水東北流經定陶縣南，又東流經山陽郡成武縣楚丘亭北。黃溝又東流經成武縣舊城南。王莽改名為成安。黃溝又東北流經郜城北。《春秋》桓公二年（西元前七一〇年）《經》載，從宋拿來郜城的大鼎，戊申日送進太廟。《左傳》說：宋督進攻孔父，奪了他的妻子，又殺了殤公，而立了公子馮，用郜的大鼎賄賂桓公，臧哀伯譴責這種違反禮法的行為。《十三州志》說：現在成武縣東南有郜城，民間稱為北郜。

25 黃溝又東流經平樂縣舊城南，又東流，在右岸匯合了泡水，泡水即豐水的上源。豐水上流承接大薺陂，東流經貫城北，又東流經已氏縣舊城北。王莽時叫已善。該縣有伊尹墓。崔駰說：殷帝沃丁的時候，伊尹死了，葬在薄。《皇覽》說：伊尹墓在濟陰郡已氏縣平利鄉。皇甫謐說：伊尹活到百餘歲而死，死後發了三天大霧，沃丁以天子之禮安葬他，親自治喪，來報答他的大恩大德。豐水又東流經孟諸澤。杜預說：孟諸澤在梁國睢陽縣東北，又東流經郜成縣舊城南。據〈地理志〉，郜成就是山陽縣。王莽改名為告成縣。所以世間有南部、北部的說法。

26 豐水又東流經單父縣舊城南，從前這裡是宓子賤管轄的。孔子派巫馬期到各地視察政事，巫馬期進入宓子賤的轄區，看見一個漁夫夜裡還在捕魚，問道：你捕到魚為什麼馬上又放了？漁夫回答道：因為那是小魚，我們大夫要使牠們長大後再捕。孔子聽到這件事後說：以至誠施治於近鄉，則教化推行於遠地，子賤已經掌握要領了。這太好了。可惜呵！不齊所管轄的地方太小了。王莽把該縣改名為利父。世祖建武十三年（西元三七年），把該縣封給劉茂為侯國。

27 豐水又東流經平樂縣，在右岸與泡水匯合。泡水上流在下邑縣邊界承接睢水，往東北流注入一條水；此水上流在杼秋縣邊界承接睢水，向北流，世人又稱作瓠盧溝，積水成湖沼。沼水東北流，二渠同流，左岸與澧水匯合，民間稱為二泡。自此以下，澧水、泡水都可互相通稱了。所以〈地理志〉說：平樂是個侯國，泡水發源於這裡。又流經豐西澤，稱為豐水。《漢書》說：高祖送囚徒去麗山，囚徒很多逃跑了，到了豐西澤，有一條大蛇擋住去路，高祖拔劍斬了牠。這裡就是漢高祖斬蛇的地方。豐水又東流經大堰，分為二條，又東流經豐縣老城南，王莽改名為吾豐。豐水經過城旁東北流，右岸與枝水匯合，枝水上流承接豐西大堰，分支東北流經豐城北，東流注入澧水。澧水又東流與黃水匯合，當時人們稱黃水為狂水。那是因為狂、黃讀音相近，以致民間流傳失實的緣故。自此以下，這條水又有黃水的通稱了。

28 黃水上過去有橋，稱為泡橋。王智深《宋史》說：宋太尉劉義恭在彭城派遣主將稽玄敬北上到了豐城，偵察魏軍，魏軍在清水西望見玄敬的軍隊眾多，魏南康侯杜道儁引軍直奔泡橋，沛縣百姓縱火焚燒泡橋，又在樹林裡擊鼓助威，杜道儁以為宋軍大隊人馬到了，就爭先恐後地搶渡泡水，水又深，天氣又極冷，杜道傷的兵幾乎半數凍死溺死。清水就是泡水的別名。沈約《宋書》說，魏軍想渡水到清水西岸去，其實並非如此。

29 泡水又東流經沛縣舊城南，秦末四方起兵，蕭何、曹參在此城迎接漢高祖。高帝十一年（西元前一九六年），把沛縣封給合陽侯劉仲子為侯國。城內有漢高祖廟，廟前有三座碑，後漢時立。廟基用青石壘砌，臺階還在。劉備當徐州牧時，治所也在此城。袁術派遣紀靈進攻劉備，劉備向呂布求救，呂布趕來援助，駐紮在小沛，邀了紀靈，又請劉備一起飲酒。呂布對紀靈說：玄德是我的義弟，我生性不喜歡相鬥，只喜歡解鬥。說完就把戟插在門口，然後拉弓搭箭，說道：看我射戟的小枝。射中，你們就收兵；射不中，你們可留下來決戰。說完一箭射中，於是雙方收兵。這裡就是呂布當年射戟的地方。《述征記》說：城很大，四周城壕通豐水，豐水從城南東流注入泗水，也就是泡水。〈地理志〉說：泡水從平樂縣東北流到沛縣注入泗水，說的就是這裡。

30 泗水南流經小沛縣東，縣治舊城在南丘上。東岸有泗水亭，漢高祖曾當泗水亭長，就是指此亭。所以今天這裡有高祖廟，廟前有碑，延熹十年（西元一六七年）立。廟宇門闕現在都已崩塌，沒有完整的建築了。水中有舊石橋的遺跡，只留下些石塊還在。高祖打敗黥布後，經過這裡，在沛宮擺酒設宴，歌舞暢飲，慷慨傷懷，嘆道：遊子思念故鄉呵。泗水又東南流經廣戚縣舊城南。漢武帝元朔元年（西元前一二八年），把該縣封給劉擇為侯國。王莽改名為力聚。泗水又流經留縣，而後南流經垞城東，城西南有崇侯虎廟，世道淪喪，此人竟會受後人紀念，不知為何會遠遠在這裡立廟。泗水又南流經宋大夫桓魋墓西。山緊臨泗水，西面上去都是巖石，鑿成墳墓，今天人們稱為石郭。郭有兩重，石匠的製作十分細緻精巧。孔夫子認為，人死了還是迅速腐朽為好。

又東南過彭城縣東北，

31 泗水西岸有龍華寺。僧人法顯遠赴西域，渡海東歸，手持〈龍華圖〉，首創了佛寺的形制。建立佛寺形制之法傳遍中國，就是從法顯開始的。當時他帶來的兩塊天竺石，今天還在南面那片高地東邊的基塹中，這兩塊天竺石還十分光潔可愛。泗水又南流，獲水注入，而後南流經彭城縣舊城東。周顯王四十二年（西元前三二七年），九鼎沉沒於泗水的深潭中，秦始皇時鼎在此水出現。始皇以為自己的賢德已可與三代媲美了，非常高興，就派了數千人去水下打撈，結果沒有撈到，這就是所謂的鼎伏——鼎沉沒隱藏起來了。也有人說是用繩索繫住鼎往上拉，但還沒有拉上來，繩索就被龍齒咬斷了。所以諺語說：高興得太早，拉鼎斷了繩。這是荒唐的傳說。泗水又流經龔勝墓南，墓碑今天還在；又流經亞父墓東。《皇覽》說：亞父墓在廬江縣城東居巢亭中，那裡有亞父井。官吏任職辦公事，都在居巢廳上祭祀亞父。後來又在城東建祠，人們至今還在祭祀他。據《漢書・項羽傳》載，歷陽人范增，還沒有到彭城，就患毒瘡而死，沒有說他到居巢。今天彭城南有項羽的涼馬臺，臺西南的山麓上，就是范增的墓地。范增不仰慕范蠡的行為，卻離開項羽來到這裡，可說胸懷太褊狹了。根據記載推想起來，他的墓以在這裡較合情理。

又東南過呂縣南，

32 呂縣原是宋國的城邑。《春秋》襄公元年（西元前五七二年），晉軍進攻鄭及陳，楚子辛去援救鄭，侵入宋國的呂、留。呂縣正對泗水。漢景帝三年（西元前一五四年），有白頸烏鴉及黑烏鴉在該縣相鬥，白頸烏鴉鬥敗，墜入泗水而死達數千隻。京房《易傳》說：違反了親屬相親之理，於是出現了黑烏鴉與白烏鴉相鬥的妖異。當時有吳、楚謀反事件。

33 泗水上有石橋，所以稱呂梁，從前宋景公拉開弓匠製作的弓，搭箭向東射去，箭都聚集在彭城之東，深深射進石橋裡，說的就是這座橋。這裡狂濤急流奔騰澎湃，是泗水上的險地，正像孔子所說的，連魚鱉也不能游。又說：飛瀑三十丈，浪花飛迸九十里。今天已看不見古時的情景了。但這些說法也有點誇張，正像以插天描寫山高，並不是山真的就高到天上了。《晉太康地記》說：泗水上有磬石山拔起，就是《尚書》所說的泗水岸邊有浮磬。

34 泗水又東南流，丁溪水注入。丁溪水上流在呂縣承接泗水，東南流，從一片遼闊的低地北面繞過，又流經高山腳下而注入泗水。泗水冬春兩季水淺流滯，常常須排去積沙以保持水道暢通，所以旅人大多從此溪過往。正如陸機〈行思賦〉所說的：利用丁水近捷的水岸，來排除泗水的積沙。晉太元九年（西元三八四年），左將軍謝玄派遣督護聞人奭，在呂梁動用民工九萬，在水上築了七條壩，以利於運糧船隻的通航。

又東南過下邳縣西，

35 泗水經過下邳縣，流經葛嶧山東，就是奚仲遷居的邳嶧。泗水又東南流經下邳縣舊城西，東南流，沂水流來注入。舊時下邳是東海郡的屬縣。應劭說：奚仲從薛遷居到這裡，所以稱為下邳。漢時把齊王韓信遷到這裡為楚王，建都在下邳，後來設立為縣。王莽時改名為閏儉，是東陽郡的治所。文穎說：秦嘉，東陽郡人，指的就是今天的下邳。晉灼說：東陽縣本屬臨淮郡，明帝時把它劃歸下邳，後來又劃歸廣陵。因此張晏說：東陽郡就是今天的廣陵郡，漢明帝時設置了下邳郡。城有三重，大城中有大司馬石苞、鎮東將軍胡質、司徒王渾、監軍石崇四座碑。南門稱為白門，魏武帝就在這裡俘獲了陳宮。中城是呂布守衛的。小城是晉中興時，北中郎將荀羨、郗曇治理的地方。從前泰山的吳伯武，少年時成了孤兒，與弟弟文章失散二十多年，後來在該縣市上相遇。文章當時正想毆打伯武，但卻感到心情悲痛，因此互相詢問，才知道兩人原是兄弟。該縣是沂水和泗水的匯流處。又有武原水注入。武原水發源於彭城武原縣西北，注入陂南，流經城西，此城就是王莽時的和樂亭。縣東有徐廟山，是因為徐人遷徙到這裡而得名。山上有個石室，就是徐廟。武原水又南流與武水匯合，稱為泇水，南流經剛亭城，又南流到下邳注入泗水，匯流處稱為武原水口。又有桐水發源於西北方東海容丘縣，東南流到下邳匯入泗水。

36 泗水東南流經下相縣舊城東，王莽改名為從德。城西北有漢朝太尉陳球墓，墓前有三塊碑，是他的弟子管寧、華歆等人修造的。初平四年（西元一九三年），曹操進攻徐州，破城後又連克取慮、睢陵、夏丘等縣。因曹操父親曾在此避難被害，他就屠殺了男女十萬餘人洩憤，泗水因此堵塞不流，從此以後，這幾縣行人絕跡，這也太殘暴了。泗水又東南流到睢水口。泗水又流經宿預城西，又流經城南。宿預原是下邳的宿留縣，王莽時改名為康義。晉元帝任安東將軍的時候，在此督運軍用物資，將這裡做為屯積軍糧的場所。魏太和年間（西元四七七～四九九年），這裡是南徐州的治所，後來撤銷州治改設邊防城堡。梁將張惠紹北侵，利用此城的險固，就把水軍駐紮在這裡，又增修外城，挖掘城壕，引水環繞城的四面，今天城已在泗水之中了。

又東南入于淮。

37 泗水又東流經陵柵南。《西征記》說：這裡是舊時陵縣的治所。泗水又東南流經淮陽城北。淮陽城傍著泗水，昔日菑丘訢放馬飲水、入水斬蛟，被雷劈瞎了眼，就是此處。泗水又東南流經魏陽城北。城瀕泗水，陸機〈行思賦〉說：到了魏陽的水彎邊。從前沒有魏陽，可能就是指泗陽縣的舊城。王莽時叫淮平亭。也許因為魏文帝視察廣陵時經過這裡，因此改變了地名也說不定。泗水又東流經角城北，然後東南流注入淮水。查閱各種地理書，有的說泗水在睢陵注入淮水，也有說在下相注入淮水，都不是實地考察的記錄。

沂水

沂水出泰山蓋縣艾山，

鄭玄云：出沂山，亦或云臨樂山。水有二源：南源所導，世謂之柞泉；北水所發，俗謂之魚窮泉。俱東南流合成一川，右會洛預水。水出洛預山，東北流注之。沂水東南流，左合桑預水。水北出桑預山，東注于沂水。沂水又東南，螳蜋水入焉。水出魯山，東南流，右注沂水。沂水又東逕蓋縣故城南，東會連綿之水。水發連綿山，南流逕蓋城東而南入沂。沂水又東逕浮來之山。《春秋經》書：公及莒人盟于浮來者也。即公來山也，在邳鄉西，故號曰邳來之間也。浮來之水注之，其水左控三川，右會甘水而注于沂。沂水又南逕爆山西，山有二峰，相去一里，雙巒齊秀，圓峙若一。沂水又東南逕東莞縣故城西，與小沂水合。孟康曰：縣，故鄆邑，今鄆亭是也。漢武帝元朔二年，封城陽共王子吉為東莞侯。魏文帝黃初中立為東莞郡。《東燕錄》❶謂之團城。劉武帝北伐廣固，登之以望王難❷。魏南青州治。《左氏傳》曰：莒、魯爭鄆，為日久矣。今城北鄆亭是也。京相璠曰：琅邪姑幕縣南四十里員亭，故魯鄆邑。世變其字，非也。《郡國志》：東莞有鄆亭。今在團城東北四十里，猶謂之故東莞城矣。小沂水出黃孤山，西南流逕其城北，西南注于沂。沂水又南與閭山水合。水出閭山，東南流，右佩二水，總歸于沂。沂水南逕東安縣故城東，而南合時密水。水出時密山，春秋時莒地。《左傳》：莒人歸共仲于魯，及密而死是也。時密水東流，逕東安城南，漢封魯孝王子強為東安侯。時密水又東南流入沂。沂水又南，桑泉水北出五女山，東南流，巨圍水注之，水出巨圍之山，東南注于桑泉水。桑泉水又東南，堂阜水入焉。其水導源堂阜。《春秋》莊公九年，管仲請囚，鮑叔受之，及堂阜而稅之。杜預曰：東莞蒙陰縣西北有夷吾亭者是也。堂阜水又東南注桑泉水。桑泉水又東南逕蒙陰縣故城北，王莽之蒙恩也。又東南與叟崮水合，水有二源雙會，東導一川，俗謂之汶水也。東逕蒙陰縣注桑泉水。又東南，盧川水注之。水出鹿嶺山，東南流，左則二川臻湊，右則諸葛泉源。斯奔亂流，逕城陽之盧縣，故蓋縣之盧上里也。漢武帝元朔二年，封城陽共王子劉豨為侯國。王莽更名之曰著善矣。又東南注于桑泉水。桑泉水又東南，右合蒙陰水。水出蒙山之陰，東北流。昔琅邪承宮，避亂此山，立性好仁，不與物競，人有認其黍者，捨之而去。其水東北流入于沂。沂水又南逕陽都縣故城東，縣，故陽國也。齊同盟，齊利其地而遷之者也。漢高帝六年，封將軍丁復為侯國。沂水又南與蒙山水合。水出蒙山之陰，東流逕陽都縣南，東注沂水。沂水又左合溫水。水上承溫泉陂，而西南入于沂水者也。

南過琅邪臨沂縣東，又南過開陽縣東，

沂水南逕中丘城西。《春秋》隱公七年，夏，城中丘。《左傳》曰：書不時也。沂水又南逕臨沂縣故城東。〈郡國志〉曰：琅邪有臨沂縣，故屬東海郡，有治水注之。水出泰山南武陽縣之冠石山。〈地理志〉曰：冠石山，治水所出。應劭《地理風俗記》曰：武水出焉。蓋水異名也。東流逕蒙山下，有祠。治水又東南逕顓臾城北。〈郡國志〉曰：縣有顓臾城。季氏將伐之，孔子曰：昔者，先王以為東蒙主，社稷之臣，何以伐之為？冉有曰：今夫顓臾固而便，近于費❸

者也。治水又東南流，逕費縣故城南。〈地理志〉：東海之屬縣也，為魯季孫之邑。子路將墮之，公山弗擾帥襲魯，弗克，後季氏為陽虎所執，弗擾以費畔，即是邑也。漢高帝六年，封陳賀為侯國。王莽更名之曰順從也。許慎《說文》云：沂水出東海費縣東，西入泗，從水，斤聲。呂忱《字林》亦言是矣。斯水東南所注者，沂水在西，不得言東南趣也，皆為謬矣，故世俗謂此水為小沂水。治水又東南逕祊城南。《春秋》隱公八年，鄭伯請釋泰山之祀，而祀周公，使宛歸泰山之祊而易許田。杜預《釋地》曰：祊，鄭祀泰山之邑也，在琅邪費縣東南。治水又東南流注于沂。沂水又南逕開陽縣故城東。縣，故鄅國也。《春秋左傳》昭公十八年，邾人襲鄅，盡俘以歸，鄅子曰：余無歸矣。從孥于邾是也。後更名開陽矣。《春秋》哀公三年，《經》書：季孫斯、叔孫州仇帥師城啟陽者是矣。縣，故琅邪郡治也。

又東過襄賁縣東，屈從縣南西流，又屈南過郯縣西，

《魯連子》稱，陸子謂齊湣王曰：魯費之眾，臣甲舍于襄賁者也。王莽更名章信也。郯故國也，少昊之后。《春秋》昭公十七年，郯子朝魯，公與之宴，昭子叔孫婼問曰：少昊鳥名官，何也？郯子曰：吾祖也，我知之矣。黃帝、炎

帝以雲火紀官，太皞以龍紀，少皞瑞鳳鳥，統歷鳥官之司，議政斯在，孔子從而學焉。既而告人曰：天子失官，學在四夷者也。《竹書紀年》晉烈公四年，越子朱句滅郯，以郯子鳩歸。縣，故舊魯也，東海郡治，秦始皇以為郯郡，漢高帝二年，更從今名，即王莽之沂平者也。

又南過良城縣西，又南過下邳縣西，南入于泗。

《春秋左傳》曰：昭公十三年，秋，晉侯會吳子于良，吳子辭水道不可以行，晉乃還是也。《地理志》曰：良城，王莽更名承翰矣。沂水于下邳縣北西流，分為二水：一水于城北西南入泗，一水逕城東屈從縣南，亦注泗，謂之小沂水。水上有橋，徐、泗間以為圯，昔張子房遇黃石公于圯上，即此處也。建安二年，曹操圍呂布于此，引沂、泗灌城而擒之。

【注釋】❶東燕錄　書名。此書不見隋唐諸志著錄，亦不知撰者和撰述年代。《水經注疏》熊會貞按：「《十六國春秋》作《南燕錄》。」疑此書是《南燕錄》。按隋唐三志均著錄《南燕錄》其書，但撰者有張詮、王景暉、游覽先生三名之異，均記燕慕容德事。已亡佚，亦無輯本。❷王難　殿本在此處有戴震案語：「此二字有訛誤，朱謀瑋云：當作『五龍』，廣固有五龍口，見二十六卷。」《水經注釋》、《水經注疏》均作「五龍」。楊守敬按：「《名勝志》作『五龍』，趙依《箋》（按指朱謀瑋）改，至確。」❸季氏九句　此事載於《論語．季氏》。原文此處冉有所云「近于費」句下，尚有「今不取，後世必為子孫憂」二句，酈氏未全引，也許以為當時人皆熟讀《論語》，但今人則否，不補上此語，則上下文意義不明。今於語譯補之，無損譯文之忠實。

【語　譯】沂水出泰山蓋縣艾山，

鄭玄說：沂水發源於沂山，也有說發源於臨樂山。沂水有兩個源頭：南源民間稱為柞泉，北源民間稱為魚窮泉。兩條水都東南流，匯合成一條，在右岸與洛預水匯合。洛預水發源於洛預山，東北流注入沂水。沂水東南流，左岸匯合了桑預水。桑預水發源於北方的桑預山，東流注入沂水。沂水又東南流，螳蜋水注入。螳蜋水發源於魯山，東南流，向右注入沂水。沂水又東流經蓋縣舊城南，東流與連綿水匯合。連綿水發源於連綿山，南流經蓋城東，而後南流注入沂水。沂水又東流經浮來山。《春秋經》載，公和莒人在浮來會盟。浮來山就是公來山，在邳鄉西，所以稱邳來之間。浮來水又注入沂水，此水左岸匯合了三條水，右岸匯合甘水，然後注入沂水。沂水又南流經爆山西，爆山有兩座山峰，相距一里，雙峰都很秀美，渾圓的山形看來一模一樣。沂水又東南流經東莞縣舊城西，與小沂水匯合。孟康說：東莞縣是舊時的鄆邑，也就是今天的鄆亭。漢武帝元朔二年（西元前一二七年），封城陽共王的兒子劉吉為東莞侯。魏文帝黃初年間（西元二二〇～二二六年），立為東莞郡。《東燕錄》稱為團城。劉武帝北伐廣固時，登上城頭遙望五龍。魏時，這裡是南青州的治所。《左氏傳》說：莒、魯爭鄆，由來已久。今天城北的鄆亭就是當時的鄆。京相璠說：琅邪姑幕縣南四十里有員亭，就是過去魯國的鄆邑。世人把字改了，是寫錯的。據〈郡國志〉，東莞有鄆亭。今天在團城東北四十里，還把它稱為舊東莞城。小沂水發源於黃孤山，西南流經城北，往西南注入沂水。沂水又南流與閭山水匯合。閭山水發源於閭山，東南流，右邊引入兩條水，一起匯合於沂水。沂水南流經東安縣舊城東，又南流與時密水匯合。時密水發源於時密山，春秋時屬莒地。《左傳》：莒人把共仲送回魯國，到密時卻死了。時密水東流，經東安城南，漢封魯孝王的兒子劉強為東安侯。時密水又東南流入沂水。沂水又南流，桑泉水發源於北方的五女山，東南流，巨圍水注入。巨圍水發源於巨圍山，東南流注入桑泉水。桑泉水又東南流，堂阜水注入。堂阜水發源於堂阜。《春秋》莊公九年（西元前六八五年），管仲請求鮑叔把他關起來，鮑叔也同意了，但到堂阜就把他釋放了。杜預說：東莞蒙陰縣西北有夷吾亭，就是這地方。堂阜水又東南流注入桑泉水。桑泉水又東南流經蒙陰縣舊城北，就是王莽時的蒙恩。桑泉水又東南流與叟崮水匯合，叟崮水有兩條源流，東流合為一條，民間稱為汶水。東流經蒙陰縣後注入桑泉水。桑泉水又東南流，盧川水注入。盧川水發源於鹿嶺山，東南流，左岸有兩條水匯入，右岸有諸葛泉流來，亂流經城陽的盧縣，這裡是從前蓋縣的盧上里。漢武帝元朔二年（西元前一二七年），把盧縣封給城陽共王的兒子劉豨為侯國。王莽時改名為著善。盧川水又東南流，注入桑泉水。桑泉水又東南流，右岸與蒙陰水匯合。蒙陰水發源於蒙山北麓，東北流。從前琅邪人承宮在此避亂，他生性仁厚，不和人相爭，有人冒認他所種的黍，他也就丟掉離開了。蒙陰水東北流注入沂水。沂水又南流經陽都縣舊城東，陽都縣就是從前的陽國。陽國是齊國的盟國，齊國貪圖那片土地肥美，就把陽人遷走。漢高帝六年（西元前二〇一年），把該縣封給將軍丁復為侯國。沂水又南流與蒙山水匯合。蒙山水發源於蒙山北麓，東流經陽都縣南，又東注於沂水。沂水又在左岸與溫水匯合。溫水上流承接溫泉陂，西南注入沂水。

南過琅邪臨沂縣東，又南過開陽縣東，

沂水南流經中丘城西。《春秋》隱公七年（西元前七一六年），夏天，修築中丘城。《左傳》說：記錄這件事是因為這項工程不合時宜。沂水又南流經臨沂縣舊城東。〈郡國志〉說：琅邪有臨沂縣，從前屬於東海郡，有治水在此注入沂水。治水發源於泰山南武陽縣的冠石山。〈地理志〉說：冠石山是治水的發源地。應劭《地理風俗記》說：武水發源於冠石山。那大概是治水的異名吧。治水東流經蒙山下，那裡有一個祠廟。治水又東南流經顓與城北。〈郡國志〉說：臨沂縣有顓與城。季孫氏打算征伐顓與，孔子說：昔日先王封他為東蒙主，是國家的重臣，為什麼要征伐他呢？冉有說：因為顓與城堅兵利，而且又與費相鄰近，不攻下它，恐有後患。治水又東南流，經費縣舊城南。據〈地理志〉，費縣是東海郡的屬縣，是魯國季孫氏的封邑。子路要毀掉它。公山弗擾的軍隊襲魯，沒有攻克，後來季孫氏被陽虎拘捕，公山弗擾在費反叛，說的就是這座城。漢高帝六年（西元前二〇一年），把費縣封給陳賀為侯國。王莽改名為順從。許慎《說文》說：沂水發源於東海費縣東，西流注入泗水。沂字偏旁從水，音斤。呂忱《字林》也這樣說。治水往東南流注，因為沂水在西，故而不能說向東南流注入沂水，兩人說得都不對。所以民間稱這條水為小沂水。治水又東南流經祊城南。《春秋》隱公八年（西元前七一五年），鄭伯要求廢除祭泰山而祭周公，讓宛交還泰山的祊城，而以許地的田作為交換。杜預《釋地》說：祊是鄭國祭祀泰山的城邑，在琅邪費縣東南。治水又東南流注入沂水。沂水又南流經開陽縣舊城東。開陽縣是從前的鄅國。《春秋左傳》昭公十八年（西元前五二四年），邾人襲擊鄅，把鄅人全都抓起來帶回，鄅子說：我已無處可歸了。於是就隨著妻子兒女去邾。後來改名為開陽。《春秋》哀公三年（西元前四九二年），《經》載，季孫斯、叔孫州仇率軍修築啟陽城，就是指這座城。開陽縣是過去琅邪郡的治所。

又東過襄賁縣東，屈從縣南西流，又屈南過郯縣西，

《魯連子》說：陸子對齊湣王說：魯國費的家臣們，在襄賁建造宅第。襄賁，王莽改名為章信。這裡是從前郯的封國，少昊的後代住在這裡。《春秋》昭公十七年（西元前五二五年），郯子朝覲魯國，魯公宴請他。昭公的兒子叔孫婼問他：少昊以鳥為官名，那是什麼緣故？郯子答道：少昊是我的祖先，我知道這件事。黃帝、炎帝以雲、火為官名，太皞以龍為官名。少皞立時有鳳鳥出現的祥瑞，就以鳳鳥掌管曆法，並規定了各種鳥官的職司，商議政事都靠他們。孔子也在這裡向郯子學習。不久他對人說：天子把典章制度都丟了，關於職官的學問現在反而向四夷學習了。《竹書紀年》晉烈公四年（西元前四一二年），越子朱句滅掉郯國，俘虜了郯子鴣回來。襄賁縣是從前魯國地方，是東海郡的治所，秦始皇立為郯郡，漢高帝二年（西元前二〇五年），改為今名，就是王莽時的沂平。

又南過良城縣西，又南過下邳縣西，南入于泗。

《春秋左傳》說：昭公十三年（西元前五二九年）秋，晉侯在良與吳子會晤，吳子以水路不通為藉口推辭，晉侯就回去了。〈地理志〉說：良城，王莽時改名為承翰。沂水在下邳縣北向西流，分為兩條：一條在城北向西南注入泗水；另一條流經城東又轉而流過縣南，也注入泗水，稱為小沂水。水上有一座橋，徐、泗一

帶稱橋為圯，從前張子房在圯上遇黃石公，就是指這地方。建安二年（西元一九七年），曹操在這裡圍困呂布，引沂、泗之水灌城，於是俘虜了他。

洙水

洙水出泰山蓋縣臨樂山，

《地理志》曰：臨樂山，洙水所出，西北至蓋入泗水。或作池字，蓋字誤也。

洙水自山西北逕蓋縣。漢景帝中五年，封后兄王信為侯國。又西逕泰山東平陽縣。《春秋》宣公八年，冬，城平陽。杜預曰：今泰山平陽縣是也。河東有平陽，故此加東矣。晉武帝元康九年，改為新泰縣也。

西南至卞縣，入于泗。

洙水西南流，盜泉水注之。泉出卞城東北卞山之陰。《尸子》曰：孔子至于暮矣，而不宿于盜泉，渴矣而不飲❶，惡其名也。故《論語比考讖》曰：水名盜泉，仲尼不漱。即斯泉矣。西北流注于洙水。

洙水又西南流于卞城西，西南入泗水，亂流西南至魯縣東北，又分為二水。水側有故城，兩水之分會也。洙水西北流逕孔里北，是謂洙、泗之間矣。《春秋》之浚洙，非謂始導矣，蓋深廣之耳。洙水又西南，枝津出焉，又南逕瑕丘城東，而南入石門。古結石為水門，跨于水上也。西南流，世謂之杜武溝。洙水又西南逕南平陽縣之顯閭亭西，邾邑也。《春秋》襄公二十一年，《經》書：邾庶其以漆、閭丘來奔者也。杜預曰：平陽北有顯閭亭。《十三州記》曰：山陽南平陽縣又有閭丘鄉。《從征記》曰：杜謂顯閭，閭丘也。今按漆鄉在縣東北，漆鄉東北十里，見有閭丘鄉，顯閭非也，然則顯閭自是別亭，未知孰是。又南，洸水注之。呂忱曰：洸水出東平陽，上承汶水于剛縣西闡亭東。《爾雅》曰：汶別為闡，其猶洛之有波矣。洸水西南流逕盛鄉城西。京相璠曰：剛縣西南有盛鄉城者也。又南逕泰山寧陽縣故城西。漢武帝元朔三年，封魯共王子劉恬為侯國。王莽改之曰寧順也。又南，洙水枝津注之。水首受洙，西南流逕瑕丘城北，又西逕寧陽城南，又西南入于洸水。洸水又西南逕泰山郡乘丘縣故城東。趙肅侯二十年，韓將舉與齊、魏戰于乘丘，即此縣也。漢武帝元朔五年，封中山靖王子劉將夜為侯國也。洸水又東南流注于洙。洙水又南，至高平縣，南入于泗水。西有茅鄉城，東去高平三十里，京相璠曰：今高平縣西三十里有故茅鄉城者也。

【注釋】❹孔子至于暮矣三句　《疏》本作：「孔子至于勝母，暮矣而不宿；過盜泉，渴矣而不飲。」此依《疏》語譯於後。

【語　譯】**洙水出泰山蓋縣臨樂山，**

〈地理志〉說：臨樂山是洙水的發源地，洙水西北流到蓋縣注入泗水。有人把泗字寫作池字，把字寫錯了。洙水從山間往西北流經蓋縣。漢景帝中元五年（西元前一四五年），把該縣封給皇后之兄王信為侯國。洙水又西流經泰山東平陽縣。《春秋》宣公八年（西元前六〇一年），冬，修築平陽城。杜預說：平陽就是今天泰山郡的平陽縣。河東也有平陽縣，所以此處加東字稱東平陽縣。晉武帝元康九年（西元二九九年），改名為新泰縣。

西南至卞縣，入于泗。

洙水西南流，盜泉水注入。泉水發源於卞城東北、卞山北麓。《尸子》說：孔子走到勝母縣，天晚了，卻不願住宿；經過盜泉，口渴了，卻不肯飲水，那是因為他討厭這兩個名字的緣故。所以《論語比考讖》說：水名盜泉，仲尼不漱，指的就是這泉水。盜泉水西北流注入洙水。

洙水又西南流到卞城西，往西南注入泗水，往西南亂流到魯縣東北，又分為兩條。水旁有舊城，是兩條水的分水處。洙水西北流經孔里北，這就是所謂的洙、泗之間。《春秋》說的浚洙，不是說那時開始開鑿，而是說進行了加深拓寬的疏浚工程。洙水又西南流，分出了支流，又南流經瑕丘城東，而後南流進入石門。古時用石塊結成水門，橫跨在水上。洙水西南流，世人稱為杜武溝。洙水又西南流經南平陽縣的顯閭亭西，那就是邾邑。《春秋》襄公二十一年（西元前五五二年），《經》載，邾庶其帶了漆和閭丘二城前來投奔。杜預說：平陽以北有顯閭亭。《十三州記》說：山陽南平陽縣又有閭丘鄉。《從征記》說：杜預所說的顯閭，就是閭丘。現在查考漆鄉在該縣東北，漆鄉東北十里，有閭丘鄉，不是顯閭，那麼顯閭自然該是另外的亭了。但不知哪個說法正確。洙水又南流，洸水注入。呂忱說：洸水發源於東平陽縣，上流在剛縣西、闡亭東承接汶水。《爾雅》說：汶水的分支稱闡水，正如洛水有波水一樣。洸水西南流經盛鄉城西。京相璠說：剛縣西南有盛鄉城。洸水又南流經泰山寧陽縣舊城西。漢武帝元朔三年（西元前一二六年），把寧陽封給魯共王的兒子劉恬為侯國。王莽改名為寧順。洸水又南流，洙水支流注入。此水上流承接洙水，西南流經瑕丘城北，又西流經寧陽城南，又西南流注入洸水。洸水又西南流經泰山郡乘丘縣舊城東。趙肅侯二十年（西元前三三〇年），韓國大將舉與齊國、魏國在乘丘大戰，就是此縣。漢武帝元朔五年（西元前一二四年），把乘丘封給中山靖王的兒子劉將夜為侯國。洸水又東南流注入洙水。洙水又南流到高平縣，往南注入泗水。這裡西有茅鄉城，東距高平三十里。京相璠說：今高平縣西三十里有舊茅鄉城。

【研　析】此卷共〈泗水〉等三篇，按篇幅，泗水占了其中七成。除了此水當時是淮河下游最大的支流以外，主要是為了表達酈道元的尊孔重儒思想。酈道元自己出身於儒學門第，而拓跋鮮卑入境以後，這個來自草原的游牧民族，在漢族文化的影響之下，不斷地漢化。到了孝文帝元宏從平城遷都到洛陽以後，這位年輕的國君，加速了漢化的措施，他下令改變服式，定漢語為朝廷語言，並且廢拓跋舊姓，改姓為元。同時也要臣民尊孔重儒。這些都是酈道元可以在其著作中自由表達思想的基礎。〈泗水〉一篇，在《經》文「西南過魯縣北」之下，他寫了近二千言的《注》文，其重點就是「夫子教于洙、泗之間」。全文記敘了孔子的墓塋「孔里」，孔子的故宅「孔廟」以及其他許多有關孔子的故事。他表彰了歷史上不少尊孔重儒的人物和作為，其中特別是鍾離意。因為此人在尊孔重儒方面作出了許多貢獻。「懸甕」之事，不過是一種傳說，但由於鍾離意所說「夫子聖人，所以遺甕，欲以懸示後賢」的話正中其意，所以著意渲染，而〈泗水〉一篇成了此卷的重點。

卷二十六

沭水　巨洋水　淄水　汶水　濰水　膠水

【題解】此卷共六篇，所敘六水，除了沭水在古代屬於淮河水系外，其餘五水，都是今山東半島北流注入渤海的小河，其中淄水是小清河的支流，汶水是濰水的支流，其餘各水均獨流入海。

沭水今稱沭河，在山東省境內與沂水平行，南流進入江蘇省境內，水道紊亂，水災頻仍，今已在山東省境內曹莊開鑿新沭河，引沭河東流經石梁河水庫，從江蘇連雲港以北的臨洪口注入黃海。

其餘流入渤海諸水，巨洋水今稱彌河，發源於沂山，在昌平縣附近注入萊州灣，全長約一百八十公里，流域面積約二千二百公里。淄水今稱淄河，是小清河的支流，發源於萊蕪市魯山，東流在廣饒縣注入小清河，全長約一百四十餘公里，流域面積約四千三百餘平方公里。汶水今稱汶河，是濰河的支流，發源於臨沂市沂山，東流至壽光、昌邑一帶注入濰河，全長約一百一十餘公里。濰水今稱濰河，發源於山東半島南部五蓮縣五蓮山，北流注入萊州灣，全長二百四十餘公里，流域面積約六千三百平方公里。膠水今稱膠河，發源於山東半島南部膠南縣鐵鐝山，北流注入渤海，全長約一百七十公里，流域面積約六千三百平方公里。此河的下流河道，在元代已經作過人工開鑿，即今膠萊河，當時希望在此鑿成一條膠萊運河，因元朝南糧北運多藉海運，為了在海運中避開成山角之險，故有開鑿此運河之議，工程從至元十七年到二十二年（西元一二八〇～一二八五年），但仍未能通航，今常稱此河為膠萊河。

沭水

沭水出琅邪東莞縣西北山，

1 大弁山與小泰山連麓而異名也。引控眾流，積以成川，東南流逕邳鄉南。南去縣八十許里。城有三面而不周于南，故俗謂之半城。沭水又東南流，左合峴水。水北出大峴山，東南流逕邳鄉東，東南流注于沭水也。

東南過其縣東，

2 沭水左與箕山之水合。水東出諸縣西箕山。劉澄之以為許由之所隱也，更為巨謬矣。其水西南流，注于沭水也。

又東南過莒縣東，

3 《地理志》曰：莒子之國，盈姓也，少昊後。《列女傳》❶曰：齊人杞梁殖，襲莒戰死，其妻將赴之，道逢齊莊公，公將弔之。杞梁妻曰：如殖死有罪，君何辱命焉？如殖無罪，有先人之敝廬在，下妾不敢與郊弔。公旋車弔諸室，妻乃哭于城下，七日而城崩。故《琴操》云：殖死，妻援琴作歌曰：樂莫樂兮新相知，悲莫悲兮生別離。哀感皇天，城為之墮。即是城也。其城三重，竝悉崇峻，惟南開一門。內城方十二里，郭周四十許里。

4 《尸子》曰：莒君好鬼巫而國亡，無知之難，小白奔焉。樂毅攻齊，守險全國。秦始皇縣之，漢興以為城陽國，封朱虛侯章，治莒。王莽之莒陵也。光武合城陽國為琅邪國，以封皇子京，雅好宮室，窮極伎巧，壁帶飾以金銀。明帝時，京不安莒，移治開陽矣。沭水又南，袁公水東出清山，遵坤維而注沭。

5 沭水又南，潯水注之。水出于巨公之山❷，西南流。舊堨以溉田，東西二十里，南北十五里。潯水又西南流入沭。沭水又南與葛陂水會，水發三柱山，西南流逕辟土城南，世謂之辟陽城。《史記・建元以來王子侯者年表》曰：漢武帝元朔二年，封城陽共王子節侯劉壯為侯國也。其水于邑，積以為陂，謂之辟陽湖，西南流注于沭水也。

又南過陽都縣，東入于沂❸。

6 沭水自陽都縣又南會武陽溝水。水東出倉山，山上有故城，世謂之監官城，非也，即古有利城矣。漢武帝元朔四年，封城陽共王子劉釘為侯國也。其城因山為基，水導山下，西北流，謂之武陽溝，又西至即丘縣，注于沭。沭水又南逕東海郡即丘縣，故《春秋》之祝丘也。桓公五年，《經》書：齊侯、鄭伯，如紀。城祝丘。《左傳》曰：齊、鄭朝紀，欲襲之。漢立為縣。王莽更之曰就信也。《郡國志》曰：自東海分屬琅邪。闞駰曰：即、祝，魯之音，蓋字承讀變矣。

7 沭水又南逕東海厚丘縣。王莽更之曰祝其亭也。分為二瀆：一瀆西南出，今無水，世謂之枯沭；一瀆南逕建陵縣故城東。漢景帝六年，封衛綰為侯國，王莽更之曰付亭也。沭水又南逕建陵山西。魏正光中，齊王之鎮徐州也，立大堨，遏水西流，兩瀆之會，置城防之，曰曲沭戍。自堨流三十里，西注沭水舊瀆，謂之新渠。舊瀆自厚丘西南出，左會新渠，南入淮陽宿預縣注泗水。〈地理志〉所謂至下邳注泗者也。《經》言于陽都入沂，非矣。沭水左瀆自大堰水斷，故瀆東南出，桑堰水注之。水出襄賁縣，泉流東注。沭瀆又南，左合橫溝水❹。水發瀆右，東入沭之❺。故瀆又南暨于遏。其水西南流，逕司吾山東，又逕司吾縣故城西。《春秋左傳》：楚執鍾吾子以為司吾。縣，王莽更之曰息吾也。又西南至宿預注泗水也。

8 沭水故瀆自下堰東南逕司吾城東，又東南歷柤口城中。柤水出于楚之柤地。《春秋》襄公十年，《經》書：公與晉及諸侯，會吳于柤。京相璠曰：宋地。

今彭城偪陽縣西北有相水溝，去偪陽八十里。東南流逕傅陽縣故城東北。〈地理志〉曰：故偪陽國也。《春秋左傳》襄公十年，夏四月戊午，會于柤。晉荀偃、士匄請伐偪陽而封宋向戌焉。荀罃曰：城小而固，勝之不武，弗勝為笑。固請，丙寅圍之，弗克。

孟氏之臣秦堇父輦重如役。偪陽人啟門，諸侯之士門焉。縣門發，郰人紇抉
9 之以出門者。狄虒彌建大車之輪而蒙之以甲，以為櫓，左執之，右拔戟，以成一隊。孟獻子曰：《詩》❻所謂有力如虎者也。主人縣布，堇父登之，及堞而絕之，墜，則又縣之。蘇而復上者三，主人辭焉，乃退。帶其斷以徇于軍三日。
10 諸侯之師久于偪陽，請歸，智伯怒曰：七日不克，爾乎取之，以謝罪也。荀偃、士匄攻之，親受矢石，遂滅之。以偪陽子歸，獻于武宮，謂之夷俘。偪陽，妘姓也，漢以為縣。漢武帝元朔三年，封齊孝王子劉就為侯國。王莽更之曰輔陽也。〈郡國志〉曰：偪陽有相水。相水又東南，亂于沂而注于沭，謂之柤口。城得其名矣。東南至朐縣，入游注海也。

【注釋】❶列女傳　書名。《隋書・經籍志》著錄《列女傳》多種：劉向撰，曹大家注，一十五卷；趙母注，七卷；高氏撰，八卷；皇甫謐撰，六卷；綦毋邃撰，七卷。〈兩唐志〉著錄亦有多種。今各本多有輯本流傳，如宛委山堂《說郛》、《五朝

小說大觀》、《四部叢刊》、《叢書集成初編》等。《注》文「《列女傳》曰：齊人杞梁殖，襲莒戰死」事，今各輯本多有載及，故不能確定〈沭水注〉引自何本。❷水出于巨公之山　此處有佚文一條。乾隆《忻州府志》卷二〈山川・莒州・尋水〉引《水經注》：「尋水出巨公山，逕馬髻山、陰纏山右出西南，髻水入焉。」當是此段下佚文。❸東入于沂　此處有佚文一條。《寰宇記》卷二十二〈河南道〉二十二〈海州・沭陽縣〉引《水經注》：「梁天監二年三月，土人張高等五百餘人，相率開鑿此谿，引水溉田二百餘頃，俗名為紅花水，東流入泗州漣水界。」《御覽》卷六十三〈地部〉二十八〈沭水〉引《水經注》亦有此文，當是此《經》文下佚文。❹左合橫溝水　《水經注疏》作「右合橫溝水」。《疏》：「朱『右』訛作『左』，戴、趙同。會貞按：沭水左瀆南流，橫溝自瀆右東入之，則是右合，非左合也，今訂。」❺東入沭之　趙一清《水經注釋》作「東入沭水」。從文字與句讀而論，「之」字以改「水」字為好。❻詩　指《詩經・邶風・簡兮》。

【語　譯】沭水出琅邪東莞縣西北山，

1 大弁山與小泰山山麓相連而山名不同。山間許多小澗匯集起來，成為一條，往東南流經邳鄉南。邳鄉南距縣城八十來里。縣城三面築了城牆，但南面沒有圍起來，所以民間稱為半城。沭水又東南流，左岸與峴水匯合。峴水發源於北方的大峴山，東南流經邳鄉東，往東南注入沭水。

東南過其縣東，

2 沭水向左流與箕山水匯合。箕山水發源於東方諸縣以西的箕山。劉澄之認為許由曾隱居在這裡，這更是大錯特錯了。箕山水西南流，注入沭水。

又東南過莒縣東，

3 〈地理志〉說：莒縣從前是莒子的封國，姓盈，是少昊的後代。《列女傳》說：齊國人杞梁殖襲擊莒城時戰死，他的妻子前去迎喪，路上碰到齊莊公，莊公正要去為杞梁殖弔喪。杞梁妻說：如果殖死得有罪，怎敢勞駕您來弔唁呢？如果他死得無罪，他還有祖先留給他的舊宅在，我不敢在郊外為他弔喪。齊莊公立即回車，在他家裡舉行了喪禮。杞梁妻在莒城下哀哭，哭了七日，把城牆都哭塌了。所以《琴操》說：杞梁殖死後，他的妻子抱琴歌唱道：人間的歡樂呀，哪有勝過相逢新知己；人間的悲痛呀，哪有甚於死別生離。

她深沉的悲哀感動了上天，城也因此而崩塌了。說的就是此城。城有三重，城牆都很高峻，只有南面開了一座城門，內城方圓十二里，外城周圍四十里。

4 《尸子》說：莒君喜歡神鬼巫術之事因而亡國。公孫無知作亂，小白投奔莒城。樂毅進攻齊國時，齊軍據險守住莒城而保住了國家。秦始皇時把莒設立為縣，漢朝興起後，把此地立為城陽國，封給朱虛侯劉章，治所在莒城。這就是王莽時的莒陵。光武帝把城陽國合併為琅邪國，封給皇子劉京，劉京很喜歡修建宮室，把百工的技藝和巧思發揮到了極致，連牆壁的橫木上都裝飾著金銀。明帝時，劉京在莒城感到不能安心，就把都城遷到開陽。沭水又南流，有袁公水發源於東方的清山，西南流注入沭水。

5 沭水又南流，潯水注入。潯水發源於巨公山，西南流。過去在水上築堰，東西二十里，南北十五里內的田地，都由此堰灌溉。潯水又西南流注入沭水。沭水又南流與葛陂水匯合。葛陂水發源於三柱山，西南流經辟土城南，世人稱為辟陽城。《史記・建元已來王子侯者年表》說：漢武帝元朔二年（西元前一二七年），把此城封給城陽共王的兒子節侯劉壯為侯國。葛陂水在城旁積聚成陂湖，稱為辟陽湖，西南流注入沭水。

又南過陽都縣，東入于沂。

6 沭水從陽都縣又南流與武陽溝水匯合。武陽溝水發源於東方的倉山，山上有一座舊城，世人稱為監官城，這不對，那是從前的有利城。漢武帝元朔四年（西元前一二五年），把此城封給城陽共王的兒子劉釘為侯國。城以山為城基，水就發源於山下，西北流，稱為武陽溝，又西流到即丘縣，注入沭水。沭水又南流經東海郡即丘縣，這裡原是《春秋》說的祝丘。桓公五年（西元前七〇七年），《經》載：齊侯、鄭伯到紀，修築了祝丘城。《左傳》說：齊、鄭去會見紀國國君，想襲擊紀國。漢時把祝丘設立為縣。王莽改名為就信。〈郡國志〉說：祝丘從東海郡分出，改屬琅邪郡。闞駰說：即、祝二字，魯地方言讀音相同，所以字也跟著變了。

7 沭水又南流經東海郡厚丘縣。王莽改名為祝其亭。沭水在這裡分為兩條：一條西南流，今天已經乾涸無水了，人們稱為枯沭；另一條南流經建陵縣舊城東。漢景帝六年（西元前一五一年），把建陵封給衛綰為侯國，王莽改名為付亭。沭水又南流經建陵山西。魏正光年間（西元五二〇～五二五年），齊王鎮守徐州時，修築了一條大堰，攔截沭水使它西流，在這兩條水的匯流處築城防守，稱為曲沭戍。沭水從堰壩流了三十里，西流注入沭水舊河道，稱為新渠。舊河道從厚丘向西南流出，左岸與新渠匯合，南流入淮陽宿預縣，注入泗水。這就是〈地理志〉所說的，到下邳注入泗水。《水經》說在陽都注入沂水，這是弄錯了。沭水左邊那條河道，從大堰起水就斷流了，舊河道伸向東南，桑堰水注入。桑堰水發源於襄賁縣，東流注入沭水。沭水又南流，左岸與橫溝水匯合。橫溝水發源於沭水西，東流注入沭水。舊河道又南流到大堰，轉向西南，流經司吾山東，又流經司吾縣舊城西。《春秋左傳》說：楚國拘捕了鍾吾子，把他的封國改設為司吾縣，王莽改名為息吾。水又西南流到宿預注入泗水。

8 沭水的另一條舊水道從下堰東南流經司吾城東，又東南流經柤口城中。柤水發源於楚國柤這個地區。《春秋》襄公十年（西元前五六三年），《經》載：襄公和晉及諸侯在柤與吳會晤。京相璠說：柤是宋國地方。現在彭城偪陽縣西北有一條柤水溝，離偪陽八十里，東南流經傅陽縣舊城東北。〈地理志〉說：這裡從前是偪陽國。《春秋左傳》襄公十年（西元前五六三年）夏，四月戊午日，諸侯在柤會合。晉國的荀偃、士匄要求攻打偪陽。攻克以後，將偪陽封給宋國的賢臣向戌。荀罃說：這座城雖小但很堅固，打勝了不足以顯示威武，打敗了卻會被人恥笑。荀偃、士匄一再請求攻城，於是就在丙寅日包圍了偪陽，但卻打不下來。

9 孟氏的家臣秦堇父拉著輜重車隨從作戰。偪陽人打開城門，諸侯的兵士就乘機攻門。城上驟然放下閘門，郰人紇使勁托起閘門，把被關在裡面的人放出來。狄虒彌豎起大車的輪盤，蒙上堅甲，當作大盾牌，左手執盾，右手持戟，組成一隊。孟獻子說：他們就像《詩經》裡所說的，有力如虎的人。守城的主將從城上把布放下，堇父拉著布登城，快攀到城頭的矮牆時，守將割斷了布，堇父掉了下去。上面又放下布，堇父蘇醒過來，重又攀登，這樣連登了三次。守將向堇父道歉，他才回去，接連三日帶著斷布在軍中巡行示人。

10 諸侯的軍隊圍困偪陽時間已久，都要求回去，智伯發怒道：七天攻不下偪陽，你們拿腦袋來謝罪。荀偃、士匄又發起進攻，親自冒著箭雨擂石指揮攻城，終於滅了偪陽國。他們俘虜了偪陽子帶回，把他獻到武宮，稱為夷俘。偪陽人都是姓妘的。漢時將偪陽設置為縣，漢武帝元朔三年（西元前一二六年），把該縣封給齊孝王的兒子劉就為侯國。王莽改名為輔陽。〈郡國志〉說：偪陽有相水。相水又東南流，橫穿沂水後又注入沭水，匯流處稱為相口。城也因而得名。沭水往東南流到朐縣，匯合游水後注入大海。

巨洋水

巨洋水出朱虛縣泰山，北過其縣西，

[1]泰山，即東小泰山也。巨洋水，即《國語》所謂具水矣。袁宏謂之巨昧，王韶之以為巨蔑，亦或曰朐瀰，皆一水也，而廣其目焉。其水北流逕朱虛縣故城西。漢惠帝二年，封齊悼惠王子劉章為侯國。《地理風俗記》曰：丹山在西南，丹水所出，東入海。丹水由朱虛丘阜矣。故言朱虛城西有長坂遠峻，名為破車峴。城東北二十里有丹山，世謂之凡山。縣在西南，非山也。丹、凡字相類，音從字變也。丹水有二源，各導一山，世謂之東丹、西丹水也。西丹水自凡山北流，逕劇縣故城東，東丹水注之。水出方山，山有二水，一水即東丹水也。北逕縣合西丹水，而亂流又東北出，逕渏薄澗北。渏水亦出方山，流入平壽縣，積而為渚。水盛則北注，東南流，屈而東北流，逕平壽縣故城西，而北入丹水，謂之魚合口。丹水又東北逕望海臺東，東北注海，蓋亦縣所氏者也。

又北過臨朐縣東，

2 巨洋水自朱虛北入臨朐縣，熏冶泉水注之。水出西溪，飛泉側瀨于窮坎之下，泉溪之上，源麓之側有一祠，目之為冶泉祠。按《廣雅》，金神謂之清明。斯地蓋古冶官所在，故水取稱焉。水色澄明而清冷特異，淵無潛石，淺鏤沙文，中有古壇，參差相對，後人微加功飾，以為嬉遊之處。南北邃岸凌空，疏木交合。

3 先公以太和中，作鎮海岱。余總角之年，侍節東州。至若炎夏火流，閒居倦想，提琴命友，嬉娛永日。桂笥尋波，輕林委浪，琴歌既洽，歡情亦暢。是焉棲寄，寔可憑衿。小東有一湖，佳饒鮮筍，匪直芳齊芍藥，寔亦潔並飛鱗。

4 其水東北流入巨洋，謂之熏冶泉。又逕臨朐縣故城東，城，古伯氏駢邑也。漢武帝元朔元年[1]，封菑川懿王子劉奴為侯國。應劭曰：臨朐，山名也，故縣氏之。朐亦水名。其城側臨朐川，是以王莽用表厥稱焉。城上下，沿水悉是劉武皇北伐廣固，營壘所在矣。巨洋又東北逕委粟山東，孤阜秀立，形若委粟。又東北，洋水注之。水西出石膏山西北石澗口，東南逕逢山祠西。洋水又東南，歷逢山下，即石膏山也。山麓三成，壁立直上。山上有石鼓，鳴則年凶。郭緣生《續述征記》曰：逢山在廣固南三十里。有祠并石鼓，齊地將亂，石人輒打石鼓，聲聞數十里。洋水歷其陰而東北流，世謂之石溝水。東北流出于委粟山北，而東注于巨洋，謂之石溝口。然是水下流，亦有時通塞，及其春夏水泛，川瀾無輟，亦或謂之為龍泉水。〈地理志〉：石膏山，洋水所出是也。今于此縣，惟是瀆當之，似符群證矣。巨洋水又東北得邳泉口。泉源西出平地，東流注于巨洋水。巨洋水又北會建德水。水西發逢山阜，而東流入巨洋水也。

又北過劇縣西，

巨洋水又東北合康浪水。水發縣西南峴山，無事樹木而圓峭孤峙，巑岏分立。左思〈齊都賦〉❷曰：峴嶺鎮其左是也。康浪水北流注于巨洋。巨洋又東北逕劇縣故城西，古紀國也。《春秋》莊公四年：紀侯不能下齊，以與弟季，大去其國，違齊難也。後改曰劇。故《魯連子》曰：朐劇之人，辯者也。漢文帝十八年，別為菑川國，後并北海。漢武帝元朔二年，封菑川懿王子劉錯為侯國。王莽更之曰俞縣也。城之北側有故臺，臺西有方池，晏謨曰：西去齊城九十七里。耿弇破張步于臨淄，追至巨洋水上，僵尸相屬，即是水也。巨洋又東北逕晉龍驤將軍、幽州刺史辟閭渾墓東而東北流。墓側有一墳甚高大，時人咸謂之為馬陵，而不知誰之丘壟也。巨洋水又東北逕益縣故城東。王莽更之曰滌蕩也。

晏謨曰：南去齊城五十里。司馬宣王伐公孫淵，北徙豐人，住于此城，遂改名為南豐城也。又東北，積而為潭，枝津出焉，謂之百尺溝。西北流逕北益都城。漢武帝元朔二年，封菑川懿王子劉胡為侯國。又西北流，而注于巨淀矣。

又東北過壽光縣西，

6 巨洋水自巨淀湖東北流，逕縣故城西，王莽之翼平亭也。漢光武建武二年，封更始子鯉為侯國。城之西南，水東有孔子石室，故廟堂也。中有孔子像，弟子問經。既無碑誌，未詳所立。巨洋又東北流，堯水注之。水出劇縣南角崩山，即故義山也。俗人以其山角若崩，因名為角崩山，亦名為角林山，皆世俗音譌也。水即蕤水矣。〈地理志〉曰：劇縣有義山，蕤水所出也。北逕㟢山，東俗亦名之為青山矣❸。堯水又東北逕東、西壽光二城間。應劭曰：壽光縣有灌亭。杜預曰：在縣東南斟灌國也。又言：斟亭在平壽縣東南。平壽故城在白狼水西，今北海郡治。水上承營陵縣之下流，東北逕城東，西入別畫湖，亦曰朕懷湖。湖東西二十里，南北三十里，東北入海。斟亭在溉水東。水出桑犢亭東覆甑山。亭，故高密郡治，世謂之故郡城，山謂之塔山，水曰鹿孟水，亦曰戾孟水，皆非也。

7 〈地理志〉：桑犢，北海之屬縣矣，有覆甑山，溉水所出。北逕斟亭，西北合白狼水。按〈地理志〉，北海有斟縣。京相璠曰：故斟尋國，禹後，西北去灌亭九十里。溉水又北逕寒亭西而入別畫湖。〈郡國志〉曰：平壽有斟城，有寒亭。薛瓚《漢書集注》云：按《汲郡古文》，相居斟灌。東郡灌是也。明帝以封周後，改曰衛斟。尋在河南，非平壽也。又云：太康居斟尋，羿亦居之，桀又居之。《尚書・序》曰：太康失國，兄弟五人徯于河汭。此即太康之居為近洛也。余考瓚所據，今河南有尋地，衛國有觀土。《國語》曰：啟有五觀，謂之姦子。五觀蓋其名也。所處之邑，其名曰觀。皇甫謐曰：衛地。又云：夏相徙帝丘，依同姓之諸侯于斟尋氏，即《汲冢書》云相居斟灌也。既依斟尋，明斟尋非一居矣。

8 窮后既仗善射篡相。寒浞亦因逢蒙弒羿，即其居以生澆，因其室而有豷。故《春秋》襄公四年，魏絳曰：澆用師滅斟灌，及斟尋氏，處澆于過，處豷于戈。是以伍員言于吳子曰：過澆殺斟灌以伐斟尋是也。有夏之遺臣曰靡，事羿，羿之死也，逃于鬲氏，今鬲縣也。收斟灌、斟尋二國之餘燼，殺寒浞而立少康，滅之，有窮遂亡也。是蓋寓其居而生其稱，宅其業而表其邑。縱遺文沿褫，亭郭有傳，未可以彼有灌目，謂專此為非，捨此尋名，而專彼為是。以土推傳，應氏之據亦可按矣。

9 堯水又東北注巨洋。伏琛、晏謨，竝言堯嘗頓駕于此，故受名焉，非也。〈地理志〉曰：蕤水自劇東北至壽光入海。沿其逕趣，即是水也。

又東北入于海。

10 巨洋水東北逕望海臺西，東北流。伏琛、晏謨竝以為平望亭在平壽縣故城西北八十里，古縣。又或言秦始皇升以望海，因曰望海臺，未詳也。按《史記》，漢武帝元朔二年，封菑川懿王子劉賞為侯國❹。又東北注于海也。

【注釋】❶漢武帝元朔元年　《水經注疏》作「漢武帝元朔二年」。《疏》：「戴以『二』為訛，改作『元』。守敬按：《史》、《漢》〈表〉俱是二年。」❷齊都賦　詩賦名。晉左思撰。左思，西晉文學家，字太沖。《隋書・經籍志》著錄《左思集》二卷。據《晉書・左思傳》，左思造〈齊都賦〉一年乃成，復欲賦三都，遂構思十年，門庭藩溷皆著紙筆，遇得一句，即便記入，賦成，張華歎為班張之流。於是豪富之家競相傳寫，洛陽為之紙貴。此賦收入《文選》卷六及清嚴可均《全晉文》。❸北逕峗山二句　《疏》本作：「北逕峗山東，俗亦名之為青山矣。」今依此語譯於後。❹封菑川懿王子句　《水經注疏》熊會貞按：「《史》、《漢》〈表〉，賞封平望侯。」則應為「平望」而非「平壽」。

【語譯】巨洋水出朱虛縣泰山，北過其縣西，

1 泰山，就是東小泰山。巨洋水，就是《國語》所說的具水。袁宏把它稱為巨昧，王韶之把它叫做巨蔑，也有人叫朐瀰，說的都是同一條水，只不過名稱不一罷了。巨洋水北流經朱虛縣舊城西。漢惠帝二年（西元

前一九三年），把該縣封給齊悼惠王的兒子劉章為侯國。《地理風俗記》說：丹山在西南，丹水從此山發源，東流入海。丹水由朱虛縣流過之處都是丘陵地帶。所以有人說到朱虛城西有一條漫長高峻的山坡，名叫破車峴。城東北二十里有丹山，世人稱為凡山。縣城在丹山西南，而不是山在城的西南。丹、凡字形相近，於是讀音也隨字而變了。丹水有兩個源頭，各發源於一山，世人稱為東丹水和西丹水。西丹水從凡山北流，流經劇縣舊城東，東丹水注入。東丹水發源於方山，山上有兩條水，東丹水就是其中的一條。東丹水北流經劇縣與西丹水匯合，成為亂流，又往東北流去，流經渏薄澗北。渏水也發源於方山，流入平壽縣，積聚成水灣。水大時就北注，轉向東南流，又折向東北，流經平壽縣舊城西，然後北流注入丹水，匯流處稱為魚合口。丹水又東北流經望海臺東，往東北注入大海，縣就是以臺命名的。

又北過臨朐縣東，

2 巨洋水從朱虛縣北流入臨朐縣，熏冶泉水注入。熏冶泉水源出西溪，飛奔的泉水在深坑下流瀉，在溪岸上，源頭的山麓近旁，有一座祠廟，名為冶泉祠。據《廣雅》，金屬之神名叫清明。此處是古時冶官的駐地，水就因此取名。熏冶泉水色澄清透明，而且特別清涼，深淵底下石塊歷歷可數，淺處的沙上，清波蕩出水紋，宛如鏤成似的。中間有古壇，與祠廟參差相對，後人稍加修飾，把它作為嬉遊的處所。南北兩側高岸凌空而起，古樹枝柯交錯。

3 太和年間（西元四七七～四九九年），先父鎮守海岱，當時我還年幼，跟著父親到東方來。每當驕陽如火的炎夏，困倦無聊時，就攜了弦琴，邀了好友，整天盡情嬉遊。我們蕩著一葉扁舟，逐浪漂流，穿過低垂拂水的柔枝，琴聲伴著歌唱，彼此都十分愉快。寄身在這清幽可愛的林泉間，我們真是樂而忘返了。稍東有一口湖，湖邊出產鮮美的竹筍，不但氣味芳香可與芍藥相比，而且也像魚兒一般潔白清淨。

4 溪水往東北流入巨洋水，稱為熏冶泉。巨洋水又流經臨朐縣舊城東，此城是古時伯氏的駢邑。漢武帝元朔元年（西元前一二八年），把該縣封給菑川懿王的兒子劉奴為侯國。應劭說：臨朐原是山名，縣也以山命名。朐又是水名。城瀕朐水，所以王莽就用作縣名。城外沿江上下，都是劉武皇北伐廣固時，營壘所在的地方。

巨洋水又東北流經委粟山東，這是一座秀美的孤丘，形狀像一堆倒在地上的穀子。巨洋水又東北流，洋水注入。洋水發源於西方石膏山西北的石澗口，往東南流經逢山祠西。洋水又往東南流經逢山下，逢山就是石膏山。山麓有三重，峭壁陡峻直上。山上有石鼓，鼓響就預兆著那年有災禍。郭緣生《續述征記》說：逢山座落在廣固南三十里。山上有祠廟和石鼓，齊地將亂時，石人就敲起石鼓，數十里內都能聽到。洋水流經山北，轉向東北流，世人稱為石溝水。往東北流出委粟山北，然後東流注入巨洋水，匯流處稱為石溝口。然而這條水下游，有時暢通有時阻塞。到了每年春夏水漲時，浪濤滾滾奔流不息，也有人稱為龍泉水。〈地理志〉說：石膏山是洋水的發源地。今天在臨朐縣可與之相應的，只有這條水了，似乎與各書的記載相符。巨洋水又東北流到邳泉口。邳泉的源頭出自西方的平地，東流注入巨洋水。巨洋水又北流與建德水匯合。建德水發源於西方逢山的丘岡下，東流注入巨洋水。

又北過劇縣西，

巨洋水又東北流與康浪水匯合。康浪水發源於劇縣西南的峿山，山上不長樹木，渾圓而峻峭的山峰互相分開，相對屹立著。左思〈齊都賦〉說：峿嶺雄踞於齊都之東。康浪水北流注入巨洋水。巨洋水又東北流經劇縣舊城西，這裡是古代的紀國。《春秋》莊公四年（西元前六九〇年）：紀侯不願降服於齊國，把紀國交給弟弟季，為躲避齊國入侵的災難，就離開紀國出走。後來紀改名為劇。所以《魯連子》說：朐劇的人都能言善辯。漢文帝十八年（西元前一六二年），把它分出來另立為菑川國，後來又併入北海國。漢武帝元朔二年（西元前一二七年），封給菑川懿王的兒子劉錯為侯國。王莽則改名為俞縣。城北有古臺，臺西有方池。晏謨說：這裡西離齊城九十七里。耿弇在臨淄打敗了張步，一直追擊到巨洋水，水上浮屍連綿不絕，說的就是這條水。巨洋水又東北流經晉龍驤將軍、幽州刺史辟閭渾墓東，然後又東北流。墓旁又有一座墳，非常高大，當時人們都稱為馬陵，但不知道是誰的墳墓。巨洋水又東北流經益縣舊城東。王莽改名為滌蕩。晏謨說：益縣南距齊城五十里。司馬宣王攻打公孫淵，從北方遷來豐人居於此城，於是就改名為南豐城。巨洋水又東北流，積水成潭，支流從這裡分出，稱為百尺溝。往西北流經北益都城。漢武帝元朔二年（西元前一二七年），封給菑川懿王的兒子劉胡為侯國。又西北流，注入巨淀湖。

6 **又東北過壽光縣西，**

巨洋水從巨淀湖東北流，流經壽光縣舊城西，就是王莽時的翼平亭。漢光武帝建武二年（西元二六年），把該縣封給更始帝的兒子劉鯉為侯國。縣城西南角、巨洋水以東，有孔子石室，是舊時的廟堂。廟中有孔子像及弟子問經像，但沒有碑文，不知是什麼時候建立的。巨洋水又東北流，堯水注入。堯水發源於劇縣南的角崩山，就是從前的義山。因為山角看去像崩塌了似的，因此當地鄉人稱為角崩山，也稱角林山，這都是民間音訛造成的。堯水就是蕤水。〈地理志〉說：劇縣有義山，蕤水就發源於此山。水北流經嶢山東，民間又稱為青山。堯水又東北流經東壽光城和西壽光城之間。應劭說：壽光縣有灌亭。杜預說：灌亭在壽光縣東南，是古代的斟灌國。又說：斟亭在平壽縣東南。平壽舊城在白狼水西，現在是北海郡的治所。白狼水上源承接營陵縣的下流，東北流經平壽城東，西流注入別畫湖，也稱朕懷湖。湖東西二十里，南北三十里，往東北流入大海。斟亭在溉水東。溉水發源於桑犢亭東的覆甑山。此亭是從前高密郡的治所，人們稱為老郡城，把山稱為塔山，把水稱為鹿孟水，也稱戾孟水，這都不對。

7 〈地理志〉：桑犢，是北海郡的屬縣，有覆甑山，是溉水的發源地。溉水北流經斟亭西北與白狼水匯合。據〈地理志〉，北海有斟縣。京相璠說：斟縣是古代的斟尋國，是大禹的後代，西北距灌亭九十里。溉水又北流經寒亭西然後注入別畫湖。〈郡國志〉說：平壽有斟城，有寒亭。薛瓚《漢書集注》說：據《汲郡古文》，相居於斟灌，就是東郡的灌縣。明帝把該縣封給周的後裔，改稱為衛斟。尋在河南，不在平壽。又說：太康居住在斟尋，羿也住過，後來桀又住在那裡。《尚書・序》說：太康失國，兄弟五人在河汭等待著。這裡就是太康居住的地方，與洛水相距不遠。我查考過薛瓚所依據的典籍，現在河南還有叫尋的地方，衛國還有叫觀的舊地。《國語》說：啟有個兒子叫五觀，被稱為逆子。五觀是他的名字，他所居的城叫觀。皇甫謐說：觀是衛國地方。又說：夏相遷到帝丘，依附同姓諸侯斟尋氏。就是《汲冢書》所說的，相居住在斟灌。相既然依附於斟尋，那麼斟灌、斟尋顯然不是同一地方了。

8 有窮氏的首領羿依仗善射的本領篡奪相的帝位。寒浞也利用逢蒙殺了羿，占了羿的住所和妻妾生了澆和豷。《春秋》襄公四年（西元前五六九年），魏絳說：寒浞命澆率軍滅了斟灌和斟尋氏，把澆遷於過，把豷遷於戈。所以伍員對吳子說：過澆殺斟灌又攻斟尋。夏朝有一位遺臣叫靡，為羿效勞，羿死後投奔鬲氏，就是今天的鬲縣。他召集了斟灌、斟尋兩國的殘餘力量，殺了寒浞，擁立少康，有窮就此滅亡了。寒浞寓居於有窮氏的住宅，也就承襲了有窮的稱號；占有他的產業，就以他的城邑為名。縱使留下來的文字記載，長期以來逐漸散佚，但亭和城郭還有留傳至今的，不可因為那地方帶有灌的地名，就以為這地方不是；也不可拋棄這裡尋的地名，而以為只有那地方才對。按實地來推斷文字記載，應劭的說法也就可以驗證了。

9 堯水又向東北注入巨洋水。伏琛、晏謨都說堯曾在此處逗留過，水就因此得名，其實不是如此。〈地理志〉說：蕘水從劇縣東北流到壽光注入大海。探求蕘水的流程和流向，這就是堯水了。

又東北入于海。

10 巨洋水東北流經望海臺西，東北流。伏琛、晏謨都認為平望亭在平壽縣舊城西北八十里，是個古縣城。又有人說秦始皇登臺望海，因此稱為望海臺，事實如何不得而知。據《史記》載，漢武帝元朔二年（西元前一二七年），把平望縣封給菑川懿王的兒子劉賞為侯國。巨洋水又東北流，注入大海。

淄水

1 **淄水出泰山萊蕪縣原山，**

淄水出縣西南山下，世謂之原泉。〈地理志〉曰：原山，淄水所出。故《經》有原山之論矣。《淮南子》曰：水出自飴山。蓋山別名也。東北流逕萊蕪谷，屈而西北流，逕其縣故城南。《從征記》曰：城在萊蕪谷，當路阻絕，兩山間道由南北門。漢末，有范史雲為萊蕪令，言萊蕪在齊，非魯所得引。舊說云，齊靈公滅萊，萊民播流此谷，邑落荒蕪，故曰萊蕪。〈禹貢〉所謂萊夷也。夾谷之會，齊侯使萊人以兵劫魯侯。宣尼稱夷不亂華是也。余按泰無、萊柞，並山名也，郡縣取目焉，漢高祖置。《左傳》曰：與之無山及萊柞是也。應劭《十三州記》曰：太山萊蕪縣，魯之萊柞邑。

2 淄水又西北轉逕城西，又東北流與一水合。水出縣東南，俗謂之家桑谷水。《從征記》名曰聖水。《列仙傳》曰：鹿皮公者，淄川人也。少為府小史，才巧，舉手成器。山岑上有神泉，人不能到，小史白府君，請木工斤斧三十人，作轉輪，造縣閣，意思橫生。數十日，梯道成，上其巔作祠屋，留止其旁，其二間以自固，食芝草，飲神泉，七十餘年。淄水來山下，呼宗族，得六十餘人，命上山半，水出，盡漂一郡，沒者萬計。小史辭遣家室令下山，著鹿皮衣，升閣而去。後百餘年，下賣藥齊市也。其水西北流注淄水。淄水又北出山，謂之萊蕪口，東北流者也。

東北過臨淄縣東，

3 淄水自山東北流，逕牛山西，又東逕臨淄縣故城南，東得天齊水口。水出南郊山下，謂之天齊淵。五泉竝出，南北三百步，廣十步。山即牛山也。左思〈齊都賦〉曰：牛嶺鎮其南者也。水在齊八祠中，齊之為名，起于此矣。《地理風俗記》曰：齊所以為齊者，即天齊淵名也。其水北流注于淄水。淄水又東逕四豪冢北。水南山下有四冢，方基圓墳，咸高七尺，東西直列，是田氏四王冢也。

4 淄水又東北逕蕩陰里西，水東有冢，一基三墳，東西八十步，是列士公孫接、田開疆、古冶子之墳也。晏子惡其勇而無禮，投桃以斃之，死葬陽里，即此也。淄水又北逕其城東，城臨淄水，故曰臨淄。王莽之齊陵縣也。《爾雅》曰：水出其前左為營丘。武王以其地封太公望，賜之以四履，都營丘為齊，或以為都營陵。《史記》：周成王封師尚父于營丘，東就國，道宿行遲，萊侯與之爭營丘。逆旅之人曰：吾聞時難得而易失，客寢安，殆非就封者也。太公聞之，夜衣而行，至營丘。

5 陵亦丘也。獻公自營丘徙臨淄。余按營陵城南無水，惟城北有一水，世謂之白狼水，西出丹山，俗謂凡山也。東北流，由《爾雅》出前左之文，不得以為營丘矣。營丘者，山名也，《詩》❶所謂：子之營兮，遭我乎猺之間兮。作者多以丘陵號同，緣陵又去萊差近。咸言太公所封。考之《春秋經》書：諸侯城緣陵。《左傳》曰：遷杞也。《毛詩》鄭注竝無營字，瓚以為非，近之。今臨淄城中有丘，在小城內，周迴三百步，高九丈，北降丈五，淄水出其前，故有營丘之名，與《爾雅》相符。城對天齊淵，故城有齊城之稱。是以《晏子》❷言：始爽鳩氏居之，逢伯陵居之，太公居之。又曰：先君太公，築營之丘。

6 季札觀風，聞齊音曰：泱泱乎大風也哉。表東海者，其太公乎？田巴入齊，過淄自鏡。郭景純言，齊之營丘，淄水逕其南及東也。非營陵明矣。獻公之徙，其猶晉氏深翼名絳，非謂自營陵而之也。其外郭，即獻公所徙臨淄城也，世謂之虜城。言齊湣王伐燕，燕王噲死，虜其民實諸郭，因以名之。秦始皇三十四年，滅齊為郡，治臨淄。漢高帝六年，封子肥于齊為王國。王莽更名濟南也。《戰國策》曰：田單為齊相，過淄水，有老人涉淄而出，不能行，坐沙中，單乃解裘于斯水之上也。

又東過利縣東，

7 淄水自縣東北流，逕東安平城北，又東逕巨淀縣故城南。征和四年，漢武帝幸東萊，臨大海，三月耕巨淀。即此也。縣東南則巨淀湖，蓋以水受名也。淄水又東北逕廣饒縣故城南。漢武帝元鼎中，封菑川靖王子劉國為侯國。淄水又東北，馬車瀆水注之。受巨淀，淀即濁水所注也。呂忱曰：濁水一名溷水，出廣縣為山，世謂之冶嶺山，東北流逕廣固城西。城在廣縣西北四里，四周絕澗，阻水深隍。晉永嘉中，東萊人曹嶷所造也。

8 水側山際有五龍口。義熙五年，劉武帝伐慕容超于廣固也，以藉險難攻，兵力勞弊，河間人玄文說裕云：昔趙攻曹嶷，望氣者以為澠水帶城，非可攻拔，若塞五龍口，城當必陷。石虎從之，嶷請降。降後五日大雨，雷電震開。後慕容恪之攻段龕，十旬不拔，塞口而龕降。降後無幾，又震開之。今舊基猶存，宜試脩築。裕塞之，超及城內男女，皆悉腳弱❸，病者大半，超遂出奔，為晉所擒也。然城之所跨，寔憑地險，其不可固城者在此。

9 濁水東北流逕堯山東，《從征記》曰：廣固城北三里有堯山祠。堯因巡狩登此山，後人遂以名山。廟在山之左麓，廟像東面，華宇脩整，帝圖嚴飾，軒冕之容穆然。山之上頂，舊有上祠，今也毀廢，無復遺式。盤石上尚有人馬之跡，徒黃石而已，惟刀劍之蹤逼真矣。至于燕鋒代鍔，魏鋏齊鋩，與今劍莫殊，以密模寫，知人功所制矣。西望胡公陵，孫暢之所云，青州刺史傅弘仁言得銅棺隸書處。濁水又東北流逕東陽城北，東北流合長沙水。水出逢山北阜，世謂之陽水也。東北流逕廣縣故城西，舊青州刺史治，亦曰青州城。陽水又東北流，石井水注之。水出南山，山頂洞開，望若門焉，俗謂是山為劈頭山。其水北流注井，井際廣城東側，三面積石，高深一匹有餘。長津激浪，瀑布而下，澎贔之音，驚川聒谷，漰渀之勢，狀同洪河，北流入陽水。

10 余生長東齊，極遊其下，于中闊絕，乃積綿載，后因王事，復出海岱，郭金、紫惠同石井，賦詩言意，彌日嬉娛，尤慰羇心，但恨此水時有通塞耳。

11 陽水東逕故七級寺禪房南，水北則長廡偏駕，迴閣承阿。林之際，則繩坐疏班，錫鉢間設。所謂脩脩釋子，眇眇禪棲者也。陽水又東逕東陽城東南。義熙中，晉青州刺史羊穆之築此。以在陽水之陽，即謂之東陽城。世以濁水為西陽水故也。水流亦有時窮通，信為靈矣。昔在宋世，是水絕而復流，劉晃賦〈通津〉❹焉。魏太和中，此水復竭，輟流積年。先公除州，即任未朞，是水復通，澄映盈川，所謂幽谷枯而更溢，窮泉輟而復流矣。海岱之士，又頌通津焉。平昌尨民孫道相頌曰：惟彼澠泉，竭踰三齡，祈盡珪璧，謁窮斯牲，道從隆替，降由聖明。耋民河間趙嶷頌云：敷化未朞，元澤潛施，枯源揚瀾，涸川漇陂。北海郭欽曰：先政輟津，我后通洋。但頌廣文煩，難以具載。

12 陽水又北屈逕漢城陽景王劉章廟東，東注于巨洋。後人堨斷令北注濁水，時人通謂濁水為陽水，故有南陽、北陽水之論。二水渾流，世謂之為長沙水也。亦或通名之為澠水。故晏謨、伏琛為《齊記》，並云東陽城既在澠水之陽，宜為澠陽城，非也。世又謂陽水為洋水，余按群書，盛言洋水出臨朐縣，而陽水導源廣縣，兩縣雖鄰，川土不同，于事疑焉。

13 濁水又北逕臧氏臺西，又北逕益城西，又北流注巨淀。《地理志》曰：廣縣為山，濁水所出，東北至廣饒入巨淀。巨淀之右，又有女水注之❺。水出東安平縣之蛇頭山。《從征記》曰：水西有桓公冢，甚高大，墓方七十餘丈，高四丈，圓墳圍二十餘丈，高七丈餘，一墓方七丈。二墳，晏謨曰：依《陵記》❻，非葬禮。如承世，故與其母同墓而異墳，伏琛所未詳也。冢東山下女水原有桓公祠，侍其衡奏魏武王所立。曰：近日路次齊郊，瞻望桓公墳壟，在南山之阿，請為立祀，為塊然之主。郭緣生《述征記》曰：齊桓公冢在齊城南二十里，因山為墳。大冢東有女水，或云齊桓公女冢在其上，故以名水也。女水導川東北流，甚有神焉。化隆則水生，政薄則津竭。燕建平六年，水忽暴竭，玄明惡之，寢病而亡。燕太上四年，女水又竭，慕容超惡之，燕祚遂淪。

14 女水東北流逕東安平縣故城南。《續述征記》曰：女水至安平城南伏流十五里，然後更流，北注陽水。城，故酅亭也。《春秋》魯莊公三年：紀季以酅入齊。《公羊傳》曰：季者何？紀侯弟也。賢其服罪，請酅以奉五祀。田成子單之故邑也。後以為縣。博陵有安平，故此加東也。世祖建武七年，封菑川王子劉茂為侯國。又逕東安平城東，東北逕壟丘東，東北入巨淀。〈地理志〉曰：菟頭山，女水所出，東北至臨淄入巨淀。又北為馬車瀆，北合淄水，又北，時澠之水注之。

15 時水出齊城西北二十五里，平地出泉，即如水也，亦謂之源水。因水色黑，俗又目之為黑水。西北逕黃山東，又北歷愚山東，有愚公冢。時水又屈而逕杜山北，有愚公谷。齊桓公時，公隱于谷，鄰有認其駒者，公以與之。山，即杜山之通阜，以其人狀愚，故謂之愚公。水有石梁，亦謂之為石梁水。又有澅水注之。水出時水，東去臨淄城十八里，所謂澅中也。俗以澅水為宿留水，西北入于時水。孟子去齊，三宿而後出澅，故世以此而變水名也。水南山西有王歜墓，昔樂毅伐齊，賢而封之，歜不受，自縊而死。水側有田引水，溉跡尚存。

16 時水又西北逕西安縣故城南。本渠丘也，齊大夫雝廩之邑矣。王莽更之曰東寧。時水又西至石洋堰，分為二水，謂之石洋口，枝津西北至梁鄒入濟。時水又北逕西安城西，又北，京水、糸水注之。水出齊城西南，世謂之寒泉也。東北流直申門西。京相璠、杜預並言：申門即齊城南面西第一門矣。為申池，昔齊懿公遊申池，邴歜、閻職二人，害公于竹中，今池無復髣髴，然水側尚有小小竹木，以時遺生也。

17 左思《齊都賦》注，申池在海濱，齊藪也。余按《春秋》襄公十八年，晉伐齊，戊戌，伐雍門之萩；己亥，焚雍門；壬寅，焚東北二郭；甲辰，東侵及濰南及沂，而不言北掠于海。且晉獻子尚不辭死以逞志，何容對仇敵而不懲，暴草木于海嵎乎？又炎夏火流，非遠遊之辰，懿公見弒，蓋是白龍魚服，見困近郊矣。左氏捨近舉遠，考古非矣。杜預之言，有推據耳。

18 糸水傍城北流，逕陽門西，水次有故封處，所謂齊之稷下也。當戰國之時，以齊宣王喜文學，遊說之士鄒衍、淳于髡、田駢、接子、慎到之徒七十六人，皆賜列第，為上大夫，不治而論議，是以齊稷下學士復盛，且數百十人。劉向《別錄》❼以稷為齊城門名也。談說之士，期會于稷門下，故曰稷下也。《鄭志》❽：張逸問《書贊》❾云，我先師棘下生，何時人？鄭玄答云，齊田氏時，善學者所會處也。齊人號之棘下生，無常人也。余按《左傳》昭公二十二年，莒子如齊，盟于稷門之外。漢以叔孫通為博士，號稷嗣君。《史記音義》曰：欲以繼蹤齊稷下之風矣。然棘下又是魯城內地名，《左傳》定公八年，陽虎劫公伐孟氏，入自上東門，戰于南門之內，又戰于棘下者也。蓋亦儒者之所萃焉。故張逸疑而發問，鄭玄釋而辯之。雖異名互見，大歸一也。

19 城內有故臺，有營丘，有故景王祠，即朱虛侯章廟矣。《晉起居注》[10]云：齊有大蛇長三百步，負小蛇長百餘步，逕于市中，市人悉觀，自北門所入處也。北門外東北二百步，有齊相晏嬰冢宅。《左傳》：晏子之宅近市，景公欲易之，而嬰弗更。為誡曰：吾生則近市，死豈易志。乃葬故宅，後人名之曰清節里。

20 系水又北逕臨淄城西門北，而西流逕梧宮南。昔楚使聘齊，齊王饗之梧宮，即是宮矣。其地猶名梧臺里。臺甚層秀，東西百餘步，南北如減，即古梧宮之臺。臺東即闞子所謂宋愚人得燕石處。臺西有「石社碑」，猶存，漢靈帝熹平五年立。其題云：梧臺里。

21 系水又西逕葵丘北，《春秋》莊公八年，襄公使連稱、管至父戍葵丘。京相璠曰：齊西五十里有葵丘地。若是，無庸戍之。僖公九年，齊桓會諸侯于葵丘。

宰孔曰：齊侯不務脩德而勤遠略。明葵丘不在齊也。引河東汾陰葵丘，山陽西北葵城宜在此，非也。余原《左傳》，連稱、管至父之戍葵丘，以瓜時為往還之期，請代弗許，將為齊亂。故令無寵之妹候公于宮。因無知之絀，遂害襄公。若出遠無代，寧得謀及婦人，而為公室之亂乎？是以杜預稽《春秋》之旨，即《傳》安之，注于臨淄西⑪，不得捨近託遠，苟成己⑫異，于異可殊，即義為負，然則葵丘之戍，即此地也。

22

系水西，左迆為潭，又西，逕高陽僑郡南，魏所立也。又西北流，注于時。時水又東北流，澠水注之。水出營城東，世謂之漢溱水也。西北流逕營城北。漢景帝四年⑬，封齊悼惠王子劉信都為侯國。澠水又西逕樂安博昌縣故城南。應劭曰：昌水出東萊昌陽縣，道遠不至，取其嘉名。闞駰曰：縣處勢平，故曰博昌。澠水西歷貝丘。京相璠曰：博昌縣南近澠水，有地名貝丘，在齊城西北四十里。《春秋》莊公八年，齊侯田于貝丘，見公子彭生豕立而泣，齊侯墜車傷足于是處也。

23

澠水又西北入時水。《從征記》又曰：水出臨淄縣，北逕樂安博昌南界，西入時水者也。自下通謂之為澠也。昔晉侯與齊侯宴，齊侯曰：有酒如澠。指喻此水也。時水又屈而東北，逕博昌城北。時水又東北逕齊利縣故城北，又東北逕巨淀縣故城北，又東北逕廣饒縣故城北，東北入淄水。《地理風俗記》曰：淄入濡。《淮南子》曰：白公問微言曰：若以水投水，如何？孔子曰：淄、澠之水合，易牙嘗而知之。謂斯水矣。

又東北入于海。

淄水入馬車瀆，亂流東北逕琅槐故城南，又東北逕馬井城北，與時澠之水互受通稱，故邑流其號。又東北至皮丘坑，入于海。故晏謨、伏琛竝言：淄、澠之水合于皮丘坑西。《地理志》曰：馬車瀆至琅槐入于海。蓋舉縣言也。[24]

【注釋】❶詩 指《詩經・齊風・還》。❷晏子 書名。即《晏子春秋》。參見〈河水〉四《晏子春秋》注解。❸皆悉腳弱 《水經注疏》作「皆患腳病」。《疏》：「朱『患』作『悉』，戴、趙同。會貞按：《元和志》、《寰宇記》作『患』，是也。今據訂。」❹通津 指〈通津賦〉。詩賦名。南朝宋劉晃撰。不見歷來公私著錄，亦不見他書引及，已亡佚。撰者事跡附見於《宋書・劉道憐傳》。❺又有女水注之 此處有佚文一條。嘉靖《青州府志》卷六〈地理志〉一〈女水〉引《水經注》：「女水又東北入澱，城東二十里淄河鋪東南，澱，即清水泊也。」當是此段下佚文。❻陵記 或是書名。未見歷來公私著錄，亦未見他書引及。《注》文說：「伏琛所未詳也。」則或是伏琛《齊記》中的一篇。❼別錄 書名。《隋書・經籍志》著錄《七略別錄》二十卷，劉向撰。此書是中國最早的圖書目錄。《漢書・藝文志》說：「至成帝時，以書頗散亡，使謁者陳農求遺書於天下，詔光祿大夫劉向校經傳諸子詩賦，……每一書已，向輒條其篇目，撮其旨意，錄而奏之。會向卒，哀帝復使向子侍中奉車都尉歆卒父業。歆於是總群書而奏其《七略》，故有〈輯略〉，有〈六藝略〉，有〈諸子略〉，有〈詩賦略〉，有〈兵書略〉，有〈術數略〉，有〈方技略〉。今刪其要，以備篇籍。」說明《漢書‧藝文志》是根據劉向、劉歆父子的目錄而編撰的。今書已亡佚，輯本收入於《經典集林》、《問經堂叢書》等，均作《別錄》一卷。《玉函山房輯佚書續編》並有《別錄補遺》一卷。❽鄭志　書名。《水經注疏》作「《鄭志》曰」。《疏》：「戴刪『曰』字。守敬按：《簡明目錄‧五經總義類》，《鄭志》三卷，補遺一卷，魏鄭小同撰。」❾書贊　書名。漢鄭玄撰。但歷來未見公私著錄，已亡佚。《水經注疏》在「張逸問《書贊》云」下疏：「朱脫『書』字，趙據何焯校增，戴增同。守敬按：《困學紀聞》一引《鄭志》，『贊』上亦無『書』字，故王伯厚誤以為《易贊》，考《書‧堯典‧正義》引康成《書贊》云，我先師棘下生云云，何氏據增是也。」❿晉起居注　書名。《隋書‧經籍志》著錄三百一十七卷，南北朝宋徐州主簿劉道會撰。《通志‧藝文略》著錄《晉起居注》二十四卷，故知此書以後亡佚甚多。今輯本收入於《漢學堂叢書》、《黃氏逸書考》等。⓫注于臨淄西　殿本在此處有戴震案語：「此句有舛誤。」⓬已　《疏》本作「己」。今依此語譯於後。⓭漢景帝四年　《水經注疏》作「漢文帝四年」。《疏》：「朱『文』訛作『景』，戴同。趙云：按〈王子侯表〉是文帝四年封。守敬按：《史》、《漢》〈表〉俱文帝四年封。」

【語譯】淄水出泰山萊蕪縣原山，

1 淄水發源於萊蕪縣西南山下，世人稱為原泉。〈地理志〉說：原山是淄水的發源地。因此《水經》有淄水出自原山的說法。《淮南子》說：淄水發源於飴山。飴山是原山的別名。淄水東北流經萊蕪谷，轉向西北流，經萊蕪縣舊城南。《從征記》說：縣城座落在萊蕪谷，擋住過往大道，兩山之間的小路，經由南北門出入。漢朝末年，范史雲任萊蕪縣令，說萊蕪屬齊國，魯國是不能引為己有的。從前有個說法：齊靈公滅掉了萊，萊的百姓流散到這個山谷，城鎮村落都荒蕪了，所以稱為萊蕪。〈禹貢〉所說的萊夷就指這裡。齊、魯在夾谷相會，齊侯叫萊人以兵力來威逼魯侯。孔子說：夷人是不到華夏中原來作亂的。我查考過，泰無、萊柞，都是山名，郡縣都按這些山來取名，是漢高祖時所置。《左傳》說：把無山及萊柞山給他，就是指這些山。應劭《十三州記》說：太山萊蕪縣就是魯國的萊柞邑。

2 淄水又西北轉彎流經城西，又東北流與一條水匯合。這條水發源於萊蕪縣東南，民間稱為家桑谷水。《從征記》稱為聖水。《列仙傳》說：鹿皮公是淄川人。年輕時在府裡當小史，他才能出眾，技藝高超，一動手就能製成用具。附近山崖上有神泉，人們都爬不上去。小史去報告府君，要求派給他三十個木工。他們製作了轉車、懸閣，別出心裁。幾十天後做好了梯道，他們登上崖頂建造祠屋，小史就在祠旁住下，以其中的兩間作為自己的住處，每天吃山上的靈芝草，喝崖邊的神泉水，住了七十多年。淄水流到山下，小史召集宗族六十多人，叫他們上山，到了半山，水忽然急湧而出，淹沒了全郡，被溺死的人數以萬計。小史遣散家室，叫他們下山，自己穿上鹿皮衣，登上懸閣而去。百餘年後，他下山在齊市賣藥。家桑谷水西北流，注入淄水。淄水又北流出山，山口稱為萊蕪口，出山後水向東北流去。

東北過臨淄縣東，

3 淄水從山裡往東北流，流經牛山西，又東流經臨淄縣舊城南，東流到天齊水口。此口的水發源於南郊山下，稱為天齊淵。淵裡有五處源泉同流而出，南北三百步，寬十步。這座山就是牛山。左思〈齊都賦〉說：牛嶺雄踞於南方。淵水流經齊地八處神祠之間，齊這個國名，就起源於此。《地理風俗記》說：齊國之所以名齊，就是以天齊淵取名的。淵水北流注入淄水。淄水又東流經四豪墓北。水南山下有四座墳墓，墓基方形，墳壟卻呈圓形，都有七尺來高，四座墓東西方向一字排列，這是田氏四王的墳墓。

4 淄水又東北流經蕩陰里西，東岸有墓，一片墓基上築了三座墳，東西約八十步，這就是公孫接、田開疆、古冶子三位壯士的墳墓。晏子討厭他們蠻勇而無禮，送給他們兩個桃子，讓他們自相殘殺，三人死後葬在陽里，就是這地方。淄水又北流經臨淄縣城東，城因面臨淄水，所以名叫臨淄。王莽改名為齊陵縣。《爾雅》說：水從山丘左前方流出，就是營丘。武王把臨淄封給太公望，賜予四至疆界，建都營丘，稱為齊，有的說建都營陵。《史記》載，周成王把營丘封給師尚父，師尚父東行前往自己的封國，因路上歇宿，所以到達遲了，萊侯就和他爭營丘。客店裡的人說：我聽說機會難得而易失，這位客人睡得很安寧，大概不是去接受封地的吧。太公聽到了，就連夜起來趕路，到了營丘。

5 陵也就是丘。獻公從營丘遷移到臨淄。我查考過，營陵城南沒有河流，只在城北有一條水，世人稱為白狼水，發源於西方的丹山，俗稱凡山。白狼水往東北流，從《爾雅》中水從左前方流出那句話看，就不能認為這就是營丘了。營丘，其實是山名。《詩經》所說的：你到營丘來，和我在猺山之間相遇。作者大多以為丘、陵同名，緣陵又與萊相距較近。這些地方據說都是太公的封地。據《春秋經》記載：諸侯修築緣陵城。《左傳》說：後來把杞國遷過去。《毛詩》鄭玄注也都沒有營字，薛瓚認為不是，他說得較為正確。今天臨淄城中有一座小丘，座落在小城內，周圍三百步，高九丈，北邊稍低一丈五尺，淄水在丘前流出，因此有營丘這名稱，與《爾雅》所記相符。此城面對天齊淵，所以有齊城之稱，因此《晏子》記載：最初爽鳩氏住在這裡，逢伯陵住在這裡，太公也住在這裡。又說：先君太公，修築了營丘。

6 季札來齊考察民情風俗，聽到齊國的音樂，不禁讚美道：多麼沉雄壯美啊，真像是一陣大風。能作為東海諸國的表率的，大概就是太公了吧？田巴到了齊國，經過淄水時，從水中照見自己的面影。郭景純說，齊國的營丘，淄水流經它的東、南兩面。由此可見營丘分明不是營陵了。獻公遷都，也正如晉遷到翼後又改名絳一樣，並不是說從營陵遷到這裡來。現在的臨淄外城，就是獻公當年所遷的臨淄城，世人稱為虜城。據說齊湣王攻燕，燕王噲死，湣王俘虜了燕的百姓，讓他們居住在外城，因此名為虜城。秦始皇三十四年（西元前二一三年），滅了齊國，設立為郡，郡治在臨淄。漢高帝六年（西元前二〇一年），把齊封給王子劉肥為王國。王莽改名為濟南。《戰國策》說：田單當齊國宰相，經過淄水時，有個老人蹚過淄水，出水後凍僵了不能行走，坐在沙中，田單就在水邊脫下自己的皮衣給他穿。

又東過利縣東，

7 淄水從利縣往東北流，經東安平城北，又東流經巨淀縣舊城南。征和四年（西元前八九年），漢武帝臨幸東萊，來到海邊；三月，親自在巨淀耕田，指的就是這地方。縣城東南是巨淀湖，該縣就是以水來命名的。淄水又東北流經廣饒縣舊城南。漢武帝元鼎年間（西元前一一六～前一一一年），把該縣封給菑川靖王的兒子劉國為侯國。淄水又東北流，馬車瀆水注入。馬車瀆水上口承接巨淀，巨淀就是由濁水注入形成的。呂忱說：濁水又名溷水，發源於廣縣的為山，世人稱為冶嶺山，東北流經廣固城西。廣固城在廣縣西北四里處，四周有山澗深壕環繞。此城是晉朝永嘉年間（西元三〇七～三一三年），東萊人曹嶷所築。

8 濁水旁的山邊有個五龍口。義熙五年（西元四〇九年），劉武帝在廣固討伐慕容超，因敵方憑險據守，難以攻克，弄得兵士勞頓不堪。河間人玄文向劉裕建議：從前趙國進攻曹嶷，有個望氣的人認為澠水流過此城，城是攻不下的，如果堵塞了五龍口，城就一定可以攻陷了。石虎聽從了這個建議，曹嶷就求降了。投降後五天，大雨傾盆，雷電交加，堵塞的水口又被震開了。後來慕容恪進攻段龕，攻城一百天仍未攻下，堵塞了五龍口後，段龕就投降了。投降後不久，堵塞的水口又被震開了。今天舊基還在，應當嘗試重新修築。劉裕堵塞了五龍口，慕容超及城內男女老少都雙腳無力，大半患病，慕容超就出城逃走，被晉人擒獲。然而城所築的地方，完全是憑著地勢之險，城不能固守，原因就在於腳弱之病。

9 濁水東北流經堯山東。《從征記》說：廣固城北三里有堯山祠。堯巡察四方路過這裡，登過此山，後人因而稱為堯山。廟建在山的東麓，廟內神像朝東，殿宇華麗整飭，帝堯的畫像裝束整齊，戴著冠冕，儀容顯得莊嚴肅穆。山頂上從前有座堯祠，現在已毀廢了，原來的格局再也看不到了。一塊巨石上還留有人馬的痕跡，但也不過是黃石而已，只有刀劍的痕跡還十分逼真。至於天子之劍，所謂以燕國為劍鋒，以代國為刀刃，以魏國為劍柄，以齊國為刀尖，其實與今天的劍並沒有什麼不同，用蠟把劍痕印下來，一看就知道是人工製作的。西望胡公陵，就是孫暢之所說的，青州刺史傅弘仁聲稱發現銅棺隸書的地方。濁水又東北流經東陽城北，東北流與長沙水匯合。長沙水發源於逢山北的小土山上，世人稱為陽水。東北流經廣縣舊城西，這裡是舊時青州刺史的治所，也稱青州城。陽水又東北流，石井水注入。石井水發源於南山，山頂敞開，望去像是門戶，民間稱此山為璧頭山。水北流，注入一口大井，此井靠近廣城東側，三面石塊堆壘，深達四丈有餘。水流洶湧成為瀑布，一瀉而下，轟隆之聲震撼山谷。這種驚天動地的水勢，如同大河一樣，北流注入陽水。

10 我生長在東齊，曾遠遊於瀑布下，中間闊別多年，後來又因公事重到海岱，與郭金、紫惠同遊石井，賦詩抒懷，整日嬉遊。作客他鄉，能偕好友暢遊，真是莫大的慰藉了。只是此水時通時斷，令人遺憾而已。

11 陽水東流經舊七級寺禪房南，水北佛殿周圍遍布長廊，樓閣彎彎曲曲地相連接。林邊疏疏落落地排列著些蒲團，擺著些錫杖缽盂。這就是所謂嚴謹持重的僧人，遠遁山林的禪棲生活了。陽水又東流經東陽城東南。此城是義熙年間（西元四〇五～四一八年），晉朝青州刺史羊穆之所築。因為城在陽水之北，所以稱為東陽城。這是因為人們把濁水稱為西陽水的緣故。水流也時常有斷有通，確實很靈。從前宋時，這條水斷後重又通了，劉晃為此作了〈通津賦〉。魏太和年間（西元四七七～四九九年），陽水又乾涸了，斷流了好幾年。先父升任青州刺史，上任不到一年，陽水又暢通了，一江碧水映著倒影，真是所謂幽谷水涸又滿，枯泉斷而再流了。海岱的文士又讚頌起水流復通了。平昌老人孫道相作頌詞說：那條澠泉水呀，枯竭已超過三年。獻盡璧玉祈禱，供盡牛羊祭天，水因聖明天子而來，天道隨盛衰而變。又有一位河間的老人趙嶷也作頌詞說：推行教化還不滿一年，恩澤已遍及四方，枯竭的源流把波瀾揚起，乾涸的死河把陂塘滌蕩。北海郭欽說：前朝暴政河斷流，我皇英明水滿江。但頌詞很多，文字煩冗，難以一一抄錄。

12 陽水又轉而北流經漢朝城陽景王劉章廟東，東注巨洋水。後來人們把水堵斷，使它北流注入濁水，當時人們通稱濁水為陽水，所以又有南陽水、北陽水的說法。兩條水混流後，世人稱為長沙水，也有人通稱為澠水的。所以晏謨、伏琛寫的《齊記》都說：東陽城既然在澠水之北，那就應稱澠陽城了，這說法是不對的。世人又稱陽水為洋水，我查考過許多典籍，都說洋水發源於臨朐縣，而陽水卻發源於廣縣，兩縣雖然相鄰，但山川土地是不同的，實際如何，還是個疑問。

13 濁水又北流經臧氏臺西，又北流經益城西，最後往北注入巨淀。〈地理志〉說：廣縣的為山是濁水的發源地，東北流到廣饒注入巨淀。巨淀右邊，又有女水注入。女水發源於東安平縣的蛇頭山。《從征記》說：女水西有桓公墓，非常高大，周圍七十餘丈，高四丈，中間的圓形墳壟，周圍二十餘丈，高七丈餘；另一座小墓周圍七丈。晏謨說：根據《陵記》規定，這兩座墳是不合葬禮的。如果按照傳統禮儀安葬，那麼齊桓公與他母親同葬於一個墓地，但有各自不同的墳壟，伏琛也不清楚。墓東山下的女水原有桓公祠，是侍其衡奏請魏武王而修建的。他說：近日路過齊國城郊，瞻仰桓公墳墓，墓在南山的山坡上，請為他立祠，讓孤魂有所依託。郭緣生《述征記》說：齊桓公墓在齊城南二十里，墳墓順山勢而築。大墓東有女水，有人說齊桓公女兒的墳墓在此水上，因此有女水之名。女水引水往東北流，非常神靈。教化大興就會有水，政治苛酷水源就枯竭。南燕建平六年（西元四〇五年），水突然乾涸，慕容玄明很厭惡這不吉之兆，臥病而死。南燕太上四年（西元四〇八年），女水又枯竭了，慕容超也很感厭惡，燕於是亡國。

14 女水東北流經東安平縣舊城南。《續述征記》說：女水流到安平城南，潛入地下流了十五里，然後又流出，向北注入陽水。安平城是從前的酅亭。《春秋》魯莊公三年（西元前六九一年）：紀季帶了酅邑投靠齊國作為附庸。《公羊傳》說：紀季是什麼人？是紀侯的弟弟。因他能坦誠認罪被視為賢德，請求以酅供奉五座祠廟的祭祀。這裡是田成子單的舊城。後來立為縣。因博陵有個安平縣，所以把這裡稱東安平。世祖建武七年（西元三一年），把該縣封給菑川王的兒子劉茂為侯國。女水又流經東安平城東，往東北流經壟丘東，往東北注入巨淀。〈地理志〉說：菟頭山是女水的發源地，東北流到臨淄注入巨淀。又北流，叫馬車瀆，北流與淄水匯合，又北流，時水、澠水注入。

15 時水發源於齊城西北二十五里，平地湧出泉水，就是如水，也稱源水。因水色黑，民間又稱為黑水。時水西北流經黃山東，又北流經愚山東，有愚公墓。時水又轉而流經杜山北，有愚公谷。齊桓公時，愚公隱居在這山谷中，有個鄰居誤認他的馬是自己的，愚公就把馬給了他。這座山就是與杜山相連的山岡，因為這人樣子傻乎乎的，所以稱他為愚公。時水上有一座石橋，因而也稱水為石梁水。這裡又有澅水注入。澅水出自時水，東距臨淄城十八里，這地方就是所謂的澅中。民間稱澅水為宿留水，西北流注入時水。孟子離開齊國時，住宿三夜後才走出澅這地方，因此民間改名為宿留水。時水以南、愚山以西，有王歜墓，從前樂毅攻打齊國，因王歜有德而封他，王歜不肯接受，自縊而死。水旁有一片農田，引水灌溉的痕跡還看得出來。

16 時水又西北流經西安縣舊城南。這裡原是渠丘，是齊國大夫雝廩的封邑。王莽改名為東寧。時水又西流到石洋堰，分為兩條，分水口稱為石洋口，支流西北流到梁鄒注入濟水。時水又北流經西安城西，又北流，京水、系水注入。系水發源於齊城西南，民間稱為寒泉，東北流過申門西。京相璠、杜預都說：申門就是齊城南面西頭的第一座城門。那裡有個申池。從前齊懿公遊申池，邴歜、閻職兩人在竹林中殺害了他，今天的申池已不像當年的樣子了，但水旁還有一小片竹木林，是當年留下來的遺跡。

17 左思〈齊都賦〉注說：申池在海濱，是齊國的大澤。我查考《春秋》襄公十八年（西元前五五五年），晉國進攻齊國，戊戌日，砍掉雍門外的萩樹；己亥日，燒掉雍門；壬寅日，焚毀東、北兩邊的外城；甲辰日，向東侵入到濰水，向南侵入到沂水，卻未提及向北攻掠到大海。況且晉獻子是個逞強鬥勇而不怕死的人，怎麼可能只在海灣糟蹋一片草木，卻不去懲罰仇敵呢？此外當時正值炎夏酷暑，不是遠遊的時節，懿公被殺，是由於他微服出行在近郊遇害。左氏捨近舉遠，沒有真正的查考史實。杜預的話卻有依據。

18 系水沿著城旁北流，流經陽門西，水岸上有一處從前築土隆起的地方，就是所謂齊國的稷下。戰國時，因為齊宣王喜愛文學，遊說之士如鄒衍、淳于髡、田騈、接子、慎到等七十六人，都被賜給宅第，並封為上大夫。他們不管政事，而專事著作立論，因此齊國稷下學士重又興盛起來，人數達幾百人。劉向《別錄》認為，稷是齊都城門名，高談闊論的文士定期會聚在稷門下，所以稱稷下。《鄭志》說：張逸讀了《書贊》問鄭玄道：我們的先師棘下生是什麼時候人？鄭玄答道：棘下是齊國田氏時有學問的人會聚的地方。齊國人所稱的棘下生，並不是專指某一個人的。我查考過，《左傳》昭公二十二年（西元前五二〇年），莒子到了齊國，在稷門外會盟。漢朝把叔孫通封為博士，稱為稷嗣君。《史記音義》說：想讓他繼承齊國稷下的遺風。然而，棘下又是魯國城內的地名。《左傳》定公八年（西元前五〇二年），陽虎威逼定公征伐孟氏，從上東門攻入城內，兩軍在南門內交戰，又在棘下交戰。棘下也是儒生聚集的地方。因此，張逸疑惑發問，鄭玄作了解釋，辨清了這個問題。雖然史籍中可以看到互用稷、棘兩個不同的地名，但指的都是同一處。

19 城內有古臺，有營丘，有古景王祠，就是朱虛侯劉章的祠廟。《晉起居注》說：齊國有一條大蛇長三百步，背負著一條小蛇長一百餘步，爬過市中，市上的人都去觀看，廟就在蛇從北門爬入城中的地方。北門外東北二百步，有齊國宰相晏嬰的墳墓和住宅。《左傳》載：晏子的住宅靠近街市，景公想給他換個地方，晏子卻不肯換。他囑咐說：我在世時居住在街市附近，死後難道就改變心意嗎。於是他死後就葬在自己的故居，後人稱為清節里。

20 系水又北流經臨淄城西門北，又西流經梧宮南。從前楚國派使者訪問齊國，齊王在梧宮設宴接待他，就是此宮。那地方現在還叫梧臺里。臺有好幾層，十分壯觀，東西一百餘步，南北略減幾步，這就是古時的梧宮臺。臺東就是闞子所說宋國愚人得到燕石的地方。臺西有「石社碑」，現在還在，是漢靈帝熹平五年（西元一七六年）所立。碑上題著：梧臺里。

21 系水又西流經葵丘北。《春秋》莊公八年（西元前六八六年），襄公派連稱、管至父駐守葵丘。京相璠說：齊城以西五十里有葵丘。如果這麼近，那就用不著駐守了。僖公九年（西元前六五一年），齊桓公在葵丘與諸侯會盟。宰孔說：齊侯不致力於施行德政，卻大肆遠侵鄰國。很明顯，葵丘不在齊國境內。援引河東汾陰葵丘，山陽西北葵城應在這裡，這是錯誤的。我查考《左傳》原文，連稱、管至父駐防於葵丘，以瓜熟為往返的約期。到期請求派人接替，齊襄公卻不批准，於是二人就準備作亂。連稱的妹妹在宮中不受寵愛，於是叫她去偵察襄公。因為襄公廢逐無知，無知就把襄公謀害了。如果派遣到遠方去而無人接替，怎麼能找女人同謀，而釀成公侯宗族內部的禍亂呢？所以杜預查考了《春秋》之後，就根據《左傳》來推定，在注中指出是在臨淄西。不能捨近就遠，輕率地提出自己的異說；標新立異雖可顯得與眾不同，但按《左傳》文義來看，卻又不合。那麼二人所駐守的葵丘，就是這地方了。

22 系水西流，左岸分出支流，積水成潭；系水又西流，經高陽僑郡南，該郡是魏時所立。系水又西北流，注入時水。時水又東北流，澠水注入。澠水發源於營城以東，世人稱為漢溱水。水向西北流經營城北。漢景帝四年（西元前一五三年），把此城封給齊悼惠王的兒子劉信都為侯國。澠水又西流經樂安郡博昌縣舊城南。應劭說：昌水發源於東萊郡昌陽縣，因昌陽縣路遠不易到達，取了這個美名。闞駰說：博昌縣地勢平曠，所以稱博昌。澠水西流經貝丘。京相璠說：博昌縣南臨近澠水，有個地方叫貝丘，在齊城西北四十里。《春秋》莊公八年（西元前六八六年），齊侯在貝丘打獵，看見公子彭生變成一頭野豬，直立起來啼哭，齊侯嚇得從車上掉下來，跌傷了腳，就在這地方。

23 澠水又西北流注入時水。《從征記》又說：澠水發源於臨淄縣，北流經樂安、博昌南面邊界，西流注入時水。從這裡至下游也通稱為澠水了。從前晉侯和齊侯會宴，齊侯說：有酒如澠水。比喻中指的就是這條水。時水又折向東北，流經博昌城北。時水又東北流經齊利縣舊城北，又東北流經巨淀縣舊城北，又東北流經廣饒縣舊城北，往東北注入淄水。《地理風俗記》說：淄水注入濡水。《淮南子》說：白公問孔子對陰謀密事的看法，說道：如果把水倒入水中，會怎麼樣？孔子說：淄水、澠水混合起來，易牙只要嘗一口就會知道。說的就是這條水。

又東北入于海。

24 淄水注入馬車瀆，往東北亂流經琅槐舊城南，又東北流經馬井城北，與時水、澠水互相通稱，所以城就以水為名傳下來了。淄水又東北流到皮丘坑，注入大海。因此晏謨、伏琛都說：淄水、澠水在皮丘坑西匯合。〈地理志〉說：馬車瀆流到琅槐注入大海，這是指縣而言。

汶　水

汶水出朱虛縣泰山，

山上有長城，西接岱山，東連琅邪巨海，千有餘里，蓋田氏之所造也。《竹書紀年》梁惠成王二十年，齊築防以為長城。《竹書》又云：晉烈公十二年，王命韓景子、趙烈子、翟員伐齊，入長城。《史記》所謂齊威王越趙侵我，伐長城者也。伏琛、晏謨竝言：水出縣東南峿山，山在小泰山東者也。

北過其縣東，

汶水自縣東北逕郚城北，《地理風俗記》曰：朱虛縣東四十里有郚城亭，故縣也。又東北逕管寧冢東，故晏謨言：柴阜西南有魏獨行君子管寧墓，墓前有碑。又東北逕柴阜山北，山之東有徵士邴原冢，碑誌存焉。汶水又東北逕漢青州刺史孫嵩墓西，有碑碣。汶水又東逕安丘縣故城北。漢高帝八年，封將軍張說為侯國。〈地理志〉曰：王莽之誅郅也。孟康曰：今渠丘亭是也。伏琛、晏謨《齊記》竝言：莒渠丘亭在安丘城東北十里。非矣。城對牟山，山之西南有孫賓碩兄弟墓，碑誌竝在也。

又北過淳于縣西，又東北入于濰。

故夏后氏之斟灌國也。周武王以封淳于公，號曰淳于國。《春秋》桓公六年，冬，州公如曹。《傳》曰：淳于公如曹，度其國危，遂不復也。其城東北，則兩川交會也。

【語　譯】汶水出朱虛縣泰山，

泰山上有長城，西與岱山相接，東與琅邪大海相連，全長千餘里，是田氏所築。《竹書紀年》載：梁惠成王二十年（西元前三五〇年），齊國修築防禦工事，造了長城。《竹書》又說：晉烈公十二年（西元前四〇四年），威烈王命令韓景子、趙烈子、翟員討伐齊國，侵入長城。《史記》所說的，齊威王通過趙國侵犯我國，攻打長城，就指此事。伏琛、晏謨都說：汶水發源於朱虛縣東南的峿山，峿山在小泰山東。

北過其縣東，

汶水從朱虛縣東北流經郚城北。《地理風俗記》說：朱虛縣東四十里有個郚城亭，是舊縣城。又往東北流經管寧墓東，所以晏謨說：柴阜西南有魏管寧墓。管寧是一位品德高尚不隨俗浮沉的人。墓前有一座石碑。汶水又東北流經柴阜山北，山的東面有邴原墓，邴原是個有才德而不受徵聘的人，墓前的碑記還在。汶水又東北流經漢朝青州刺史孫嵩墓西，有墓碑。汶水又東流經安丘縣舊城北。漢高帝八年（西元前一九九年），把該縣封給將軍張說為侯國。〈地理志〉說：這就是王莽時的誅郅。孟康說：就是今天的渠丘亭。伏琛、晏謨的《齊記》都說：莒縣的渠丘亭在安丘城東北十里。都弄錯了。城面對牟山，山的西南面有孫賓碩兄弟墓。碑文都還在。

又北過淳于縣西，又東北入于濰。

淳于縣是古時夏后氏的斟灌國。周武王把它封給淳于公，稱為淳于國。《春秋》桓公六年（西元前七〇六年）冬，州公到曹。《左傳》說：淳于公到了曹，估計國內形勢危險，就沒有回去。城的東北，是汶水與濰水的匯流處。

濰水

1 **濰水出琅邪箕縣濰山，**

琅邪，山名也。越王句踐之故國也。句踐并吳，欲霸中國，徙都琅邪。秦始皇二十六年，滅齊以為郡。城即秦皇之所築也。遂登琅邪大樂之山，作層臺于其上，謂之琅邪臺。臺在城東南十里，孤立特顯，出于眾山，上下周二十里餘，傍濱巨海。秦王樂之，因留三月，乃徙黔首三萬戶于琅邪山下，復十二年。所作臺基三層，層高三丈，上級平敞，方二百餘步，廣五里。刊石立碑，紀秦功德。臺上有神淵，淵至靈焉，人汙之則竭，齋潔則通。神廟在齊八祠中，漢武帝亦嘗登之。漢高帝呂后七年，以為王國，文帝三年，更名為郡。王莽改曰填夷矣。濰水導源濰山。許慎、呂忱云：濰水出箕屋山。《淮南子》曰：濰水出覆舟山。蓋廣異名也。

2 東北逕箕縣故城西，又西，析泉水注之。水出析泉縣北松山，東南流逕析泉縣東，又東南逕仲固山東，北流入于濰。《地理志》曰：至箕縣北入濰者也。濰水又東北逕諸縣故城西。《春秋》文公十二年，季孫行父城諸及鄆。《傳》曰：城其下邑也。王莽更名諸并矣。濰水又東北，涓水注之。水出馬耳山，山高百丈，上有二石竝舉，望齊馬耳，故世取名焉。東去常山三十里，涓水發于其陰，北逕婁鄉城東。《春秋》昭公五年，《經》書：夏，莒牟夷以牟婁、防、茲來奔者也。又分諸縣之東為海曲縣，故俗人謂此城為東諸城。涓水又北注于濰水。

東北過東武縣西，

3 縣因岡為城，城周三十里。漢高帝六年，封郭蒙為侯國。王莽更名之曰祥善矣。又北，左合扶淇之水，水出西南常山，東北流注濰。晏、伏竝以濰水為扶淇之水，以扶淇之水為濰水，非也。按《經》脈誌，濰自箕縣北逕東武縣西北流，合扶淇之水。晏謨、伏琛云：東武城西北二里濰水者，即扶淇之水也。濰水又北，右合盧水，即久台水也。〈地理志〉曰：水出琅邪橫縣故山。王莽之今丘也。山在東武縣故城東南，世謂之盧山也。西北流逕昌縣故城西東北流。《齊地記》❶曰：東武城東南有盧水，水側有勝火木。方俗音曰檉子。其木經野火燒死，炭不滅，故東方朔云不灰之木者也。其水又東北流逕東武縣故城東，而西北入濰。〈地理志〉曰：久台水東南至東武入濰者也。《尚書》所謂濰、淄其道矣。

又北過平昌縣東，

4 濰水又北逕石泉縣故城西，王莽之養信也。《地理風俗記》曰：平昌縣東南四十里有石泉亭，故縣也。濰水又北逕平昌縣故城東，荊水注之。水出縣南荊山阜，東北流逕平昌縣故城東。漢文帝封齊悼惠王肥子卬為侯國。城之東南角有臺，臺下有井，與荊水通，物墜于井，則取之荊水。昔常有龍出入于其中，故世亦謂之龍臺城也❷。荊水又東北流注于濰。濰水又北，浯水注之。水出浯山，世謂之巨平山也。〈地理志〉曰：靈門縣有高原山、壺山，浯水所出，東北入濰。今是山西接浯山。許慎《說文》言，水出靈門山，世謂之浯汶矣。其水東北逕姑幕縣故城東，縣有五色土，王者封建諸侯，隨方受之。故薄姑氏之國也。闞駰曰：周成王時，薄姑與四國作亂，周公滅之，以封太公。是以〈地理志〉曰：或言薄姑也。王莽曰季睦矣。應劭曰：《左傳》曰，薄姑氏國，太公封焉。薛瓚《漢書注》云：博昌有薄姑城。未知孰是？浯水又東北逕平昌縣故城北，古堨此水以溉田，南注荊水。浯水又東北流，而注于濰水也。

又北過高密縣西，

5 應劭曰：縣有密水，故有高密之名也。然今世所謂百尺水者，蓋密水也。水有二源，西源出奕山，亦曰鄣日山，山勢高峻，隔絕陽曦。晏謨曰：山狀鄣日，是有此名。伏琛曰：山上鄣日，故名鄣日山也。其水東北流。東源出五弩山，西北流同瀉一壑，俗謂之百尺水。古人堨以溉田數十頃，北流逕高密縣西，下注濰水，自下亦兼通稱焉。

6 亂流歷縣西碑產山西，又東北，水有故堰，舊鑿石竪柱斷濰水，廣六十許步，掘東岍，激通長渠。東北逕高密縣故城南。明帝永平中，封鄧震為侯國。縣南十里，蓄以為塘，方二十餘里，古所謂高密之南都也，溉田一頃許。陂水散流，下注夷安澤。濰水自堰北逕高密縣故城西。漢文帝十六年，別為膠西國。宣帝本始元年，更為高密國。王莽之章牟也。

7 濰水又北，昔韓信與楚將龍且夾濰水而陣于此。信夜令為萬餘囊，盛沙以遏濰水，引軍擊且偽退，且追北，信決水，水大至，且軍半不得渡，遂斬龍且于是水。水西有厲阜，阜上有漢司農卿鄭康成冢，石碑猶存。又北逕昌安縣故城東。漢明帝永平中，封鄧襲為侯國也。〈郡國志〉曰：漢安帝延光元年復也。

又北過淳于縣東，

8 濰水又北，左會汶水，北逕平城亭西，又東北逕密鄉亭西，〈郡國志〉曰：淳于縣有密鄉。〈地理志〉：皆北海之屬縣也。應劭曰：淳于縣東北六十里有平城亭，又四十里有密鄉亭，故縣也。濰水又東北逕下密縣故城西，城東有密阜。〈地理志〉曰：有三戶山祠。余按應劭曰：密者，水名，是有下密之稱。俗以之名阜，非也。

又東北過都昌縣東，

9 濰水東北逕逢萌墓，萌，縣人也，少有大節，恥給事縣亭，遂浮海至遼東，復還，在不其山隱學。明帝安車徵，萌以佯狂免。又北逕都昌縣故城東。漢高帝六年，封朱軫為侯國。北海相孔融為黃巾賊管亥所圍于都昌也。太史慈為融求救劉備，持的突圍其處也。

又東北入于海。

【注釋】 ❶齊地記　書名。不見歷來公私著錄，或即伏琛、晏謨的《齊記》，酈氏敘寫書名，常有這類隨意之例。❷故世亦謂之龍臺城也　此處有佚文一條。《方輿紀要》卷三十五〈山東〉六〈青州府・安邱縣・平昌城〉引《水經注》：「荊水經其下，亦謂之龍臺水。」當是此句下佚文。

【語譯】 **濰水出琅邪箕縣濰山，**

1 琅邪是山名，原屬越王句踐的國土。句踐吞併吳國後，想稱霸中國，就遷都到琅邪。秦始皇二十六年（西元前二二一年），滅了齊國，就把琅邪設立為郡。城是秦始皇所築。秦始皇築城後，就登上琅邪的大樂山，在山上修築了層臺，稱為琅邪臺。臺在城東南十里，亭亭獨立，在眾山之中顯得格外突出。山周圍二十里有餘，靠近海濱。秦始皇很高興，因此在這裡逗留了三個月，他把三萬戶平民遷移到琅邪山下，豁免賦稅十二年。他修築的高臺，臺基高三層，每層高三丈。上層平坦寬敞，二百餘步見方，寬廣五里。又刻石立碑，記載秦始皇的功德。臺上有個神淵，非常靈驗，如有人將水弄髒，它就會枯竭；如誠心誠意，保持潔淨，水就暢通。這裡的神廟是齊地八祠之一，漢武帝也曾登臨。漢高帝呂后七年（西元前一八一年），把這裡立為王國，文帝三年（西元前一七七年），改名為郡。王莽又改稱填夷。濰水發源於濰山。許慎、呂忱都說：濰水發源於箕屋山。《淮南子》說：濰水發源於覆舟山。這些都是此山的異名。

2 濰水東北流經箕縣舊城西，又西流，析泉水注入。析泉水發源於析泉縣北的松山，東南流經析泉縣東，又東南流經仲固山東，往北注入濰水。〈地理志〉說：析泉水流到箕縣，往北注入濰水。濰水又東北流經諸縣舊城西。《春秋》文公十二年（西元前六一五年），季孫行父修築了諸城和鄆城。《左傳》說：在諸邑和鄆邑築城。王莽改名為諸并。濰水又東北流，涓水注入。涓水發源於馬耳山，山高百丈，山頂有兩塊巖石相對並峙，望去像馬耳一樣，因此世人取名為馬耳山。此山東距常山三十里，涓水發源於山的北麓，北流經婁鄉城東。《春秋》昭公五年（西元前五三七年），《經》載：夏，莒牟夷帶了牟婁、防、茲諸亭前來投奔。又把諸縣的東部劃分出來立為海曲縣，所以民間稱此城為東諸城。涓水又往北注入濰水。

東北過東武縣西，

3 東武縣利用山岡地勢築城，周圍三十里。漢高帝六年（西元前二〇一年），把該縣封給郭蒙為侯國。王莽改名為祥善。濰水又北流，左岸與扶淇水匯合，扶淇水發源於西南方的常山，東北流注入濰水。晏謨、伏琛都以為濰水就是扶淇水。二人把扶淇水當作濰水，都弄錯了。根據《水經》的水脈記載，濰水從箕縣北流經東武縣後西北流，與扶淇水匯合。晏謨、伏琛說：東武城西北二里的濰水，就是扶淇水。濰水又北流，右岸與盧水匯合，盧水就是久台水。〈地理志〉說：盧水發源於琅邪橫縣故山。橫縣就是王莽時的令丘。山在東武縣舊城東南，世人稱為盧山。盧水往西北流經昌縣舊城西再轉而東北流。《齊地記》說：東武城東南有盧水，水旁有勝火木，當地方言稱檉子。這些樹木經野火燒死，成了炭仍不會消滅，因此東方朔稱為不灰之木。盧水又東北流經東武縣舊城東，往西北注入濰水。〈地理志〉說：久台水東南流到東武注入濰水，指的就是這條濰水。此即《尚書》所說的濰水、淄水都已疏通。

又北過平昌縣東，

4 濰水又北流經石泉縣舊城西，就是王莽時的養信。《地理風俗記》說：平昌縣東南四十里有石泉亭，是個舊縣城。濰水又北流經平昌縣舊城東，荊水注入。荊水發源於縣南的荊山阜，東北流經平昌縣舊城東。漢文帝把該縣封給齊悼惠王劉肥的兒子劉卬為侯國。城的東南角有一座臺，臺下有井，與荊水相通，有什麼掉到井裡，可在荊水取回。從前常有龍出入其中，所以民間又稱為龍臺城。荊水又東北流注入濰水。濰水又北流，浯水注入。浯水發源於浯山，世人稱為巨平山。〈地理志〉說：靈門縣有高原山、壺山，是浯水的發源地，東北流，注入濰水。今天此山西與浯山相連接。許慎《說文》說：浯水發源於靈門山，世人稱為浯汶水。浯水東北流經姑幕縣舊城東，該縣有五色土，帝王分封諸侯時，包起不同顏色的土，按方位授給諸侯。這是從前薄姑氏的國家。闞駰說：周成王時，薄姑和四國叛亂。周公滅了它，封給太公。因此〈地理志〉說：也有人叫它薄姑。王莽則稱它為季睦。應劭說：《左傳》說：薄姑氏國，太公即封於此。薛瓚《漢書注》說：博昌有薄姑城。不知誰是誰非？浯水又東北流經平昌縣舊城北，古時在此築堰截流，用來灌溉農田，南流注入荊水。浯水又東北流，注入濰水。

又北過高密縣西，

5 應劭說：縣裡有密水，因此有高密之名。現在所說的百尺水就是密水。密水有兩個源頭。西源出自奕山，也稱鄣日山，山勢高峻，擋住了陽光。晏謨說：山形蔽障了日光，因有此名。伏琛說：山峰蔽障了太陽，所以稱鄣日山。西源水往東北流。東源水出自五弩山，西北流，與西源水一同流瀉入一條山谷，民間稱為百尺水。古人在此攔河築堰，灌溉田地數十頃。百尺水北流經高密縣西。下流注入濰水，自此以下，濰水與百尺水也互兼通稱了。

6 濰水亂流經過縣西碑產山西，又東北流，水上有舊堰，從前鑿石豎柱阻斷濰水，堰寬六十多步，掘開東岸，引水通長渠。濰水東北流經高密縣舊城南。明帝永平年間（西元五八～七五年），把高密縣封給鄧震為侯國。縣南十里，蓄水為塘，方圓二十餘里，就是古時所說的高密南都，灌溉農田約一頃。塘水散流，向下注入夷安澤。濰水從堤堰北流經高密縣舊城西，漢文帝十六年（西元前一六四年），分該縣另立膠西國。宣帝本始元年（西元前七三年），又改名為高密國，就是王莽時的章牟。

7 濰水又北流，從前韓信與楚將龍且在此處隔著濰水列陣。夜裡韓信命部下準備了一萬多只袋子，裝滿沙子堵住濰水，然後率軍攻擊龍且，假裝敗退。龍且向北追擊，韓信決水，大水突然沖下，龍且的部隊一半渡不過來，於是就在此水上殺了龍且。水的西岸有厲阜，這座小山上有漢朝司農卿鄭康成墓，石碑還在。

濰水又北流經昌安縣舊城東。漢明帝永平年間，把該縣封給鄧襲為侯國。〈郡國志〉說：漢安帝延光元年（西元一二二年）恢復為縣。

又北過淳于縣東，

8 濰水又北流，左岸與汶水匯合，北流經平城亭西，又東北流經密鄉亭西。〈郡國志〉說：淳于縣有密鄉。〈地理志〉說：都是北海郡的屬縣。應劭說：淳于縣東北六十里有平城亭，又四十里有密鄉亭，從前是縣。濰水又往東北流經下密縣舊城西，城東有密阜。〈地理志〉說：有三戶山祠。我查考過，應劭說：密是水名，確有下密之稱。但民間用這名字來稱呼小山岡，這就不對了。

又東北過都昌縣東，

9 濰水東北流經逢萌墓。逢萌，都昌縣人，少年時就很有志操，以在縣亭供職為恥，就渡海到遼東，回來後在不其山隱居讀書。明帝備車徵聘，逢萌假裝癲狂，沒有應聘。濰水又北流經都昌縣舊城東。漢高帝六年（西元前二〇一年），把該縣封給朱軫為侯國。北海宰相孔融曾被黃巾賊管亥圍困在都昌。太史慈替孔融去向劉備求救，手持擋箭牌突圍，就是這地方。

又東北入于海。

膠水

膠水出黔陬縣膠山，北過其縣西，

《齊記》曰：膠水出五弩山，蓋膠山之殊名也。北逕祝茲縣故城東。漢武帝元鼎中，封膠東康王子延為侯國。又逕扶縣故城西。〈地理志〉：琅邪之屬縣也。漢文帝元年，封呂平為侯國。膠水又北逕黔陬故城西，袁山松〈郡國志〉

曰：縣有介亭。《地理志》曰：故介國也。《春秋》僖公九年❶，介葛盧來朝，聞牛鳴，曰：是生三犧皆用之。問之果然。晏謨、伏琛竝云：縣有東、西二城，相去四十里，有膠水。非也，斯乃拒艾水也。水出縣西南拒艾山，即《齊記》所謂黔艾山也。東北流逕柜縣故城西。王莽之祓同也。世謂之王城，又謂是水為洋水矣。又東北流，晏、伏所謂黔陬城西四十里有膠水者也。又東入海。《地理志》：琅邪有柜縣，根艾水出焉，東入海。即斯水也。今膠水北流，逕西黔陬城東，晏、伏所謂高密郡側有黔陬縣。《地理志》曰：膠水出邦縣。王莽更之純德矣。疑即是縣，所未詳也。

又北過夷安縣東，

縣，故王莽更名之原亭也。應劭曰：故萊夷維邑也。太史公曰：晏平仲，萊之夷維之人也。漢明帝永平中，封鄧珍為侯國，西去濰水四十里。膠水又北逕膠陽縣東，晏、伏竝謂之東亭。自亭結路，南通夷安。《地理風俗記》曰：淳于縣東南五十里有膠陽亭，故縣也。又東北流，左會一水，世謂之張奴水。水發夷安縣東南皐下，西北流歷膠陽縣注于膠。膠水之左為澤渚，東北百許里，謂之夷安潭，潭周四十里，亦濰水枝津之所注也。膠水又東北逕下密縣故城東，又東北逕膠東縣故城西。漢高帝元年，別為國，景帝封子寄為王國。王莽更之郁秩也。今長廣郡治。伏琛、晏謨言：膠水東北迴達于膠東城北百里，流注于海。

又北過當利縣西，北入于海。

縣，故王莽更名之為東萊亭也。又北逕平度縣，漢武帝元朔二年，封菑川懿王子劉衍為侯國。王莽更名之曰利盧也。縣有土山，膠水北歷土山注于海。海南，土山以北悉鹽坑，相承脩煮不輟。北眺巨海，杳冥無極，天際兩分，白黑方別，所謂溟海者也。故〈地理志〉曰：膠水北至平度入海也。

【注釋】❶春秋僖公九年　《水經注釋》作「《春秋》僖公二十九年」，《水經注疏》與趙本同。《疏》：「朱脫「二十」二字，戴同，趙增。」其事確在僖公二十九年，殿本誤。今依此語譯於後。

【語譯】膠水出黔陬縣膠山，北過其縣西，

《齊記》說：膠水發源於五弩山，就是膠山的別名。膠水北流經祝茲縣舊城東。漢武帝元鼎年間（西元前一一六~前一一一年），把該縣封給膠東康王的兒子劉延為侯國。又流經扶縣舊城西。據〈地理志〉，這是琅邪的屬縣。漢文帝元年（西元前一七九年），把該縣封給呂平為侯國。膠水又北流經黔陬縣舊城西，袁山松〈郡國志〉說：黔陬縣有介亭。〈地理志〉說：這裡是從前的介國。《春秋》僖公二十九年（西元前六三一年），介國葛盧來朝見，聽到牛鳴聲，說：這頭牛生了三頭純色的牛犢，都已用來祭祀了，經查問果然如此。晏謨、伏琛都說：黔陬縣有東西兩座城，相距四十里，有膠水。這話不對，那是拒艾水。拒艾水發源於黔陬縣西南的拒艾山，就是《齊記》所說的黔艾山。東北流經柜縣舊城西，這就是王莽時的祓同，人們稱為王城，又稱這條水為洋水。拒艾水又東北流，晏謨、伏琛說黔陬城西四十里有膠水，就指此水。拒艾水又東流入海。〈地理志〉：琅邪郡有柜縣，根艾水發源於此，東流入海。指的就是此水。現在膠水北流經西黔陬城東，晏謨、伏琛說高密郡城旁有黔陬縣。〈地理志〉說：膠水發源於邞縣。王莽改名為純德。可能就是黔陬縣，但還弄不清楚。

又北過夷安縣東，

夷安縣，從前王莽曾改名為原亭。應劭說：夷安縣是從前萊國的夷維邑。太史公說：晏平仲是萊國夷維人。漢明帝永平年間（西元五八～七五年），把這裡封給鄧珍為侯國，這裡西距濰水四十里。膠水又北流經膠陽縣東，晏謨、伏琛都稱此地為東亭。此亭有路南通夷安。《地理風俗記》說：淳于縣東南五十里有膠陽亭，是個舊縣城。膠水又東北流，左岸與一條水匯合，世人稱此水為張奴水。張奴水發源於夷安縣東南的山岡下，西北流經膠陽縣後注入膠水。膠水的左邊是澤渚，東北方一百來里，稱為夷安潭，潭周圍四十里，濰水支流也注入此潭。膠水又東北流經下密縣舊城東，又東北流經膠東縣舊城西。漢高帝元年（西元前二〇六年），另立為國，景帝把它封給兒子劉寄為王國。王莽改名為郁秩。今天是長廣郡的治所。伏琛、晏謨說：膠水向東北迂迴流到膠東城北一百里，注入大海。

又北過當利縣西，北入于海。

當利縣，從前王莽曾改名為東萊亭。膠水又北流經平度縣。漢武帝元朔二年（西元前一二七年），把該縣封給菑川懿王的兒子劉衍為侯國。王莽改名為利盧。縣裡有土山，膠水北流經土山，注入大海。大海以南、土山以北，都是鹽場，鹽民在此世世代代煮鹽，從未中斷。在這裡向北眺望，大海渺遠蒼茫，無邊無際，水天相接，界線分明，這就是所謂的溟海。因此〈地理志〉說：膠水北流到平度注入大海。

【研　析】《水經注》對今山東半島河流置卷立篇，這些實在都是小河，但酈道元卻寫得生動細膩，顯然和他的經歷有關。因為這個地區是他少年時代隨父遊居之處，讓他畢生都值得回憶。他父親酈範，曾兩度出任青州刺史，此州正在今山東半島北部，州治在今濰坊以西的益都一帶，卷中立篇的巨洋水就在這裡。《注》文對於此水的一條小支流熏治泉，寫出一篇絕妙文章：「水色澄明而清泠特異，淵無潛石，淺鏤沙文，中有古壇，參差相對，後人微加功飾，以為嬉遊之處。南北邃岸凌空，踈木交合。先公以太和中，作鎮海岱。余總角之年，侍節東州。至若炎夏火流，閒居倦想，提琴命友，嬉娛永日。桂笥尋波，輕林委浪，琴歌既洽，歡情亦暢。是焉棲寄，寔可憑衿。小東有一湖，佳饒鮮筍，匪直芳齊芍藥，寔亦潔竝飛鱗。其水東北流入巨洋，謂之熏治泉。」文章不到二百言，既是一種回憶，又是一篇遊記，令人百讀不厭。此外，〈淄水〉篇中，又在一條名為石井水的小支流上，回憶了他的少年故事：「陽水又東北流，石井水注之。水出南山，山頂洞開，望若門焉，俗謂是山為譬頭山。其水北流注井，井際廣城東側，三面積石，高深一匹有餘。長津激浪，瀑布而下，澎贔之音，驚川聒谷，漰渀之勢，狀同洪河，北流入陽水。余生長東齊，極遊其下，于中闊絕，乃積綿載，后因王事，復出海岱，郭金、紫惠同石井，賦詩言意，彌日嬉娛，尤慰羇心，但恨此水時有通塞耳。」說明他曾經再次來到此處，回憶舊日，文章情意更深。上述兩段短文，與卷十二〈巨馬水〉篇中描敘他的家鄉酈亭溝水一樣，都寫他的童年和少年的回憶，文筆雋永，感情至深，在《水經注》全書中都是難得的篇章。

古籍今注新譯叢書

哲學類

新譯四書讀本　謝冰瑩等編譯
新譯學庸讀本　王澤應注譯
新譯孝經讀本　賴炎元等注譯
新譯易經讀本　郭建勳注譯
新譯乾坤經傳通釋　黃慶萱著
新譯禮記讀本　姜義華注譯
新譯儀禮讀本　顧寶田等注譯
新譯孔子家語　羊春秋注譯
新譯老子讀本　余培林注譯
新譯老子解義　吳怡著
新譯莊子讀本　黃錦鋐注譯
新譯莊子讀本　張松輝注譯
新譯莊子本義　水渭松注譯
新譯莊子內篇解義　吳怡著
新譯列子讀本　莊萬壽注譯
新譯管子讀本　湯孝純注譯
新譯墨子讀本　李生龍注譯
新譯公孫龍子　丁成泉注譯
新譯晏子春秋　陶梅生注譯
新譯鄧析子　徐忠良注譯
新譯荀子讀本　王忠林注譯
新譯尹文子　徐忠良注譯
新譯尸子讀本　水渭松注譯
新譯韓非子　傅武光等注譯
新譯呂氏春秋　朱永嘉等注譯
新譯韓詩外傳　孫立堯注譯
新譯淮南子　熊禮匯注譯
新譯春秋繁露　朱永嘉等注譯
新譯新書讀本　饒東原注譯
新譯新語讀本　王毅注譯
新譯潛夫論　彭丙成注譯
新譯論衡讀本　蔡鎮楚注譯
新譯申鑒讀本　林家驪等注譯
新譯人物志　吳家駒注譯
新譯張載文選　張金泉注譯
新譯近思錄　張京華注譯
新譯傳習錄　李生龍注譯
新譯明夷待訪錄　李廣柏注譯

文學類

新譯詩經讀本　滕志賢注譯
新譯楚辭讀本　傅錫壬注譯
新譯文心雕龍　羅立乾注譯
新譯世說新語　劉正浩等注譯
新譯昭明文選　周啟成等注譯
新譯古文觀止　謝冰瑩等注譯
新譯古文辭類纂　黃鈞等注譯
新譯樂府詩選　溫洪隆注譯
新譯古詩源　馮保善注譯
新譯千家詩　邱燮友等注譯
新譯詩品讀本　成林等注譯
新譯花間集　朱恒夫注譯
新譯南唐詞　劉慶雲注譯
新譯唐詩三百首　邱燮友注譯
新譯宋詞三百首　汪中注譯
新譯元曲三百首　賴橋本等注譯
新譯明詩三百首　趙伯陶注譯
新譯清詩三百首　王英志注譯
新譯唐人絕句選　卞孝萱等注譯
新譯唐才子傳　戴揚本注譯
新譯拾遺記　石磊注譯
新譯搜神記　黃鈞注譯
新譯唐傳奇選　束忱等注譯
新譯宋傳奇小說選　束忱注譯

新譯明傳奇小說選　陳美林等注譯
新譯容齋隨筆　朱永嘉等注譯
新譯明散文選　周明初注譯
新譯人間詞話　馬自毅注譯
新譯白香詞譜　劉慶雲注譯
新譯幽夢影　馮保善注譯
新譯菜根譚　吳家駒注譯
新譯郁離子　吳家駒注譯
新譯歷代寓言選　黃瑞雲注譯
新譯賈長沙集　林家驪注譯
新譯揚子雲集　葉幼明注譯
新譯曹子建集　曹海東注譯
新譯阮籍詩文集　林家驪注譯
新譯嵇中散集　崔富章注譯
新譯陸機詩文集　王德華注譯
新譯陶淵明集　溫洪隆注譯
新譯江淹集　羅立乾等注譯
新譯駱賓王文集　黃清泉注譯
新譯王維詩文集　陳鐵民注譯
新譯孟浩然詩集　楊　軍注譯
新譯李白詩全集　郁賢皓注譯
新譯杜甫詩選　張忠綱等注譯
新譯昌黎先生文集　周啟成等注譯
新譯柳宗元文選　卞孝萱等注譯
新譯白居易詩文選　陶　敏等注譯
新譯元稹詩文選　郭自虎注譯
新譯李賀詩集　彭國忠注譯
新譯杜牧詩文集　張松輝注譯
新譯李商隱詩選　朱恒夫等注譯
新譯范文正公選集　王興華等注譯
新譯蘇洵文選　羅立剛注譯
新譯蘇軾文選　滕志賢注譯
新譯蘇軾詞選　鄧子勉注譯
新譯蘇轍文選　朱　剛注譯
新譯曾鞏文選　高克勤注譯
新譯王安石文選　沈松勤注譯
新譯李清照集　姜漢椿等注譯
新譯陸游詩文選　韓立平注譯
新譯歸有光文選　鄔國平注譯
新譯薑齋文集　平慧善注譯
新譯顧亭林文集　劉九洲注譯
新譯聊齋誌異選　任篤行等注譯
新譯閱微草堂筆記　嚴文儒注譯

【歷史類】

新譯史記　韓兆琦注譯
新譯漢書　吳榮曾注譯
新譯後漢書　魏連科注譯
新譯三國志　吳樹平注譯
新譯資治通鑑　韓兆琦等注譯
新譯尚書讀本　吳　璵注譯
新譯尚書讀本　郭建勳注譯
新譯左傳讀本　郁賢皓等注譯
新譯公羊傳　雪　克注譯
新譯穀梁傳　顧寶田注譯
新譯春秋穀梁傳　周　何注譯
新譯戰國策　溫洪隆注譯
新譯國語讀本　易中天注譯
新譯說苑讀本　左松超注譯
新譯說苑讀本　羅少卿注譯
新譯新序讀本　葉幼明注譯
新譯吳越春秋　黃仁生注譯
新譯西京雜記　曹海東注譯
新譯列女傳　黃清泉注譯
新譯越絕書　劉建國注譯
新譯燕丹子　曹海東注譯
新譯東萊博議　李振興等注譯
新譯唐六典　朱永嘉等注譯
新譯唐摭言　姜漢椿注譯

宗教類

- 新譯金剛經　徐興無注譯
- 新譯高僧傳　朱恒夫等注譯
- 新譯碧巖集　吳　平注譯
- 新譯百喻經　顧寶田注譯
- 新譯楞嚴經　賴永海等注譯
- 新譯梵網經　王建光注譯
- 新譯六祖壇經　李中華注譯
- 新譯禪林寶訓　李中華注譯
- 新譯維摩詰經　陳引馳等注譯
- 新譯經律異相　顏洽茂注譯
- 新譯無量壽經　邱高興注譯
- 新譯妙法蓮華經　張松輝注譯
- 新譯景德傳燈錄　顧宏義注譯
- 新譯大乘起信論　韓廷傑注譯
- 新譯釋禪波羅蜜　蘇樹華注譯
- 新譯八識規矩頌　倪梁康注譯
- 新譯永嘉大師證道歌　蔣九愚注譯
- 新譯華嚴經入法界品　楊維中注譯
- 新譯地藏菩薩本願經　李承貴注譯
- 新譯悟真篇　劉國樑等注譯
- 新譯无能子　張松輝注譯
- 新譯坐忘論　張松輝注譯
- 新譯列仙傳　張金嶺注譯
- 新譯抱朴子　李中華注譯
- 新譯神仙傳　周啟成注譯
- 新譯性命圭旨　傅鳳英注譯
- 新譯老子想爾注　顧寶田等注譯
- 新譯周易參同契　劉國樑注譯
- 新譯道門觀心經　王　卡注譯
- 新譯養性延命錄　曾召南注譯
- 新譯樂育堂語錄　戈國龍注譯
- 新譯冲虛至德真經　張松輝注譯
- 新譯長春真人西遊記　顧寶田等注譯
- 新譯黃庭經・陰符經　劉連朋等注譯

軍事類

- 新譯司馬法　王雲路注譯
- 新譯尉繚子　張金泉注譯
- 新譯三略讀本　傅　傑注譯
- 新譯六韜讀本　鄔錫非注譯
- 新譯吳子讀本　王雲路注譯
- 新譯孫子讀本　吳仁傑注譯
- 新譯李衛公問對　鄔錫非注譯

教育類

- 新譯爾雅讀本　陳建初等注譯
- 新譯顏氏家訓　李振興等注譯
- 新譯曾文正公家書　湯孝純注譯
- 新譯三字經　黃沛榮注譯
- 新譯百家姓　馬自毅等注譯
- 新譯幼學瓊林　馬自毅注譯
- 新譯增廣賢文・千字文　馬自毅注譯
- 新譯格言聯璧　馬自毅注譯

政事類

- 新譯商君書　貝遠辰注譯
- 新譯鹽鐵論　盧烈紅注譯
- 新譯貞觀政要　許道勳注譯

地志類

- 新譯山海經　楊錫彭注譯
- 新譯水經注　陳橋驛等注譯
- 新譯佛國記　楊維中注譯
- 新譯大唐西域記　陳　飛等注譯
- 新譯洛陽伽藍記　劉九洲注譯
- 新譯徐霞客遊記　黃　珅注譯
- 新譯東京夢華錄　嚴文儒注譯